관옥 이현주의

신약 읽기

관옥 이현주의

신약 읽기

2021년 6월 30일 초판 1쇄 펴냄

지은이 관옥 이현주
펴낸이 신길순
펴낸곳 (주)도서출판 삼인
전화 02-322-1845
팩스 02-322-1846
이메일 saminbooks@naver.com
등록 1996년 9월 16일 제25100-2012-000046호
주소 (03716) 서울시 서대문구 성산로 312 북산빌딩 1층

표지, 본문 디자인 끄레디자인
인쇄 수이북스
제책 은정

ISBN 978-89-6436-199-3 03230

값 16,000원

관옥 이현주의

신약 읽기

삼인

머리말

"예수가 말했다, 죽기 전에 죽어 나와 함께 부활하자고."
루미의 시에서 이 한 구절 읽고 곧장 기도드렸다.
"저를 죽여주십시오. 제가 저를 죽일 수는 없습니다."

얼마쯤 세월이 흘러 아, 이렇게 죽는구나, 싶은 경험이 있었다. 아내 먼저 보내고 재혼한 아내의 강원도 정선 천백 고지, 전기도 수도도 없는 농막에서 일 년 가깝게 죽은 듯이 살아야 했다. 독서와 글쓰기 말고는 달리 할 게 없었다.

처음에는 성경 필사를 할까 하다가 이왕 베끼는 것 아예 본문을 새로 써보고 싶었다. 공동번역과 개역을 대조하고 '번역자를 위한 신약성서'도 참조하며 조금씩 베껴나갔다.

예수와 제자들 사이에 한쪽은 말을 놓고 다른 쪽은 말을 높이는 게 오래 전부터 마음에 들지 않았다. 그분이 세상에 오신 건 우리와 같은 지평에서 우리를 앞서가시며 나를 따라오라고 그러면 제대로 살게 된다고 진정한 삶의 본을 보이려는 것이었는데 종교는 그분을 높은 자리에 올려 모시고 우러러 보며 당신이 원치도 않는 예배를 드리고 있다는 게 마음에 걸렸다. 그래서 말투를 바꾸었다. 같은 지평에 높낮이는 없어도 앞뒤는 있을 수 있고 있어야 한다. 다행히도 한글에는 이 관계를 근사하게 보여주는 어투가 있다.

베끼다보면 무슨 생각이 떠오른다. 그것도 될수록 간략하게 달아보았다. 그래서 나온 책이 이것이다. 나는 희랍어를 모른다. 그러니 이건 번역서가 아니다. 그냥 누가 제 생각대로 옮겨 베낀 신약성경이다. 오해 마시기 바란다. 나는 제가 이 책 저자라고 꿈에도 생각하지 않는다. 그럼 누가 저자냐고? 모르겠다. 아무튼 나는 아니다. 나는 그저 읽고 베낀 사람이다.

2021 여름

이현주

일러두기

1. 인명과 지명은 공동번역(1976)을 따랐습니다.
2. 본문의 〔…〕와 (…)는 어떤 사본에는 없는 것입니다.(New Testament for Translater 참조)

차례

마태오복음

예수 그리스도의 족보 [1, 1-17]

아브라함과 다윗의 자손, 예수 그리스도의 족보.

아브라함은 이사악을, 이사악은 야곱을, 야곱은 유다와 그 아우를, 유다는 다말한테서 베레스와 제라를, 베레스는 헤스론을, 헤스론은 람을, 람은 암미나답을, 암미나답은 나흐손을, 나흐손은 살몬을, 살몬은 라합한테서 보아즈를, 보아즈는 룻한테서 오벳을, 오벳은 이새를, 이새는 왕인 다윗을 낳았다.

다윗은 우리야의 아내한테서 솔로몬을, 솔로몬은 르호보암을, 르호보암은 아비야를, 아비야는 아삽을, 아삽은 여호사밧을, 여호사밧은 요람을, 요람은 우찌야를, 우찌야는 요담을, 요담은 아하즈를, 아하즈는 히즈키야를, 히즈키야는 므나쎄를, 므나쎄는 아모스를, 아모스는 요시야를, 요시야는 여고니야와 그 아우를 낳았는데, 그 무렵 사람들이 바빌론으로 붙잡혀서 끌려갔다.

바빌론으로 끌려가서 살게 된 뒤로 여고니야는 스알디엘을, 스알디엘은 즈루빠벨을, 즈루빠벨은 아비훗을, 아비훗은 엘리아킴을, 엘리아킴은 아졸을, 아졸은 사독을, 사독은 아힘을, 아힘은 엘리훗을, 엘리훗은 엘르아잘을, 엘르아잘은 마딴을, 마딴은 야곱을, 야곱은 마리아의 남편 요셉을 낳았고 마리아는 그리스도라 불리는 예수를 낳았다.

이렇게, 아브라함에서 다윗까지 십사 대,

다윗에서 바빌론으로 끌려갈 때까지 십사 대,

바빌론으로 끌려간 뒤로 그리스도까지 십사 대다.

*

마태오에게 예수는 아브라함의 자손이요 다윗의 후손이었다. 처음부터 나중까지 '유다인'이었다. 하지만 예수 본인은 당신을 '사람의 아들'이라고 불렀다. 핏줄로는 엄연히 '유다인'이지만 핏줄에 얽매일 수 없는 '사람'이셨다. 지금도 그렇다. 그리고 우리에게 권하신다, '사람'으로 살려면 핏줄에 얽매이지 말라고. 네 몸을 낳은 족보에서 풀려나라고.

처녀가 잉태하여 아들을 낳으리니 [1, 18-25]

이렇게 그리스도 예수께서 태어나셨다.

어머니 마리아는 요셉과 약혼한 사이였는데 남편과 함께 살기 전에 잉태한 것이 알려졌다. 배 속의 아이는 성령으로 말미암아 생긴 아이었다. 남편 요셉은 점잖은 사람인지라 여자를 욕보이고 싶지 않아서 몰래 파혼하기로 마음먹었다. 요셉이 그러고 있을 때, 주님의 천사가 그의 꿈에 나타나서 말하였다. "다윗의 아들 요셉아, 겁먹지 말고 마리아를 아내로 맞아들여라. 그 사람 뱃속의 아이는 성령으로 말미암아 생긴 아이다. 이제 마리아가 아들을 낳을 터이니 그 이름을 예수('구원자'라는 뜻)라고 하여라. 그가 자기 백성을 죄에서 건져낼 것이다."

이는 주님이 예언자를 시켜서 하신, "처녀가 잉태하여 아들을 낳으리니 그 이름을 임마누엘이라 하리라."는 말씀이 그대로 이루어진 것이다. 임마누엘은 '우리와 함께 계시는 하느님'이란 뜻이다.

요셉이 잠에서 깨어나 주님의 천사가 일러준 대로 마리아를 아내로 맞아들였다. 하지만 자식을 볼 때까지 아내와 잠자리를 함께 하지 않았고, 마리아가 아들을 낳자 이름을 예수라고 하였다.

*

보이지 않는 아버지와 보이는 어머니, 두 분 사이에서 아들이 태어난다. 영과 육의 옹근 합일! 이것이 어찌 예수 한 사람만의 출생-신비로 제한될 것인가?

동방에서 온 박사들 [2, 1-12]

예수께서 유다 지방 베들레헴에 태어나신 것은 헤로데가 왕 노릇 할 때였다. 얼마 뒤 동방에서 온 박사들이 예루살렘에 이르러 사람들에게 물었다. "어디 가면 새로 태어난 유다 왕을 뵐 수 있겠소? 우리는 동방에서 별을 보다가 그분이 태어난 줄을 알고 경배하러 온 사람들이오." 이 말을 듣고 헤로데 왕은 물론 온 예루살렘이 술렁거렸다. 왕이 모든 대사제와 율법학자들을 급히 소집하여 그들에게 물었다. "그리스도가 태어나실만한 곳이 어디인가?" 그들이 답하였다. "유다 지방 베들레헴이오. 예언서에 보면, '유다 땅 베들레헴아, 너는 유다의 가장 작은 고을이 아니다. 너한테서 한 영도자가 태어나리니 그가 내 백성 이스라엘의 목자가 될 것이다.'라는 기록이 있소."

그러자 헤로데는 동방에서 온 박사들을 몰래 불러들여 하늘에서 별이 나타난 때를 자세히 알아본 다음, 그들을 베들레헴으로 보내며 말하였다. "가서 아기를 찾아보고 찾거든 나한테 알려주시오. 나도 가서 경배해야겠소."

그들이 왕의 부탁을 받고 길을 떠나자, 동방에서 본 별이 나타나 앞서가다가 아기 있는 곳에 이르러 멈추었다. 그들은 크게 기뻐하면서 집으로 들어가 어머니 마리아와 함께 있는 아기를 보고 그 자리에 엎드려 절하였다. 그러고 나서 보물 상자를 열어 황금과 유향과 몰약을 예물로 드렸다.

박사들은 그날 밤 꿈에 헤로데에게로 가지 말라는 지시를 받고 다른 길로 자기 나라에 돌아갔다.

*

태초부터 하늘에 네비게이터가 있었다. 지금도 있다. 앞으로도 있을 것이다. 하지만, 있으면 뭐 하나? 읽을 줄 모르는데. 아니, 그런 것이 있는 줄도 모르는데.

에집트로 몸을 피하다 [2, 13-15]

박사들이 떠난 뒤에 주님의 천사가 요셉의 꿈에 나타나 말하였다. "헤로데가 아기를 찾아 죽이려고 한다. 어서 일어나 아기와 아기 어미를 데리고 이집트로 몸을 피하여, 내가 다시 일러줄 때까지 거기 있어라."
요셉이 곧 일어나 아기와 아기 어미를 데리고 이집트로 가서 헤로데가 죽을 때까지 거기 살았다. 주님이 예언자를 시켜, "내가 이집트에서 내 아들을 불렀다."고 하신 말씀이 이렇게 이루어졌다.

*

육신이 죽은 듯 멈출 때 영이 살아난다. 그래서 천사들이 꿈에 나타나는 것이다. 잠들지 않아도 꿈꿀 수 있다, 자기가 육으로 사는 영임을 알아차리기만 하면.
천사들과 교제하면서 죄를 짓거나 악에 속는 일은 원천적으로 불가능하다. 성자는 죄를 지을 수 있는데 짓지 않는 사람이 아니다. 죄를 짓고 싶어도 그게 안 되는 사람이다.

아이들을 학살하는 헤로데 [2, 16-18]

헤로데는 박사들한테 속은 것을 알고 몹시 화가 났다. 그래서 사람들을 보내어, 박사들이 일러준 때를 어림하여 베들레헴과 그 이웃 고을의 두 살 아래 사내아이들을 모조리 죽였다. 주님이 예언자 예레미야를 시켜, "라마에서 들려오는 소리, 애처롭게 통곡하는 소리, 자식 잃고 우는 라헬, 위로마저 거절하는구나."라고 하신 말씀이 이렇게 이루어졌다.

*

인간의 두려움이 분노를 낳고 분노가 폭력을 부른다. 그 어지러운 소용돌이에서 남몰래 평화의 왕자가 태어난다. 고요하게 그리고 아프게… 언제 어디서나 그렇다.

나자렛에 자리 잡다 [2, 19-23]

헤로데가 죽자 주님의 천사가 이집트에 머물러 있는 요셉의 꿈에 나타나서 말하였다. "아기와 아기 어미를 데리고 이스라엘 땅으로 가거라. 아기 목숨을 노리던 자들이 죽었다."
요셉이 아기와 아기 어미를 데리고 이스라엘 땅으로 들어오긴 했으나, 아르켈라오가 아비 헤로데의 뒤를 이어 왕 자리에 올랐다는 말을 듣고는 그리로 가는 게 겁났다. 그러다가 다시 꿈에 지시를 받고 갈릴래아 지방으로 가서 나자렛이라는 마을에 자리 잡고 살게 되었다. 주님이 예언자를 시켜, "그를 나자렛 사람이라고 부르리라."는 말씀이 이렇게 이루어졌다.

*

무슨 일이든지 그게 그래서 그랬던 것임을 나중에야 알게 된다. 처음엔 모른다. 그게 사람이고 그래서 사람이다.

세례자 요한의 등장 [3, 1-3]

그 무렵, 세례자 요한이 유다 들판에 나타나 외쳤다. "회개하라, 하늘나라가 다가왔다!" 예언자 이사야가, "주님의 길을 닦아 바닥을 고르라고 광야에서 외치는 이의 소리가 들린다."고 말한 것이 이 사람을 두고 한 말이었다.

*

광야에 외치는 이의 소리가 있다. 외치는 이는 보이지 않는다. 보이지 않을 뿐, 없는 건 아니다. 실은 보이지 않아서 참으로 있는 것이다.

세례를 주는 요한 [3, 4-12]

요한은 낙타 털옷을 입고 가죽 띠를 허리에 두르고 메뚜기와 야생꿀을 먹었다.

예루살렘과 유다 여러 지방과 요르단 근방에 살던 사람들이 모두 요르단 강으로 모여들어 자기 죄를 고백하고 요한에게 세례를 받았다. 그때 많은 바리사이파 사람들과 사두가이파 사람들이 세례받으러 오는 것을 보고 요한이 말하였다. "독사의 자식들아, 코앞에 닥친 채찍을 이렇게 피하라고 누가 일러주더냐? 너희가 참으로 회개했다면 그 열매를 행실로 보여라. 그리고 속으로라도 아브라함이 우리 조상이라는 말을 하지 마라. 하느님은 이 돌들도 아브라함의 자손으로 바꿔놓으실 수 있다. 도끼가 나무뿌리에 놓였으니 좋은 열매를 맺지 않는 나무마다 찍혀서 불에 던져지리라. 나는 너희를 회개시키려고 물로 세례를 주거니와 내 뒤에 오시는 이는 불과 성령으로 세례를 베푸실 것이다. 그분은 나보다 워낙 크셔서, 나 같은 자는 그분 신발을 들고 다닐 자격조차 없을 정도다. 그분이 손에 키를 들고 당신 타작마당에서 알곡을 모아 곳간에 들이고 쭉정이는 꺼지지 않는 불에 태우시리라."

*

아무 가진 것이 없다. 어떻게 당당하지 않을 수 있겠는가?

요한의 세례를 받으심 [3, 13-17]

그즈음, 예수께서 갈릴래아를 떠나 요르단 강으로 오시어 요한한테 세례를 받고자 하셨다. 요한이 간곡하게 사양하여 말하기를, "내가 선생한테서 세례를 받아야 마땅하거늘 이렇게 선생이 오시다니요?" 하사, 예수께서 요한에게 이르셨다. "지금은 내가 하자는 대로 합시다. 그래야 하느님의 일이 모두 이루어지게 되어있소." 그러자 요한이 그대로 하였다.

예수께서 세례를 받고 물에서 나오시다가 문득 하늘이 열리며 하느님의 성령이 비둘기 모양으로 당신 위에 내리는 것을 보셨다. 동시에 하늘에서 이런 소리가 들려왔다. "이는 내가 사랑하는 아들, 나를 기쁘게 해주는 아들이다."

*

하느님의 일은 인간의 이성理性에 따라서 이루어지는 것이 아니다. 때로는 그것을 외면하거나 거슬러야만 이루어진다.

사탄의 유혹 [4, 1-11]

그 뒤에 예수께서 성령에 이끌려 광야로 가셨고, 거기에서 악마의 유혹을 받으셨다. 사십 일 밤낮을 금식하고 배가 몹시 고픈 참인데 유혹자가 와서 그분께 말하였다. "네가 정녕 하느님 아들이면 이 돌들한테 빵이 되라고 명해보아라." 예수께서 말씀하셨다. "성경에 사람이 빵만 먹고 사는 게 아니라 하느님 입에서 나오는 말씀을 먹어야 산다고 하지 않았더냐?" 그러자 악마는 예수를 거룩한 도시로 데려가 성전 꼭대기에 세우고 말하였다. "네가 하느님 아들이면 여기서 뛰어 내려보아라. 성경에 이르기를, 주님이 천사들로 하여금 너를 돌보게 하리니 네 발이 돌에 부딪히지 않도록 저들이 너를 떠받들 것이라, 하지 않았더냐?" 예수께서 말씀하셨다. "성경에는 주님이신 네 하느님을 떠보지 말라는 말도 있다." 악마가 다시 예수를 데리고 매우 높은 산으로 가서 세상 모든 나라의 화려한 모습을 보여주며 말하였다. "나한테 절하면 저 모든 것을 너에게 주마." 그러자 예수께서 말씀하셨다. "사탄아, 물러가라. 성경에 이르기를, 주 하느님께 절하고 오직 그분만 섬기라 하였다."

마침내 악마는 떠나가고 천사들이 와서 예수를 보살펴드렸다.

*

대꾸는 있다, 하지만 대화는 없다. 상대는 해준다, 하지만 섞이지는 않는다.

다시 갈릴래아로 [4, 12-17]

요한이 잡혔다는 말을 들으시고 예수께서는 다시 갈릴래아로 가셨다. 하지만 나자렛이 아닌 즈불론과 납달리 지방 호숫가에 있는 가파르나움 마을로 가시어 그곳에 머무르셨다. 예언자 이사야를 시켜, "즈불론과 납달리, 호수로 가는 길, 요르단 건너편, 이방인의 갈릴래아, 어둠 속에 앉은 백성이 큰 빛을 보았고 죽음의 그늘진 땅에 사는 무리가 밝은 빛을 보았다."라고 하신 말씀이 이렇게 이루어졌다.

그때부터 예수께서 사람들에게 길을 가리키며 말씀하셨다. "회개하라, 하느님 나라가 다가왔다."

*

가던 길에서 돌아서야만 갈 수 있는 길, 집으로 가는 길. 회개는 윤리의 언어가 아니다, 삶과 죽음의 언어다.

제자들을 부르심 [4, 18-22]

예수께서 갈릴래아 호숫가를 다니시다가 베드로라는 이름을 얻은 시몬과 그 아우 안드레아가 그물 던지는 것을 보셨다. 둘은 어부였다. 예수께서 그들에게 이르셨다. "나를 따라오시오. 내가 그대들을 사람 낚는 어부로 만들겠소." 그들이 곧 그물을 버려두고 예수를 따라나섰다.

거기서 조금 더 가시다가 이번에는 제베대오의 두 아들 야고보와 요한이 아비와 함께 배에서 그물 손질하는 것을 보시고 그들을 부르셨다. 형제가 곧 배를 버려두고 아비를 떠나 예수를 따라나섰다.

*

바야흐로 아름다운, 아프고 외로운, 동행이 비롯된다. 시작은 있는데 마침이 없는 이상한 동행.

갈릴래아를 두루 다니심 [4, 23-25]

예수께서 온 갈릴래아를 두루 나니시며 회당에서 가르치시고, 하늘나라 복된 소식을 전하시고, 백성 가운데 병든 사람과 허약한 사람들을 모두 고쳐주셨다. 소문이 시리아 전역에 퍼졌다. 사람들은 온갖 병자들과 귀신들린 사람, 간질 앓는 사람, 중풍 걸린 사람들을 데려왔고 예수께서는 그들 모두를 고쳐주셨다.

갈릴래아, 데카폴리스, 예루살렘, 유다, 요르단 건너편에서 온 많은 사람이 예수를 따랐다.

*

소문이 나는 것은 그냥 두되 소문을 내지는 않는다. 자연으로 사니 자연스레 그리된다.

산에 올라 자리에 앉으시니 [5, 1-2]

예수께서 무리들 보시고 산에 올라 자리에 앉으시니 제자들이 다가왔다. 이에 입을 열어 사람들을 가르치기 시작하셨다.

*

듣는 귀가 있어서 말하는 입이 열린다. 이 차례가 지켜지는 곳에 하늘나라가 열린다.

복 있는 사람들 [5, 3-12]

"마음 가난한 사람한테 복이 있으니 하늘나라가 그들의 것이오. 슬피 우는 사람한테 복이 있으니 그들이 위로받을 것이오. 부드럽고 따뜻한 사람한테 복이 있으니 땅이 그들 몫으로 돌아갈 것이오. 의에 주리고 목마른 사람한테 복이 있으니 그들이 배부를 것이오. 자비를 베푸는 사람한테 복이 있으니 그들이 자비를 입게 될 것이오. 마음 깨끗한 사람한테 복이 있으니 그들이 하느님을 뵙게 될 것이오. 평화를 위해서 일하는 사람한테 복이 있으니 그들이 하느님의 자녀라는 이름을 얻게 될 것이오. 의를 이루려다가 어려운 일 당하는 사람한테 복이 있으니 하늘나라가 그들의 것이오. 그대들이 나 때문에 욕먹고 짓눌리고 터무니없는 말로 비난받으면 복이 있으니 기뻐하고 즐거워하시오. 하늘에서 큰 상을 받게 될 것이오. 그대들에 앞서 옛 예언자들도 같은 어려움을 겪었소."

*

복이 있어서 마음이 가난한 게 아니라, 마음이 가난해서 복이 있는 것이다. 복이 있어서 자비를 베푸는 게 아니라, 자비를 베풀어서 복이 있는 것이다.

세상의 빛과 소금 [5, 13-16]

"그대들은 세상의 소금이오. 소금이 짠맛을 잃으면 무엇으로 다시 짜게 하겠소? 쓸모없이 되어 밖에 버려지면 사람들에게 짓밟힐 뿐이오. 그대들은 세상의 빛이오. 산 위에 있는 동네가 저를 감출 수 없거니와 등불을 켜서 덮어두는 사람도 없으니, 누구나 등불을 높은 데 두어 방 안 사람들을 두루 비추게 마련이오. 그대들도 이처럼 세상에 빛을 비추어 사람들이 그대들의 착한 행실을 보고 하늘 아버지를 기리게 하시오."

*

하느님이 지으신 참 사람으로 살면 세상에 빛을 비추지 않을 수 없다. 어둠으로 캄캄한 방에서 촛불이 어떻게 저를 감출 수 있겠는가?

율법의 완성을 위하여 [5, 17-20]

"내가 율법과 예언을 없애러 왔다고 생각하지 마시오. 없애러 온 게 아니라 완성하러 왔소. 정말이오, 천지가 없어질지언정 율법은 점 하나 글자 하나 없어지지 않고 모두 이루어질 것이오. 그런즉 이 계명 가운데 아주 사소한 계명이라도 스스로 어기거나 남들로 하여금 그것을 어기도록 가르치는 자는 하늘나라에서 가장 작은 자로 대접받을 것이고, 스스로 지키면서 남들도 지키도록 가르치는 자는 하늘나라에서 큰 사람으로 대접받을 것이오. 그렇소, 내가 진정으로 말하는데, 그대들이 율법학자나 바리사이파 사람들보다 올바르게 살지 않으면 결코 하늘나라에 들어가지 못할 것이오."

*

모든 과거가 값진 보석이다. 버릴 것 하나 없다. 모든 부품의 총합이 옹근 하나이기에.

제단에 예물을 바치려 할 때 [5, 21-26]

"옛사람이, '사람 죽이지 마라. 사람 죽인 자는 누구든지 심판받을 것이다.'라고 한 말을 그대들은 들었소. 그러나 나는 말하오. 형제한테 성내는 자는 누구나 심판받을 것이고 자기 형제를 가리켜 바보라고 하는 자는 재판소에 끌려가겠고 형제를 미친놈이라고 욕하는 자는 불지옥에 던져질 것이오. 제단에 예물을 바치려 할 때 그대를 원망할 만한 사람이 생각나거든 예물을 바치기 전에 먼저 그에게 가서 그와 화해한 다음 돌아와 예물을 바치시오. 누가 그대를 고소해서 법정으로 가게 되거든 도중에 서둘러 그와 화해하시오. 그러지 않으면 고소하는 자가 그대를 판사한테 넘기고 판사는 그대를 간수한테 넘겨 감옥에 가둘 터인즉, 그대가 동전 한 닢까지 모두 갚기 전에는 결코 거기에서 나오지 못할 것이오."

*

사람을 그 행실로 다스리려 하면 벌써 늦었다. 주먹질은 분노에서, 분노는 두려움에서, 두려움은 착각에서 오는 것. 뿌리는 놔두고 가지를 다스리려

하니 세상이 갈수록 시끄럽기만 할 따름이다.

간음과 이혼에 대하여 [5, 27-32]

"그대들은, '간음하지 말라'는 말을 들었소. 그러나 나는 말하오. 누구든지 여자를 보고 음욕을 품었으면 마음으로 이미 그 여자와 간음한 것이오. 오른눈이 죄를 짓게 하거든 뽑아 버리시오. 몸의 한 부분이 버려지는 게 온몸이 지옥으로 던져지는 것보다 낫소. 또 오른손이 죄를 짓게 하거든 잘라 버리시오. 몸의 한 부분이 버려지는 게 온몸이 지옥으로 던져지는 것보다 낫소."

"그대들은, '아내를 버리려거든 이혼장을 써주어라'고 한 말을 들었소. 그러나 나는 말하오. 누구든지 아내가 음란한 짓을 하지 않았는데도 버리면 그것은 그 여자로 하여금 간음을 하게 하는 것이고, 그렇게 버림받은 여자와 결혼하면 그 또한 간음한 것이오."

*

당대의 관습과 상식에 갇히지 않는 사람들. 그들에게서 새 하늘 새 땅이 열린다.

맹세하지 말라 [5, 33-37]

"또한, '허탕으로 맹세하지 말고 일단 맹세한 것은 모두 지키라'고 옛사람들에게 한 말을 그대들은 들었소. 그러나 나는 말하오. 아예 맹세하지 마시오. 하늘을 걸고도 맹세하지 마시오. 하늘은 하느님이 앉아계시는 보좌요. 땅을 걸고도 맹세하지 마시오. 땅은 하느님이 서계시는 발판이오. 예루살렘을 걸고도 맹세하지 마시오. 예루살렘은 큰 임금의 도성이오. 그대 머리를 걸고도 맹세하지 마시오. 제 머리카락 한 올 검게 하거나 희게 할 수 없는 게 그대들이오. 그대들은 다만 '그렇다' 할 것은 '그렇다' 하고 '아니다' 할 것은 '아니다' 하시오. 그밖의 말은 모두 악에서 나오는 것이오."

*

아는 건 안다고 하고 모르는 건 모른다고 하는 그것이 앎이다. 할 수 있는 일은 하고 할 수 없는 일은 하지 않는 그것이 함이다.

누가 오른뺨을 치거든 [5, 38-42]

"그대들은 '눈은 눈으로, 이는 이로'라는 말을 들었소. 그러나 나는 말하오. 앙갚음하지 마시오. 누가 오른뺨을 치거든 왼뺨을 둘러대고, 그대를 고소하여 속옷을 빼앗으려 하거든 겉옷까지 벗어주시오. 누가 억지로 오 리를 가자고 하거든 십 리를 함께 가주시오. 거저 달라는 사람에겐 거저 주고 꿔달라는 사람에겐 꿔주시오."

*

폭력에 지지 말고 폭력을 잠재워라. 폭력을 잠재우는 것은 반反폭력이 아니라 비非폭력이다.

좋은 사람 나쁜 사람 가리지 않고 [5, 43-48]

"그대들은 '이웃을 사랑하고 원수를 미워하라'는 말을 들었소. 그러나 나는 말하오. 원수를 사랑하시오. 그대들을 괴롭히는 자를 위하여 기도하시오. 그래야만 하늘에 계신 아버지의 자녀라 할 수 있소. 우리 아버지는 좋은 사람 나쁜 사람 가리지 않고 똑같은 햇빛을 비춰주시고, 옳은 사람 그른 사람 가리지 않고 똑같은 비를 내려주시는 분이오. 자기를 사랑하는 사람만 사랑한다면 그에게 무슨 상이 주어지겠소? 세리들도 그러지 않소? 자기 형제들하고만 인사를 나눈다면 남보다 나을 게 무엇이오? 이방인들도 그 정도는 하지 않소? 하늘 아버지께서 온전하신 것처럼 그대들도 온전한 사람이 되시오."

*

해가 빛을 비추는 것은, 강물이 흐르는 것처럼, 저로 존재하는 방식이다. 내가 너를 사랑하는 것은 너 때문이 아니라 나 때문이다. 밤중의 횃불인데 어찌 인 밝힐 수 있겠는가?

좋은 일을 하려거든 [6, 1-4]

"사람들한테 보이려고 자선사업하지 않도록 조심하시오. 그러지 않으면 하늘 아버지로부터 아무런 보상도 얻지 못할 것이오. 좋은 일을 하려거든 겉으로 자선사업을 벌이는 자들이 칭송 들으려고 회당과 거리에서 그러듯이 나팔 먼저 불지 마오. 그렇소, 내가 진정으로 말하는데, 그들은 받을 상을 다 받았소. 좋은 일을 하려거든 오른손이 하는 일을 왼손이 모르게 하시오. 그러면 숨겨진 일을 보시는 아버지께서 갚아주실 것이오."

*

옛 늙은이 말에, 높은 덕은 덕을 베풀지 않아서 덕이 있고 낮은 덕은 덕을 잃지 않아서 덕이 없다고 하였다. 덕을 베풀려고 베풀지 마라. 그래도 되지만 그러는 게 아니다.

골방에 들어가서 문을 닫고 기도하라 [6, 5-6]

"기도할 때도 겉모양 꾸미는 자들처럼 하지 마시오. 남한테 보여주려고 회당이나 큰길 모퉁이에서 기도하기를 좋아하지만, 내가 진정으로 말하는데, 그들은 받을 상을 다 받았소. 그대는 골방에 들어가서 문을 닫고 보이지 않는 아버지께 기도하시오. 숨겨진 일을 보시는 아버지께서 들어주실 것이오."

*

연인과의 깊은 관계는 은밀히 감추면서 하느님과 깊은 관계는 드러내어 보여준다?

이렇게 기도하라 [6, 7-13]

"기도할 때 이방인들처럼 같은 말을 하고 또 하는 일이 없도록 하시오. 말을 많이 해야 하느님이 들으신다고 생각하는 모양인데, 내가 진정으로 말합니다, 그들은 받을 상을 다 받았소. 그들을 본받지 마시오. 우리 아버지는 그대가 달라고 하기도 전에 그대한테 무엇이 필요한지를 다 아시는 분이오. 그런즉 그대들은 이렇게 기도하시오. 하늘에 계신 우리 아버지, 온 세상이 아버지 거룩하신 이름을 부르게 하시고, 아버지 나라를 지금 여기에 세워 아버지 뜻이 하늘에서 이루어지듯이 땅에서도 이루어지게 하소서. 오늘 우리에게 하루치 양식을 주시고, 우리가 우리에게 잘못한 이들을 용서하듯이 우리 잘못을 용서하시고, 우리를 유혹에 넘어가지 않도록 지켜주시고 다만 악에서 건져주소서. 나라와 권세와 영광이 아버지께 영원히 있나이다. 아멘."

*

마음이 순수할수록 생각은 단순해지고, 생각이 단순할수록 말수는 줄어든다. 말수가 줄어드는 기도를 거쳐 마침내 침묵의 언어인 하느님 말씀으로 귀의歸依하라.

남의 잘못을 용서하면 [6, 14-15]

"그대들이 남의 잘못을 용서하면 하늘 아버지도 그대들의 잘못을 용서하실 것이나, 그대들이 남의 잘못을 용서하지 않으면 하늘 아버지도 그대들의 잘못을 용서하시지 않을 것이오."

*

제가 저를 감옥으로 만들어 저를 가두는데 누가 그를 석방할 것인가?

금식할 때는 세수를 하고 [6, 16-18]

"금식할 때는 겉모양 꾸미는 자들처럼 부스스한 얼굴을 하지 마시오. 자기가 금식하는 티를 내려고 일부러 그런 얼굴로 다니는데, 내가 진정으로 말합니다, 그들은 받을 상을 다 받았소. 금식할 때는 세수를 하고 머리에 기름도 바르시오. 그대가 금식하고 있음을 사람들에게 드러내어 보이지 말고 아버지께만 보여드리시오. 숨겨진 일을 보시는 아버지께서 갚아주실 것이오."

*

보여주고 싶은 것은 감추고, 감추고 싶은 것은 드러내어라. 맑게 사는 비결이다.

재물을 하늘에 쌓아 두어라 [6, 19-21]

"재물을 땅에 쌓아두지 마시오. 땅은 좀도 먹고 녹도 슬고 도둑이 뚫고 들어와서 훔쳐 가기도 하는 곳이오. 그러니 재물을 하늘에 쌓아두도록 하시오. 하늘은 좀먹거나 녹슬거나 도둑이 뚫고 들어와서 훔쳐갈 수 없는 곳이오. 그대 보물 있는 곳에 그대 마음이 있는 법이오."

*

마음에 오직 하늘을 모시고 산다. 애쓰지 않아도 보이지 않는 재물이 절로 쌓인다.

눈은 몸의 등불 [6, 22-23]

"눈은 몸의 등불, 눈이 밝으면 온몸이 밝겠거니와 눈이 어두우면 온몸이 어두울 것이오. 그대들 눈에 밝은 빛으로 보이는 그것이 사실은 어둠이라면 그 어둠이 얼마나 깊은 어둠이겠소?"

*

눈이 밝으면 걸음이 바르고, 눈이 맑으면 세상이 아름답다.

하느님과 돈을 아울러 섬기지 못함 [6, 24]

"한 몸으로 두 주인을 모실 수 없소. 이를 미워하면서 저를 사랑하거나 저를 존중하면서 이를 업신여기게 마련이오. 아무도 하느님과 돈을 아울러 섬기지 못하오."

*

개울로 흐르는 강물은 없다. 부모를 모시고서 자식을 섬길 순 없는 일이다.

공중 나는 새를 보라 [6, 25-34]

"그렇소, 내가 진정으로 말하는데, 살기 위해서 무엇을 먹고 무엇을 마실까, 몸에는 무엇을 걸칠까, 이런 걱정은 하지 마시오. 삶이 음식보다 값지고 몸이 옷보다 값지지 않소? 공중 나는 새들을 보시오. 심지도 않고 거두지도 않고 곳간에 모아들이지도 않는 그것들을 먹이시는 하늘 아버지께서 새들보다 훨씬 귀한 그대들을 내버려 두시겠소? 그대들 가운데 누가 걱정한다고 해서 자기 수명을 한 뼘이라도 늘릴 수 있소? 도대체 옷 걱정을 왜 하는 거요? 저 들판의 나리꽃이 어떻게 피어나는지 보시오. 수고도 하지 않고 길쌈도 하지 않지만, 내가 진정으로 말하는데, 온갖 호사를 누린 솔로몬도 저 나리꽃 한 송이만큼 화려하게 차려입지 못하였소. 어째서 믿음이 그토록 약한 거요? 오늘 피었다가 내일 아궁이에 던져지는 들풀도 하느님께서 저렇게 입히시거늘 하물며 그대들이야 얼마나 잘 입히시겠소? 그러니 무엇을 먹을까, 무엇을 마실까, 무엇을 입을까, 그런 걱정 따위 하지 마시오. 그건 이방인들이나 하는 걱정이오. 그대들한테 무엇이 필요한지를 하늘 아버지께서 다 알고 계시오. 먼저 하느님의 나라를 구하고 그분의 올바른 길을 찾도록 하시오. 그러면 다른 모든 것을 덤으로 얻게 될 것이오. 부디 내일 일을 당겨서 걱정하지 말고, 내일 일은 내일에 맡기시오. 하루의 괴로움은 그날 하루 겪은 것으로 충분하오."

*

스스로 원하든 원하지 아니하든 지금 이 순간 말고는 살 수 없는 것이 인생이다. 그런데 어찌하여 어제에 머물고 내일에 살려는 헛고생이 이리도 심한 것인가? 사람으로 태어나 그 살아가는 모습이 한 떨기 풀꽃만도 못하단 말인가?

비판받고 싶지 않거든 [7, 1-2]

"남한테서 비판받고 싶지 않거든 남을 비판하지 마시오. 남을 비판하는 같은 잣대로 비판받을 것이며, 남을 달아보는 같은 저울로 달릴 것이오."

*

모든 남이 나를 비춰주는 거울이다. 내가 남을 어떻게 보고 어떻게 대하느냐? 이것이 세상에 보여주는 내 모습이다.

자기 눈 속의 들보 [7, 3-5]

"어찌하여 형제 눈 속의 티를 보면서 자기 눈 속의 들보는 보지 못하오? 자기 눈 속에 들보가 있는 것도 알지 못하면서 어떻게 형제 눈 속에 있는 티를 빼주겠다는 거요? 겉을 꾸밀 줄만 아는 사람들! 먼저 당신들 눈에 있는 들보부터 빼내시오. 그래야 눈이 잘 보여 형제 눈에서 티를 빼줄 수 있을 것 아니오?"

*

똑같은 허물이 내 눈에서는 안 보이는 들보, 네 눈에서는 보이는 티끌이다.

거룩한 것을 개한테 주지 말라 [7, 6]

"거룩한 것을 개한테 주지 말고 진주를 돼지한테 던지지 마시오. 그것들이 발로 짓밟고 돌이켜 그대들을 물어뜯을지 모르는 일이오."

*

내가 나를 누구한테 맡길 수 있음은 축복일 수도 있고 저주일 수도 있다. 그 '누구'를 선택하는 것은 다른 누가 아닌 바로 나다.

달라고 하는 이마다 얻으리라 [7, 7-11]

"달라고 하시오, 달라고 하면 얻을 것이오. 찾으시오, 찾으면 보일 것이오. 두드리시오, 두드리면 열릴 것이오. 달라고 하는 이마다 얻고, 찾는 이마다 보고, 두드리는 이마다 열릴 것이오. 빵 달라는 자식한테 돌을 주고 생선 달라는 자식한테 뱀을 주는 사람은 세상에 없소. 아무리 못된 사람도 자식한테 좋은 것을 줄줄 알건만, 하늘 아버지께서 달라는 사람에게 더 좋은 것을 주시지 않겠소?"

*

소크라테스와 공자가 한 몸으로 환생하여도 없는 질문에 답하지는 못할 것이다.

율법과 예언의 알속 [7, 12]

"받고 싶은 것을 주시오. 이것이 율법과 예언의 알속이오."

*

주고받는 것이 법이다. 받고 주는 법은 세상에 없다.

좁은 문 [7, 13-14]

"좁은 문으로 들어가시오. 멸망으로 들어가는 문은 크고 그 길 또한 넓어서 그리로 들어가는 자들이 많지만, 생명으로 들어가는 문은 작고 그 길 또한 좁아서 그리로 들어가는 사람이 적소."

*

그를 따르는 자들보다 멸시하고 반대하는 자들이 훨씬 많았던 참사람의 말씀.

거짓 예언자들을 조심하라 [7, 15-20]

"거짓 예언자들을 조심하시오. 양의 얼굴로 다가오지만 속에 있는 건 늑대요. 하는 짓을 보면 그들의 정체를 알 수 있소. 떨기나무에서 포도를, 엉겅퀴에서 무화과를 딸 수 있겠소? 좋은 나무가 좋은 열매를 맺고 나쁜 나무가 나쁜 열매를 맺는 법이오. 좋은 나무는 나쁜 열매를 맺을 수 없고 나쁜 나무는 좋은 열매를 맺을 수 없소. 좋은 열매를 맺지 않는 나무마다 찍혀서 불에 던져질 터인즉, 하는 짓을 보면 그들의 정체를 알 수 있는 것이오."

*

거짓 예언자에게 속지 않으려면 그가 밥 한 그릇을 어떻게 먹는지, 그것을 지켜보라.

우리가 주님 이름으로 예언도 하고 [7, 21-23]

"나를 보고 '주님, 주님.' 부른다 해서 모두 하늘나라에 들어가는 것이 아니고, 삶으로 하늘 아버지의 뜻을 이루어드리는 사람이라야 들어갈 수 있소. 그날 많은 사람이 내게로 와서 '주님, 주님. 우리가 주님 이름으로 예언도 하고 주님 이름으로 귀신도 쫓아내고 주님 이름으로 거창한 사업도 벌이지 않았습니까?' 하겠지만, 그날에 내가 '나는 너희를 모른다. 이 못된 자들아, 꺼져버려라.'하고 분명히 말할 것이오."

*

하느님은 우리가 '무엇'을 하느냐보다 그것을 '어떻게' 하느냐에 관심하신다. 당신의 사업을 위해서가 아니라 당신의 사랑을 위해서 우리를 지으셨기 때문이다.

반석 위에 집 짓는 사람 [7, 24-27]

"누구든지 내 말을 듣고 그대로 하는 사람은 반석 위에 집을 짓는 슬기로운 사람과 같소. 비가 오고 큰물이 나고 바람이 몰아쳐도 그 집이 무너지지 않는 까닭은 든든한 반석에 서 있기 때문이오. 반면에 내 말을 듣고 그대로 하지 않는 사람은 모래 위에 집을 짓는 바보와 같소. 비가 오고 큰물이 나고 바람이 몰아치면 그 집이 크게 무너질 것이오."

*

눈 서리가 내려야 소나무와 전나무를 알아본다고 하였다. 세상에 큰물이 나고 비바람이 몰아치는 데는 다 그럴만한 까닭이 있는 것이다.

권위 있는 가르침 [7, 28-29]

예수께서 말씀을 마치시자 온 무리가 경탄을 금치 못하였다. 율법학자들과 달리 그 가르침에 권위가 있었기 때문이다.

*

참된 권위는 옷차림이나 창칼에서 나오는 게 아니다. 참말과 그 말에 뿌리내린 삶에서 오는 것이다.

나병 환자를 고쳐주심 [8, 1-4]

예수, 산에서 내려오시자 큰 무리가 뒤를 따랐다. 한 나병 환자가 그 분께 와서 절하며 말하기를, "주님이 원하시면 저를 깨끗하게 하실 수 있습니다." 하였다. 예수께서 그 몸에 손을 대시며, "내가 원한다, 깨끗해져라." 하시자 곧 나병이 나았다. 예수께서 그에게, "아무한테도 말하지 말고 곧장 사제에게로 가서 몸을 보이고 모세의 법에 따라 예물을 바쳐 당신 몸이 깨끗해졌다는 증거로 삼으시오."하고 말씀하셨다.

*

나병 환자가 고쳐달라고 부탁하지 않았는데 예수님이 그 병을 낫게 하셨을까? 사람이 혼자서 할 수 있는 일이란 처음부터 없는 것이다.

그저 한 말씀만 하시면 [8, 5-13]

예수께서 가파르나움에 들어가셨을 때 한 백부장이 와서 하소연하기를, "주님, 제 하인이 중풍에 걸려 몹시 괴로워합니다." 하였다. 예수께서, "내가 가서 고쳐주겠소." 하시자 그가 말했다. "저는 주님을 집에 모실만한 사람이 못됩니다. 그저 한 말씀만 하시면 제 하인이 낫겠습니다. 저도 남 밑에 있습니다만 제 밑에도 부하들이 있어서, 이더러 가라 하면 가고 저더러 오라 하면 옵니다. 또 제 종한테 무엇을 시키면 그대로 합니다." 이 말을 들으신 예수께서 감탄하셨다. "어느 이스라엘 사람한테서도 이런 믿음을 보지 못했다. 내가 진정으로 말하는데, 사방에서 많은 사람이 모여들어 아브라함, 이사악, 야곱과 더불어 하늘나라 잔치 음식을 나눌 때 이 나라 백성은 어두운 바깥으로 쫓겨나 거기서 이를 갈며 울부짖을 것이다." 그런 다음, 백부장에게 이르시기를, "그대 믿음대로 되었으니, 가서 보시오." 하셨다. 바로 그 시각에 하인의 병이 나았다.

*

믿으려고 해서 믿는 게 아니고 믿어지니까 믿는 것이다. 믿음은 사람의 신분과 아무 상관이 없는 일방적인 선물이다.

말씀으로 귀신들을 쫓아내심 [8, 14-17]

예수께서 베드로의 집에 들어가 그의 장모가 열병으로 누워있는 것을 보시고 그 손을 잡으시자 곧 열이 내렸다. 여인이 일어나는 길로 예수를 보살펴드렸다. 날이 저물도록 사람들이 귀신들린 자들을 많이 데리고 왔다. 예수께서 말씀으로 귀신들을 쫓아내시고 다른 병자들도 모두 고쳐주셨다. 예언자 이사야를 시켜, "몸소 우리 연약함을 감당하시고 우리의 병고를 짊어지셨다."고 하신 말씀이 이렇게 이루어졌다.

*

남들의 병고를 짊어지는데 본인은 병들어 아프지 않다. 누가 능히 탁함에 고요히 있어 그것을 서서히 맑게 하겠는가?(孰能濁以靜之徐淸)

여우도 굴이 있고 공중 나는 새도 둥지가 있지만 [8, 18-22]

예수께서 당신을 에워싸는 무리를 보시고 제자들에게 호수 건너편으로 가자고 하셨다. 그때 한 율법학자가 다가와서 말하기를, "선생이 가시는 곳이면 어디든지 따라가겠습니다." 하였다. 예수께서 말씀하셨다. "여우도 굴이 있고 공중 나는 새도 둥지가 있지만 사람 아들은 머리 둘 곳이 없소."
제자 가운데 하나가 말했다. "주님, 먼저 집에 가서 아버지 장례를 치르도록 허락해주십시오." 예수께서 그에게 이르시기를, "죽은 사람 장례는 죽은 자들한테 맡기고 그대는 나를 따르시게." 하셨다.

*

어디에 있든지 거기가 안방이라 머물 곳이 따로 없다. 스승과 제자의 관계는 어떤 '곳'에서 이루어지는 게 아니다.

바람과 물을 꾸짖어 잠잠하게 하심 [8, 23-27]

예수, 배에 오르시니 제자들이 따라서 배에 올랐다. 호수에 큰바람이 일어 배가 성난 파도에 휩쓸릴 참인데 예수께서는 주무시고 계셨다. 제자들이 몰려와 깨우며 아우성쳤다. "주님, 살려주십시오. 우리가 죽게 되었습니다." 예수께서 그들에게, "왜들 이리 무서워하는 거요? 그렇게도 믿음이 없소?" 하시며 곧 일어나 바람과 물을 꾸짖으시니 사방이 고요해졌다. 무리가 놀라서 수군거렸다. "도대체 이분이 누군데 바람도 물도 복종하는 건가?"

*

같은 상황인데 누구는 아우성치고 누구는 천하태평이다. 그래서 선생이고 그래서 제자들이다.

돼지들이 비탈을 내달려 [8, 28-34]

예수께서 호수 건너편 가다라 지방에 들어가실 때 귀신들린 사람 둘이 무덤 사이에서 나오다가 그분과 맞닥뜨렸다. 그들이 하도 사나워서 아무도 그리로 지나다닐 수 없는 상황이었다. 그런데 갑자기 그들이 소리치기를, "하느님의 아들이여, 당신이 우리와 무슨 상관이오? 때가 되기도 전에 우리를 괴롭히려고 여기 온 거요?" 하였다. 마침 거기에서 멀지 않은 곳에 놓아 기르는 돼지들이 떼를 지어 돌아다니고 있었는데, 귀신들이 예수께 간청하였다. "우리를 정 쫓아내려거든 저 돼지들 속으로 들어가게 해주시오." 예수께서 "가라." 하시니 귀신들이 사람한테서 나와 돼지들 속으로 들어갔다. 돼지들이 비탈을 내달려 모두 호수에 빠져 죽었다. 돼지 치던 사람이 성안으로 달려가 자기가 본 대로 말하자 성읍 사람들이 모두 예수를 만나러 나와서는 제발 자기네 고장을 떠나 달라고 빌었다.

*

사람이냐? 돈이냐? 그때도 사람들은 사람보다 돈이 먼저였던가!

침상에 누운 중풍 병자를 고쳐주심 [9, 1-8]

예수께서 배를 타고 당신 마을로 돌아오시는데 사람들이 중풍 병자를 침상에 누인 채로 데려왔다. 그들의 믿음을 보시고 중풍 병자에게 이르시기를, "안심하게. 자네 죄가 용서받았네." 하셨다. 이에 율법학자 몇이 속으로 수군거렸다. "저자가 하느님을 모독하는군." 예수께서 그들의 생각을 아시고 말씀하셨다. "어쩌자고 그렇게 좋지 않은 생각을 품는 거요? 죄를 용서받았다고 말하는 것과 일어나서 걸어가라고 말하는 것, 둘 중에 어느 편이 더 쉽겠소? 내가 이제 땅에서 죄를 용서하는 권능이 사람 아들한테 있음을 보여주겠소." 그런 다음, 중풍 병자에게 명하셨다. "일어나 침상을 들고 집으로 가시게." 그가 일어나 집으로 갔다. 무리가 보고 두려워하며 사람한테 그런 권능을 주신 하느님을 찬양하였다.

*

사람을 용서하는 권능이 사람한테 없으면 누구한테 있단 말인가? 용서란 사람이 사람에게 빌고 사람이 사람에게 하는 것이다. 짐승들 세계에는 그런 것 없다.

세리 마태오를 부르심 [9, 9-13]

예수께서 그곳을 떠나 길을 가시다가 세관에 앉아있는 마태오를 보고 그를 부르셨다. "나를 따르시오." 그가 자리에서 일어나 예수를 따라나섰다.

제자들과 함께 마태오 집에서 식사하시는데 많은 세리와 죄인들이 와서 함께 음식을 먹었다. 이를 본 바리사이파 사람들이 예수 제자들에게 따져 물었다. "어째서 자네들 선생은 세리나 죄인 따위와 어울려 함께 음식을 먹는 건가?" 이 말을 들으신 예수께서 말씀하셨다. "의원이 건강한 사람한테는 필요 없지만 병든 사람한테는 필요하오. 돌아가서, '내가 너희에게 바라는 것은 짐승을 잡아서 바치는 제사가 아니라 이웃을 불쌍히 여기는 마음이다.'라고 하신 말씀이 무슨 뜻인지 배우도록 하시오. 나는 의인을 부르려고 온 것이 아니라 죄인을 불러 회개시키려고 왔소."

*

세상에 의인은 없다. 스스로 의인인 줄 아는 사람이 있을 뿐이다. 세상에 병들지 않은 사람 없다. 스스로 병들지 않았다고 생각하는 사람이 있을 뿐이다.

새 술은 새 부대에 [9, 14-17]

요한의 제자들이 와서 예수께 물었다. "우리도 금식하고 바리사이파 사람들도 금식하는데 선생 제자들은 왜 금식하지 않는 거요?" 예수께서 이르셨다. "혼인잔치에 온 사람들이 신랑과 함께 있으면서 슬퍼할 수 있겠소? 하지만 머잖아 신랑을 빼앗기는 날이 올 터인즉, 그날에는 그들도 금식할 것이오. 낡은 옷을 새 헝겊으로 깁는 사람은 없소. 새 헝겊이 낡은 옷을 당겨서 더 찢어질 테니까. 아무도 새 술을 낡은 가죽부대에 담지 않소. 부대가 터져 술이 쏟아지고 부대도 망가질 테니까. 새 술은 새 부대에 담아야 둘 다 온전하게 보존되는 법이오."

*

슬퍼서 우는 것이다. 슬퍼하려고 우는 게 아니다. 뒤집힌 것을 다시 뒤집는 일이야말로 얼마나 쉽고 어려운 혁명인가?

회당장의 숨진 딸을 살리심 [9, 18-26]

예수께서 이 말씀을 하실 때 한 회당장이 와서 절하며 간청하였다. "제 딸이 방금 숨을 거두었습니다만, 우리 집에 오셔서 아이 몸에 손을 얹으시면 살아날 것입니다." 예수께서 그를 따라나서시니 제자들이 동행하였다.

그때 열두 해를 하혈로 앓고 있는 여인이 예수 뒤로 다가와 겉옷 자락에 손을 대었다. 옷자락만 만져도 병이 낫겠다는 생각이 들었던 것이다. 예수께서 돌이켜 여인을 보시고 말씀하셨다. "딸아, 안심해라. 네 믿음이 너를 건졌다." 즉시로 여인의 병이 나았다.

예수께서 회당장의 집에 이르러 피리 부는 자들과 시끄럽게 곡하는 자들을 보시고 그들에게 이르셨다. "다들 물러가오. 아이는 죽은 게 아니라 잠들었소." 사람들이 비웃으며 밖으로 나오자 예수께서 안으로 들어가 소녀의 손을 잡으셨다. 아이는 곧 일어났고, 소문이 온 땅에 퍼졌다.

*

회당장의 딸과 하혈하는 여인을 살리고 고치는 힘은 어디에서 오는가? 어떤 사람의 어떤 믿음이다. 그 믿음은 의지의 산물이 아니라 송장送狀 없이 배달된 선물이다.

맹인 둘을 고쳐주심 [9, 27-31]

예수께서 그곳을 떠나 길을 가시는데 맹인 둘이 따라오며 큰소리로, "다윗의 자손이여, 우리를 불쌍히 여기소서."하고 외쳐댔다. 예수, 집으로 들어가시어 거기까지 따라온 맹인들에게 물으셨다. "내가 그대들 소원을 들어줄 수 있다고 믿소?" 그들이, "예, 주님. 우리가 믿습니다!" 하고 대답하자, 그들의 눈을 만지며 말씀하셨다. "믿음대로 될 것이오." 그들의 눈이 곧 밝아졌다. 예수께서 이 일을 아무한테도 말하지 말라고 단단히 이르셨지만 그들은 나가서 예수 소문을 온 땅에 퍼뜨렸다.

*

소문내지 말라고 하면 소문이 안 날까? 그럴 리 없다. 그래도 이렇게 말할 수밖에… 누구 들으라고 하는 말이 아니라 자기한테 들려주는 말인 것을.

벙어리 귀신을 쫓아내심 [9, 32-34]

그들이 나가자 사람들이 귀신들려 말 못 하는 벙어리를 데리고 왔다. 예수께서 귀신을 쫓아내시자 그가 곧 말을 하게 되었다. 무리가 보고 놀라며 이스라엘에서 이런 일을 처음 본다고 웅성거리자, 바리사이파 사람들이 말하였다. "저자가 귀신 두목의 힘을 빌려서 귀신을 쫓아내는군."

*

모자라는 인간들이 저마다 제 눈으로 본다. 그러니 보이는 것마다 뒤틀리지 않을 수 없다. 그게 그런 줄 깨친 이는 그래서 말이 없다.

추수할 것은 많은데 일꾼이 적으니 [9, 35-38]

예수, 도성과 마을을 두루 다니며 각처의 회당에서 가르치고 하늘나라 복음을 전하셨다. 그리고 병든 사람과 허약한 사람을 모두 고쳐주셨다. 또한, 목자 없는 양처럼 이리저리 헤매며 고생하는 사람들을 보고 불쌍한 마음이 들어 제자들에게 이르기를, "추수할 것은 많은데 일꾼이 적으니 추수할 일꾼을 보내 달라고 주인한테 청하시오." 하셨다.

*

일꾼보고 일꾼을 청하라고 하신다. 그렇다, 하느님 앞에서는 모두가 일꾼이다. "내가 세상에 머물러야 한다면 심부름꾼으로 머물고 싶다."(간디).

열두 제자를 부르심 [10, 1-4]

예수께서 열두 제자를 부르시어 더러운 귀신 내쫓고 병자와 허약한 사람 고쳐주는 권능을 그들에게 주셨다. 다음은 열두 사도 명단이다. 베드로라 불리는 시몬과 그 아우 안드레아, 제베대오의 두 아들 야고보와 요한, 필립보, 바르톨로메오, 토마, 세리 출신 마태오, 알패오의 두 아들 야고보와 타대오, 가나안 사람 시몬 그리고 가리옷 사람 유다.

*

때가 되매 스승이 제자들을 부른다. 아무나, 아무 때나 제자들을 부르는 게 아니다.

열두 제자를 떠나보내심 [10, 5-8]

예수, 열둘을 떠나보내는 자리에서 말씀하셨다. "이방인들 사는 데도 가지 말고 사마리아 사람들 고장에도 가지 말고 오직 이스라엘 집안의 길 잃은 양들을 찾아가서 하늘나라가 다가왔다고 선포하시오. 병든 사람은 고쳐주고 죽은 사람은 살려주고 나병 환자는 깨끗하게 해주고 귀신은 쫓아버리되, 그대들이 거저 받았으니 거저 주시오."

*

거저 받았으니 거저 주란다. 하지만 싸구려로 마구 뿌리라는 건 아닐 것이다. '거저'라는 말에 '값을 매길 수 없을 만큼 값지다'는 뜻이 담겨 있으니.

아무것도 지니지 말라 [10, 9-15]

"돈지갑에 금전이나 은전이나 동전을 넣어두지 말고 양식 자루나 여벌 옷, 신발이나 지팡이도 지니지 마시오. 당연히 일꾼은 먹게 되어있소. 어느 도성이나 마을에 가더라도 평판이 괜찮은 사람을 찾아 떠날 때까지 그 사람 집에 머물도록 하시오. 남의 집에 들어갈 때는 '집안에 평화가 깃들기를 빕니다.' 하고 인사하시오. 평화가 깃들만한 집이면 그대들이 빌어준 평화가 그 집에 깃들 것이고, 아니면 그대들이 빌어준 평화가 그대들한테로 돌아올 것이오. 그대들을 영접하지도 않고 그대들 말에 귀를 기울이지도 않는 데가 있거든 지체하지 않고 떠나되, 발에 묻은 먼지까지 털어버리시오. 그렇소, 내가 진정으로 말하는데, 심판받는 날에 소돔과 고모라가 오히려 그 고장보다 견디기 쉬울 것이오."

*

복음은 들어날라고 구걸하는 게 아니다. 복음 전달자는 비굴한 걸인이 아니라 당당한 심부름꾼이다.

뱀처럼 슬기롭게 비둘기처럼 양순하게 [10, 16-23]

"그대들을 세상에 보내는 것이 양 떼를 늑대 무리 가운데로 들여보내는 것 같구려. 아무쪼록 뱀처럼 슬기롭게 비둘기처럼 양순하게 처신하시오. 그대들을 고발하여 법정에 넘기고 회당에서 매질할 자들도 있을 터이니 그들을 조심하시오. 그대들은 또 나 때문에 총독과 왕들한테 끌려가 재판을 받고 그들과 이방인 앞에서 나에 대해 증언하게 될 것이오. 하지만 잡혀가더라도 무슨 말을 어떻게 할까, 미리 걱정하지 마시오. 때맞춰 할 말을 주실 터인즉, 말하는 이는 그대들이 아니라 그대들 안에 계시는 하느님의 성령이오. 바야흐로 형제가 형제를, 아비가 자식을 죽는 자리에 몰아넣고 자식 또한 제 부모를 원수로 삼아 죽게 할 것이오. 사람들이 내 이름 때문에 그대들을 미워할 터이나 끝까지 견디는 사람은 구원받을 것이오. 이 동네가 괴롭히거든 저 동네로 피하시오. 그렇소, 내가 진정으로 말하는데, 그대들이 이스라엘 모든 고장을 다 돌기 전에 사람 아들이 올 것이오."

*

나와 함께 가는 길은 결코 평탄치 못하다. 그런 줄 알고서 따라오려면 따라오라, 내가 그대들을 책임지리라.

제자가 스승보다 높을 수 없고 [10, 24-25]

"제자가 스승보다 높을 수 없고 종이 주인보다 높을 수 없소. 제자가 스승만큼 되고 종이 주인만큼 되면 그로써 충분한 거요. 집주인을 베엘제불이라 부른 자들이 집안 식구들한테야 무슨 소린들 못하겠소?"

*

힘든 일을 겪을 때 그분을 생각한다. 아, 그분도 이 길을 앞서 걸으셨구나!

두려워 말라 [10, 26-31]

"저들을 겁내지 마시오. 감추어진 것은 드러나게 마련이고 숨겨진 것은 알려지게 되어 있소. 내가 어두운 데서 한 말을 밝은 데서 전하고 귀에 대고 속삭인 말을 지붕에서 외치시오. 몸은 죽여도 영혼은 죽이지 못하는 자들을 겁내지 말고 몸과 영혼을 함께 지옥으로 보내 파멸시킬 수 있는 분을 두려워하시오. 참새 두 마리가 동전 한 닢에 팔리지 않소? 그 참새 한 마리도 우리 아버지가 허락하시지 않으면 땅에 떨어지지 아니하오. 많은 참새보다 그대들이 훨씬 소중하거니와 아버지께서 그대들 머리카락까지도 헤아려두셨으니 아무쪼록 두려워하지 마시오."

*

봄 동산에 꽃송이 하나 빠뜨리지 않고 피우시는 바로 그 기운이 나를 경영하신다. 무슨 모자람이 어디에 있을 것인가?

사람들 앞에서 말한 대로 [10, 32-33]

"누구든지 사람들 앞에서 나를 안다고 말하면 나도 하늘 우리 아버지 앞에서 그를 안다고 말하겠소. 그러나 누구든지 사람들 앞에서 나를 모른다고 말하면 나도 하늘 우리 아버지 앞에서 그를 모른다고 말할 것이오."

*

네가 사람들 앞에서 하는 말이 그대로 내가 너에게 하는 말이다.

평화가 아니라 칼을 [10, 34-39]

"내가 세상에 평화를 주러 온 줄로 알지 마시오. 평화가 아니라 칼을 주러 왔소. 아들이 아비에, 딸이 어미에, 며느리가 시어미에 맞서 다투게 하려고 내가 온 것이오. 집안 식구들이 곧 원수들이오. 아비나 어미를 나보다 더 사랑하는 자는 나와 어울릴 수 없는 사람이고, 아들이나 딸을 나보다 더 사랑하는 자도 나와 어울릴 수 없는 사람이오. 제 목숨을 지키려 하는 자는 잃을 것이고 나 때문에 자기 목숨을 잃는 사람은 얻을 것이오."

*

옛글에, 사물에는 뿌리와 가지가 있고 일에는 나중과 처음이 있으니 먼저

와 나중이 어디인지를 알면 길에서 가깝다고 하였다. 길은 순서다.

보잘것없는 사람에게 냉수 한 그릇 [10, 40-42]

"그대들을 영접하는 사람은 나를 영접하는 것이요 나를 영접하는 사람은 나 보내신 분을 영접하는 것이오. 예언자를 예언자로 영접하는 사람은 예언자에게 돌아가는 상을 받을 것이고 의인을 의인으로 영접하는 사람은 의인에게 돌아가는 상을 받을 것이오. 그렇소, 내가 진정으로 말하는데, 보잘것없는 사람 한 명에게 그가 내 제자라는 이유로 냉수 한 그릇 대접하면 반드시 그에 합당한 상을 받게 될 것이오."

*

보상받으려고 냉수 대접하는 것 아니다. 냉수 때문에 보상이다. 보상 때문에 냉수 아니다.

요한의 제자들이 와서 묻다 [11, 1-6]

예수께서 열두 제자에게 내리실 말씀 내리시고, 부근 여러 마을에서 전도하며 가르치고자 그곳을 떠나셨다.

그리스도가 하신 일을 감옥에서 전해 듣고 요한이 제자들을 보내어 물어보게 하였다. "선생이 장차 오신다는 그분입니까? 아니면 우리가 다른 누구를 기다려야 합니까?" 예수께서 대답하셨다. "돌아가서 듣고 본 것을 그대로 요한에게 이르시오, 눈먼 사람이 보고 앉은뱅이가 걷고 나병 환자가 깨끗해지고 귀먹은 사람이 듣고 죽은 사람이 살아나고 복된 소식이 가난한 이들한테 전해진다고. 누구든지 나한테 걸려 넘어지지 않는 사람은 복된 사람이오."

*

사람을 그가 하는 '말'로 판단하는 게 아니다. 눈앞의 사물을 어떻게 대하는지 그 '눈'을 보면 알 수 있다, 그가 어떤 사람인지를.

광야의 예언자 [11, 7-11]

그들이 떠나자 예수께서 요한을 두고 사람들에게 말씀하셨다. "그대들은 무얼 보려고 광야에 들어갔던 거요? 바람에 흔들리는 갈대? 아니면, 무엇을 보려고 광야에 갔소? 비단옷 차려입은 사람? 비단옷 차려입은 사람은 왕궁에 있소. 도대체 무얼 보려고 광야에 들어갔단 말이오? 예언자? 옳소, 예언자 맞소. 하지만 그대들이 본 사람은 보통 예언자가 아니오. 성경에, '보라, 내가 내 일꾼을 너에 앞서 보낼 터인즉 그가 네 길을 예비하리라.'고 한 구절이 있는데 바로 이 사람을 두고 한 예언이었소. 그렇소, 내가 진정으로 말하는데, 여자 몸에서 태어난 사람 가운데 요한보다 큰 인물이 없소. 하지만 하늘나라에서는 가장 작은 자가 그보다 크오."

*

초등학교 6학년이 중학교 1학년 아래다. 땅으로 사는 사람과 하늘로 사는 사람은 비교 대상일 수 없다. 하지만 초등학생 아니었던 중학생이 있을 것인가?

요한과 엘리야 [11, 12-15]

"세례자 요한 때부터 지금까지 하늘나라는 폭력을 당해왔소. 폭력을 쓰는 무리가 하늘나라를 장악한 것이오. 지난날의 율법과 예언이 모두 요한한테로 귀결되었소. 그대들이 이를 받아들이면 오기로 되어 있는 엘리야가 바로 요한인 줄을 알게 될 것이오. 귀 있는 사람은 들으시오."

*

폭력이 비폭력을 장악할 수 있다. 다만 임시로 그럴 수 있을 뿐이다. 폭력이 얼마나 덧없고 비폭력이 어떻게 영원한지를 알게 될 때까지, 또는 그것을 알게 하려고.

장터 아이들 같은 이 세대 [11, 16-19]

"이 세대를 무엇에 빗대어 말한다면, 장터에서 아이들이 편을 갈라

'우리가 너희를 위해 피리를 불어도 너희는 춤추지 않고 너희를 위해 울어도 너희는 가슴을 치지 않는구나!' 하고 떠들며 노는 것과 같다 하겠소. 요한이 와서 먹지도 않고 마시지도 않으니까 '저 사람, 귀신들렸다.'고 하더니 사람 아들이 와서 먹기도 하고 마시기도 하니까 '봐라, 저 사람 게걸스럽게 먹고 마시며 세리와 죄인들을 사귄다.'고 하는구려. 하지만 어느 쪽이 진정 슬기로운지, 이루어지는 일을 보면 알 수 있소."

*

어느 세대나 철부지들이 같은 논리로 살아간다. "우리가 이럴 테니 너희도 이래라." 어느 세대나 간혹 어른들이 있어 다른 논리로 살아간다. "너희가 그러냐? 우리도 그러마."

코라진, 너에게 화가 미칠 것이다 [11, 20-24]

예수께서 놀라운 일들을 가장 많이 보여주신 고을을 책망하셨다. 그곳 거민들이 돌아서지 않았기 때문이다. "코라진, 너에게 화가 미칠 것이다. 베싸이다, 너에게도 화가 미칠 것이다. 내가 너희한테 보여준 놀라운 일들을 띠로와 시돈에 보였더라면 그들이 벌써 베옷을 입고 머리에 재를 쓰고 돌아섰으리라. 그렇다, 내가 진정으로 말한다, 심판받는 날에 띠로와 시돈이 오히려 너희보다 견디기 쉬울 것이다. 가파르나움, 네가 하늘만큼 높아질 것 같으냐? 지옥에 떨어질 것이다. 내가 너한테 보여준 놀라운 일들을 소돔에 보였더라면 그 도성이 오늘까지 남아있었으리라. 그렇다, 내가 진정으로 말한다, 심판받는 날에 소돔 땅이 오히려 너보다 견디기 쉬울 것이다."

*

죄인을 감옥으로 보내는 것이 법관인가? 아니다. 죄인을 감옥으로 보내는 것은 다른 누구보다도 자기 자신이다.

총명한 자들에겐 감추시고 [11, 25-27]

그때 예수께서 이렇게 기도하셨다. "하늘과 땅의 주인이신 아버지. 많이 아는 자들과 스스로 총명한 자들에게는 이 모든 것을 감추시고 오히려 철부지 아이들에게 보여주시니 고맙습니다. 예, 아버지. 이것이 아버지의 뜻이었어요. 아버지께서는 저에게 모든 것을 맡기셨습니다. 아버지 홀로 아들을 아시고, 아들과 아들이 아버지를 보여주려고 택한 사람들 말고는 아무도 아버지를 아는 자가 없습니다."

*

많이 알아서 탈이다. 자기가 아는 줄 아는 것들에 걸려서 자기가 모르는 줄을 모르기 때문이다. 움켜쥔 주먹으로는 아무것도 받을 수 없다.

수고하고 무거운 짐 진 사람들 [11, 28-30]

또 말씀하셨다. "수고하고 무거운 짐 진 사람들 모두 내게로 오시오. 내가 편히 쉬게 해주겠소. 나는 마음이 부드럽고 겸손하니 내 멍에를 메고 나한테 배우시오. 영혼이 안식하게 될 것이오. 내 멍에는 메기 쉽고 내 짐은 가볍소."

*

"내 몸은 고단하지만 나는 고단하지 않다. 내 마음은 아프지만 나는 아프지 않다." 누구든지 나에게 와서 내 일을 같이하며 나한테서 배우면 이렇게 말할 수 있다는 스승의 약속.

밀 이삭을 잘라 먹은 제자들 [12, 1-8]

그 무렵 어느 안식일, 예수께서 밀밭 사이로 지나가시는데 배고픈 제자들이 밀 이삭을 잘라 먹었다. 이를 보고 바리사이파 사람들이 예수께 말하기를, "보시오, 선생 제자들이 안식일에 해서는 안 되는 짓을 하고 있소." 하였다. 예수께서 이르셨다. "다윗이 부하들과 함께 있을 때 배가 고파서 무슨 짓을 했는지 읽어보지 않았소? 하느님 집에 들어가서 제단에 차려놓은 빵을 먹었지요. 그런데 그것은 사제들 말고 아무도 손댈 수 없는 빵이었소. 또 성전 안에서는 안식일에 사제들이 안식일 규례를 어겨도 죄가 되지 않는다고 법전에 기록되어 있는 것을 모르오? 그렇소, 내가 진정으로 말하는데, 성전보다 큰 이가 여기 있소. '내가 너희에게 바라는 것은 짐승을 잡아서 바치는 제사가 아니라 이웃을 불쌍히 여기는 마음이다.' 이 말씀이 무슨 뜻인지 그대들이 알았다면 죄 없는 사람을 죄인으로 몰지 않았을 것이오. 사람 아들이 안식일의 주인이오."

*

집보다 집주인이다. 그게 정상이다.

예수를 죽이려는 바리사이파 사람들 [12, 9-21]

예수께서 거기를 떠나 다른 데로 가시어 그 지역 회당에 들어가시니 한쪽 손 오그라든 사람이 마침 그 자리에 있었다. 사람들이 고발할 꼬투리를 잡아보려고 예수께 넌지시 묻기를, "안식일에 병을 고친다 해서 죄가 되는 건 아니겠지요?" 하였다. 예수께서 대답하셨다. "그대들 가운데 한 사람이 안식일에 자기 집에서 기르는 양 한 마리가 구덩이에 빠지면 그 양을 건져내지 않겠소? 하물며 사람은 양에 견줄 상대가 아니오. 안식일에 좋은 일을 하는 것은 법에 어긋나지 않소." 이어서 그 사람에게 손을 펴라고 말씀하시자 그가 손을 펴니 다른 손과 마찬가지로 말짱해져 있었다.

바리사이파 사람들이 밖으로 나가, 어떻게 하면 예수를 죽일 수 있을까, 서로 의논하였다.

예수께서 이를 아시고 그곳을 떠나시는데 많은 사람이 뒤따라오는지라 그들의 병을 모두 고쳐주시며 아무한테도 말하지 말라고 당부하셨다. 이렇게, 예언자 이사야를 시켜, "보라, 내가 뽑은 나의 종, 나를 기쁘게 해주고 내가 사랑하는 사람! 내가 저에게 성령을 부으리니 저가 나라들에 심판을 알리리라. 저가 누구와도 다투지 않고 번잡하게 들레지도 않으니 거리에서 그 소리를 듣지 못할 것이요, 상한 갈대 꺾지 않고 꺼져가는 심지 끄지 않기를 마침내 승리할 때까지 하리니, 나라들이 그 이름에 희망을 걸리라."고 하신 말씀이 이루어졌다.

*

그 사람, 하늘 우러러 부끄러운 짓 하지 않았으나 사람들 눈에는 신성한 법을 어기고 하느님을 모독하는 죄인이었다. 겉으로는 사람들이 이겼고 속으로는 그 사람이 이겼다.

마귀두목 베엘제불과 하느님의 성령 [12, 22-37]

그때 사람들이 귀신들려 보지 못하고 말도 못 하는 사람을 데려왔다. 예수께서 고쳐주시자 그가 보기도 하고 말도 하게 되었다. 무리가 매우 놀라며 수군거렸다. "혹시 저 사람, 다윗의 자손 아닐까?" 이를 듣고 바리사이파 사람들이 말하였다. "저가 마귀두목 베엘제불의 힘을 빌려서 귀신을 쫓아내는 것이다." 예수께서 그들의 생각을 아시고 말씀하셨다. "스스로 갈라져 서로 싸우는 나라마다 망하고 스스로 갈라져 서로 싸우는 집안이나 마을도 망하게 마련이오. 사탄이 사탄을 쫓아내면 스스로 갈라져 서로 싸우는 셈인데 그래서야 그 나라가 유지되겠소? 내가 베엘제불의 힘으로 귀신을 쫓아낸다면, 그렇다면 그쪽 자식들은 누구 힘으로 귀신을 쫓아내고 있는 거요? 바로 그들이 그대들을 심판할 것이오. 하지만 내가 지금 하느님의 성령을 힘입어 귀신을 쫓아내는 것이면 하느님 나라가 벌써 당신들한테 와 있다는 얘기요. 누가 힘센 자 집에 들어가서 물건을 털려면 먼저 그를 묶어놓아야, 그래야 그 집을 털 수 있지 않겠소? 나와 함께 하지 않는 사람은 나를 거스르는 사람이요, 나와 함께 모으지 않는 사람은 헤치는 사람이오. 그렇소, 내가 진정으로 말하는데, 사람이 무슨 죄를 짓든지 무슨 말로 누구를 모독하든지 다 용서받을 수 있지만, 성령을 거슬러 모독하는 것만큼은 용서받지 못할 것이오. 또 사람 아들을 거스르는 자는 용서받겠지만 성령을 거슬러 말하는 자는 이 세상에서도 저세상에서도 용서받지 못할 것이오. 좋은 열매를 거두려면 좋은 나무를 기를 일이오. 나무가 괜찮으면 열매도 괜찮고 나무가 고약하면 열매도 고약한 법. 열매를 보아 나무를 알 수 있소. 당신들은 독사의 자식들이오! 그도록 속이 악한네 어찌 겉으로 선한 말을 할 수 있겠소? 누구든지 제 속에 가득 찬 것을 입으로 내놓게 마련이니, 선한 사람은 제 속에 쌓아

둔 선을 내고 악한 사람은 제 속에 쌓아둔 악을 내는 것이오. 그렇소, 내가 진정으로 말하는데, 사람이 무슨 터무니없는 말을 지껄였든지 심판받는 날에 그 모든 말을 낱낱이 해명해야 할 터인즉 자기가 한 말에 따라서 의인으로 판정받기도 하고 죄인으로 판정받기도 할 것이오."

*

누가 뭐라고 말했으면, 속으로 그렇게 생각하니까 겉으로 그렇게 말한 것이다. 하지만 자기가 한 말의 열매는 스스로 거두어야 한다. 그것이 무엇이든 다른 누가 심은 것이 아니기 때문이다.

요나의 표적 [12, 38-45]

그때 율법학자와 바리사이파 사람 몇이 말하기를, "선생, 우리에게 표적을 보여주시오." 하였다. 예수께서 대답하셨다. "악하고 변덕스러운 세대가 표적을 보이라고 하지만 요나의 표적 말고는 보여줄 것이 없소. 요나가 사흘 밤낮 큰 물고기 배 속에 있었던 것처럼 사람 아들도 사흘 밤낮 땅속에 있을 것이오. 심판받는 날 니느웨 사람들이 일어나 이 세대를 정죄할 터인데 그들이 요나의 말을 듣고 돌아섰기 때문이오. 요나보다 큰 이가 여기 있소. 심판받는 날 남녘 여왕도 일어나 이 세대를 정죄할 터인데 그가 솔로몬의 지혜를 들으려고 멀리 땅끝에서 왔기 때문이오. 솔로몬보다 큰 이가 여기 있소. 더러운 귀신이 사람 안에 거하다가 나와서 물 없는 데를 찾아 이리저리 헤맸지만 찾지 못했소. 그래서 '전에 있던 내 집으로 돌아가야지.' 하고 돌아와 보니 집이 비어있을 뿐 아니라 말끔하게 치워지고 수리도 잘 되어있는지라, 저보다 훨씬 고약한 귀신 일곱을 데리고 들어가 자리 잡으면 그 사람 형편이 얼마나 더 비참해지겠소? 오늘 이 악한 세대가 그리될 것이오."

*

진정한 표적은 어떤 일이 아니라 그 일을 한 사람한테 있다. 기적이 아니라 기적을 일으킨 사람, 그게 진짜 기적이다.

누가 내 어머니인가? [12, 46-50]

예수께서 이 말씀을 하실 때 어머니와 형제들이 무슨 말을 하려고 밖에 서 있었다. 한 사람이 다가와 예수께 말씀드렸다. "선생님, 어머님과 형제분들이 선생님께 드릴 말씀이 있어서 밖에 와 계십니다." 예수께서 그에게 이르셨다. "누가 내 어머니고 누가 내 형제들이오?" 이어서 손으로 당신 제자들을 가리키며 말씀하셨다. "여기 내 어머니가 있고 내 형제들이 있소. 누구든지 삶으로 하늘 아버지의 뜻을 이루어드리는 사람이면 내 형제요 자매요 어머니인 것이오."

*

탯줄을 잘라 태아를 죽이지 않으면 신생아로 살 수 없듯이 핏줄을 잘라 혈육을 자르지 않으면 거룩한 영으로 거듭날 수 없다.

씨 뿌리는 사람 비유 [13, 1-9]

그날 예수께서 집 밖으로 나와 호숫가에 앉으시니 사람들이 많이 모여드는지라, 배에 올라앉으시고 사람들은 호숫가에 서 있었다. 여러 비유로 말씀하시기를, "씨 뿌리는 사람이 나가서 씨를 뿌리는데 더러는 길바닥에 떨어져 새들이 와서 쪼아 먹고, 더러는 흙이 별로 없는 돌밭에 떨어져 싹은 났지만 흙이 얕아서 뿌리도 못 내린 채 땡볕에 말라 죽고, 더러는 가시덤불에 떨어져 가시나무가 자라자 숨이 막혔고, 더러는 좋은 땅에 떨어져 백 배, 육십 배, 삼십 배로 열매를 맺었소. 귀 있는 사람은 들으시오." 하셨다.

*

뿌리는 대로 모두 거두리라고 기대하지 마라. "도(道)를 세상에 전하는 것은 양자강 흙탕물에 물감 한 방울 떨어뜨리는 것과 같다." 그래도 복음을 전해야겠거든 전해라.

비유로 말씀하신 이유 [13, 10-23]

제자들이 예수께 다가와, "왜 사람들에게 비유로 말씀하시는 겁니까?"하고 묻자 대답하시기를, "하늘나라 비밀을 아는 것이 그대들한테는 허락되었지만 저들은 아니오. 있는 사람은 더 받아서 넉넉하게 되고 없는 사람은 그 있는 것마저 빼앗길 것이오. 내가 저들에게 비유로 말하는 것은 저들이 보아도 보지 못하고 들어도 듣지 못하고 깨닫지 못하기 때문이오. 일찍이 이사야가 말하기를, '너희가 듣기는 하겠지만 알아듣지 못하고 보기는 하겠지만 알아보지 못하리라. 이 백성의 마음이 완고해서 귀를 닫고 눈을 감은 탓이니 그러지 않았으면 눈으로 보고 귀로 듣고 마음으로 깨달아 돌아섰을 것이고 내가 저들을 온전히 고쳐주었으리라.' 하였거니와 그 예언이 이렇게 이루어진 것이오. 하지만 그대들은 지금 눈으로 보는 것을 보고 귀로 듣는 것을 들으니 행복한 사람들이오. 그렇소, 내가 진정으로 말하는데, 많은 예언자와 의인들이 지금 그대들이 보는 것을 보고자 했으나 보지 못하였고 지금 그대들이 듣는 것을 듣고자 했으나 듣지 못하였소. 이제, 씨 뿌리는 사람 비유를 들어보시오. 누구든지 하늘나라의 말씀을 듣고 깨닫지 못하면 악한 자가 와서 그 마음에 뿌려진 것을 빼앗아가니 길바닥에 떨어진 씨가 바로 그런 경우를 말하는 것이오. 씨가 돌밭에 떨어진 것은 말씀을 듣고 기꺼이 받아들이긴 했으나 말씀이 마음에 뿌리를 내리지 못하여 잠시 견디다가 말씀 때문에 어려움을 겪게 되자 곧 넘어지는 경우를 가리키는 것이오. 씨가 가시덤불에 떨어진 것은 말씀을 듣기는 했지만 세상 걱정과 재물의 유혹에 짓눌려 아무 열매도 맺지 못하는 경우를 가리키는 것이오. 씨가 좋은 땅에 떨어진 것은 말씀을 듣고 잘 깨달아서 백 배, 육십 배, 삼십 배로 열매를 맺는 경우를 가리키는 것이오." 하셨다.

*

그때 본 것을 보지 못한 사람의 불행이 있어서 지금 보는 것을 보는 사람의 행복이 있는 것이다. "진흙 없이 연꽃 없다."

밀밭에 난 가라지 비유 [13, 24-30]

예수, 그들에게 또 다른 비유를 들려주셨다. "하늘나라는 어떤 사람이 밭에 좋은 씨를 뿌린 것과 같소. 사람들이 잠든 사이에 원수가 와서 밭에 가라지를 덧뿌려 놓은 까닭에 싹이 돋고 자라서 이삭이 팰 때 가라지가 함께 보였소. 종들이 주인에게 와서, '주인님, 밭에 좋은 씨를 뿌리지 않았습니까? 그런데 저 가라지가 어디서 생겼을까요?' 하고 묻자 주인이 대답하였소. '원수가 그랬구나.' 종들이 다시, '그러면 우리가 가서 그것들을 뽑아 버릴까요?' 하자 주인이 말하기를, '그냥 두어라. 가라지를 뽑다가 밀까지 뽑을라. 추수 때까지 함께 자라도록 내버려 두어라. 추수 때 일꾼들한테 일러서, 가라지는 먼저 뽑아 단으로 묶어 불태우고 알곡은 거두어 곳간에 들이도록 하리라.' 하였소."

*

원수가 밀밭에 가라지를 덧뿌리는 데가 하늘나라다. 밀과 가라지가 마침내 가려지는 데가 하늘나라다.

겨자씨 비유 [13, 31-32]

예수께서 또 다른 비유를 그들에게 들려주셨다. "하늘나라는 어떤 사람이 자기 밭에 뿌려놓은 겨자씨와 같소. 겨자씨는 씨앗들 가운데 가장 작은 씨앗이지만 싹이 터서 자라면 어느 푸성귀보다 커져서 공중의 새들이 날아와 가지에 깃들일 만큼 큰 나무로 되오."

*

하늘나라는 완제품이 아니다. 하늘에 울타리가 없기 때문이다.

누룩 비유 [13, 33]

예수께서 또 다른 비유를 그들에게 들려주셨다. "하늘나라는 어떤 여자가 가루 서 말에 섞어 그것을 온통 부풀려놓은 누룩과 같소."

*

하늘나라에는 완성이 없다. 끝없는 변성變成이 있을 뿐.

비유로만 말씀하신 예수 [13, 34-35]

예수께서는 이 모든 것을 무리에게 비유로 말씀하시고 비유 아니면 아무 말씀도 하지 않으셨다. 일찍이 예언자를 시켜, "내가 입을 열어 비유로 말하겠고 천지창조 때부터 감추어진 것을 드러내리라." 하신 말씀이 이렇게 이루어졌다.

*

지구별이 반은 환하고 반은 어둡듯이 인간의 언어 또한 진실의 반을 드러내면서 반을 감춘다. 그러므로 모든 언어가 감추면서 드러내는 비유다.

밭에 난 가라지 비유를 설명하심 [13, 36-43]

무리를 떠나 집으로 들어가시니 제자들이 다가와 청하기를, "밭에 난 가라지 비유를 설명해주십시오." 하였다. 예수께서 이르셨다. "좋은 씨를 뿌리는 이는 사람 아들이고 밭은 세상이고 좋은 씨는 하늘나라 자녀들이고 가라지는 악한 자의 자녀들이고 가라지를 뿌린 원수는 악마고 추수 때는 세상 마지막 날이고 추수하는 일꾼들은 천사들이오. 추수할 때 가라지를 거두어 불태우듯이 세상 마지막 날에도 그리할 것이오. 그날에 사람 아들이 천사들을 보내어 남을 넘어지게 하고 못된 짓을 골라 한 자들을 남김없이 추려내어 불구덩이에 던져 넣게 할 터인즉, 저들이 거기서 이를 갈며 울부짖을 것이오. 같은 날에 의인들은 자기 아버지 나라에서 해처럼 빛날 것이오. 귀 있는 사람은 들으시오."

*

그러니까 남을 넘어지게 하거나 못된 짓을 골라서 하지 말라는 거다. 하지만, 그래도 하려면 하라는 거다.

밭에 묻혀있는 보물 [13, 44]

"하늘나라는 밭에 묻혀있는 보물과 같소. 사람이 그것을 발견하면 다시 묻어두고 돌아가서 기꺼이 모든 소유를 팔아 그 밭을 살 것이오."

*

지금 있는 것보다 더 값진 것을 발견하는 그것이 하늘나라 백성의 눈이다.

진주를 찾아다니는 장사꾼 [13, 45-46]

"또 하늘나라는 장사꾼이 좋은 진주를 찾아다니는 것과 같소. 그가 매우 값진 진주를 발견하면 돌아가서 자기 소유를 모두 팔아 그것을 살 것이오."

*

좋은 진주를 찾아다니는 그것이 하늘나라다. 찾았느냐 찾지 못했느냐는 나중 얘기다.

그물로 고기 잡는 비유 [13, 47-52]

"또 하늘나라는 바다에 그물을 쳐서 온갖 물고기를 잡아 올리는 것과 같소. 그물이 가득 차면 어부들이 해변으로 끌어 올려놓고 앉아서 좋은 것은 추려 그릇에 담고 나쁜 것은 버리듯이, 세상 마지막 날에도 그럴 터인즉, 천사들이 선한 사람들 틈에서 악한 자들을 가려내어 불구덩이에 던지면 거기서 그들이 이를 갈며 울부짖을 것이오." 이 모든 말씀을 마치신 뒤에, "알아들었소?" 하고 물으시자 제자들이 "예." 하였다. 예수께서 말씀하셨다. "그러기에 하늘나라의 교육을 받은 율법학자는 자기 곳간에서 새것도 꺼내고 헌것도 꺼내는 집주인과 같소."

*

하늘나라는 좋은 것들만 있는 동네가 아니다. 좋지 않은 것들에서 좋은 것들이 가려지는 동네다.

수상쩍어하는 고향 사람들 [13, 53-58]

예수께서 이 모든 비유를 마치고 그곳을 떠나 고향으로 가시어 회당에서 가르치시니 무리가 놀라, "저 사람이 어디서 저런 능력과 지혜를 얻었지? 저 사람, 그 목수 아들 아니야? 어머니는 마리아고 야고보, 요셉, 시몬, 유다가 그 형제들이고 그 누이들도 모두 우리 동네에 살지 않는가? 그런데 저 사람이 어디서 저런 능력과 지혜를 얻었을까?" 하면서 수상쩍어하였다. 예수께서 그들에게 이르시기를, "어느 예언자도 자기 고향과 집안에선 존중받지 못하지요." 하시고, 그들이 믿지 아니하므로 거기서는 많은 기적을 보여주지 않으셨다.

*

"나는 내가 모른다는 것을 안다"(소크라테스). 안다고 하니 그래서 탈이다. 보이는 것이 눈을 가려 보아야 할 것을 보지 못하게 한다.

처형된 세례자 요한 [14, 1-12]

그 무렵 헤로데 왕이 예수 소문을 듣고 신하들에게 말하기를, "틀림없다. 세례자 요한이 다시 살아난 거야. 아니면 어떻게 그런 능력을 부릴 수 있겠는가?" 하였다. 전에 헤로데가 아우 필립보의 아내 헤로디아 일로 요한을 잡아서 결박하여 옥에 가둔 일이 있었다. 요한이 헤로데에게 그 여자를 데리고 사는 것은 옳지 않다고 거듭 말했기 때문이었다. 헤로데는 요한을 죽이고 싶었지만 그를 예언자로 아는 대중이 두려웠다. 마침 헤로데 생일을 맞아 잔치가 벌어졌는데 헤로디아의 딸이 하객들 앞에서 춤으로 헤로데를 기쁘게 해주었다. 헤로데가 계집아이에게 무엇이든지 달라는 대로 주겠다고 맹세하니 계집아이는 제 어미가 시키는 대로, "세례자 요한의 목을 쟁반에 담아 저에게 주십시오." 하였다. 왕은 걱정이 되었지만 스스로 맹세한 바도 있고 하객들 앞에서 체면도 있는지라, "그러마." 하고 사람을 시켜 옥에 갇힌 요한의 목을 베어다가 쟁반에 담아서 계집아이에게 주니 계집아이가 그것을 제 어미에게 주었다. 요한의 제자들이 와서 시신을 거두어 땅에 묻고 그 사실을 예수께 알렸다.

*

한 예언자가 예언자답게 죽어간다. 스스로 가는 길이 아니다. 사람들의 어리석음과 두려움이 그를 그리로 안내한다.

빵 다섯 개에 생선 두 마리 [14, 13-21]

소식을 들으신 예수, 거기를 떠나 배를 타고 외진 곳으로 가셨다. 사람들이 소문을 듣고 여러 고을에서 두 발로 걸어 따라왔다. 예수께서 큰 무리를 보고 불쌍한 마음이 들어 그들 가운데 있는 병자들을 모두 고쳐주셨다. 저녁때가 되어 제자들이 와서 말하기를, "여기는 외진 곳인데다 날도 저물었으니 사람들을 각자 마을로 보내어 음식을 사 먹게 하는 것이 좋겠습니다." 하였다. 예수께서 그들에게 이르셨다. "그럴 것 없소. 그대들이 먹을 것을 주시오." 제자들이, "우리한테 있는 것은 빵 다섯 개에 생선 두 마리뿐인데요?" 하자 예수께서, "그걸 내게 주시오." 하시고 무리를 풀밭에 앉히셨다. 이어서 빵 다섯 개 생선 두 마리를 손에 들고 하늘을 우러러 축사하신 다음 빵을 떼어 제자들에게 주셨고 제자들은 그것을 사람들에게 나누어 주었다. 모두 배불리 먹고 남은 조각을 거두어 모으니 열두 바구니에 가득 찼다. 먹은 사람은 여자와 아이들을 빼고 오천 명가량 되었다.

*

제자들이 빵 다섯 개 생선 두 마리를 모두 스승께 드린다. 스승이 그것을 하늘에 바치고 다시 받아 제자들에게 돌려준다. 제자들이 그것을 배고픈 이들과 함께 나눈다. 순서대로 되고 있다.

물 위로 걸어오신 예수 [14, 22-33]

예수께서 급히 제자들을 배에 태워 건너편으로 먼저 가게 하시고 홀로 남아 무리를 돌려보내셨다. 무리를 돌려보내신 다음, 조용히 기도하러 산에 오르시어 저물도록 거기 혼자 계셨다. 그동안 배는 육지로부터 꽤 멀리 떨어졌는데 역풍을 만나 풍랑에 시달리고 있었다. 새벽 네 시쯤, 예수께서 물 위로 걸어 제자들에게 오시니 제자들이 그 걸어오시는 모습을 보고 겁에 질려 소리쳤다, "유령이다!" 예수께서 그들에게 이르셨다. "나요. 안심하오. 겁낼 것 없소." 이에 베드로가 큰 소리로, "주님이십니까? 정말 주님이시거든 저더러 물 위로 걸어오라고 명해주십시오." 하니 예수께서 "오시오." 하셨다. 베드로가 배에서 내려 물을 밟고 예수께로 걸어가다가 거센 바람을 보고 겁이 나서 물에 빠져들었다. 그가, "주님, 살려주십시오!" 하고 비명을 지르자 예수께서 곧장 손을 내밀어 그를 잡아주시며, "믿음이 적은 사람!

왜 의심하였소?" 한마디 하시고 함께 배에 오르시니 바람이 그쳤다. 배에 탔던 사람들이 모두 엎드려 절하며 말하였다. "참으로 하느님의 아들이십니다."

*

물 위를 걸을 수 있는 분이 왜 배 타고 다녔는지를 이해하려면 더 많은 '베드로의 시행착오'가 필요할 것이다. 사람의 길은 물이 아니라 땅 위에 있다. 이상한 짓 하려는 유혹에 빠지지 않도록 조심할 것.

겐네사렛으로 가신 예수 [14, 34-36]

그들이 호수 건너편 겐네사렛 땅으로 들어섰을 때 그곳 사람들이 예수를 알아보고 근방에 소문을 퍼뜨리자 사람들이 온갖 병든 자들을 데리고 와서는 예수의 옷자락만이라도 만지게 해달라고 간청하였다. 만진 사람은 모두 나았다.

*

만진 사람만 나았다.

예루살렘에서 온 바리사이파 사람들 [15, 1-20]

그때 예루살렘에서 온 바리사이파 사람들과 율법학자들이 예수께 묻기를, "선생 제자들은 어째서 원로들의 전통을 무시하는 거요? 식사할 때 손을 씻지 않는 이유가 무엇이오?" 하였다. 예수께서 대답하셨다. "당신들은 어째서 전통을 지킨다는 핑계로 하느님의 법을 무시하는 거요? 하느님께서 '네 부모를 공경하라.' 하셨고 또 '아비나 어미를 모욕하는 자는 반드시 죽여야 한다.'고 하셨는데 당신들은 '두 분을 위해 유익하게 쓸 것을 하느님께 바쳤소.'라고 말만 하면 자기 부모를 공경하지 않아도 된다고 가르치니, 전통을 지킨다고 하면서 하느님의 법을 경멸하는 것 아니오? 겉만 꾸미는 사람들! 일찍이 이사야가, '이 백성이 입술로는 나를 공경하면서 속마음은 멀리 떠나 있구나! 나를 겉으로만 예배하고 사람의 법을 하느님의 법이라고 가르치다니.'라고 말한 것이 바로 당신들을 두고 한 예언이었소."

예수께서 사람들을 가까이 부르시고 말씀하셨다. "귀담아듣고 깨달으시오. 입으로 들어가는 것은 사람을 더럽히지 않소. 사람을 더럽히는 물건은 입에서 나오는 것들이오." 제자들이 예수께 말씀드렸다. "방금 하신 말씀에 바리사이파 사람들 심기가 사나워진 것 알고 계십니까?" 예수께서 대답하셨다. "하늘 아버지가 심지 않으신 나무는 모두 뽑힐 것이오. 놔두시오. 그들은 눈먼 사람을 인도하는 눈먼 길잡이들이오. 눈먼 사람이 눈먼 사람을 인도하면 둘 다 구덩이에 빠지게 되어있소." 베드로가 "방금 하신 비유의 뜻을 풀어주십시오." 하자 예수께서 말씀하셨다. "아직도 알아듣지 못하였소? 입으로 들어간 것은 뱃속에 있다가 뒤로 나가지 않소? 입에서 나오는 것이란 그 마음에서 나오는 것을 말하는데 바로 그것들이 사람을 더럽히는 것이오. 살인, 간음, 음란, 도둑질, 거짓 증언, 모독 따위 온갖 악한 생각들이 다 마음에서 나오는 것들이오. 이런 것들이 사람을 더럽히지, 씻지 않은 손으로 먹는 것이 사람을 더럽히는 게 아니란 말이오."

*

그분 말씀에 심기가 사나워지는 사람들… 전에도 있었고 지금도 있고 앞으로도 있을 것이다. "놔둬라!"

가나안 여인의 딸을 고쳐주심 [15, 21-28]

예수께서 그곳을 떠나 띠로와 시돈 지방으로 들어가셨다. 그 지역에 사는 가나안 여인 하나가 다가와 큰소리로 청하기를, "다윗의 자손이시여, 저를 불쌍히 여기소서. 제 딸이 귀신들려 몹시 괴로워하고 있습니다." 하였다. 그러나 예수께서는 아무 말씀도 없으셨다. 제자들이 다가와, 여인이 계속 소리 지르며 따라오고 있으니 돌려보내는 게 좋겠다고 말하자 이르시기를, "나는 이스라엘의 길 잃은 양들한테만 보내심을 받았소." 하셨다. 여인이 예수께 절하며 말하였다. "주님, 도와주십시오." 예수께서, "자식들이 먹을 빵을 개들한테 던져주는 건 잘하는 짓이 아니오." 하시자, 여인이 말하였다. "옳으신 말씀입니다, 주님. 하지만 개들도 주인상에서 떨어지는 부스러기를 주워 먹지요." 이에 예수께서 여인에게 이르셨다. "당신 믿음이 참으로 크오. 소원대로 될 것이오." 바로 그 시각에 여인의 딸이 나았다.

*

한 여인이 한 사람의 생각을 바꿔놓는다. 놀랠 일 아니다. 사람이 때에 따라 자기 생각을 바꾸지 않으면, 바꾸지 못하면, 그래도 사람인가?

호숫가 산에서 병자들을 고쳐주심 [15, 29-31]

예수께서 그곳을 떠나 갈릴래아 호숫가 산에 올라가 앉으시니 많은 사람이 절름발이, 맹인, 곰배팔이, 벙어리와 그밖에 온갖 병자를 예수 발 앞에 데려다 놓았다. 예수께서 그들을 모두 고쳐주셨다. 벙어리가 말하고 곰배팔이가 멀쩡해지고 절름발이가 걷고 맹인이 눈뜨는 것을 본 무리가 매우 놀라 이스라엘의 하느님을 찬양하였다.

*

현해懸解. 거꾸로 된 것 바로 세우기. 이제나저제나 그분 일이다.

빵 일곱 개로 사천 명을 먹이심 [15, 32-39]

예수께서 제자들을 불러 말씀하셨다. "이 많은 사람이 나와 함께 사흘을 지내는 동안 아무것도 먹지 못했으니 참으로 딱한 일이오. 돌아가다가 길에서 쓰러질지도 모르는데 그냥 굶겨 보낼 순 없지 않소?" 제자들이 묻기를, "이 허허벌판에서 저 많은 사람이 먹을 빵을 무슨 수로 구한단 말입니까?" 하자 예수께서 물으셨다. "그대들한테 빵이 얼마나 있소?" 제자들이 "빵 일곱 개에 작은 생선 두어 마리 있네요." 하였다. 예수께서 무리를 땅에 앉히신 다음, 빵 일곱 개와 생선을 들어서 하느님께 감사드리고 떼어서 제자들에게 주셨고 제자들은 그것을 사람들에게 나눠주었다. 모두 배불리 먹고 남은 조각을 거두어 모으니 일곱 바구니에 가득 찼다. 먹은 사람은 여자와 아이들을 빼고 사천 명가량 되었다. 예수, 무리를 흩어 보내시고 배에 올라 마가단 지방으로 가셨다.

*

불가능하다고 생각되면, 그러면 불가능한 것이다. 가능하다고 생각되면, 생각하면이 아니라 생각되면, 그러면 가능한 것이다.

시대의 징조를 읽지 못하는 사람들 [16, 1-4]

바리사이파 사람들과 사두가이파 사람들이 와서는 하늘에서 온 표적을 자기들한테 보이라고 청하였다. 예수께서 대답하셨다. "[당신들은 저녁에 말하기를, '하늘이 붉은 걸 보니 날씨가 맑겠다.' 하고 아침에는 '하늘이 붉고 침침한 걸 보니 날씨가 궂겠다.' 하지요. 그렇게 하늘을 보고 날씨는 읽으면서 왜 시대의 징조는 읽지 못하는 거요?] 악하고 변덕스러운 세대가 표적을 보이라고 하는데 요나의 표적 말고는 보여줄 것이 없소." 예수, 그들을 뒤에 두고 떠나가셨다.

*

표적은 저절로 일어나는 것이다. 누구에게 보여주려고 일으키는 것이 아니다.

바리사이파 사람들의 누룩을 경계하심 [16, 5-12]

제자들이 호수 건너편으로 가면서 빵 가져가는 것을 잊었다. 예수께서 "바리사이파 사람들과 사두가이파 사람들의 누룩을 조심하시오." 하시자 그들이 수군거렸다. "우리가 빵을 가져오지 않았어." 이를 아시고 예수께서 이르셨다. "믿음이 적은 사람들! 아직도 모르오? 빵이 없다고 걱정하다니? 빵 다섯 개로 오천 명을 먹이고 남은 조각이 몇 바구니였고 빵 일곱 개로 사천 명을 먹이고 남은 조각은 몇 바구니였소? 그 일을 모두 잊은 거요? 내가 말한 것이 빵이 아님을 어째서 깨닫지 못하오? 바리사이파 사람들과 사두가이파 사람들의 누룩을 조심하시오." 그제야 제자들은 예수께서 조심하라고 하신 것이 빵 만드는 데 쓰는 누룩이 아니라 바리사이파 사람들과 사두가이파 사람들의 가르침인 것을 깨달았다.

*

'바리사이파 사람들과 사두가이파 사람들의 가르침'이란 무엇인가? 빈틈없는 논리와 오랜 경험에 바탕을 둔 가르침! 그렇다, 참으로 경계할 것은 인간의 논리와 경험에 뿌리를 내린 가르침이다.

살아계신 하느님의 아들, 그리스도 [16, 13-20]

가이사리아 필립보 지방에 이르렀을 때, 예수께서 제자들에게 물으셨다. "세상이 사람 아들을 가리켜 누구라고 말합디까?" 제자들이 대답하기를, "세례자 요한이라 하는 사람도 있고 엘리야라 하는 사람도 있고 예레미야나 다른 예언자 중 하나라 하는 사람도 있더군요." 하자, 다시 물으셨다. "그럼, 그대들한테는 내가 누구요?" 시몬 베드로가 대답하였다. "살아계신 하느님의 아들, 그리스도십니다." 이에 예수께서, "시몬 바르요나, 그대는 참 복된 사람이오. 그것을 그대에게 알려준 이는 사람이 아니라 하늘에 계시는 우리 아버지시오. 내가 진정으로 말하는데, 그대는 베드로('반석'이라는 뜻)요. 내가 이 반석 위에 내 교회를 세울 터인즉 죽음의 권세가 그것을 누르지 못할 것이오. 또 내가 그대에게 하늘나라 열쇠를 줄 터인즉 무엇이든지 그대가 땅에서 매면 하늘에서도 매일 것이요 그대가 땅에서 풀면 하늘에서도 풀릴 것이오." 이렇게 말씀하시고 나서, 당신이 그리스도임을 아무한테도 말하지 말라고 제자들에게 단단히 당부하셨다.

*

시몬은 고유명사지만 베드로(반석)는 보통명사다. 시몬은 누구도 될 수 없지만 베드로는 누구나 될 수 있다. 너, 그리스도가 그리스도로 믿어지는가? 그러면 하늘나라 열쇠가 바로 너한테 있는 것이다.

당신 죽음을 예고하심 [16, 21-28]

그때부터 당신이 예루살렘에 올라가 원로들과 대사제들과 율법학자들한테 많은 시달림을 받고 그들 손에 죽었다가 사흘 만에 다시 살아날 것을 말씀하기 시작하셨다. 베드로가 그분을 옆으로 밀어붙이며 격하게 말렸다. "주님, 시방 무슨 말씀을 하시는 거요? 결코 있을 수 없는 일이오!" 예수께서 돌아다보며 격하게 꾸짖으셨다. "사탄아,

물러가라. 너는 나를 넘어지게 하는 장애물이다. 네가 하느님 일은 염두에 없고 그저 사람 일만 생각하는구나!"
이어서 제자들에게 말씀하셨다. "누구든지 나를 따르려면 자기를 부정하고 자기 십자가를 지고 나를 따라야 하오. 자기 목숨을 얻고자 하는 사람은 잃을 것이고 나를 위하여 자기 목숨을 잃는 사람은 얻을 것이오. 사람이 천하를 얻고 제 목숨을 잃으면 그 천하가 다 무슨 소용이겠소? 사람 목숨을 무엇하고 바꿀 수 있단 말이오? 사람 아들이 아버지의 빛에 감싸여 천사들을 거느리고 올 터인즉, 그날 모든 사람에게 그들이 행한 대로 갚아줄 것이오. 그렇소, 내가 진정으로 말하는데, 여기 있는 이들 가운데 사람 아들이 자기 나라에 왕으로 오는 것을 죽기 전에 볼 사람이 있소."

*

겉으로 보면 바위와 바위의 격돌처럼 보이지만 속으로 보면 말 그대로 달걀과 바위의 격돌이다. 베드로의 반대가 예수의 길을 막지 못하는 것은 어둠이 빛을 막지 못하는 것과 같으니, 자고로 죽겠다는 자를 살겠다는 자가 꺾어본 적이 없다.

높은 산에서 변화된 모습으로 모세와 엘리야를 만나심 [17, 1-8]

엿새 뒤, 예수께서 베드로와 야고보와 그 아우 요한을 데리고 따로 높은 산에 오르셨더니, 그들 앞에서 모습이 바뀌기를 얼굴은 해처럼 눈부시게 빛나고 옷은 빛처럼 하얗게 맑아졌다. 거기 모세와 엘리야가 나타나 예수와 이야기를 나누는 것이 그들 눈에 보였다. 베드로가 예수께 말씀드렸다. "주님, 우리가 여기 있으면 참 좋겠습니다. 원하신다면 이곳에 초막 세 채를 지어 하나는 주님, 하나는 모세, 하나는 엘리야께 드리도록 하겠습니다." 말이 채 끝나기도 전에 난데없이 빛나는 구름이 하늘을 덮으며 그 속에서 소리가 들려왔다. "이는 내가 사랑하는 아들, 나를 기쁘게 하는 아들이다. 그의 말을 들어라." 이 소리를 듣고 제자들은 겁이 나서 땅에 엎드렸다. 예수께서 다가와 그들 몸에 손을 대시며, "일어나시오. 겁낼 것 없소." 하셨다. 제자들이 눈을 들어 쳐다보니 예수 말고 아무도 보이지 않았다.

*

빛이신 스승이 제자들에게 당신의 본디 모습을 보여주신다. 제자들은 그것을 흘낏 볼 수 있을 뿐. 누구도 영원한 순간을 붙잡아둘 수 없다.

제자들에게 함구를 명하심 [17, 9-13]

산에서 내려오는 길에 예수께서 제자들에게 단단히 일러두셨다. "사람 아들이 죽었다가 다시 살아날 때까지 오늘 본 것을 아무한테도 말하지 마오." 제자들이, "어째서 율법학자들은 엘리야가 먼저 와야 한다고 말하는 걸까요?" 하고 묻자 예수께서 이르시기를, "과연 엘리야가 미리 와서 모든 일을 정돈해놓을 것이오. 아니, 엘리야는 벌써 왔소. 그런데 사람들이 그를 몰라보고 자기네 맘대로 대하였소. 사람 아들도 그렇게 사람들 손에 고난을 겪을 것이오." 하셨다. 그제야 제자들은 예수께서 말씀하신 사람이 세례자 요한임을 깨달았다.

*

신비체험은 함부로 누설하는 게 아니다. 그것을 밝혔다가 스스로 걸림돌에 걸려 넘어질 수 있기 때문이다.

간질에 걸린 아이를 고쳐주심 [17, 14-21]

사람들 있는 곳으로 돌아왔을 때 한 사람이 다가와 예수 앞에 무릎 꿇고 빌었다. "불쌍한 우리 아들 좀 살려주십시오. 간질에 걸려, 불구덩이에 빠지기도 하고 물속에 빠지기도 하고, 고생이 하도 심해서 선생 제자들한테 데려왔지만 고치지 못하더군요." 예수께서, "너, 믿음이 없고 뒤틀린 세대야! 내가 얼마나 더 너와 함께 있으며 얼마나 더 너를 참아야 하겠느냐?" 탄식하시고, 그에게 이르셨다. "아이를 이리로 데려오시오." 예수께서 엄하게 꾸짖으시자 귀신이 나가고 아이는 말짱해졌다.

제자들이 은근히 다가와서 예수께 물었다. "왜 우리는 귀신을 쫓아내지 못했나요?" 예수께서 대답하셨다. "믿음이 약한 탓이오. 그렇소, 내가 진정으로 말하는데, 그대들한테 믿음이 겨자씨만큼이라도 있으면 이 산 더러 '여기서 옮겨 저리로 가라.'고 해도 그리될 것이고, 그대들에게 못할 일이 없을 것이오. [기도와 금식 말고는 어떤 무엇으로도 이런 귀신을 쫓아낼 수 없소.]"

*

믿음이 믿음을 심는다. 아버지 하느님에 대한 아들 예수의 믿음이 간질에 걸린 아이 아버지한테 예수에 대한 믿음을 심어주었다.

당신의 죽음을 거듭 예고하심 [17, 22-23]

그들이 갈릴래아에 모였을 때 예수께서 이르셨다. "사람 아들이 머잖아 사람들한테 넘겨져서 그들 손에 죽었다가 사흘 만에 다시 살 것이오." 이 말에 제자들이 크게 슬퍼하였다.

*

제자들 귀에는 머잖아 죽는다는 말만 들린다. 사흘 만에 다시 산다는 말은 들리지 않는다.

성전에서 거두는 세금을 내심 [17, 24-27]

그들이 가파르나움에 이르렀을 때 성전에서 세금 거두는 자들이 베드로에게 물었다. "당신네 선생은 세금을 내고 있소?" 베드로가 그렇다고 대답한 다음, 집으로 들어오니 예수께서 먼저 그에게 물으셨다. "시몬, 그대는 어찌 생각하오? 세상 임금들이 관세나 인두세를 누구한테서 거두어들인다고 보오? 제 자식들이오? 아니면 남들이오?" 베드로가 "남들이지요." 하고 대답하자 다시 말씀하셨다. "그러니 자식들은 세금을 내지 않아도 되는 거요. 하지만 구태여 저들의 심기를 건드릴 것까진 없으니 이렇게 합시다. 호수에 가서 낚시를 던져 맨 먼저 잡힌 고기 입을 열면 거기 은화 한 스타테르가 들어있을게요. 그것을 꺼내어 그대와 내 몫으로 세금을 내도록 하시오."

*

바람에 뿌리만 흔들리지 않으면 가지들은 좀 흔들려도 괜찮다. 아니, 흔들려야 한다. 여기서도 가지와 뿌리를 분별하는 지혜가 열쇠다.

하늘나라에서 가장 큰 사람 [18, 1-5]

그때 제자들이 예수께 다가와 물었다. "하늘나라에서 누가 가장 큽니까?" 예수께서 어린아이 하나를 불러 그들 가운데 세우고 이르시기를, "내가 진정으로 말하는데, 그대들이 돌이켜 어린아이처럼 되지 않으면 결단코 하늘나라에 들어가지 못할 것이오. 그러므로 어린아이처럼 자기를 낮추는 사람이 하늘나라에서 가장 큰 사람이오. 누구든지 내 이름으로 이런 어린아이 하나를 영접하는 사람은 곧 나를 영접하는 것이오." 하셨다.

*

젖먹이로 태어나 어른으로 되었다가 다시 젖먹이로 돌아가는 것이 인생이다. 몸으로는 사람마다 그러고들 있는데 마음으로 그런 자를 찾기가 어렵구나. 출가한 자들이 모두 귀가하는 건 아닌 세상이다.

사람을 걸려 넘어지게 하는 자 [18, 6-9]

"나를 믿는 보잘것없는 사람 하나를 걸어 넘어뜨리는 자는 차라리 맷돌을 목에 걸고 깊은 바다에 던져져 죽느니만 못할 것이오. 사람이 사람을 걸려 넘어지게 하는 딱한 세상에서 그런 일이 없을 수는 없지만, 남을 걸어 넘어뜨리는 자야말로 진정 불행한 사람이오."

"손이나 발이 걸려 넘어지게 하거든 찍어버리시오. 손 하나 없이 저는 다리로 사는 것이 두 손 두 발로 영원한 불 속에 던져지는 것보다 낫소. 눈이 걸려 넘어지게 하거든 뽑아 버리시오. 외눈으로 사는 것이 두 눈으로 영원한 지옥 불에 던져지는 것보다 낫소."

*

걸어 넘어뜨리는 것과 걸려 넘어지게 하는 건 하늘땅만큼 다른 것이다.

길 잃은 한 마리 양을 찾아서 [18, 10-14]

"보잘것없는 사람들 가운데 하나라도 업신여기는 일이 없도록 삼가 조심하시오. 내가 진정으로 말하는데, 그들의 천사들이 하늘에서 하늘 아버지를 항상 뵙고 있음을 잊지 마시오. [길 잃은 자를 구하려고 사람 아들이 세상에 왔소.]"
"어떻게들 생각하오? 어떤 사람한테 양 백 마리가 있는데 그중 한 마리가 길을 잃었다면 그 사람이 양 아흔아홉 마리를 산에 둔 채 길 잃은 한 마리 양을 찾아 나서지 않겠소? 내가 진정으로 말하는데, 그가 양을 찾으면 길 잃지 않은 아흔아홉 마리보다 되찾은 한 마리 때문에 더 기뻐할 것이오. 이 보잘것없는 사람들 가운데 하나를 잃는 것은 하늘에 계신 그대들 아버지께서 뜻하시는 바가 아니오."

*

보잘것없는 사람인데 어떻게 그를 업신여기지 말라는 건가? 그러니까 그를 입신여기지 말라는 거다. 세상을 거꾸로 살라는 얘기다.

형제가 죄를 지었을 경우 [18, 15-18]

"형제가 그대한테 죄를 지었으면 단둘이 있는 곳에서 타이르시오. 그가 말을 들으면 형제 하나를 얻은 셈이려니와 듣지 않거든 '두세 증인을 세워 분명하게 하라.'고 했으니 한두 사람 더 데리고 가서 말하시오. 그래도 듣지 않거든 교회에 알리고 교회의 말조차 듣지 않거든 이방인이나 세리 대하듯이 대하시오. 그렇소, 내가 진정으로 말하는데, 무엇이든지 그대들이 땅에서 매면 하늘에서도 매일 것이요 땅에서 풀면 하늘에서도 풀릴 것이오."

*

나도 내 뜻대로 못하면서 어떻게 남을 내 뜻대로 하겠는가? 하지만, 할 수 있는 데까지는 해볼 일이다. 그러고도 안 되면 포기하는 거다.

두 사람이 한마음으로 구하면 [18, 19-20]

"거듭 말하는데, 그대들 가운데 두 사람이 한마음으로 구하면 하늘 아버지께서 무엇이든지 다 들어주실 것이오. 두세 사람이 내 이름으로 모이는 그 자리에 내가 있기 때문이오."

*

교회의 규모가 저절로 커지는 건 옳다. 일삼아 키우는 건 옳지 않다. 교회의 본질이 규모에 있지 않기 때문이다.

일곱 번씩 일흔 번이라도 [18, 21-22]

그때 베드로가 나서서 예수께 물었다. "주님, 형제가 나에게 죄를 지었으면 몇 번 용서해줘야 합니까? 일곱 번이면 될까요?" 예수께서 말씀하셨다. "일곱 번이 아니라 일곱 번씩 일흔 번이라도 하시오."

*

땅-사람은 있지만 하늘-사람은 없는 게 '어디에서 어디까지'다.

빚진 돈 일만 달란트와 백 데나리온 [18, 23-35]

"하늘나라는 왕이 종들하고 셈하는 것과 같소. 셈을 시작하자 왕한테 일만 달란트 빚진 종이 끌려왔소. 그에게 갚을 돈이 없음을 알고 왕이 말하기를, '네 몸과 처자식과 남은 재산을 모두 팔아서 빚을 갚아라.' 하자 그가 왕 앞에 엎드려 절하며 빌었소. '조금만 참아주십시오. 반드시 갚겠습니다.' 왕이 그를 불쌍히 여겨 빚을 삭치고 풀어주었더니 종이 나가다가 자기한테 백 데나리온 빚진 동료를 만나서는 멱살을 잡고 소리쳤소. '빚을 갚아라!' 동료가 엎드려 절하며 '조금만 참아주게. 반드시 갚겠네.' 하였지만 말을 듣지 않고 그를 끌고 가서 빚을 모두 갚을 때까지 옥에 가두었소. 이를 본 다른 동료들이 분해서 왕에게 모든 일을 낱낱이 일러바쳤고 왕은 그길로 종을 불러들여, '이 고얀 놈! 네가 빌기에 그 많은 빚을 모두 삭쳐주지 않았더냐? 내가 너에게 그랬으면 너도 네 동료를 불쌍히 여겼어야지.' 큰소리로 꾸짖으며 그가 빚을 모두 갚을 때까지 가두어두라고 옥졸에게 넘겼소. 그대들이 중심으로 형제를 용서하지 않으면 하늘 아버지께서도 그대들에게 똑같이 하실 것이오."

*

사람이 한세상 산다는 것은 누구의 빚을 갚거나 아니면 삭쳐주는 것이다.

사람이 살아있는 것 자체가 누군가에게 빚지는 것이기 때문이다.

이혼의 조건 [19, 1-12]

예수께서 말씀을 마치고 갈릴래아를 떠나 요르단 강 건너편 유다 지역으로 가시니 큰 무리가 따라오는지라, 거기서도 병자들을 고쳐주셨다.

바리사이파 사람들이 예수를 시험해보려고, "무엇이든지 이유만 댈 수 있으면 아내를 버려도 되는 겁니까?"하고 물었다. 예수께서 대답하셨다. "사람을 지으신 분이 처음부터 남자와 여자로 만드시고 '사람이 부모를 떠나서 아내와 합하여 한 몸을 이루리라.' 하셨다는 말씀을 읽지 못하였소? 그런즉 이제 둘이 아니고 한 몸이라, 하느님이 짝지어주신 것을 사람이 갈라놓아서는 아니 되오." 그들이 다시 물었다. "그렇다면 어째서 모세는 '이혼증서를 써 주고 아내를 버리라.'고 한 거요?" 예수께서 이르셨다. "당신들 마음이 하도 완고해서 이혼해도 된다고 했지만, 본디 그런 건 아니오. 그렇소, 내가 진정으로 말하는데, 아내가 음행을 저지르지 않았는데도 버리고 다른 여자한테 장가드는 것은 간음하는 것이오." 제자들이 말했다. "남편과 아내 사이가 그런 거라면 장가들지 않는 게 낫겠습니다." 예수께서 이르셨다. "누구나 다 이 말에 해당하는 건 아니고 그렇게 될 사람들만 그럴 수 있는 거요. 아예 고자로 태어난 사람이 있고, 남의 손에 그리된 사람이 있고, 하늘나라를 위하여 스스로 그리 한 사람이 있소. 이 말을 받아들일 수 있는 사람은 받아들이시오."

*

사람이 결혼했으면 이혼도 할 수 있는 거다. 사람이 반드시 해야 하거나 하면 안 되는 그런 것은 세상에 없다. 다만 아무리 해도 안 되는 게 있을 뿐이다.

아이들 머리에 손을 얹으심 [19, 13-15]

그때 어떤 사람이 어린아이들을 예수께 데리고 와서 손을 얹어 기도해달라고 청하자, 제자들이 그들을 나무랐다. 이에 예수께서, "어린아이들이 내게 오는 것을 막지 말고 그냥 두시오. 하늘나라는 이런 어린아이 같은 사람들의 것이오." 이렇게 말씀하시고 아이들 머리에 손을 얹어주신 다음 그곳을 떠나셨다.

*

스승을 위한답시고 스승의 길을 가로막는다. 실은 그래서 제자들이다.

영원한 생명으로 가는 길을 묻는 부자 젊은이 [19, 16-30]

한 사람이 예수께 와서 물었다. "선생님, 제가 무슨 선한 일을 해야 영원한 생명을 얻겠습니까?" 예수께서 말씀하셨다. "어찌하여 내게 선한 일을 묻는가? 선한 이는 오직 한 분뿐일세. 생명으로 들어가려면 계명을 지키게." 그가 물었다. "어느 계명 말입니까?" 예수께서 이르셨다. "살인하지 마라, 간음하지 마라, 도둑질하지 마라, 거짓 증언하지 마라, 부모를 공경하라, 이웃을 네 몸같이 사랑하라는 계명이지." 젊은이가 다시 물었다. "제가 그것들을 모두 지켰습니다. 그래도 무엇이 아직 부족한가요?" 예수께서 말씀하셨다. "완전한 사람이 되려면 재물을 모두 팔아 가난한 이들에게 나눠주게. 자네 보화가 하늘에 쌓일 걸세. 그러고 나서 나를 따르시게." 이 말씀에 젊은이는 근심 어린 낯으로 떠나갔다. 재물이 많았던 것이다.

예수께서 제자들에게 이르셨다. "그렇소, 부자는 하늘나라에 들어가기 어렵소. 다시 말하는데 부자가 하늘나라에 들어가는 것보다 낙타가 바늘귀로 빠져나가는 게 더 쉬울 것이오." 이 말에 제자들이 매우 놀라서 묻기를, "그렇다면 세상에 누가 구원받을 수 있겠습니까?" 하였다. 예수께서 그들을 똑바로 보시며 말씀하셨다. "사람으로는 할 수 없지만 하느님은 무슨 일이든지 다 하실 수 있소."

그때 베드로가 나서서, "보십시오, 우리는 모든 것을 버리고 주님을 따랐습니다. 그런즉 우리가 무엇을 얻게 될까요?"하고 묻자 예수께서 말씀하셨다. "과연 그대들은 나를 따랐소. 그러니 새 세상이 와서 사람 아들이 영광스러운 보좌에 앉을 때 그대들도 열두 보좌에 앉아 이스라엘 열두 지파를 심판할 것이오. 누구든지 내 이름을 위하여 집이나 형제나 자매나 부모나 자식이나 토지를 버린 사람은 백배로 상을 받고 영원한 생명을 얻을 것이오. 하지만, 첫째였다가 꼴찌로 되고 꼴찌였다가 첫째로 되는 사람이 많을 것이오."

*

이웃을 제 몸같이 사랑한다며 어떻게 부자로 호의호식할 수 있는가? 먹을 것이 없어 굶는 사람들이 저리도 많은 세상에서. 아직 멀었다.

똑같은 품삯을 받는 일꾼들 [20, 1-16]

"하늘나라는 밭에서 일할 사람들을 구하러 이른 아침에 집을 나선 포도원 주인과 같소. 그가 하루 품삯 한 데나리온을 약속하고 일꾼들을 포도원으로 보낸 다음, 아홉 시쯤 다시 나갔다가 할 일이 없어 장터에서 서성이는 사람들을 보고, '자네들도 우리 포도원에서 일하게. 품삯은 일한 만큼 주겠네.'하고 말하니 그들이 포도원으로 갔소. 주인이 낮 열두시와 오후 세 시쯤에도 그렇게 하고, 오후 다섯 시쯤 다시 나가보니 여태 일이 없어 거리를 떠도는 사람들이 있는지라, '자네들은 어째서 하루 종일 빈둥거리는가?' 하고 물으니 그들이 대답하였소. '아무도 우리한테 일을 시키지 않아서 이러고 있습니다.' 주인이 그들에게 말했소. '자네들도 우리 포도원에서 일하게.' 날이 저물어 포도원 주인이 집사에게 이르기를, '일꾼들을 불러 나중 온 사람들부터 시작하여 먼저 온 사람들까지 차례로 품삯을 치르시게.' 하였소. 오후 다섯 시에 와서 일한 사람들이 한 데나리온씩 받는 걸 보고 먼저 온 사람들은 품삯을 더 받으려니 기대했지만 그들 역시 한 데나리온씩을 받았소. 그들이 돈을 받고 주인에게 와서, '막판에 겨우 한 시간 일한 자들에게 온종일 뙤약볕에 고생한 우리와 똑같이 값을 쳐주는 거요?' 하고 투덜거리자 주인이 그 중 하나에게 말하였소. '친구, 난 자네한테 잘못한 것이 없네. 하루 품삯 한 데나리온을 주고받기로 우리 약속하지 않았던가? 자네 몫이나 받고 돌아가시게. 나중 온 사람한테도 같은 삯을 주는 것이 본디 내 뜻일세. 내 것 내 맘대로 쓰는 게 잘못인가? 내가 어떤 사람을 너그러이 대해서 그래서 시방 자네 기분이 나쁜 건가?' 하였소. 이와 같이 꼴찌가 첫째로, 첫째가 꼴찌로 될 것이오."

*

하늘은 어디에서 어디까지가 없다. 없는 잣대로 무엇을 잴 것인가? 요컨대, 땅에서 하늘을 살라는 거다. 그리고 그게 가능하다는 거다.

당신의 죽음을 세 번째 예고하심 [20, 17-19]

예수, 예루살렘으로 올라가는 길에서 열두 제자를 따로 불러 이르시기를, "우리는 지금 예루살렘으로 올라가는 길인데 거기서 사람 아들이 대사제와 율법학자들한테 넘겨질 터인즉, 그들이 그를 죽이기로 결의하고 이방인들 손에 맡겨 조롱당하고 매 맞고 십자가에 달려 죽게 할 것이나 그가 사흘 만에 다시 살아날 것이오." 하셨다.

*

말은 제자들에게 하지만 듣는 것은 본인이다. 당신 갈 길을 스스로 거듭 다짐하신다.

두 아들의 자리를 청탁하는 어머니 [20, 20-28]

그때 제베대오의 두 아들이 어머니와 함께 예수께로 다가왔는데, 그 어머니가 엎드려 절하며 무엇을 청하려는 눈치였다. 예수께서, "바라는 게 무엇이오?"하고 물으시자 여인이 대답하기를, "제 두 아들을 주님의 나라에서 하나는 오른편에 하나는 왼편에 앉게 해주십시오." 하였다. 예수께서 그들에게 물으셨다. "지금 그대들이 청하는 게 무엇인지 아오? 내가 마실 잔을 그대들이 마실 수 있소?" 그들이 "마실 수 있습니다."하고 대답하자 예수께서 다시 이르셨다. "하긴 그대들도 마시게 될 것이오. 그러나 내 오른편 자리와 왼편 자리는 내가 맘대로 줄 수 있는 자리가 아니오. 우리 아버지께서 누구를 위하여 마련하셨는지 모르지만 그가 그 자리에 앉을 것이오."
이 말을 들은 열 제자가 두 형제한테 화를 내었다. 예수께서 그들을 가까이 불러 이르시기를, "그대들도 알다시피 세상 나라에서는 통치자들이 제 맘대로 백성을 다스리고 고관들이 권세를 부리지만 그대들 사이에서 그래서는 아니 되오. 그대들 가운데 누구든지 높은 자리에 앉고 싶은 사람은 남을 섬겨야 하고 우두머리가 되고 싶은 사람은 남의 종이 되어야 하오. 사람 아들 또한 섬김을 받기 위해서가 아니라 섬기기 위해서, 많은 사람의 몸값으로 자기를 내어주기 위해서 세상에 왔소." 하셨다.

*

우두머리 되겠다고 스스로 입후보하는 자들이 우두머리로 선출되는 곳은, 거기가 비록 교회라 해도, 예수의 나라와 거리가 멀다. 멀어도 한참 멀다.

예리고의 두 맹인 [20, 29-34]

그들이 예리고를 떠날 때 많은 사람이 예수를 따랐다. 길가에 앉아 있던 두 맹인이 예수께서 지나가신다는 말을 듣고 큰소리로 외쳤다. "다윗의 자손이여, 우리를 불쌍히 여기소서." 무리가 조용히 하라고 꾸짖었지만 그들은 더 크게 외쳐댔다. "다윗의 자손이여, 우리를 불쌍히 여기소서!" 예수께서 걸음을 멈추고 그들을 불러, "내가 어떻게 해주기를 바라오?"하고 물으시니 그들이 대답하였다. "눈을 열어 보게 해주십시오." 예수, 불쌍한 마음이 들어 그들 눈에 손을 대시니 눈이 열려 보게 되었다. 그들이 그길로 예수를 따랐다.

*

사람이 사람한테 무엇을 주는 데도 여러 방법이 있다. 주는 쪽이 받는 쪽한테 그 방법을 묻는다. 공손恭遜은 주는 자에게 반드시 있어야 할 덕목이다.

어린나귀 타고 예루살렘에 들어가심 [21, 1-11]

예루살렘 가까이 올리브 산 아래 베파게에 이르렀을 때 예수께서 두 제자를 보내며 말씀하셨다. "맞은편 마을로 가면 새끼 딸린 나귀 한 마리가 매여 있는 게 보일 테니 그 나귀를 풀어 끌고 오시오. 혹 누가 뭐라고 하거든, '주인이 쓰시겠답니다.' 한마디 하시오. 그가 곧 보내줄 것이오." 일찍이 예언자를 시켜, "시온의 딸한테 알려라. 보라, 네 임금이 너에게로 오신다. 그가 겸손하여 나귀 곧 멍에 메는 어린 나귀를 타고 오신다." 하신 말씀이 이렇게 이루어졌다.
예수께서 일러주신 대로 제자들이 가서 나귀와 새끼 나귀를 끌고 와서는 겉옷을 벗어 나귀 등에 얹었다. 예수께서 그 위에 올라앉으시니 사람들이 길바닥에 겉옷을 벗어 펴고 나뭇가지를 꺾어 깔았다. 앞서고 뒤따르는 무리가 큰소리로 외쳤다. "호산나, 다윗의 자손, 주의 이름으로 오시는 이여! 찬미 받으소서. 위 없이 높은 하늘에서도 호산나!"
예수께서 예루살렘에 들어가시니 온 성이 술렁거리며, "저분이 누구야?" 하였다. 사람들이 말하였다. "갈릴래아 나자렛 출신 예언자 예수요."

*

물건은 물건 주인이 쓰는 게 옳다. 이 몸도 하나의 물건인데, 과연 시방 그 주인이 쓰고 있는가? "알고 싶구나, 누가 이 눈으로 저 나무를 보고 있는가?"(루미).

성전의 장사꾼들을 몰아내심 [21, 12-17]

예수, 성전에 들어가시어 거기서 사고파는 자들을 모두 쫓아내시고 돈 바꿔주는 자들의 탁자와 비둘기 장사들의 걸상을 둘러엎으며, "성경에 '내 집은 기도하는 집이라 불릴 것이다.' 하였는데, 감히 그 집을 강도 소굴로 만들다니!"하고 호통을 치셨다. 그때 예수를 보고 성전에서 나오는 눈먼 사람들과 다리 저는 사람들을 모두 고쳐주셨다. 대사제들과 율법학자들이 예수의 수상쩍은 언행과 성전에서 시끄럽게 "호산나, 다윗의 자손이여!"를 외쳐대는 아이들을 보고 화가 치밀어 예수께 대들었다. "애들이 떠드는 저 소리, 듣고 있는 거요?" 예수께서 대답하셨다. "듣고 있소. 당신들은 '아이들과 젖먹이들 입으로 찬미를 온전케 하였다.'는 말씀을 읽어보지 못했소?" 그런 다음, 그들을 떠나 성 밖 마을 베다니아로 가서 거기 묵으셨다.

*

자연은 늘 고요한 편이지만 가끔은 천둥처럼 거침없고 벼락처럼 사납다. 자연으로 사는 사람이 그와 같다.

말라버린 무화과나무 [21, 18-22]

이튿날 이른 아침, 예수께서 성읍으로 돌아가시는 길에 배가 고파 마침 길가에 서 있는 무화과나무를 보고 다가갔으나 잎사귀만 무성하고 아무 얻을 것이 없었다. 예수께서 나무에 "이제부터 영원토록 열매를 맺지 못할 것이다." 하시니 곧 나무가 말라버렸다. 이를 본 제자들이 놀라며, "어쩌면 저렇게 무화과나무가 금방 말라버리는 겁니까?"하고 물었다. 예수께서 말씀하셨다. "내가 진정으로 말하는데, 그대들이 의심하지 않고 믿으면 방금 저 무화과나무에 일어난 일 정도가 아니라, 이 산더러 '번쩍 들려 바다에 던져져라.' 하여도 그리될 것이오. 그대들이 기도할 때 믿고 구하면 무엇이든지 다 받을 것이오."

*

진정한 믿음이란, 의심의 여지 없이 그렇게 믿어지는 것이다. 내일 아침 해가 동산에 뜰 것을 믿기에 오늘 밤 태연히 잠자리에 드는 것이다.

포도원의 두 아들 이야기 [21, 23-32]

예수께서 성전에 들어가 사람들을 가르치실 때 대사제들과 원로들이 와서 따져 물었다. "도대체 무슨 자격으로 이런 일을 하는 거요? 그 자격을 누가 당신한테 주었소?" 예수께서 그들에게, "나도 하나 물어봅시다. 당신들이 대답하면 내가 무슨 자격으로 이런 일을 하는지 말하겠소. 요한의 세례 베풀 자격이 어디에서 온 거요? 하늘이오? 사람들이오?"하고 되물으셨다. 그들이 서로, "하늘이라고 하면 왜 그를 믿지 않느냐 할 테고, 사람들이라고 하면 모두 요한을 예언자로 여기는 마당에 군중이 가만 안 있을 텐데, 어쩐다?" 의논한 끝에 모르겠다고 대답하자 예수께서, "나도 무슨 자격으로 이 일을 하는지 말하지 않겠소." 하시고 이어서 말씀하셨다. "당신들은 어떻게 생각하오? 두 아들을 둔 사람이 하루는 맏아들에게 말하기를, '얘야, 오늘 포도원에 가서 일 좀 해야겠다.' 하니 맏아들이 '싫어요.'하고 대답했지만 뒤에 뉘우치고 포도원으로 갔소. 아버지가 둘째 아들에게도 같은 말을 하니 둘째 아들은 '예.'하고 대답했지만 가지 않았소. 둘 중에 누가 아버지 뜻을 받든 아들이오?" 그들이 "맏아들이오."하고 대답하자 예수께서 말씀하셨다. "그렇소, 내가 분명히 말하는데, 세리와 창녀들이 당신들보다 먼저 하느님 나라에 들어가고 있소. 요한이 와서 옳은 길을 가리켰을 때 당신들은 그 말을 듣지 않았지만 세리와 창녀들은 듣고 뉘우쳐 돌아섰지요. 뉘우치는 그들의 모습을 보면서도 당신들은 끝내 그를 믿지 않았소."

*

자격을 얻고서 일하는 경우가 있고 일을 해서 자격을 얻는 경우가 있다. 거기를 살아서 거기로 들어가는 데가 하느님 나라다.

주인집 아들을 죽인 농부들 비유 [21, 33-46]

"비유 하나 더 들어보시오. 어느 집주인이 포도원을 일구어 울타리도 치고 즙 짜는 기구도 땅에 묻고 망대도 세우고 나서 그것을 농부들한테 도지로 주고 먼 길을 떠났소. 포도 거둘 때가 되어 도조를 받아오라고 종들을 보냈더니 농부들이 그들을 붙잡아 하나는 매질하고 하나는 죽이고 하나는 돌로 쳤소. 집주인이 더 많은 종을 보냈지만 이번에도 전처럼 하였소. 그가 마지막으로 아들을 보내며 '설마 내 아들은 알아보겠지.' 하였지만 농부들이 서로 말하기를, '저 녀석은 상속자다. 상속자를 죽이고 그가 물려받을 유산을 우리가 차지하자.' 하고는 그를 포도원 밖으로 끌어내어 죽였소. 자, 집주인이 돌아오면 그 농부들을 어찌하겠소?" 그들이 대답하기를, "못된 놈들을 모조리 죽이고 제때 도조를 낼 다른 농부들한테 포도원을 맡기겠지요." 하자 예수께서 이르셨다. "당신들은 성경에서 '집 짓는 자들이 버린 돌을 모퉁이 머릿돌로 쓰시다니, 주께서 하시는 일이 얼마나 놀라운가!'라는 말을 읽어보지 못하였소? 그렇소, 내가 진정으로 말하는데, 당신들은 하느님 나라를 빼앗길 것이고 거기서 열매를 거두게 하는 백성이 그 나라를 차지할 것이오. [이 돌 위에 떨어지는 자들은 으깨어질 것이고 이 돌이 그 위로 떨어지는 자들은 가루가 될 것이오.]" 대사제들과 바리사이파 사람들은 자기네를 두고 하신 비유인 줄 알고 그 자리에서 예수를 잡으려 했지만, 그분을 예언자로 여기는 대중이 두려워 손을 대지 못하였다.

*

누구든지 자기가 심은 것을 자기가 거두게 마련인 세상이다. 농부들을 죽인 것은 집주인이 아니라 농부들이다.

왕의 아들 혼인 잔치 비유 [22, 1-14]

예수께서 또 비유로 말씀하셨다. "하늘나라는 왕이 자기 아들 혼인 잔치를 베푼 것과 같소. 왕이 종들을 시켜 초대한 사람들을 불렀지만 그들은 오려고 하지 않았소. 그래서 다른 종들을 보내며 말하기를, '가서 초대받은 사람들한테, 내가 소와 살진 짐승을 잡아 푸짐하게 잔칫상을 차렸으니 와달라고 하여라.' 하였지만 그들은 들은 척도 않고, 누구는 밭으로 일하러 가고 누구는 가게로 장사하러 가고 누구는 종들을 붙잡아 욕하고 죽였소. 왕이 크게 화를 내면서 군대를 보내어 살인자들을 모두 죽이고 동네를 불사른 다음, 종들에게 말했소. '혼인 잔치는 준비되었으나 초대받은 자들이 자격 없는 자들이었다. 그러니 길거리로 가서 아무나 만나는 대로 잔치 자리에 데려오너라.' 종들이 거리로 나가서 나쁜 사람 좋은 사람 가리지 않고 닥치는 대로 데려오니 잔치판이 하객으로 그들먹하게 되었소. 왕이 하객들을 만나러 들어오는데 거기 예복을 입지 않은 사람이 하나 있어서 예복도 입지 않고 어떻게 들어왔느냐고 물었으나 그가 아무 말도 하지 못했소. 왕이 하인들에게 명하기를, '저자의 손발을 묶어 바깥 어둠 속으로 던져버려라. 거기서 슬피 울며 이를 갈리라.' 하였소. 초대받은 사람은 많지만 뽑힌 사람은 적소."

*

어떤 사람은 갈 수 없는 곳이 아니라 어떤 사람은 가지 않는 곳, 거기가 하느님 나라다.

카이사르 것은 카이사르에게, 하느님 것은 하느님께 [22, 15-22]

바리사이파 사람들이 물러나 어떻게 하면 예수 옭아맬 꼬투리를 잡을 수 있을까 궁리한 끝에, 제자들을 헤로데 당원 몇과 함께 예수께로 보내어 물어보게 하였다. "선생, 우리는 선생이 진실한 사람이고 겉모양으로 사람을 판단하지 않기 때문에 누구에게나 거리낌 없이 하느님의 법도를 가르친다고 생각합니다. 그래서 선생 생각이 어떤지 묻고자 합니다. 카이사르에게 세금을 바치는 것이 옳습니까? 옳지 않습니까?" 예수, 저들의 속셈을 알아채시고 대답하셨다. "겉모양만 근사하게 꾸미는 사람들! 어쩌자고 이렇게 사람을 시험하는 거요? 세금으로 내는 돈을 가져다 내게 보여주오." 그들이 데나리온 하나를 가져오니 예수께서, "이 초상과 글자가 뉘 것이오?"하고 물으셨다. 그들이 답하기를, "카이사르의 것입니다." 하자 예수께서 이르셨다. "그러면 카이사르 것은 카이사르에게, 하느님 것은 하느님께 돌려드리시오." 그들이 말씀을 듣고 속으로 놀라며 예수를 떠나갔다.

*

카이사르 것을 하느님께 돌리지 말고 하느님 것을 카이사르에게 돌리지 마라. 그것이 누구 것인지는 네가 정해라.

사두가이파 사람들의 부활에 대한 질문 [22, 23-33]

부활은 없는 것이라고 주장하는 사두가이파 사람들이 예수께 와서 물었다. "선생, 모세가 말하기를 '사람이 자식을 두지 못한 채 죽으면 아우가 형수를 아내로 삼아 자식을 낳고 그 자식으로 형의 핏줄을 잇게 하라.'고 했지요. 우리 가운데 일곱 형제가 살았는데 첫째가 결혼하여 살다가 자식을 두지 못한 채 죽자 아우가 형수와 결혼하였고 둘째 셋째 일곱째까지 모두 그렇게 살다가 죽었고 여자도 죽었소. 자,

한 여자가 일곱 형제하고 살았으니 부활하면 그 여자는 누구의 아내가 되는 거요?" 예수께서 대답하셨다. "당신들이 성경도 모르고 하느님의 능력도 몰라서 그런 오해를 하는 것이오. 부활하면 하늘의 천사들처럼 되어 장가도 아니 들고 시집도 아니 가오. 죽은 사람의 부활에 대하여 말하면서, 하느님이 '나는 아브라함의 하느님, 이사악의 하느님, 야곱의 하느님이다.'라고 하신 말씀을 읽어보지 못하였소? 그 분은 죽은 자의 하느님이 아니라 산 자의 하느님이시오." 무리가 이 말씀을 듣고 그 가르침에 모두 놀랐다.

*

일곱 형제가 한 여자와 살았다는 게 말이 되는가? 이런 엉터리없는 얘기를 만들어내는 것은 진실을 알고자 하는 마음이 아니다. 그런데도 그 말을 받아 진실을 밝히는 이것은 또 무슨 마음인가?

가장 큰 계명 [22, 34-40]

예수께서 사두가이파 사람들을 잠잠하게 하셨다는 소문에 바리사이파 사람들이 모여들었다. 한 율법학자가 예수를 시험하여, "선생, 율법 가운데 가장 큰 계명이 무엇이오?"하고 물었다. 예수께서 이르시기를, "네 마음을 다하고 목숨을 다하고 뜻을 다하여 주님이신 네 하느님을 사랑하라는 것이 으뜸가는 첫째 계명이고, 네 이웃을 네 몸처럼 사랑하라는 것이 버금가는 둘째 계명인데 이 두 계명이 모든 율법과 예언의 뼈대요." 하셨다.

*

상대가 자기를 시험하는 줄 알면서 응하는 것은 시험당하는 것이 아니다. 상황에 따라서 빛으로부터 어둠이 나올 수는 없는 일이다.

그리스도는 누구의 자손인가? [22, 41-46]

모여 있는 바리사이파 사람들에게 예수께서 물으셨다. "당신들 생각은 어떻소? 그리스도가 누구의 자손이오?" 그들이 "다윗의 자손이오."하고 대답하자 예수께서 다시 물으셨다. "그러면 다윗이 성령에 감동되어 그리스도를 '주님'이라고 부른 것은 어찌 된 일이오? 그가 말하기를, '주 하느님께서 우리 주님께, 내가 네 원수를 네 발치에 무릎 꿇릴 때까지 내 오른편에 앉아있으라고 하셨다.' 하지 않았소? 다윗이 그분을 주님이라고 불렀는데, 어떻게 그분이 다윗의 자손일 수 있단 말이오?" 아무도 이 물음에 답하지 못하였고 그날 이후로는 감히 예수께 질문하는 사람이 없었다.

*

자유가 무엇에 어떻게 갇히겠는가? 서해가 어떻게 한강으로 흐르겠는가?

자칭 지도자를 경계하심 [23, 1-12]

그때 예수께서 대중과 제자들에게 말씀하셨다. "지금은 율법학자들과 바리사이파 사람들이 모세의 자리에 앉아있소. 그러니 그들이 하는 말은 무엇이든지 그대로 따르되 그들의 행실은 본받지 마오. 입으로 말만 하고 행동은 하지 않는 사람들이라, 무거운 짐을 꾸려 남의 어깨에 지우고 자기는 손가락 하나 까딱하지 않소. 하는 짓마다 남들한테 보여주기 위한 것이니, 성경 구절 넣은 주머니를 큼지막하게 만들어 이마와 어깨에 차고 다니며 옷단마다 긴 술로 장식하고 잔치 자리나 회당에서는 윗자리에 앉으려 하고 거리에서 인사받는 것과 선생이라 불리는 것을 좋아하지요. 그대들은 선생 소리 듣지 마시오. 그대들의 선생은 오직 한 분 있고 그대들은 모두 형제들이오. 이 땅의 누구도 아버지라 부르지 마시오. 그대들의 아버지는 하늘 아버지 한 분뿐이오. 그대들은 지도자라는 말도 듣지 마시오. 그대들의 지도자는 그리스도 한 분밖에 없소. 그대들 가운데 큰 사람은 그대들을 섬기는 종이 되어야 하오. 누구든지 자기를 높이는 사람은 낮아지고 자기를 낮추는 사람은 높아질 것이오."

*

호칭은 불리는 자의 것이 아니라 부르는 자의 것이므로 남이 너를 선생이라 부르지 못하게 막을 수는 없다. 하지만 그 호칭을 스스로 받아들여 네 것으로 삼지는 마라. 제자 된 자의 도리가 아니다.

율법학자와 바리사이파 사람들에 대한 책망 [23, 13-36]

"겉만 꾸미는 율법학자와 바리사이파 사람들아! 하늘나라 문을 닫아걸고 저도 들어가지 않으면서 남들도 들어가지 못하게 가로막는 너희에게 화가 미칠 것이다. [겉만 꾸미는 율법학자와 바리사이파 사람들아! 과붓집을 털고 남들한테 보이려는 속셈으로 기도를 장황하게 늘어놓는 너희에게 화가 미칠 것이다.] 겉만 꾸미는 율법학자와 바리사이파 사람들아! 교인 하나 얻으려고 땅과 바다를 헤매다가 교인 하나 얻으면 저보다 갑절이나 못된 지옥의 자식으로 만들어버리는 너희에게 화가 미칠 것이다.

"눈먼 인도자들아! '성전을 두고 한 서약은 안 지켜도 되지만 제단에 바친 금을 두고 한 서약은 반드시 지켜야 한다.'고 가르치는 어리석고 눈먼 너희에게 화가 미칠 것이다. 말해보아라. 어느 쪽이 더 크냐? 제단 위에 놓인 제물이냐? 제물을 거룩하게 하는 제단이냐? 제단을 두고 한 서약은 그 위에 있는 것들을 두고 한 서약이고, 성전을 두고 한 서약은 성전과 그 안에 계신 분을 두고 한 서약이고, 하늘을 두고 한 서약은 하느님의 보좌와 그 위에 앉으신 분을 두고 한 서약이다.

"겉만 꾸미는 율법학자와 바리사이파 사람들아! 박하, 회향, 근채 따위는 꼬박꼬박 십일조를 바치면서 정작 중요한 율법인 정의, 자비, 신앙을 저버리는 너희에게 화가 미칠 것이다. 저것도 물론 지켜야 하지만 이것 또한 마땅히 지켜야 할 것들이다. 눈먼 인도자들아, 너희가 하루살이는 걸러내면서 낙타를 삼키는구나.

"겉만 꾸미는 율법학자와 바리사이파 사람들아! 잔과 대접의 거죽은 깨끗이 닦으면서 그 속을 탐욕과 방탕으로 채우는 너희에게 화가 미칠 것이다. 눈먼 바리사이파 사람들아! 먼저 속을 깨끗이 하여라. 그러면 겉도 깨끗해질 것이다.

"겉만 꾸미는 율법학자와 바리사이파 사람들아! 회칠한 무덤같이 겉은 깨끗해 보이지만 속은 죽은 자의 뼈와 온갖 더러운 것으로 가득 찬 너희에게 화가 미칠 것이다. 너희가 겉으로는 의인처럼 보이지만 속은 위선과 불법으로 가득 차 있구나.

"겉만 꾸미는 율법학자와 바리사이파 사람들아! 예언자들의 무덤을 조성하고 의인들의 기념비를 세우면서, 우리가 선조들 시대에 살았으면 예언자의 피를 흘리는 데 가담하지 않았을 것이라고 떠들어대는 너희에게 화가 미칠 것이다. 예언자 죽인 선조들의 자손임을 스스로 실토했으니 잘 됐다, 너희 선조들이 시작한 일을 마무리하여라.
"뱀들아! 독사 새끼들아! 너희가 어찌 지옥 형벌을 피할 수 있으랴? 내가 너희에게 예언자와 현자와 성인들을 보내면 너희는 그들을 더러는 죽이고 더러는 십자가에 매달고 더러는 회당에서 매질하며 이 동네 저 동네로 잡으러 다닐 것이다. 그런즉 죄 없는 아벨의 피로 시작하여 성소와 제단 사이에서 너희가 죽인 바라키야 아들 즈가리야의 피에 이르기까지 이 땅에서 흘린 모든 무고한 피가 너희에게로 돌아갈 것이다. 그렇다, 그 모든 죗값을 이 세대가 치러야 할 것이다."

*

진실을 진실로 밝히는 것이 저주로 들리는 경우가 있다. 어쩔 수 없는 일이다. 그래도 하늘은 하늘, 땅은 땅이다.

예루살렘아, 예루살렘아 [23, 37-39]

"예루살렘아, 예루살렘아, 네가 예언자들을 죽이고 너에게 보내어진 이들을 돌로 치는구나. 암탉이 병아리를 날개 아래 모으듯이 내가 네 자식들을 품으려 한 것이 몇 번이더냐? 그러나 너희는 원치 않았다. 보라, 네 집이 버림받아 황폐해지리라. 너희가 '주의 이름으로 오시는 이여, 찬미 받으소서.'하고 외칠 때까지 결코 나를 보지 못할 것이다."

*

평화의 집에 평화가 없다. 어떻게 그 집이 무너지지 않을 것인가?

예루살렘 성전이 무너질 것을 말씀하심 [24, 1-2]

예수, 성전에서 나와 길을 가시는데 제자들이 다가와 성전 건물을 가리키며 "보십시오." 하였다. 예수께서 이르셨다. "저 건물들을 잘 봐

두시오. 그렇소, 내가 분명히 말해두는데, 돌 하나 돌 위에 얹혀있지 못하고 모두 무너질 것이오."

*

세워진 것이 무너지는 것은 다만 시간문제다.

세상의 끝을 알리는 징조들 [24, 3-14]

예수께서 올리브 산에 올라가 앉으셨을 때 제자들이 은밀하게 다가와서 묻기를, "말씀해주십시오. 그런 일이 언제 일어날 것이며, 주님이 오시고 세상이 끝날 때 무슨 징조가 있겠습니까?" 하였다. 예수께서 말씀하셨다. "아무한테도 속지 않도록 조심하시오. 사람들이 내 이름으로 나타나, 자기가 그리스도라면서 많은 사람을 속일 것이오. 또 여기저기에서 난리가 일어나고 전쟁 소문도 들릴 것이나 겁내지 마시오. 그런 일들이 반드시 일어나긴 하겠지만 그 정도로 그치지 않을 것이오. 민족이 민족을 치고 나라가 나라를 치며 곳곳에서 기근과 지진이 일어날 터인데 그 모든 것이 재난의 시작일 뿐이오. 그때 사람들이 그대들을 붙잡아 온갖 방법으로 괴롭히고 죽일 것이며, 그대들은 나를 따랐다는 이유로 세상의 미움을 받을 것이오. 사람들이 서로 등지고 멀어져서 미워하고 가짜 예언자들이 사방에서 일어나 많은 사람을 곁길로 빠지게 하고 무법자들이 늘어나 사람들의 사랑도 식겠지만 끝까지 견디는 사람은 구원받을 것이오. 이 하늘나라 복음이 온 세상에 전파되어 모든 민족이 알게 되리니 그때 가서야 마침내 끝이 올 것이오."

*

끝까지 견디라는 말은 말세의 징조들이 모두 사라질 때까지 견디라는 말이 아니다. 네 목숨 다할 때까지 견디라는 말이다. 그러니까, 내일이 아닌 오늘 하루를 견디라는 말이다.

가짜 그리스도의 출현 [24, 15-28]

"그런즉 예언자 다니엘이 말한 대로 멸망할 흉물이 거룩한 자리에 선

것을 보거든, (읽는 자는 깨달아라) 유다에 있는 사람은 산으로 도망가고, 지붕 위에 있는 사람은 물건을 챙기러 내려가지 말고, 밭에 있는 사람은 겉옷을 가지려고 집으로 돌아가지 마시오. 이런 때 운 나쁜 사람이 임신한 여인들과 젖먹이 딸린 여인들이오. 겨울이나 안식일에 피난하는 일이 없도록 해달라고 기도하시오. 때가 되면 큰 재난이 닥칠 터인데 세상이 생겨난 뒤로 이제까지 그런 재난이 없었고 앞으로도 없을 것이오. 그 기간이 단축되지 않으면 아무도 살아남지 못할 것이나 뽑힌 사람들을 위하여 재난의 기간을 줄여주실 것이오. 그때 누가, '보라, 그리스도가 여기 있다, 저기 있다.' 하더라도 그 말을 믿지 마시오. 가짜 그리스도와 가짜 예언자들이 나타나 요란한 기적과 이상한 일들을 보여주며 어떻게 해서든지 뽑힌 사람들을 속이려 들 것이오. 내가 이렇게 미리 말해두었으니, 사람들이 '보라, 그리스도가 광야에 있다.' 하여도 나가지 말고 '보라, 그가 골방에 있다.' 하여도 믿지 마시오. 번개가 동녘 하늘에서 번쩍하여 멀리 서녘 하늘까지 비추듯이 사람 아들도 그렇게 올 것이오. 시체 있는 곳에 독수리들이 모여드는 법이오."

*

진짜 위험은 상황에 있는 것이 아니다. 상황에 휘둘려 자기를 잃는 데 있다.

하늘에서 내려오는 사람 아들 [24, 29-31]

"그런 재난의 날들이 지나면 곧장 해가 어두워지고 달이 빛을 잃고 별들이 하늘에서 떨어지고 공중 권세들이 흔들릴 터인데, 그때 하늘에 사람 아들을 가리키는 징조가 나타나고 땅에서는 사람 아들이 큰 능력과 영광 가운데 구름 타고 내려오는 것을 모든 족속이 가슴치고 울부짖으며 쳐다볼 것이오. 그가 나팔소리와 함께 천사들을 보내어 자기가 뽑은 사람들을 하늘 이 끝에서 저 끝까지 사방에서 불러 모을 것이오."

*

재난은 낡은 날의 끝이지만 새로운 날의 시작이기도 하다.

노아 홍수와 세상 마지막 날 [24, 32-51]

"무화과나무에서 배우시오. 가지가 나긋나긋해지고 잎이 돋으면 여름이 가까운 줄 알듯이, 이런 일들이 일어나는 것을 보게 되거든 사람 아들이 문 앞에 와있는 줄 아시오. 그렇소, 내가 진정으로 말하는데, 이 세대가 지나기 전에 이 모든 일이 일어날 것이오. 혹 하늘땅은 없어질지 몰라도 내 말은 결코 사라지지 않소. 하지만 그날과 그때는 아무도 모르오. 하늘의 천사들도 모르고 아들도 모르고 오직 아버지만 아시오. 노아 때 그랬듯이 사람 아들이 올 때도 그럴 것이니, 홍수가 나기 전 사람들은 노아가 방주에 들던 날까지 먹고 마시고 장가들고 시집가고 하면서 아무것도 모르고 있다가 홍수에 모두 휩쓸려갔소. 사람 아들이 올 때도 그럴 것이오. 두 사람이 밭에 있는데 하나는 데려가고 하나는 버려둘 것이며, 두 여인이 맷돌을 갈고 있는데 하나는 데려가고 하나는 버려둘 것이오. 그런즉 깨어 있으시오. 그대들 주인이 언제 올지 모르기 때문이오. 도둑이 몇 시에 올지를 집주인이 알면 깨어 있다가 도둑이 뚫고 들어오지 못하게 막지 않겠소? 그러니 늘 준비하고 있으시오. 그대들이 생각지도 못할 때 사람 아들이 올 것이오. 집주인이 길을 떠나면서 한 종에게 식구들을 돌보고 제때 먹을 것을 대주는 책임을 맡겼을 경우, 그 종이 어떻게 하면 충성스럽고 슬기로운 종이 되겠소? 주인이 돌아와 자기가 시킨 대로 하고 있는 종을 보면 그에게 복을 내려줄 것이오. 그렇소, 내가 진정으로 말하는데, 주인이 모든 재산을 그에게 맡길 것이오. 그러나 만일 그가 악한 종이라서 속으로 주인이 더디 오려니 생각하고 다른 종들을 때리며 술친구들과 먹고 마시기만 한다면 생각지도 않은 날 주인이 와서 그를 매질하고 겉만 꾸미는 자들이 벌 받는 곳으로 보내리니, 그가 거기서 슬피 울며 이를 갈 것이오."

*

누구에게나 죽음의 날은 반드시 온다. 하지만 그날이 언제 올지는 아무도 모른다. 오늘 하루를 깨어서 살아야 하는 이유가 여기에 있다.

열 처녀 비유 [25, 1-13]

"하늘나라는 열 처녀가 신랑을 맞으러 등불 들고 나간 것과 같소. 그 중 다섯은 어리석고 다섯은 슬기로워서, 어리석은 처녀들은 등은 있지만 기름이 없고 슬기로운 처녀들은 그릇에 기름을 넉넉히 담아 등과 함께 가지고 갔소. 신랑이 늦도록 오지 않아서 모두 졸다가 잠이 들었더니 한밤중에, '보라, 신랑이 온다. 가서 맞아들여라.' 하는 소리가 들리는지라 모두 일어나 자기 등을 챙기는데 어리석은 처녀들이 슬기로운 처녀들에게, '우리 등불이 꺼져가는구나, 기름 좀 나눠다오.' 하였으나 슬기로운 처녀들은 '기름을 나눠 쓰면 너희도 모자라고 우리도 모자랄 테니 차라리 가게에서 사다 쓰는 게 좋겠다.' 하였소. 어리석은 처녀들이 기름을 사러 간 사이에 신랑이 도착하였고 준비하고 기다리던 처녀들이 신랑과 함께 잔치 자리에 들어가자 문이 닫혔소. 뒤늦게 온 처녀들이 '주님, 주님, 문 열어주세요.' 애원했지만 그의 대답은 이러했소. '내가 진정으로 말하는데, 난 당신들을 모른다.' 그대들은 그날과 그때를 모르오. 그러니 깨어 있으시오."

*

불 때문에 기름이 있고 기름 때문에 등잔이 있는 거다. 앞에 있는 것이 없는데 뒤에 있는 것이 무슨 소용인가? 순서가 사는 곳에 천국이 열리고 순서가 죽는 곳에 천국이 닫힌다.

달란트 비유 [25, 14-30]

"하늘나라는 어떤 사람이 먼 길을 떠나면서 종들한테 자기 재산을 맡긴 것과 같소. 그가 종들을 불러 저마다의 능력에 따라서 하나에게는 다섯 달란트를, 하나에게는 두 달란트를, 하나에게는 한 달란트를 주고 떠났더니 다섯 달란트 받은 자는 바로 가서 그것으로 다섯 달란트를 남겼고 두 달란트 받은 자도 그렇게 하여 두 달란트를 남겼는데 한 달란트 받은 자는 가서 땅을 파고 돈을 묻어두었소. 한참 세월이 흐르고 주인이 돌아와 종들과 계산을 하는데 다섯 달란트 받은 종이 다섯 달란트를 더 가지고 와서 말하기를, '저에게 다섯 달란트를 주셨는데 보십시오, 주인님. 제가 그것으로 다섯 달란트를 벌었습니다.' 하자 주인이 그에게 말했소. '잘하였다, 착하고 성실한 종아. 네가 작은 일에 충성하였으니 내가 더 큰 일을 너에게 맡기마. 자, 와서 네 주인의 기쁨을 함께 나누자.' 두 달란트 받은 종도 와서 말하기를, '저에게 두 달란트를 주셨는데 보십시오, 주인님. 제가 그것으로 두 달란트를 벌었습니다.' 하자 주인이 그에게 말했소. '잘하였다, 착하고 성실한 종아. 네가 작은 일에 충성하였으니 내가 더 큰 일을 너에게 맡기마. 자, 와서 네 주인의 기쁨을 함께 나누자.' 그런데 한 달란트 받은 종은 와서 말하기를, '저는 주인님이 심지 않은 데서 거두고 헤치지 않은 데서 모으는 엄한 분인 줄 알고 있습니다. 그래서 겁이 났고 겁이 나서 저에게 주신 한 달란트를 땅에 묻어두었습지요. 보십시오, 주인님 돈이 여기 고스란히 있습니다.' 하였소. 그러자 주인이 그에게 이르기를, '너, 고약하고 게으른 종아! 내가 심지 않은 데서 거두고 헤치지 않은 데서 모으는 사람인 줄 알았다면 내 돈을 은행에 맡겼다가 이자라도 붙여서 돌려줘야 할 것 아니냐? 저자한테서 한 달란트마저 빼앗아 열 달란트 가진 자에게 주어라. 있는 사람은 더 받아서 넉넉하게 되고 없는 사람은 그 있는 것마저 빼앗길 것이다. 이 쓸모없는 종을 바깥 어두운 데로 내쫓아라. 거기서 슬피 울며 이를 갈리라.' 하였소."

*

굼벵이도 구르는 재주가 있다. 한 달란트도 받지 않은 종은 없다. 돈은 잘 쓰라고 있는 것이다. 쟁여두라고 있는 게 아니다.

양과 염소 비유 [25, 31-46]

"때가 되어 사람 아들이 스스로 눈부시게 빛나며 천사들을 거느리고 와서 영광스러운 보좌에 앉으면 모든 민족을 불러, 목자가 염소들한테서 양들을 가려내듯이, 그들을 가려 양은 오른편에 누고 염소는 왼편에 둘 것이오. 그때 왕이 오른편 사람들에게, '우리 아버지의 복을 받은 사람들아, 오라. 와서 세상이 만들어지던 때부터 너희를 위하여 준비된 나라를 상속받아라. 너희는 배고픈 나에게 먹을 것을 주었고 목마른 나에게 마실 것을 주었고 나그네인 나를 영접하였고 헐벗은 나를 입혀주었고 병든 나를 돌봐주었고 옥에 갇힌 나를 찾아주었다.'라고 말하면 의로운 자들이 이렇게 말할 것이오. '주님, 우리가 언제 배고프신 주님께 먹을 것을 드렸고 목마르신 주님께 마실 것을 드렸으며, 우리가 언제 나그네이신 주님을 영접하였고 헐벗으신 주님을 입혀드렸으며, 우리가 언제 병들고 옥에 갇히신 주님을 찾아가고 돌봐드렸습니까?' 그러면 왕이 그들에게 말할 것이오. '내가 진정으로 말한다, 여기 있는 내 형제들 가운데 가장 보잘것없는 사람 하나에게 해준 것이 곧 나에게 해준 것이다.' 그런 다음, 왼편 사람들에게 이르기를, '이 저주받은 자들아! 나를 떠나 악마와 그의 천사들을 위하여 준비된 영원한 불 속으로 들어가라. 너희는 배고픈 나에게 먹을 것을 주지 않았고 목마른 나에게 마실 것을 주지 않았고 나그네인 나를 영접하지 않았고 병든 나를 돌봐주지 않았고 옥에 갇힌 나를 찾아주지 않았다.' 하였소. 그러자 그들이 대꾸하였소. '우리가 언제 배고프고 목마르고 나그네 되고 헐벗고 병들고 옥에 갇힌 주님을 보고도 못 본 척하여 돌봐드리지 않았단 말입니까?' 그때 왕이 이르기를, '내가 진정으로 말한다, 여기 있는 내 형제들 가운데 가장 보잘것없는 사람 하나에게 해주지 않은 것이 곧 나에게 해주지 않은 것이다.' 하리니 저들은 영원한 벌로, 의로운 자들은 영원한 생명으로 들어갈 것이오."

*

잘난 사람, 대단한 사람 융숭하게 대접하는 거 누가 못하랴? 하지만 그건 너희끼리 벌이는 잔치고 나하고는 아무 상관이 없다.

예수 죽일 것을 의논하는 원로들 [26, 1-5]

예수께서 말씀을 모두 마치고 제자들에게 이르셨다. "알다시피 이틀 뒤면 유월절인데 사람 아들이 붙잡혀 십자가에 달릴 것이오."
그때 대사제들과 백성의 원로들이 가야파라는 대사제 관저에서 흉계로 예수 잡아 죽일 것을 모의하다가, "군중이 소란을 피울 수 있으니 명절은 피하자."고 하였다.

*

저마다 자기 길을 간다. 그렇게 해서 역사가 이루어진다.

예수 머리에 향유를 부은 여인 [26, 6-13]

예수께서 베다니아에 있는 나병 환자 시몬의 집에 계실 때, 한 여인이 비싼 향유가 담긴 옥합을 가져와 식탁에 앉은 예수 머리에 부었다. 이를 본 제자들이 화가 나서 말하기를, "이 무슨 낭비인가? 그것을 비싼 값에 팔아서 가난한 사람들에게 나눠줄 수 있을 텐데." 하였다. 예수께서 아시고 그들에게 이르셨다. "나한테 좋은 일을 한 누이를 왜 괴롭히는 거요? 가난한 사람들은 언제까지 그대들 곁에 있겠지만 나는 언제까지 그대들과 함께 있지 않을 것이오. 이 누이가 내 몸에 향유를 부은 것은 내 장례를 위한 것이었소. 그렇소, 내가 분명히 말하는데, 세상 어디서든지 복음이 전해지는 곳마다 이 누이가 한 일도 알려져서 사람들이 저를 기억하게 될 것이오."

*

제자들은 결과를 계산하고 스승은 속마음을 본다. 그래서 스승이고 그래서 제자들이다.

예수를 팔아넘긴 유다 [26, 14-16]

그때 열두 제자들 가운데 하나인 가리옷 사람 유다가 대사제들에게 가서, "내가 당신들한테 예수를 넘겨주면 당신들은 내게 무엇을 주겠소?" 하자 그들이 은화 삼십 세겔을 주었다. 그 뒤로 유다는 예수 넘겨줄 기회를 노렸다.

*

제자니까 스승을 배반할 자격이 있다. 하지만, 제자라 해서 모두 스승을 배반해야 하는 건 물론 아니다.

제자들과의 마지막 만찬 [26, 17-30]

무교절 첫날, 제자들이 예수께 물었다. "유월절 음식을 어디에 차리면 좋겠습니까?" 예수께서 그들에게, 성읍에 들어가면 이러저러한 사람이 있을 테니 그에게 "우리 선생님이 때가 다가오고 있다 하시면서 당신 집에서 제자들과 함께 유월절을 지내겠다고 하십니다."라고 말하게 시키셨다. 제자들이 예수께서 시키신 대로 유월절을 준비하였다.

날이 저물어 예수께서 열두 제자와 함께 자리에 앉아 음식을 나누시다가 말씀하셨다. "진정으로 말합니다, 그대들 가운데 한 사람이 나를 넘겨줄 것이오." 그러자 제자들이 저마다 근심하여, "주님, 저는 아니지요?"하고 물었다. 예수께서 대답하셨다. "나와 함께 그릇에 손을 넣는 사람이 나를 넘겨줄 것이오. 사람 아들은 성경에 기록된 대로 자기 길을 가겠지만 사람 아들을 넘겨줄 그 사람한테는 화가 미칠 터인즉, 차라리 세상에 태어나지 않았더라면 좋았을 사람이 그 사람이오." 예수를 넘겨줄 유다가, "선생님, 저는 아니지요?"하고 묻자, "그건 그대의 말이오."하고 대답하셨다.

그들이 음식을 먹고 있을 때 예수께서 빵을 들어 축사하시고 제자들에게 나눠주며 말씀하셨다. "받아서 먹어요. 내 몸이오." 또 잔을 들어 축사하시고 제자들에게 주며 이르셨다. "이 잔을 모두 받아 마셔요. 죄를 용서받게 하려고 많은 사람을 위하여 흘리는 내 피 곧 언약의 피요. 그렇소, 내가 진정으로 말하는데, 이제부터 아버지 나라에서 그대들과 함께 새 포도주를 마실 때까지 포도나무에서 난 것을 결코 입에 대지 않겠소."

그들은 찬미하고 올리브 산으로 갔다.

*

누구나 세상에서 마지막으로 먹는 음식이 있기 마련이다. 그 음식을 누구와 어떻게 나누느냐가 그 사람 인생을 결산한다.

베드로가 세 번 모른다고 할 것을 미리 말씀하심 [26, 31-35]

그때 예수께서 제자들에게 말씀하셨다. "오늘 밤, 그대들이 나로 말미암아 모두 떠나갈 것이오. 성경에, '내가 목자를 치리니 양 떼가 흩어지리라.'고 하였소. 하지만 나는 다시 살아난 뒤에 그대들보다 먼저 갈릴래아로 갈 것이오." 베드로가 말하였다. "설사 모두가 주님으로 말미암아 떠나간다고 하여도 나는 떠나가지 않을 것입니다." 예수께서 그에게 이르셨다. "내가 분명히 말하는데, 오늘 밤 닭 울기 전에 그대가 나를 세 번 모른다고 할 것이오." 베드로가 다시, "주님과 함께 죽었으면 죽었지 주님을 모른다고 하지는 않을 겁니다." 하자, 다른 제자들도 모두 같은 말을 하였다.

*

자기가 지금 무슨 말을 하고 있는지, 스승은 알고 제자는 모른다.

게쎄마니에서 드린 기도 [26, 36-46]

예수께서 제자들과 더불어 게쎄마니라 하는 곳에 이르러 제자들에게, "내가 저기 가서 기도하는 동안 여기 앉아들 있으시오." 말씀하시고 베드로와 제베대오의 두 아들을 따로 데리고 가셨는데 근심과 번민으로 괴로워하며 그들에게 이르셨다. "지금 내 마음이 괴로워 죽을 지경이니 그대들은 여기 머물러 나와 함께 깨어 있으시오." 그러고 나서 조금 나아가 땅에 엎드려 기도하셨다. "아버지, 하실 수 있거든 이 잔을 저한테서 치워주십시오. 그러나 제 뜻대로 마시고 아버지 뜻대로 하십시오." 기도를 마치고 제자들에게 오시어 그들이 잠들어 있는 것을 보시고 베드로에게 이르셨다. "나와 함께 한 시간도 깨어 있을 수 없단 말이오? 유혹에 넘어가지 않도록 깨어 기도하시오. 마음은 간절한데 몸이 말을 듣지 않는구려." 이어서 다시 기도하셨다. "아버지, 제가 마시지 않으면 치워지지 않는 것이 이 잔이거든, 아버지 뜻대로 하십시오." 기도를 마치고 다시 돌아와 보니 제자들은 여전히 잠들어 있었다 너무나도 고단하여 눈이 떠지지 않았던 것이다. 예수께서 그들을 그냥 두고 세 번째 같은 말씀으로 기도하신 다음, 제자들에게 돌아와 이르셨다 "아직 자는 거요? 자, 때가 되어 사람 아들이 죄인들 손에 넘어가게 되었소. 일어나 함께 갑시다. 보시오,

나를 넘겨줄 자가 다가오고 있소."

*

자기 뜻이 없는 게 아니다. 있다. 그런데 그것을 주장하지 않는다. 관철코자 노력하지 않는다. 그것을 부정한다. 없는 것으로 친다. 여기까지다. 육신을 끌고서 더 갈 데가 없다.

붙잡히신 예수 [26, 47-56]

말씀이 미처 끝나기도 전에 열두 제자들 가운데 하나인 유다가 다가오는데 대사제들과 백성의 원로들이 보낸 무리가 칼과 몽둥이를 들고서 그 뒤를 따라왔다. 자기가 입 맞추는 사람이 그 사람이니 알아서 체포하라고 미리 짜두었던 것이다. 그가 다가와, "선생, 안녕하시오?"하고 입을 맞추자 예수께서 그에게 이르셨다. "친구, 그대가 할 일을 하시게." 무리가 달려들어 예수를 붙잡았다. 그때 예수와 함께 있던 사람들 가운데 하나가 칼을 뽑아 대사제 종을 쳐서 귀를 자르자 예수께서 그에게, "칼을 도로 칼집에 꽂으시오. 칼 쓰는 자 칼로 망하는 법. 내가 아버지께 청하기만 하면 지금 당장 열두 부대도 넘은 천군들이 내려온다는 걸 모르오? 하지만 내가 그런다면 이런 일이 반드시 있으리라고 한 성경 말씀이 어떻게 이루어지겠소?" 말씀하시고 무리를 향하여 이르시기를, "내가 성전에서 가르칠 때는 잡지 않더니 지금은 마치 강도를 대하는 것처럼 칼과 몽둥이를 들고서 나를 잡으러 왔구려. 하지만 이 모든 일이 예언자들의 말을 그대로 이루기 위한 것이오." 하셨다. 제자들 모두 예수를 버리고 달아났다.

*

유다는 예수를 등졌지만 예수는 유다를 등지지 않고 오히려 품어주신다. "친구, 그대가 할 일을 하시게." 당신을 등지는 상대를 받아 주신다.

대사제 앞에 선 그리스도 [26, 57-68]

그들이 예수를 붙잡아 대사제 가야파에게로 가니 거기에 율법학자들과 원로들이 모여 있었다. 베드로가 멀찍이 예수 뒤를 좇아 대사제 관저 뜰에까지 가서 일이 어찌 되나 지켜보려고 하인들 틈에 섞여 앉았다. 대사제와 의회가 예수를 죽이려고 거짓 증거를 찾는데 많은 사람이 이런저런 말을 했지만 마땅한 증거를 얻지 못하더니 두 사람이 나타나서 발하였다. "저 사람이 하느님 성전을 허물고 사흘 만에 다시 세우겠다고 했소." 대사제가 일어서서 예수께 물었다. "저들의 증언에 대하여 할 말 있는가?" 그러나 예수께서는 아무 말도 하지 않으셨다. 대사제가 다시 물었다. "살아계신 하느님의 이름으로 맹세하여라. 그대가 정녕 하느님의 아들 그리스도인가?" 예수께서 말씀하셨다. "당신이 그렇게 말했소. 하지만 들으시오. 이후로 사람 아들이 전능하신 분 오른편에 앉아있는 것과 하늘 구름을 타고 오는 것을 당신들이 보게 될 것이오." 그러자 대사제가 자기 옷을 찢으며, "저렇게 차마 입에 담지 못할 말을 하는데 무슨 증거가 더 필요하겠소? 그대들 생각은 어떠하오?"하고 물으니 무리가 이구동성으로 "사형이오!" 소리 지르며 예수 얼굴에 침을 뱉고 주먹으로 치고 손바닥으로 때리며 조롱하기를, "그리스도님, 우리에게 말해보시지요. 당신을 친 자가 누구요?" 하였다.

*

사람들에게는 요식절차가 필요하지만 예수에게는 그런 것 없다. 오로지, 그런 건 그런 거고 아닌 건 아닌 거다. 그뿐이다.

세 번 스승을 부인하는 베드로 [26, 69-75]

베드로가 관저 바깥뜰에 앉아있는데 여종 하나가 다가와서 말했다. "당신도 갈릴래아 사람 예수와 함께 있었소." 베드로가 여러 사람 앞에서 "무슨 소린지 모르겠네!" 말하고 문간 쪽으로 가니 다른 여종이 거기 있는 사람들에게 일렀다. "저 사람도 나자렛 예수와 함께 있었어요." 그러자 베드로는 맹세까지 하며 다시 부인하기를, "나는 그 사람 모르오." 하였다. 잠시 뒤에 거기 있던 사람들이 베드로에게 다가와, "틀림없이 당신도 그들과 한 패거리요. 말씨만 들어도 알 수 있소."라고 말하자 베드로는 자기 말이 거짓이면 천벌을 받겠다면서,

"나는 그 사람 모르오." 하였다. 그때 닭이 울었다. 베드로는 "오늘 밤 닭 울기 전에 그대가 나를 세 번 모른다고 할 것이오."라고 하신 예수의 말씀이 생각나서 밖으로 나가 많이 울었다.

*

끝까지 함께 하겠다고 호언장담하던 사람이 비참하게 무너진다. 스스로 단단한 바위인 줄 알던 것이 부서지는 흙으로 돌아간다. 잘됐다, 머잖아 그에게서 풀과 나무들이 싹 트고 자랄 것이다.

빌라도에게 넘겨진 예수 [27, 1-2]

이른 아침, 대사제와 백성의 원로들이 예수 죽일 것을 함께 결의하고 그를 결박하여 총독 빌라도에게 넘겼다.

*

총독 빌라도에게로 가는 길. 몸소 걸어서 가셨겠지만 앞장서서 가신 길은 아니었다.

스스로 목을 맨 유다 [27, 3-10]

예수를 넘겨준 유다가 그분이 정죄당하는 것을 보고 뉘우쳐 대사제들과 원로들에게 은화 삼십 세겔을 돌려주며 말하였다. "내가 죄 없는 사람을 죽음에 넘겨 죄를 지었소." 그러나 그들의 대꾸는 이랬다. "그게 우리와 무슨 상관이냐? 네 일 네가 알아서 해라." 그가 은화 삼십을 성소에 던져주고 물러 나와 스스로 목을 매었다. 대사제들이 은화를 주워들고, "이 돈은 피 값이니 성전 금고에 두는 것이 옳지 않다."고 하면서 의논한 끝에 그것으로 옹기장이의 밭을 구매하여 뜨내기들 묘지로 삼았다. 그래서 오늘날까지 그 밭을 사람들이 피밭이라고 부른다. 이렇게, "저희가 이스라엘 자손들이 한 사람 몸값으로 정한 돈 곧 은화 삼십으로 옹기장이 밭을 샀으니 이는 주께서 내게 명하신 바와 같았다."고 한 예언자 예레미야의 말이 그대로 이루어졌다.

*

유다, 스스로 작심하여 스승을 등지고 스스로 작심하여 목숨을 끊는다. 자기한테 갇혀 살다가 끝내 자기를 벗지 못한 사람이다. 그가 무슨 짓을 했는지는 덜 중요하다.

빌라도가 예수를 내어줌 [27, 11-31]

사람들이 예수를 총독 앞에 세우자 총독이 그에게 물었다. "그대가 유다인의 왕인가?" 예수께서 대답하셨다. "그건 당신 말이오." 하지만 대사제와 원로들의 고발에는 아무 대꾸도 하지 않으셨다. 빌라도가 묻기를, "저렇게 많은 증거로 그대를 고발하는데, 저 소리가 들리지 않는가?" 하였으나 예수께서는 총독이 이상하게 여길 만큼 한마디 말도 없으셨다.

명절 때마다 군중이 원하는 죄수 하나를 총독이 풀어주는 관례가 있었는데, 마침 (예수) 바라빠라는 유명한 죄수가 있었다. 빌라도가 모여든 군중에게 물었다. "내가 죄수 하나를 풀어줄 텐데 누구를 원하느냐? (예수) 바라빠냐? 그리스도라 불리는 예수냐?" 사람들이 질투심 때문에 예수를 자기한테 넘긴 줄로 알았던 것이다.

총독이 재판장 자리에 앉아있는데 그의 아내가 사람을 보내어, "죄없는 사람 일에 상관 마시오. 간밤 꿈에 내가 그 사람 때문에 고생이 많았소."하고 당부하였다. 그 사이에 대사제와 원로들은 군중을 부추겨 바라빠를 놓아주고 예수는 죽이라고 요구하게 만들었다. 총독이 "둘 중에 누구를 놓아달라는 거냐?"하고 묻자 그들이 "바라빠!"라고 외쳤다. 빌라도가 다시 물었다. "그러면 그리스도라 불리는 예수는 어떻게 하랴?" 그들이 한목소리로 대답하였다. "십자가에!" 그가 물었다. "왜? 그가 무슨 나쁜 짓을 했는데?" 그러자 군중이 더 크게 악을 쓰면서 소리 질렀다. "십자가에!" 빌라도가 더 말해봤자 아무 소용도 없을뿐더러 자칫 폭동이 일어날 것 같은지라 물을 가져다가 사람들 앞에서 손을 씻으며, "이 사람 피에 나는 책임지지 않겠다. 너희가 알아서 해라."하고 말하자 군중이 함께 소리 질렀다. "그 사람 피는 우리와 우리 자손들이 책임진다!" 빌라도가 바라빠를 풀어주고 예수는 채찍질하여 십자가에 매달라고 내주었다.

예수를 관저로 끌고 간 총독의 병사들이 부대원을 모두 소집시켜 그를 에워싸게 하고는 옷을 벗겨 붉은 옷으로 갈아입히고 가시로 왕관을 만들어 머리에 씌우고 오른손에 갈대를 쥐어 주고 그 앞에 무릎을 꿇고, "유다인의 왕, 만세!"라고 외쳐 조롱하면서 그에게 침을 뱉고 갈대를 빼앗아 머리를 쳤다. 이렇게 한참 놀려댄 다음, 붉은 옷을 벗겨 본디 옷을 도로 입히고 십자가에 매달기 위하여 끌어냈다.

*

예수, 병사들이 손에 들려주는 갈대를 땅에 던져버리시지 않는다. 아버지한테서 버림받은 아들이 자기를 버린 아버지에게 바치는 마지막 순종의 예물이다.

십자가에 달리신 예수 [27, 32-37]

그들이 길에서 키레네 사람 시몬을 보고 그를 붙잡아 억지로 예수의 십자가를 지고 가게 하였다. 해골 언덕이라 불리는 골고타에 이르러 쓸개 섞은 포도주를 주어 마시게 하였지만 예수께서는 맛만 보고 마시려 하지 않으셨다. 그들은 예수를 십자가에 못 박고 나서 제비뽑기로 그의 옷을 나누고 거기 앉아 예수를 지켰다. 그분 머리 위에 '유다인의 왕 예수'라고 적은 죄목 패가 붙어있었다.

*

죽어있는 사람에게 쓸개 섞은 포도주가 무슨 도움이 되랴? 그래도 맛을 보신 것은 온전한 순종의 표시일 뿐.

십자가 위에서 모욕당하심 [27, 38-44]

강도 둘이 예수와 함께 십자가에 달렸는데 하나는 오른편에 다른 하나는 왼편에 달렸다. 지나가는 자들이 머리를 흔들며 예수를 모욕하였다. "성전을 허물고 사흘 만에 다시 세우겠다고? 너부터 살려라. 네가 정녕 하느님의 아들이거든 십자가에서 내려와 보란 말이다!"

대사제, 율법학자, 원로들도 같은 말로 예수를 조롱하였다. "남은 살리면서 자기는 살리지 못하는 저 사람이 이스라엘의 왕이라? 당장 십자가에서 내려와 보라고 해. 그럼 우리가 믿어주지. 저가 하느님을 믿고 스스로 하느님의 아들이라 했으니, 과연 하느님이 저를 기뻐하신다면, 어디 보자, 살려주시는지." 함께 십자가에 달린 강도 둘도 예수를 모욕하였다.

*

지나가던 자들과 대사제, 율법학자, 원로들은 왜 그랬을까? 그들이 그랬던 게 아니다. 누구를 욕함으로써 자기를 정당화하는 오래된 습習이 그렇게 했던 거다. 그들에게 잘못이 있다면 잘못된 자기 버릇에 스스로 묶여있는 것이다.

숨을 거두신 예수 [27, 45-56]

정오에서 세 시까지 어둠이 온 땅을 덮었다. 오후 세 시쯤, 예수께서 크게 부르짖으셨다. "엘리 엘리 레마 사박타니?" 이는 "나의 하느님, 나의 하느님, 왜 나를 버리십니까?"라는 뜻이다. 거기 있던 몇 사람이, "저 사람이 엘리야를 부른다." 하였고 그중 하나가 급히 달려가서 신 포도주로 적신 해면을 갈대에 꽂아 입을 축이라고 내밀었다. 그러자 다른 사람들이 "관둬요. 엘리야가 와서 구해주나 봅시다."하고 말렸다. 예수, 다시 크게 소리 지르고 숨을 거두셨다.

그때 성소 휘장이 위에서 아래까지 두 폭으로 찢어지고 땅이 흔들리고 바위가 깨어지면서 무덤들이 열려 잠들었던 많은 성도가 깨어났다. 그들은 무덤에서 나와 예수께서 부활하신 뒤에 거룩한 도성으로 들어가 많은 사람 앞에 모습을 드러내었다.

백부장과 함께 예수를 지키던 사람들이 지진을 비롯하여 다른 여러 가지 일들이 일어나는 것을 보고 크게 두려워하며 말하였다. "이 사람이야말로 진정 하느님의 아들이구나!" 많은 여인이 멀찍이 떨어져서 지켜보았다. 갈릴래아에서부터 예수를 따르며 필요한 것을 대주던 여인들로서 그중에는 막달라 마리아, 야고보와 요셉의 어머니 마리아 그리고 제베대오네 두 아들의 어머니가 있었다.

*

"예수, 다시 크게 소리 지르고 숨을 거두셨다." 그러자 성소 휘장이 찢어지면서 무덤이 열리고 잠들었던 사람들이 깨어났다. 눈에 보이는 사실이 아니라 보이지 않는 진실이다.

무덤에 묻히신 예수 [27, 57-61]

날이 저물어 아리마태아 사람 요셉이 왔다. 부자인 그도 예수의 제자였다. 그가 빌라도에게 가서 예수의 시신을 달라고 하자 빌라도가 내어주라고 명하였다. 요셉이 시신을 고운 베로 싸서 자기가 묻히려고 바위를 파서 만든 새 무덤에 모시고 큰 돌을 굴려 무덤 문을 막고 돌아갔다. 막달라 마리아와 다른 마리아가 무덤을 마주 보고 앉아있었다.

*

드러나게 뒤따르던 제자들은 모두 어디로 가고 숨어있던 제자가 나타나 스승의 시신을 홀로 수습하는가? 이만하면 충분히 초라한 장사葬事다.

무덤을 지키는 경비병들 [27, 62-66]

이튿날, 그러니까 명절을 준비하는 날, 대사제와 바리사이파 사람들이 빌라도에게 몰려가서 말하였다. "총독, 저 속이는 자가 살았을 때 '내가 사흘 만에 다시 살아난다.'고 한 말을 우리는 기억합니다. 그러니 사흘째 되는 날까지 무덤을 단단히 지키라고 명하십시오. 그 제자들이 시체를 훔쳐서 감추어두고 사람들에게 '그분이 죽었다가 살아나셨다.'고 떠들어대면 나중 속임수가 훨씬 더 큰 문제를 일으킬 것입니다." 빌라도가 그들에게 말했다. "당신들한테도 경비병들이 있으니 가서 무덤을 잘 지키라 하시오." 그들이 물러나 돌을 봉인하고 경비병들을 두어 무덤을 지키게 하였다.

*

두려움은 모든 것을 봉쇄한다. 대상이 무덤 속 주검이라 해서 예외일 수 없다.

빈 무덤 앞의 두 마리아 [28, 1-10]

안식일을 지내고 이튿날 이른 새벽, 막달라 마리아와 다른 마리아가 무덤을 보러 갔다. 큰 지진과 함께 하늘에서 천사가 내려와 돌을 굴려내고 그 위에 앉았는데 모습이 번개처럼 빛났고 옷은 눈처럼 희었다. 무덤을 지키던 경비병들은 이를 보고 겁에 질려 떨다가 산송장이 되었다. 천사가 여인들에게 말했다. "겁내지 마오. 십자가에 달리신 예수를 찾는가 본데 그분은 여기 계시지 않고 전에 말씀하신 대로 다시 살아나셨소. 와서 그분이 누우셨던 곳을 보고 빨리 제자들한테 가서 '예수께서 죽었다가 살아나셨고 당신들보다 먼저 갈릴래아로 가실 터인즉 거기서 그분을 뵙게 될 것'이라고 말하시오. 내가 전할 말은 다 전했소." 여인들이 두려움 반 기쁨 반으로 제자들에게 알리고자 급히 무덤을 떠나 달려가는데, 홀연히 예수께서 그들한테로 걸어오시며 말씀하셨나. "살 있느냐?" 여인들이 가까이 가서 그 발을 붙잡고 엎드려 절하자 예수께서 이르셨다. "겁내지 마라. 가서 내 형제들한테 갈릴래아로 가라고 말하여라. 그들이 거기서 나를 보게 될 것이다."

*

부활한 예수는 시공간에 갇히지 않는다. 그래서 제자들보다 먼저 갈릴래아로 가신다. 그러나 시공간으로 들어오지 못하시는 것도 아니다. 그래서 제자들이 그를 갈릴래아에서 눈으로 보게 된다.

대사제들이 만든 헛소문 [28, 11-15]

여인들이 떠나고 나서 경비병 몇이 성내로 들어가 대사제들에게 그동안 일어난 일을 모두 보고하였다. 대사제들이 원로들과 의논하고 병사들에게 많은 돈을 주며 말했다. "너희가 잠든 사이에 그 제자들이 와서 시체를 훔쳐 갔다고 하여라. 소문이 총독 귀에 들어가더라도 우리가 잘 말해서 너희가 다치는 일은 없도록 해주마." 그들이 돈을 받고 시키는 대로 하였다. 이 말이 오늘까지도 유다인들 사이에서 널리 돌아다니고 있다.

*

이른바 지도자들이 거짓 소문을 퍼뜨리는 데 돈을 쓴다. 그때 거기에서만 있었던 일인가?

마지막으로 남기신 말씀 [28, 16-20]

열한 제자가 갈릴래아로 가서, 예수께서 일러주신 산에 이르러 거기서 그분을 뵙고 엎드려 절하였다. 하지만 의심하는 사람들도 있었다. 예수께서 가까이 오시어 그들에게 이르셨다. "하늘과 땅의 모든 권세가 나에게 주어졌다. 그러니 너희는 가서 온 세상 모든 족속을 제자로 삼아 아버지와 아들과 성령의 이름으로 세례를 주고 내가 너희에게 명한 모든 것을 지키도록 가르쳐라. 보라, 내가 세상 끝나는 날까지 항상 너희와 함께 있으리라."

*

"보라, 내가 세상 끝나는 날까지 항상 너희와 함께 있으리라."
"아멘, 지금 여기 저와 함께 계신 당신을 믿습니다."

마르코복음

세례자 요한의 출현 [1, 1-8]

하느님의 아들 예수 그리스도에 관한 복음의 시작.

예언자 이사야의 기록에, "보라, 내가 너보다 먼저 내 일꾼을 보낼 터인즉 그가 네 길을 앞서 닦으리라. 광야에서 '주의 길을 예비하고 그 길을 곧게 하라'고 외치는 이의 소리가 들리는구나." 하였더니, 과연 세례자 요한이 광야에 나타나 회개하고 세례받으라고 외쳤다. 유다 지방과 예루살렘 사람들이 모두 그에게 와서 죄를 자백하고 요르단 강에서 세례를 받았다. 요한은 낙타 털옷을 걸치고 허리에 가죽 띠를 두르고 메뚜기와 야생 꿀을 먹었다.

그가 사람들에게 말했다. "나보다 힘센 이가 내 뒤에 오신다. 나는 몸을 굽혀 그분 신발 끈을 풀어드릴 만한 사람도 못 된다. 나는 물로 세례를 주지만 그분은 성령으로 세례를 베푸실 것이다."

*

안락한 도시 생활을 등지고 메뚜기와 야생 꿀로 거칠게 살아가는 야인野人한테서 그리스도의 복음이 비롯된다. 참 혁명은 이렇게, 아무도 모르게, 비롯되는 것.

요한한테서 세례를 받으심 [1, 9-11]

그 무렵 예수께서 갈릴래아 나자렛을 떠나 요르단 강에 이르러 요한한테 세례를 받으셨는데 물에서 올라오시다가 하늘이 갈라지며 비둘기 모양을 한 성령이 내려오는 것을 보셨다. 그때 하늘에서 음성이 들려왔다. "너는 내가 사랑하는 아들, 나를 기쁘게 하는 아들이다."

*

공중 나는 비둘기에서 성령이 보였으니, "너는 내가 사랑하는 아들, 나를 기쁘게 하는 아들이다."라는 하늘 음성이 들리는 건 당연지사다. "너는 내가 사랑하는 아들/딸이다." 모두에게 들려주시는 하늘의 이 음성이 아직 귀가 열리지 않은 사람에게 안 들릴 따름이다. 문득 귀가 열려 이 말이 들리면 다음 말도 들릴 것이다. "너는 나를 기쁘게 하는 아들/딸이다."

광야에서 시험받으심 [1, 12-13]

성령이 예수를 광야로 몰아내셨다. 예수, 그곳 광야에서 사십 일을 들짐승들과 함께 머물며 사탄의 시험을 받으시는데, 천사들이 곁에서 그를 돌봐드렸다.

*

예수, 이제 어디를 당신 맘대로 가실 수 없다. 이끄시는 성령이 앞장서신다. 사람이 들짐승일 수도 있고 사탄일 수도 있고 천사일 수도 있는 거기가 광야다.

갈릴래아에서 전도를 시작하심 [1, 14-15]

요한이 잡힌 뒤에 예수께서 갈릴래아로 오시어 하느님의 복음을 전하며, 때가 차서 하느님 나라가 가까웠으니 회개하고 복음을 믿으라고 말씀하셨다.

*

이스라엘의 변경 갈릴래아. 혁명의 못자리로 최적지다. 회개하고 복음을 믿으라는 말도 처음에는 한 사람 또는 두세 사람이 들었으리라. 그들이 누군지 아무도 모른다.

제자들을 부르심 [1, 16-20]

예수, 갈릴래아 호숫가를 지나시다가 호수에서 그물 던지는 어부 시몬과 그 아우 안드레아를 보시고 그들에게 말씀하셨다. "나를 따르시오. 내가 그대들을 사람 낚는 어부로 되게 하겠소." 그들은 당장 그물을 버려두고 예수를 좇았다.
조금 더 가다가 제베대오의 아들 야고보와 그 아우 요한이 배에서 그물 손질하는 것을 보시고 그들을 부르셨다. 그들은 아버지 제베대오와 일꾼들을 배에 남겨두고 예수를 좇았다.

*

갈릴래아에서 어부는 누구나 쉽게 만날 수 있는 보통사람이다. 세상의 잘못된 질서를 바로잡는 데 더없이 좋은 재목이다.

더러운 귀신을 내쫓으심 [1, 21-28]

일행이 가파르나움으로 갔다. 예수께서 안식일에 회당에 들어가 사람들을 가르치시는데 율법학자들과 달리 가르침에 권위가 있어서 모두 놀랐다.
마침 더러운 귀신 들린 사람이 회당에 있다가 크게 소리 질러 말하기를, "나자렛 예수, 왜 우리를 성가시게 하는 거요? 우리를 멸망시키러 왔소? 나는 당신이 누군지 압니다. 당신은 하느님의 거룩한 분이오." 하였다. 예수께서, "입 다물고 그에게서 나와라."하고 꾸짖으시자 더러운 귀신이 그를 부들부들 떨게 하고 큰소리를 지르며 떠나갔다. 모두 놀라서 "이게 어찌 된 일이냐? 권위 있는 새 가르침이다. 그의 명령에 더러운 귀신이 꼼짝 못 하는구나."하고 수군거렸다. 예수에 관한 소문이 갈릴래아 지역 사방에 곧장 퍼졌다.

*

상대의 정체를 누가 먼저 아느냐로 승패가 결정되는 것이 전쟁의 원리다. 하지만 이 원리도 싸우지 않음으로 이기는 사람에게는 통하지 않는다.

시몬의 장모를 고쳐주심 [1, 29-34]

그 뒤 예수께서 회당을 떠나 야고보, 요한을 데리고 시몬과 그 아우 안드레아의 집으로 가셨다. 마침 시몬의 장모가 열병으로 자리에 누웠는데 사람들이 사정을 예수께 말씀드렸다. 예수께서 다가가 손을 잡자 여인이 자리에서 일어나 그 길로 일행을 돌봐드렸다.

날 저물어 해가 지도록 사람들이 병자와 귀신들린 자들을 예수께 데려왔고 동네 사람들이 모두 문간에 모여들었다. 예수께서 온갖 병자를 고쳐주시고 많은 귀신을 쫓아내시며 그들에게 입을 다물라고 명하셨다. 귀신들이 그가 누군지를 알고 있었기 때문이다.

*

예수가 먼저 시몬의 장모를 찾지 않으신다. 사람들 말을 듣고 그에게로 다가가신다. 동네 병든 사람들 찾아다니시지 않는다. 문간에 모여든 그들을 만나 주신다.

갈릴래아 지역에서 말씀을 전하심 [1, 35-39]

이른 새벽 동트기 전, 예수께서 일어나 외진 곳으로 가서 기도하시는데 시몬 일행이 예수를 찾아다니다가 그분을 만나 말씀드렸다. "모두 선생님을 찾고 있습니다." 예수께서 그들에게 이르셨다. "가까운 이웃 마을로 갑시다. 거기서도 말씀을 전해야 하오. 이 일을 하러 내가 왔소." 이렇게 그분은 갈릴래아 지역을 두루 다니며 여러 회당에서 말씀을 전하고 귀신을 내쫓으셨다.

*

사람들이 예수를 찾은 것은 육신의 병을 고치기 위해서였다. 하지만 예수가 세상에 당신을 나타내신 것은 말씀을 전하기 위해서였다. 사람들 욕구를 채워주는 것이 능사는 아니다.

나병 환자를 고쳐주심 [1, 40-45]

한 나병 환자가 예수께 와서 무릎을 꿇고 간청하였다. "주님이 원하시면 저를 깨끗하게 해주실 수 있습니다." 예수께서 불쌍한 마음에 손을 내밀어 그를 만지며 말씀하셨다. "내가 원한다, 깨끗해져라." 그러자 곧 나병은 사라지고 그가 깨끗해졌다. 예수께서 그를 떠나보내면서 이르셨다. "아무한테도 말하지 말고 곧장 사제에게로 가서 몸을 보이고 모세의 법에 따라 예물을 바쳐 당신 몸이 깨끗해졌다는 증거로 삼으시오." 하지만 그가 나가서 소문을 자꾸 퍼뜨리는지라, 그때부터 예수께서는 드러나게 마을로 다니지 아니하시고 외진 곳에 따로 계셨다. 사람들이 사방에서 그에게로 모여들었다.

*

소문이란 냄새와 같아서 틀어막을 수 없지만 버려두면 결국은 사라지는 것. 일부러 낼 것도 없고 안 나게 막을 것도 없다. 다만 그에 휘둘리지 않고 자기 길을 갈 따름.

지붕에서 달아 내려진 중풍 병자를 고쳐주심 [2, 1-12]

며칠 뒤 예수께서 가파르나움으로 가셨다. 소문이 돌자 문간에 빈자리가 없을 만큼 많은 사람이 모여들었다. 예수께서 그들에게 말씀을 전하실 때, 사람들이 한 중풍 병자를 네 사람한테 들려서 데리고 왔는데 사람들이 너무 많아 예수께로 가까이 다가갈 수 없는지라 그분 머리 위 지붕에 구멍을 내고 그리로 중풍 병자를 들것에 눕힌 채 달아 내렸다. 예수께서 그들의 믿음을 보시고 중풍 병자에게 이르셨다. "아들아, 네 죄가 용서받았다." 거기 있던 율법학자 몇이 귓속말로 수군거렸다. "이 사람이 시방 무슨 말을 하는 거야? 신성모독이군! 하느님 말고 누가 죄를 용서할 수 있단 말인가?" 예수께서 그들의 생각을 아시고, "왜들 그렇게 속으로 중얼거리는 거요? 중풍 병자에게 '네 죄가 용서받았다'고 말하는 것과 '일어나서 요를 들고 걸어가라'고 말하는 것, 이 둘 중에 어느 쪽이 더 쉽겠소? 이제 내가 땅에서 죄를 용서하는 권능이 사람 아들한테 있음을 보여주겠소." 말씀하시고 중풍 병자에게 이르셨다. "내 말을 들어요. 일어나서 요를 들고 집으로 가시오." 그가 곧 일어나 사람들이 보는 앞에서 요를 들고 걸어 나가자 모두 매우 놀라, "이런 일은 난생처음 본다."고 하며 하느님을 찬양하였다.

*

용서야말로 사람들만이 할 수 있는 일이다. 짐승은 용서하지 않는다. 잘못한 짐승이 없기 때문이다. 하느님도 용서 같은 것 필요 없으시다. 누가 구정물로 하늘을 더럽힌단 말인가?

세리 레위를 부르심 [2, 13-17]

예수께서 다시 호숫가로 나가시자 무리가 모두 따라왔으므로 그들을 가르치셨다. 예수께서 길을 가시다가 세관에 앉아있는 알패오의 아들 레위를 보고 그에게 이르셨다. "나를 따라오시오." 그가 일어나 예수를 쫓았다.

예수, 레위의 집에서 식사하시는데 그분 제자들 옆자리에 세리와 죄인들이 함께 앉아있었다. 예수 모임에는 그런 부류의 사람들도 많이 섞여 있었던 것이다. 세리와 죄인들이 함께 식사하는 것을 본 바리사이파 율법학자들이 제자들에게 물었다. "어찌하여 세리나 죄인들 따위와 함께 어울려 음식을 먹는 건가?" 예수께서 들으시고 그들에게 이르셨다. "의원이 건강한 사람한테는 필요 없지만 병든 사람한테는 필요하오. 나는 의인을 부르러 온 것이 아니라 죄인을 부르러 왔소."

*

세상이 의인과 죄인을 나누면서 어느 한 편에 서라고 한다면, 다른 사람들은 몰라도 적어도 예수를 따르는 자라면, 마땅히 죄인 곁에 서야 한다. 거기가 그분의 자리였기 때문이다.

새 술은 새 부대에 [2, 18-22]

요한의 제자들과 바리사이파 사람들이 금식하고 있을 때 사람들이 예수께 물었다. "요한의 제자들과 바리사이파 사람들은 금식하는데 선생 제자들은 왜 금식하지 않는 거요?" 예수께서 대답하셨다. "혼인 잔치에 온 신랑 친구들이 신랑과 함께 있으면서 금식할 수 있소? 신랑이 곁에 있는 동안에는 그럴 수 없는 일이오. 하지만 머잖아 신랑을 빼앗기는 날이 올 터인즉, 그날에는 그들도 금식할 것이오. 낡은 옷을 새 헝겊으로 깁는 사람은 없소. 새 헝겊이 낡은 옷을 당겨서 더 찢어지게 할 테니까. 아무도 새 술을 낡은 가죽 부대에 담지 않소. 부대가 터져 술이 쏟아지고 부대도 망가질 테니까. 새 술은 새 부대에 담아야 하오."

*

사람이 하는 금식보다 금식하는 사람이 먼저다. 금식해서 사람이 사는 게 아니라 사람이 살아서 금식하는 거다. 순서를 따르는 데 생명이 있다.

안식일의 주인, 사람 아들 [2, 23-28]

안식일에 예수께서 밀밭 사이로 지나가실 때 동행하던 제자들이 밀 이삭을 잘랐다. 바리사이파 사람들이, "보시오, 어째서 저들이 안식일에 금지된 행동을 하는 거요?"하고 따져 묻자 예수께서 대답하셨다. "다윗이 부하들과 함께 있을 때 배가 고파서 무슨 짓을 했는지 읽어보지 못하였소? 에비아달이 대사제로 있던 시절 하느님의 성전에 들어가 사제들만 먹을 수 있는 제단 위의 빵을 먹고 그것을 부하들에게 나눠주기도 하였소." 이어서 말씀하셨다. "안식일이 사람을 위해서 만들어진 것이지 사람이 안식일을 위해서 만들어진 것은 아니요. 그러므로 사람 아들이 안식일의 주인이오."

*

"법은 지키라고 있는 것이다." 옳은 말이다. 하지만 법 지키려고 사람이 사는 건 아니다. 사람보다 법이 작으면 마땅히 법을 어겨야 한다. 나비가 고치를 찢고 밖으로 나오듯이.

회당에서 손 오그라든 사람을 고쳐주심 [3, 1-6]

예수께서 다시 회당에 들어가셨다. 마침 거기 한쪽 손 오그라든 사람이 있었는데, 사람들이 예수를 법정에 고발할 구실을 찾으려고 안식일에 그를 고쳐주시나 엿보고 있었다. 예수께서 손 오그라든 사람을 불러 복판에 세우고 그들에게 말씀하셨다. "안식일에 선한 일을 하는 것과 악한 일을 하는 것, 생명을 살리는 것과 죽이는 것, 어느 쪽이 법에 합당하오?" 아무도 대답하지 않았다. 예수께서 사람들의 굳어진 마음을 보고 속이 상하여 성난 눈으로 그들을 둘러본 다음, 손 오그라든 사람에게 "손을 펴시오." 하셨다. 그가 손을 펴자 전처럼 말짱해졌다. 바리사이파 사람들이 나가서 헤로데 당원들을 만나 예수 죽일 방법을 의논하였다.

*

같은 때 같은 곳에서 누구는 오그라진 손이 펴지고 누구는 오그라진 마음이 더욱 오그라진다. 재미있는 세상이다.

각처에서 밀려드는 군중 [3, 7-12]

예수께서 제자들과 함께 호숫가로 물러나시니 많은 사람이 갈릴래아, 유다, 예루살렘, 에돔, 요르단 건너편에서 따라왔고 멀리 띠로와 시돈 지방에서까지 큰 무리가 모여들었다. 예수께서 밀어닥치는 군중을 피하려고 제자들에게 거룻배 한 척을 물에 띄우라고 시키셨다. 예수께서 많은 사람을 고쳐주셨으므로 병들어 고생하는 자들이 그를 만지려고 앞을 다투어 밀려들었던 것이다. 더러운 귀신들도 예수를 보기만 하면 그 앞에 엎드려, "당신은 하느님의 아들입니다!"하고 소리를 질러댔다. 예수께서 당신을 알리지 말라고 엄하게 경고하셨다.

*

귀신들이 예수의 정체를 귀신같이 알아본다. 하지만 그들한테 있는 것은 우러름이 아니라 두려움이다. 예수가 사람들에게 당신을 알리지 말라고 하신 것은 알 수 없는 무엇에 대하여 아무 말 말라는 거다. 사람이 사람을 두고 그가 누구라고 단정하여 말하는 게 아니다.

열두 사도를 세우심 [3, 13-19]

산에 올라 마음에 두셨던 사람들을 부르시자 그들이 다가왔다. 그 가운데 열둘을 뽑아 사도로 세우셨으니 이는 그들을 당신 가까이 있게 하시고, 그들에게 말씀 전하고 귀신 내쫓는 능력을 주어 세상에 내보내기 위해서였다. 이렇게 뽑힌 열둘은 뒤에 베드로라는 이름을 주신 시몬, 제베대오의 아들 야고보와 야고보의 아우 요한(이 두 형제에게는 천둥의 아들이란 뜻인 보아네르게스라는 이름을 주셨음), 안드레아, 필립보, 바르톨로메오, 마태오, 토마, 알패오의 아들 야고보, 타대오, 혁명당원 시몬 그리고 예수를 죽음에 넘겨준 가리옷 사람 유다였다.

*

세상에 살면서 무슨 일을 했는지 알 수 없는 타대오, 스승을 배신한 유다, 혁명당원 시몬. 이들이 베드로, 요한과 더불어 열두 제자 명단에 들어있다. 이만하면 완벽한 제자단이다.

예수에게 베엘제불이 지폈다는 소문 [3, 20-30]

집에 돌아왔지만 사람들이 다시 모여들어 식사할 겨를조차 없었다. 예수가 미쳤다는 소문을 듣고 친척들이 그를 붙잡으러 나섰다. 예루살렘에서 내려온 율법학자들도 그에게 베엘제불이 지폈다고, 그가 귀신 두목의 힘을 빌려서 귀신을 내쫓는다고 수군거렸다. 예수께서 그들을 불러 세우고 비유로 말씀하셨다. "사탄이 어떻게 사탄을 쫓아내겠소? 한 나라가 스스로 갈라져 싸우면 그 나라는 설 수가 없고 한 집안이 스스로 갈라져 싸우면 그 집안도 설 수가 없소. 만일 사탄이 저를 대적하여 싸운다면 스스로 설 수 없고 그것으로 끝장일 것이오. 누가 힘센 사람 집에 들어가 세간을 털려면 먼저 그 힘센 사람을 묶어놓아야 그럴 수 있을 것 아니오? 그렇소, 내가 진정으로 말하는데, 사람이 무슨 죄를 짓든지, 무슨 입에 담지 못할 욕을 하든지 모두 용서받을 수 있지만 성령을 모독하는 자는 영원히 용서받지 못하고 그 죄 또한 영원토록 남을 것이오." 이 말씀을 하신 것은 저들이 예수한테 더러운 귀신이 지폈다고 말했기 때문이었다.

*

아무 말 하지 말든지, 아니면 그렇지 않다고, 나는 귀신들린 게 아니라고, 한마디 하면 그만일 것을 과연 이렇게 긴말로 당신을 변명하셨을까? 더구나 성령을 모욕하는 자들은 영원히 용서받지 못할 것이라고? 예수, 그분의 말씀으로 보기 어렵다. 제자들이 자기네 생각을 스승의 입에 담아 전하는 일은 언제나 있었다.

예수를 찾아온 어머니와 형제들 [3, 31-35]

그때 예수의 어머니와 형제들이 밖에서 예수를 불러 달라고 사람을 들여보냈다. 예수를 둘러싸고 앉았던 사람들이, "보세요, 선생님 어머니와 형제와 누이들이 밖에서 선생님을 찾고 있습니다."하고 말하였다. 예수께서, "누가 내 어머니고 누가 내 형제들인가?" 하시고 거기 앉은 사람들을 둘러보며 이르셨다. "여기 내 어머니와 형제들이 있소. 누구든지 하느님 뜻대로 살면 그 사람이 곧 내 형제, 내 누이, 내 어머니요."

*

육으로 사는 사람은 육의 눈으로 세상을 보고 영으로 사는 사람은 영의 눈으로 세상을 본다. 그래서 같은 말에 다른 뜻이 담긴다. 어쩔 수 없는 일이다.

씨 뿌리는 사람 비유 [4, 1-9]

예수, 다시 호숫가에서 가르치시는데 사람들이 하도 많이 몰려들어 물에 배를 띄우고 거기 앉아 뭍에 있는 사람들에게 비유를 들려주셨다. "들어보시오. 씨 뿌리는 사람이 씨를 뿌리러 나갔더니 더러는 길바닥에 떨어져 새들이 쪼아 먹었고, 더러는 흙이 별로 없는 돌밭에 떨어져 싹은 곧 났지만 해가 뜨자 흙이 깊지 않아서 뿌리를 내리지 못한 채 말라버렸고, 더러는 가시덤불에 떨어져 가시나무들이 우거지자 숨이 막혀 결실을 보지 못하였고, 더러는 좋은 땅에 떨어져 싹이 나고 자라서 삼십 배, 육십 배, 백배로 열매를 맺었소." 이어서 한 말씀 덧붙이셨다. "귀 있는 사람은 들으시오."

*

일의 결과를 목적으로 삼지 마라. 씨 뿌리는 사람이 씨를 뿌리는 것은 그가 씨 뿌리는 사람이기 때문이다. 닭이 새벽에 우는 것은 사람을 깨우기 위해서가 아니라 닭이기 때문이다.

씨 뿌리는 사람 비유 해설 [4, 10-20]

예수께서 혼자 계실 때, 열두 제자와 함께 그분을 따르던 사람들이 비유에 대하여 물었다. 예수께서 그들에게 말씀하셨다. "하느님 나라 비밀을 그대들한테는 알려주면서 나를 따르지 않는 사람들에게 비유로 들려준 것은 그들이 보면서 보지 못하고 들으면서 듣지 못하여 돌이켜 죄를 용서받지 못하게 하기 위해서요." 이어서 말씀하시기를, "그대들이 이 비유를 알아듣지 못하는데 다른 비유들을 어찌 알아듣겠소? 씨 뿌리는 사람이 뿌리는 것은 말씀이고, 씨가 길바닥에 떨어졌다는 건 말씀을 듣자마자 사탄이 와서 마음에 뿌려진 말씀을 빼앗아가는 경우를 말한 것이고, 씨가 돌밭에 떨어졌다는 건 말씀을 처음 들을 때 기쁘게 받아들이지만 마음 깊이 뿌리를 내리지 못하여 잠시 견디다가 말씀 때문에 어려움을 겪게 되자 곧 넘어지는 경우를 말한 것이고, 씨가 가시덤불에 떨어졌다는 건 말씀을 듣기는 했으나 세상 걱정과 재물의 유혹과 다른 여러 욕심이 말씀의 숨통을 틀어막아 열매를 맺지 못하는 경우를 말한 것이고, 씨가 좋은 땅에 떨어졌다는 건 말씀을 듣고 잘 받아들여서 삼십 배, 육십 배, 백배로 열매를 거두는 경우를 말한 것이오." 하셨다.

*

제자들이 은밀하게 비유의 뜻을 물은 건 사실일지 모른다. 하지만 예수가 과연 이렇게 자세히 설명하셨을까? 그럴 것이면 애초에 비유로 말할 이유가 무엇인가? 그들의 생각이다. 물론 틀린 생각은 아니다.

등잔 비유 [4, 21-23]

또 말씀하셨다. "등잔을 됫박 아래나 침상 밑에 두는 사람이 어디 있소? 등잔은 높은 곳에 두는 물건이오. 드러내려고 감추지 않은 것이 없고 알리려고 숨기지 않은 것이 없소. 귀 있는 사람은 들으시오."

*

빛은 저를 감출 수 없다. 다른 것들을 드러내기 전에 먼저 자신을 드러내야 한다. 하지만 누구든지 제가 만든 물건으로 빛을 가릴 수 있다.

저울질 비유 [4, 24-25]

또 말씀하셨다. "내 말을 새겨들으시오. 남을 달아보는 같은 저울로 자기도 달릴 터인데 오히려 덤이 보태어질 것이오. 누구든지 가진 사람은 더 받고 가지지 못한 사람은 있는 것마저 빼앗길 것이오."

*

가진 자는 더 받고 가지지 못한 자는 있는 것마저 빼앗긴다. 그 가진 것이 무엇이든 상관없이 어디에서나 통하는 법이다. 문제는 누가 무엇을 가졌느냐다.

씨가 자라서 열매 맺는 비유 [4, 26-29]

또 말씀하셨다. "하느님 나라는 사람이 땅에 씨를 뿌리는 것과 같소. 밤에 자고 낮에 일어나고 하는 사이에 씨가 싹터서 자라지만 어떻게 그리되는지를 그는 모르오. 땅이 스스로 열매를 맺는데 처음에 싹, 다음에 이삭, 그다음에 익은 낟알이오. 낟알이 익으면 곧 낫을 대니 추수할 때가 되었기 때문이오."

*

정해진 순서대로 이루어지는 변화 자체가 하느님 나라다. 사람이 그 나라의 씨를 알고 열매도 알지만 씨에서 열매까지의 과정은 모른다. 중심은 열매나 씨보다 씨에서 열매까지의 과정이다. 우주를 이루는 것은 별들이 아니라 그것들 사이의 관계다.

겨자씨 비유 [4, 30-32]

또 말씀하셨다. "하느님 나라를 무엇에 견주어 어떻게 비유할 수 있을까? 그것은 겨자씨 한 알과 같소. 땅에 심어질 때는 세상에서 가장 작은 씨앗이지만 일단 심어지면 어떤 푸성귀보다 크게 자라서 공중의 새들이 그늘에 깃들일 만큼 가지가 무성해지지요."

*

오해 마라. 하느님 나랏일은 떠들썩하니 광고부터 하고 시작하는 게 아니다.

일반인에게 비유로만 말씀하심 [4, 33-34]

예수께서 여러 비유로 사람들이 알아듣도록 말씀을 전하시는데, 일반 사람들한테는 비유로만 말씀하시고 제자들에게는 따로 그 뜻을 풀어주셨다.

*

제자들 생각이다. 햇빛은 죄인과 의인을 가리지 않는다고 말씀하신 분이 가르침에서는 사람을 차별하셨다고?

풍랑을 잠재우심 [4, 35-41]

날이 저물자 예수께서 제자들에게 "호수 건너편으로 가자."고 하셨다. 그들이 무리를 떠나 예수 타신 배를 그대로 저어나가자 다른 배들이 따라왔다. 갑자기 돌개바람이 일더니 물결이 뱃전을 넘어 들어와 배에 물이 가득 차게 되었는데 예수께서는 고물을 베고 잠들어 계셨다. 제자들이 깨우며, "선생님, 우리가 죽게 되었는데 안 돌아보십니까?"하고 소리쳤다. 예수께서 일어나 바람을 꾸짖으시며 바다를 향하여, "고요하고 잠잠하여라." 한마디 하시니 바람이 그치고 바다가 조용해졌다. 예수께서 제자들에게 이르시기를, "어찌하여 그렇게들 무서워하는 거요? 아직도 믿음이 없소?" 하셨다. 그들이 크게 두려워하며 수군거렸다. "도대체 이분이 뉘시기에 바람과 바다가 복종하는가?"

*

제자들은 무엇이 두려웠던가? 풍랑? 아니다, 죽음이다. 죽음이 있을 수 없는 세계를 사는 이가 풍랑 위에서 태연히 잠자는 건 놀랄 일이 아니다.

돼지 떼 속으로 들어간 더러운 귀신 [5, 1-20]

호수 건너편 게라사 지방에 이르러 배에서 내리시는 예수를, 더러운 귀신 들린 사람이 무덤 사이에서 나오다가 보았다. 아무도 무덤 사이에 사는 그를 묶어둘 수 없었다. 여러 번 사슬로 묶고 쇠고랑을 채우기도 했지만 사슬을 끊고 고랑을 부수는 통에, 밤낮으로 묘지와 산을 돌아다니며 소리 지르고 돌로 제 몸에 상처를 입히기도 하는 그를 통제할 방법이 없었던 것이다. 그가 멀리서 예수를 보고 달려와 절하며 큰 소리로 말했다. "위 없이 높으신 하느님의 아들 예수여, 당신이 나와 무슨 상관이오? 하느님의 이름으로 부탁하는데 제발 나를 괴롭히지 마시오." 그가 이 말을 한 것은 먼저 예수께서 그를 보고, "더러운 귀신아, 그에게서 나와라."하고 말씀하셨기 때문이다. 예수께서, "네 이름이 무엇이냐?"하고 묻자 그가, "군대올시다. 수가 많아서." 라고 대답하며 자기를 그 지방에서 쫓아내지 말아 달라고 애걸하였다. 마침 거기 산기슭에 놓아 기르는 돼지들이 떼로 돌아다니고 있었는데 더러운 귀신이 예수께, "우리를 저 돼지들한테 보내어 그 속으로 들어가게 해주시오."하고 간청하였다. 허락하시자 더러운 귀신들이 그에게서 나와 돼지들 속으로 들어갔다. 그리하여 이천 마리쯤 되는 돼지들이 호수를 향해 비탈을 내리달려 모두 물에 빠져 죽었다.
돼지 치던 자들이 성읍과 촌락으로 달려가서 이 일을 알렸다. 무슨 일인지 보러 온 사람들이 예수 계신 곳에 이르러 군대 귀신 들렸던 자가 옷을 차려입고 멀쩡하니 앉아있는 것을 보고는 겁이 더럭 났다. 처음부터 지켜본 자들이 귀신 들렸던 사람과 돼지들한테 일어난 일을 말해주자 마을 사람들은 자기네 고장에서 떠나 달라고 예수께 빌었다. 예수께서 배에 오르실 때 귀신 들렸던 자가 자기도 같이 가게 해달라고 청했지만 허락하지 않고 그에게 이르시기를, "집으로 돌아가 주께서 당신한테 무슨 큰일을 해주셨는지, 어떻게 당신을 불쌍히 여기셨는지, 친지들에게 말해주시오." 하셨다. 그가 물러나 예수께서 자기한테 해주신 일을 데카폴리스 지방에 두루 알리니 듣는 사람들이 모두 놀랐다.

*

그때 마을 사람들은 사람보다 돼지를 살려야 했다. 요즘 사람들은 안 그런가? 그런 세상에서, 그런 세상이니까, 하늘의 도를 전하는 거다.

회당장의 죽은 딸을 살려주심 [5, 21-43]

예수께서 배를 타고 다시 호수 건너편으로 가시니 많은 사람이 모여들었다. 호숫가에서 야이로라 하는 회당장이 예수를 찾아뵙고 발 앞에 엎드려 절하며 간청하였다. "제 어린 딸이 죽게 되었습니다. 부디 제집에 오셔서 아이 몸에 손을 얹어 병을 고치고 살려주십시오." 예수께서 그와 함께 길을 가시는데 많은 사람이 에워싸고 밀치면서 따라왔다.

하혈로 앓고 있는 여인이 여러 의원한테 보이느라고 있는 재산 없는 재산 모두 날렸지만 몸이 낫기는커녕 오히려 더 나빠져서 고생이 심하던 차에, 예수 소문을 듣고 무리에 섞여 따라오다가 뒤에서 예수 옷자락을 손으로 만졌다. 옷에 손을 대기만 해도 병이 낫겠다는 생각이 들었던 것이다. 손을 대자 곧 흐르던 피가 멈추었고 여인은 자기 병이 나았음을 몸으로 알았다. 예수, 당신 몸에서 힘이 나가는 것을 스스로 아시고 돌이켜 군중을 둘러보며, "누가 내 옷에 손을 대었소?"하고 물으셨다. 제자들이, "이렇게 사방에서 사람들이 밀고 있는데 누가 옷에 손을 대었느냐고 물으십니까?" 하였으나 예수께서는 계속 두리번거리며 당신 옷에 손댄 여인을 찾으셨다. 여인이 자기 몸에 일어난 일을 알았으므로 두려워 떨며 그 앞에 엎드려 사실을 털어놓았다. 예수께서 여인에게 말씀하셨다. "딸아, 네 믿음이 너를 살렸구나. 안심하고 가라. 네 병이 다 나았다."

말씀을 미처 마치기도 전에 회당장의 집에서 달려온 사람들이, "따님이 죽었습니다. 이제 저 선생을 성가시게 할 일이 없게 되었어요." 하고 말하였다. 예수께서 그 말을 귓전으로 흘려넘기고 회당장에게, "두려워 말고 오직 믿으시오."하고 이르신 다음, 베드로와 야고보와 야고보의 아우 요한 세 사람 말고는 아무도 따라오지 못하게 하시고 회당장의 집으로 가시어 거기서 울고불고 시끄럽게 구는 자들에게, "왜들 이리 시끄럽게 울고 있는 거요? 아이는 죽은 게 아니라 잠들었소."하고 말씀하셨다. 모두 코웃음 치며 비웃었다. 예수께서 그들을 모두 내보내시고 아이 부모와 세 제자만 데리고 아이 있는 데로 가시어 아이 손을 잡고 "탈리다 쿰."하고 말씀하셨다. 이 말은 "소녀야, 일어나라."라는 뜻이다. 그러자 아이가 곧 일어나 걸었다. 소녀 나이 열두 살이었다. 사람들이 모두 놀라 마지않았다. 예수께서 그들에게 이 일을 아무에게도 알리지 말라고 엄히 경고하시고 소녀에게 먹을 것을 주라고 하셨다.

*

"옷에 손을 대기만 해도 병이 낫겠다는 생각이 들었던 것이다." 그 생각을 여인이 스스로 한 게 아니었다. 여인에게 그런 생각이 들었다. 병도 치유도 알고 보니 모두가 일방으로 주어진 은총이었다. 회당장은 몰랐다, 자기 딸이 죽은 게 아니라 잠든 것임을. 바로 이 오해가 그의 등을 밀어 예수에게로 가게 하였다. 세상에 괜한 것은 없다.

고향에서 푸대접받으심 [6, 1-6]

예수께서 그곳을 떠나 고향으로 돌아가시니 제자들도 따라갔다. 안식일이 되어 회당에서 가르치시는데 많은 사람이 듣고 어리둥절하여, "아니, 저 사람 어디서 저런 게 났지? 어디서 얻은 지혜로 저 놀라운 일을 하는 거야? 저 사람 그 목수 아닌가? 마리아가 어머니고 야고보, 요셉, 유다, 시몬이 형제들이고 누이들도 우리와 함께 여기 살잖아?"라고 수군거리며 도무지 받아들이려 하지 않았다. 예수께서 그들에게, "어느 예언자도 자기 고향과 집안사람들과 친척들한테선 존중받지 못하는 법이오." 말씀하시고 거기서는 아무 능력도 부릴 수 없는지라 병자 몇 사람 손 얹어 고쳐주셨을 뿐, 그들의 믿음 없음을 이상하게 여기셨다.

*

몰라서 약이고 알아서 탈이다. 모자라는 앎이 온근 앎을 훼방하기 때문이다. 모르는 사람은 알 수 있지만 아는 사람은 알 수 없다. 불행하여라, 아무것도 모르면서 스스로 안다는 착각에 빠진 사람들.

제자들을 짝지어 보내심 [6, 7-13]

예수께서 여러 촌락으로 다니며 가르치시더니, 열두 제자를 둘씩 짝지어 보내시며 그들에게 귀신 다스리는 능력을 주시고 길을 가면서 지팡이 말고는 양식도 봇짐도 지갑에 돈도 지니지 말고 신발은 신은 것을 신되 여벌 옷을 마련하지 말라고 하셨다. 또 이르시기를, "어디서든지 뉘 집에 들었거든 거기를 떠날 때까지 그 집에 머물도록 하시오. 그리고 만일 그대들을 영접하지 않거나 말을 들으려 하지 않는 데가 있으면 그곳을 떠나는데 발에 묻은 먼지를 털어서 그들을 등진다는 증표로 남기시오." 하셨다. 제자들이 나가서 사람들에게 뉘우쳐 회개할 것을 가르치고 많은 귀신을 쫓아내며 병자들에게 기름을 발라 고쳐주었다.

*

어째서 양식도 봇짐도 지갑에 돈도 지니지 말라고 하는 걸까? 발길 닿는 곳마다 충분히 마련되어 있는 것을 무엇 때문에 수고스럽게 지고 간단 말인가? 거룩한 말씀을 들어달라고 구걸하지 마라. 들으려 하지 않는 자에게 설교하는 것은 말씀을 모독하는 짓이다.

처형당한 세례자 요한 [6, 14-29]

예수 이름이 널리 알려지자 헤로데 왕 귀에도 들어갔다. 누구는, "그에게서 그런 능력이 나오는 걸 보면 세례자 요한이 다시 살아난 거야." 하였고 또 누구는, "엘리야다." 하였고 "옛적 예언자들 가운데 하나같다."는 사람도 있었다. 그러나 헤로데는, "요한이다. 내가 목을 자른 그 사람이 다시 살아난 거야." 하였다.

헤로데가 사람을 보내어 요한을 잡아서 사슬로 묶어 옥에 가둔 일이 있었다. 그가 아우 필립보의 아내 헤로디아와 결혼했을 때 요한이 동생의 아내와 결혼하는 것은 옳지 않다고 거듭 말했던 것이다. 헤로디아는 요한이 미워서 죽이고 싶었지만 뜻을 이루지 못했다. 헤로데가 요한을 거룩한 의인으로 알고 두려워하며 보호해줄 뿐 아니라 그가 말하면 괴로워하면서도 기꺼이 들어주었기 때문이다. 그런데 헤로디아한테 기회가 왔다. 헤로데가 자기 생일에 연회를 베풀고 대신들과 갈릴래아 지방의 중요 인물들을 초대하였는데 그 자리에서 헤로디아의 딸이 춤을 추어 헤로데와 하객들을 흐뭇하게 해주었다. 왕이 계집아이에게 소원을 들어주겠다면서 맹세하여 말하기를, "네가 달라고 하면 나라의 절반이라도 주마." 하였다. 계집아이가 어미에게, "무엇을 달라고 할까요?" 묻자 어미는 딸에게, "세례자 요한의 목을 달라고 해라." 하였다. 계집아이가 급히 왕에게 달려와 말했다. "지금 곧 세례자 요한의 목을 쟁반에 담아 저에게 주십시오." 왕은 마음이 몹시 괴로웠지만 스스로 맹세한 바가 있고 하객들 앞에서 지켜야 할 체면도 있는지라 청을 거절할 수 없었다. 그래서 근위병을 시켜 요한의 목을 베어오게 하니 근위병이 요한의 목을 베어 쟁반에 담아 계집아이에게 주었고 계집아이는 그것을 제 어미에게 주었다. 소식을 듣고 요한의 제자들이 와서 시신을 수습하여 장사지냈다.

*

광야의 사람이 광야의 사람답게 죽었다. 왕궁에서 그 목이 떨어졌으니.

빵 다섯 개 물고기 두 마리로 오천 명을 먹이심 [6, 30-44]

사도들이 예수께 돌아와 그동안 자기네가 한 일과 가르친 일들을 낱낱이 보고하였다. 예수께서 이르셨다. "어디 외진 곳에 가서 좀 쉬도록 하시오." 오고 가는 사람들이 너무 많아서 식사할 짬조차 없었던 것이다. 그들이 배를 타고 외진 곳을 찾아 떠나는데 예수 일행임을 알아본 사람들이 여러 마을에서 나와 그들보다 먼저 그리로 달려갔다.

예수, 배에서 내려 거기 많은 무리가 모여 있는 것을 보시고 목자 없는 양들을 보는 듯 불쌍한 마음이 들어 여러 가지로 가르치셨다. 날이 기울자 제자들이 예수께 말하기를, "여기는 외진 곳이고 날도 저물었으니 사람들을 헤쳐 부근 농촌이나 마을로 보내어 각자 음식을 사서 먹도록 하는 게 좋겠습니다." 하였다. 예수께서 그들에게 이르셨다. "그대들이 먹을 것을 주시오." 제자들이, "우리보고 어디 가서 이백 데나리온 어치 빵을 사다가 저들을 먹이란 말입니까?" 하고 묻자 예수께서, "그대들한테 빵이 몇 개 있소? 가서 알아보시오." 하셨다. 그들이 알아보고는, "빵 다섯 개에 물고기 두 마리가 있네요."하고 대답하였다. 예수께서 제자들에게 사람들을 풀밭에 무리 지어 앉히라고 명하셨다. 사람들이 백 명씩 오십 명씩 무리를 지어 앉았다. 예수께서 빵 다섯 개 물고기 두 마리를 손에 들어 축사하시고 빵을 떼어 제자들에게 주시며 사람들한테 나눠주라고 하셨다. 물고기 두 마리도 그와 같이 모든 사람에게 나눠주었다. 사람들이 저마다 배불리 먹고 남은 빵조각과 물고기를 거두니 열두 바구니에 가득 찼다. 먹은 사람이 남자만 오천 명쯤 되었다.

*

사랑은 결과를 계산하는 게 아니다. 아니, 결과를 계산하면 할 수 없는 것이 사랑이다. 이 본문의 뜻을 참으로 알려면 계산을 뛰어넘는 사랑을 몸소 겪어야 한다. 머리로 헤아려서는 이른바 오병이어의 기적을 결코 이해할 수 없을 것이다.

물 위로 걸어오심 [6, 45-52]

예수께서 제자들을 재촉하여 배를 타고 베싸이다로 먼저 건너가게 하시고 혼자 남아 무리를 돌려보내신 다음, 기도하러 산으로 가셨다. 밤중에 배는 호수 복판에 떠 있고 그분 홀로 뭍에 계셨다. 마침 역풍을 만나 제자들이 힘겹게 노 젓는 것을 보시고 예수께서 물 위를 걸어 그들에게 다가가다가 짐짓 그대로 지나치려 하셨다. 새벽 네 시쯤이었다. 제자들이 물 위로 걸어오는 그분을 유령인 줄 알고 겁에 질려 아우성쳤다. 예수께서, "나요, 안심하오. 겁낼 것 없소." 하시며 그들이 탄 배에 오르시자 바람이 그쳤다. 제자들은 속으로 매우 놀랐다. 마음이 아둔하여 빵 사건을 겪고도 깨닫지 못하였던 것이다.

*

비록 아둔했지만 그래도 대견한 제자들이다. 풍랑 속에서 눈을 감거나 외면하지 않고 풍랑을 직면하였다. 그래서 처음엔 유령을 보았고 그 유령이 바로 스승인 것을 알게 되었다. 궁窮이면 통通이라, 땅에서 막힌 벽이 하늘로 통하는 문이다.

겐네사렛에서 병자들을 고쳐주심 [6, 53-56]

호수 건너 겐네사렛 땅 기슭에 배를 대고 내리자마자 사람들이 예수를 알아보고는 사방으로 달려가 병자들을 들것에 태워 예수가 머문다는 소문이 들리는 곳으로 데려왔다. 마을이고 도시고 농촌이고 할 것 없이 어디든 예수께서 가시는 곳마다 사람들이 병자들을 장터에 데려다 놓고 옷자락만이라도 만지게 해달라고 간청하였다. 손을 댄 사람마다 병이 나았다.

*

당신이 세상에 오신 이유가 육신의 병을 고쳐주는 데 있지 않다는 것을 잘 알면서도 찾아오는 사람들을 뿌리치거나 막지 않으신다. 그것이 바로 당신이 세상에 오신 유일한 이유인 '사랑의 실현'인 것을 누가 알아보았을까?

사람을 더럽히는 것 [7, 1-23]

예루살렘에서 온 바리사이파 사람들과 율법학자 몇이 예수 모임에 왔다가 제자들이 씻지 않은 더러운 손으로 음식 먹는 것을 보았다. (바리사이파 사람들뿐 아니라 모든 유대인이 조상의 전통을 지켜, 먼저 손을 씻지 않고는 음식을 먹지 않았고 장터에서 돌아왔을 때도 몸을 씻고 나서야 음식을 먹었다. 그밖에도 지키는 관습들이 더 있었으니 이를테면 잔, 대접, 놋그릇 따위를 씻는 일이 그것이었다.) 바리사이파 사람들과 율법학자들이 예수께 따져 물었다. "어째서 선생 제자들은 조상의 전통을 따르지 않고, 씻지 않은 더러운 손으로 음식을 먹는 거요?" 예수께서 대답하셨다. "이사야가 말하기를, '이 백성이 입술로는 나를 공경하면서 속마음은 멀리 떠나 있구나! 나를 겉으로만 예배하고 사람의 법을 하느님의 법이라고 가르치다니.' 하였더니 겉만 근사하게 꾸미는 당신들을 두고 한 말이었소. 당신들은 하느님의 계명을 버리고 사람의 전통을 움켜잡고 있는 거요." 이어서 말씀하셨다. "전통을 지킨다는 핑계로 하느님의 계명을 참 잘도 어기는구려. 모세가 이르기를, '네 부모를 공경하라.' 하였고 '부모를 모욕하는 자는 반드시 죽여야 한다.' 하였는데 당신들은 부모를 위하여 마련한 재물을 하느님께 드렸다는 뜻으로 '코르반'이라고 한마디 하면 상관없다면서 오히려 부모에게 아무것도 해주지 못하게 하고 있으니, 이렇게 물려받은 전통을 핑계로 하느님 말씀을 무시하고 있는 것이오. 이밖에도 당신들은 비슷한 짓을 많이 하고 있소."
다시 사람들을 불러놓고 이르셨다. "내 말을 잘 듣고 깨달으시오. 무엇이든지 밖에서 몸 안으로 들어가는 것은 사람을 더럽히지 못하오. 사람을 더럽히는 것은 그 사람 안에서 나오는 것들이오. [귀 있는 사람은 들으시오.]"
군중을 떠나 집으로 들어가시자 제자들이 비유의 뜻을 물었다. 예수께서 대답하시기를, "그대들도 깨닫지 못했단 말이오? 몸 밖에서 안으로 들어가는 것이 사람을 더럽히지 못한다는 말을 못 알아들어요? 그것들은 마음속으로 들어가지 않고 뱃속으로 들어갔다가 뒤로 나가지 않소?" 하시며 모든 음식이 깨끗하다고 말씀하셨다. 다시 이르셨다. "사람을 더럽히는 것은 그 사람 안에서 나오는 것들이오. 음행, 도둑질, 살인, 간음, 탐욕, 앙심, 사기, 방탕, 질투, 중상, 교만, 어리석음 따위가 모두 사람 안에서 그러니까 그 사람 마음에서 밖으로 나오는 것들이오. 이 모든 악한 것들이 사람 밖으로 나와 사람을 더럽히고 있소."

*

세상에 두 종류 인간이 있을 수 있다. 하나는 꽃으로 단장한 상여喪輿 같은 사람, 다른 하나는 누더기로 감싼 옥玉 같은 사람.

시로페니키아 여인의 딸을 고쳐주심 [7, 24-30]

예수께서 그곳을 떠나 띠로 지방으로 가셨다. 한 집에 들어가 아무도 모르게 조용히 지내려 했으나 끝내 몸을 숨길 수 없었다. 더러운 귀신들린 어린 딸을 둔 여인이 소문을 듣고 예수를 찾아와 그 앞에 엎드려 간청했다. 시로페니키아 족속인 그리스 사람인데, 자기 딸한테서 귀신을 쫓아내 달라는 것이었다. 예수께서 이르시기를, "자식들을 먼저 배불리 먹여야지. 자식들이 먹을 빵을 개들한테 주는 건 옳지 않소." 하시니 여인이 대꾸하였다. "선생님, 옳은 말씀입니다만 상 아래에 있는 개들도 아이들이 흘린 부스러기를 받아먹지 않습니까?"

예수께서 말씀하셨다. “그렇게 말했으니 가보시오. 귀신이 딸한테서 나갔소.” 여인이 집으로 돌아가 보니 아이가 자리에 누워있고 귀신은 떠나고 없었다.

*

이스라엘은 자식이고 그리스는 개라? 아니다, 제자들의 속생각을 그대로 대변하신 거다. 그러고는 보라는 듯이 그들 앞에서 그 낡은 생각을 깨뜨린다. 과연 스승이시다.

귀먹은 반벙어리를 고쳐주심 [7, 31-37]

예수께서 띠로 지방을 떠나 시돈과 데카폴리스 지방을 거쳐 갈릴래아 호수로 돌아오셨다. 사람들이 귀먹은 반벙어리를 예수께 데리고 와서 안수해달라고 청하였다. 예수께서 그를 사람들한테서 떨어뜨려 놓은 다음, 손가락을 양쪽 귓속에 넣고 침을 그의 혀에 바르시고 하늘 우러러 한숨을 내쉬며, “에파타!” 하셨다. 그 말은 “열려라.”라는 뜻이다. 곧 그의 귀가 열리고 혀에 맺혔던 것이 풀리면서 말을 제대로 하게 되었다. 예수께서 이 일을 아무한테도 알리지 말라고 경계하셨지만 그럴수록 오히려 사람들은 더 널리 소문을 퍼뜨렸다. 모두가 매우 놀라며 서로 말하기를, “참 잘된 일이다. 귀머거리가 듣고 벙어리가 말하다니!” 하였다.

*

이런 기적을 일으킬수록 세상이 당신을 오해하리라는 것, 모르셨을까? 그럴 리 없다. 그분도 우리처럼 자기 뜻대로 되지 않는 세상을 사신 거다. 그래서 희망이다.

빵 일곱 개로 사천 명을 먹이심 [8, 1-10]

그 무렵 또 많은 사람이 모였는데 먹을 것이 없었다. 예수께서 제자들에게 이르시기를, “저들이 우리와 함께 있은 지 사흘이나 되었건만 먹을 것이 없어 내 마음이 짠하오. 이대로 굶겨서 보내면 길에서 쓰러질게요. 그중에는 먼 데서 온 사람들도 있던데.” 하시자 제자들이 물었다. "여기는 외진 곳입니다. 저 많은 사람이 먹을 빵을 어디서 구해온단 말입니까?" 예수께서 그들에게 되물으셨다. "그대들한테 빵이 몇 개 있소?" 그들이 대답하였다. "일곱 개 있습니다." 예수께서 사람들을 땅에 앉히신 다음 빵 일곱 개를 손에 들어 축사하시고 그것을 떼어 제자들에게 주시며 사람들에게 나눠 먹이라고 하셨다. 제자들이 빵을 사람들에게 나눠주었다. 또 작은 생선이 몇 마리 있어 그것도 축사하시고 나눠 먹이게 하셨다. 모두 배불리 먹고 남은 조각을 모으니 일곱 바구니가 되었다. 그날 먹은 사람이 사천 명쯤 되었다. 예수, 무리를 흩어 보내시고 곧장 제자들과 함께 배에 올라 달마누타 지방으로 가셨다.

*

제자들에게 사람들을 먹여주라고 하지 않으셨다. "그대들한테 빵이 몇 개 있소?"라고 물으셨다. 제자들은 "일곱 개 있습니다."라고 말하며 그것을 스승에게 드렸다. 자기들이 사람들에게 직접 준 게 아니다. 제자들과 많은 사람, 그 중간에 스승이 있다.

하늘의 표적을 보이라고 요구하는 사람들 [8, 11-13]

바리사이파 사람들이 와서 예수에게 말씨름을 걸었다. 그들이 그를 시험해보려고 하늘에서 내리는 표적을 보이라고 요구하자 예수께서 속으로 한숨을 쉬며, "이 세대가 어찌하여 나에게 표적을 보이라는 건가? 그렇소, 진정으로 말하는데, 내가 이 세대에 보여 줄 표적은 없소!" 말씀하시고 그들을 떠나 다시 배에 올라 호수 건너편으로 가셨다.

*

기적은 쇼가 아니다. 삶도 쇼가 아니다. 종교에 쇼맨이 설 자리는 없다.

빵 없음을 걱정하는 제자들 [8, 14-21]

제자들이 빵 가져오는 걸 잊는 바람에 배 안에 빵이 하나밖에 없었다. 예수께서, "바리사이파의 누룩과 헤로데의 누룩을 조심하시오." 하고 말씀하시자 제자들이 빵 없는 것을 걱정하였다. 이를 아시고 예수께서 물으셨다. "빵 없는 것을 걱정하다니? 아직도 알지 못하고 깨닫지 못했소? 그렇게들 마음이 둔해요? 있는 눈으로 보지 못하고 있는 귀로 듣지 못한단 말이오? 벌써 잊었소? 빵 다섯 개로 오천 명을 먹였을 때 남은 빵조각이 몇 바구니였소?" 그들이 "열두 바구니였습니다." 하고 대답하였다. "빵 다섯 개로 사천 명을 먹였을 때는 남은 빵조각이 몇 바구니였소?" 그들이 "일곱 바구니였지요."하고 대답하자, "아직도 모르겠소?" 하셨다.

*

같은 빵을 보면서 스승은 바리사이파와 헤로데의 '교훈'을 생각하는데 제자들은 '부족한 빵'을 걱정한다.

마을 밖에서 맹인을 고쳐주심 [8, 22-26]

일행이 베싸이다에 이르렀을 때 사람들이 맹인 한 사람을 예수께 데리고 와서 손을 얹어달라고 청하였다. 예수께서 맹인의 손을 잡고 마을 밖으로 나가, 그 눈에 침을 바르고 손을 대시며 "무엇이 보여요?"하고 물으셨다. 그가 위를 쳐다보면서, "사람들이 보이네요. 나무처럼 생긴 것들이 걸어 다니는 게 보입니다."하고 대답하였다. 예수께서 다시 눈에 손을 대시자 눈이 밝아져 모든 것을 분명히 보게 되었다. 예수께서 그를 집으로 돌려보내며 이르셨다. "저 마을로는 들어가지 마시오."

*

마을 사람들의 관심은 맹인의 눈에 있지 않고 과연 예수가 그를 고쳐주는가에 있었다. 예수님이 그의 손을 잡고 마을 밖으로 나가신 이유를 알겠다.

당신이 누구인지를 제자들에게 물으심 [8, 27-30]

예수, 제자들과 함께 가이사리아 필립보 지방 여러 마을로 가시다가 길에서 그들에게 물으셨다. "사람들이 나를 누구라고 합디까?" 그들이 대답하였다. "누구는 세례자 요한이라 하고 누구는 엘리야라 하고 누구는 예언자들 가운데 하나라 하더군요." 예수께서 다시 물으셨다. "그럼, 그대들한테는 내가 누구요?" 베드로가 대답하였다. "그리스도십니다." 예수께서 당신에 관하여 아무에게도 말하지 말 것을 단단히 일러두셨다.

*

어째서 당신에 관하여 아무에게도 말하지 말라고 단단히 일러두셨을까? 그 '말'이 당신과 사람들 사이를 가로막을 수 있기 때문이다. "주님, 당신과 저 사이에 당신을 설명하는 자들 좀 치워주십시오."(십자가의 성 요한).

베드로를 꾸짖으심 [8, 31-33]

그때 비로소 사람 아들이 많은 고생 끝에 원로와 대사제와 율법학자들의 배척을 받아 그들 손에 죽임을 당했다가 사흘 만에 다시 살아날 것을 가르쳐주시는데 그것을 분명하게 드러내어 말씀하셨다. 그러자 베드로가 그를 한 옆으로 밀치며 무슨 소릴 하는 거냐고 격하게 소리 질렀다. 예수께서 제자들을 둘러보시고 베드로를 향하여, "사탄아, 내 뒤로 물러가라. 네가 하느님 일은 생각하지 않고 사람 일만 생각하는구나!"하고 격하게 꾸짖으셨다.

*

성난 제자와 성난 스승의 격돌! 그래서 더욱 가까워지는 둘 사이의 미묘한 관계!

자기 목숨을 살리려 하는 사람은 잃을 것이요 [8, 34-9, 1]

군중과 제자들이 함께 있을 때 예수께서 말씀하셨다. "누구든지 나를 따르려면 자기를 비우고 자기 십자가를 지고 나를 따라야 하오. 자기 목숨을 살리려 하는 사람은 잃을 것이요, 나와 내 복음 때문에 자기 목숨을 잃는 사람은 그것을 살릴 것이오. 사람이 천하를 얻고 자기 목숨을 잃으면 무슨 유익이 있겠소? 사람이 제 목숨을 무엇과 바꿀 수 있단 말이오? 누구든지 이 변덕스럽고 죄 많은 세대에서 나와 내 말을 창피하게 여기면 사람 아들 또한 아버지의 영광을 입고 거룩한 천사들과 함께 올 때 그를 창피하게 여길 것이오. 그렇소, 내가 진정으로 말하는데, 여기 있는 이들 가운데 하느님 나라가 권능을 떨치고 오는 것을 죽기 전에 볼 사람이 있소."

*

"자기 십자가를 지고 나를 따르라"는 말은 나를 따르기 위하여 고난을 감수하라는 말이 아니다. 나처럼 죽어서 살라는 말이다. 십자가의 본질은 고난이 아니라 죽음으로 완성되는 사랑이다.

높은 산 위에서 모습이 바뀌심 [9, 2-8]

엿새 뒤, 예수께서 베드로와 야고보와 요한을 따로 데리고 높은 산에 올라 그들 앞에서 모습이 바뀌는데 어떤 빨래꾼도 그보다 희게 할 수 없을 만큼 옷이 새하얗게 빛났다. 문득 모세하고 엘리야가 나타나 예수와 이야기를 나누는 중에, 베드로가 예수께 말씀드렸다. "선생님, 우리가 여기 있는 것이 참 좋습니다. 이곳에 초막 세 채를 지어 하나는 선생님, 하나는 모세, 하나는 엘리야를 모셨으면 합니다." 베드로가 이렇게 말한 것은 제자들과 함께 겁에 질려서 무슨 말을 해야 할지 몰라서였다. 그때 구름이 그들 위로 덮치면서 구름 속에서 음성이 들려왔다. "이는 내 사랑하는 아들이다. 그의 말을 들어라." 제자들이 사방을 둘러보았지만 예수와 자기들 말고는 아무도 보이지 않았다.

*

부모 태어나기 전의 본디 얼굴을 본다더니, 베드로와 야고보와 요한이 잠깐 그것을 보았다. 꿈속에서 꿈꾸고 있는 자기를 본 것이다. 하지만 아직 꿈은 더 계속되어야 한다. 현실로 돌아가려면 한고비 더 넘어야 하기에. 에고의 죽음이라는 고비!

산에서 본 것에 대하여 함구를 명하심 [9, 9-13]

산에서 내려올 때 예수께서 제자들에게, "사람 아들이 죽음에서 다시 살아날 때까지 이번에 본 것을 아무한테도 말하지 말라."고 단단히 일러두셨다. 그들은 이 말씀을 가슴에 새겨두었지만 죽음에서 다시 살아난다는 게 무엇인지 몰라 서로 논의하다가 예수께 물었다. "율법학자들은 어째서 엘리야가 먼저 와야 한다고 말하는 겁니까?" 예수께서 대답하셨다. "실제로 엘리야가 먼저 와서 모든 것을 바로잡을 것이오. 성경에 사람 아들이 많은 고난과 멸시를 받으리라고 기록된 것이 무슨 까닭이겠소? 내가 그대들에게 말하는데, 성경에 기록된 대로 엘리야는 벌써 왔고 사람들이 그를 자기네 맘대로 대하였소."

*

죽음에서 다시 살아난다는 말을 그들이 이해하지 못한 건 당연한 일이다. 겪어보지 못한 것을 누가 알겠는가? 하지만 장차 때가 되면 저절로 알게 될 것이다.

벙어리귀신을 쫓아내심 [9, 14-29]

그들이 다른 제자들 있는 데로 돌아와 보니 큰 무리에 둘러싸여 율법학자들과 말다툼을 하는 중이었다. 무리가 예수를 보고 놀라서 달려와 인사하였다. 예수께서, "무슨 일로 다투는 거요?"하고 물으시자 무리 가운데 한 사람이 대답하기를, "선생님, 벙어리 귀신 들린 제 아들을 여기 데려왔어요. 일단 귀신에 사로잡히면 아이가 입에 거품을 물고 이를 갈면서 땅바닥에 뒹굴다가 몸이 뻣뻣해집니다. 선생님 제자들에게 쫓아내 달라고 했지만 쫓아내지 못하더군요." 하였다. 예수께서, "아, 믿음 없는 세대여! 언제까지 내가 너와 함께 있으며 언제까지 너를 참고 견뎌야 한단 말이냐?" 탄식하시며, "아이를 이리 데려오시오." 하시자 사람들이 아이를 데려왔다. 귀신이 예수를 보고는 아이한테 심한 발작을 일으켜 입에 거품을 물고 땅을 뒹굴게 만들었다. 예수께서 아이 아버지한테, "언제부터 저렇게 되었소?" 하고 물으셨다. 그가 대답하였다. "어렸을 때부터 저랬어요. 툭하면 귀신이 아이를 죽이려고 물이나 불에 던져버렸습니다. 무엇이든지 할 수 있거든 우리를 불쌍히 여기고 도와주십시오." 예수께서, "할 수 있거든? 그게 무슨 말이오? 믿는 사람한테는 안 되는 일이 없소!" 하시자 아이 아버지가 큰 목소리로 말했다. "제가 믿습니다. 모자라는 제 믿음을 도와주십시오." 사람들이 모여드는 것을 보시고 예수께서 더러운 귀신을 꾸짖어 호통치셨다. "너 귀먹은 벙어리 귀신아, 내가 너에게 명한다. 아이한테서 나와 다시는 들어가지 마라!" 귀신이 발악하며 아이에게 심한 경련을 일으켜놓고 나갔다. 아이 몸이 송장처럼 되자 사람들이, "애가 죽었어!"하고 웅성거렸다. 예수께서 아이 손을 잡아 일으키시니 아이가 일어났다.
집에 들어갔을 때 제자들이 은근히 물어보았다. "왜 우리는 귀신을 쫓아내지 못했습니까?" 예수께서 대답하셨다. "기도 말고는 어떤 무엇으로도 그런 귀신을 쫓아낼 수 없소."

*

기도는 하늘 에너지로 배터리를 충전充電하는 거다. 하늘 에너지로 충전되지 않은 배터리로는 땅의 귀신을 쫓아낼 수 없는 일이다.

죽음과 부활을 예고하심 [9, 30-32]

일행이 그곳을 떠나 갈릴래아 지방을 통과하는데 예수께서는 아무에게도 알려지지 않기를 바라셨으니, 당신 제자들을 가르치시는 중이기 때문이었다. 예수께서 말씀하셨다. "사람 아들이 사람들 손에 넘겨지면 그들이 그를 죽일 터인데, 죽은 지 사흘 만에 살아날 것이오." 그들은 이 말씀을 이해하지 못했고 질문하는 것조차 두려워하였다.

*

자기 자신을 가리켜 '사람 아들'이라고, 자기가 바로 '그 사람'이라고, 말씀하신다. 남의 말 하듯이.

누가 가장 큰 사람이냐를 두고 다투는 제자들 [9, 33-37]

가파르나움에 이르러 집으로 들어갔을 때 예수께서 제자들에게 물으셨다. "무슨 일로 길에서 다투었소?" 아무도 입을 열지 않았다. 오는 도중에, 누가 가장 큰 사람이냐를 두고 서로 다투었던 것이다. 예수, 자리에 앉으시어 열두 제자를 불러놓고, "누구든지 첫째가 되고자 하는 사람은 마땅히 꼴찌가 되어 다른 모든 사람을 섬겨야 하오." 말씀하신 다음, 어린아이 하나를 데려다가 그들 앞에 세우고 아이를 안아주며 이르셨다. "누구든지 내 이름으로 이런 아이 하나를 받아들이면 곧 나를 받아들이는 것이고, 누구든지 나를 받아들이면 나를 받아들이는 게 아니라 나를 보내신 분을 받아들이는 것이오."

*

첫째가 될 목적으로 꼴찌가 된다면 고약한 위선이다. 스스로 꼴찌가 되어 모든 이를 섬기는 자라야 마지못해 첫째가 되는 거다. 어린아이가 무슨 목적을 가지고서 어린아이로 존재하는 건 아니니다.

반대하지 않는 사람은 위하는 사람이다 [9, 38-50]

요한이 예수께 말씀드렸다. "어떤 사람이 선생님 이름으로 귀신 내쫓는 것을 보았는데, 그가 우리와 함께 선생님을 따르는 자가 아니었으므로 그러지 못하게 막았습니다." 예수께서 이르셨다. "막지 마오. 내 이름으로 무슨 일을 한 사람이 즉석에서 나를 헐뜯지는 못할 것이오. 우리를 반대하지 않는 사람은 우리를 위하는 사람이오. 내가 진정으로 말하는데, 누구든지 그대들이 그리스도에 속했다는 이유로 그대들한테 물 한 그릇 대접하는 사람은 반드시 그에 대한 보상을 받게 될 것이오. 누구든지 나를 믿는 보잘것없는 사람 하나를 걸려 넘어지게 하는 자는 차라리 맷돌을 목에 걸고 깊은 바다에 던져져 죽느니만 못할 것이오. 그대 손이 그대를 넘어지게 하거든 잘라 버리시오. 불구의 몸으로 영원한 생명에 들어가는 것이 두 손을 가지고 꺼지지 않는 지옥 불에 던져지는 것보다 낫소. [거기는 영원토록 구더기들이 파먹고 불도 꺼지지 않는 곳이오.] 그대 발이 그대를 넘어지게 하거든 잘라 버리시오. 절름발이로 영원한 생명에 들어가는 것이 두 발로 지옥에 던져지는 것보다 낫소. [거기는 영원토록 구더기들이 파먹고 불도 꺼지지 않는 곳이오.] 그대 눈이 그대를 넘어지게 하거든 뽑아 버리시오. 외눈으로 하느님 나라에 들어가는 것이 두 눈을 가지고 지옥에 던져지는 것보다 낫소. 거기는 영원토록 구더기들이 파먹고 불도 꺼지지 않는 곳이오. 모든 사람이 저마다 불타는 소금으로 절여질 것이오. 소금은 좋은 물건이지만 그 맛을 잃으면 무엇으로 다시 짜게 만들겠소? 아무쪼록 속에 소금을 지니고 서로 화목하게 지내도록 하시오."

*

주인을 모신 사람은 비록 세상에서 보잘것없는 사람이라 해도 주인과 한 몸이다. 결코 보잘것없는 사람일 수 없다.

이혼과 간음 [10, 1-12]

예수께서 그곳을 떠나 유다 지방과 요르단 건너편으로 가시니 여전히 많은 사람이 모여들었고, 늘 하시던 대로 그들을 가르치셨다. 바리사이파 사람들이 와서, 뭐라고 하는지 들어보려고, 남자가 아내를 버려도 되느냐고 물었다. 예수께서, "모세는 어떻게 하라고 명했소?" 하고 되묻자 그들이 대답하였다. "이혼증서를 써주고 아내를 버리는 건 괜찮다고 했지요." 예수께서 이르셨다. "모세가 그렇게 말한 것은 당신들 마음이 너무나 굳어져 있기 때문이었소. 하지만 하느님께서는 처음 세상을 만드실 때부터 사람을 남자와 여자로 지으셨고 그래서 사람이 부모를 떠나 아내와 한 몸을 이루게 되는 것이오. 이제 두 사람은 더는 둘이 아니라 하나니 그런즉 하느님이 짝지어주신 것을 사람이 갈라놓아서는 아니 되오." 집에 돌아왔을 때 제자들이 이를 다시 묻자 예수께서 말씀하셨다. "남자가 아내를 버리고 다른 여자와 결혼하면 그 여자한테 간음하는 것이고, 여자가 남편을 버리고 다른 남자와 결혼하면 그 또한 간음하는 것이오."

*

남자가 남자라는 이유 하나로 여자를 제 맘대로 할 수 있는 시절이다. 그래서는 안 된다는 말씀이다. 그것도 물어보니까 하시는 말씀이다. 듣거나 말거나…

어린아이에게 안수하심 [10, 13-16]

사람들이 어린아이들을 예수께 데리고 와서 손을 얹어달라고 청하자 제자들이 그들을 나무랐다. 예수께서 화를 내시며 제자들에게 이르셨다. "아이들이 내게 오는 것을 그냥 두고 막지 마시오! 하느님 나라가 어린아이 같은 사람들의 것이기 때문이오. 그렇소, 내가 분명히 말하는데, 누구든지 하느님 나라를 아이처럼 받아들이지 않으면 결단코 그 나라에 들어가지 못할 것이오." 그러고 나서 아이들을 안아주시며 머리에 손을 얹어 축복하셨다.

*

어린아이의 천진天眞으로 모든 것을 받아들여라. 그게 하느님 나라다.

영생의 길을 묻는 부자 젊은이 [10, 17-22]

예수께서 길을 가시는데 한 사람이 달려와 그 앞에 무릎을 꿇고 물었다. "선한 선생님, 제가 무슨 일을 하면 영원한 생명을 얻겠습니까?" 예수께서 대답하셨다. "왜 나를 선하다고 하는가? 하느님 한 분 말고는 선한 이가 없네. 살인하지 마라, 간음하지 마라, 도둑질하지 마라, 거짓으로 증언하지 마라, 속이지 마라, 부모를 공경하라, 이런 계명을 자네가 알지 않는가?" 그가 말했다. "선생님, 그것들은 제가 어렸을 때부터 모두 지켰습니다." 예수께서 그를 갸륵하게 여겨 눈여겨보시며 말씀하셨다. "하나 모자란 것이 있네. 가서 있는 것 모두 팔아 가난한 자들에게 나눠주시게. 그러면 자네 보화가 하늘에 있을 걸세. 그런 다음에 와서 나를 따르게." 말씀을 듣고 그 사람이 슬픈 얼굴로 근심하며 떠나갔다. 가진 재물이 많았던 것이다.

*

그 사람은 모든 것을 팔아 가난한 사람에게 나눠줄 수 있었다. 그가 그러지 못하도록 가로막을 어떤 장애도 없었다. 그런데 그는 그러지 않았다. 못한 게 아니었다.

부자의 하느님 나라와 낙타의 바늘귀 [10, 23-31]

예수께서 제자들을 둘러보며 말씀하셨다. "재물 많은 사람이 하느님 나라에 들어가기는 참으로 어려운 일이오." 이 말씀에 제자들이 놀라자 예수께서 다시 이르셨다. "하느님 나라에 들어가기가 어찌나 어려운지! 부자가 하느님 나라에 들어가는 것보다 낙타가 바늘귀로 빠져나가는 것이 더 쉬울 게요." 제자들이 매우 놀라 서로 수군거렸다. "그러면 누가 구원받을 수 있겠는가?" 예수께서 그들을 똑바로 보시며 말씀하셨다. "사람 힘으로는 안 되는 일이지만 하느님께는 되는 일이오. 하느님은 무슨 일이든지 다 하실 수 있소."

그때 베드로가 나서서, "우리는 어떻습니까? 보십시오, 모든 것을 버려두고 주님을 따랐습니다." 하고 말씀드리자 예수께서 이르셨다. "그렇소, 내가 분명히 말해두겠소. 나와 내 복음을 위하여 집이나 형제나 자매나 어머니나 아버지나 자녀나 토지를 버렸는데, 현세에서 박해도 받겠지만, 집이나 형제나 자매나 어머니나 자녀나 토지를 백배로 받고 나아가 내세에서 영원한 생명을 얻지 못할 사람은 아무도 없을 것이오. 하지만 첫째였다가 꼴찌가 되고 꼴찌였다가 첫째가 되는 사람이 많을 것이오."

*

필요한 것보다 많이 가진 사람을 부자라고 한다면 물질의 풍요는 축복이 아니라 저주다. 조금만 자세히 들여다보면 쉽게 알 수 있는, 비밀 아닌 비밀이다.

당신의 죽음과 부활을 다시 예고하심 [10, 32-34]

예루살렘으로 올라가는 길에 예수께서 앞장서셨다. 제자들은 놀라 어리둥절하고 뒤따르는 무리는 두려워하였다. 예수께서 다시 열둘을 가까이 부르시고 당신한테 일어날 일에 대하여 말씀하셨다. "들으시오, 우리는 지금 예루살렘으로 올라가는 길인데 거기서 사람 아들이 대사제와 율법학자들한테 넘겨지면 그들이 저를 죽이기로 결의하고 이방인들 손에 넘겨줄 것이오. 이방인들이 사람 아들을 조롱하고 침뱉고 매질하고 마침내 죽일 터이나 그가 사흘 만에 다시 살아날 것이오."

*

왜 제자들이 잘 알아듣지도 못하는 말을 되풀이하시는 건가? 당신한테 다짐하듯이 들려주시는 말씀 아닐까?

빛나는 자리에 앉고 싶은 제자들 [10, 35-45]

제베대오의 두 아들 야보고와 요한이 예수께 다가와 말씀드렸다. "선생님, 소원이 있습니다. 들어주십시오." 예수께서, "내게 바라는 것이 무엇이오?" 하고 묻자 그들이 청하기를, "선생님이 빛나는 자리에 앉으실 때 저희 둘을 하나는 오른편에 하나는 왼편에 앉혀주십시오." 하였다. 예수께서 그들에게 물으셨다. "그대들은 지금 내게 청하는 것이 뭔지를 모르고 있소. 그대들이 내가 마실 잔을 마실 수 있고 내가 받을 세례를 받을 수 있겠소?" 그들이, "예, 그럴 수 있습니다." 하고 대답하자 예수께서 이르셨다. "과연 그대들은 내가 마실 잔을 마시고 내가 받을 세례를 받게 될 것이오. 그러나 내 오른편과 왼편 자리는 내가 주는 것이 아니요. 누구를 위하여 자리가 마련되었든지 그들이 거기 앉을 것이오."

다른 열 제자가 이 말을 듣고 야보고와 요한에게 화를 내었다. 예수께서 그들을 불러놓고 이르셨다. "알다시피 스스로 자기가 나라의 통치자라고 생각하는 자들은 백성을 위에서 다스리고 세도가들은 백성을 힘으로 짓누르지만 그대들 사이에서는 그러면 아니 되오. 그대들 가운데 누구든지 큰 사람이 되고자 한다면 그대들의 하인이 되어야 하고 첫째가 되고자 한다면 모든 사람의 종이 되어야 하오. 사람 아들도 섬김을 받으러 온 게 아니라 섬기러 왔고, 많은 사람의 몸값으로 자기 목숨을 내어주러 왔소."

*

사람이 스스로 남들보다 높은 자리에 서려고 애쓰는 것은 잘못된 가르침과 잘못된 풍습 때문이다. 사회가 가르치지 않고 그냥 두면 모든 사람이 스스로 낮아질 것이다. 저 나무가 가지를 위로 뻗기 전에 먼저 뿌리로 낮은 곳을 더듬어 내려가듯이.

예리고의 맹인 거지를 고쳐주심 [10, 46-52]

그들이 예리고에 이르렀더니, 예수께서 제자들과 많은 무리를 이끌고 그곳을 떠날 때 티매오의 아들 바르티매오라는 맹인 거지가 길가에 앉았다가 나자렛 예수라는 말을 듣고 크게 소리 질렀다. "다윗의 자손, 예수여. 불쌍히 여기소서!" 많은 사람이 잠잠하라고 꾸짖었지만 그는 더 크게 소리를 질러댔다. "다윗의 자손이여, 불쌍히 여기소서!" 예수께서 걸음을 멈추고, "저 사람을 불러오시오."하고 말씀하셨다. 사람들이 맹인을 부르며, "용기를 내어 일어서라! 그분이 너를 부르신다."고 일러주자 맹인이 겉옷을 벗어 던지고 벌떡 일어나 다가왔다. 예수께서 그에게 물으셨다. "나한테 바라는 것이 무엇이오?" 그가 답했다. "선생님, 눈을 떠서 보게 해주십시오." 예수께서 그에게, "가시오. 당신 믿음이 당신을 살렸소." 말씀하시자 곧 그가 눈을 떠 보게 되었고 그길로 예수를 따라나섰다.

*

네가 네 숨을 쉬는 게 아니다. 네 숨이 너를 살리는 거다. 네가 네 믿음을 믿는 게 아니다. 네 믿음이 너를 살리는 거다.

새끼 나귀를 타고 예루살렘에 들어가심 [11, 1-11]

예루살렘 가까운 올리브 산기슭 벳파게와 베다니아에 이르렀을 때 예수께서 두 제자를 따로 보내며 이르셨다. "맞은편 마을로 가시오. 거기 가면 아직 아무도 타지 않은 새끼 나귀가 매여 있는 게 보일 터이니 풀어서 끌고 오시오. 혹 누가 왜 그러느냐고 묻거든, '주인이 쓰십니다. 곧 돌려보내실 게요.'라고 대답하시오." 제자들이 가서 보니 과연 어느 집 문간 길거리에 새끼 나귀가 매여 있었다. 매인 줄을 푸는데 거기 있던 몇 사람이 "왜 나귀를 푸는 거요?"하고 물었다. 제자들이 예수께서 일러주신 대로 대답하자 아무도 말리지 않았다. 새끼 나귀를 끌고 온 제자들이 겉옷을 벗어 나귀 등에 얹었다. 예수께서 그 위에 올라타시자 많은 사람이 겉옷을 벗고 나뭇가지를 꺾어 길바닥에 깔았다. 일행을 앞뒤로 에워싼 무리가, "호산나! 주의 이름으로 오시는 이여, 만세! 우리 조상 다윗의 나라가 드디어 오는구나, 만세! 위 없이 높은 하늘에서도 호산나!"하며 크게 만세를 불렀다.

예수께서 예루살렘에 이르러 성전 안으로 들어가셨다. 거기서 모든 것을 둘러보시고 날이 저물었으므로 열두 제자와 함께 베다니아로 가셨다.

*

정복자들이 화려하게 장식한 말을 타고 들어가던 문으로 하느님의 아들이 새끼 노새를 타고 들어간다. 세상에 던지는 장엄한 설교다. 누가 알아들었을까?

무화과나무를 저주하심 [11, 12-14]

이튿날 베다니아에서 나오는 길에 예수께서 배가 고프셨다. 멀리 잎사귀 있는 무화과나무를 보고 혹시 뭐가 있을까 하여 가까이 가보았으나 잎사귀 말고는 아무것도 없었다. 무화과 철이 아니었던 것이다. 예수께서 나무를 보고, "사람들이 다시는 너한테서 열매를 따 먹지 못할 것이다!" 말씀하시는데 제자들 모두가 그 말을 들었다.

*

예수도 배가 고프시다, 사람의 아들이기에.

성전에서 장사치들을 쫓아내심 [11, 15-19]

일행이 예루살렘으로 갔다. 예수께서 성전 안으로 들어가 장사꾼들을 쫓아내고 돈 바꾸는 자들의 탁자와 비둘기 사고파는 자들의 의자를 둘러 엎으셨다. 또 물건을 들고 성전 뜰로 지나다니지 못하게 하셨다. 예수께서 그들을 가르쳐 이르시기를, "성경에, '내 집은 만민이 기도하는 집이라 불릴 것이라' 하지 않았던가? 그런데 당신들은 그 집을 강도 소굴로 만들었다!" 하셨다.
이 말을 들은 대사제와 율법학자들이 어떻게 하면 예수를 죽일 수 있을까, 그 방법을 궁리하였다. 온 무리가 예수의 가르침에 감동되는 것을 보고 무서워졌던 것이다. 날이 저물어 예수와 제자들이 성 밖으로 나갔다.

*

예수께서 예루살렘 성전으로 가신 것은 그곳을 점령하려는 게 아니다. 당신이 할 수 있는 만큼 아버지 집을 청소하려는 것이다. 날이 저물었는데 거기 남아있을 이유가 없다.

뿌리째 마른 무화과나무 [11, 20-26]

이른 아침, 길을 가는데 무화과나무가 뿌리째 마른 것이 보였다. 베드로가 문득 생각나는 게 있어서, "선생님, 보십시오. 저주하신 무화과나무가 저렇게 말라버렸습니다!" 하였다. 예수께서 제자들에게 이르셨다. "하느님을 믿으시오. 그렇소, 내가 진정으로 말하는데, 누구든지 저 산한테 번쩍 들려 바다에 빠지라고 말하면서 의심하지 않고 자기 말대로 된다고 믿으면 정말 그렇게 될 것이오. 그러므로 잘 들으시오, 그대들이 기도하면서 달라고 한 것을 모두 받았다고 믿으시오. 그러면 그것을 가지게 될 것이오. 서서 기도할 때 등 돌린 사람이 생각나거든 그를 용서하시오. 그래야지 하늘 아버지께서도 그대들의 허물을 용서하실 것이오. [용서하지 않으면 하늘 아버지께서도 그대들의 허물을 용서하시지 않을 것이오.]"

*

참사람의 말은 힘이 있어서 그대로 된다. 말과 행동이 하나인 그 사람이 참사람이기에.

자격을 묻는 율법학자들 [11, 27-33]

일행은 다시 예루살렘으로 갔다. 예수께서 성전 안에 들어가 거니실 때 대사제와 율법학자와 원로들이 와서 묻기를, "무슨 자격으로 이런 일을 하는 거요? 이런 일을 할 자격을 누가 당신한테 주었소?" 하였다. 예수께서 그들에게 되물으셨다. "나도 하나 물어봅시다. 당신들이 대답하면, 내가 무슨 자격으로 이런 일을 하는지 말해주겠소. 요한의 세례가 하늘에서 온 것이오? 사람한테서 온 것이오? 말해보시오." 그들이 서로 의논하기를, "하늘에서 왔다고 하면 왜 그를 믿지 않느냐고 할 테니 사람한테서 왔다고 할까?" 하였으나 모든 사람이 요한을 참 예언자로 알고 있었으므로 그들이 무서워서, "모르겠소."하고 대답하였다. 예수께서, “나도 무슨 자격으로 이 일을 하는지 말하지 않겠소.”하고 대답하셨다.

*

일꾼의 자격을 묻는 것은 세상 관습이다. 하늘 사람이 그것에 따를 이유가 없다. 씨 뿌리는 사람이 씨를 뿌리는 것은 자격이 따로 있어서가 아니라 씨 뿌리는 사람이기 때문이다.

포도원 주인집 아들을 죽인 농부들 비유 [12, 1-12]

예수께서 비유로 말씀하셨다. “한 사람이 포도원을 일구어 울타리도 치고 즙 짜는 구덩이도 파고 망대도 세웠소. 그가 포도원을 농부들에게 도지로 주고 멀리 떠났더니 때가 되어 포도원에서 거둔 열매의 얼마를 받아오라고 종 하나를 농부들에게 보냈소. 그들이 그를 붙잡아 때리고 빈손으로 돌려보냈으므로 다시 다른 종을 보냈더니 머리에 상처를 입히고 능멸하였소. 주인이 또 다른 종을 보내니 이번에는 아예 죽여 버렸소. 더 많은 종을 보냈지만 이번에도 더러는 때리고 더러는 죽였소. 그에게 아직 하나 더 보낼 사람이 남아있었는데 바로 그의 사랑하는 외아들이었소. 주인이 마지막으로 아들을 보내며 말하기를, ‘내 아들은 알아주겠지.’ 하였소. 그러나 농부들은, ‘이 녀석은 상속자다. 죽여 버리자. 그가 물려받을 유산이 우리 차지가 될 것이다.’ 하면서 그를 잡아 죽이고 포도원 밖으로 던져버렸소. 포도원 주인이 어떻게 하겠소? 그가 와서 농부들을 죽이고 다른 사람들에게 포도원을 넘겨줄 것이오. 당신들은 ‘집 짓는 자들이 버린 돌을 모퉁이 머릿돌로 쓰시다니, 주께서 하시는 일이 얼마나 놀라운가!’라고 기록된 성경 말씀을 읽어보지 못했소?” 그들은 이 비유가 자기들을 겨냥한 것임을 알고 예수를 잡아 죽이려 했지만 대중이 무서워서 그냥 두고 떠났다.

*

본인의 죽음을 비유에 담아 자기를 죽일 사람들에게 들려준다. 도무지 겁이 없다.

카이사르 것은 카이사르에게, 하느님 것은 하느님께 [12, 13-17]

저들이 예수 옭아맬 꼬투리를 찾아보려고 바리사이파와 헤로데 당원 몇을 보냈다. 그들이 와서 예수께 물었다. "선생, 우리는 선생이 진실한 사람이고 겉모양으로 사람을 판단하지 않기 때문에 누구에게나 거리낌 없이 하느님의 법도를 가르친다고 생각합니다. 자, 카이사르에게 세금을 내는 게 옳습니까? 옳지 않습니까? 우리가 세금을 내야 합니까? 내지 말아야 합니까?" 그들의 간교한 속셈을 아시고 예수께서 말씀하셨다. "어쩌자고 나를 시험하는 거요? 데나리온 하나를 가져다가 내게 보여주오." 그들이 돈을 가져오자 예수께서 물으셨다. "이 초상과 글자가 뉘 것이오?" 그들이, "카이사르 것이오."하고 대답하자 이르시기를, "카이사르 것은 카이사르에게 돌리고 하느님 것은 하느님께 돌리시오." 하셨다. 모두가 이 말씀에 경탄을 금치 못하였다.

*

사람이 속셈을 품은 간교한 말로 참말을 이길 수 있을까? 처음부터 끝난 게임이다.

부활에 대한 토론 [12, 18-27]

부활이 없다고 주장하는 사두가이파 사람들이 예수께 와서 물었다. "선생, 모세의 기록에 의하면 형이 자식을 낳지 못하고 죽었을 경우 아우가 형수와 결혼하여 자식을 낳아서 형의 대를 이어야 한다고 했소. 일곱 형제가 있었는데 첫째가 장가들어 살다가 자식 없이 죽자 둘째가 형수와 살았지만 그도 자식 없이 죽고 셋째도 그러했고 결국 일곱 형제가 모두 자식 없이 죽고 여자도 죽었소. 이렇게 일곱 형제가 한 여자를 아내로 삼았으니 다시 살아나면 그 여자는 누구의 아내가 되는 거요?" 예수께서 대답하셨다. "당신들이 성경도 모르고 하느님의 능력도 몰라서 엉뚱한 생각을 하는 것이오. 사람이 죽음에서 다시 살아나면 하늘의 천사들처럼 되어 장가도 아니 들고 시집도 아니 가오. 죽은 사람의 부활을 두고 말하는 당신들은 모세의 책에 있는 가시덤불 대목에서 하느님이 모세에게, '나는 아브라함의 하느님,

이사악의 하느님, 야곱의 하느님이다.'라고 하신 말씀을 읽어보지 못하였소? 그분은 죽은 자의 하느님이 아니라 산 자의 하느님이오. 당신들이 크게 잘못 생각하고 있는 거요."

*

하느님이 하느님이냐 아니냐는 네가 살았느냐 죽었느냐에 달려있다. 물론, 네 몸이 살았느냐 죽었느냐가 아니다.

으뜸가는 계명 [12, 28-34]

그 자리에 있던 율법학자 하나가 예수께서 지혜롭게 대답하시는 것을 보고 물었다. "모든 계명 가운데 어느 것이 으뜸가는 계명입니까?" 예수께서 이르셨다. "첫째 계명은 '이스라엘아, 들어라. 주 곧 우리 하느님이 유일한 주님이시다. 네 마음을 다하고 목숨을 다하고 뜻을 다하고 힘을 다하여 주님이신 네 하느님을 사랑하라.' 하신 것이요, 둘째 계명은 '네 이웃을 네 몸처럼 사랑하라.' 하신 것이니 이보다 큰 계명은 없소." 율법학자가 말하였다. "옳습니다, 선생님. 한 분이신 하느님 말고 다른 하느님이 없다는 말씀, 과연 옳은 말씀입니다. 또, 마음을 다하고 지혜를 다하고 힘을 다하여 하느님을 사랑하는 것과 이웃을 제 몸같이 사랑하는 것이 모든 번제물과 다른 제물들을 바치는 것보다 낫지요." 예수께서 그의 슬기로운 대답을 듣고 이르시기를, "당신, 하느님 나라에서 멀지 않소." 하셨다. 누구도 감히 더 물으려 하지 않았다.

*

예수의 답은 당신이 발명하신 게 아니다. 오래전부터 있던 길을 발견하신 것이다.

그리스도는 누구의 자손인가? [12, 35-37]

예수, 성전에서 가르쳐 말씀하셨다. "율법학자들이 그리스도를 다윗의 자손이라 하던데, 무슨 말이오? 다윗이 성령의 감동을 받아 몸소, '주 하느님께서 우리 주님께, 내가 네 원수를 네 발치에 무릎 꿇릴 때까지 내 오른편에 앉아있으라고 하셨다.' 하지 않았소? 다윗이 그리스도를 주님이라고 불렀는데, 어떻게 그분이 다윗의 자손일 수 있단 말이오?" 많은 사람이 듣고 기뻐하였다.

*

사람이 사람들보다 먼저고 나중이다. 너도 사람이고 나도 사람이지만 네가 사람이고 내가 사람인 건 아니다. "그는 나지만 나는 그가 아니다."(渠今正是我 我今不是渠).

높은 자리를 탐하는 율법학자들 [12, 38-40]

또 사람들을 가르치실 때 이렇게도 말씀하셨다. "기다란 옷자락을 끌고 다니며 장터에서 인사받기를 좋아하고 회당에서는 높은 강단에 앉으려 하고 잔칫집에서도 윗자리에 앉고 싶어 안달하는 율법학자들을 조심하시오. 저들이 과부 재산을 삼키고 남들한테 보이려고 기도를 길게 늘어놓는데, 그만큼 더 큰 벌을 받게 될 것이오."

*

거들먹거리며 높은 자리를 탐하는 게 이미 벌을 받는 거다. 그들을 가까이 하지 마라.

가난한 과부의 헌금 [12, 41-44]

예수께서 헌금 궤 맞은편에 앉아 사람들이 연봇돈 넣는 것을 보셨다. 부자들 여럿이 많은 돈을 넣는데 가난한 과부 하나가 두 렙톤, 그러니까 한 코드란트를 넣었다. 예수께서 제자들에게 이르셨다. "내가 분명히 말하는데, 오늘 이 과부가 다른 누구보다 많은 돈을 헌금 궤에 넣었소. 저들은 넉넉히 있는데 얼마씩 덜어서 내었지만 이 과부는 가진 것이 얼마 없는데 그 있는 것을 모두 내었으니 생활비를 몽땅 털어 바친 것이오."

*

계산법이 다르다. 한쪽은 돈을 보고 다른 한쪽은 돈 내는 사람의 속을 본다.

성전이 무너질 것을 말씀하심 [13, 1-2]

예수께서 성전을 떠나실 때 한 제자가 말했다. "보세요, 선생님. 저 큰 돌에 저 큰 건물, 참 대단하지 않습니까?" 예수께서 이르셨다. "저 큰 건물을 보라는 거요? 돌 위에 돌 하나 얹혀있지 못하고 모두 무너질 것이오."

*

눈이 다르다. 한쪽은 전체의 부분을 보고 다른 한쪽은 부분의 전체를 본다.

재난의 징조들 [13, 3-13]

예수께서 올리브 산에 올라 맞은편 성전을 바라보실 때 베드로, 야고보, 요한이 은밀하게 다가와 물었다. "말씀해주십시오. 언제 그런 일이 있을 것이며 그 일이 일어날 때 무슨 징조가 있겠습니까?" 예수께서 말씀하셨다. "아무한테도 속지 않도록 조심하시오. 많은 사람이 내 이름으로 와서 '내가 그다.'라고 하며 사람들을 속일 것이오. 또 난리가 나고 전쟁이 터졌다는 소문이 들릴 텐데 당황하지 마시오. 그런 일이 반드시 일어나긴 하겠지만 아직 끝은 아니오. 민족이 민족을, 나라가 나라를 대적하여 일어나고 곳곳에 지진과 기근이 발생하겠으나 그것들은 재난의 시작일 뿐이오. 스스로 잘 살피도록 하시오. 사람들이 그대들을 법정에 넘기고, 그대들은 회당에서 매 맞고 나 때문에 총독과 임금들 앞에 끌려가 거기서 나에 대한 증언을 하게 될 것이오. 먼저 복음이 만방에 선포되어야 하오. 사람들이 그대들을 끌고 가서 법정에 세울 때 무슨 말을 할까 미리 걱정하지 말고 그 자리에서 주어지는 말을 하시오. 말하는 이는 그대들이 아니라 성령이시오. 형제가 형제를, 아비가 자식을 죽음에 넘기고 자식들이 부모를 대적하여 죽게 할 것이오. 그대들이 나를 섬긴다는 이유로 모든 사람한테서 미움을 받겠지만 끝까지 참고 견디는 사람은 구원받을 것이오."

*

형제가 형제를 죽음에 넘기고 자식들이 부모를 대적하는 세대가 어디 따로 있는가? 언제는 사람들이 그러면서 살지 않는가? '지금'이 바로 '그때'라는 얘기다.

가짜 그리스도들의 출현 [13, 14-23]

"멸망의 상징인 흉물이 있어서는 안 되는 자리에 선 것을 보거든, (읽는 자는 깨달아라) 유다에 있는 사람은 산으로 도망가고 지붕 위에 있는 사람은 물건 챙기러 내려가지 말고 밭에 있는 사람은 겉옷을 가지러 집으로 돌아가지 마시오. 그날에 운 나쁜 사람이 임신한 여인들과 젖먹이 딸린 여인들이오. 겨울에 그런 일이 일어나지 않도록 기도하시오. 하느님이 천지를 지으신 뒤로 이제까지 그런 재난이 없었고 앞으로도 없을 것이오. 주님이 그 기간을 줄여주시지 않으면 아무도 살아남지 못할 것이나 당신이 뽑으신 사람들을 위하여 기간을 줄여주셨소. 그때 어떤 사람이, '보라, 그리스도가 여기 있다.' 또는 '보라, 그리스도가 저기 있다.' 하더라도 믿지 마시오. 가짜 그리스도들과 가짜 예언자들이 나타나 어떻게 해서든지 뽑힌 사람들을 속이려고 요란한 기적과 이상한 일들을 보여줄 것이오. 부디 조심하시오. 내가 이렇게 모든 것을 미리 말해두었소."

*

요란한 기적과 이상한 일들이 일어나는 곳을 경계하라. 사람이 사람답게 살 곳은 평범한 상식이 건강하게 통하는 곳이다.

하늘에서 내려오는 사람 아들 [13, 24-27]

"재난의 날들이 지나면 곧장 해가 어두워지고 달이 빛을 잃고 별들이 하늘에서 떨어지고 공중 권세들이 흔들릴 터인데, 그때 사람 아들이 큰 능력과 영광 가운데 구름 타고 내려오는 것을 모든 사람이 쳐다볼 것이오. 그가 천사들을 보내어 땅끝에서 하늘 끝까지 당신이 뽑은 사람들을 사방에서 불러 모을 것이오."

*

이른바 '재림예수론'의 바탕이 되는 말이다. 시공간이 따로 없는 '영원'을 말하며 산 사람이 '내일'을 기약한다는 건 자기-모순이다. 여기서도 제자들 생각이 스승의 말로 표현된다.

무화과나무의 교훈 [13, 28-37]

"무화과나무한테 배우시오. 가지가 나긋나긋해지고 잎이 돋으면 여름이 가까운 줄 알듯이, 이런 일들이 일어나는 것을 보게 되거든 사람 아들이 문 앞에 가까이 와있는 줄 아시오. 내가 분명히 말하는데, 이 세대가 지나기 전에 이 모든 일이 일어날 것이오. 혹 하늘땅은 사라질지 몰라도 내 말은 결코 사라지지 않소. 하지만 그날과 그 때는 아무도 모르오. 하늘의 천사들도 모르고 아들도 모르고 오직 아버지만 아시오. 그때가 언제일지 모르니 삼가 조심히 깨어 있으시오. 그것은 어떤 사람이 집을 떠나 먼 곳으로 갈 때 종들에게 각자 할 일을 맡기면서 문지기에게 잘 지키라고 명한 것과 같소. 그러니 깨어 있도록 하시오. 언제 주인이 돌아올지, 저녁일지 한밤중일지 닭 울 때일지 이른 아침일지, 그대들이 그것을 모르기 때문이오. 깨어 있어서, 갑자기 돌아온 주인이 잠자는 그대들을 보는 일이 없도록 하시오."

*

그렇다, 누구도 자기 죽음이 언제 올지 모른다. 그것이 축복인지 저주인지를 결정하는 건 저마다 본인 몫이다. 다만 오늘 하루 주어진 자기 일에 성실할 따름이다.

예수 죽일 것을 음모하는 대사제들 [14, 1-2]

이틀 뒤면 유월절 곧 무교절이 되는 날, 대사제들과 율법학자들이 속임수로 예수 잡아 죽일 방법을 찾다가, "백성이 들고 일어나 시끄럽게 할 수 있으니 명절은 피하자."고 하였다

*

속임수로 누구를 죽이려다가 죽어가는 사람들. 그 가련한 사람들이 오늘도 세상 권좌에 앉아있다.

예수 머리에 향유를 부은 여인 [14, 3-9]

예수께서 베다니아에 있는 나병 환자 시몬의 집에 머무르실 때였다. 자리에 앉아 식사하시는데 한 여인이 매우 값진 순 나르드 향유가 든 옥합을 가져와 그것을 깨뜨리고 예수 머리에 향유를 부었다. 그 자리에 있던 몇 사람이 화를 내어 투덜거리며, "어쩌자고 저렇게 향유를 낭비한단 말인가? 저것을 팔면 삼백 데나리온도 더 받아서 가난한 사람들에게 나눠줄 수 있을 텐데."하고 여인을 비난하였다. 예수께서 말씀하셨다. "가만두시오. 어째서 사람을 괴롭히는 거요? 이 누이는 나에게 좋은 일을 하였소. 가난한 이들은 항상 그대들 곁에 있어 언제든지 마음만 먹으면 도와줄 수 있지만 나는 그대들 곁에 언제까지나 있지 않을 것이오. 이 누이는 내 장례를 미리 준비하여 내 몸에 향유를 부었으니 자기가 할 수 있는 일을 모두 한 것이오. 그렇소, 내가 분명히 말하는데, 온 세상 어디서든지 복음이 전해지는 곳마다 이 누이가 한 일도 알려져서 사람들이 그를 기억하게 될 것이오."

*

사람들은 여인이 예수에게 부은 기름을 보면서 그 값을 계산한다. 예수는 자기에게 기름 붓는 여인을 보면서 그 행위에 담긴 마음을 읽는다.

대사제들을 찾아간 유다 [14, 10-11]

열둘 가운데 하나인 가리옷 사람 유다가 대사제들을 찾아가 예수를 넘겨주겠다고 말했다. 저들이 듣고 기뻐하며 돈을 주겠다고 약속하였다. 유다는 예수 넘겨줄 기회를 엿보았다.

*

제자 아닌 사람은 스승을 따를 수도 없지만 등질 수도 없다. 유다는 스스로 선택한 길을 갔다. 과연 그를 비난할 자격이 누구에게 있을 것인가?

유월절 음식상을 차림 [14, 12-16]

무교절 첫날 곧 유월절 양을 잡는 날, 제자들이 예수께 물었다. "선생님 드실 유월절 음식상을 어디에 차렸으면 하시는지요?" 예수께서 제자 둘을 보내며 이르셨다. "성안에 들어가면 물 한 동이 메고 가는 사람을 만날 것이오. 그를 따라가서 그가 들어가는 집의 주인에게 말하시오. '선생님이 물으시기를, 내가 내 제자들과 함께 유월절 음식 먹을 방이 어디냐고 하십니다.' 그러면 그 사람이 자리가 마련되어 있는 큰 다락방을 보여줄 것이오. 거기에다 준비해놓으시오." 제자들이 성에 들어가 보니 과연 말씀하신 그대로였다. 그들이 거기에 유월절 음식상을 차렸다.

*

미리 모를 뿐, 모든 것이 준비돼 있다. 강줄기는 예로부터 정해진 코스로 흐른다.

유다의 배신을 예고하심 [14, 17-21]

날이 저물자 예수께서 열둘을 데리고 그 집으로 가셨다. 자리에 앉아 식사하실 때 그들에게 이르시기를, "내가 분명히 말하는데, 나와 함께 음식 먹는 그대들 가운데 하나가 나를 팔아넘길 것이오." 하셨다. 그들이 근심하여 저마다 돌아가며, "저는 아니지요?"하고 물었다. 예수께서 말씀하셨다. "열둘 가운데 하나 곧 나와 한솥밥을 먹는 사람이 그 사람이오. 사람 아들은 성경이 자기에 대하여 말한 대로 그 길을 가겠지만, 사람 아들을 팔아넘기는 사람은 참으로 딱하게 됐소. 차라리 세상에 태어나지 않았더라면 좋았을 그런 사람이오."

*

마지막 문장은 예수의 말로 보기 어렵다. 유다에 대한 제자들의 생각이다. 태어나지 않았더라면 좋았을 그런 사람은 세상에 없다. 하느님이 오발탄을 쏘시겠는가?

빵과 포도주를 축사하시고 제자들에게 나눠주심 [14, 22-26]

한창 먹고 있을 때 예수께서 빵을 들어서 축사하시고 제자들에게 떼어주시며, "받아요, 내 몸이오."하고 말씀하셨다. 이어서 잔을 들어 감사하신 다음 제자들에게 주시니 그들이 모두 받아마셨다. 예수께서 말씀하셨다. "이는 많은 사람을 위하여 흘리는 내 피 곧 언약의 피요. 내가 진정으로 말하는데, 하느님 나라에서 새로 만든 포도주를 마실 때까지 결코 포도나무에서 난 것을 입에 대지 않을 것이오." 그들은 찬송하였다. 그리고 올리브 산으로 갔다.

*

누구나 마지막 식사를 한다. 그 자리가 자기를 남김없이 내어주는 자리로 되려면 평생 그렇게 살았어야 할 것이다.

베드로가 세 번 모른다고 할 것을 예고하심 [14, 27-31]

예수께서 제자들에게 말씀하셨다. "성경에, '내가 목자를 치리니 양들이 흩어지리라.'고 기록된 대로 그대들 모두 나를 두고 떠날 것이오. 하지만 나는 다시 살아나서 그대들보다 먼저 갈릴래아로 갈 것이오." 베드로가 말하였다. "다른 사람들 모두 떠날지라도 나는 아닙니다." 예수께서 그에게 이르셨다. "그래요, 내가 분명히 말하는데, 오늘 밤 닭이 두 번 울기 전에 그대가 나를 세 번 모른다 할 것이오." 베드로가 더욱 힘주어 말하였다. "함께 죽었으면 죽었지 주님을 모른다고는 하지 않을 겁니다." 다른 제자들도 같은 말을 하였다.

*

베드로가 거짓으로 말한 건 아니다. 다만 자기가 누구며 어떤 사람인지를, 다른 사람들처럼, 몰랐을 뿐이다. 그래도 "다른 사람들 모두 떠날지라도"라는 말은 입에 담을 말이 아니었다. 베드로다운 실수였다.

체포당하심 [14, 32-50]

게쎄마니라는 곳에 이르러 예수께서 제자들에게, "내가 기도하는 동안 여기 있으시오." 말씀하시고 베드로와 야고보와 요한을 따로 데리고 가셨다. 예수께서 매우 놀라고 슬퍼하시며, "내 마음이 몹시 괴로우니 여기 머물러 깨어 있으시오." 하고는 조금 나아가 땅에 엎드려, 할 수 있으면 이때가 당신을 지나가게 해달라고 기도하셨다. "아빠, 아버지. 아버지는 뭐든지 하실 수 있으니 이 잔을 저한테서 치워 주십시오. 그러나 제 뜻대로 마시고 아버지 뜻대로 하십시오." 기도를 마치고 돌아와 제자들이 잠들어 있는 것을 보고 베드로에게 이르셨다. "시몬, 잠자고 있는 거요? 한 시간도 깨어 있지 못한단 말이오? 유혹에 넘어가지 않도록 깨어 기도하시오. 마음은 간절한데 몸이 말을 듣지 않는구려." 다시 가셔서 같은 말로 기도하고 돌아와 보니 제자들이 여전히 자고 있었다. 하도 졸려서 눈꺼풀이 저절로 감겼던 것이다. 그들은 무슨 말로 대답해야 할는지 알 수 없었다. 예수께서 세 번째로 오시어 그들에게 말씀하셨다. "여태들 자는 거요? 그만큼 쉬었으면 됐소. 자, 사람 아들이 죄인들 손에 넘어갈 때가 되었소. 일어나 함께 갑시다. 보시오, 나를 넘겨줄 자가 가까이 와 있소."

말이 채 끝나기도 전에 열둘 가운데 하나인 유다가 나타나는데 그 뒤를 대사제와 율법학자와 원로들이 보낸 무리가 칼과 몽둥이를 손에 들고 따라왔다. 그를 넘겨줄 자가 암호로, "내가 입 맞추는 사람이 그 사람이니 단단히 붙잡아 끌고 가라."고 말해 두었던 것이다. 그가 곧장 다가와, "선생님!"하고 부르며 입을 맞추었다. 무리가 달려들어 예수를 붙잡았다. 곁에 있던 사람 하나가 칼을 뽑아 대사제 종의 귀를 쳐서 잘라버렸다. 예수께서 그들에게 이르셨다. "당신들이 무슨 강도나 잡겠다는 듯이 칼과 몽둥이를 들고서 나를 잡으러 온 거요? 내가 날마다 당신네와 함께 성전에 있으면서 가르칠 때는 잡지 않더니. 하지만 성경에 기록된 그대로 합시다."

제자들이 모두 그를 버리고 달아났다.

*

"그러나 제 뜻대로 마시고 아버지 뜻대로 하십시오." 이 한 마디에 예수의 모든 것이 담겨있다. 제자들이 당신을 버리고 달아나도 괜찮다. 아버지 품에 안겨있으니.

알몸으로 달아난 젊은이 [14, 51-52]

한 젊은이가 몸에 삼베를 걸치고 예수를 따라가다가 사람들한테 붙잡히게 되자 삼베를 벗어버리고 알몸으로 달아났다.

*

누구였을까? 그날 밤 삼베를 벗어버리고 알몸으로 달아난 젊은이. 이 짧은 문장이 본인의 고백에 근거하여 기록되었다면 마침내 두려움과 부끄러움의 옷을 벗어버린 사람이겠지.

대사제 앞에서 조롱당하심 [14, 53-65]

그들이 예수를 대사제에게로 끌고 갔다. 다른 대사제들과 원로들과 율법학자들이 그곳에 모여 있었다. 베드로가 멀찍이 거리를 두고 대사제 관저 안뜰까지 그들을 따라 들어가서 하인들 틈에 섞여 앉아 불을 쬐었다.

대사제들과 공의회 의원들이 예수 죽일만한 증거를 찾아보았으나 하나도 찾지 못하였다. 여럿이 거짓으로 증언을 했지만 서로 일치되지 않았던 것이다. 그때 몇이 일어나 이렇게 거짓으로 증언하였다. "우리는 저 사람이, '내가 사람 손으로 지은 이 성전을 허물고 사람 손으로 짓지 않은 성전을 사흘 만에 세우겠다.'고 말하는 것을 들었소." 그러나 그 증언도 서로 맞지 않았다. 대사제가 앞으로 나서며 예수께 물었다. "그대를 거슬러 말하는 저들의 증언이 들리는가?" 예수, 입을 다물고 한마디도 하지 않으셨다. 대사제가 다시, "그대가 정녕 찬양받으실 분의 아들인가?"하고 묻자 예수께서 답하셨다. "맞소, 내가 그 아들이오. 당신은 사람 아들이 전능하신 하느님 오른편에 앉아있는 것과 그가 하늘 구름을 타고 오는 것을 보게 될 것이오." 이 말을 듣고 대사제가 자기 옷을 찢으며 대중에게 물었다. "다른 무슨 증언이 더 필요하겠는가! 차마 입에 담지 못할 말을 우리가 방금 들었다. 당신들 생각은 어떠한가?" 모두가 죽어 마땅한 죄인이라며 소리를 질러대는데, 예수한테 침을 뱉으며 얼굴을 가리고 주먹으로 치고는, "누가 때렸는지 알아보라."고 놀리는 자들도 있었다. 거기 있던 자들이 예수를 조롱하며 손바닥으로 때렸다.

*

네가 하느님의 아들이냐고 묻는 대사제에게 예수는 그렇다고 답한다. 자기가 하느님의 아들인 줄 모르는 사람들이 자기가 하느님의 아들인 줄 아는 사람을 죽이기로 작정한다.

베드로가 세 번 예수를 모른다고 함 [14, 66-72]

베드로가 아래쪽 뜰에 앉아있는데 대사제의 여종 하나가 다가오더니 불 쬐고 있는 그를 눈여겨보며 말하였다. "당신도 나자렛 예수와 함께 다니던 사람이지요?" 베드로가, "무슨 말을 하는 거야? 도무지 못 알아듣겠네!"하며 부인하였다. 그가 앞뜰로 들어가는데 닭이 울었다. 여종이 그를 가리키며 곁에 있는 자들에게 말하였다. "저 사람도 한 패라오." 그러나 그는 거듭 부인하였다. 얼마 뒤에 가까이 있던 사람들이 다시 베드로에게, "당신 갈릴래아 사람이니 분명 그와 한패일 거요."하고 말하자 베드로는 펄쩍 뛰며 맹세까지 하였다. "당신들이 말하는 그 사람, 난 정말 모르는 사람이오!" 그때 두 번째로 닭이 울었다. 베드로는 "오늘밤 닭이 두 번 울기 전에 그대가 나를 세 번 모른다 할 것이오."라고 하신 예수의 말씀이 생각나서 울음을 터뜨렸다.

*

아, 베드로! 원초적 두려움에서 아직 해방되지 못한 사람들의 초상肖像! 그래도 그의 눈물 속에 거듭남의 씨앗이 반짝거린다.

빌라도 앞에 서신 예수 [15, 1-5]

날이 밝자 대사제들이 원로, 율법학자들과 함께 공의회를 소집하여 의논하고 예수를 결박하여 빌라도에게 넘겼다. 빌라도가 예수에게, "그대가 유다인의 왕인가?"하고 물었다. 예수께서 대답하셨다. "그건 당신 말이오." 대사제들이 이런저런 말로 예수를 고발하자 빌라도가 다시 물었다. "저렇게 여러 죄목으로 그대를 고발하고 있는데 할 말이 없는가?" 예수, 여전히 아무 말 없으셨고 빌라도는 이상하게 여겼다.

*

말은 열린 귀가 있어야 비로소 나오는 것. 차돌 같은 견해로 가득 찬 항아리에 무엇을 부어넣을 것인가? 침묵이 답이다. 몇이나 알아들었을까?

군중을 만족시키려는 빌라도 [15, 6-15]

명절이 되면 백성이 원하는 죄수 하나를 총독이 풀어주는 관례가 있었다. 반란을 일으켜 사람들을 죽이고 잡혀서 간혀있는 폭도들 가운데 바라빠라는 죄수가 있었다. 군중이 빌라도에게 몰려가 관례대로 죄수 하나를 풀어달라고 요구하였다. 빌라도가 그들에게 물었다. "나보고 유다인의 왕을 풀어달라는 건가?" 대사제들이 질투심 때문에 예수를 자기한테 넘긴 줄로 알았던 것이다. 대사제들이 군중을 선동하여 바라빠를 풀어달라고 청하게 하였다. 빌라도가 다시 그들에게 물었다. "그러면 너희가 유다인의 왕이라고 부르는 이 자는 어떻게 하랴?" 그들이 소리쳤다. "십자가에!" 빌라도가, "왜? 그가 무슨 나쁜 짓을 했는데?"하고 물었으나 군중은 더 크게 악을 쓰며 소리 질렀다. "십자가에!" 빌라도가 군중을 만족시키려고 바라빠를 놓아주고 예수는 채찍질하여 십자가에 달도록 넘겨주었다.

*

군중과 한 사람. 당연히 정치인은 군중 편이다. 아흔아홉과 하나에서 하나를 택한 사람 하나를 군중에 넘긴다. …군중에 섞인 하나로 살 것인가? 하나로 살면서 군중에 맞설 것인가?

십자가에 못 박히심 [15, 16-32]

병사들이 예수를 총독 관저 뜰로 끌고 들어가 전체 부대원을 소집하였다. 그들이 예수에게 붉은 옷을 입히고, 가시관을 엮어 머리에 씌우고, "유다인의 왕, 만세!"를 외치며 경례하였다. 또 갈대로 머리를 때리고 침을 뱉으며 그 앞에 무릎 꿇어 절하였다. 이렇게 희롱을 하고 나서 붉은 옷을 벗기고 도로 그의 옷을 입혔다.

그들은 예수를 십자가에 달려고 끌고 가다가 마침 시골에서 올라와 그곳을 지나던 알렉산더와 루포의 아비 키레네 사람 시몬을 보고는 그를 붙잡아서 강제로 예수의 십자가를 지고 가게 하였다. 그들이 예수를 해골 언덕이라는 뜻인 골고타로 끌고 가서 포도주에 쓸개를 타 주었으나 받지 않으셨다.

그들이 예수를 십자가에 못 박고 그의 옷을 나눠 가졌는데 제비뽑기로 각자의 몫을 정하였다. 예수를 십자가에 못 박은 때는 아침 아홉 시였다. 그의 죄목을 적은 패에 '유다인의 왕'이라는 글자가 씌어 있었다. 그와 함께 두 강도가 십자가에 달렸는데, 하나는 오른편에 하나는 왼편에 달렸다. [이렇게, "범죄자들과 같은 취급을 받았다."는 성경이 이루어졌다.] 지나가던 사람들이 머리를 흔들며, "아하! 네가 성전을 허물고 사흘 만에 다시 짓는다고? 십자가에서 내려와 네 목숨이나 구하여라."하며 예수를 모욕하였다. 대사제와 율법학자들도 같은 모양으로, "저가 남은 살리면서 자기는 살리지 못하는구나. 어디, 이스라엘의 왕인 그리스도야, 우리가 보고 믿을 수 있도록 십자가에서 내려와 보시지?"하고 자기네끼리 떠들며 예수를 조롱하였다. 함께 십자가에 달린 죄수들도 예수를 조롱하였다.

*

사람이 사람을 조롱하는 것은 제가 저를 조롱하는 것이다. 그날 해골 언덕의 그들은 그게 그런 것인 줄 몰랐다. 자기들이 시방 무슨 짓을 하고 있는지, 그걸 몰랐다.

마지막 숨을 거두심 [15, 33-39]

정오에 어둠이 온 땅을 덮어 오후 세 시까지 계속되었다. 세 시에 예수께서, "엘로이, 엘로이, 레마 사박타니?"하고 크게 부르짖으셨다. 이는 "나의 하느님, 나의 하느님, 왜 나를 버리십니까?"라는 뜻이다. 곁에서 들은 몇 사람이, "봐라, 저 사람이 엘리야를 부른다." 하였다. 한 사람이 달려가서 신 포도주에 적신 해면을 갈대에 꽂아 예수 입술에 대어주면서 말하였다. "엘리야가 와서 그를 내려주나 봅시다."

예수, 그게 한 번 소리 지르고 숨을 거두셨다. 성전 휘장이 위에서 아래까지 두 폭으로 찢어졌다. 백부장이 앞에 서 있다가 그 죽어가는 모습을 보고 이르기를, "이 사람이야말로 진정 하느님의 아들이다." 하였다.

*

대낮이 어둔 속에서 사람 아들이 죽어 하늘로 돌아간다. 죽지 않으면 갈 수 없는 그곳으로. 나의 하느님, 나의 하느님, 왜 나를 버리십니까? 내 아들아, 내 아들아, 살고자 하면 죽고 죽으면 산다고 네 입으로 말하지 않았느냐? 예수의 일생은 끝까지 아이러니다. 그의 진면목을 제자도 아니고 측근도 아닌 로마 장교가 알아보다니.

십자가 아래 여인들 [15, 40-41]

또한, 이를 멀리서 바라보는 여인들이 있었는데 그중에는 갈릴래아에서부터 예수를 따라다니며 필요한 것을 대주던 막달라 마리아, 작은 야고보와 요세의 어머니 마리아 그리고 살로메가 있었다. 그밖에도 예수를 좇아 예루살렘으로 올라온 여인들이 많이 있었다.

*

여인들은 알고 있었다. 세상에서 여자라는 이유 하나만으로 천대받는 자기들을 그분이 어떻게 대하셨는지. 그의 마지막 순간을 어찌 멀리서나마 지켜보지 않을 수 있었으랴?

무덤에 안장되심 [15, 42-47]

날이 저물었다. 그날이 예비일 곧 안식일 전날이었으므로 아리마태아 사람 요셉이 용기를 내어 빌라도에게 가서 예수 시신을 내어달라고 청하였다. 공의회의 존경받는 의원으로서 그 또한 하느님 나라를 간절히 기다리는 사람이었다. 빌라도는 예수가 벌써 숨졌을까에 대한 의심이 들어서 백부장을 불러 그가 죽은 지 오래되었느냐고 물어보았다. 그에게서 그렇다는 보고를 받고 빌라도가 요셉에게 시신을 내주었다. 요셉이 예수 시신을 내려다가 사두었던 고운 베로 싸서 바위를 파내어 만든 무덤에 모시고, 큰 돌을 굴려 무덤 문을 막아놓았다. 막달라 마리아와 요세의 어머니 마리아가 예수 모신 곳을 바라보았다.

*

조문객도 장례식도 상주도 만가輓歌나 조시弔詩 따위도 없는, 이만하면 충분히 초라한 장사葬事다.

무덤을 찾아간 여인들 [16, 1-8]

안식일이 지나자 막달라 마리아와 야고보의 어머니 마리아와 살로메가 예수 몸에 발라드릴 향료를 사두었다가 안식 후 첫날 이른 아침 해가 뜰 무렵 무덤으로 가면서 서로 말하기를, "무덤 문 막아놓은 큰 돌을 누가 굴려줄까?" 하였다. 그러다가 눈을 들어보니 돌이 벌써 굴려져 있었다. 아주 큰 돌이었다. 무덤 안으로 들어간 여인들은 거기 오른편에 흰옷 입은 젊은이가 앉아있는 것을 보고 깜짝 놀랐다. 젊은이가 그들에게 말했다. "놀라지 마시오. 십자가에 달리셨던 분을 찾는가 본데 그분은 살아나셨고 여기 계시지 않습니다. 보시오, 여기가 그분을 모셨던 자리요. 가시오. 그분 제자들과 베드로에게 가서, '그분은 전에 말씀하신 대로 당신들보다 먼저 갈릴래아로 가실 터이니 거기서 그분을 뵙게 될 것이오.'하고 말하시오." 여인들이 겁에 질려 부들부들 떨며 무덤에서 나와 도망쳤다.

*

스승이 다시 살아나셨다는 더없이 반가워야 할 소식에 여인들은 오히려 겁이 나서 부들부들 떤다. 아직 부활하신 예수를 만날 때가 되지 않았다.

다시 살아나셨다는 말을 믿지 않는 제자들 [16, 9-13]

[예수께서 살아나시어 안식 후 첫날 이른 시간 막달라 마리아에게 나타내 보이셨다. 일찍이 일곱 귀신을 내쫓아주신 적이 있는 여인이었다. 마리아가 예수와 함께 있던 사람들이 슬퍼하며 울고 있는 곳으로 가서 이를 말해주었다. 그분이 살아나시어 마리아에게 나타내 보이셨다는 말을 듣고도 그들은 믿지 않았다.

그 뒤, 그들 가운데 두 사람이 시골로 걸어가는데 예수께서 다른 모습으로 그들에게 나타내 보이셨다. 둘이 돌아와 다른 제자들에게 말했지만 역시 믿지 않았다.

*

부활하신 예수, 많은 사람 가운데 하필 일곱 귀신 들렸던 여자 막달라 마리아를 첫 번째로 만나주셨단다. 우연일까? 설마… 부활하신 예수를 직접 대면하기까지는 세상에 누구도 믿지 못할 것이 '부활'이다.

열한 제자에게 나타나심 [16, 14-18]

그 뒤, 열한 제자가 음식 먹는 자리에 예수께서 나타나시어 저들의 마음이 완고하여 도무지 믿으려 하지 않는 것을 나무라셨다. 살아나신 그분을 눈으로 보았다는 사람들의 말조차 믿지 않았던 것이다. 예수께서 그들에게 이르셨다. "너희는 온 세상을 두루 다니며 모든 사람에게 복음을 전하여라. 믿고 세례받는 사람은 구원받을 것이요 믿지 않는 사람은 단죄될 것이다. 믿는 사람에게는 이런 표적들이 따라올 터인즉 내 이름으로 귀신을 쫓아내고 새 방언을 말하고 손으로 뱀을 잡거나 독을 마셔도 아무런 해가 없을 것이며 병자에게 손을 얹으면 병이 나을 것이다."

*

사실이 기록된 건 아니겠다. 벌써 '예수 천당 불신 지옥'의 구호가 숨어있다. 부활하신 예수를 몇 사람이 만났다는 건 분명한 사실이지만.

하느님 오른편에 앉으셔서 복음 전하는 제자들과 함께하심 [16, 19-20]

주 예수께서 말씀을 마치고 하늘로 들려 올리시어 하느님 오른편에 앉으셨다. 제자들이 사방으로 나가 말씀을 전하는데 주께서 그들과 함께하셨고, 그들이 전하는 말씀이 진실임을 여러 가지 표적으로 증명해주셨다.

여자들은 베드로와 그 동료들에게 젊은이의 말을 간추려서 전해주었다. 그 뒤, 예수께서는 해 뜨는 곳에서 해 지는 곳까지 그들을 보내시어 거룩하고 무너지지 않는 구원의 영원한 말씀을 전하게 하셨다. 아멘.]

*

하늘에서 하느님 오른편에 앉아계시는 주님이 땅에서 전도하는 제자들과 함께하시고 그들이 전하는 말씀을 여러 기적으로 증명하신다. 그림과 현실이 현묘玄妙하게 섞인다.

루가복음

머리말 [1, 1-4]

데오필로 각하. 우리 가운데 일어난 일에 대하여, 처음부터 말씀을 목격하고 섬긴 사람들이 전해준 바를 그대로 기록한 이들이 여럿 있었습니다. 나 또한 그 모든 일의 자초지종을 상세히 알아보았기에 순서대로 적어서 각하에게 보내드리는 것이 좋겠다고 생각하였습니다. 읽어보시고 그동안 듣고 배운 것들이 모두 어김없는 사실임을 확인하시기 바랍니다.

*

사실과 사실에 대한 기록은 엄연히 다르다. 어떤 그릇에도 담길 수 없는 내용을 담아놓았으니 그럴 수밖에…

늙어 자식을 보게 된 즈가리야 부부 [1, 5-25]

헤로데가 유다에서 왕 노릇 할 때 아비야 반열에 속한 사제 하나 있었으니 이름을 즈가리야라 하였다. 그 아내 엘리사벳은 아론 집안의 사람이었다. 둘 다 주님의 계명과 법도를 착실하게 지키며 하느님 앞에서 의롭게 살았다. 하지만 자식이 없었다. 엘리사벳이 아이를 가질 수 없는 몸인 데다가 두 사람 모두 나이가 많았던 것이다. 즈가리야가 자기 반열에 차례가 돌아와 하느님 앞에서 사제 직분을 감당하게 되었다. 늘 그래왔듯이, 사제들이 제비뽑기로 주님 성소에 들어가 향 피울 사람을 정하는데 즈가리야가 뽑혔다. 그가 안에서 향을 피우는 동안 밖에서 많은 사람이 기도를 드리고 있었다. 그때 주님의 천사가 나타나 향 피우는 제단 오른편에 섰다. 즈가리야가 그를 보고 매우 놀라서 두려워하자 천사가 말하였다. "겁내지 마시오, 즈가리야. 당신의 간절한 기도가 하늘에 닿았소. 아내 엘리사벳이 아들을 낳을 터이니 이름을 요한이라 하시오. 당신도 기쁘고 즐겁겠지만 많은 사람이 그의 태어남을 기뻐할 것이오. 그가 주님 앞에서 크게 되어 포도주나 다른 술을 마시지 않고 어머니 뱃속에서부터 성령이 충만하여 많은 이스라엘 자손을 주님, 곧 저들의 하느님께로 돌아오게 할 것이오. 그가 또한 엘리야의 심령과 능력으로 주님보다 먼저 와서 아비들의 마음을 자식들한테로 돌리고 거역하는 자들을 의인의 지혜로 돌려 백성으로 하여금 주님 맞이할 준비를 갖추게 할 것이오." 즈가리야가 천사에게 말하였다. "무슨 말인지 모르겠소. 나는 늙은이고 내 아내도 나이가 많소이다." 천사가 말하였다. "나는 하느님을 앞에서 모시는 가브리엘이오. 이 좋은 소식을 당신에게 전하라고 하느님이 나를 보내셨소. 들으시오, 이 일이 이루어지는 그 날까지 당신은 벙어리가 되어 말을 못 할 것이오. 때 되면 이루어질 내 말을 믿지 않았기 때문이오."
밖에서 즈가리야를 기다리던 사람들이 그가 너무 오래 성소 안에 머물러 있는 것을 이상하게 여기더니 이윽고 그가 나왔는데 말 못 하는 것을 보고 성소에서 신비로운 무엇을 본 줄로 알았다. 벙어리가 된 그는 사람들에게 손짓으로 시늉만 할 뿐이었다. 그가 사제 임무를 모두 마치고 집으로 돌아왔다.
뒤에 그의 아내 엘리사벳이 아이를 가져 다섯 달 동안 숨어 지내면서 스스로 말하기를, "주님이 내게 해주신 일이다! 이렇게 나를 보살피시어 사람들 앞에서 부끄럽지 않게 해주시는구나." 하였다.

*

하늘에서 온 천사들과 땅에 사는 사람들이 서로 어울려 살아가는 데가 지구별이다. 이것이 어느 시대, 어느 지역에만 통했던, 또는 통하는 사실일까? 그럴 리 없다. 즈가리야가 성소에서 만난 게 천사였음을 알아본 건 벙어리 되고 나서겠지만, 자식에 대한 희망을 버린 몸으로 아내와 동침했으니 그가 천사의 말을 믿은 건 분명해 보인다.

처녀 마리아를 찾아온 천사 가브리엘 [1, 26-38]

여섯 달 뒤, 하느님의 보내심을 받은 천사 가브리엘이 다윗 집안의 요셉과 약혼한 처녀를 찾아 갈릴래아 지방 나자렛 마을에 이르렀다. 처녀 이름은 마리아였다. 천사가 안으로 들어가 처녀에게 말하였다. "안녕하시오? 은총이 가득 한 사람! 주께서 그대와 함께하십니다." 마리아는 이 말을 듣고 크게 당황하여 무슨 인사말이 이럴까, 하고 생각하였다. 천사가 다시 이르기를, "두려워 마오. 그대가 하느님의 은총을 입었소. 이제 아이를 가져 아들을 낳을 터이니 이름을 예수라 하시오. 그가 장차 큰 인물이 되어 위 없이 높으신 하느님의 아들이라 불릴 것이며 주 하느님께서 그에게 조상 다윗의 왕위를 주시면 야곱의 자손을 영원토록 다스릴 터인즉 그 다스림에 끝이 없을 것이오." 하였나. 마리아가 천사에게 말하였다. "저는 처녀 몸입니다. 그런 일이 어떻게 있을 수 있겠어요?" 천사가 말하였다. "성령이 그대에게 내려오시고 위 없이 높으신 분의 기운이 그대를 덮으실 것이오. 그렇게 해서 태어날 아이를 사람들이 거룩하신 하느님의 아들이라 부르게 될 것이오. 그대 친척 엘리사벳도 늙은 몸으로 아들을 가졌소. 본디 아이를 가질 수 없다던 여인이 지금 임신 육 개월째요. 하느님한테는 안 되는 일이 없소." 마리아가 말하였다. "저는 주님의 종입니다. 방금 하신 말씀이 저한테서 이루어지기를 원합니다." 천사가 떠나갔다.

*

"저는 주님의 종입니다. 방금 하신 말씀이 저한테서 이루어지기를 원합니다." 이 한 마디로 충분하다, 마리아가 복된 여인들 가운데 복된 여인으로 된 까닭을 설명하자면.

마리아의 문안을 받은 엘리사벳 [1, 39-45]

때가 되자 마리아가 급히 일어나 길을 서둘러 유다 산골 한 마을로 가서 즈가리야의 집에 들어가 엘리사벳에게 문안하였다. 엘리사벳이 마리아의 문안을 받는데 뱃속에서 아이가 뛰어놀았다. 성령에 감동된 엘리사벳이 크게 외쳤다. "여인들 가운데 복된 여인아, 네 뱃속의 열매 또한 복되도다. 이 어찌 된 일인가, 내 주님의 어머니가 이렇게 오시다니? 네 문안 인사가 내 귀에 들렸을 때 뱃속에서 아이가 뛰어놀았도다. 주님 말씀이 자기한테서 이루어지리라고 믿은 여인은 참으로 복된 여인이로다!"

*

자기가 임신했다는 소식을 접한 여인이 사실을 확인코자 급히 일어나 길을 서두른다. 엘리사벳이 말하는 "주님 말씀이 자기한테서 이루어지리라고 믿은 여인"에는 본인도 포함된다. 젊고 늙은 두 여인이 인류 역사에서 더없이 큰 사건의 머리를 장식한다.

마리아의 노래 [1, 46-56]

이에 마리아가 노래하였다.
내 영혼이 주님을 찬양하며
구세주 하느님 안에서 내 마음이 기뻐하는 것은
당신의 비천한 계집종을 돌보셨음이로다.
전능하신 분이 내게 큰일을 하셨으니
이후로 모든 세대가 나를 가리켜 복되다 하리라.
그 이름이 거룩하고 세대에서 세대로
당신 경외하는 자들에게 자비를 베푸시고
그 팔로 힘 있게 일하시어
마음 교만한 자들을 흩어버리시고
권세 있는 자들을 그 자리에서 끌어내리시고
비천한 자들을 높이시고
굶주리는 자들을 좋은 음식으로 배불리시고
부자들을 맨손으로 돌려보내시는 분이
우리 선조들에게 약속하신 대로
당신의 종 이스라엘을 도우러 오셨으니
아브라함과 그 자손들에게 주신 약속을 기억하여
영원토록 자비를 베푸시리라.

마리아는 석 달쯤 엘리사벳과 함께 있다가 집으로 돌아갔다.

*

누가 마리아의 입으로 노래한다. "전능하신 분"이 처녀의 몸을 빌려 세상에 오신 것은 위아래로 기울어진 세상을 고르게 평정平正하려는 것이라고. 누군가? 누가 시방 마리아의 입으로 이 노래를 하는 것인가?

요한이 태어남 [1, 57-66]

해산할 때가 되어 엘리사벳이 아들을 낳았다. 주께서 그에게 큰 자비를 베푸셨다는 소식에 이웃과 친척들이 찾아와서 기쁨을 함께 나누었다. 여드레째 되던 날, 아이에게 할례를 베푸는 자리에서 그들이 아버지 이름을 좇아 즈가리야라는 이름으로 아이를 부르자고 하였다. 그러자 아이의 어머니가 말하였다. "안 돼요. 요한이라고 불러야 합니다." 그들이, "이 집안에 그런 이름을 가진 사람이 없잖소?" 하면서 아이 아버지에게 어떤 이름으로 할 것인지를 손짓하여 물었다. 즈가리야가 서판을 달라고 하여 거기에, "이름은 요한"이라고 썼다. 모두 이상하게 여기는데 그 순간 입이 열리면서 혀가 풀려 말을 하게 되었고 그가 하느님을 찬양하였다. 이웃들이 모두 두려움을 느꼈다. 유다 산골에 소문이 두루 퍼져 온통 그 얘기였다. 사람들이 그 말을 가슴에 묻어두고 서로 말하기를, "이 아이가 장차 무엇이 될까?" 하였다. 주님의 손길이 저와 함께하심이 분명해 보였기 때문이다.

*

본디 열린 입이 한 번 닫혔으니 언제고 다시 열리는 건 마땅한 일이다. 아들이 태어나면서 아비에게 하늘의 선물을 배달한다.

즈가리야의 노래 [1, 67-80]

아버지 즈가리야가 성령에 감동되어 예언의 노래를 불렀다.
찬양하라, 이스라엘의 주 하느님!
당신 백성을 찾아와 그들을 해방하셨도다.
당신 종 다윗의 집안에서

우리를 위하여 힘센 구세주를 세우셨으니,
(오래전에 당신의 거룩한 예언자들을 통하여 약속하신 대로,)
우리를 미워하는 원수들 손에서 구원하심이요,
우리 선조들에게 자비를 베푸시어
당신의 거룩한 서약을 기억하시고
우리 조상 아브라함에게 맹세하신 대로
우리를 원수들 손에서 구원하시어
한평생 성결함과 의로움으로
겁 없이 당신 섬기며 살게 하심이라.
아이야, 너 또한
위 없이 높으신 하느님의 예언자라 불릴 것이니,
네가 주님에 앞서서 그 길을 예비하고
당신 백성으로 하여금 구원받는 길과 함께
하느님이 당신의 성실과 자비로
그 죄를 어떻게 용서하시는지 깨닫게 함이라.
이렇게 높이 떠오른 해가 우리를 찾아와서
어둠과 죽음의 그늘에 앉은 자들에게 빛을 비추고
우리 발걸음을 평화의 길로 인도하는구나.
아이가 자라면서 몸과 마음이 굳세어졌고, 이스라엘에 그 모습을 나타낼 때까지 광야에 살았다.

*

다시 즈가리야의 입으로 누가 노래한다. 즈가리야의 아들 요한이 세상에서 어떻게 살고 죽었는지 알고 있는 사람(들)이다. 그(들)에게는 아직 '우리'와 '우리를 미워하는 원수들'이 따로 있다. 예수보다 나중 사람들이 아직 예수에 미치지를 못했다.

예수, 베들레헴에 태어나심 [2, 1-7]

그 무렵 로마 황제 아우구스토가 온 천하에 호구조사 명령을 내렸다. 첫 번째 호구조사인데, 퀴리노가 당시의 시리아 총독이었다. 사람들이 저마다 호적에 이름을 올리고자 고향으로 돌아갔다. 요셉도 갈릴래아 나자렛을 떠나 유다 땅 다윗의 동네 베들레헴으로 갔다. 다윗의 자손이었기 때문이다. 요셉이 약혼한 마리아를 데리고 함께 갔는데 마리아는 임신한 몸이었다. 그들이 거기 머무는 동안 해산할 날이 된지라, 마리아가 첫아들을 낳아 포대기에 싸서 구유에 눕혔다. 여관에 그들이 빌려 쓸 방이 없었던 것이다.

*

인명과 지명들이 있어 역사 기록 같지만 아니다. 예수 세상 다녀가신 뒤에 지은이 없이 만들어진 이야기다. 하지만 때로는 사실보다 만들어진 이야기에 더욱 노골적으로 진실이 담겨있는 법. 여관에 방이 없어 갓난아이를 구유에 눕혔다는 게 바로 그거다. 그렇게 태어나야 여우도 굴이 있는 세상을 머리 둘 곳 없는 몸으로 떠도는 자유를 누리지 않겠는가.

목자들에게 나타난 천사 [2, 8-20]

가까운 들에서 목자들이 밤새워 양을 지키고 있었다. 주님의 영광이 두루 비치는 가운데 주님의 천사가 그들 위로 나타났다. 겁에 질린 목자들에게 천사가 말하였다. "두려워 마오. 천하 백성이 듣고 크게 기뻐할 좋은 소식을 당신들에게 전하러 왔소. 오늘 그리스도이신 구세주께서 당신들을 위하여 다윗의 동네에 나셨소. 당신들이 포대기에 싸여서 구유에 누워있는 아기를 보게 될 터인즉, 그것이 그분을 알아보는 표시요."

난데없이 수많은 하늘 군대가 나타나 천사와 함께 하느님을 찬양하였다.

하늘 높은 곳에서는 하느님께 영광,
땅에서는 그분께 뽑힌 사람들 사이에 평화.

천사들이 그들을 떠나 하늘로 돌아가자 목자들은, "어서 베들레헴으로 가서 주님이 우리에게 일러주신 일을 눈으로 봅시다." 하고 급히 달려가 마리아와 요셉과 구유에 누워있는 아기를 보았다. 아기에 대하여 천사가 들려준 말을 목자들이 전하자 사람마다 이상하게 여겼지만 마리아는 이 모든 일을 마음에 간직하고 곰곰 생각하였다. 목자들은 직접 듣고 본 모든 것이 천사들한테서 들은 바와 같은지라, 하느님께 영광을 돌리고 찬양하며 돌아갔다.

*

하늘과 땅이 서로 합하여 단 이슬을 내린다(天地相合以降甘露). 밝은 하늘에서 내려온 천사들과 어두운 땅에서 밤새우는 목자들, 과연 환상의 콤비다. 그들이 서로 만난 곳은 높은 하늘이 아니라 낮은 땅이다. 목자들이 올라간 게 아니라 천사들이 내려왔다.

예수라는 이름을 받으심 [2, 21]

그 뒤 여드레째 되던 날, 그러니까 할례를 베푸는 날, 천사들이 일러준 대로 아기에게 예수라는 이름을 지어주었다.

*

이 땅에 사람 몸으로 오시기 전에 먼저 할 일이 정해져 있었다. 세상에 안 그런 사람 있을까?

성전에서 예언자 시므온을 만나심 [2, 22-40]

모세의 법에 따라 정결 의식을 치르는 날이 되었으므로 부모가 아기를 주님께 바치려고, (성경에, "모든 첫아들은 주님의 거룩한 자로 불리리라."고 기록되어 있다.) 주님의 법에 정해진 대로 산비둘기 한 쌍 또는 집비둘기 새끼 두 마리를 제물로 바치기 위하여 예루살렘으로 아기를 데리고 올라갔다.

예루살렘에 시므온이라는 사람이 살았는데 이스라엘을 구원하실 그리스도를 간절하게 기다리는 의롭고 경건한 사람으로, 성령께서 늘 그 위에 머무르셨다. 그가 죽기 전에 그리스도를 보게 되리라고 성령께서 미리 알려주셨더니, 마침 성령에 이끌려 성전에 들어갔을 때 부모가 주님의 법에 따라서 아기 예수를 데리고 들어왔다. 시므온이 아기를 품에 안고 하느님을 찬양하였다.

주님, 말씀하신 대로 이 종을

편안히 눈감게 하시는군요.
주님의 구원을 제 눈으로 뵈었으니,
이는 주님이 만백성 앞에서 예비하신 것이요,
이방인들한테 비추시는 빛이며
주의 백성 이스라엘에게는 영광입니다.

아기의 부모가 이 말을 듣고 속으로 많이 놀랐다. 시므온이 그들을 축복하고 아기 어머니에게 말하기를, "이 아이는 수많은 이스라엘 사람을 넘어지게도 하고 일어서게도 하고 많은 사람의 속마음을 드러나게 하여 그들이 대적하는 목표가 될 터인즉 날카로운 칼이 그대 영혼을 아프게 찌를 것이오." 하였다.

아셀 지파에 속한 파누엘의 딸로서 이름을 안나라 하는 늙은 예언자가 있었는데, 결혼하여 일곱 해 동인 남편하고 살다가 과부가 되어 여든네 살까지 성전을 떠나지 않고 밤낮없이 기도와 금식으로 하느님을 섬겨왔다. 이 여인이 마침 그 자리에 있다가 하느님께 감사드리고 예루살렘의 구원을 기다리는 모든 사람에게 아기 이야기를 들려주었다.

그들은 주님의 법에 따라서 일을 모두 마치고 갈릴래아 고향 마을 나자렛으로 돌아갔다.

아이가 자라면서 몸이 튼튼해졌고 지혜가 가득 찼고 하느님의 은총이 그 위에 내렸다.

*

두 늙은이가 갓난아이 하나를 품에 안고 바라보면서 아이에게는 그가 장차 할 일을 말해주고 본인들은 이루어진 꿈에 감사하며 평안히 눈을 감는다. 세상에서 사람이 연출할 수 있는 흐뭇하고 아름다운 정경情景들 가운데 하나다.

성전에 남아 학자들과 토론하심 [2, 41-52]

부모가 해마다 유월절이면 예루살렘으로 올라가더니, 예수가 열두 살 되던 해에도 예년처럼 예루살렘으로 올라갔다. 일을 모두 마치고 집으로 돌아가는데 예수는 예루살렘에 남아있었고 부모는 그것을 알지 못하였다. 동행하는 무리에 섞여 있으려니 하였던 것이다. 그렇게 하룻길을 가다가 문득 생각이 들어 친척과 지인들 사이에서 찾아보았지만 보이지 않는지라, 예루살렘으로 되돌아가면서 아들을 찾아 이리저리 헤매었다. 사흘 만에 성전에서 학자들과 어울려 그들의 말을 듣기도 하고 그들에게 묻기도 하는 아들을 발견하였다. 그의 말을 듣는 자들이 모두 그 지능과 대답하는 모습에 감탄을 금치 못하고 있었다. 부모가 그를 보고 놀라며 어머니는 말하기를, "애야, 어찌 자고 우리한테 이러는 거냐? 너를 찾느라고 아버지와 내가 고생이 많았다." 하였다. 예수께서 말씀하셨다. "왜 나를 찾으셨어요? 내가 우리 아버지 집에 있어야 할 줄 모르셨나요?" 그들은 아들이 하는 말을 알아듣지 못하였다.

예수, 부모 따라 나자렛으로 돌아와 그들에게 순종하며 그들을 섬기셨다. 어머니는 이 모든 일을 마음에 간직해두었다.

예수는 몸과 함께 지혜가 날로 자랐고, 하느님과 사람들의 총애를 더욱 많이 받았다.

*

아들을 잃은 줄 모르고서 가는 길은 하룻길인데 잃은 아들 찾으면서 가는 길은 같은 길이 사흘 길이다. 앞은 곧장 가는 길이고 뒤는 이리저리 헤매는 길이기 때문이다. 목적지가 있는 길과 없는 길이 이렇게 다르다. "왜 나를 찾으셨어요? 내가 우리 아버지 집에 있어야 할 줄 모르셨나요?" 자식의 말을 부모가 알아듣지 못한다. 주변에서 가끔 볼 수 있는 일이다.

세례자 요한의 활동 [3, 1-20]

티베리오 카이사르가 세상을 다스린 지 십오 년 되던 해, 본티오 빌라도가 유다 총독으로, 헤로데가 갈릴래아 영주로, 그 아우 필립보가 이두래아와 트라코니티스 영주로, 리사니아가 아빌레네 영주로, 안나스와 가야파가 대사제로 있을 때 광야에서 하느님의 말씀이 즈가리야의 아들 요한에게 내렸다.

그가 요르단 강 부근 각처로 다니며 사람들에게 가던 길을 돌이켜 회개하고 세례받으라고, 그래서 죄를 용서받으라고 외쳤다. 이는 이사야가 자기 책에서 예언한 그대로였다.

광야에 외치는 이의 소리가 있어,
"주의 길을 예비하고 그 길을 고르게 하여라.
모든 골짜기가 메워지고
모든 산과 언덕이 낮아지고
굽은 길이 곧아지고
험한 길이 평탄해지는 날,
만백성이 하느님의 구원을 보리라." 하는구나.

요한이 세례받으러 오는 자들에게 말하였다. "독사의 자식들아, 코앞에 닥친 징벌을 이렇게 피하라고 누가 일러주더냐? 너희가 참으로 회개했다면 그 열매를 행실로 보여라. 그리고 아브라함이 우리 조상이라는 말을 입에 담지 마라. 하느님은 이 돌들로도 아브라함의 자손을 일으키실 수 있다. 도끼가 나무뿌리에 놓였으니 좋은 열매를 맺지 않는 나무마다 찍혀서 불에 던져지리라."

무리가 그에게 물었다. "그러니 우리가 어떻게 하면 되겠소?" 요한이 말하였다. "옷 두 벌 있는 사람은 옷 없는 사람에게 나눠주고 먹을 것이 있는 사람도 그렇게 하여라."

세리들도 세례받으러 와서 그에게 물었다. "선생, 우리가 어떻게 하면 되겠소?" 요한이 말하였다. "세금을 매겨진 만큼만 받고 더 거두지 마라."

군인들도 물었다. "우리는 어떻게 할까요?" 요한이 말하였다. "협박하거나 속여서 돈을 빼앗지 말고 저마다 받는 봉급으로 만족하여라."

백성들은 그리스도를 애타게 기다리던 참이라, 요한을 보고 저 사람 혹시 그리스도 아닐까, 생각하였다. 요한이 모두에게 말하였다. "나는 물로 세례를 주지만 나보다 능력 많으신 분이 내 뒤에 오실 터인데, 나는 그분 신발 끈을 풀어드릴 자격도 없는 사람이다. 그분이 오셔서 성령과 불로 세례를 베푸시고, 손에 키를 들고 당신 타작마당을 정결케 하시어 알곡은 모아 곳간에 들이고 쭉정이는 꺼지지 않는 불에 태우실 것이다."
이밖에도 여러 말로 권면하며 좋은 소식을 사람들에게 전하였다. 하지만, 영주 헤로데는 자기 제수인 헤로디아와의 일과 그가 저지른 다른 못된 짓 때문에 요한의 책망을 받았다. 헤로데가 이왕의 여러 못된 짓에 한 가지 못된 짓을 보태어 요한을 옥에 가두었다.

*

정의와 율법에 바탕을 둔 구약시대를 마무리하며 사랑과 믿음에 바탕을 둔 신약시대의 문을 연 사람. 그가 '세례자 요한'인 것은 참으로 절묘하고 마땅한 일이다. 낡은 사람이 죽어 새 사람으로 태어나는 것이 세례 아닌가?

세례를 받으시는 예수 [3, 21-22]

사람들이 모두 세례받을 때 예수께서도 세례를 받으셨다. 그가 기도하고 있을 때 하늘이 열리면서 비둘기 모양을 한 성령이 그 위로 내려오고 하늘에서 음성이 들렸다. "너는 내가 사랑하는 아들, 나를 기쁘게 해주는 아들이다."

*

기도문 열고 하늘과 오롯이 소통하는 사람. 그 사람 귀에는, 그가 누구든 간에, 들릴 것이다, "너는 내가 사랑하는 아들/딸, 나를 기쁘게 해주는 아들/딸이다."

예수의 족보 [3, 23-38]

예수께서 서른 살쯤 되셨을 때 당신 일을 시작하셨다. 사람들이 알기로 그분은 요셉의 아들이고 요셉은 엘리의 아들이고 위로 거슬러 올라가면서 마땃의 아들, 레위의 아들, 멜기의 아들, 얀나이의 아들, 요셉의 아들, 마따디아의 아들, 아모스의 아들, 나훔의 아들, 에슬리의 아들, 나깨의 아들, 마핫의 아들, 마따디아의 아들, 시므이의 아들, 요섹의 아들, 요다의 아들, 요하난의 아들, 레사의 아들, 즈루빠벨의 아들, 스알디엘의 아들, 네리의 아들, 멜기의 아들, 아띠의 아들, 고삼의 아들, 엘마담의 아들, 에르의 아들, 여호수아의 아들, 엘리에젤의 아들, 요림의 아들, 마땃의 아들, 레위의 아들, 시므온의 아들, 유다의 아들, 요셉의 아들, 요남의 아들, 엘리아킴의 아들, 멜레아의 아들, 멘나의 아들, 마따나의 아들, 나단의 아들, 다윗의 아들, 이새의 아들, 오벳의 아들, 보아즈의 아들, 살몬의 아들, 나흐손의 아들, 암미나답의 아들, 아드민의 아들, 아르니의 아들, 헤스론의 아들, 베레스의 아들, 유다의 아들, 야곱의 아들, 이사악의 아들, 아브라함의 아들, 데라의 아들, 나홀의 아들, 스룩의 아들, 르우의 아들, 벨렉의 아들, 에벨의 아들, 셀라의 아들, 케난의 아들, 아르박삿의 아들, 셈의 아들, 노아의 아들, 라멕의 아들, 므두셀라의 아들, 에녹의 아들, 야렛의 아들, 마할랄렐의 아들, 케난의 아들, 에노스의 아들, 셋의 아들, 아담의 아들, 하느님의 아들이다.

*

예수에서 출발하여 오르고 또 오르고 다시 오르니 마침내 하느님한테 가서 닿는다. 예수만 그러하신가?

악마의 유혹을 받으심 [4, 1-13]

예수, 요르단 강에서 성령 충만하여 돌아오신 뒤 성령에 이끌려 광야로 가셨고 거기서 사십일 동안 악마의 유혹을 받으셨다. 그 사이에 아무것도 먹지 않았으므로 날이 찼을 때 배가 몹시 고프셨다. 악마가 말하였다. "네가 정녕 하느님의 아들이면 이 돌들한테 빵이 되라고 명해보아라." 예수께서 대답하셨다. "성경에, 사람이 빵으로만 사는 것이 아니라고 하였다." 악마가 그를 높은 데로 데려가 순식간에 세상 모든 나라를 보여주며 말하기를, "저 모든 권세와 영광을 너에게 주마. 저것들은 내가 받은 것이라서 내 맘대로 누구한테든지 줄 수 있다. 그러니 나한테 절만 하면 모두 네 것이다." 하였다. 예수께서 대답하셨다. "성경에, 주님이신 너희 하느님께만 절하고 그분만 섬기라 하였다." 그가 다시 예수를 예루살렘으로 데려가 성전 꼭대기에 세우고 말하였다. "네가 진정 하느님의 아들이면 여기에서 뛰어내려

보아라. 성경에, '하느님이 너를 보살피라고 당신 천사들에게 명하셨다.' 하였고 또 '저들이 손으로 너를 받들 터인즉 네 발이 돌에 부딪히지 아니하리라.' 하지 않았느냐?" 예수께서 그에게 말씀하셨다. "성경에, 주님이신 너희 하느님을 시험하지 말라고 하였다."
악마가 시험을 모두 마치고 다음 때를 노리며 예수를 떠나갔다.

*

"너는 특별한 존재다. 그 사실을 증명해 보여라." 언제 어디서나 속삭이는 악마의 유혹이다. 자기를 포함하여 천지 만물이 하느님께로부터 온다는 진실에 통달하지 않고서는 피하기 어려운 바탕 유혹이다.

갈릴래아로 돌아오심 [4, 14-15]

예수께서 성령의 능력을 받아 갈릴래아로 돌아오시자 근방 온 지역에 소문이 나돌았다. 예수께서 그들의 회당에서 가르치셨고, 사람들이 모두 그를 칭송하였다.

*

떠날 때는 자기 힘으로 떠나지만 돌아올 때는 성령의 힘으로 돌아오신다. 그 사이에 옛사람이 죽고 새 사람으로 태어나는 '세례'가 있다.

나자렛 회당에서 설교하심 [4, 16-21]

예수께서 당신이 자라신 고향 나자렛으로 가셨다. 안식일에 늘 하던 대로 회당에 들어가 성경 읽는 자리에 서시어 예언자 이사야의 두루마리를 받아들고 이 대목을 찾아 펼치셨다.

주님의 영이 나에게 내리셨으니,
가난한 이들에게 복된 소식 전하라고
나에게 기름을 부으셨음이라.
그가 나를 보내시어 갇힌 자들에게 해방을,
눈먼 자들에게 열린 눈을,
억눌린 자들에게 자유를 알리고
주님 은총의 해를 선포하게 하셨도다.

두루마리를 말아 맡은 자에게 돌려주고 자리에 앉으시니, 회당에 모인 사람들 눈길이 모두 그분한테로 쏠렸다. 예수께서 그들에게 말씀하셨다. "이 말씀이 오늘 당신들이 듣는 자리에서 이루어졌소."

*

과거의 미래가 오늘의 현재로 바뀐다. 예수의 깊은 '오늘' 속으로 세상의 과거 현재 미래가 함께 수렴된다. 아울러 이루어지는 일은 만유가 제자리로 돌아가는 것이다.

고향에서 배척당하심 [4, 22-30]

모두가 그를 칭송하고 그 입에서 나오는 은혜로운 말씀에 놀라 서로 말하기를, "저 사람, 요셉의 아들 아닌가?" 하였다. 예수께서 말씀하셨나. "당신들은 필경, '의원이, 너부터 고쳐라.'라는 속담을 들이대며 내가 가파르나움에서 했다는 그 일을 여기 고향에서도 해보라고 말할 것이오." 그리고 이어서 말씀하시기를, "내가 진정으로 말합니다, 어떤 예언자도 자기 고향에서는 인정받지 못하는 법이오. 하늘이 닫혀 삼 년 반 동안 비가 내리지 않아서 온 나라에 심한 기근이 들었던 엘리야 시절에 이스라엘에도 과부들이 많았지만 하느님은 시돈 지방 사렙다의 한 과부한테 엘리야를 보내셨소. 또 엘리사 시절에도 이스라엘에 많은 나병 환자들이 있었지만 그들 가운데 아무도 깨끗해지지 못하고 시리아 사람 나아만 홀로 깨끗해졌지요." 하셨다.
회당에서 이 말씀을 들은 사람들 모두가 화를 내며 들고일어나, 예수를 언덕 위 자기네 마을 밖으로 끌고 가 벼랑 아래로 떨어뜨리려 하였다. 하지만 예수께서는 그들 복판을 뚫고 당신 길을 가셨다.

*

잘못된 앎이 바른 앎을 훼방한다. 훼방하는 데서 그치지 않고 아예 없애려 한다. 하지만 불가능이다. 그늘이 어떻게 빛을 몰아낼 수 있겠는가?

가파르나움 회당에서 귀신을 쫓아내심 [4, 31-37]

예수께서 갈릴래아 가파르나움으로 가시어 안식일에 사람들을 가르치시는데, 그 가르침에 권위가 있는 것을 보고 모두가 놀랐다. 회당에 더러운 귀신 들린 사람 하나 있다가 크게 소리 질러 말하기를, "나자렛 예수여, 왜 우리를 성가시게 하는 거요? 우리를 멸망시키러 왔소? 나는 당신이 누군지 압니다. 당신은 하느님의 거룩한 분이오." 하였다. 예수께서, "입 다물고 그에게서 나와라."하고 꾸짖으시자 귀신이 사람들 앞에서 그를 넘어뜨리고 밖으로 나오는데 그가 아무런 상처도 입지 않았다. 사람들이 모두 놀라며 수군거렸다. "저 사람 하는 말이 어떻게 된 것인가? 힘과 권위로 한마디 하니 더러운 귀신이 쫓겨 나는구나." 예수 소문이 사방으로 두루 퍼졌다.

*

귀신은 귀신같이 안다. 하지만, 그래서 예수의 정체를 노출시키지만, 상대의 정체를 먼저 드러내면 싸움에서 이긴다는 세상의 원리가 예수한테는 통하지 않는다. 달빛이 반딧불 때문에 더 밝아지거나 흐려지는 법은 없다

시몬의 집에서 병자들을 고쳐주심 [4, 38-41]

예수께서 회당을 나와 시몬의 집으로 들어가셨다. 마침 시몬의 장모가 심한 열병으로 누워있는데 사람들이 좀 봐달라고 부탁하였다. 예수께서 가까이 다가가 열병을 꾸짖으시니 열이 떨어졌다. 여인이 곧 자리에서 일어나 사람들을 돌봐주기 시작하였다.

해 질 무렵, 사람들이 갖가지 병자들을 데려왔고 예수께서는 그들 한 사람 한 사람에 손을 얹어 모두 고쳐주셨다. 귀신들도 여러 사람한테서 떠나며 소리를 질러댔다. "당신은 하느님 아들이오!" 예수께서 그들을 꾸짖으며 말하지 말 것을 명하셨다. 그분이 그리스도인 줄을 그들은 알았던 것이다.

*

사람들이 시몬의 병든 장모를 봐달라고 부탁한다. 그래서 그 여자를 고쳐주신다. 사람들이 갖가지 병자들을 고쳐달라고 데려온다. 그래서 그들을 고쳐주신다. 병자들을 고쳐주려고 찾아다니지 않으신다.

새벽에 외진 곳으로 가심 [4, 42-44]

이른 새벽 예수께서 그곳을 떠나 외진 데로 가셨다. 사람들이 그를 찾아 이리저리 다니다가 만나자 자기들을 떠나지 말라며 붙잡았다. 예수께서 그들에게 이르시기를, "나는 하느님 나라 복음을 다른 마을에도 전해야 하오. 그 일을 하라고 나를 보내신 것이오." 하시고, 유다 지방 여러 회당에서 말씀을 전하셨다.

*

자기가 누구며 세상에 왜 왔는지를 아는 사람이 그것을 모르는 사람들 요청에 따라서 살 수는 없는 일.

배에 앉아 사람들을 가르치심 [5, 1-3]

무리가 예수를 에워싸고 하느님 말씀을 듣는데, 겐네사렛 호숫가에서 계시던 그분이 기슭에 매여 있는 배 두 척을 보셨다. 어부들이 배에서 나와 그물을 씻고 있었다. 예수, 한 배에 오르시니 시몬의 배였다. 배를 뭍에서 조금 떼어놓게 하시고 거기 앉아 무리를 가르치셨다.

*

사람과 사람의 관계에서 가장 긴요한 조건은 적당한 거리다. 예수께서 그 거리를 몸소 조절하신다. 상대를 움직이려고 하지 않는다.

어부 베드로와 다른 두 제자를 부르심 [5, 4-11]

말씀을 마치고 시몬에게, "깊은 데로 가서 그물을 던져 고기를 잡으시오." 하셨다. 시몬이, "우리가 밤새도록 고생했으나 한 마리도 잡지 못했습니다. 하지만 그리 말씀하시니 그물을 던져 보지요." 말하고 나서 그대로 하였더니 엄청나게 많은 고기가 걸려들어 그물이 찢어지게 되었다. 그들은 다른 배에 있는 동료들에게 와서 도와달라고 손짓으로 청하였다. 그들이 와서 두 배를 고기로 가득 채우니 배가 가라앉을 지경이 되었다. 시몬 베드로가 이를 보고 예수 발 앞에 엎드려, "주님, 저를 떠나주십시오. 저는 죄인입니다."하고 말하였다. 거기 있던 동료들과 함께 자기가 잡은 고기를 보고 놀랐던 것이다. 제베대오의 두 아들 야고보와 요한도 같이 놀랐다. 그들은 시몬과 함께 고기를 잡는 어부였다. 예수께서 시몬에게 이르셨다. "두려워 마오. 이제부터 그대는 사람을 잡게 될 것이오." 그들이 배를 끌어다 뭍에 대어놓고서 모든 것을 버려두고 예수를 쫓았다.

*

시몬 베드로의 성품이 그대로 드러난다. 신통력 있는 사람을 따라다니며 이용하려는 마음이 조금도 없다. 오히려 그 반대다. 이만하면 일을 함께 도모할 만한 재목 아닌가?

나병 환자를 고쳐주심 [5, 12-16]

예수께서 한 마을에 계실 때 온몸이 문드러진 나병 환자 하나가 그분을 뵙고 땅에 엎드려 간청하였다. "주님이 원하시면 저를 깨끗하게 하실 수 있습니다." 예수께서 그 몸에 손을 대시며 "내가 원한다, 깨끗해져라." 하시자 곧 나병이 나았다. 예수께서 그에게 이르시기를, "아무한테도 말하지 말고 곧장 사제에게로 가서 몸을 보이고 모세의 법에 따라 예물을 바쳐 당신 몸이 깨끗해졌다는 증거로 삼으시오." 하셨다. 그래도 예수 소문이 널리 퍼져서 말씀도 듣고 병도 고치려고 수많은 무리가 모여들었다. 하지만 예수께서는 자주 외진 곳으로 물러나 기도하셨다.

*

예수의 관심은 치병治病보다 병이 나은 사람에 있었다. 자기에 대한 소문이 퍼지면서 이른바 '인기人氣'가 몰려오지만 그것을 피하여 자주 외진 곳으로 물러나 하늘에 소통하신다.

침상에 누인 중풍 병자를 고쳐주심 [5, 17-26]

하루는 예수께서 가르치시는 자리에 갈릴래아와 유다 지방 여러 고을과 예루살렘에서 온 바리사이파 사람들과 율법학자들이 섞여 앉아있었다. 그분께는 병 고치는 능력이 있었다. 사람들이 중풍 병자 하나를 침상에 눕힌 채 데리고 와서 예수 곁으로 가고자 하였으나 사람들이 너무 많아 뚫고 들어갈 수가 없었다. 그래서 지붕에 올라 덮개를 벗겨 구멍을 내고 침상에 누인 병자를 예수 앞으로 달아 내렸다. 예수께서 그들의 믿음을 보시고 중풍 병자에게 말씀하셨다. "이 사람, 자네 죄가 용서받았네." 율법학자와 바리사이파 사람들이 서로 수군거렸다. "저가 누군데 차마 입에 담지 못할 말을 하는가? 하느님 말고 누가 죄를 용서할 수 있단 말인가?" 예수께서 그들의 생각을 아시고, "어찌하여 속으로 그런 생각을 하는 거요? '네 죄가 용서받았다.'고 말하는 것과 '일어나 걸어가라.'고 말하는 것 중에 어느 쪽이 더 쉽겠소? 이제 내가 사람 아들한테 죄 용서하는 권능이 있음을 보여주겠소." 말씀하시고 중풍 병자에게 이르셨다. "내 말 들어요. 일어나서 요를 걷어들고 집으로 가시오." 그가 사람들 눈앞에서 곧 일어나 누웠던 사리를 걷어들고 집으로 돌아가며 하느님을 찬양하였다. 모두 놀라 하느님을 찬양하면서도 속으로 겁에 질려 수군거리기를, "오늘 우리가 참으로 기묘한 일을 보는구나." 하였다.

*

지금 침상에 누워있는 이 사람, 거죽은 중풍으로 마비되었으나 속은 죄의식으로 병들어 있다. 죄의식이 뿌리, 중풍은 가지다. 죄의식을 없애는 길은 범죄 자체를 용서하는 데 있다. 사람이 죄를 지었으면 사람에게 지은 거다. 사람 말고 누가 사람을 용서할 것인가?

레위를 부르심 [5, 27-32]

이 일이 있고 나서 예수께서 그곳을 떠나 길을 가시다가 레위라는 세리가 세관에 앉아있는 것을 보시고, "나를 따르시오." 하셨다. 그가 모든 것을 버려두고 일어나 예수를 좇았다.

레위가 예수를 모시고 자기 집에서 큰 잔치를 벌였는데 그 자리에 다른 세리들과 여러 많은 사람이 함께 앉아있었다. 바리사이파 사람들과 율법학자들이 이를 못마땅하게 여겨 예수 제자들에게 시비를 걸었다. "어쩌자고 세리나 죄인들 따위와 어울려 함께 먹고 마시는 건가?" 예수께서 대답하셨다. "의원이 건강한 사람한테는 필요 없지만 병든 사람한테는 필요하오. 나는 의인을 부르려고 온 것이 아니라 죄인을 부르려고 왔소."

*

혈통과 신분으로 사람들을 가르는 세상에서 의인과 죄인으로 사람들을 가른다. 예수의 길이 여기에 있다. 의인이니 죄인이니 말하지만 실상은 건강한 사람과 병든 사람이 있을 뿐이다.

새 술은 새 부대에 [5, 33-39]

그들이 말하였다. "요한의 제자들은 자주 금식하며 기도하고 바리사이파 제자들도 그렇게 하는데 선생 제자들은 먹고 마시는군요." 예수께서 말씀하셨다. "당신들은 잔칫집에 온 신랑 친구들이 신랑과 함께 있으면서 금식하게 할 수 있소? 때가 되면 저들이 신랑을 빼앗길 터인즉 그때는 금식할 것이오." 또 비유로 말씀하시기를, "새 옷에서 찢어낸 조각으로 헌 옷을 깁는 사람은 없소. 그렇게 하면 괜히 새 옷만 찢었을 뿐, 찢어낸 새 옷 조각이 헌 옷에 어울리지도 않을 것이오. 새 술을 낡은 가죽 부대에 담는 사람도 없소. 그렇게 하면 새 포도주가 낡은 가죽 부대를 터뜨려 술은 쏟아지고 부대는 망가질 테니까. 새 포도주는 새 가죽 부대에 담아야 하오. 묵은 포도주를 마신 사람은 '오래 묵은 것이 좋다.'고 하면서 새것을 마시려 하지 않소." 하셨다.

*

사람들이 금식하는 날에 금식하는 사람을 맞출 때 예수는 금식하는 사람에 금식하는 날을 맞추신다. 그 서로 다름이 비유하자면 새 포도주와 묵은 포도주 같다.

밀 이삭 잘라 먹은 제자들 [6, 1-5]

안식일에 예수께서 밀밭 사이로 지나가시는데 제자들이 밀 이삭을 잘라 손으로 비벼서 먹었다. 이를 본 바리사이파 사람들 몇이, "왜 안식일에 금지된 일을 하는가?"하고 따져 물었다. 예수께서 말씀하시기를, "당신들은 다윗이 일행과 함께 굶주렸을 때 한 일을 읽어보지 못하였소? 그가 하느님 전에 들어가 제단 위에 놓인 빵을 먹고 함께 있던 자들에게도 나눠 주었는데, 그건 사세들만 먹을 수 있도록 법으로 정해진 빵이었소." 하시고, 이어서 말씀하셨다. "사람 아들이 안식일의 주인이오."

*

사람 때문에 법이 있는 것이지 법 때문에 사람 있는 건 아니다. 이 단순한 상식이 뒤집힌 세상에서 그것을 바로잡으려면 목숨을 담보로 내놓아야 한다. 가벼운 도전이 아니다.

안식일에 손 오그라든 사람을 고쳐주심 [6, 6-11]

다른 안식일에 예수께서 회당에 들어가 사람들을 가르치시는데 거기 오른손 오그라든 사람이 있었다. 율법학자와 사두가이파 사람들이 예수를 고발하려고 안식일에 병을 고쳐주는지 지켜보고 있었다. 예수께서 그들의 생각을 아시고 손 오그라든 사람에게 일어나 복판에 서라고 하시니 그가 일어나 복판에 섰다. 예수께서 그들에게, "하나 물어봅시다. 안식일에 선한 일을 하는 것과 악한 일을 하는 것, 생명을 살리는 것과 죽이는 것, 어느 쪽이 법에 맞는 일이오?" 하시고 무리를 둘러본 다음 손 오그라든 사람에게 손을 펴라고 하셨다. 그가 손을 펴자 이전처럼 말짱해졌다. 하지만 그들은 화가 잔뜩 나서 예수를 어떻게 죽일까 서로 의논하였다.

*

예수의 눈은 병든 사람을 보는데 율법학자와 사두가이파 사람들의 눈은 사람이 지켜야 하는 안식일을 본다. 눈이 서로 다르다. 그러니 같은 현장에서 달리 처신할 수밖에

열두 사도를 뽑으심 [6, 12-16]

그 무렵, 예수께서 기도하러 산으로 가시어 밤새도록 하느님께 기도하셨다. 날이 밝자 제자들을 부르시고 그들 가운데 열둘을 뽑아 사

도로 삼으셨다. 뒤에 베드로라는 이름을 주신 시몬, 그 아우 안드레아, 야고보와 요한, 필립보와 바르톨로메오, 마태오와 토마, 알패오의 아들 야고보와 혁명당원 시몬, 야고보의 아들 유다, 장차 예수를 팔게 될 가리옷 사람 유다가 그들이다.

*

밤새도록 무엇을 기도하셨을까? 그 기도에 대한 응답으로 열두 사람 명단을 받으신 걸까? 알 수 없다. 하지만 기도와 제자 선출이 서로 연계된 것만큼은 분명한 사실이다. 그들이 누구였고 왜 하필 그들이었느냐는 질문은 의미 없다.

평지에 서신 예수 [6, 17-19]

예수께서 그들과 함께 내려와 평지에 서시니 허다한 제자들이 곁에 있었고 말씀을 듣고 병도 고치려고 유다 전역에서, 예루살렘에서, 바닷가인 띠로와 시돈에서, 헤아릴 수 없이 많은 사람이 모여들었다. 더러운 귀신 들려 고생하던 자들도 깨끗해졌다. 예수한테서 힘이 나와 못 고치는 병이 없는 것을 본 사람들이 너도나도 손 내밀어 그분을 만지려 하였다.

*

발 없는 말이 천 리를 간다. 소문은 무서운 것. 하지만 자신에 대한 소문에 휘둘리지 않는 사람이 더 무서운 사람이다.

복 있는 사람과 복 없는 사람 [6, 20-26]

예수께서 눈을 들어 제자들을 바라보며 말씀하셨다. "그대들, 가난한 사람에게 복이 있으니 하느님 나라가 그대들 것이오. 그대들, 지금 굶주린 사람에게 복이 있으니 그대들이 배부를 것이오. 그대들, 지금 우는 사람에게 복이 있으니 그대들이 웃을 것이오. 그대들, 사람 아들 때문에 세상에서 미움받고 쫓겨나고 욕먹고 누명을 쓰는 사람에게 복이 있으니 기뻐하고 즐거워하시오. 저들의 조상들도 예언자들을 그리 대하였소. 하지만 당신네 부유한 사람들, 당신들은 복이 없으니 받을 위로를 다 받았소. 지금 배불리 먹고 지내는 사람들, 당신들은 복이 없으니 장차 굶게 될 것이오. 지금 웃고 지내는 사람들, 당신들은 복이 없으니 슬피 울게 될 것이오. 모든 사람한테서 칭송 듣는 사람들, 당신들은 복이 없으니 옛적의 거짓 예언자들도 저들의 조상한테서 그런 대접을 받았소."

*

세상에서 불행하다고 말하는 사람들은 행복하고 세상에서 행복하다고 말하는 사람들은 불행하다는, 처음부터 좁은 길 걷기로 작심하지 않았으면 할 수 없는 말씀.

원수를 사랑하라 [6, 27-36]

"그러니 이제 듣는 사람들에게 내가 말합니다. 원수를 사랑하고 그대들을 미워하는 자들에게 잘해주고 그대들을 저주하는 자들에게 복을 빌어주고 그대들을 괴롭히는 자들을 위하여 기도하시오. 누가 이 빰을 치거든 저 빰을 돌려대고 누가 겉옷을 벗겨가거든 속옷마저 벗겨가게 하고 달라는 자에게 주되 돌려받을 생각 말고 남한테 대접받고 싶은 대로 남을 대접하시오. 자기를 사랑하는 사람만 사랑한다면 칭찬받을 일이 무엇이겠소? 죄인들도 저를 사랑하는 사람은 사랑하오. 자기를 잘 대해주는 사람만 잘 대해준다면 칭찬받을 일이 무엇이겠소? 죄인들도 그렇게는 하오. 돌려받을 것을 기대하고 무엇을 빌려준다면 칭찬받을 일이 무엇이겠소? 죄인들도 더 많이 돌려받으려고 저희끼리 빌리고 빌려주지요. 그대들은 다만 원수를 사랑하고 서로 잘 대해주며 돌려받을 생각 말고 빌려주시오. 그러면 보상을 크게 받고 위 없이 높으신 분의 자녀가 될 터인즉, 그분은 은혜를 모르는 자들과 악한 자들에게도 인자하신 분이오. 그대들 아버지께서 자비로운 분이시니 그대들도 자비로운 사람이 되시오."

*

사람이 하는 모든 행위가 그렇지만 사랑도 안에서 밖으로 나오는 것이다. 향나무는 나무꾼 도끼에도 향을 묻힌다. 네가 누구를 사랑하는 건 그가 누구기 때문이 아니라 네가 너기 때문이다. 네가 사랑이신 하느님의 아들/딸이기 때문이다.

비판하지 마라 [6, 37-38]

"비판하지 마시오, 비판받지 않을 것이오. 단죄하지 마시오, 단죄받지 않을 것이오. 용서하시오, 용서받을 것이오. 주시오, 받을 것이오. 받되 누르고 흔들어 넘치도록 되에 담아서 받을 것이오. 그대들이 남에게 되어주는 됫박, 그것으로 되어 돌려받을 것이오."

*

누구를 비판하는 것은 자기를 비판하는 것이다. 누구를 단죄하는 것은 자기를 단죄하는 것이다. 마찬가지다. 누구를 사랑하는 것이 곧 자기를 사랑하는 것이다.

형제 눈 속의 티와 자기 눈 속의 들보 [6, 39-42]

예수께서 그들에게 비유로 말씀하셨다. "눈먼 사람이 어떻게 눈먼 사람을 인도할 수 있겠소? 둘 다 구덩이에 빠질 것 아니오? 제자는 스승보다 높지 못하오. 하지만 모든 제자가 충분히 수련하면 스승만큼 될 수 있소."

"어찌하여 형제 눈 속의 티를 보면서 당신 눈 속의 들보는 깨닫지 못하는 거요? 어떻게 자기 눈 속의 들보를 보지 못하면서 형제한테, '내가 네 눈의 티를 빼내주마.'고 말할 수 있겠소? 겉만 꾸미는 사람들, 먼저 당신네 눈 속의 들보를 빼내시오. 그래야 눈이 밝아져서 형제 눈 속의 티를 빼낼 수 있을 것이오."

*

눈 밝은 사람이 할 수 있는 말이다. 눈 어두운 사람은 듣고서 분통만 터뜨리겠지.

열매를 보면 나무를 안다 [6, 43-45]

"나쁜 열매 맺는 좋은 나무 없고 좋은 열매 맺는 나쁜 나무 없소. 나무는 열매를 보면 알 수 있소. 가시나무에서 무화과를, 찔레에서 포도를 딸 수 없는 일이오. 선한 사람은 선한 마음 곳간에서 선을 내고 악한 사람은 악한 마음 곳간에서 악을 내니, 그 마음속에 가득 차 있는 것이 입 밖으로 나오게 마련이오."

*

세상을 더럽히는 것도 사람 입에서 나오고 아름답게 하는 것도 사람 입에서 나온다. 문제는 그 사람 속에 무엇이 있느냐다. 그 내용을 결정짓는 것은 저마다 본인의 선택이다.

말씀대로 사는 사람과 그러지 않는 사람 [6, 46-49]

"어찌하여 나를 보고, '주님, 주님!' 하면서 내 말대로 하지 않소? 내게 와서 내 말을 듣고 그대로 하는 사람이 어떤 사람인지 말해주겠소. 그 사람은 집을 짓는데 땅을 깊이 파고 기초를 반석 위에 놓은 사람과 같소. 홍수로 둑이 무너져 세찬 물이 들이쳐도 그 집이 잘 지어졌으므로 흔들리지 않을 것이오. 하지만 내 말을 듣고도 그대로 하지 않는 사람은 기초 없이 맨땅에 집을 앉힌 사람과 같소. 홍수로 둑이 무너져 세찬 물이 들이치면 그 집이 크게 깨어질 것이오."

*

사람이 사람 말을 듣는 것은 들은 대로 행하는 것이다. 누구의 말을 힘차게 살아있는 말 또는 죽은 헛소리로 만드는 것은 그 말을 한 사람이 아니라 들은 사람 몫이다.

로마군 장교의 종을 고쳐주심 [7, 1-10]

예수께서 이 모든 말씀을 들려주시고 나서 가파르나움으로 들어가셨다.

백부장 집에 그가 아끼는 종이 있었는데 병들어 거의 죽게 되었다. 백부장이 예수 소문을 듣고 유다인 원로 몇을 보내어 자기 집으로 와서 종을 살려달라고 청하게 하였다. 그들이 예수께 간곡히 당부하였다. "이 사람 청은 꼭 들어주셔야겠습니다. 우리 민족을 사랑한

뿐 아니라 우리에게 회당을 지어주기도 한 사람입니다." 그들과 함께 가시는데 그 집에서 멀지 않은 곳에 이르렀을 때 백부장이 친구들을 보내어 말을 전하였다. "주님, 수고스럽게 저희 집까지 오실 것 없습니다. 제가 주님을 집에 모실만한 사람이 못 되는 줄 스스로 아는지라 감히 마중도 나가지 못하고 있습니다. 그저 한 말씀만 하십시오. 그러면 제 종이 낫겠습니다. 저도 상관을 모시는 아랫사람입니다만 제 밑에도 부하들이 있어서 이더러 가라 하면 가고 저더러 오라 하면 옵니다. 또 제 종더러 이리하라 하면 그리합니다." 이 말을 들으신 예수께서 감탄하시며 따라오는 사람들을 돌아보고 이르셨다. "내가 이스라엘 사람들한테서도 이만한 믿음을 본 적이 없소." 심부름 왔던 사람들이 집으로 돌아가 보니 종은 벌써 깨끗이 나아 있었다.

*

사람을 그의 겉모습 또는 신분으로 파악하면 오류를 피할 수 없다. 사람은 그의 겉모습도 신분도 아니기 때문이다. 다행이다, 그분은 우리를 겉모습으로 보시지 않는다.

과부의 죽은 아들을 살리심 [7, 11-17]

얼마 뒤 예수께서 나인이라는 동네로 가시는데 제자들과 많은 무리가 따라왔다. 마을 입구에서 시신을 메고 나오는 사람들을 만났다. 죽은 사람은 과부의 외아들이었고 마을 사람들이 무리를 지어 동행하고 있었다. 주께서 과부를 보시고 불쌍한 마음에 울지 말라고 하시며 가까이 다가가 관에 손을 대자 메고 가던 사람들이 걸음을 멈추었다. 예수께서, "젊은이, 내 말 듣고 일어나시게!" 하시니 죽은 사람이 벌떡 일어나 앉으며 말을 하기 시작했다. 예수께서 그를 어머니에게 돌려주셨다. 모두 두려워하여 하느님께 영광을 돌리며 서로 말하기를, "위대한 예언자가 우리 가운데 나셨다." 하였고, "하느님이 당신 백성을 찾아오셨다."고 말하는 사람도 있었다. 예수에 관한 소문이 온 유다 지방과 가까운 지역 사방에 두루 퍼졌다.

*

마리아의 오라비를 무덤에서 살려내셨을 때처럼 아무도 청하지 않았는데 죽은 사람 살려주신 특별한 경우다. 사람들이 죽은 사람 살려달라고 청하지 않은 것은 누구도 그럴 수 없다고 보았기 때문이다. 참사람은 때로 사람들의 상식과 믿음을 초월한다.

요한의 제자들을 만나심 [7, 18-23]

제자들로부터 이 모든 일을 보고받은 요한이 두 제자를 주님께로 보내며, "선생이 오실 그분입니까? 아니면 우리가 다른 누구를 기다려야 합니까?"하고 물어보게 하였다. 두 제자가 예수께 와서 말하였다. "세례자 요한이 우리를 보내어, '선생이 오실 그분입니까? 아니면 우리가 다른 누구를 기다려야 합니까?'하고 물어보라 하였습니다." 마침 그때 예수께서는 온갖 질병과 고통과 귀신에 시달리는 많은 사람을 고쳐주셨고 맹인들도 보게 하셨던 터라 요한의 제자들에게 이르시기를, "듣고 본 것을 요한에게 가서 전하시오. 눈먼 사람이 보고 앉은뱅이가 걷고 나병 환자가 깨끗해지고 귀먹은 사람이 듣고 죽은 사람이 살아나고 가난한 이들에게 복음이 전해진다고. 나한테 걸려 넘어지지 않는 사람은 복된 사람이오." 하셨다.

*

사람의 정체正體란 그의 입에서 나오는 말이 아니라 그의 몸을 통해 이루어지는 일들로 정해지는 것이다.

세례자 요한은 어떤 존재인가? [7, 24-30]

요한의 제자들이 떠난 뒤에 예수께서 요한을 두고 사람들에게 말씀하셨다. "당신들은 무엇을 보러 광야로 나갔소? 바람에 흔들리는 갈대? 아니면 무엇을 보러 갔던 거요? 화려한 옷을 차려입은 사람들? 화려한 옷으로 사치를 부리는 자들은 왕궁에 있소. 그러면 누구를 보러 갔단 말이오? 예언자? 옳소, 예언자요. 하지만 실은 예언자보다 큰 사람이었소. 성경에 기록하기를, '보라, 내가 내 일꾼을 너에 앞서 보낼 터인즉 그가 네 길을 예비하리라.' 하였는데 바로 그를 가리켜 한 말이었소. 그렇소, 내가 진정으로 말하는데, 여자 몸에서 태어난 사람 가운데 세례자 요한보다 큰 인물이 없소. 하지만 하늘나라에서는 가장 작은 자가 그보다 크오." (이 말을 듣고 세리들을 포함하여 수많은 사람이 하느님께 영광을 돌리며 요한의 세례를 받았다. 그러나 바리사이파 사람들과 율법학자들은 요한의 세례를 받지 않았고 자기들을 위해 마련하신 하느님의 뜻을 거절하였다.)

*

이른바 구약시대의 마지막 열매. 열매는 낡은 나무의 마지막이자 새로운 나무의 처음이다. 그가 물질의 나라에서 가장 크고 영의 나라에서 가장 작은 건 물질의 열매면서 영의 씨앗이기 때문이다.

비난을 일삼는 세대 [7, 31-35]

예수께서 말씀하셨다. "이 세대를 빗대어 말한다면, 장터에 앉아서 마주 보며 '우리가 너희를 위해 피리를 불어도 너희는 춤추지 않고 너희를 위해 울어도 너희는 가슴을 치지 않는구나!' 하고 소리 지르는 것과 같다 하겠소. 세례자 요한이 와서 빵을 먹지도 않고 술을 마시지도 않으니까 '저 사람, 귀신들렸다.'고 하더니 사람 아들이 와서 먹기도 하고 마시기도 하니까 '봐라, 저 사람 게걸스럽게 먹고 마시며 세리와 죄인들을 사귄다.'고 하는구려. 하지만 지혜가 옳다는 것은 지혜의 자녀들한테서 증명되는 법이오."

*

저마다 자기중심으로 살아간다. 예수께서 말하시는 '이 세대'의 모습이다. 지금도 지구별의 거의 모든 사람이 예수의 '이 세대'를 살고 있다. 그렇다. 예수와 우리는 동시대인이다.

바리사이파 사람 시몬 집에서 식사하심 [7, 36-50]

예수께서 한 바리사이파 사람의 초대를 받고 그 집에 들어가 식탁에 앉으셨다. 같은 마을에 행실이 좋지 못한 여인이 살았는데 예수가 바리사이파 사람 집에서 식사하신다는 말을 듣고 향유 담은 옥합을 가지고 와서는 그분 뒤로 다가가 발치에 서서 울며 눈물로 그 발을 적시고 머리카락으로 닦은 다음 발에 입 맞추며 향유를 부었다. 예수를 초대한 바리사이파 사람이 이를 보고 속으로 말하기를, "저 사람이 진짜 예언자라면 지금 자기 발을 만지는 여자가 누구며 얼마나 행실이 좋지 못한 여자인지 알았을 텐데." 하였다. 예수께서 그에게 말씀하셨다. "시몬, 당신한테 할 말이 있소." 그가 대꾸하였다. "예, 선생, 말씀하십시오." 예수께서 그에게, "어느 대금업자한테 빚진 사람이 둘 있었소. 하나는 오백 데나리온을 빚졌고 다른 하나는 오십 데나리온을 빚졌는데 둘 다 갚을 방법이 없는지라 대금업자가 두 사람 빚을 모두 삭쳐주었소. 자, 이 둘 중에 누가 더 그를 사랑하겠소?"하고 물으셨다. 시몬이 답하기를, "더 많은 빚을 삭침 받은 자겠지요." 하자 예수께서, "옳은 생각이오." 하시고 여인을 돌아보며 시몬에게 계속 말씀하셨다. "이 여인을 보시오. 내가 이 집에 들어왔을 때 당신은 나한테 발 씻을 물도 주지 않았지만 이 여인은 내 발을 눈물로 적시고 머리카락으로 닦아주었소. 당신은 내 얼굴에도 입 맞추지 않았지만 이 여인은 내가 들어올 때부터 내 발에 입 맞추기를 그치지 않았고 당신은 내 머리에 올리브 기름도 발라주지 않았지만 이 여인은 내 발에 향유를 부어주었소. 그래요, 내가 진정으로 말하는데, 이 여인은 많은 죄를 용서받았소. 나에게 보여준 큰 사랑이 그것을 증명하고 있소이다. 용서받은 것이 적은 사람은 사랑도 적게 하는 법이오." 그런 다음 여인에게 이르셨다. "그대 죄가 모두 용서받았소." 함께 식탁에 앉아있던 사람들이 속으로 중얼거렸다. "이 사람이 누군데 죄를 용서한단 말인가?" 예수께서 여인에게 이르셨다. "그대 믿음이 그대를 구원하였소. 평안히 가시오."

*

죄를 용서받았기에 사랑을 하는 거다. 사랑했기에 죄를 용서받는 것 아니다. 사건의 겉만 보는 사람들 눈에 예수와 여인 사이에서 이루어진 내밀한 사건이 보였을 리 없다.

예수 일행을 돕는 여인들 [8, 1-3]

그 뒤 예수께서 여러 도성과 시골로 다니며 하느님 나라를 선포하고 복음을 전하시는데 열두 제자가 동행하였다. 또 악한 귀신과 질병에서 놓여난 여인들이 함께 있었으니, 그 몸에서 일곱 귀신이 쫓겨나간 막달라 마리아와 헤로데의 신하인 쿠자의 아내 요안나 그리고 수산나와 다른 여인들이다. 그들이 가진 재물을 내놓아 예수 일행을 돕고 있었다.

*

사람 수를 셀 때 여자들을 여자라는 이유만으로 제외하던 시절이다. 그들이 예수 일행을 도운 것은 예수에게서 비로소 여자 아닌 사람으로 대접받았기 때문이겠다.

씨 뿌리는 비유 [8, 4-8]

여러 마을에서 사람들이 모여들어 큰 무리를 이루었다. 예수께서 그들에게 비유로, "씨 뿌리는 사람이 씨 뿌리러 나가서 씨를 뿌리는데 더러는 길가에 떨어져 발에 밟히거나 공중의 새들이 쪼아 먹었고, 더러는 바위에 떨어져 싹은 났지만 습기가 없어 말라버렸고, 더러는 가시덤불에 떨어져 함께 자란 가시나무들에 눌려 기운이 막혔고, 더러는 좋은 땅에 떨어져 잘 자라서 열매를 백배나 맺었소." 말씀하시고 이어서 목소리를 높여 덧붙이셨다. "귀 있는 사람은 들으시오."

*

예수는 알고 있다, 지금 자기 말을 듣는 사람들 가운데 속으로 새겨듣는 사람보다 건성으로 흘려듣는 사람이 훨씬 많지만 그래도 말해야 한다는 것을.

씨 뿌리는 비유의 뜻 [8, 9-15]

제자들이 비유의 뜻을 묻자 예수께서 이르셨다. "그대들한테는 하느님 나라 비밀을 아는 것이 허락되었지만 다른 사람들한테는 보아도 알아보지 못하고 들어도 깨닫지 못하게 하려고 비유로 말한 것이오. 비유의 뜻은 이러하오. 씨는 하느님 말씀이고, 길가에 떨어진 씨는 말씀을 들었으나 그것을 믿어 구원받지 못하게 하려는 악마한테 말씀을 빼앗긴 사람이고, 바위에 떨어진 씨는 말씀을 기쁘게 받아들였으나 뿌리를 내리지 못하여 한동안 믿음생활을 하다가 시련이 닥치자 등지고 돌아선 사람이고, 가시덤불에 떨어진 씨는 말씀을 듣고도 세상 걱정과 재물과 쾌락에 짓눌려 열매를 제대로 맺지 못한 사람이고, 좋은 땅에 떨어진 씨는 선하고 정직한 마음으로 말씀을 듣고 잘 지켜서 열매를 많이 맺은 사람이오."

*

비유의 생명은 듣는 쪽에서 그 의미를 깨치는 데 있다. 이렇게 내용을 자세히 설명하려면 애초에 비유를 말할 까닭이 없다. 제자들이 자기네 생각을 스승의 입으로 말한 것이다. '그대들'과 '다른 사람들'을 차별하는 것 자체가 스승의 가르침에 맞지 않는다.

숨겨놓은 것은 들키게 마련이고 [8, 16-18]

"등불을 켜서 그릇으로 덮거나 침대 밑에 두는 사람은 없소. 방에 들어오는 사람들이 빛을 볼 수 있도록 등경 위에 얹어 놓지요. 숨겨놓은 것은 들키게 마련이고 비밀은 드러나서 알려지게 마련이오. 그런즉 그대들이 내 말을 어떻게 듣고 있는지 깨어서 살피시오. 가진 사람은 더 받을 것이요 가지지 못한 사람은 가진 줄 알고 있는 그것마저 빼앗길 것이오."

*

막현호은莫顯乎隱이라, 감추는 것만큼 잘 드러내는 길이 없다. 남의 말을 듣는데 귀로만 듣는 사람이 있고 온몸으로 듣는 사람이 있다. 앞의 사람은 차라리 듣지 않느니만 못하다.

어머니와 형제들 [8, 19-21]

예수의 어머니와 형제들이 찾아왔는데 사람들이 너무 많아서 만날 수 없었다. 어떤 사람이, "선생님 어머니와 형제들이 선생님을 만나려고 밖에 와 있습니다." 하였다. 예수께서 말씀하셨다. "하느님 말씀을 듣고 그대로 하는 사람이 내 어머니, 내 형제들이오."

*

태아의 탯줄을 자르지 않으면 신생아로 살 수 없다. 새 나라는 새로운 법, 새로운 질서다. 예수의 이 말씀이 절연絶緣을 선언하신 게 아님은 그의 십자가 아래에서 입증되었다.

풍랑을 잠재우심 [8, 22-25]

하루는 제자들과 함께 배에 오르시어, "호수 저편으로 건너갑시다." 하시니 제자들이 배를 저었다. 일행이 배를 타고 가는 중에 예수께서 잠이 드셨다. 마침 거센 바람이 호수로 내리 불자 배 안에 물이 들면서 위태롭게 되었다. 제자들이 예수를 흔들어 깨우며 소리쳤다. "주님, 주님, 우리가 죽게 됐습니다!" 예수께서 일어나 바람과 거친 물결을 꾸짖으시자 풍랑이 그치고 잠잠해졌다. 예수께서 제자들에게 이르셨다. "그대들 믿음이 어디 있는 거요?" 제자들은 무섭기도 하고 놀랍기도 하여 서로 말하기를, "이분이 누구신데 바람과 물한테 명령을 하고 그것들은 또 복종하는가?" 하였다.

*

두려움은 자기를 잃어버리게 하지만 참 자기를 만나게도 한다. 강물이 양쪽 강변을 떨어뜨리면서 이어주듯이… 두려움을 통로로 만드는 거기에 참사람의 길이 있다.

게르게사에서 귀신을 쫓아내심 [8, 26-39]

일행이 갈릴래아 호수 건너편 게르게사 땅에 이르렀다. 예수께서 뭍에 내려 기슭을 걷다가 마을에서 나오는 사람 하나와 마주쳤다. 그는 귀신 들려 오랫동안 옷도 입지 않고 집도 없이 무덤들 사이에 살고 있었다. 예수를 보자 앞에 엎드리며, "위 없이 높으신 하느님의 아들 예수여, 당신이 우리와 무슨 상관이오? 제발 우리를 괴롭히지 마오!"하고 크게 소리 질렀다. 예수께서 더러운 귀신한테 그 사람 몸에서 나오라고 명하셨던 것이다. 귀신에 사로잡혀 날뛰는 그를 사람들이 여러 번 사슬로 묶고 고랑으로 채웠지만 그때마다 그것들을 부수고 귀신에 사로잡혀 광야로 나가곤 하였다. 예수께서 그에게, "이름이 무엇이냐?"하고 물으시자 그가 대답하였다. "군대요." 그 몸에 많은 귀신이 지폈기 때문이었다. 그것들이 예수에게, 우리를 지옥으로 내려가라 명하지 말라고 애걸하였다. 가까운 언덕에 놓아먹이는 돼지들이 떼를 이루어 돌아다니고 있었는데, 귀신들이 돼지들 속으로 들어가게 허락해달라고 예수에게 청하였다. 예수께서 허락하시자 귀신들이 사람한테서 나와 돼지들 속으로 들어갔다. 돼지들이 비탈을 내달려 호수에 빠져 모두 죽었다. 이 모든 일을 돼지 치는 자들이 목격하고 그길로 도망하여 성내와 촌에 두루 알리니 사람들이 무슨 일인가 하여 나왔다가 예수 계신 곳에 이르러 귀신들린 자가 멀쩡해져서 옷을 입고 예수 앞에 앉아있는 것을 보고는 겁이 더럭 났다. 게르게사 지방 여러 마을에서 온 사람들이 일의 자초지종을 목격한 자들한테서 자세한 경위를 전해 듣고 두려움에 사로잡혀 예수에게 자기들을 떠나 달라고 간청하였다. 예수께서 배에 올라 뱃머리를 돌리셨다. 귀신들렸던 사람이 같이 가게 해달라고 빌었지만 예수께서는 그를 돌려보내며, "집에 가서 하느님이 당신한테 해주신 일을 낱낱이 얘기해주시오." 하셨다. 그가 물러나 예수께서 자기한테 해주신 모든 일을 온 마을에 널리 알렸다.

*

참사람은 육肉으로 사는 영靈이다. 높은 영이 낮은 영을 다스리는 건 당연지사다. 하지만 육으로 육을 사는 사람 눈에는 그 진상이 보이지 않는다. 그저 두려울 따름이다.

회당장의 죽은 딸을 살려주심 [8, 40-56]

예수께서 돌아오시자 기다리던 무리가 반가이 맞이하였다. 야이로라는 회당장이 예수 발 앞에 엎드려 자기 집에 와주십사고 청하였다. 열두 살 된 외동딸이 거의 죽게 되었던 것이다.

예수께서 그의 집으로 가시는 길에 많은 사람이 에워싸고 따라갔다.

한 여인이 열두 해 동안 하혈로 앓고 있었는데 여러 의원을 만나봤지만 재산만 거덜이 나고 병을 고치지 못하였다. 그 여인이 뒤로 다가와 예수 옷자락에 손을 대자 즉시 하혈이 멈추었다. 예수께서, "누가 나를 만졌소?"하고 물으셨다. 아무도 대답하지 않았다. 베드로가, "사람들이 이렇게 주님을 에워싸고 밀지 않습니까?" 하였다. 예수께서 말씀하셨다. "누가 나를 만진 게 틀림없소. 몸에서 기운이 빠져나가는 것을 느꼈단 말이오." 여인이 더 숨길 수 없음을 알고 몸을 떨면서 예수 앞에 엎드려, 자기가 왜 그분 몸에 손을 대었고 그래서 어떻게 병이 나았는지를 모든 사람이 듣는 자리에서 털어놓았다. 예수께서 여인에게, "딸아, 네 믿음이 너를 낫게 하였구나. 평안히 가라." 하셨다.
말씀이 끝나기 전에 회당장의 집에서 온 사람이 회당장에게 말하였다. "따님이 죽었어요. 저 선생을 더 성가시게 할 이유가 없습니다." 예수께서 들으시고 회당장에게, "두려워 말고 믿기만 하오. 딸이 살아날 것이오." 하셨다. 집에 도착하여 베드로와 요한과 야고보와 죽은 아이 부모 말고는 아무도 따라 들어오지 못하게 하시고, 죽은 아이를 위해서 울고 있는 사람들에게, "울지들 마오. 아이는 죽은 게 아니라 잠들었소."하고 말씀하셨다. 아이가 죽은 줄을 아는 사람들이 코웃음을 쳤다. 예수께서 아이 손을 잡고 큰 소리로, "아이야, 일어나라!"하고 말씀하시자 아이에게 영이 돌아와 벌떡 일어났다. 예수께서 아이에게 먹을 것을 주라고 이르신 다음, 놀라서 어쩔 줄 모르는 부모에게 이 일을 아무에게도 말하지 말라고 간곡히 당부하셨다.

*

회당장의 딸은 회당장의 믿음으로, 하혈로 앓던 여인은 본인의 믿음으로, 각자 병에서 놓여난다. 모양은 다르지만 진실은 하나다. 믿음이 태산을 옮긴다.

열두 제자를 세상에 내보내심 [9, 1-6]

예수께서 열두 제자를 불러 귀신 억누르는 권세와 병 고치는 능력을 주시고, 하느님 나라를 선포하고 병을 고쳐주라고 세상에 내보내시면서 이르셨다. "길 가는 동안 아무것도 지니지 마시오. 지팡이도 식량 자루도 빵도 돈도 지니지 말고 여벌 속옷도 지니지 마시오. 어느 집으로 들어가든지 그곳을 떠날 때까지 그 집에 머무르시오. 혹 그대들을 환영하지 않는 마을이 있으면 그 마을을 떠나는데, 떠나면서 발에 묻은 먼지를 털어 그곳을 등졌다는 표로 삼으시오." 그들이 길을 떠나 여러 마을을 두루 다니며 복음을 전하고 곳곳에서 병자들을 고쳐주었다.

*

스승이 세상에서 환영받지 못하는데 제자들은 환영받겠는가? 환영하지 않는 사람들을 있는 그대로 받아들이는 방법은 두말없이 그들을 떠나는 것이다.

당황한 헤로데 [9, 7-9]

이 모든 일에 관한 소문을 듣고 헤로데 왕이 크게 당황하였다. 죽은 요한이 살아났다는 사람이 있는가 하면 엘리야가 나타났다는 사람도 있고 옛 예언자들 가운데 하나가 살아났다는 사람도 있었던 것이다. 헤로데는, "요한의 목을 내가 베었다. 그렇다면 이 소문의 주인이 대체 누구란 말인가?" 하면서 예수를 직접 만나고자 하였다.

*

진실에 눈뜨지 못한 사람이 헛소문에 당황하는 건 필연이다.

빵 다섯 개 물고기 두 마리로 오천 명을 먹이심 [9, 10-17]

사도들이 돌아와 자기들이 한 일을 예수께 낱낱이 보고하였다. 예수께서 그들을 따로 데리고 베싸이다라는 마을로 가셨다. 하지만 무리가 알고 뒤쫓아 왔으므로 그들을 영접하여 하느님 나라 이야기를 들려주시고 병자들 가운데 고쳐줄 만한 사람은 고쳐주셨다.

날이 저물 무렵 열두 제자가 예수께 말하였다. "여기는 외진 곳이니 사람들을 헤쳐 보내어 각자 마을이나 촌으로 가서 먹을 것과 잠자리를 해결하도록 하는 것이 좋겠습니다." 예수께서 이르셨다. "그대들이 먹을 것을 주시오." 제자들이 물었다. "지금 우리한테 있는 것이라

곤 빵 다섯 개에 물고기 두 마리가 전부인데 어디 가서 저 많은 사람이 먹을 것을 구해오라는 말씀인가요?" 거기 있는 사람들이 남자만 오천 명쯤 되었다. 예수께서 제자들에게 이르셨다. "저들을 오십 명씩 무리 지어 앉히시오." 제자들이 시키는 대로 사람들을 앉히자 예수께서 빵 다섯 개와 물고기 두 마리를 들고 하늘을 우러러 축사하신 다음, 그것을 떼어 제자들에게 주시며 사람들에게 나눠 먹이라고 하셨다. 모두 배불리 먹고 남은 부스러기를 모으니 열두 바구니가 되었다.

*

"병자들 가운데 고쳐줄 만한 사람은 고쳐주셨다." 그렇다. 병자라고 해서 도거리로 고쳐주신 게 아니다.

"그대들이 먹을 것을 주시오." 자기한테 있는 모든 것을 하느님께 바친 사람이라야 비로소 이 말씀의 의미와 능력을 알게 될 것이다.

"누구든지 나와 함께 가려면" [9, 18-27]

하루는 예수 홀로 기도하시다가 곁으로 다가오는 제자들에게 물으셨다. "사람들이 나를 누구라고 합디까?" 그들이 대답하기를, "세례자 요한이라는 사람도 있고 엘리야라는 사람도 있고 옛 예언자들 가운데 하나가 살아왔다는 사람도 있더군요." 하자, 예수께서 다시 물으셨다. "그대들한테는 내가 누구요?" 베드로가 말하였다. "하느님의 그리스도십니다." 예수께서 아무한테도 말하지 말라고 당부하며 이르셨다. "사람 아들이 많은 고난을 겪고 원로들과 대사제들과 율법학자들한테 배척받아 죽었다가 사흘 만에 다시 살아날 것이오."

이어서 말씀하시기를, "누구든지 나와 함께 가려면 자기를 부정하고 날마다 자기 십자가를 지고 나를 따라야 하오. 자기 목숨을 살리려 하는 사람은 잃을 것이요 나를 위해서 자기 목숨을 잃는 사람은 얻을 것이오. 사람이 천하를 얻고 자기 목숨을 잃거나 빼앗긴다면 그게 다 무슨 소용이겠소? 누구든지 나와 내 말을 수치스럽게 여기면 사람 아들도 자기 영광과 아버지 영광에 싸여 거룩한 천사들을 이끌고 올 때 그를 수치스럽게 여길 것이오. 그렇소, 내가 진정으로 말하는데, 여기 있는 사람 중에는 죽기 전에 하느님 나라를 볼 사람들이 있소." 하셨다.

*

"여기 있는 사람 중에는 죽기 전에 하느님 나라를 볼 사람들이 있소." 실은 그들 모두 지금 보고 있다. 이 땅에 살아서 걸어 다니는 하느님 나라를! 다만 아직 눈이 멀어서 보는 것을 보지 못할 따름이다. 그러니까 이 말은 죽기 전에 눈뜰 사람이 있다는 말이다.

산에서 그 모습이 바뀌심 [9, 28-36]

이 말씀을 하시고 여드레쯤 지나서 베드로와 요한과 야고보를 데리고 기도하러 산에 오르셨다. 예수, 기도하시는 중에 얼굴 모습이 바뀌고 옷이 하얘지면서 눈부시게 빛이 났다. 난데없이 두 사람이 나타나 예수와 함께 이야기를 나누었다. 모세와 엘리야가 영광중에 나타나 얼마 뒤 예루살렘에서 하느님의 뜻을 이루실 일 곧 예수께서 별세하실 일에 대하여 이야기를 나누는 것이었다. 베드로와 동료들이 고단해서 졸다가 깜짝 깨어나 예수의 빛나는 모습과 거기 함께 있는 두 사람을 보았다. 두 사람이 떠나려 하자 베드로가 예수께 말하기를, "주님, 우리가 여기 있는 게 얼마나 좋습니까? 초막 셋을 지어 하나는 주님, 하나는 모세, 하나는 엘리야를 모시고 살게 해주십시오." 하였으나 자기가 무슨 말을 하는지 모르고 한 말이었다. 그가 이렇게 말하고 있을 때 구름이 밀려와 그들을 덮었다. 그들 모습이 구름 속으로 사라지는 것을 보고 제자들은 겁이 더럭 났다. 구름 속에서 소리가 들렸다. "이는 내가 택한 내 아들이다. 그의 말을 들어라." 소리가 그치자 예수 밖에는 아무도 보이지 않았다. 제자들은 입을 다물고 자기들이 본 것을 얼마 동안 아무에게도 말하지 않았다.

*

가까운 제자들에게 당신의 부모미생전본래면목父母未生前本來面目을 얼핏 보여주신다. 제자들은 그것이 자기네 본디 모습이기도 한 것임을, 때 되면 알게 될 진실을, 아직 모른다.

귀신들린 아이를 고쳐주심 [9, 37-43]

이튿날 산에서 내려오시니 큰 무리가 맞이하는데 그들 중에 있던 한 사람이 크게 소리 질러 말하기를, "선생, 제발 우리 아들 좀 봐 주십시오. 외동아들이오. 귀신이 아이를 덮치면 갑자기 소리를 지르며 입에 거품을 물고 온몸을 부들부들 떱니다. 그렇게 한바탕 소란을 피우고 몸에 큰 상처를 낸 뒤에야 겨우 떠나는데 그것도 잠시뿐이오. 선생 제자들한테 귀신을 쫓아내 달라고 했지만 쫓아내지 못하는군요." 하였다. 예수께서, "너, 믿음이 없고 뒤틀린 세대야! 내가 얼마나 더 너와 함께 있으며 얼마나 더 너를 참아야 하겠느냐?" 탄식하시고 이르셨다. "아이를 데려오시오." 아이가 오는 동안에도 귀신이 아이를 넘어뜨리고 심한 발작을 일으켜놓았다. 예수께서 더러운 귀신을 꾸짖으시고 아이를 고쳐 아버지에게 돌려주셨다. 사람들이 모두 하느님의 위엄에 놀랐다. 이렇게 주님 하신 일을 보고 놀라 감탄하는데,

*

속이 곪았는데 거죽을 봉합한들 무슨 소용이랴? 해도 해도 끝이 없다. 하지만 당장 눈앞에 한 사람이 호소하고 있다. 때로는 소용없는 짓인 줄 알면서도 해야 하는 일이 있다. 사람들은 겉으로 나타나는 현상만 보고 놀라거나 비웃는다.

당신의 수난을 예고하심 [9, 44-45]

예수께서 제자들에게 이르셨다. "내 말을 잘 듣고 가슴에 새겨두시오. 머잖아 사람 아들이 사람들 손에 넘겨질 것이오." 이 말씀을 제자들은 알아듣지 못하였다. 그것이 그들한테 감추어져 있어서 무슨 뜻인지 알 수 없었던 것이다. 제자들은 그 말이 무슨 뜻인지 감히 물어볼 생각도 못 하였다.

*

방금 눈앞에서 감탄스럽게 하느님의 위엄을 보여준 사람이 이제 곧 사람들 손에 넘어간다고? 이 말을 누가 알아들을 수 있겠는가? 하지만 머잖아 가

슴 두드릴 날이 올 것이다.

누가 가장 큰 사람인가? [9, 46-48]

제자들 사이에서 가장 큰 사람이 누구냐를 두고 말다툼이 벌어졌다. 무슨 생각으로 다투는지를 아신 예수께서 아이 하나를 데려다 곁에 세우신 다음, 제자들에게 말씀하셨다. "누구든지 내 이름으로 어린아이를 받아들이면 곧 나를 받아들인 것이고 나를 받아들이면 곧 나 보내신 분을 받아들인 것이오. 그대들 가운데 가장 작은 사람이 가장 큰 사람이오."

*

작은 사람 되라는 말이 아니다. 세상에 작은 사람 큰 사람이 따로 있지 않다는 말씀이다. 작은 사람이 없는데 무슨 수로 큰 사람이 있을 것인가?

반대하지 않는 사람, 편드는 사람 [9, 49-50]

요한이 말하였다. "주님, 어떤 사람이 주님 이름으로 귀신 내쫓는 걸 봤는데 그가 우리 일행이 아니라서 그러지 못하게 했습니다." 예수께서 이르셨다. "그대들을 반대하지 않는 사람은 그대들을 편드는 사람이오. 막지 마오."

*

방향이 같으면 같은 편이다. 서해에서 하나로 되기까지 한강은 금강을 가로막지 않는다.

사마리아 마을에서 배척받으심 [9, 51-56]

예수께서 하늘에 오르실 때가 가까이 다가오는지라 예루살렘으로 올라갈 마음을 정하시고 심부름꾼들을 앞서 보내셨다. 그들이 사마리아 사람들 마을로 가서 예수 맞을 준비를 하려 했지만, 마을 사람들은 일행의 목적지가 예루살렘이라는 말을 듣고 받아들이지 않았다. 이를 알고 야고보와 요한이, "주님, 우리가 불한테 명하여 하늘에서 내려와 저들을 태워버리라고 할까요?" 하였으나 예수께서 돌아보며 그들을 꾸중하시고, 일행과 함께 다른 마을로 가셨다.

*

사마리아 사람들이 예수 일행을 어떻게 대하느냐보다 예수 일행이 그들을 어떻게 대하느냐가 문제의 핵심이다. 제자들이 꾸중 들을 만한 짓을 했다.

머리 둘 곳 없는 사람 아들 [9, 57-62]

일행이 길을 가는데 한 사람이 예수께 와서 말하기를, "선생 가시는 곳이면 어디든지 따라가겠습니다." 하였다. 예수께서 그에게, "여우도 굴이 있고 공중의 새도 둥지가 있지만 사람 아들은 머리 둘 곳이 없소." 하셨다.

또 다른 사람에게, "나를 따라오시오." 하시자 그가 답하기를, "먼저 가서 아버지 장례를 치르게 해주십시오." 하였다. 예수께서 말씀하셨다. "죽은 자들 장례는 죽은 자들한테 맡기고 그대는 가서 하느님 나라를 전파하시오."

또 누가 말하기를, "주님, 제가 주님을 따르겠습니다만 먼저 식구들과 작별인사를 나누도록 허락해주십시오." 하자 예수께서 이르셨다. "쟁기 잡고 뒤돌아보는 사람은 하느님 나라에 쓸모 있는 사람이 아니오."

*

예수의 목적지는 저기 어디가 아니다. 그분이 존재하는 한 가지 이유는 지금 있는 곳에서 아버지 뜻을 이루어드리는 것이다. 그래서 따로 머리 둘 곳이 없다. 시간도 그렇다. 지금이 그분에게 있는 모든 시간이다. 내일 또는 나중은, 어제와 마찬가지로, 없는 것이다.

일흔두 제자를 보내심 [10, 1-16]

그 뒤, 주께서 따로 일흔두 제자를 뽑아 장차 가시려는 곳곳으로 둘씩 짝지어 보내며 이르시기를, "추수할 것은 많은데 일꾼이 적으니 추수할 일꾼을 보내 달라고 주인에게 청하시오. 자, 가시오. 내가 그대들을 보내는 것이 양을 이리떼 가운데로 보내는 것 같구려. 돈지갑도 식량 자루도 신발도 지니지 말고 길에서 아무하고도 잡담하느라

지체하지 말고 어느 집에 들어가든지 먼저 '이 집에 평화가 있기를!' 하고 인사하시오. 그 집에 평화의 사람이 있으면 그대들이 빌어준 평화가 그에게 머물 것이고 그렇지 않으면 그대들에게로 돌아올 것이오. 주인이 주는 음식을 먹고 마시며 그 집에 머무르시오. 일꾼이 삯을 받는 것은 마땅한 일이오. 이 집 저 집 옮겨 다니지 말고, 어느 동네로 들어가든지 그대들을 영접하면 차려준 것을 먹고 그 동네 병자들을 고쳐주면서 하느님 나라가 가까이 왔다고 일러주시오. 어떤 동네로 들어가는데 사람들이 영접하지 않거든 거리로 나와서 이렇게 말하시오. '이 동네에서 묻은 발의 먼지까지 털어놓고 갑니다. 하지만 하느님 나라가 가까이 왔다는 사실만은 알아두시오.' 그렇소, 그날에 소돔이 오히려 그 동네보다 견디기 쉬울 것이오." 하셨다.
"고라진, 너에게 화가 미칠 것이다. 베싸이다, 너에게도 화가 미칠 것이다. 내가 너희한테 보여준 놀라운 일들을 띠로와 시돈에 보였더라면 그곳 백성들이 벌써 베옷을 입고 잿더미에 앉아 회개하였으리라. 심판받는 날에 띠로와 시돈이 오히려 너희보다 견디기 쉬울 것이다. 가파르나움, 네가 하늘만큼 높아질 것 같으냐? 지옥에 떨어질 것이다."
"내 제자인 그대들의 말을 듣는 사람은 곧 내 말을 듣는 것이요 그대들을 배척하는 사람은 곧 나를 배척하는 것이고 나를 배척하는 것은 곧 나 보내신 분을 배척하는 것이오."

*

심부름꾼은 일을 시킨 주인과 동격이다. 하지만 일의 결과에 대한 책임은 주인이 진다. 단, 심부름꾼이 자기에게 맡겨진 일 아닌 엉뚱한 짓을 하지 않았을 경우에…

돌아온 일흔두 제자 [10, 17-20]

일흔두 제자가 기쁨에 넘쳐 돌아와서 보고하였다. "주님, 주님의 이름을 대니까 귀신들이 우리한테 꼼짝 못합디다!" 예수께서 이르셨다. "사탄이 하늘에서 번갯불처럼 떨어지는 것을 내가 보았소. 그대들에게 뱀과 전갈을 밟고 원수의 힘까지 제어하는 권세를 내가 주었으니 그대들을 해칠 자가 없을 것이오. 하지만, 귀신이 그대들한테 굴복한 것을 기뻐하지 말고 그대들 이름이 하늘에 등록된 것을 기뻐하시오.

*

제자들은 자기네가 한 일을 보고 스승은 그 일을 한 제자들을 본다.

총명하고 유식한 자들한테는 감추시고 [10, 21-22]

그때 예수께서 성령으로 크게 기뻐하며 말씀하셨다. "하늘과 땅의 주인이신 아버지! 이 모든 일을 총명하고 유식한 자들한테는 감추시고 젖먹이들한테 보여주시니 고맙습니다. 옳습니다, 아버지! 이것이 아버지의 뜻이었어요. 아버지께서 모든 것을 저에게 맡겨주셨기에, 아버지 말고는 아들이 누군지 알 수 없고 아들과 아들이 아버지를 보여주기로 선택한 사람들 말고는 누가 아버지인지를 알 수 없습니다."

*

젖먹이한테는 총명과 지식이 없다. 진실을 가리는 막幕이 없다는 얘기다. 불용구진不用求眞이니 유수식견唯須息見하라. 따로 진실을 구할 것 없으니 다만 네 견해를 멈추어라.

지금 보는 것을 보는 눈 [10, 23-24]

이어서 제자들을 돌아보며 은밀하게 이르셨다. "그대들이 지금 보는 것을 보는 눈은 복된 눈이오. 그렇소, 내가 진정으로 말하는데, 지금 그대들이 보는 것을 많은 예언자와 왕들이 보고자 하였으나 보지 못하였고 지금 그대들이 듣는 것을 듣고자 하였으나 듣지 못하였소."

*

제자들이 지금 보는 것을 보고 있다는 얘기가 아니다. 그들은 지금 자기들 눈으로 보는 것을 보지 못하고 있다. 이전의 예언자들이나 왕들과 다를 바 없다. 눈에 보이는 온갖 것들에서 보이지 않는 하나를 보는 그 눈이 복된 눈이다.

누가 내 이웃인가? [10, 25-37]

한 율법학자가 일어나서, 어떻게 답하는지 알아보려고, 예수께 물었다. "선생, 내가 무엇을 해야 영원한 생명을 얻겠습니까?" 예수께서 그에게 되물으셨다. "율법에 뭐라고 적혀 있으며 당신은 그것을 어떻게 읽소?" 그가 대답하였다. "네 마음을 다하고 목숨을 다하고 힘을 다하고 뜻을 다하여 주님이신 네 하느님을 사랑하라고, 그리고 네 이웃을 네 몸 같이 사랑하라고 하였지요." 예수께서 이르시기를, "옳은 대답이오. 그리하시오. 그러면 살 것이오." 하시자, 그가 자기를 옳게 보이려고 다시 물었다. "그러면 누가 내 이웃입니까?" 예수께서 이야기를 들려주셨다. "어떤 사람이 예루살렘에서 예리고로 내려가다가 강도들을 만났소. 강도들이 그의 옷을 벗기고 마구 때려 반쯤 죽여 놓고 가버렸소. 마침 한 사제가 그리로 내려가다가 그를 보고 피해서 지나갔고 레위 사람도 그곳에 이르러 그를 보고 피해서 지나갔는데 길 가던 사마리아 사람 하나가 그곳에 이르러 그를 보고 불쌍한 마음에 가까이 다가가서 기름과 술을 상처에 붓고 싸매어주고 자기 나귀에 태워 여관으로 데려가 돌봐주었소. 이튿날, 두 데나리온을 여관 주인에게 주며, '저 사람을 돌봐주시오. 비용이 더 들면 내가 돌아오는 길에 갚으리다.' 부탁하고 떠났소. 자, 이 세 사람 중에 누가 강도 당한 사람의 이웃이라고 생각하오?" 율법학자가, "그에게 자비를 베푼 사람이지요." 하고 대답하자 예수께서 말씀하셨다. "가서 당신도 그렇게 하시오."

*

질문자의 불순한 마음 자세에 상관치 않고 간단한 진리를 간단하게 설하신다. 과연 인간이 감정에서 자유로운 초인超人의 마음 자세다.

마르타와 마리아 [10, 38-42]

예수께서 일행과 함께 길을 가다가 한 마을에 들어가셨다. 마르타라는 여인이 그분을 자기 집에 모셨다. 그에게 마리아라는 동생이 있는데 예수 발치에 앉아 말씀을 듣고 있었다. 마르타가 여러 할 일이 많아서 마음이 분주한지라, 예수께 와서 말하였다. "주님, 동생이 저한테만 일을 떠맡기는데 그냥 두고 보십니까? 그 아이한테 저를 도와주라고 한 마디 해주십시오." 주께서 대답하셨다. "마르타, 마르타, 자네가 많은 일로 염려하고 근심하는데 필요한 일은 하나뿐이라네. 마리아는 좋은 몫을 택했으니 그것을 빼앗지 마시게."

*

무엇이 하나뿐인 좋은 몫의 일인가? 지금 여기에서 네가 하고 있는 바로 그 일이다. 마리아가 "주님, 언니도 밖에서 일만 하지 말고 들어와서 주님 말씀 듣게 해주셔요."라고 했다면, "마리아, 자네 지금 내 말을 듣고 있는 건가? 언니는 좋은 몫을 택했으니 그것을 빼앗지 마시게."라고 하셨으리라.

기도를 가르쳐주심 [11, 1-4]

어떤 곳에서 기도를 마치셨을 때 한 제자가 청을 드렸다. "주님, 요한이 자기 제자들에게 기도를 가르쳐준 것처럼 우리에게도 기도를 가르쳐주십시오."

예수께서 이르셨다. "그대들은 기도할 때 이렇게 하시오. 하늘에 계신 우리 아버지, 온 세상이 아버지 거룩하신 이름을 부르게 하시고, 아버지 나라를 지금 여기에 세워 아버지의 뜻이 하늘에서 이루어지듯이 땅에서도 이루어지게 하소서. 날마다 우리에게 하루 치 양식을 주시고 우리가 우리에게 죄지은 자를 모두 용서하오니 우리 죄를 용서하시고, 우리를 유혹에 넘어가지 않게 하소서."

*

사람이 땅에 살면서 구해야 할 모든 것이 담겨 있다. 세상에 더없이 큰 기도다.

두드리면 열릴 것이요 [11, 5-13]

또 그들에게 이르셨다. "생각해보시오, 그대들에게 벗이 있는데 한밤중에 그에게로 가서 부탁하기를, '빵 세 개만 꿔주게. 먼 길 가는 친구가 집에 들렀는데 대접할 것이 없구먼.' 하였다 합시다. 그가 안에서, '성가시게 굴지 말게. 벌써 문을 닫았고 아이들이 나와 함께 잠자리에 들었으니 일어나서 줄 수가 없네.' 하고 대답하겠소? 내가 진정으로 말하는데, 그가 자기 친구라는 이유만으로 일어나서 무엇을 주려고 하지는 않겠지만 끈질기게 간청하면 결국 일어나서 부탁을 들어줄 것이오. 내가 그대들에게 말합니다. 달라고 하시오, 달라고 하면 얻을 것이오. 찾으시오, 찾으면 보일 것이오. 두드리시오, 두드리면 열릴 것이오. 달라고 하는 이마다 얻고 찾는 이마다 보고 두드리는 이마다 그에게 열릴 것이오. 그대들 가운데 누가 생선을 달라는 자식한테 뱀을 주고 달걀을 달라는 자식한테 전갈을 주겠소? 비록 악한 사람이라도 자식들한테 좋은 것을 줄 줄 알거든 하물며 하늘 아버지께서 달라는 자에게 성령을 주시지 않겠소?"

*

"달라고 하면 얻을 것이다." 같은 뜻을 달리 표현하면 "달라고 하지 않으면 얻지 못한다."로 되겠다. 육신의 아비들은 간혹 달라고 하지 않는데도 억지로 주지만 하늘 아버지는 그런 폭력을 쓰시지 않는다.

벙어리 귀신을 쫓아내심 [11, 14-26]

예수께서 한 벙어리 귀신을 쫓아내셨다. 귀신이 나가자 곧 벙어리가 말을 하는데 이를 보고 모두 매우 놀랐다. 그러나 어떤 자들은, "저가 마귀 두목 베엘제불의 힘을 빌려서 귀신을 쫓아내는구나." 하였고, 어떤 자들은 그를 시험하여 하늘에서 오는 기적을 보이라고 하였다. 예수께서 그들의 속셈을 알아채고 말씀하시기를, "스스로 갈라져 싸우는 나라마다 황폐해지고 스스로 갈라져 싸우는 집안도 무너지게 마련이오. 사탄이 갈라져 서로 싸우면 그 나라가 어찌 서겠소? 내가 베엘세불의 힘을 빌려서 귀신을 쫓아낸다고 당신들은 말하는데, 좋소, 내가 베엘세불의 힘을 빌려서 귀신을 쫓아낸다면 당신네 지식들은 누구 힘을 빌려서 쫓아내는 거요? 당신들 말이 틀렸음을 바로 그들이 증명해줄 것이오. 하지만, 내가 하느님의 힘으로 귀신을 쫓아낸다면 하느님 나라가 이미 당신들한테 와 있는 셈이오. 힘 있는 자가 무장을 갖추고 집을 지키면 그 재물이 안전하겠지만 더 힘센 자가 와서 그를 꺾으면 믿었던 무기들을 모두 빼앗기고 재물은 약탈당하여 사라질 것이오. 누구든지 나를 편들지 않는 사람은 나를 반대하는 사람이요, 나를 도와 내 양을 모으지 않는 사람은 그것들을 헤치는 사람이오. 더러운 귀신이 사람한테서 나와 물 없는 곳을 헤매며 쉴 곳을 찾다가 찾지 못하고 스스로 말하기를, '내가 나온 내 집으로 돌아가야겠다.' 하고 돌아와서 그 집이 깨끗하게 청소되고 잘 정돈된 것을 보고 저보다 고약한 귀신 일곱을 데려와 그 안에 자리 잡고 살면 그 사람 형편이 전보다 훨씬 고약해질 것이오." 하셨다.

*

무주공산無主空山이 문제다. 주인 없는 빈집은 언제든지 도적의 소굴로 바뀔 수 있다.

하느님 말씀을 듣고 지키는 복된 사람 [11, 27-28]

이 말씀을 하실 때 무리 속에서 한 여인이 큰 소리로 말하기를, "당신을 밴 태와 당신을 먹인 젖은 복도 많습니다!" 하였다. 예수께서 이르셨다. "오히려, 하느님 말씀을 듣고 지키는 사람이 복된 사람이오."

*

이런 뜻이다. "우리 어머니가 복되신 것은 나 같은 아들을 두었기 때문이 아니라 천사의 말을 듣고 그대로 따랐기 때문이다." 참된 복은 누구나 지어서 누릴 수 있는 것이어야 한다.

요나의 표적 [11, 29-32]

무리가 끊임없이 모여들었다. 예수께서, "참으로 악한 세대구나!" 탄식하며 말씀하셨다. "이 세대가 표적을 보이라고 하는데 요나의 표적 말고는 보여줄 표적이 없소. 요나가 니느웨 사람들에게 표적이 되었듯이 사람 아들은 이 세대 사람들에게 표적이 될 것이오. 심판받는 날에 남녘 여왕이 자기 세대 사람들과 함께 일어나 그들을 정죄할 터인즉 저가 솔로몬의 지혜로운 말을 들으려고 멀리 땅끝에서 왔기 때문이오. 그러나 솔로몬보다 큰 이가 여기 있소. 심판받는 날에 니느웨 사람들이 일어나 그들을 정죄할 터인즉 저들이 요나의 설교를 듣고 돌아섰기 때문이오. 그러나 요나보다 큰 이가 여기 있소."

*

무리가 끊임없이 모여든 것은 예수가 아니라 그의 표적을 보기 위해서였다. 요나가 고기 뱃속에서 사흘을 보낸 것은 사람들에게 표적을 보여주기 위해서가 아니었다. 자기에게 주어진 길을 가다 보니 니느웨 사람들에게 하나의 표적으로 된 것이다. 예수. 세상에 표적을 보여주러 오신 분이 아니다. 세상에 표적으로 사신 분이다.

몸의 등불인 눈 [11, 33-36]

"등불을 켜서 어디 숨겨두거나 됫박으로 덮어두는 사람은 아무도 없소. 등불을 등경 위에 얹어두는 것은 방에 들어오는 사람이 빛을 볼 수 있게 하기 위해서요. 그대 눈이 그대 몸의 등불이오. 눈이 성하면 온몸이 빛으로 충만할 것이고 눈이 병들었으면 온몸이 어둠으로 충만할 것이오. 그대 몸 안에 있는 빛이 어둠 아닌지 살펴보시오. 그대 온몸이 빛으로 충만하면 어두운 구석이 없을 것이고, 등불이 빛을 비추듯이 그대 온몸이 환해질 것이오."

*

무엇을 제대로 보지 못해서, 자기가 지금 무엇을 하는지가 보이지 않아서, 그래서 사람이 어둠의 자녀 노릇을 하는 거다. 문제는 몸통이 아니라 눈이다. 답도 따라서 눈에 있다.

바리사이파 사람들을 저주하심 [11, 37-54]

말씀을 마치자, 한 바리사이파 사람이 저녁 식사를 함께하자며 자기 집으로 초대하였다. 예수께서 그 집에 들어가 자리에 앉으시는데, 식사 전에 손 씻지 않는 것을 보고 바리사이파 사람이 이상하게 여겼다. 주께서 말씀하셨다. "당신네 바리사이파 사람들! 잔과 대접의 겉은 깨끗이 닦으면서 그 속은 착취와 악독으로 가득 차 있는 어리석은 사람들! 겉을 만드신 이가 속도 만드신 걸 모르오? 안에 담긴 것으로 자선을 베푸시오. 그러면 모든 것이 깨끗해질 것이오. 당신네 딱한 바리사이파 사람들! 박하와 운향과 그 밖의 온갖 채소는 십일조를 드리면서 공의를 세우고 하느님 사랑하는 일은 가벼이 여기는 당신들에게 화가 미칠 것이오. 저것도 물론 지켜야 하지만 이것 또한 마땅히 지켜야 할 것들이오. 당신네 바리사이파 사람들! 회당에서는 높은 자리에 앉으려 하고 장터에서는 인사받기를 좋아하는 당신들에게 화가 미칠 것이오. 봉분 없는 무덤 같아서 사람들이 무덤인 줄 모르고 그 위로 걸어 다니는 당신들에게 화가 미칠 것이오."

이에 한 율법학자가 예수께 대들었다. "선생, 그건 우리한테도 모욕이 되는 말이오." 예수께서 이르셨다. "당신네 율법학자들한테도 화가 미칠 것이오. 지기 어려운 짐을 사람들한테 지워놓고서 당신들은 그 짐에 손가락 하나 대지 않소. 자기네 선조들이 죽인 예언자들의 무덤을 꾸미며 그렇게 해서 선조들의 소행을 증거하고 있는 당신들에게 화가 미칠 것이오. 저들은 예언자들을 죽였고 당신들은 그 무덤을 꾸미고 있으니 하는 말이오. 그래서 하느님의 지혜가 이르기를, '내가 그들에게 예언자와 사도들을 보내면 그들이 더러는 죽이고 더러는 핍박할 것이다.' 하였던 것이오. 그런즉 아벨의 피를 비롯하여 제단과 성소 사이에서 살해된 즈가리야의 피에 이르기까지 창세 이래로 흘린 모든 피에 대한 값을 이 세대가 치러야 할 것이오. 당신네 율법학자들! 지식의 열쇠를 독차지하고 자기도 들어가지 않으면서 들어가려는 사람들까지 못 들어가게 하는 당신들에게 화가 미칠 것이오."

거기에서 나오실 때 율법학자들과 바리사이파 사람들이 앙심을 품고 여러 질문을 퍼부어 그 입에서 나오는 말로 트집을 잡으려고 길목을 지켰다.

*

자기 한목숨 살리려고 하는 사람이면 도저히 입에 담기 힘든 발언들이다. 당대의 세도가들을 향한 거침없는 독설에 담겨 있는 것은 무엇인가? 대상을 가리지 않고 표출되는 사람에 대한 깊은 애정이다. 예수, 그분 중심에 있는 것이 다만 그 하나였기에.

바리사이파의 누룩을 경계하심 [12, 1-3]

그동안 수많은 인파가 몰려들어 서로 짓밟힐 지경이 되었다. 예수께서 먼저 제자들에게 이르시기를, "바리사이파 사람들의 누룩 곧 거죽만 근사하게 꾸미는 것을 조심하시오. 감추어진 것은 드러나게 마련이고 숨겨진 것은 알려지게 되어 있소. 그러므로 그대들이 어두운 데서 말한 것이 밝은 데서 들리고 골방에서 귀에 대고 속삭인 것이 지붕 위에서 외쳐질 것이오." 하셨다.

*

겉을 꾸미는 건 속이 켕겨서다. 속으로 감출 것 없고 겉과 속이 아울러 투명하게 사는 것이 겉을 꾸미고 속을 감추며 사는 것보다 쉬운 일이다. 젖먹이가 어른보다 쉽게 살듯이.

마땅히 두려워할 분 [12, 4-7]

"친구인 그대들에게 말하는데, 몸은 죽여도 그 이상은 아무것도 할 수 없는 자들을 두려워 마시오. 마땅히 두려워할 분이 누구인지를 알려주리다. 하느님을 두려워하시오. 몸을 죽이고 나서 지옥에 던져 넣을 수 있는 분이오. 참새 두 마리가 단돈 두 닢에 팔리지 않습디까? 그러나 하느님 앞에서는 참새 한 마리도 잊히는 법이 없소. 그대들 머리카락까지도 낱낱이 세어두신 바 되었으니 두려워 마시오. 수많은 참새보다 값진 것이 그대들이오."

*

두려워할 것을 마땅히 두려워하고 두려워할 터무니가 없는 것을 두려워하지 않는 거기에 사람의 길이 있다.

용서받지 못할 사람 [12, 8-12]

"내가 진정으로 말합니다. 누구든지 사람들 앞에서 나를 안다고 하면 사람 아들도 하느님의 천사들 앞에서 그를 안다고 할 것이오. 누구든지 사람들 앞에서 나를 모른다고 하면 사람 아들도 하느님의 천사들 앞에서 그를 모른다고 할 것이오. 사람 아들을 거슬러 말하는 사람은 용서받겠지만 성령을 모독하는 사람은 용서받지 못하오. 사람들이 그대들을 회당이나 통치자와 세도가들 앞으로 끌고 가거든 무슨 말로 항변하고 어떻게 말할까 걱정하지 마시오. 성령께서 그대들이 할 말을 즉석에서 알려주실 것이오."

*

"밤낮없이 설교하라. 필요하면 말로 해도 된다."(아시시의 프란체스코).

어리석은 부자 [12, 13-21]

무리 가운데 한 사람이 예수께 청하기를, "선생님, 아버지 유산을 저에게도 나눠주라고 제 형한테 말 좀 해주십시오." 하였다. 예수께서 그에게, "이 사람아, 누가 나를 판사나 재산 분배자로 세웠단 말인가?" 대꾸하시고 이어서 사람들에게 말씀하셨다. "삼가 탐욕에 빠지지 않도록 조심하시오. 아무리 많은 재산도 사람 생명을 보장 못 하는 법이오." 또 비유로 말씀하셨다. "한 부자가 밭에서 소출이 많은지라, '곡식 쌓아둘 데가 없으니 어쩐다?' 하고 스스로 말하기를, '그래, 이렇게 하자. 지금 있는 곳간을 허물고 더 큰 곳간을 지어 거기에 내 모든 재산과 곡식을 쟁여두고 내 영혼한테 말하는 거야. 영혼아, 여러 해 쓸 재물을 마련해두었으니 실컷 먹고 마시며 즐기자.' 하였으나 하느님께서 '어리석은 사람아, 오늘 밤 네 목숨이 너를 떠날 터인즉 그 모든 쌓아둔 것이 뉘 것이 되겠느냐?' 하셨소. 자기를 위하여 재물을 쌓아두면서 하느님께 인색한 사람은 이처럼 될 것이오."

*

재물을 경멸하라는 말이 아니다. 재물이 소용없다는 말도 아니다. 재물을 주인처럼 모시지 말고 종처럼 부리란 말씀이다.

먼저 하느님 나라를 [12, 22-34]

또 제자들에게 이르시기를, "아무쪼록 그대들은 목숨을 위하여 무엇을 먹을까 몸을 위하여 무엇을 입을까 그런 걱정 하지 마시오. 목숨이 음식보다 귀하고 몸이 옷보다 귀하지 않소? 저 까마귀들을 생각해보시오. 심지도 않고 거두지도 않고 헛간도 없고 곳간도 없는데 하느님께서 먹여 기르시거늘 그대들이 저 새들보다 귀하지 않소? 그대들 가운데 누가 걱정함으로써 자기 수명을 한 뼘이나마 늘일 수 있소? 이렇게 작은 일도 못 하면서 어째서 다른 여러 가지 일들을 걱정하는 거요? 저 나리꽃들이 어떻게 자라는지 생각해보시오. 일도 하지 않고 옷감을 짜지도 않건만, 그렇소, 내가 진정으로 말하는데, 온갖 영화를 누린 솔로몬도 저 꽃 한 송이만큼 차려입지 못하였소. 오늘 피었다가 내일 아궁이에 던져지는 들풀도 하느님이 저렇게 입히시거든 하물며 그대들이야 얼마나 잘 입히시겠소? 믿음이 적은 사람들이여! 그런즉 무엇을 먹을까 무엇을 마실까 걱정하는 일이 없도록 하시오. 그것들은 모두 세상에 속한 사람들이 찾는 것들이오. 이 모든 것이 그대들에게 있어야 하는 줄을 그대들 아버지께서 잘 알고 계시니, 그대들은 다만 하느님 나라를 구하시오. 그러면 이 모든 것을 곁들여 받게 될 것이오. 나의 작은 사람들이여! 겁내지 마시오. 그대들에게 하늘나라를 주시는 것이 아버지의 기쁨이오. 그대들 소유를 팔아 가난한 이들에게 주시오. 낡지 않는 주머니를 만들고 닳아 없어지지 않는 보화를 도둑이 들거나 좀먹지 않는 하늘에 쌓으시오. 재물이 있는 곳에 그대들 마음이 있는 법이오." 하셨다.

*

하지 않아도 되는 일을 하지 말고 할 수 있는 일을 하라는, 이것이 그분의 가르침이다. 그토록 쉬운 일이 왜 이토록 힘든 것인가? 하늘 법을 거슬러 산 세월이 너무 오래되어 어렵게 사는 버릇이 몸에 배었기 때문이다. 이 버릇을 고치는 데 하늘나라로 가는 길이 있다.

밤중에 깨어 있는 종 [12, 35-48]

"허리에 띠를 두르고 등불도 켜놓고 언제든지 움직일 준비를 갖추시오. 혼인 잔치에서 돌아온 주인이 문을 두드리면 곧 열어주려고 기다리는 사람처럼 되시오. 깨어 있다가 주인이 돌아올 때 맞이하는 종들은 복된 사람들이오. 내가 진정으로 말하는데, 주인이 허리에 띠를 두르고 그들을 자리에 앉히고 와서 시중을 들어줄 것이오. 한밤중이든 새벽녘이든 돌아온 주인이 깨어 있는 종들을 보게 된다면 그 종들은 복된 사람들이오. 그대들도 알다시피, 도둑이 언제 올지를 주인이 안다면 그가 집을 뚫고 들어오지 못하게 할 것이오. 사람아들 또한 그대들이 생각지도 않은 때 올 터인즉 항상 준비하고 있으시오."

베드로가, "주님, 방금 하신 비유를 저희 들으라고 하신 겁니까? 아니면 다른 사람 모두 들으라고 하신 겁니까?"하고 묻자 예수께서 이르셨다. "주인이 집을 떠나면서 집안의 다른 종들을 다스리고 제때 양식 대줄 책임을 맡길 만큼 충직하고 지혜로운 관리인이 누구겠소? 자기에게 맡겨진 일을 잘하다가 돌아오는 주인을 맞이하는 종은 복된 사람이니, 내가 진정으로 말하는데, 주인이 그에게 모든 재산을 맡길 것이오. 하지만 속으로 주인이 더디 오리라 생각하고 자기에게 맡겨진 하인들을 때리며 먹고 마시고 술에 취하여 지낸다면 생각지도 않은 날 짐작도 못 한 시간에 주인이 돌아와서 그 종을 동강 내고 성실치 못한 자들이 벌 받는 곳으로 보낼 것이오. 주인의 뜻을 알고도 준비를 하지 않거나 주인 뜻대로 하지 않는 종은 많은 매를 맞을 것이오. 하지만 주인의 뜻을 몰라서 매 맞을 짓을 하였다면 매를 맞더라도 적게 맞을 것이오. 많이 받은 사람은 많이 돌려주어야 하고 많이 맡은 사람은 많이 내놓아야 하오."

*

자기가 세상에 왜 왔는지를 알고 그대로 산 사람은 죽음이 겁날 이유가 없다. 그러려면 먼저 자기가 자기 삶의 주인이 아니라 주인의 종인 줄 알아야 한다. 사람이 죽음은 선택할 수 있을지 모르나 삶은 선택할 수 있는 게 아니다. 일방적으로 주어진 것이다. 태어났으니 할 수 없다, 어떻게 죽든 죽을 때까지는 살아야 한다.

불을 지르러 오신 분 [12, 49-53]

"나는 불을 지르러 세상에 왔소. 그 불이 이미 붙었다면 얼마나 좋았을까! 내가 받아야 할 세례가 있소. 그것을 다 받기까지 내 마음이 얼마나 답답할는지! 내가 세상에 평화를 주러 온 줄로 아시오? 아니오. 그렇소, 내가 진정으로 말하는데, 오히려 갈라놓으려고 내가 왔소. 이제부터 한 가정 다섯 식구가 서로 갈라져 둘이 셋에 맞서 다투고 셋이 둘에 맞서 다툴 것이오. 아비가 아들에, 아들이 아비에, 어미가 딸에, 딸이 어미에, 시어미가 며느리에, 며느리가 시어미에 맞서 다툴 것이오."

*

예수, 그분이 받아야 할 세례가 무엇이었던가? 십자가 죽음과 사흘만의 부활! 우리도 그 세례를 받아야 한다. 그러지 않으면 계속 답답한 세상을 살아야 할 것이다. 새 술은 새 부대가 옳다. 탯줄을 끊어야 아이와 어미가 함께 산다. 낡은 질서가 무너진 자리에 새 질서가 선다.

하늘과 땅의 조짐 그리고 시대의 뜻 [12, 54-56]

또 무리에게 이르셨다. "당신들은 구름이 서쪽 하늘에 이는 것을 보면 비가 오겠다고 하지요. 과연 그렇소. 또 바람이 남쪽에서 불어오면 날이 덥겠다고 하지요. 과연 그렇소. 거죽만 꾸미는 사람들! 어째서 당신들은 하늘과 땅의 조짐은 잘 분별하면서 시대의 뜻을 읽지 못하오?"

*

사람 눈은 짐승 눈과 달라서 보이는 것으로 보이지 않는 것을 본다. 그래야 사람 눈이다.

재판받기 전에 타협하라 [12, 57-59]

"어째서 무엇이 옳은지를 스스로 판단하지 않소? 당신을 고소하는 사람이 있거든 그와 함께 법정으로 가는 길에서 타협을 짓도록 힘쓰시오. 그러지 않으면 그가 당신을 판사한테로 데려갈 것이고 판사는 당신을 관리에게 넘길 것이고 관리는 당신을 옥에 가둘 터인즉, 내가 진정으로 말하는데, 당신이 마지막 동전 한 닢까지 갚기 전에는 결코 거기에서 풀려나지 못할 것이오."

*

도둑을 옥에 가두는 건 판사가 아니라 도둑이다. 그가 남의 것을 훔치지 않았으면 어느 판사가 그를 옥에 가두겠는가?

제단에서 학살당한 갈릴래아 사람들 [13, 1-5]

바로 그때 웬 사람들이 와서 갈릴래아 사람들이 희생제물을 드리고 있는데 빌라도가 그들을 학살하여 제물을 피로 물들였다는 소식을 전하였다. 예수께서 그들에게 이르셨다. "그들이 그런 변을 당한 걸 보면 다른 갈릴래아 사람들보다 죄가 더 많았던 거로 생각하오? 아니오. 그렇지 않소. 당신들도 회개하지 않으면 그렇게 망할 것이오. 또 실로암 탑이 무너질 때 깔려 죽은 열여덟 사람이 예루살렘의 다른 사람들보다 더 죄가 컸다고 생각하오? 아니오. 그렇지 않소. 당신들도 회개하지 않으면 그렇게 망할 것이오."

*

사람들의 눈은 학살당한 사람들을 보고 예수의 눈은 학살당한 사람들을 보는 사람들을 본다. 여기서도 눈이 다르다.

포도원의 무화과나무 비유 [13, 6-9]

예수께서 그들에게 비유를 들려주셨다. "어떤 사람이 포도원에 무화과나무를 한 그루 심었는데 열매가 달렸나 하여 가보았지만 하나도 얻지 못했소. 그래서 포도원 지기에게, '내가 이 무화과나무에서 열매를 얻을까 하여 삼 년째 왔지만 매번 허탕이니 아예 잘라버리게.

괜히 땅만 버릴 것 없지 않은가?' 하였소. 그러자 포도원 지기가, '주인님, 올 한 해만 이 나무를 그냥 두십시오. 제가 둘레를 파고 거름을 주겠습니다. 그렇게 해서 다음 철에 열매를 맺으면 좋으려니와 열매를 맺지 않으면 찍어버리시지요.'하고 대답하였소."

*

세상 모든 사람이 알고 보면 시한부 인생이다. 아닌가? 남은 세월이 길지 않다.

안식일에 회당에서 여인을 고쳐주심 [13, 10-17]

어느 안식일에 한 회당에서 가르치시는데 그 자리에 십팔 년 동안 병마에 사로잡혀 굽어진 허리를 펴지 못하고 살아온 여인이 있었다. 예수께서 그 여인을 가까이 불러, "여인이여, 그대가 병에서 풀려났소." 하며 손을 얹어주셨다. 그러자 여인이 곧 허리를 펴고 하느님을 찬양하였다. 이를 본 회당장이 예수가 안식일에 병을 고쳤다는 이유로 잔뜩 화가 나서 거기 있던 사람들에게 말하기를, "일할 수 있는 날이 한 주일에 엿새나 있소. 그러니 그동안에 와서 병을 고치도록 해요. 안식일에는 아니 되오!" 하였다. 주께서 이 말을 들으시고 말씀하셨다. "거죽만 꾸미는 사람들! 당신들 가운데 누가 안식일이라 하여 자기 집 소나 나귀를 외양간에서 풀어내어 물을 마시게 하지 않는단 말이오? 이 여인도 아브라함의 자손인데 안식일이기 때문에 십팔 년이나 묶여있던 사탄의 사슬에서 풀려나면 안 된다는 거요?" 이 말씀에 그를 반대하던 자들은 모두 부끄러워하였으나 전체 회중이 그분의 영광스러운 일을 기뻐하였다.

*

사람들은 생각한다, 무려 십팔 년이나 묶여있던 끈이다. 몇 시간쯤 이따가 풀어주면 안 될 것 있나? 그분은 말씀하신다, 안 된다. 참 사람에게 '이따가'란 없는 것이다. 범법자로 얽어맬 꼬투리를 찾으려고 지켜보는 사람들 앞에서 보란 듯이 법을 어기신다. 거리낄 것 없이 당당한 자유인의 모습이다.

겨자씨와 누룩의 비유 [13, 18-21]

예수께서 말씀하셨다. "하느님 나라는 무엇과 같으며 내가 무엇에 견주어 말할 수 있을까? 그것은 사람이 밭에 심은 겨자씨 한 알과 같소. 그것이 자라서 나무가 되어 공중의 새들이 그 가지에 깃들였소." 또 말씀하셨다. "하느님 나라를 무엇에 견주어 말할 수 있을까? 여자가 가루 서 말에 넣어 그것을 부풀게 한 누룩과 같소."

*

안팎으로 이루어지는 끊임없는 변화와 성숙, 이것이 하느님 나라다. 끊임없는 변화와 성숙이 이루어지는 장소가 아니다.

좁은 문으로 들어가기를 힘쓸 것 [13, 22-30]

예수께서 예루살렘으로 가시는 길에 도성에서 도성으로 마을에서 마을로 두루 다니며 사람들을 가르치셨다. 어떤 사람이 묻기를, "선생, 구원받을 자가 얼마 안 되겠지요?" 하자, 예수께서 사람들에게 이르셨다. "그렇소, 내가 진정으로 말하는데, 많은 사람이 들어가려고 하겠지만 들어가지 못할 것이오. 그러니 좁은 문으로 들어가기를 힘쓰시오. 집 주인이 문을 한번 닫아걸면 당신들이 아무리 밖에서 문을 두드리며 열어달라고 애원해도 그가 '나는 너희가 어디에서 왔는지 모른다.'고 대답할 것이오. 그때 당신들이, '우리가 주님 앞에서 먹고 마셨고 또 우리를 거리에서 가르치시지 않았습니까?' 하여도, '나는 너희가 어디에서 왔는지 모른다. 악을 행하는 자들아, 모두 물러가라.'는 대답을 들을 것이오. 사람들이 동서남북에서 모여들어 하느님 나라 잔치에 참여하리니, 진실로 누구는 꼴찌였다가 첫째로 되고 누구는 첫째였다가 꼴찌로 될 것이오."

*

어느 시대나 대중大衆이 사용하는 문은 넓다. 그들과 삶의 방향이 다른 소수少數가 드나드는 문은 좁을 수밖에 없다. 시류時流를 거스르는 데 진정한 삶의 길이 있다.

여우에게 내 말을 전하라 [13, 31-33]

바로 그때 바리사이파 사람 몇이 예수께 다가와서 말했다. "여기를 떠나 다른 데로 가시오. 헤로데가 당신을 죽이려 합니다." 예수께서 이르셨다. "가서 그 여우에게 내 말을 전하시오. '오늘과 내일은 귀신을 쫓아내고 병을 고쳐주다가 사흘째 되는 날 내 일을 모두 마친다.' 고. 오늘도 내일도 그다음 날도 나는 내 길을 가야 하오. 예언자가 예루살렘 아닌 데서 죽을 수는 없지 않소?"

*

나를 죽이는 일은 그의 일이고 나는 나에게 주어진 길을 가겠다는 말씀이다. 내가 누구의 삶을 살 수 없듯이 누구도 내 삶을 살 수 없다는 말씀이다. 한 나라의 왕을 '여우'라고 부른다. 삶과 죽음을 초월한 사람 아니면 하기 어려운 말이다.

예루살렘아, 예루살렘아 [13, 34-35]

"예루살렘아, 예루살렘아, 네가 예언자들을 죽이고 너에게 보내어진 이들을 돌로 치는구나. 암탉이 병아리를 날개 아래 모으듯이 내가 네 자식들을 품으려 한 것이 몇 번이더냐? 그러나 너희는 원치 않았다. 보아라, 네 집이 버림받아 황폐해지리라. 너희가 '주의 이름으로 오시는 이여, 찬미 받으소서.'하고 외치는 때가 오기까지 나를 보지 못할 것이다."

*

한 사람이 도시를 등지고 변두리로 간다. 가지에서 뿌리로 돌아가는 길이다. 이 땅에 맨 처음 도시를 건설한 사람이 아우를 죽인 카인임을 생각하면 알만한 일이다.

안식일에 수종병자들 고쳐주심 [14, 1-6]

어느 안식일에 예수께서 바리사이파의 한 지도자 집에 들어가 식사하시는데 사람들이 지켜보고 있었다. 마침 앞자리에 수종 병자가 있는지라, 예수께서 사람들에게 물으셨다. "안식일에 병을 고쳐주는 것이 합법이오? 불법이오?" 무리 가운데 아무도 입을 열지 않았다. 예수께서 병자에게 손을 대어 고쳐주시고 그를 돌려보내신 다음, 다시 그들에게 물으셨다. "당신들 가운데 누가 아들이나 소가 우물에 빠졌는데 그날이 안식일이라서 곧장 끌어내지 않고 그냥 버려두겠소?" 역시 아무도 대답하지 않았다.

*

안식일 법을 목숨 걸고 지키는 바리사이파 지도자의 집에서 벌어진 일이다. 아무도 대답하지 않은 것은 대답할 말이 없어서가 아니라 화가 치밀어서였다. 예수, 억울하게 죽임당하신 것이 아니다.

윗자리에 앉으려는 사람들 [14, 7-11]

초대받은 자들이 저마다 윗자리에 앉으려는 것을 보시고 예수께서 그들에게 비유로 말씀하셨다. "혼인 잔치에 초대받거든 윗자리에 앉지 마시오. 혹 당신보다 높은 사람이 초대받았으면 당신과 그를 함께 초대한 주인이 당신한테, '이분에게 자리를 내어드리게.'라고 말할 것이오. 그러면 당신은 창피하게도 맨 아랫자리로 내려와야겠지요. 아무쪼록 초대받거든 맨 아랫자리에 앉으시오. 초대한 주인이 당신한테 와서, '친구, 윗자리로 오르시게.'하고 말할 터이고, 그러면 함께 한 모든 사람 앞에서 당신 체면이 설 것이오. 누구든지 자기를 높이는 사람은 낮아지고 자기를 낮추는 사람은 높여질 것이오."

*

그렇다, 보름달은 이울지 않을 수 없고 그믐달은 차오르지 않을 수 없다. 게다가, 어느 모임이든 윗자리에 앉기보다 아랫자리에 앉기가 더 쉬운 법이다.

잔치에 초대받고 오지 않은 사람들 [14, 12-24]

또 당신을 초대한 사람에게 말씀하셨다. "점심이나 저녁을 차려놓고 사람을 부르려거든 친구나 형제나 친척이나 잘사는 이웃을 부르지 마시오. 그들도 당신을 부를 터인즉, 당신은 준 것을 되돌려 받게 될 것이오. 그러므로 잔치를 베풀려면 가난한 사람, 불구자, 절름발이, 맹인들을 부르시오. 그러면 당신에게 복이 있으리니, 그들은 갚지 못해도 의인들이 부활할 때 하느님께서 갚아주실 것이오."
함께 식사하던 사람들 가운데 하나가 이 말씀을 듣고서, "하느님 나라 잔치에 참여할 사람은 참 복도 많은 사람이네요." 하자, 예수께서 말씀하셨다. "어떤 사람이 큰 잔치를 열고 많은 사람을 초대하였소. 시작할 시간이 되자 주인이 초대한 사람들에게 종을 보내어, 준비가 다 되었으니 어서 오라고 말을 전하였으나 모두 하나같이 못 간다는 핑계를 대는데 한 사람은, '내가 밭을 샀는데 거기 가봐야겠소. 부디 용서하시오.' 하였고 다른 한 사람은, '겨릿소 다섯 쌍을 샀는데 그것들을 부려봐야겠소. 미안하오.' 하였고 또 한 사람은, '내가 방금 장가를 들어서 갈 수가 없네요.' 하였소. 심부름 갔던 종이 돌아와서 그대로 고하니 주인이 크게 화를 내며 종에게 명하기를, '급히 읍내 거리와 골목으로 나니며 가난한 사람, 불구자, 맹인, 절름발이들을 데려오너라.' 하였소. 얼마 뒤에 종이 와서, '주인님, 시키신 대로 하였으나 아직 자리가 남았습니다.'라고 말하자 주인이 그에게 이르기를, '거리와 울타리 곁에 서 있는 사람들을 억지로라도 데려와서 내 집을 채우도록 하여라. 그렇다, 내가 진정으로 말한다, 처음 초대받은 자들 중에는 내 잔치를 맛볼 자가 하나도 없으리라.' 하였소."

*

하느님의 잔치에 사람들이 들어가지 못하는 게 아니다. 스스로 들어가지 않는 거다, 그것도 하루아침에 사라질 사소한 것들을 핑계 삼아서.

예수의 제자 될 자격 [14, 25-33]

많은 군중이 따라오는지라 예수께서 돌이켜 그들을 향하여 말씀하셨다. "내게로 오는 사람이 자기 부모나 처자나 형제자매 심지어 자기 자신을 미워하지 않으면 내 제자가 될 수 없고, 자기 십자가를 지고 나를 따르지 않는 사람 또한 내 제자가 될 수 없소. 당신들 가운데 누가 탑을 쌓고자 한다면 먼저 앉아서 비용을 계산해보고 과연 자기한테 있는 돈으로 공사를 마칠 수 있을는지 알아보지 않겠소?

그렇게 하지 않아서 기초만 쌓고 완공하지 못하면 보는 사람마다. '일을 벌여놓고 마무리를 못 짓는군.' 하며 비웃을 것이오. 또 어떤 왕이 다른 왕과 전쟁하러 가는데 아군 일만으로 적군 이만을 당해낼 수 있을는지 먼저 앉아서 생각해보지 않겠소? 그래서 당해낼 수 없겠다 싶으면 적군이 아직 멀리 있을 때 사신을 보내어 화친을 청할 것이오. 마찬가지로, 당신들 가운데 누구도 자기 소유를 다 버리지 않고서는 내 제자가 될 수 없소."

*

부모 처자와 형제자매와 자기 자신까지도 미워할 대상이라는 말씀이다. 그렇다, 자기 소유에 소유 당해서 묶이지 않으려면 그것을 미워할 수밖에… 때로는 미움이 사랑의 한 방편일 수 있다.

맛을 잃은 소금 [14, 34-35]

"소금은 좋은 것이오. 하지만 소금이 그 맛을 잃으면 무엇으로 다시 짜게 만들겠소? 땅에도 소용없고 거름으로도 쓸 수 없어 내다 버리겠지요. 귀 있는 사람은 들으시오."

*

소금이 스스로 녹기를 거부하면 짠맛을 낼 수 없다. 죽음의 길을 통하지 않고서는 살 수 없는 것이 생명이다. 스스로 죽어서 사신 분의 말씀이다.

잃었던 양 비유 [15, 1-7]

세리와 죄인들이 말씀을 들으러 모여들자 이를 본 바리사이파 사람들과 율법학자들이 불평을 털어놓으며 수군거렸다. "저 사람이 죄인들을 받아들이고 음식까지 함께 나누는군!"

예수께서 그들에게 비유로 말씀하셨다. "당신들 가운데 누가 양 백 마리를 가졌는데 한 마리를 잃었다면 어찌하겠소? 아흔아홉 마리를 그대로 들판에 둔 채 잃어버린 양을 찾아다니지 않겠소? 그러다가 찾으면 기뻐서 양을 어깨에 메고 집으로 돌아와 벗들과 이웃을 불러, '함께 기뻐해 주시오. 잃었던 양을 찾았습니다.' 하며 좋아하겠지요.

그렇소, 내가 진정으로 말하는데, 이처럼 하늘에서는 회개할 것 없는 의인 아흔아홉보다 회개한 죄인 하나를 더 기뻐할 것이오."

*

실제로 어느 목자가 길 잃은 양 한 마리 찾겠다고 아흔아홉 마리를 들판에 버려두었다면 당장 해고당했을 것이다. 당신 계산법과 사람들 계산법이 다르다는 말씀이다.

잃었던 은전 비유 [15, 8-10]

"어느 여인에게 은전 열 드라크마가 있는데 그중 한 드라크마를 잃어버렸다면 어찌하겠소? 등불을 켜고 집안을 쓸며 돈이 보일 때까지 조심스럽게 찾아보지 않겠소? 그러다가 찾으면 벗들과 이웃을 불러, '함께 기뻐해 주시오. 잃었던 드라크마를 찾았습니다.' 하며 좋아하겠지요. 그렇소, 내가 진정으로 말하는데, 이처럼 하느님의 천사들은 회개한 죄인 하나를 기뻐할 것이오."

*

잃은 물건을 찾는다. 찾을 때까지 찾는다. 중간에 그만두지 않는다. 진짜 주인이다.

잃었던 아들 비유 [15, 11-32]

또 말씀하셨다. "어떤 사람한테 아들이 둘 있었는데 작은아들이 아버지에게 자기 몫으로 돌아올 유산을 달라고 청하였소. 아버지가 재산을 나누어 두 아들에게 주었더니, 며칠 뒤에 작은아들이 자기 재산을 모두 챙겨 먼 고장으로 가버렸소. 거기서 돈을 마구 뿌리며 방탕한 생활을 한 끝에 재물은 바닥이 나고, 마침 그 고장에 심한 흉년까지 들어 결국 알거지가 되고 말았소. 하는 수 없이 그 고장 어떤 사람 집에 들어가 빌붙어 살게 되었는데 주인이 그를 밭으로 보내어 돼지를 치게 하였소. 그가 돼지 먹이인 쥐엄나무 열매로 고픈 배를 채워보려 하였으나 아무도 그에게 먹을 것을 주지 않았소. 비로소 정신을 차리고 스스로 말하기를, '아버지 집 일꾼들은 양식이 남아도는

데 나는 여기서 굶어 죽게 되었구나. 일어나서 아버지께로 돌아가, 아버지, 제가 하늘과 아버지께 죄를 지었습니다, 더는 아버지 아들이라 불릴 자격이 없으니 일꾼들 가운데 하나로 저를 부려주십시오, 하고 말씀드려보리라.' 하고는 곧 일어나 아버지 집을 향해 발길을 돌렸소. 아직 거리가 먼데 아버지가 그를 보고 불쌍한 마음에 달려가서 아들 목을 끌어안고 입을 맞추니 그가 말하기를, '아버지, 제가 하늘과 아버지께 죄를 지었습니다. 더는 아버지 아들이라 불릴 자격이 없습니다.' 하였소. 하지만 아버지는 종들에게 말했소. '제일 좋은 옷을 가져다가 입히고 손에 가락지를 끼워주고 발에 신을 신겨주어라. 그리고 살진 송아지를 끌어내어 잡아라. 함께 먹고 즐기자. 내 아들이 죽었다가 다시 살아났고, 내가 잃었던 아들을 다시 찾았다!' 그리하여 모두 함께 즐기는 참인데 밭에 나가 있던 큰아들이 돌아오다가 집 가까이에서 풍악 소리와 춤추며 떠드는 소리를 듣고 하인 하나를 불러 무슨 일이 있느냐고 물어보았소. 하인이, '아우님이 돌아오셨어요. 그분이 건강한 몸으로 무사히 돌아오셨다고 기뻐하시며 주인님이 송아지를 잡으셨답니다.'하고 대답하자 큰아들은 화가 나서 집으로 들어가려 하지 않았소. 아버지가 나와서 말렸지만 그는 아버지한테 불만이 많았소. 그래서 말하기를, '제가 여러 해 동안 종처럼 아버지를 섬기며 한 번도 아버지 명을 거스른 적이 없거늘 저에게는 벗들과 함께 즐기라고 염소 새끼 한 마리 주지 않으셨지요. 그런데 창녀들 품에서 아버지 재산을 모두 날려버린 자식이 돌아왔다고 그를 위하여 송아지를 잡는 겁니까?' 하였소. 그러자 아버지가 그에게 말하기를, '아들아, 너는 항상 나와 함께 있고 내 것이 모두 네 것이다. 그런데 네 아우는 죽었다가 다시 살아났고 나는 잃었던 아들을 다시 찾았어. 이 기쁜 날, 어찌 함께 즐기지 않을 수 있겠느냐?' 하였소."

*

목자는 양을 찾아 나서고 여인은 돈을 찾아 나선다. 그런데 아버지는 왜 아들을 찾아 나서지 않는가? 아들이 양도 돈도 아닌 사람이기 때문이다. 아버지가 아들을 찾아서 집으로 데려오면 아들은 자유의지를 앗긴 꼭두각시가 된다. 아버지는 아들을 인형으로 만들 수 없다. 그래서 마냥 기다릴 따름이다. 그런 아버지에게 제 발로 돌아온 아들은 얼마나 착실한 효자인가?

영리한 청지기 비유 [16, 1-13]

예수께서 제자들에게 이르셨다. "한 부자가 청지기를 두어 재산을 관리시켰는데 그가 주인 재산을 낭비한다는 소문이 들리는지라, 청지기를 불러 말하였소. '자네 소문을 들었네. 어찌 그럴 수 있는가? 더는 자네를 청지기로 둘 수 없으니 그동안 맡아서 하던 일을 정리하게.' 청지기가 속으로 생각하기를, '주인이 일자리를 빼앗을 모양인데 어쩐다? 옳지, 이렇게 하자! 이 집에서 쫓겨나는 나를 자기 집으로 맞이할 사람들을 만드는 거야.' 하고는 주인한테 빚진 자들을 하나씩 불러 첫 번째 사람에게, '당신 우리 주인한테 얼마 빚졌소?'하고 물었소. 그가, '기름 백 말이오.'하고 대답하자, '여기 당신 차용증이 있으니 어서 오십 말이라고 적으시오.' 하고 또 다른 사람에게, '당신은 얼마 빚졌소?'하고 물었소. 그가 '밀 백 가마요.' 하자, '여기 차용증이 있으니 팔십 가마라고 적으시오.' 하였소. 주인이 정직하지 않은 청지기의 영리함을 알아보고 오히려 그를 칭찬하였소. 속세의 자녀들이 저희끼리 거래하는 데는 빛의 자녀들보다 영리한 법이오. 내가 진정으로 말하는데, 속세의 재물로 그대들을 위한 친구를 만드시오. 그러면 그대들이 재물을 등지고 떠나게 될 때 그들이 영원한 처소로 영접해줄 것이오. 아주 작은 일에 충실한 사람은 큰일에도 충실할 것이요, 아주 작은 일에 정직하지 않은 사람은 큰일에도 정직하지 않을 것이오. 그대들이 속세의 재물 다루는 일에 충실하지 않으면 누가 참된 재물을 그대들에게 맡기겠소? 또 남의 것에 충실하지 않으면 누가 그대들 것을 그대들에게 주겠소? 한 종이 두 주인을 섬기지 못하는 법이니, 이를 미워하면서 저를 사랑하거나 저를 존중하면서 이를 업신여기게 마련이오."

*

자기 재산을 착복한 것으로 모자라 횡령까지 하는 종을 주인이 칭찬한다?

세상에서는 볼 수 없는 일이다. 이렇게 터무니없는 이야기를 만드는 것은, '사람'으로 '돈'을 벌려 하지 말고 '돈'으로 '사람'을 사라는, 사람이 돈보다 먼저고 나중이라는 가르침을 주기 위해서다.

돈 좋아하는 바리사이파 사람들 [16, 14-15]

돈 좋아하는 바리사이파 사람들이 이 말씀을 듣고 비웃자 예수께서 그들에게 이르시기를, "당신들이 사람들 보는 데서 스스로 옳다고 여기는데 하느님은 당신네 중심을 보시는 분이오. 사람들한테 떠받들리는 것이 하느님한테는 역겨운 것이오." 하셨다.

*

사람들을 볼 때 그들의 겉모습에 걸리지 않고 중심을 꿰뚫어 보는 사람의 말씀이다.

사람들이 들어가려고 애쓰는 나라 [16, 16]

"요한의 때까지 율법과 예언자들이 있었고 그 뒤로 하느님 나라 복음이 선포되었는데, 사람들이 저마다 그리 들어가려고 애쓰고 있소."

*

하느님 나라는 사람들이 노력해서 들어가는 나라가 아니다. 자기 안에 그 나라가 있음을 깨치는 것이 그 나라에 들어가는 것이다.

하늘과 땅은 사라질지 모르나 [16, 17]

"하늘과 땅은 사라질지 모르나 율법은 글자 하나 없어지지 않을 것이오."

*

있는 것들은 사라져도 그것들을 있게 한 것은 사라지지 않는다.

간음에 대하여 [16, 18]

"아내를 버리고 다른 여자와 결혼하는 남자는 간음하는 것이고, 남편한테 버림받은 여자와 결혼하는 남자도 간음하는 것이오."

*

당시 일반 사람들의 생각과 크게 다른 제자들의 생각이다. 하지만 음욕을 품는 것이 간음이라는 스승의 가르침에서는 아직 거리가 멀다.

부자와 거지 이야기 [16, 19-31]

"한 부자가 있었는데 붉은 비단옷을 입고 날마다 사치스럽게 즐기며 살았소. 그 부잣집 문간에 라자로라 하는 거지가 온몸을 종기로 앓으며 부잣집 상에서 떨어지는 부스러기로 주린 배를 채우려 하였으나 엎친 데 덮친 격으로 개들까지 와서 그 종기를 핥았소. 그러다가 죽자 천사들이 그를 이끌어 아브라함의 품에 안겼소. 부자도 죽어 땅에 묻혔는데 죽은 자들의 땅에서 고생하다가 문득 눈을 들어 아브라함과 그 품에 안긴 라자로를 보고는 소리 질러 말하기를, '아브라함 아버지, 저를 불쌍히 여기시고 라자로를 보내어 손가락에 물 한 방울 묻혀 제 혀를 축이게 해주십시오. 제가 이 불길 속에서 못 견디겠습니다.' 하였으나 아브라함은, '아들아, 알아두어라. 네가 살아 있으면서 온갖 좋은 것을 다 누리는 동안 라자로는 온갖 고생을 다 하였기에 이제 그는 여기서 위안을 받고 너는 거기에서 고생하는구나. 게다가 너희와 우리 사이에는 큰 구렁이 있어서 우리가 그리로 가려 해도 갈 수가 없고 너희가 이리로 오려 해도 올 수가 없다.'하고 대답하였소. 부자가, '그러면 아버지, 그를 제 아비 집으로 보내주십시오. 저에게 형제가 다섯 있는데 라자로를 보내어 그들만이라도 이 고생을 면하도록 경고의 말을 전하게 해주십시오.' 하였으나 아브라함은, '그들한테 모세와 예언자들이 있으니 그들의 말을 들으면 될 것이다.' 하였소. 그가 다시 말하기를, '아니에요, 아버지. 그들 가지고는 안 됩니다. 죽었다가 다시 살아난 사람이 하는 말이면 듣고 돌아설 거예요.' 하였으나 아브라함은, '그들이 모세와 예언자들의 말을 듣지 않는다면 누가 죽었다가 다시 살아났다 해도 역시 믿지 않을 것이다.'하고 대답하였소."

*

실제로 일어난 일이 아니라 만든 이야기다. 부자가 죽은 자들의 땅에서 고생하는 것은 문간의 거지를 구박해서가 아니라 그냥 두었기 때문이다.

사람을 넘어지게 하는 불행한 사람 [17, 1-4]

예수께서 제자들에게 이르셨다. "사람을 넘어지게 하는 일이 없을 수는 없지만 실제로 남을 넘어지게 하는 사람은 참 불행한 사람이오. 보잘것없는 사람 하나를 걸려 넘어지게 하느니 차라리 목에 맷돌을 달고 바다에 던져지는 편이 나을 것이오. 조심하시오. 형제가 그대에게 죄를 짓거든 나무라고, 뉘우쳐 회개하거든 용서하시오. 그가 그대에게 죄를 짓고 그때마다 잘못했다 하기를 하루에 일곱 번 거듭하더라도 그를 용서해야 하오."

*

길의 돌부리에 사람이 걸려 넘어질 수는 있다. 하지만 길의 돌부리가 사람을 걸어 넘어지게 하는 건 아니다. 사람으로서 그런 짓을 하느니 차라리 죽으라는 냉엄한 말씀.

겨자씨 한 알만한 믿음 [17, 5-6]

사도들이 주님께 청하였다. "우리에게 더 큰 믿음을 주십시오." 주께서 말씀하셨다. "그대들한테 겨자씨 한 알만한 믿음이 있으면 이 뽕나무에게, '뿌리째 뽑혀서 바다에 심어져라.' 할 것이고, 그대로 될 것이오."

*

믿음은 믿음일 뿐. 큰 믿음 작은 믿음이 따로 있는 게 아니다.

종의 임무 수행 [17, 7-10]

"그대들 가운데 누가 밭을 갈거나 양을 치는 종이 있는데 그가 들에서 돌아오면, '어서 와 밥 먹게.'라고 말할 사람이 있소? 오히려, '내 저녁상을 차리고 내가 먹고 마시는 동안 허리띠 동이고 시중을 든 다음에 밥을 먹게.' 하지 않겠소? 종이 명령받은 대로 하였다 해서 주인이 그에게 고마워하겠소? 이처럼 그대들도 명령받은 일이 있으면 모두 그대로 하고 나서, '우리는 한낱 종입니다. 그저 해야 할 일을 했을 따름입니다.'라고 말하시오."

*

주어진 일을 하되 보상을 바라지 마라. 여기에 자유인으로 사는 길이 있다.

깨끗해진 나병 환자 열 사람 [17, 11-19]

예수께서 예루살렘으로 가시는 길에 사마리아와 갈릴래아 사이를 지나게 되었는데, 한 마을 입구에서 나병 환자 열 사람을 만나셨다. 그들이 멀리 떨어져서 큰 소리로, "예수 선생님, 우리를 불쌍히 여기소서." 하자 그들을 보시고, "가서 사제들에게 몸을 보이시오." 하셨다. 그들이 사제한테로 가는 길 위에서 모두 깨끗해졌더니, 그들 가운데 사마리아 사람 하나가 자기 몸 나은 것을 알고 큰 소리로 하느님을 찬양하며 돌아와 예수 발 앞에 엎드려 사례하였다. 예수께서, "열 사람 모두 깨끗해지지 않았던가? 그런데 아홉은 어디 가고 이방인 하나만이 하느님을 찬양하며 돌아왔단 말이냐!" 하시며, 그에게 이르셨다. "일어나 가시오. 당신 믿음이 당신을 살렸소."

*

예수가 사례받으려고 그들을 깨끗하게 해주셨던가? 아니다. 예수가 괜히 그들을 깨끗하게 해주셨나? 아니다. 그분은 다만 "가서 사제들에게 몸을 보이시오." 한마디 하셨을 뿐이다. 고침을 받은 몸으로 하느님을 찬양하며 돌아와서 사례하고 말고는 각자의 선택인데 바로 그 선택이 본인의 삶을 결정結晶한다.

하느님 나라는 언제 어디에? [17, 20-21]

바리사이파 사람들이 예수께 하느님 나라가 언제 오느냐고 묻자 대답하시기를, "하느님 나라는 눈으로 볼 수 있게 오는 나라가 아니오. '여기 있다.' 또는 '저기 있다.'고 말할 수도 없으니, 하느님 나라는 비로 당신들 안에 있소." 하셨다.

*

하느님 나라는 하느님이 다스리시는 나라다. 시공時空이 없는 하느님이 다스리시는 나라에 어떻게 여기와 저기, 이때와 저 때가 따로 있을 것인가?

사람 아들의 날 [17, 22-37]

또 제자들에게 이르셨다. "그대들이 사람 아들의 영광스러운 날들 가운데 단 하루라도 보고 싶을 때가 오겠지만 보지 못할 것이오. 사람들이, '보아라, 여기 있다.' 또는 '보아라, 저기 있다.' 하더라도 그리로 가지 말고 찾아 나서지도 마시오. 번개가 하늘 이편에서 번쩍하여 하늘 저편 끝까지 환하게 비추듯이, 사람 아들도 그날 그렇게 올 것이오. 하지만 먼저 그는 많은 고통을 당하고 이 세대 사람들한테 배척을 받아야 하오.

"노아 때 그러했듯이 사람 아들의 날에도 그러할 것이오. 노아가 방주에 들던 바로 그 날까지 사람들은 먹고 마시고 장가들고 시집가고 하다가 결국 홍수에 휩쓸려 모두 죽고 말았소. 또한, 롯의 때와 같은 일이 일어나리니, 사람들이 먹고 마시고 사고팔고 심고 집 짓고 하다가 롯이 소돔을 떠난 바로 그 날 하늘에서 쏟아져 내리는 불과 유황에 모두 죽고 말았소. 사람 아들이 나타나는 날에도 그와 같은 일이 일어날 것이오.

"그날 지붕 위에 오른 사람은 세간을 가지러 내려가지 말고 밭에 있는 사람도 그와 같이 집으로 돌아가지 마시오. 롯의 아내를 생각하시오! 누구든지 자기 목숨을 살리려 하는 사람은 잃을 것이고 자기 목숨을 잃는 사람은 살릴 것이오. 그렇소, 내가 분명히 말하는데, 그 밤에 두 남자가 한자리에 누워있다면 하나는 데려가고 하나는 버려둘 것이요, 두 여자가 함께 맷돌질하고 있다면 하나는 데려가고 하나는 버려둘 것이오. [두 남자가 밭에 있다면 하나는 데려가고 하나는 버려둘 것이오.]"

이 말씀을 듣고 제자들이, "주님, 어디서요?"하고 묻자 예수께서 대답하셨다. "주검 있는 곳에 독수리들이 모여드는 법이오."

*

이른바 교주 재림설이다. 미래의 어느 날 교주가 다시 와서 세상을 심판 징돈하리라는 생각의 산물인데 불교에는 미륵불이 있고 그리스도교에는 재림예수가 있다. 교주가 가르치는 영원한 오늘에서 있지도 않은 미래의 어느 날로 시선을 옮기게 할 위험요소가 있는 구절이다. …여기서 말하는 '그날'을 자기 목숨 끊어지는 날로 읽으면 도움이 될 수는 있겠다.

불의한 재판장 비유 [18, 1-8]

끊임없이 기도하되 끈기를 잃지 말라는 뜻으로 예수께서 제자들에게 비유를 들려주셨다. "어느 도성에 하느님을 두려워하지 않고 사람을 하찮게 여기는 재판장이 있었소. 그곳에 한 과부가 살았는데 툭하면 재판장을 찾아가서 자기 원수를 심판해달라고 졸라댔지요. 그가 얼마 동안은 거절했지만 마침내 속으로 생각하기를, '내가 하느님도 두려워하지 않고 사람도 하찮게 여기지만 저 과부가 자꾸 성가시게 구니 아무래도 원한을 풀어줘야겠다. 저대로 두면 끝없이 찾아와서 나를 괴롭힐 것 아닌가?' 하였소." 주께서 말씀을 계속하셨다. "저 불의한 재판장의 말을 새겨들으시오. 하느님께서 몸소 택한 백성이 밤낮으로 부르짖는데 그 원한을 풀어주시지 않고 오랫동안 그냥 버려두시겠소? 그렇소, 내가 분명히 말해두는데, 하느님께서 지체 없이 정의로운 판결을 내려주실 것이오. 하지만 사람 아들이 올 때 과연 이 땅에서 믿음을 찾아볼 수 있을지 모르겠소."

*

기도는 해프닝이 아니다. 기도 자체가 삶이다. 숨 쉬지 않고 사는 법 없다. 그 내용이 이루어지느냐 아니냐에 관심하니까 기도 중에 낙심하여 그만두는 것이다.

성전에서 기도하는 두 사람 비유 [18, 9-14]

또 자기만 옳다 생각하고 남을 업신여기는 자들에게 비유로 말씀하셨다. “두 사람이 기도하러 성전에 올라갔는데 하나는 바리사이파 사람이고 다른 하나는 세리였소. 바리사이파 사람이 따로 서서 기도하였소. ‘오, 하느님, 제가 다른 사람들 곧 남을 속여 제 배 채우고 범죄 저지르고 음탕한 짓을 하는 자들과 같지 않고 저 세리와도 같지 않은 것을 감사드리나이다. 저는 이레에 두 번 금식하고 소득의 십일조를 꼬박 바쳤습니다!’ 한편 세리는 멀리 떨어져서 눈을 들어 하늘을 우러러보지도 못하고 가슴을 두드리며, ‘오, 하느님, 제가 많은 죄를 지었습니다. 불쌍히 여기소서.’ 하였소. 그렇소, 내가 분명히 말하는데, 하느님 보시기에 의로운 자로 인정받고 집으로 돌아간 것은 저 사람이 아니라 이 사람이었소. 무릇 자기를 높이는 사람은 낮아지고 자기를 낮추는 사람은 높여질 것이오.”

*

사람의 도리를 제대로 배운 사람이면 남을 업신여기고 자기를 높이는 짓은 차마 할 수 없는 것이다. 세상에 탈을 일으키는 자는 못 배운 사람이 아니라 잘못 배운 사람이다.

안수받으러 온 아이들 [18, 15-17]

예수께서 안수해주기를 바라는 마음으로 사람들이 아이들을 데려왔다. 제자들이 보고 그들을 나무라자, 예수께서 아이들을 데려오게 하시고 이르시기를, “아이들이 내게로 오는 것을 그냥 두고 막지 마시오. 하느님 나라는 이런 아이 같은 사람들의 것이오. 내가 진정으로 말하는데, 누구든지 하느님 나라를 어린아이가 맞아들이듯이 맞아들이지 않으면 결코 그 나라에 들지 못할 것이오.” 하셨다.

*

아이들은 아직 판단과 생각이 없어 무엇이든 있는 그대로 받아들인다. 어른들이 하느님 나라에 들지 못하는 것은 본인의 판단과 생각으로 그것을 받아들이지 않아서다.

부자의 하느님 나라와 낙타의 바늘귀 [18, 18-27]

지도자들 가운데 하나가 예수께 묻기를, "선한 선생님, 제가 무엇을 하면 영원한 생명을 얻겠습니까?" 하였다. 예수께서 그에게 말씀하셨다. "어째서 나를 선하다고 하는 건가? 선한 이는 오직 하느님 한 분이시네. '간음하지 마라. 살인하지 마라. 도둑질하지 마라. 거짓으로 증언하지 마라. 부모를 공경하라.' 이런 계명들을 알고 있지 않나?" 그가, "제가 어려서부터 그 모든 것들을 다 지켰습니다."하고 대답하자 예수께서 그에게 말씀하셨다. "아직 부족한 것이 하나 있네. 있는 재물 모두 팔아 가난한 이들에게 주시게. 자네 보화가 하늘에 쌓일 것이네. 그런 다음에 와서 나를 따르게." 그러자 그는 이 말씀을 듣고 마음에 번민이 가득하였다. 큰 부자였기 때문이다.

그가 괴로워하는 것을 보시고 예수께서 이르셨다. "재물 많은 사람이 하느님 나라에 들어가기가 얼마나 어려운지! 부자가 하느님 나라에 들어가는 것보다 낙타가 바늘귀로 빠져나가는 것이 더 쉬울 것이오." 이 말씀을 듣고 사람들이, "그렇다면 누가 구원을 받겠습니까?" 하고 묻자 예수께서 대답하셨다. "사람 힘으로 할 수 없는 일을 하느님은 하실 수 있소."

*

사람이 자기 몸에 일어나는 일도 자기 마음대로 못하면서 자기 마음을 자기 마음대로 부리려 하니 그래서 안 되는 거다. 자기를 온전히 하느님께 바쳐서 몸과 마음을 지으신 하느님이 쓰시도록 해드린다면 부자가 소유를 모두 팔아 가난한 이들에게 주는 건 일도 아니다.

하느님 나라를 위하여 집을 버린 사람들 [18, 28-30]

베드로가 말하기를, "우리는 어떤가요? 우리 모두 가진을 버리고 주님을 좇았습니다." 하였다. 예수께서 이르셨다. "그렇소, 내가 분명히 말하는데, 하느님 나라를 위하여 집이나 아내나 형제나 부모나 자녀를 버린 사람들 가운데, 이 세상에서 여러 갑절로 상을 받고 오는 세상에서 영원한 생명을 얻지 못할 사람은 아무도 없을 것이오."

*

먼저 버리고 나중에 얻는다. 먼저 얻고 나중에 버리는 게 아니다. 나중에 얻으려고 먼저 버리는 것도 아니다. 사람은 거죽을 보지만 하늘은 중심을 보기 때문이다.

당신의 죽음을 예고하심 [18, 31-34]

예수께서 열두 제자를 불러 이르시기를, "들으시오, 우리는 지금 예루살렘으로 올라가는 길인데 그곳에서 사람 아들에 관한 예언자들의 기록이 모두 이루어질 것이오. 사람 아들이 이방인들 손에 넘겨지면 저들이 사람 아들을 조롱하고 모욕하고 침 뱉고 채찍질하고 마침내 죽일 것이오. 하지만 사람 아들은 사흘 만에 다시 살아날 것이오." 하셨다. 그러나 제자들은 무슨 말인지 알아듣지 못하였다. 말씀이 그들한테 가려져 있어서 그 뜻을 깨달아 알 수 없었던 것이다.

*

스승의 말을 알아듣지 못한 제자들이 그때는 이 말씀이 자기들한테 가려져 있었다고 변명한다. 아니다. 가려진 것은 말씀이 아니라 그들의 눈이었다.

예리고의 맹인을 고쳐주심 [18, 35-43]

예수께서 예리고 가까이 이르렀을 때, 맹인 하나 길가에 앉아서 구걸하다가 걸어가는 사람들 발소리를 듣고 무슨 일이냐고 물었다. 나자렛 예수 일행이 지나간다는 말을 듣고 맹인이 큰소리로 외쳤다. "다윗의 자손, 예수여! 불쌍히 여기소서." 앞서가던 사람들이 그를 꾸짖으며 조용히 하라고 했지만 그가 더 큰 소리로 외쳐댔다. "다윗의 자손이여! 불쌍히 여기소서." 예수께서 걸음을 멈추고 사람들에게 그를 데려오라 이르셨다. 그가 가까이 다가오자 예수께서, "나에게 바라는 것이 무엇이오?"하고 물으셨다. 그가 대답하였다. "주님, 다시 보게 해주십시오." 예수께서 그에게, "그대로 되어라! 보시오, 당신 믿음이 당신을 살렸소."라고 말씀하시니 맹인이 곧 보게 되어 하느님을 찬양하며 예수를 좇았다. 이를 본 사람들이 모두 하느님을 찬양하였다.

*

"나에게 바라는 것이 무엇이오?" 하기는 이 물음에 옳고 분명한 답을 가진 사람이 드문 세상이긴 하다. 그래서 이런 질문이 필요하다. 예수, 그분은 하느님과 사람의 믿음을 연결 지어주는 통로였다.

예리고의 키 작은 사람, 자캐오 [19, 1-10]

예수께서 예리고에 이르러 거리를 지나고 계셨다. 그곳에 자캐오라는 사람이 살았는데 세리장이고 돈이 많았다. 그가 예수를 보고자 하였으나 볼 수 없었으니, 사람들이 너무 많이 모여들었고 그의 키가 작기 때문이었다. 그래서 앞으로 달려가 뽕나무 위로 올라갔다. 예수 일행이 그 나무 아래로 지나가게 되어 있었던 것이다. 예수께서 그 자리에 이르러 위를 올려다보며 말씀하셨다. "자캐오, 어서 내려와요. 당신 집에서 하룻밤 묵게 해주시오." 그가 급히 내려와 기쁜 마음으로 예수를 집에 모셨다. 사람들이 이를 보고 수군거렸다. "저 사람이 죄인의 집에 묵으러 들어갔어!" 자캐오가 일어서서 주님께 말씀드렸다. "제 재산의 절반을 가난한 사람들에게 주겠습니다. 그리고 누구한테서 강탈한 게 있으면 네 배로 갚아주겠어요." 예수께서 이르셨다. "오늘 이 사람 집에 구원이 임하였소. 이 사람도 아브라함의 자손이오. 사람 아들이 온 것은 잃은 자를 찾아서 구원하기 위해서요."

*

세상이 외면하는 사람을 홀로 찾으신다. 세리 자캐오가 사람들 눈에는 죄인이지만 그분 눈에는 아브라함의 자손이다. 같은 사람이 다르게 보인다.

금화 한 닢씩 받은 종들 이야기 [19, 11-27]

이 말씀을 들으면서 사람들은, 예수 일행이 예루살렘 가까이 온 것을 보면 드디어 하느님 나라가 코앞에 닥쳤나보다고 생각하였다. 예수께서 그들에게 비유 하나를 들려주셨다. "한 귀족이 왕위를 받아오려고 먼 길을 떠나게 되었소. 그가 종 열을 불러 각자에게 금화 한 닢씩 주며, '내가 돌아올 때까지 이것으로 장사를 해보라'고 하였소.

그런데 백성들은 그를 미워하였으므로 대표들을 뒤따라 보내어, 그가 왕이 되는 것을 원치 않는다는 자기네 뜻을 전하게 하였소. 귀족이 왕위를 받아서 돌아오는 길로 돈 맡겼던 종들을 불러 각자 얼마를 벌었는지 보고하라고 하였소. 첫째 종이 와서, '주인님, 주인님의 금화 한 닢으로 열 닢을 남겼습니다.'라고 말하자 주인이 그에게 이르기를, '잘하였다, 착한 종아. 네가 지극히 작은 일에 충성하였으니 열 고을을 맡아서 다스리도록 하여라.' 하였소. 둘째 종이 와서, '주인님, 주인님의 금화 한 닢으로 다섯 닢을 남겼습니다.'라고 말하자 주인이 그에게 이르기를, '너도 다섯 고을을 맡아서 다스려라.' 하였소. 다른 종이 와서, '주인님의 금화가 여기 고스란히 있습니다. 수건으로 잘 싸 두었습지요. 주인님은 넣지 않은 데서 꺼내고 심지 않은 데서 거두는 빈틈없는 분이신지라 겁이 나서 그랬습니다.'라고 말하자 주인이 그에게 이르기를, '이 고얀 놈아, 네 입에서 나온 말로 너를 심판하마. 나를 넣지 않은 데서 꺼내고 심지 않은 데서 거두는 빈틈없는 사람인 줄로 알았다고? 그런데 어째서 내 돈을 은행에 맡기지 않았느냐? 그랬더라면 내가 이자까지 붙여서 원금을 돌려받지 않겠느냐?' 하고서 거기 있는 자들에게 말했소. '저자의 금화 한 닢을 금화 열 닢 가진 종에게 주어라.' 사람들이, '주인님, 그에게는 금화 열 닢이 있는데요?'라고 말하자 주인이, '그렇다, 내가 진정으로 말한다, 무엇을 가진 사람은 더 받을 것이고 가진 게 없는 사람은 있는 것마저 빼앗기리라. 그리고 내가 왕 되는 것을 반대한 자들을 이리로 끌어내어 내 앞에서 죽여라.' 하였소."

*

예수의 '달란트 비유'를 사람들이 자기네 의식 수준에 맞추어 각색하였다. 종 열에게 금화 하나씩을 주고 그것으로 벌어온 액수에 따라 보상의 크기도 달라진다. 게다가 주인이 왕 되는 것을 반대한 자들을 공개 처형한다. 모든 것이 완벽하게 공평하다. 제자라는 자들이 소화하기 어려운, 또는 싫은 스승의 가르침을 이런 모양으로 바꿔놓았다.

어린 나귀 등에 앉으심 [19, 28-40]

예수, 말씀을 마치시고 예루살렘 쪽으로 앞장서 가시다가 올리브 산 기슭의 벳파게와 베다니아 가까이 이르렀을 때 두 제자를 보내며 이르셨다. "맞은편 마을로 가시오. 거기, 아무도 태워보지 않은 어린 나귀가 매여 있을 터이니 그 나귀를 풀어서 끌고 오시오. 혹시 누가 왜 나귀를 푸느냐고 묻거든, '주인이 쓰신답니다.'라고 대답하시오." 그들이 가서 보니 과연 말씀하신 대로였다. 나귀를 푸는데 나귀 주인이 나타나, "왜 그걸 푸는 거요?"하고 물었다. 그들은 "주인이 쓰신답니다." 대답하고 나귀를 끌고 와서 등에 자기들 겉옷을 벗어 얹고 예수를 그 위에 앉혀드렸다. 예수께서 앞으로 나아가시는데 사람들이 겉옷을 벗어 길에 깔았다.

올리브 산 내리막길에 이르렀을 때 숱한 제자들이 자기네가 목격한 놀라운 기적들로 인하여 크게 기뻐하며 소리 높여 하느님을 찬양하였다. "찬양합니다, 주의 이름으로 오시는 이여! 하늘에 평화, 지극히 높은 곳에 영광!" 무리에 섞여 있던 바리사이파 사람들이 예수께, "선생, 당신 제자들을 왜 나무라지 않는 거요?"하고 말하자 그들에게 이르시기를, "내가 분명히 말하는데, 저들이 잠잠하면 돌들이 소리칠 것이오." 하셨다.

*

제자들의 눈은 시방 자기들이 목격한 놀라운 기적들을 보고 있다. 아직 그 기적들의 주인공은 보이지 않는다. 그를 보았다 해도 겉모습을 보았을 따름이다. 하지만 이런 시행착오를 거치지 않고서는 갈 수 없는 것이 그들에게 주어진 길 아닌가? 괜찮다.

예루살렘을 바라보며 탄식하심 [19, 41-44]

예루살렘 가까이 이르러 성을 보시며 눈물로 탄식하시기를, "오늘 네가 평화의 길을 알았더라면 얼마나 좋았으랴? 그런데 그 길이 너에게 숨겨져 있구나. 때가 되면 원수들이 쳐들어와 너를 사방으로 포위하여 너와 네 자식들을 땅에 메어치고 돌 위에 돌 하나 남지 않게 무니뜨릴 터인즉, 하느님이 너를 찾아오신 때를 네가 알아보지 못하였기 때문이다." 하셨다.

*

아마도 예루살렘을 향하여 눈물을 흘리긴 하셨으리라. 하지만 그 이유는 장차 무너질 예루살렘 성 때문이 아니라 지금 거기 살고 있는 소경과 귀머거리들 때문이었을 것이다.

성전에서 장사꾼들을 몰아내심 [19, 45-46]

예수께서 성전 뜰 안으로 들어가 거기서 장사하는 자들을 몰아내며 크게 꾸짖으셨다. "성경에, '내 집은 기도하는 집이 되리라.' 하였거늘, 너희가 성전을 '강도의 소굴'로 만들었구나!"

*

천지불인天地不仁이라, 참사람은 자연과 같아서 벼락을 칠 때는 인정사정 두지 않는다.

예수 죽일 것을 모의하는 사람들 [19, 47-48]

예수께서 날마다 성전에서 가르치시는데 대사제들과 율법학자들과 백성의 지도자들이 예수 잡아 죽일 것을 모의하였으나, 사람들이 그의 말에 귀를 기울이고 있었으므로 방도를 찾지 못하였다.

*

누구는 밝은 대낮에 사람들을 가르치고 대사제들과 율법학자들과 백성의 지도자들은 몰래 숨어서 살생을 도모한다. 지금도 사람들이 그러고들 있다.

자격을 묻는 사람들 [20, 1-8]

하루는 성전에서 사람들을 가르치며 복음을 전하시는데 대사제들과 율법학자들과 원로들이 함께 몰려와서 예수께 따져 묻기를, "당신이 무슨 자격으로 이런 일을 하는 거요? 누가 당신에게 그런 권한을 주었소? 말해보시오." 하였다. 예수께서 그들에게 되물으셨다. "나도 하나 물읍시다. 어디, 답해보시오. 요한의 세례가 하늘에서 온 것이오?

사람한테서 난 것이오?" 그들이, "하늘에서 왔다고 하면 왜 그를 믿지 않느냐 할 테고 사람한테서 났다고 하면 요한을 예언자로 아는 백성이 우리를 돌로 치지 않겠는가?"하며 서로 의논한 끝에 그것이 어디에서 왔는지 모르겠다고 대답하였다. 예수께서 그들에게 이르셨다. "나도 무슨 자격으로 이 일을 하는지, 답하지 않겠소."

*

대사제들과 원로들은 예수의 질문에 대한 답이 아니라 그 답의 결과를 생각한다. 그들에게 중요한 것은 진실이 아니라 자기들에 대한 세상의 반응이다. 정도正道가 아니다. 그런 사람들과 말 섞을 이유가 없다.

포도원 주인 아들을 죽인 사람들 비유 [20, 9-19]

예수께서 사람들에게 비유로 말씀하셨다. "한 사람이 포도원을 만들어 농부들에게 도지로 주고 오랫동안 집을 떠나 있었소. 포도 거둘 때가 되어 도조를 받아오라고 종 하나를 보냈더니 농부들이 그를 때리고 빈손으로 돌려보냈소. 주인이 다시 다른 종을 보내자 그도 매질과 욕질 끝에 빈손으로 돌려보냈소. 주인이 세 번째로 종을 보냈으나 그마저 상처를 입히고 쫓아버렸소. 포도원 주인이, '이제 어쩐다? 옳지, 이번에는 내 사랑하는 외아들을 보내자. 저들이 설마 내 아들은 알아보겠지.'하고 아들을 보냈더니 농부들이 그를 보고는, '저 녀석이 상속자다. 죽여 버리고 그가 물려받을 재산을 우리가 차지하자.' 하면서 그를 집 밖으로 끌어내어 죽였소. 자, 포도원 주인이 그들을 어떻게 하겠소? 집으로 돌아와 그들을 모두 죽이고 포도원을 다른 사람들에게 맡길 것이오."
사람들이 듣고서, "하느님 맙소사! 어찌 그런 수가?" 하자, 예수께서 그들을 바라보며 말씀하셨다. "집 짓는 자들이 버린 돌을 모퉁이 머릿돌로 쓰신다는 성경 말씀이 무슨 뜻이겠소? 이 돌 위에 떨어지는 자들은 으깨어질 것이고 이 돌이 그 위로 떨어지는 자들은 가루가 될 것이오." 율법학자와 대사제들은 예수의 비유가 자기들을 겨냥한 것인 줄 알고 그를 현장에서 잡고자 하였으나 백성이 두려워 손을 쓰지 못하였다.

*

집 짓는 자들이 왜 돌을 버리는가? 쓸데없어서다. 그런데 이해타산으로 보면 쓸데없는 짓을 하는 사람들이 간혹 있다. 예수, 그분이 그렇다. 병든 사람 고쳐주고 좌절한 사람 일으켜주고 외로운 사람 위로하고 그래서 돈이 생기나? 권력이 생기나? 하지만 하느님은 그런 사람들로 새 역사를 이루신다. 역설이다.

카이사르의 것은 카이사르에게 [20, 20-26]

그들이 예수의 말로 트집을 잡아 사법부와 총독부에 고소하려고 밀정들을 선량한 사람으로 꾸며서 보냈다. 그들이 예수께 와서 묻기를, "선생, 우리는 선생의 말과 가르침이 옳다는 것을 압니다. 또 선생이 사람을 겉모습으로 보지 않고 오직 하느님의 도를 진실하게 가르친다는 것도 알고 있습니다. 우리가 카이사르에게 세금을 내는 것이 옳습니까? 옳지 않습니까?" 하였다. 예수께서 그들의 간교한 속셈을 아시고, "데나리온 한 닢을 보여주시오. 거기 누구의 초상과 글이 새겨져 있소?"하고 물으셨다. 그들이, "카이사르입니다."라고 대답하자 예수께서 이르셨다. "그런즉 카이사르 것은 카이사르에게, 하느님 것은 하느님께 돌리시오." 저들이 사람들 앞에서 예수의 말씀을 책잡지 못하고 오히려 그 답변에 놀라 입을 다물었다.

*

선량해 보이는 사람들의 논리정연이 예수를 속일 수 없는 까닭은 그분이 사람의 말보다 그렇게 말하는 사람의 중심을 보시기 때문이다.

사두가이파 사람들에게 부활을 설명하심 [20, 27-40]

부활이 없다고 주장하는 사두가이파 사람 몇이 예수께 와서 물었다. "선생, 모세가 남긴 글에 보면 형이 아내를 두고 자식 없이 죽었을 경우 동생이 형수한테서 자식을 낳아 형의 대를 이어야 한다고 되어 있습니다. 일곱 형제가 살았어요. 맏이가 결혼하여 살다가 자식 없이 죽어 둘째가 형수와 살았고 셋째도 형수와 살았고 그렇게 하여 일곱 형제가 모두 한 여자와 살았는데 자식을 보지 못하고 죽었습니다. 나중에 여자도 죽었지요. 일곱이 모두 한 여자를 아내로 삼았으니, 부활하면 그 여인은 누구 아내가 되는 겁니까?" 예수께서 대답하셨다. "이 세상에 속한 자녀들은 장가도 들고 시집도 가지만 죽음에서 부활하여 다음 세상에 살 자격을 얻은 사람들은 장가도 들지 않고 시집도 가지 않소. 실로 그들은 다시 죽을 수가 없으니, 천사들과 같은 존재요 부활의 분깃을 나눠 받은 하느님의 자녀들이기 때문이오. 죽은 자의 부활은 모세 자신이 분명하게 보여주었거니와, 그가 가시떨기 앞에서 주님을 '아브라함의 하느님, 이사악의 하느님, 야곱의 하느님'이라 부른 것은 하느님이 죽은 자의 하느님이 아니라 산 자의 하느님이라는 뜻인 게요. 하느님 앞에서는 모든 사람이 살아있는 사람이오." 말씀을 듣고 있던 율법학자 몇이, "선생, 말씀 잘하셨소."라고 말하자 아무도 감히 더 물으려 하지 않았다.

*

그렇다. 땅은 어디에서 어디까지가 있지만 하늘은 그런 것 없다. 여기가 거기고 저것이 이것이다. 어떻게 내남이 있을 것인가? 석가의 천상천하유아독존天上天下唯我獨尊이 바로 하늘나라 진실을 선언한 것이다. 내가 무슨 수로 나와 결혼한단 말인가? 땅에서도 하늘 진실에 눈뜬 사람은 만물여아일체萬物與我一體라, 모두가 자기와 더불어 하나라고 말한다.

다윗의 자손일 수 없는 그리스도 [20, 41-44]

또 그들에게 이르시기를, "사람들이 그리스도를 다윗의 자손이라 하는데 어찌 된 거요? 다윗이 자기 시편에서 읊기를, '주 하느님이 우리 주님께, 내가 네 원수를 네 발치에 무릎 꿇릴 때까지 내 오른편에 앉아있으라고 하셨다.' 하지 않았소? 다윗이 그리스도를 주님이라 불렀거늘, 어떻게 그의 자손일 수 있겠소?" 하셨다.

*

예수는 시공간의 제한을 받지만 그리스도는 시공을 넘어선다. 그리스도는 예수의 성姓이 아니다. 영원과 시간의 합일 또는 조화가 예수 그리스도다.

율법학자들의 위선을 경계하심 [20, 45-47]

사람들이 모두 듣는 자리에서 제자들에게 말씀하셨다. "기다란 예복 입기를 좋아하고 장터에서 인사받기를 즐기고 회당에서는 높은 자리, 잔치마당에서는 윗자리에 앉으려 하는 율법학자들을 삼가 조심하시오. 그들이 과부 재산을 삼키면서 기도는 사람들 보라고 길게 하는데, 그만큼 더 큰 벌을 받게 될 것이오."

*

그들이 벌을 받는다면 그것은 누가 그들에게 내리는 게 아니다. 제가 저에게 주는 것이다.

가난한 과부의 헌금 [21, 1-4]

눈을 들어 부자들이 헌금 궤에 돈 넣는 것을 보고 있던 예수께서 가난한 과부가 작은 동전 두 닢 넣는 것을 보고 말씀하시기를, "내가 진정으로 말하오, 이 가난한 과부가 누구보다 많은 돈을 넣었소. 저들은 남아도는 데서 얼마를 헌금으로 내었지만 이 과부는 모자라는 데서 자기 생활비 전부를 바쳤소." 하셨다.

*

사람들이 사물을 볼 때 예수는 사물을 있게 하는 무엇을 보신다. 부자들은 전체의 부분을 바쳤고 가난한 과부는 전체의 전체를 바쳤다. 전체보다 큰 부분은 있을 수 없는 것.

아름다운 성전의 붕괴를 예고하심 [21, 5-6]

사람들이 아름다운 돌과 값진 예물로 화려하게 꾸며놓은 성전을 바라보며 감탄하고 있는데 예수께서 이르셨다. "지금은 저 성전을 당신들이 보고 있지만, 때 되면 돌 위에 돌 하나 얹혀있지 못하고 다 무너져 내릴 것이오."

*

제행무상諸行無常. 사과 한 알에서 과수원을 보고 새싹에서 낙엽을 본다. 시인의 눈이다.

마지막 날을 가리키는 징조들 [21, 7-19]

그들이 물었다. "선생님, 언제 그런 일이 일어나겠습니까? 그 일이 일어날 즈음, 무슨 징조가 있겠습니까?" 예수께서 대답하셨다. "속지 않도록 조심하시오. 많은 사람이 내 이름으로 나타나서, '내가 그다.' 또는 '때가 되었다.'고 떠들 텐데 그들을 따라가지 마시오. 전쟁과 난리가 터졌다는 소문이 들리더라도 겁내지 마시오. 그런 일이 먼저 일어나긴 하겠지만 마지막 날이 곧 닥치는 건 아니오."

이어서 제자들에게 이르셨다. "민족이 일어나 민족을 치고 나라가 일어나 나라를 치고 여기저기에서 큰 지진과 기근과 전염병이 일어나고 하늘로부터 무서운 일들과 엄청난 징조들이 나타날 것이나, 이 모든 일이 있기 전에 사람들이 그대들을 붙잡아 핍박하고 회당에 넘겨 옥에 가둘 것이며 그대들은 내 이름 때문에 왕과 총독들 앞으로 끌려갈 터인즉, 그때야말로 그대들이 나를 증언하는 기회가 될 것이오. 그 자리에서 뭐라고 항변할까, 미리 걱정하지 마시오. 적들이 꺾거나 반박할 수 없는 말과 지혜를 내가 그대들에게 주겠소. 그대들의 부모와 형제, 친척, 친구들도 그대들을 넘겨주어 더러는 죽이기까지 할 것이오. 또 그대들은 내 이름 때문에 모든 사람의 미움을 받겠지만 머리카락 하나 다치지 않을 것이오. 끝까지 참고 견디면 그대들의 영을 얻게 될 것이오.

*

사기가 당대의 구세주라고 착각하는 자들은 언제나 있었고 지금도 있고 앞으로도 있을 것이다. 사람들이 물어본 언제는 미래의 어느 날이지만 예수의 그날은 바로 오늘이다.

예루살렘 파멸의 날 [21, 20-24]

"예루살렘이 군대에 포위된 것을 보거든 머잖아 도성이 황폐해질 때가 된 줄로 아시오. 그때 유다에 있는 사람들은 산으로 도망하고 도성 안에 있는 사람들은 밖으로 나가고 촌에 있는 사람들은 도성 안으로 들어가지 마시오. 그날들이 바로 성경에 기록된 말씀이 모두 이루어지는 징벌의 날들이기 때문이오. 그날 땅에 큰 환란이 일어나고 이 백성 위로 하느님의 진노가 내릴 터인즉, 임신한 여인과 젖 먹이는 여인들에게 화가 미칠 것이오. 사람들이 칼 맞아 죽고 포로가 되어 여러 나라로 끌려가고 예루살렘은 이방인의 시대가 저물 때까지 그들 발에 짓밟힐 것이오.

*

이 글을 읽는 사람들이 당하는 오늘의 현실이 어제의 미래형으로 서술된다. 우리가 지금 겪는 이 모든 일은 스승께서 일찍이 예고하신 대로 되는 것이니 안심하자는 뜻이겠다.

하늘의 징조들 [21, 25-28]

"그때 해와 달과 별들에 징조가 나타날 것이고 땅 위의 모든 민족이 바다와 파도의 울부짖는 소리에 넋을 잃고 사람들은 세상에 닥칠 무서운 일을 생각하여 기절할 텐데, 이는 하늘의 권세들이 흔들리기 때문이오. 그때 사람 아들이 구름 속에서 권능과 큰 영광을 입고 오는 것을 사람들은 보게 될 것이오. 이런 일들이 일어나기 시작하면 구원의 날이 가까운 것이니 일어나서 머리를 드시오."

*

"사람 아들이 구름 속에서 권능과 큰 영광을 입고 오는 것을…" 이렇게 말하는 뜻은 갸륵한 바 있으나 위험하고 잘못되었다. 사람들로 하여금 있는 오늘에서 없는 내일로, 현실에서 몽상으로, 눈을 돌리게 할 수 있기 때문이다.

무화과나무와 여름철 은유 [21, 29-33]

이어서 은유로 말씀하셨다. "저 무화과나무와 다른 모든 나무를 보시오. 나무에 잎 돋는 것을 보고 여름이 가까운 줄 아는 것처럼, 이런 일들이 일어나는 것을 보게 되거든 하느님 나라가 가까운 줄 아시오. 그렇소, 내가 분명히 말하는데, 이 세대가 지나기 전에 이 모든 일이 일어날 것이오. 하늘과 땅은 사라지겠으나 내 말은 결코 사라지지 않을 것이오.

*

사람이 어디에서 무슨 일을 당하더라도 누군가를 또는 무엇인가를 진실히 사랑한다면 거기가 곧 하느님 나라다. 땅의 온갖 현상을 통해 다가오는 하느님 나라를 보는 복된 눈이여!

항상 깨어 기도할 것을 당부하심 [21, 34-38]

"흥청거리며 먹고 마시는 일과 생활 걱정으로 마음이 무뎌지지 않도록 조심하시오. 온 땅의 사람들에게 덫처럼 닥칠 그 날이 당신들한테 너무 갑작스러운 날이 되지 않도록 조심하시오. 장차 닥쳐올 이 모든 일을 피하여 사람 아들 앞에 설 수 있도록, 그대들은 아무쪼록 항상 깨어서 기도하시오."

예수, 낮에는 성전에서 가르치시고, 밤이면 올리브밭이라고 부르는 언덕에 올라 쉬셨다. 사람들이 이른 아침부터 성전으로 예수의 말씀을 듣고자 모여들었다.

*

깨어 있는 것만으로는 부족하다. 기도가 필요하다.

유다가 대사제들을 찾아가 만남 [22, 1-6]

유월절이라 불리는 무교절이 다가왔다. 대사제들과 율법학자들이 예수를 어떻게 죽일 수 있을까, 그 방도를 궁리하였다. 백성이 두려웠던 것이다.

열두 제자 가운데 하나인 가리옷 사람 유다 안으로 사탄이 들어갔다. 유다가 대사제들과 성전 경비대 장교들한테 가서 예수 넘겨줄 방법을 의논하였다. 그들이 기뻐하며 돈을 주겠다고 약속하니 유다가 승낙하고, 사람들 없는 데서 예수 넘겨줄 기회를 엿보았다.

*

유다를 나무랄 것 없다. 제 길을 제가 가는 것일 뿐이다. 사람들은 그를 나무라겠지만, 현불책우賢不責愚라, 예수는 어리석은 그를 나무라지 않으신다.

유월절 음식 준비 [22, 7-13]

무교절 첫날 곧 유월절 양을 잡는 날이 되었다. 예수께서 베드로와 요한을 보내시며 이르셨다. "가서 우리가 먹을 유월절 음식상을 준비해놓으시오." 그들이, "어디에다 준비할까요?"라고 묻자, "성안에 들어가면 물 한 동이 메고 가는 사람을 만날 것이오. 그가 들어가는 집까지 따라가서 집주인에게 말하시오. '선생님이 물으시기를, 내가 제자들과 함께 유월절 음식 먹을 방이 어디냐고 하십니다.' 그러면 자리가 마련되어 있는 큰 다락방을 보여줄 테니 거기에다 준비해놓으시오." 그들이 가서 보니 과연 말씀하신 대로인지라 그곳에 유월절 음식상을 준비해놓았다.

*

사람이 자기 속으로 깊이 들어가면 이른바 과거와 미래가 중심에서 수렴된다. 잠시 뒤의 일을 그래서 내다볼 수 있는 거다. 이런 걸 사람들은 신통력이라 부른다. 스승이 제자들에게 한번 보여주신다. 하지만 늘 괜히 그러시진 않았다.

마지막 유월절 음식을 제자들과 함께 드심 [22, 14-23]

때가 되어 사도들과 함께 자리에 앉으신 예수께서 말씀하셨다. "내가 고난을 겪기 전에 그대들과 유월절 음식 나누기를 얼마나 기다렸는지 모르오. 내가 분명히 말하는데, 유월절 음식의 목적이 하느님 나라에서 이루어질 때까지 나는 두 번 다시 유월절 음식에 입을 대지 않을 것이오." 이어서 잔을 들어 하느님께 감사드리고 이르시기를, "이 잔을 받아 그대들끼리 나누시오. 내가 분명히 말하는데, 이제부터 나는 하느님 나라가 오기까지 포도나무에서 난 것을 마시지 않을 것이오." 하셨다. 또 빵을 들어서 감사하신 다음, 떼어서 제자들에게 주시며 이르셨다. "이는 그대들을 위하여 주는 내 몸이오. [이를 행하여 나를 기억하시오." 또 이처럼 저녁 식사를 마친 뒤에 잔을 들고 말씀하셨다. "이 잔은 그대들을 위하여 쏟은 내 피로 맺어진 새로운 계약이오.] 그러나 보시오, 나를 넘겨줄 자의 손이 지금 나와 같은 식탁 위에 있소. 사람 아들은 주어진 자기 길을 가겠지만 사람 아들을 넘겨준 그 사람은 참으로 딱하게 되었소." 제자들이, "그런 짓을 할 자가 우리 가운데 누구란 말인가?"하며 서로 수군거렸다.

*

스승이 자기의 마지막 순간을 내다보며 제자들과 식사하는 자리에서 이것이 땅 위에서는 마지막이라는 말과 함께 앞으로 음식을 나눌 때마다 자기를 기억하라고 부탁하신다.

누가 가장 큰 사람이냐를 두고 다투는 제자들 [22, 24-30]

제자들 사이에서 누가 가장 큰 사람이냐를 두고 다툼이 일자, 예수께서 말씀하셨다. "세상 나라에서는 왕들이 백성을 위에서 다스리고 권세 부리는 자들이 은인이라 불리지만, 그대들 사이에서 그래서는 아니 되오. 오히려 그대들 가운데 가장 큰 사람은 애송이 같아야 하고 지도하는 사람은 섬기는 사람 같아야 하오. 식탁에 앉아 먹는 사람과 시중드는 사람 가운데 누가 더 큰 사람이오? 식탁에 앉은 사람 아니오? 하지만 나는 시중드는 사람으로 시방 그대들 가운데 있는 것이오.

"그대들은 내가 시련을 겪는 동안 줄곧 나와 함께 있었소. 그런즉 아버지께서 당신 나라를 나에게 맡기신 것처럼 나도 그대들에게 내 나라를 맡기리니, 거기서 그대들이 식탁에 앉아 먹고 마시며 보좌에 앉아 이스라엘 열두 지파를 다스리게 될 것이오."

*

당신을 따르느라 고생한 제자들이 그에 대한 보상으로 높은 자리에 앉아서 백성을 다스리는 그런 나라가 과연 예수의 마음속에 있었을까? 하느님 나라가 지금 여기 우리 가운데 있다고 가르친 사람 입에서 나올 수 있는 말이 아니니다. 아직 스승의 경지에 이르지 못한 제자들이 이랬으면 좋겠다는 자기네 생각을 스승의 말로 표현했을 것이다.

장담하는 베드로 [22, 31-38]

"시몬, 시몬, 사탄이 그대들 모두를 밀 까부르듯이 흔들려고 권한을 청구하였소. 하지만 내가 그대를 위하여 믿음을 잃지 않게 해달라고 기도하였으니 그대는 돌이킨 뒤에 형제들에게 힘이 되어주시오." 베드로가 이 말을 듣고서, "주님과 함께라면 감옥에도 가고 죽는 자리에도 갈 준비가 되어 있습니다." 하였다. 그러자 예수께서 그에게 이르셨다. "내가 진정으로 말하오, 베드로. 오늘 닭 울기 전에 그대가 나를 세 번 모른다 할 것이오."

또 사도들에게 물으셨다. "내가 그대들을 보낼 때 돈주머니나 식량 자루나 신을 지니지 말라고 하였는데, 부족한 것이 있었소?" 그들이 없었다고 대답하자 예수께서 이르셨다. "하지만 이제는 돈주머니 있는 사람은 그것을 지니고 식량 자루 있는 사람도 그렇게 하시오. 또 칼이 없는 사람은 겉옷을 팔아서라도 칼을 장만하시오. 그리하여 '범법자들과 한패로 여겨졌다.'는 말씀이 나한테서 이루어져야 하오. 과연 나에 관한 모든 기록이 그대로 이루어질 것이오." 그러자 그들이 말하였다. "주님, 보십시오. 여기 칼이 두 자루 있습니다." 예수께서 이르셨다. "그만하면 되었소!"

*

시몬과의 대화는 사실이겠지만 칼을 사라고 했다는 건 제자들 얘기겠다. 그들에게 예수는 오래전 '과거'에 만들어진 '미래'의 메시아에 대한 예언의 성취였다. 예수, 그는 '어떤 사람'이 아니라 그냥 '사람'으로 시공時空 안에서 영원을 사는 길이요 진리요 생명이시다.

올리브 산에서 기도하심 [22, 39-46]

늘 하시던 대로 예수께서 올리브 산으로 가시니 제자들이 뒤를 따랐다. 그곳에 이르러 제자들에게, "시험에 들지 않도록 기도하시오." 말씀하시고 돌을 던지면 닿을 만한 곳에 무릎을 꿇고 기도하셨다. "아버지, 원하신다면 이 잔을 저한테서 치워주십시오. 그러나 제 뜻대로가 아니라 아버지 뜻대로 되기를 원하나이다." [한 천사가 하늘에서 나타나 그분께 힘을 북돋아드렸다. 예수께서 마음에 번민이 심하여 더욱 간절히 기도하시니 땀이 핏방울처럼 땅에 떨어졌다.]

예수, 기도를 마치고 제자들에게 돌아오시어 슬픔에 지쳐서 잠들어 있는 그들을 보고 말씀하셨다. "어찌하여 이렇게 잠들어 있는 거요? 시험에 들지 않도록 깨어서 기도하시오."

*

사람이면 언제고 한 번 겪어야 하는 순간이다. 살길을 찾아서, 다가오는 죽음을 피할 것인가? 아니면 그대로 맞을 것인가? 예수, 둘 중 하나를 스스로 취하지 않고 선택의 열쇠를 아버지에게 맡긴다. 자기 뜻 아닌 아버지 뜻이 이루어지게 하는 것이 그의 뜻이었다.

칼과 몽둥이를 들고 온 사람들 [22, 47-53]

미처 말씀이 끝나지 않았을 때 열두 제자 중 하나인 유다를 앞세우고 한 무리가 다가왔다. 당신한테 입을 맞추려고 다가오는 유다에게 예수께서 말씀하셨다. "유다, 한 번 입맞춤으로 사람 아들을 넘겨주려는 거요?" 따르던 무리가 일이 어떻게 돌아가는지를 알아차리고, "주님, 우리가 칼로 칠까요?"하고 물었다. 그들 가운데 하나가 대사제의 종 오른쪽 귀를 쳐서 떨어뜨렸다. 예수께서, "그만! 거기까지!" 하며 그 사람 귀에 손을 대어 고쳐주셨다.

예수께서 당신을 잡으러 온 대사제들과 성전 경비대 장교들과 원로들에게 이르셨다. "무슨 강도라도 잡듯이 칼과 몽둥이를 들고 오셨소? 내가 날마다 성전에서 당신들과 함께 있을 때는 잡지 않더니. 바야흐로 당신들의 때 곧 어둠이 다스리는 때가 되었구려."

*

예수, 당신 발로 걸어가서 포승줄에 묶이지 않으신다. 사람들이 와서 그를 체포해간다. 폭력에 대한 폭력이 있을 수 있는 상황이지만 그분의 길이 아니다.

베드로가 세 번 주를 모른다고 함 [22, 54-62]

그들이 예수를 잡아 대사제 관저로 끌고 갔다. 베드로가 멀찍이 떨어져 뒤를 따랐다. 사람들이 관저 뜰에 불을 피우고 둘러앉아 있는데 베드로도 그 틈에 끼어 앉았다. 하녀 하나가 불 쬐고 있는 베드로를 눈여겨보더니, "이 사람도 그와 함께 있었어요."라고 말하였다. 베드로가 아니라면서 하녀에게 말하였다. "여자야, 난 그 사람 모르네." 조금 뒤에 다른 사람이 베드로에게 말하였다. "당신도 그와 한패요." 베드로가 말하였다. "여보, 난 아니오!" 한 시간쯤 있다가 또 다른 사람이 장담하면서 말하기를, "이 친구, 분명히 그와 함께 있었소. 당신 갈릴래아 사람이잖아?" 하였다. 베드로가, "여보시오, 나는 당신이 무슨 말을 하는 건지 모르겠소."라고 말하는데, 말이 채 끝나기도 전에 닭이 울었다. 주께서 몸을 돌려 베드로를 바라보셨다. 베드로는, "오늘 닭 울기 전에 그대가 세 번 나를 모른다 할 것이오."라고 하신 주의 말씀이 생각나서 밖으로 나가 슬피 울었다.

*

베드로가 바닥을 친다. 마침내 그에게 참된 제자의 길이 열린다. 하지만 그는 몰랐을 거다, 주님과 함께라면 감옥에도 가고 죽을 수도 있다고 장담하는 자기를 스스로 몰랐던 것처럼. 괜찮다. 자기 의지로 스승을 등지지만 않는다면 몇 번쯤 넘어지고 비틀거려도 괜찮다.

병사들에게 조롱당하심 [22, 63-65]

예수를 지키던 자들이 그를 때리고 조롱하며 그 눈을 가리고는, "예언자 양반, 누가 때리는지 알아맞혀 보시지?" 하였다. 그밖에도 온갖 욕설을 퍼부었다.

*

조롱당하고 매 맞고 욕을 먹는다. 그래도 아무 대거리 없으시다. 죽기 전에 죽은 사람의 모습이다.

공의회 앞에 세워진 예수 [22, 66-71]

날이 밝자 백성의 원로들 곧 대사제들과 율법학자들이 예수를 공의회 앞에 세우고 물었다. "그대가 그리스도인가? 말해보게." 예수께서 답하셨다. "내가 말해도 당신들은 믿지 않을 것이고 내가 물어도 당신들은 답하지 않을 것이오. 이제부터 사람 아들이 하느님의 권좌 오른편에 앉게 될 것이오." 그들이 함께 물었다. "그러면 그대가 하느님의 아들이란 말인가?" 예수께서 그들에게 이르셨다. "내가 그라고, 당신들이 말하고 있소." 그들이 말하였다. "우리가 방금 본인 입에서 나오는 말을 직접 들었는데 무슨 증언이 더 필요하겠는가?"

*

자기가 누군지 아는 사람이 자기가 누군지 모르는 사람들에게 문초당한다. 무슨 말로 소통이 가능할 것인가? 저쪽은 할 말이 없고 이쪽은 할 말이 많다.

빌라도 앞에 서심 [23, 1-5]

온 무리가 들고일어나 예수를 빌라도 앞으로 끌고 가서 고발하여 말하기를, "이 자가 백성을 부추겨 카이사르에게 세금을 내지 못하게 하고, 자기가 그리스도 곧 왕이라 하기에 잡아 왔소." 하였다. 빌라도가 예수에게 물었다. "그대가 유다인의 왕인가?" 예수께서 답하셨다. "당신 말이 맞소." 빌라도가 대사제들과 군중을 향하여 말하였다. "나는 이 사람한테서 아무 잘못도 찾지 못하겠다." 하지만 그들은 더 큰 목소리로 우겨대었다. "저자가 백성을 부추기고 갈릴래아에서 시작하여 오늘 여기에 이르기까지 온 유다 땅을 돌아다니며 사람들을 가르치고 선동하였소이다."

*

무리가 예수에게 씌운 혐의는 자기들의 이념과 관습으로 표현되는 생각의 바탕을 위협한다는 것이었다. 인간은 생각하는 갈대일 뿐 아니라 제 생각에 놀아나는 꼭두각시로 될 수도 있는 존재다.

빌라도와 헤로데 사이를 오가심 [23, 6-12]

이 말을 듣고 빌라도는 저가 갈릴래아 사람이냐고 물어서 예수가 헤로데 관할지역에 속한 줄을 알고, 때마침 예루살렘에 와있던 헤로데한테로 보냈다. 헤로데가 예수를 보고 크게 기뻐하였다. 그의 소문을 듣고 한번 만나보고 싶어진 지 오래되었고 그가 일으키는 기적을 아무거라도 보고 싶었던 것이다. 헤로데가 이런저런 말로 물어보았지만 예수께서는 아무 대답도 하지 않으셨다. 그 자리에 서 있던 대사제들과 율법학자들이 예수를 맹렬히 고발하였다. 헤로데는 병사들과 함께 예수를 모욕하고 희롱한 다음 화려한 옷을 입혀 빌라도에게 돌려보냈다. 헤로데와 빌라도가 전에는 원수지간이었는데 그날에 친구 사이로 되었다.

*

비열한 두 인간 사이에서 뜨거운 감자로 되신다. 물론 스스로 그리되신 건 아니다.

빌라도가 예수를 넘겨줌 [23, 13-25]

빌라도가 대사제들과 지도자들과 백성들을 불러 모으고 이르기를, "그대들은 이 자가 백성을 선동하여 소란을 피우게 한다며 끌고 왔다. 하지만 내가 그대들 보는 앞에서 심문해보았으나 그대들이 고발하는 내용을 입증할 만한 증거를 찾지 못하였다. 헤로데 또한 그랬기에 이 자를 돌려보내지 않았겠느냐? 보라, 이 자는 죽어 마땅한 죄를 지은 것이 없다. 그래서 나는 이 자를 매질이나 하여 풀어줄까 한다." 하였다. [명절에 그가 죄수 하나를 풀어주는 것이 관례였다.] 그러나 온 무리가 소리를 질러댔다. "저자를 죽이고 바라빠를 우리에게 풀어주시오!" 바라빠는 성읍에서 폭동을 일으키고 살인까지 하여 옥에 갇혀 있던 자였다. 빌라도가 예수를 놓아주고자 하여 한 번 더 말해봤지만, 그들은 계속 소리를 질러댔다. "십자가에! 저자를 십자가에!" 빌라도가 세 번째로 말하기를, "이 자가 무슨 죄를 지었단 말이냐? 나는 그에게서 죽일 만한 죄를 찾지 못하였다. 이 자를 매질하여 풀어주어야겠다." 하였으나, 그들은 더 크게 악을 쓰며 예수를 십자가에 달아야 한다고 소리쳤다. 그들의 소리가 이겼다. 빌라도는 그들의 요구를 들어주겠다고 선언한 다음, 그들이 원하는 자 곧 폭동과 살인으로 옥에 갇혀 있던 바라빠를 풀어주고 예수를 넘겨주어 그들 맘대로 하게 하였다.

*

"그들의 소리가 이겼다." 진 건 빌라도다. 스스로 죽을 수 있는 사람만이 떼의 눈먼 함성을 이길 수 있다. 살고자 하는 마음으로는 어림도 없다.

십자가에 못 박히심 [23, 26-43]

그들이 예수를 끌고 가다가 마침 시골에서 성읍으로 들어오던 키레네 사람 시몬을 붙잡아 그에게 십자가를 지우고 예수를 뒤따르게 하였다. 수많은 무리가 뒤를 따랐는데, 그를 위해서 가슴을 치며 통곡하는 여인들도 섞여 있었다. 예수께서 여인들을 돌아보며 이르셨다. "예루살렘의 딸들이여, 나를 위해서 울지 말고 그대들과 그대들의 자녀들을 위해서 우시오. 이제 곧, '돌계집과 아이를 배지 못한 태와 아이에게 물려보지 못한 젖이 복되구나.'라고 말할 때가 올 것이오. 그때 사람들은 산을 향하여, '우리 위로 무너져라.' 하겠고 언덕을 향하여, '우리를 덮어다오.' 할 것이오. 생나무가 이런 일을 당하는데 마른 나무야 오죽하겠소?"

다른 범죄자 둘이 처형을 받게 되어 예수와 함께 끌려갔다.

'해골'이라 불리는 곳에 이르러 거기서 사람들이 예수를 십자가에 못 박았다. 두 범죄자도 십자가에 매달아 하나는 왼편에 하나는 오른편에 세웠다. 예수께서, "아버지, 저들을 용서해주십시오. 자기네가 무슨 짓을 하는지 모르고 있습니다." 하셨다. 그들이 예수의 옷을 나눠 가지려고 제비를 뽑았다. 사람들이 곁에서 지켜보았다. 지도자들도 비웃으며 말하기를, "저자가 남들을 구원하였으니, 진정 하느님이 뽑으신 그리스도라면 자기도 한번 구해보라지!" 하였다. 병사들도 예수를 희롱하고 가까이 가서 신 포도주를 주며 빈정거렸다. "네가 유다인의 왕이면 너 자신을 살려보아라." 그의 머리 위에, '이는 유다인의 왕'이라고 쓴 패가 걸려 있었다.
함께 십자가에 달린 범죄자 중 하나가 예수를 비방하여 말하기를, "당신, 그리스도 아닌가? 당신도 살리고 우리도 살려보시지!" 하였다. 다른 범죄자가 그를 꾸짖어, "너는 이분과 같이 처형당하면서 하느님이 두렵지도 않느냐? 우리야 한 짓이 있으니 이런 벌을 받아 마땅하지만 이분은 아무 잘못이 없단 말이다." 말하고는, "예수, 당신 나라에 들어가실 때 나를 기억해주십시오." 하였다. 예수께서 그에게 말씀하셨다. "내가 진정으로 말하는데, 오늘 그대가 나와 함께 낙원에 있을 것이네."

*

"해골이라 불리는 곳에 이르러 거기서 사람들이 예수를 십자가에 못 박았다." 인류 역사의 방향을 한꺼번에 틀어버린 엄청난 사건이 단 한 줄 문장에 담겼다! 놀라운 문학이다.

마지막 숨을 거두심 [23, 44-49]

정오가 되자 어둠이 온 땅을 덮어 오후 세 시까지 계속되었다. 해가 빛을 잃었던 것이다. 성전 휘장 한복판이 찢어져 두 폭으로 갈라졌다. 예수께서 큰 소리로, "아버지, 제 영혼을 아버지 손에 맡깁니다!" 부르짖으며 숨을 거두셨다. 백부장이 이 광경을 보고 하느님을 찬미하며 말하였다. "분명, 죄 없는 사람이었다." 구경하러 왔던 자들도 저마다 가슴을 두드리며 집으로 돌아갔다. 예수의 친지들과 갈릴래아에서부터 따라다니던 여인들이 멀리 서서 이 모든 일을 지켜보았다.

*

대낮에 해가 빛을 잃고 성전 휘장이 두 폭으로 갈라진다. 사실이 아니라 진실이다. 그분의 죽음으로 낡은 세상의 해는 빛을 잃고 성聖과 속俗의 장벽은 무너진다. "아버지, 제 영혼을 아버지 손에 맡깁니다!" 모든 사람이 마지막 순간에 할 수 있는 말이다. 그러나 모든 사람이 마지막 순간에 하는 말은 아니다.

무덤에 안장되심 [23, 50-56]

공의회 의원들 가운데 요셉이라고 하는 선하고 의로운 사람이 있었다. 의회의 결정과 행사에 동의한 적이 없는 그는 유다인 마을 아리마태아 태생으로 하느님 나라를 기다리며 살고 있었다. 그가 빌라도에게 예수의 시신을 달라 하여, 시신을 내려다가 고운 베로 싸서 바위를 파 만든 무덤에 안장하였다. 아직 아무도 눕혀보지 않은 무덤이었다. 날은 명절을 준비하는 날이었고, 시간은 안식일에 막 들이서는 시간이었다.
갈릴래아에서부터 예수를 수행한 여인들이 그를 따라가, 예수의 시신이 어떻게 무덤에 모셔지는지를 지켜보고 집으로 돌아와서 향료와 향유를 준비해두었다. 그리고 안식일은 계명대로 쉬었다.

*

아리마태아 사람 요셉. 그는 의원이지만 의회의 결정과 행사에 동의한 적이 없었다. 세상에 살면서 세상을 거스르는 사람, 좁은 길로 걸은 사람이었다. 제자들이 등지고 떠난 예수의 시신을 그가 수습한 것은 우연이 아니다. 그래도 현장을 멀리서 지켜보는 사람들이 있었다. 세상에서 변두리로 내몰린 여인들이었다.

빈 무덤을 보고 돌아온 여인들 [24, 1-12]

안식일 다음 날 이른 새벽, 여인들이 준비해두었던 향료를 가지고 무덤에 갔다가 돌이 무덤에서 굴려 옮겨진 것을 보고 안으로 들어갔으나 주 예수의 시신이 보이지 않았다. 어리둥절하여 멍하니 서 있는데 눈부시게 빛나는 옷을 입은 두 사람이 나타나 곁으로 다가왔다. 겁에 질려 고개를 숙이고 있는 여인들에게 그들이 말하였다. "어찌하여 살아계신 분을 죽은 자들 가운데서 찾는 거요? [그분은 여기 계시지 않고 살아나셨소.] 그분이 갈릴래아에 계실 때 뭐라고 말씀하셨는지 기억을 되살려보시오. 사람 아들이 반드시 죄인들 손에 넘어가 십자가에 달렸다가 사흘 만에 다시 살아난다고 하시지 않았소?"
여인들이 예수의 말씀을 기억하고 무덤에서 돌아와, 열한 제자와 나머지 다른 사람들에게 이 모든 일을 말해주었다. 그들은 막달라 마리아와 요안나, 야고보의 어머니 마리아였는데 그들과 함께 다른 여인들도 모든 것을 사도들에게 말하였다. 하지만 사도들은 그들이 헛소리한다고 생각하여 믿지 않았다. [그러나 베드로는 급히 일어나 무덤으로 달려가서 몸을 굽혀 안을 들여다보았다. 거기 있는 것은 베옷뿐이었다. 그는 이게 어찌 된 일인가, 이상해하면서 집으로 돌아왔다.]

*

상식은 사람이 살아가는 데 꼭 필요한 것이지만 때로는 그것이 눈을 가려 진실을 보지 못하게 한다. 여인들과 제자들이 빈 무덤 앞에서 예수의 부활을 의심한 것은 잘못이 아니다. 당장 눈으로 보는데도 믿기지 않는 일이 얼마나 많은 세상인가?

엠마오로 가던 두 사람 [24, 13-35]

그날 거기 있던 무리 가운데 두 사람이 예루살렘에서 삼십 리쯤 떨어진 엠마오라는 동네로 걸어가면서 그즈음에 일어난 일에 대하여 이야기를 나누고 있었다. 그들이 이런저런 말을 주고받는데 예수께서 가까이 다가와 나란히 걸었으나 그들의 눈이 가려져서 그분을 알아보지 못하였다. 예수께서 그들에게, "길을 가면서 무슨 얘기를 그렇게 하는 거요?"라고 물으시자 그들은 슬픈 기색으로 걸음을 멈추었다. 그들 가운데 글레오파라는 사람이 대답하였다. "예루살렘에 머물던 사람들 가운데, 요 며칠 거기에서 무슨 일이 있었는지를 당신 혼자서만 모른다는 겁니까?" 예수께서 물으셨다. "무슨 일이 있었소?" 그들이 대답하였다. "나자렛 사람 예수, 그분은 하느님과 사람들 앞에서 말씀과 행실에 힘이 있는 예언자였소. 우리 대사제들과 지도자들이 그를 법정에 넘겨 사형을 선고받고 십자가에 달려 죽게 만들었지요. 우리는 그가 이스라엘을 해방할 거라고 기대했지만 그리되지 않았을뿐더러 그 일이 있은 지 벌써 사흘이나 되었소. 그런데 우리와 함께 다니던 여자들 몇이 우리를 깜짝 놀라게 했지요. 새벽에 무덤에 가보니 그분 시신이 없을 뿐 아니라 천사들이 나타나서 그분이 살아나셨다고 말하더라는 겁니다. 그래서 우리 가운데 몇 친구가 무덤에 가보았는데 과연 여자들이 말한 그대로였고 거기서 예수를 보지 못했다는군요." 예수께서 그들에게 말씀하셨다. "당신들 참 어리석기도 하오. 예언자들의 말을 믿고 받아들이기가 이렇게도 더디다니! 그리스도가 영광을 입기 전에 그 모든 고난을 겪어야 하는 것 아니오?" 이어서 모세와 모든 예언자의 글을 비롯하여 성경 전체에서 당신에 연관되어 기록된 것들을 풀이해주셨다.

그들이 목적지인 동네에 거의 이르렀을 때 예수께서 짐짓 더 가려는 눈치를 보이셨다. 그들이 예수를 붙잡고, "날이 저물었으니 오늘 밤은 여기서 묵어가시지요." 간곡하게 권하니, 그들과 함께 묵으러 집으로 들어가셨다. 예수께서 그들과 한자리에 앉아 음식을 잡수실 때 빵을 들어 축사하시고 그것을 떼어 나눠 주시니 순간 그들의 눈이 열려 예수를 알아보았으나 어느새 그분의 모습이 사라져 보이지 않았다. 그들이 서로 말하기를, "길에서 그분이 우리에게 성경 말씀을 풀어주실 때 가슴이 뜨거워지지 않았던가?" 하였다.

그들은 즉시 일어나 예루살렘으로 돌아갔다. 가서 보니 열한 제자와 다른 동료들이 한 자리에 모여, 주께서 분명 살아나시어 시몬에게 나타나셨다는 이야기를 나누고 있었다. 두 사람도 길에서 겪은 일과, 예수께서 빵을 떼어주실 때 그분을 알아보았다는 말을 들려주었다.

*

누가 무엇을 보았다면 그보다 앞서 무엇이 저를 드러냈다는 얘기다. 저기 나무가 빛을 받으며 서 있지 않은데 누가 그 나무를 보겠는가? 하지만 눈을 뜨지 않으면 아무것도 볼 수 없다. 제자들의 눈이 뜨이기까지 그분은 그냥 길손이었다. 부활 예수를 보았다는 사람들의 말인즉, 그분을 보고 있을 때는 몰랐는데 문득 눈이 열려 그분을 보게 되자 더 보이지 않더라는 거다. 이 모든 말이 무슨 말인지는 그들처럼 부활 예수를 경험한 사람이라야 알 것이다. 죽은 사람의 부활은 인간의 머리로 파악할 수 있는 무엇이 아니다.

제자들 앞에서 생선을 드심 [24, 36-49]

그들이 이야기를 나누고 있을 때 예수께서 몸소 그들 가운데 서 계시었다. [그리고 말씀하셨다. "너희에게 평화를!"] 모두가 유령을 보는 줄 알고 깜짝 놀라 겁에 질렸다. 예수께서 그들에게 이르셨다. "왜 그렇게 겁을 내면서 속으로 의심하느냐? 이 손과 발을 보아라. 틀림없는 나다. 자, 만져보아라. 유령은 뼈도 없고 살도 없지만, 보다시피 나한테는 있지 않느냐?" [말씀하시고 나서 당신의 손과 발을 보여주셨다]. 하도 기뻐서 오히려 믿기지 않는지라 어리둥절해 있는 그들에게 예수께서 물으셨다. "여기 뭐 먹을 것 좀 없느냐?" 제자들이 구운 생선 한 토막을 드리니, 그들이 보는 앞에서 받아 잡수셨다.

또 그들에게 이르셨다. "내가 너희와 함께 있을 때도 말했지만 모세의 율법과 예언서와 시편에 나를 두고 기록된 모든 말씀이 반드시 그대로 이루어져야 한다."

예수께서 그들의 마음을 열어 성경을 깨닫게 하시고 이어서 말씀하시기를, "성경에, 그리스도는 반드시 고난을 당했다가 사흘 만에 죽음에서 다시 살아날 것이고 예루살렘에서 시작하여 모든 민족들 사이에서 그의 이름으로 회개와 용서가 선포되어야 한다고 하였다. 너희는 이 모든 일의 증인이다. 이제 내가 아버지께서 약속하신 것을 너희에게 보낼 터인즉, 너희는 위로부터 내리는 능력을 받을 때까지 예루살렘에 머물러 있어라." 하셨다.

*

제자들이 스승을 만난 게 아니다. 스승이 제자들을 만나주셨다. 그들이 스스로 말씀을 깨달은 게 아니다. 스승이 그들의 마음을 열어 말씀을 깨닫게 해주셨다.

승천하신 주님을 경배하고 예루살렘으로 돌아온 제자들 [24, 50-53]

예수께서 그들을 데리고 베다니아 가까이 가시어 거기서 두 손을 들고 축복하셨다. 이렇게 그들을 축복하면서 그들을 떠나 하늘로 옮겨지셨다. 그들은 그분께 경배한 다음, 큰 기쁨을 안고 예루살렘으로 돌아와 옹근 시간을 성전에서 보내며 하느님을 찬양하였다.

*

하늘에서 온 영혼은 하늘로 땅에서 온 육신은 땅으로… 이것이 어찌 예수, 그분만의 길이겠는가? 하지만 모든 사람이 가는 길도 아닌 것은 사람들 죽는 모습에서 알 수 있다.

요한복음

하느님, 말씀, 사람, 빛 그리고 요한 [1, 1-18]

모든 것이 비롯되기 전에 말씀이 있었다. 말씀은 하느님과 함께 계셨고 하느님과 같은 분이셨다. 그분은 처음부터 하느님과 함께 계셨다. 모든 것이 그분을 통하여 있게 되었고 그분을 떠나서는 아무것도 있지 못하였다. 있게 된 모든 것이 그분의 생명을 나누어 받았는데, 그분의 생명은 사람들의 빛이었다. 그 빛이 어둠 속에서 비추고 있거니와 어둠이 빛을 이겨본 적이 없다.

하느님께서 보내신 사람이 있으니 이름은 요한이었다. 그는 증언하러 온 사람 곧 빛을 증언하러 온 사람이었다.

참 빛이, 모든 사람을 비추는 참 빛이, 세상에 오셨다. 그분이 세상에 계셨고 세상의 모든 것이 그분을 통하여 생겨났지만 세상은 그분을 알지 못하였다. 그분이 당신 나라에 오셨는데 백성은 그분을 영접하지 않았다. 하지만 당신을 영접하고 당신을 믿는 자들에게 하느님의 자녀 되는 권능을 주셨으니 그들은 혈육으로나 육정으로나 사람의 의지로 태어난 사람들이 아니라 하느님한테서 난 사람들이다.

말씀이 육으로 되어 우리 가운데 사셨고 우리는 그분의 영광을 보았다. 그 영광은 아버지의 외아들이 받은 것으로서, 그분에게는 은총과 진리가 충만하였다.

요한이 그분을 증언하여 외쳤다. "전에 내가 말하기를, '내 뒤에 오시는 분이 나보다 윗분이신 까닭은 그분이 나보다 먼저 계시기 때문이다.'라고 하였는데 바로 이분을 두고 한 말이었다."

그분의 한없는 은총을 우리가 받고 또 받았으니, 모세를 통해서는 율법을 받았고 그분을 통해서는 은총과 진리를 받았다. 아무도 하느님을 보지 못하였으나 아버지 품 안에 계시는 하느님의 외아들이 우리에게 하느님을 보여주셨다.

*

눈에 보이지 않는 '하나'가 눈에 보이는 '무수한 여럿'으로 자기를 나타내 보인다. 우리와 다르지 않은 사람으로 당신을 나타내신 하느님이 바로 예수라는 애기다. 상념想念이 아니다. 엄연한 현실이다.

광야에서 외치는 이의 소리 [1, 19-28]

예루살렘에서 온 유다인들이 대사제들과 레위 사람들을 요한에게 보내어, "당신 누구요?"하고 물어보게 하였을 때, 요한이 증언하기를, "나는 그리스도가 아니오." 하였는데 그는 이 말을 아주 분명하게 강조하였다. 그들이, "그럼 누구요? 엘리야요?"라고 다시 묻자 역시 아니라고 대답하였다. 그들이 또 물었다. "당신, 그 예언자요?" 그가 답하였다. "아니오." 다시 그들이, "당신 누구요? 우리를 보낸 사람들에게 가서 고해야 하는데, 말해보시오. 당신은 당신이 누구라고 생각하오?"라고 묻자 요한이 대답하였다. "나는 예언자 이사야의 말대로, '주의 길을 곧게 하라.'고 외치는 이의 소리요."
그들 가운데 바리사이파 사람들이 있었다. 그들이 물었다. "당신은 그리스도도 아니고 엘리야도 아니고 그 예언자도 아니라면서 왜 세례를 주는 거요?" 요한이 말하였다. "나는 물로 세례를 주거니와 당신들이 알지 못하는 한 분이 당신들 가운데 서 계시는데, 그분은 내 뒤에 오시지만 나는 그분 신발 끈을 풀어드릴 자격도 없는 사람이오."
이는 요한이 세례를 베풀던 요르단 강 건너편 베다니아에서 일어난 일이다.

*

요한이 어른인 것은 자기 정체를, 자기가 자기 인생의 주인공이 아니라는 진실을, 알았기 때문이다. 그리고 그 앎을 현실로 살았기 때문이다.

예수에 대한 요한의 증언 [1, 29-34]

이튿날 요한이 자기한테로 오시는 예수를 보고 말하였다. "보라, 세상 죄를 없애시는 하느님의 어린양이시다! 전에 내가 말하기를, '한 분이 내 뒤에 오시는데 그분이 나보다 윗분이신 까닭은 나보다 먼저 계시기 때문이다.'라고 한 것이 바로 이분을 두고 한 말이었다. 나도 이분을 몰랐다. 그러나 내가 물로 세례를 준 것은 이분을 세상에 알리기 위해서였다." 요한이 또 증언하기를, "나는 성령이 비둘기 모양으로 하늘에서 내려와 이분 머리 위에 머무르시는 것을 보았다. 나는 이분을 알아보지 못하였지만 나를 보내어 물로 세례를 베풀게 하신 이가 말씀하시기를, '성령이 내려와 누구 위에 머무르는 것을 보거든 그가 곧 성령으로 세례를 베푸실 분인 줄 알라.'고 하셨다. 이제 내가 그 광경을 보았기에, 이분이 곧 하느님의 아들이심을 증언하는 바이다." 하였다.

*

제자들이 스승 예수에 대한 자기네 생각을 요한의 입으로 표현한다. 거듭 말하거니와, 잘못은 아니다. 하지만 나무와 나무 그림을 혼동하는 잘못만큼은 피할 일이다.

안드레아와 베드로 형제를 만나심 [1, 35-42]

이튿날 요한이 두 제자와 함께 서 있다가 가까이에서 걸어가시는 예수를 보고 말하였다. "저분을 보게. 하느님의 어린양이시네." 두 제자가 요한의 말을 듣고 예수를 따라갔다. 예수께서 돌이켜, 당신을 따라오는 그들에게 물으셨다. "무엇을 찾고 있소?" 그들이 말하였다. "랍비(선생이라는 뜻), 계시는 곳이 어딘지요?" 예수께서 이르셨다. "와서 보시오." 그들이 함께 가서 그분이 머물러 계시는 곳을 보고 그날은 거기에서 지내기로 하였다. 오후 네 시쯤이었다.
요한의 말을 듣고 예수를 따라간 두 사람 중 하나가 시몬 베드로의 아우 안드레아였다. 그가 먼저 자기 형 시몬에게 가서, "우리가 메시아(그리스도라는 뜻)를 만났소."라고 말한 다음, 시몬을 예수께로 데려갔다. 예수께서 시몬을 보고 말씀하셨다. "요한의 아들 시몬 아니오? 그대는 장차 게파(베드로, 곧 반석이라는 뜻)라고 불릴 것이오."

*

"와서 보시오." 이 말을 듣고 그들이 가서 본 것은 사람이 사는 장소가 아니라 거기 사는 사람이었다. 마땅히 듣고 보아야 할 것은 사람의 말이나 행동이 아니라 그렇게 말하고 행동하는 사람이다.

필립보와 나타나엘을 만나심 [1, 43-51]

이튿날 예수께서 갈릴래아로 가시려던 참에 필립보를 만나 그에게 이르셨다. "나를 따라오시오." 필립보는 안드레아와 베드로의 고향인 베싸이다 출신이었다. 그가 나타나엘에게 가서 말하기를, "우리가 모세의 율법서와 예언자들의 글에 기록되어 있는 그분을 만났습니다. 요셉의 아들 나자렛 예수가 그분이오." 하였다. 나타나엘이, "나자렛에서 무슨 신통한 것이 나겠는가?" 하자 필립보가 말하였다. "가서 보십시오." 나타나엘이 오는 것을 보시고 예수께서 그를 가리켜 말씀하셨다. "보라, 저기 저 사람, 거짓을 모르는 진짜 이스라엘 사람이로다!" 나타나엘이 예수께 물었다. "나를 어찌 아시오?" 예수께서 말씀하셨다. "필립보가 부르기 전에 무화과나무 아래에 앉아있는 당신을 보았소." 이에 나타나엘이 말하기를, "랍비, 당신은 하느님의 아들이요 이스라엘의 왕이십니다." 하였다. 예수께서 그에게, "내가 무화과나무 아래에 앉아있는 당신을 보았다고 해서 나를 믿는 거요? 이보다 더한 일들을 보게 될 것이오." 말씀하시고 덧붙이셨다. "그렇소, 내가 진정으로 말하는데, 하늘이 열리고 하느님의 천사들이 사람 아들 위로 오르내리는 광경을 당신이 볼 것이오."

*

열린 하늘로 오르내리는 천사들을 과연 나타나엘이 보았을까? 말 그대로라면 말이 안 된다. 텅 빈 하늘 어디에 문을 달고 그것을 여닫는다 말인가?

하지만 헛소리는 아니다. 사람에게는 육안 아닌 다른 눈이 있어 그것으로 보이지 않는 것을 볼 수 있으니까. 따라서 나타나엘이 하늘로 오르내리는 천사들을 보지 못했다고 말할 수도 없는 것이다.

가나 마을 혼인 잔치에서 첫 번째 기적을 베푸심 [2, 1-12]

사흘째 되던 날, 갈릴래아 가나 마을에 혼인 잔치가 벌어졌는데 예수 어머니가 거기 계셨고 예수도 제자들과 함께 초대를 받으셨다. 포도주가 다 떨어지자 예수 어머니가 아들에게 말했다. "포도주가 없구나." 예수께서 이르셨다. "어머니, 무슨 상관이오? 내 때가 아직 되지 않았소." 어머니가 하인들에게 말씀하셨다. "무엇이든지 이분이 시키는 대로 하시게."

거기, 유다인들의 정결 예식에 쓰이는 두세 동이 짜리 항아리가 여섯 개 있었다. 예수께서 하인들에게, "항아리들을 물로 채우게." 하시니 그들이 항아리마다 물을 가득 채웠다. 예수께서, "이제 그것을 퍼서 잔치 관리인에게 가져다주게." 하셨다. 하인들이 퍼서 가져다주니 관리인은 포도주로 바뀐 물을 맛보면서 그것이 어디에서 났는지 몰랐다. 하지만 물을 떠다 준 하인들은 알았다. 관리인이 신랑을 불러 이르기를, "사람마다 먼저 좋은 포도주를 내고 손님들이 취하면 덜 좋은 포도주를 내놓는데 이 집은 여태 좋은 포도주가 있구려." 하였다.

예수께서 이렇게 갈릴래아 가나 마을에서 첫 번째 기적을 일으켜 당신의 영광을 드러내시니, 제자들이 그를 믿었다.

이 일이 있고 난 뒤에 예수께서는 어머니와 형제들 그리고 제자들과 함께 가파르나움으로 내려가셨으나 거기 여러 날 머물지는 않으셨다.

*

잔치 도중에 술 떨어지는 난감한 사태가 아니었으면 예수의 첫 번째 기적이 이런 모양으로 일어나지 않았을 것이다. 그 자리에 마리아와 하인들이 없었더라도 결과는 같았으리라. '예수의 첫 번째 기적'은, 다른 기적들과 마찬가지로, 예수 혼자서 이룬 기적이 아니었다.

예루살렘 성전을 깨끗케 하심 [2, 13-22]

유다인들의 유월절이 가까워지자 예수께서 예루살렘으로 올라가셨다. 성전 뜰에서 소와 양과 비둘기를 파는 자들과 환전상들을 보시고는 노끈으로 채찍을 만들어 양과 소를 성전 밖으로 몰아내고 환전상들의 상을 둘러 엎고 돈을 쏟아버리셨다. 그리고 비둘기를 파는 자들에게, "이것들을 여기에서 치워라. 우리 아버지 집을 장바닥으로 만들지 말란 말이다!" 하셨다. 이 광경을 본 제자들은, "주의 전을 사모하는 열정이 나를 삼키나이다."라는 성경 말씀이 생각났다.

유다인들이 예수에게 말하기를, "당신한테 이런 짓을 할 권능이 있음을 증명할만한 기적을 보이시오!" 하였다. 예수께서 그들에게 이르셨다. "이 성전을 무너뜨려라. 내가 사흘 안에 다시 세우겠다!" 그러자 유다인들은, "이 성전을 짓는 데 사십육 년 걸렸소. 그것을 당신이 사흘 안에 세운다고?" 하였다. 그러나 그분이 말씀하신 성전은 당신 몸을 가리킨 것이었다. 뒤에 그분이 죽음에서 다시 살아나셨을 때 제자들은 이 말씀을 기억하고 성경 말씀과 예수의 말씀을 믿게 되었다.

*

낡은 종교의 심장을 정면으로 친다. 죽는 게 손톱만큼이라도 두려우면 누구도 할 수 없는 몸짓이다. 죽음 따위 무릅쓰고 무엇을 사모한다면 누구든지 할 수 있는 몸짓이다.

사람들을 의탁하지 아니하심 [2, 23-25]

예수께서 유월절 동안 예루살렘에 머무르시니 많은 사람이 그 이루신 기적을 보고 예수를 믿었다. 하지만 예수께서는 그들에게 당신의 몸과 마음을 맡기지 않으셨다. 사람들을 잘 아실 뿐 아니라 구태여 누구 말을 듣지 않아도 그 속을 꿰뚫어 보는 분이셨기 때문이다.

*

사람이 사람한테, 자기 자신을 포함하여, 자기 인생을 맡기는 게 아니다. 누가 흔들리는 커튼 자락에 제 몸을 맡기랴?

밤중에 찾아온 바리사이파 사람, 니고데모 [3, 1-21]

바리사이파 사람들 가운데 니고데모라는 유다인 지도자가 있었다. 그가 밤중에 예수를 찾아와 말하기를, "랍비, 우리는 당신이 하느님께서 보내신 선생인 줄 알고 있습니다. 하느님이 함께하시지 않고서야 누가 선생께서 이루신 것 같은 표적을 보여줄 수 있겠습니까?" 하였다. 예수께서 말씀하셨다. "그렇소, 사람이 다시 태어나지 않으면 아무도 하느님 나라를 볼 수 없소." 니고데모가 물었다. "늙은 사람이 어떻게 태어날 수 있나요? 어머니 뱃속에 다시 들어갔다가 나올 순 없지 않습니까?" 예수께서 대답하셨다. "그렇소, 내가 진정으로 말하오, 물과 성령으로 태어나지 않으면 아무도 하느님 나라에 들어갈 수 없소. 육으로 난 것은 육이요 영으로 난 것은 영이오. 다시 태어나야 한다는 내 말에 어리둥절할 것 없소. 바람이 저 불고 싶은 대로 부는데 당신은 그 소리를 들으면서도 바람이 어디에서 오는지 어디로 가는지를 모르오. 성령으로 난 사람이 그와 같소." 니고데모가 다시 물었다. "어떻게 그런 일이 일어날 수 있지요?" 예수께서 그에게 이르셨다. "당신은 이스라엘 선생이면서 이 말을 못 알아듣겠다는 거요? 내가 진정으로 말하오, 우리는 우리가 아는 것을 말하고 우리가 본 것을 증언하는데 당신들은 우리의 증언을 받아들이지 않고 있소. 내가 땅의 일을 말하는데도 믿지 않는 사람들이 어떻게 하늘의 일에 관한 내 말을 믿겠소? 하늘에서 내려온 이 곧 사람 아들 말고는 아무도 하늘에 오르지 못하였소. 광야에서 모세가 들어 올린 뱀처럼 사람 아들도 높이 들어 올리어야 하는데, 저를 믿는 사람마다 영원한 생명을 얻게 하려는 것이오. 하느님이 세상을 극진히 사랑하시어 외아들을 주셨으니 이는 저를 믿는 사람마다 영원한 생명을 얻게 하려 하심이오. 하느님이 아들을 세상에 보내신 것은 세상을 심판하기 위해서가 아니라 그를 통하여 세상을 구원하기 위해서요. 그를 믿는 사람은 심판을 받지 않지만 믿지 않는 사람은 벌써 심판을 받았으니 하느님의 외아들을 믿지 않기 때문이오. 빛이 세상에 왔으나 사람들은 그 행실이 악한 까닭에 빛보다 어둠을 더 사랑하고, 바로 그것이 그들한테 내려지는 심판이오. 악을 행하는 자마다 빛을 미워하여 빛으로 오지 않는 것은 자기 행실이 드러날까 두려워서 그런 것이고 진실을 좇아서 사는 사람이 빛으로 오는 것은 자기의 모든 행실이 하느님을 믿고 의지한 데서 온 것임을 보여주고 싶어서 그런 것이오."

*

"그렇소, 내가 진정으로 말하오, 물과 성령으로 태어나지 않으면 아무도 하느님 나라에 들어갈 수 없소." 물은 사람의 노력으로 구할 수 있고 성령은 하느님께로부터 오는 것. 사람이 하느님 나라에 들어가려면 사람과 하느님이 서로 손을 잡아야 한다.

예수에 대한 요한의 증언 [3, 22-30]

그 뒤에 예수께서는 제자들과 함께 유다 땅으로 가시어 거기 머물면서 세례를 베푸셨다. 요한도 살림 가까운 애논에서, 거기 물이 많았으므로, 세례를 베풀었는데 많은 사람이 몰려와 세례를 받았다. 아직 요한이 옥에 갇히기 전이었다.

요한의 제자들과 어떤 유다인 사이에 정결 의식을 두고 논쟁이 벌어졌다. 그들이 요한에게 와서 말하기를, "랍비, 보십시오! 요르단 건너편에서 선생과 함께 있던 사람, 선생이 증언하신 바로 그 사람이 지금 세례를 주고 있다는데 모두 그리로 몰려갑니다!" 하였다. 요한이 제자들에게 말하였다. "사람은 하늘이 내려주시지 않으면 어떤 것도 받을 수 없네. 내가 전에 말하기를, 나는 그리스도가 아니고 그분에 앞서 보내심을 받은 자라고 하였지. 자네들이 그 말을 들은 증인일세. 신부를 맞는 사람은 신랑이지만 신랑 친구들도 거기 있다가 신랑 목소리가 들리면 크게 기뻐하지 않는가? 내 속이 지방 그런 기쁨으로 가득 차 있네. 아무쪼록 그는 커져야 하고 나는 작아져야 해."

*

"사람은 하늘이 내려주시지 않으면 어떤 것도 받을 수 없네. …아무쪼록 그는 커져야 하고 나는 작아져야 해." 요한이 위인偉人인 것은 그가 이 말을 몸으로 살았기 때문이다.

하늘에서 온 사람과 땅에서 난 사람 [3, 31-36]

위에서 온 사람은 모든 것 위에 있다. 땅에서 난 사람은 땅에 속하여 땅의 방식으로 말하고 하늘에서 온 사람은 모든 것 위에서 자기가 보고 들은 것을 말한다. 그런데 아무도 그의 증언을 받아들이지 않는다. 그의 증언을 받아들이는 사람은 하느님이 참된 분이심을 확인하는 사람이다. 하느님께서 보내신 사람이 하는 말은 곧 하느님의 말씀이다. 하느님께서 그에게 성령을 한없이 주시기 때문이다. 아버지께서 아들을 사랑하시어 모든 것을 그의 손에 맡기셨으니 아들을 믿는 사람은 영원한 생명을 얻고 아들한테 순종하지 않는 사람은 영원한 생명은커녕 하느님의 진노가 그 위에 내릴 것이다.

*

"…영원한 생명은커녕 하느님의 진노가 그 위에 내릴 것이다." 스승의 경지에 오르지 못한 제자가 스승을 두고 뭐라고 말하자니 한계가 없을 수 없다. 스승이 가르치신 하느님은 "좋은 사람 나쁜 사람 가리지 않고 똑같은 햇빛을 비춰주시고, 옳은 사람 그른 사람 가리지 않고 똑같은 비를 내려주시는" 분이다. 그런 분이 누구에게 진노를 내리시겠는가? 하늘에서 내려오는 비를 과연 하늘이 내리는 것인가?

헛소문을 피하여 [4, 1-4]

요한보다 예수가 더 많은 제자를 두고 세례도 더 많이 베푼다는 소문이 바리사이파 사람들 귀에 들어갔다. 실은 예수께서 세례를 베푸신 게 아니라 제자들이 베푼 것이었다. 예수께서 이를 아시고 유다를 떠나 갈릴래아로 가시는데, 그리로 가려면 사마리아를 거쳐야 했다.

*

헛소문이 돌고 있다. 귀를 막고 잠시 피하는 게 상책이다.

우물곁에서 사마리아 여인을 만나심 [4, 5-30]

예수께서 사마리아 지방 시카르라는 동네에 이르셨다. 옛날 야곱이 아들 요셉한테 물려준 땅에서 멀지 않은 그곳에 야곱의 우물이 있었다. 먼 길에 지치신 예수께서 거기 우물 곁에 앉으시니 때는 정오쯤 이었다.
사마리아 여인 하나가 물을 길러 왔다. 예수께서 여인에게 청하셨다. “물 좀 주시오.” (제자들은 먹을 것을 사러 마을에 들어가고 거기 있지 않았다.) 사마리아 여인이 말하였다. “댁은 유다인, 나는 사마리아 여자인데 어떻게 나한테 물을 달라는 겁니까?” (유다인과 사마리아인은 서로 상종하지 않는 사이였다.) 예수께서 여인에게 대답하셨다. “하느님께서 주시는 선물이 무엇인지, 당신한테 물을 달라고 하는 사람이 누군지, 그걸 알았다면 당신이 그에게 청했을 것이고 그가 당신에게 살아있는 물을 주었을 것이오.” 여인이 말하였다. “선생, 우물이 이렇게 깊은데 두레박도 없으면서 어떻게 살아있는 물을 주겠다는 건지요? 이건 우리 조상 야곱이 몸소 마셨고 그 자손과 짐승들까지 마신 물인데, 이 우물을 우리에게 준 야곱보다 댁이 더 크단 말입니까?” 예수께서 이르셨다. “이 물을 마시는 사람마다 다시 목마르겠지만 내가 주는 물을 마시는 사람은 영원토록 목마르지 않을 것이오. 내가 주는 물은 그 사람 안에서 샘처럼 솟아 영원히 살게 할 것이오.” 그러자 여인이 말하였다. “선생님, 그 물을 좀 주세요. 그래서 내가 두 번 다시 목마르지 않고, 여기 물 길러 오지 않아도 되게.” 예수께서 여인에게 말씀하셨다. “가서 남편을 데려오시오.” 여인이 자기한테 남편이 없다고 하자 예수께서 이르셨다. “남편이 없다는 당신 말은 맞는 말이오. 그동안 남자가 다섯 있었고 지금 사는 남자도 남편이 아니니, 진실을 말한 것이오.” 그러자 여인이 묻기를, “선생님, 내가 보기에 선생님은 예언자십니다. 우리 조상은 이 산에서 예배하였고 유다 사람들은 예루살렘에서 예배해야 한다고 말하던데, 그런가요?” 하였다. 예수께서 이르셨다. “내 말을 믿으시오. 당신들이 이 산도 아니고 예루살렘도 아닌 곳에서 아버지를 예배할 때가 곧 올 것이오. 당신들은 모르는 것을 예배하고 우리는 아는 것을 예배하는데, 이유는 구원이 유다인한테서 오기 때문이오. 하지만, 예배하는 자마다 영과 진실로 아버지를 예배할 때가 오고 있소. 지금이 바로 그때요. 아버지께서는 그렇게 예배하는 자들을 찾고 계시오. 하느님은 영이시오. 그러므로 예배하는 자들은 마땅히 영과 진실로 그분을 예배해야 하오." 여인이 말하였다. "메시아(곧 그리스도라 하는 이)가 오신다는 건 나도 압니다. 그이가 오시면 우리에게 모든 것을 말해주시겠지요." 예수께서 여인에게 말씀하셨다. "지금 당신하고 말을 나누는 내가 바로 그 사람이오."
그때 제자들이 돌아왔다. 그들은 예수께서 웬 여인과 이야기 나누시는 것을 보고 속으로 놀랐지만 무엇을 구하셨는지, 여인과 무슨 이야기를 나누셨는지, 아무도 묻지 않았다.
여인이 물동이를 두고 마을로 내려가 사람들에게 말하였다. "여태까지 내가 어떻게 살아왔는지를 모두 알아맞힌 사람이 있어요. 가서 봅시다. 혹시 그리스도 아닐까요?" 사람들이 마을에서 나와 예수 계신 곳으로 모여들었다.

*

세상에 이런 대화도 있다. 한쪽은 상대의 말을 알아듣는데 다른 한쪽은 계속 딴소리다. 그래도 끊지 않고 이어가다 보면 마침내 통할 때가 온다! 사마리아 여인과 예수, 둘 중 어느 한쪽이 너와는 대화가 안 된다며 중간에 돌아섰다면 그때는 결코 오지 않았으리라.

보이지 않는 양식 [4, 31-38]

그 사이에 제자들이 예수께 권하였다. "랍비, 좀 드십시오." 예수께서 그들에게 이르시기를, "그대들은 모르는 양식이 나에게 있소." 하셨다. 제자들이 서로 수군거렸다. "누가 잡수실 것을 가져다드렸나?" 예수께서 말씀하셨다. "나를 보내신 분의 뜻을 이루어드리고 그 일을 완성하는 것이 곧 내 양식이오. 그대들은, '넉 달 더 있어야 추수할 때가 온다.'고 말하지요? 눈을 들어 밭을 보시오. 진정으로 말하는데, 낟알이 여물어 거둘 때가 되었소. 거두는 사람은 이미 삯을 받았고 그가 알곡을 영원한 생명의 곳간으로 모아들이는 중이니, 과연 심는 자와 거두는 자가 함께 기뻐할 것이오. 그대들이 수고하지 않은 것을 거두라고 내가 그대들을 보냈소. 수고한 것은 다른 사람들인데 그 수고의 결실에 그대들이 동참하는 것이오."

*

"나를 보내신 분의 뜻을 이루어드리고 그 일을 완성하는 것이 곧 내 양식이오." 그것 없으면 사람이 하루도 살 수 없는 그것이 양식이다. 당신의 하루가 아버지 뜻을 이루어드리는 것으로 채워지지 않으면 당신은 못 산다는 말씀이시다.

사마리아에 머무시는 예수 [4, 39-42]

그 마을에 사는 많은 사마리아 사람들이 예수를 믿게 되었다. "여태까지 내가 어떻게 살아왔는지를 모두 알아맞힌 사람이 있다."는 여인의 말이 사실이었기 때문이다. 사마리아 사람들이 와서 자기들과 함께 있기를 간청하는지라 예수께서 그곳에 이틀을 머무르셨다. 예수의 말씀을 듣고 더 많은 사람이 그를 믿게 되었다. 그들이 여인에게 말하였다. "우리가 처음에는 자네 말을 듣고 그분을 믿었는데 그분 말씀을 직접 들어보니 참으로 세상을 구원하실 분인 줄을 알겠네."

*

유다인들이 길에서 만나는 것조차도 꺼리는 사마리아 사람들 마을에 이틀이나 머무르신다. '아브라함의 손자'가 아니라 '사람의 아들'로 세상에 오신 분의 거리낌 없는 처신이다.

예수의 두 번째 표적 [4, 43-54]

이틀 뒤, 예수께서 그곳을 떠나 갈릴래아로 가셨다. 전에 예수께서, "예언자가 자기 고향에서는 존경받지 못한다."고 말씀하신 적이 있었다. 갈릴래아에 도착하자 그곳 사람들이 예수를 영접하였다. 명절을 쇠러 올라갔다가 명절 기간에 그분이 예루살렘에서 하신 일을 목격했던 것이다.

예수께서 다시 갈릴래아 가나로 가시니, 전에 물로 포도주를 만드신 바로 그 동네였다. 거기 왕의 신하가 하나 있었는데 그의 아들이 가파르나움에서 병들어 누워있었다. 그가 예수께서 유다를 떠나서 갈릴래아로 오셨다는 소문을 듣고 찾아와서는 가파르나움으로 내려가다 죽게 된 자기 아들을 살려달라고 간청하였다. 예수께서 그에게 이르셨다. "당신들은 표적과 이상한 일을 보지 않고서는 믿으려 하지 않을 것이오." 왕의 신하가 말하였다. "제발, 부탁입니다. 아들이 죽기 전에 내려갑시다." 예수께서 그에게 이르셨다. "가시오. 당신 아들은 살 거요." 그가 예수의 말을 믿고 집으로 돌아가다가 길에서 마중 나온 종들을 만났다. 그들이 말하였다. "아드님이 살아나셨습니다." 그가 종들에게 언제, 몇 시에 아이가 나았느냐고 물었다. 그들이 대답하였다. "어제 오후 한 시쯤 열이 내렸습니다." 아버지는 그것이 예수께서 "당신 아들은 살 거요."라고 말씀하신 바로 그때임을 알았다. 그와 그의 온 집안이 예수를 믿게 되었다. 이것이 예수께서 유다를 떠나 갈릴래아로 오신 뒤에 보여주신 두 번째 표적이다.

*

"가시오. 당신 아들은 살 거요." 한 마디에 아무런 의심 없이 발길을 돌린다. 그 믿음이 아들을 살린다. 믿음은, 공기처럼, 사람의 신분을 가리지 않는다.

안식일에 십팔 년 된 병자를 고쳐주심 [5, 1-18]

그 뒤에 유다인의 명절이 되어 예수께서 예루살렘으로 올라가셨다. 예루살렘 양문 곁에 히브리말로 베짜타라 하는 못이 있는데 그 둘레에 행각 다섯이 서 있었고 그 안에 맹인, 절름발이, 중풍 병자 등 많은 병자가 누워 [물이 움직이기를 기다리고 있었다. 가끔 천사가 내려와 물을 휘저어놓는데 그래서 물이 움직인 뒤에 맨 먼저 들어간 사람은 무슨 병이든지 나았다.] 그곳에 십팔 년째 앓고 있는 병자가 있었다. 예수께서 거기 누워있는 그를 보셨다. 그의 병이 오래된 것을 아시고 예수께서 그에게 물으셨다. "당신, 낫기를 바라오?" 병자가 대답하였다. "물이 움직일 때 나를 못에 넣어주는 사람이 없어요. 그래서 내 발로 내려가다 보면 누가 나보다 먼저 들어가지요." 예수께서 그에게 말씀하셨다. "일어나 자리를 들고 걸어가시오." 그가 곧 병이 나아서 자리를 걷어들고 걸어갔다.
그날이 마침 안식일이었다. 유다인들이 병이 나은 사람에게 말하기를, "오늘은 안식일, 자리를 들고 걸어서는 안 되는 날이오." 하였다. 그가 대꾸하였다. "나를 고쳐주신 이가 나보고 자리를 들고 걸어가라 하셨소." 그들이 물었다. "자리를 들고서 걸어가라고 한 그 사람이 누구요?" 병이 나은 사람은 자기를 고쳐준 이가 누군지 알 수 없었다. 거기 많은 사람이 붐볐으므로 예수께서 자리를 뜨셨던 것이다. 얼마 뒤, 예수께서 그를 성전에서 만나 이르셨다. "보다시피 이제 당신은 말끔히 나았소. 다시는 죄짓지 마오. 더 나쁜 일이 생길 수 있으니까." 그가 유다인들에게 가서, 자기 병을 고친 이는 예수라고 말하였다.
그때부터 안식일에 이런 일을 한다는 이유로 유다인들이 예수를 핍박하기 시작하였다. 예수께서 그들에게 말씀하셨다. "우리 아버지가 이 순간까지도 일을 멈추지 않으시니 나도 일하는 것이오." 이 때문에 유다인들은 예수 죽이려는 마음을 더욱 굳혔다. 그가 안식일을 범했을 뿐 아니라 하느님을 아버지라고 불러 자기와 하느님을 동등하게 여겼기 때문이다.

*

하늘에는 선착순이 있을 수 없다. '누가 먼저'는 인간들만의 법이다. 이 오래된 법이 "일어나 자리를 들고 걸어가시오." 한 마디로 단숨에 무너진다. 통쾌한 혁명이다. 하지만 그것이 자기네 생존의 바탕을 흔드는 사건이라고 판단하여 주동자인 예수를 죽이기로 작정한 사람들이 있다. 혁명에 반혁명이 있는 건 당연한 일이다.

심판하는 일을 아들에게 맡기신 아버지 [5, 19-29]

예수께서 그들에게 말씀하셨다. "그래요, 아들은 아버지께서 하시는 일을 보고 그 일을 할 수 있을 뿐, 자기 스스로 할 수 있는 일이 하나도 없소. 아버지께서 하시는 일을 아들도 할 따름이오. 아버지께서 아들을 사랑하시어 몸소 하시는 일을 모두 보여주시는데, 이보다 더

한 일을 보여주시면 당신들이 보고 놀랄 것이오. 아버지께서 죽은 자들을 일으켜 다시 살리시듯이 아들도 자기가 뽑은 자들을 살려낼 것이오. 아버지께서 아무도 심판하지 않으시고 심판하는 일을 모두 아들한테 맡기셨으니 이는 모든 사람으로 하여금 아버지를 공경하듯이 아들을 공경케 하려는 것이었소. 누구든지 아들을 공경하지 않는 자는 아버지를 공경하지 않는 것이오. 그렇소, 내가 진정으로 말하는데, 내 말을 듣고 나를 보내신 분을 믿는 사람은 영원한 생명을 얻을 것이오. 그는 심판을 받지 않고 벌써 죽음에서 삶으로 옮겨졌소. 내가 진정으로 말하는데, 죽은 자들이 하느님 아들의 음성을 들을 때가 오고 있소. 지금이 바로 그때요. 듣는 자들은 살아날 것이오. 아버지께서 몸소 생명의 근원이신 것처럼 아들도 생명의 근원이 되게 하셨소. 또한, 아들에게 심판하는 권한을 주셨으니 그가 사람 아들이기 때문이오. 이 말에 놀랄 것 없소. 무덤에 있는 자들이 모두 그의 음성을 듣고 거기서 나올 때가 다가오고 있소. 그때 선한 일을 한 사람은 부활하여 생명을 얻고 악한 일을 한 사람은 부활하여 심판을 받게 될 것이오.

*

당시 사람들이 생각하던 하느님과 전혀 다른 하느님을 예수가 말씀하신 것은 사실이다. 그분의 하느님은 사람의 과거 행실에 따라서 상을 주거나 벌을 내리는 재판관이 아니다. 잘못을 뉘우치고 돌아온 자식을 아무 조건 없이 받아주는 무한사랑의 아버지다. 하지만 아직 제자들의 의식은 그 진실을 소화할 정도의 수준에 오르지 못했다. 선한 사람이 여기 있고 악한 사람이 저기 있다는 생각, 우리는 여기 있고 그들은 저기 있다는 생각에 여전히 머물러 있는 제자들이 스승의 입으로 자기네 말을 하는 건데 누가 그들을 탓할 것인가?

아들에 대한 아버지의 증언 [5, 30-47]

"나는 아무것도 내 맘대로 할 수 없고 다만 아버지께서 일러주시는 대로 심판할 따름이오. 내 심판이 옳은 까닭은, 내가 이루고자 하는 것이 나의 뜻이 아니라 나를 보내신 분의 뜻이기 때문이오. 만일 내가 내 입으로 나를 증언한다면 그 증언이 참된 것일 수 없겠지만 나에 대하여 증언하는 이가 따로 있고 나는 그것이 참된 증인임을 알고 있소. 당신들이 요한에게 사람을 보냈을 때 그는 진실을 증언하였소. 나에게는 사람의 증언이 따로 필요 없지만 당신들이 구원받을 수 있게 하려고 지금 이 말을 하는 것이오. 요한은 환하게 타오르는 등불이었소. 당신들은 한때 그 빛을 보고서 매우 좋아했지요. 그런데 내게는 요한의 증언보다 큰 증언이 있소. 아버지께서 나에게 이루라고 주신 일, 그 일을 시방 내가 하고 있거니와, 바로 그 일이 아버지께서 나를 보내셨다는 사실을 증언하고 있는 것이오. 그리고 나를 보내신 아버지께서도 친히 나를 위해 증언하셨소. 당신들은 여태껏 그분 음성을 듣거나 그분 모습을 뵌 적이 한 번도 없지요. 그분 말씀이 당신들 안에 남지 않은 것은 그분이 보내신 이를 믿지 않기 때문이오. 당신들은 성경이 영원한 생명을 주리라고 생각하여 열심히 성경을 파고드는데 바로 그 성경이 나를 증언하고 있소. 하지만 당신들은 영원한 생명을 얻기 위하여 나한테 오려고 하지 않는구려. 사람들의 칭송 따위 나에게는 소용없는 것이오. 당신들 속에 하느님을 향한 사랑이 없음을 나는 알고 있소. 내가 우리 아버지 이름으로 왔지만 당신들은 나를 영접하지 않았소. 다른 누가 자기 이름으로 왔으면 그를 영접했을 것이오. 당신들이 서로 영예를 주고받으면서 한 분 하느님이 주시는 영예는 바라지도 않는데, 어찌 나를 믿을 수 있겠소? 내가 당신들을 아버지께 고발하리라고 생각하지 마오. 당신들을 고발하는 이가 따로 있으니 당신들이 모든 희망을 걸고 있는 모세가 바로 그 사람이오. 당신들이 모세를 믿는다면, 그의 모든 기록이 나를 증언하고 있으니까, 나를 믿을 것이오. 하지만 그의 기록을 믿지 않는데 어떻게 내 말을 믿겠소?"

*

예수, 그분이 몸소 하신 말씀은 아니다. 그분 입으로 교회가 세상을 향하여 말하고 있다. 그것도 그냥 말이 아니라 엄정한 설교다.

보리떡 다섯 개 물고기 두 마리로 오천 명을 먹이심 [6, 1-15]

그 뒤에 예수께서 갈릴래아 호수 곧 티베리아 호수 건너편으로 가시니, 병자들을 고쳐주심으로 보여주신 여러 표적을 목격한 무리가 그 뒤를 따라왔다. 예수께서 언덕에 올라 제자들과 함께 자리 잡고 앉으셨다. 유다인의 명절인 유월절이 얼마 남지 않은 때였다. 예수께서 눈을 들어 큰 무리가 몰려오는 것을 보시고 필립보에게 물으시기를, "저 사람들이 모두 먹을 만큼의 빵을 우리가 어디서 살 수 있겠소?" 하셨다. 이는 당신이 하실 일을 마음속에 담고 있었으므로 그냥 그를 시험해본 말씀이었다. 필립보가 대답하였다. "저들이 조금씩 받아먹는다고 해도 이백 데나리온 가지고 모자랄 겁니다." 제자들 가운데 하나이자 시몬 베드로의 아우인 안드레아가 말하였다. "여기 한 아이가 보리떡 다섯 개에 물고기 두 마리를 가지고 있습니다만 저 많은 사람한테 무슨 소용이겠습니까?" 예수께서 말씀하셨다. "사람들을 모두 앉히시오." 거기 풀이 많았는데 앉은 사람이 남자만 오천 명쯤 되었다. 예수께서 빵을 들어서 축사하신 다음, 거기 앉은 자들에게 달라는 만큼 나눠주시고 물고기도 그렇게 달라는 만큼 나눠주셨다. 사람들이 모두 배불리 먹고 나자 예수께서 제자들에게 이르셨다. "남은 조각을 모두 거두어 버려지는 것이 없도록 하시오." 그래서 보리떡 다섯 개를 먹고 남은 것을 제자들이 모으니 열두 바구니에 가득 찼다. 예수께서 베푸신 이 표적을 보고 사람들이 서로 말하기를, "이분이야말로 진정 세상에 오실 그 예언자시다." 하였다.

예수께서는 그들이 와서 억지로라도 당신을 왕으로 삼으려 하는 것을 아시고 혼자서 산으로 몸을 피하셨다.

*

이것은 실제로 있었던 사건인가? 아니면 만들어진 이야기인가? 둘 다일 수 있고 아닐 수도 있다. 어느 쪽인지 알아낼 방도가 없다. 하지만 중요한 것은 사실이냐 아니냐가 아니라 그 안에 담긴 진실이다. 한 아이가 자기 것을 혼자 먹지 않고 예수께 드렸더니 그것으로 수천 명이 먹고 남더라는 바로 이 진실이 오늘도 지구별 도처에서 구현되고 있지 않은가? 오병이어의 기적 못지않게 중요한 것은 예수가 "그들이 와서 억지로라도 당신을 왕으로 삼으려 하는 것을 아시고 혼자서 산으로 몸을 피하셨다."는 엄연한 사실이다.

물 위로 걸어오심 [6, 16-21]

날 저물어 제자들이 호수로 내려가서 배를 타고 호수 건너편 가파르나움으로 가는데, 어둠이 벌써 짙었고 예수께서는 그들에게로 오시지 않았다. 갑자기 큰바람이 불고 물결이 거칠어졌다. 그들이 노를 저어 십여 리쯤 갔을 때 예수께서 물 위로 걸어 배 가까이 다가오셨다. 이를 본 제자들이 겁에 질려 떨고 있는데 예수께서 그들에게 이르셨다. "나요, 두려워 마시오." 그들이 예수를 배 안으로 모시려 하자 어느새 배가 목적지에 닿아 있었다.

*

이건 꿈인가? 생시인가? 꿈일 수도 있고 아닐 수도 있지만 사람이 두려운 일을 당할 때 잘 들여다보면 그것이 뜻밖의 선물이더라는 이것은 언제 어디서나 통하는 진실이다.

하늘에서 내린 생명의 빵 [6, 22-59]

이튿날, 호수 건너편에 있던 무리가 그곳에 배가 한 척밖에 없었는데 예수께서는 그 배를 타지 않고 제자들만 그 배로 떠난 것을 알았다. 마침 티베리아로부터 작은 배 몇 척이 주께서 빵을 축사하시고 나누어 먹이신 그곳으로 다가왔다. 거기에서도 예수와 제자들의 모습이 보이지 않자 무리는 곧 배들을 타고 예수를 찾아 가파르나움으로 떠났다.

호수 건너편에서 예수를 만난 그들이, "랍비, 언제 이리로 오셨습니까?"하고 물었다. 예수께서 대답하셨다. "내가 진정으로 말합니다. 당신들이 나를 찾는 것은 표적을 보았기 때문이 아니라 빵을 먹고 배가 불렀기 때문이오. 썩어 없어질 양식을 위하여 일하지 말고 영원한 생명을 주면서 없어지지 않는 양식을 위하여 일하시오. 그 양식을 사람 아들이 당신들한테 줄 터인데, 하느님 아버지께서 사람 아들에게 그럴 자격과 능력을 주셨기 때문이오." 사람들이 물었다. "우리가 어떻게 하면 하느님의 일을 하는 걸까요?" 예수께서 대답하셨다. "하느님이 보내신 이를 믿는 것이 곧 하느님의 일을 하는 것이오." 그들이 물었다. "그럼 선생은 어떤 표적을 보여서 우리로 하여금 그것을 보고 선생을 믿게 하렵니까? 지금 하고 있는 일이 무엇입니까? 우리 조상들은 성경에, '그가 하늘에서 빵을 내려 저들을 먹였다.'고 기록된 대로 광야에서 만나를 먹었습니다." 예수께서 말씀하셨다. "내가 진정으로 말하는데, 하늘에서 빵을 내려 당신들을 먹인 것은 모세가 아니오. 우리 아버지께서 진짜 빵을 하늘로부터 당신들에게 내려주시는 것이오. 하느님의 빵은 하늘에서 내려오는 것이며 세상에 생명을 주는 빵이오." 그들이 말하였다. "선생, 그 빵을 항상 우리에게 주십시오." 예수께서 대답하셨다. "내가 곧 생명의 빵이니 내게로 오는 사람은 결코 주리지 않을 것이며 나를 믿는 사람은 결코 목마르지 않을 것이오. 그러나 내가 말했듯이, 당신들은 나를 보고도 믿지 않았소. 아버지께서 내게 주시는 사람은 모두 내게로 오겠고 내게로 오는 사람을 나는 결코 그냥 돌려보내지 않을 것이오. 내가 나의 뜻이 아니라 나를 보내신 분의 뜻을 이루려고 하늘에서 내려왔는데, 내게 주신 자들을 하나도 잃지 않고 마지막 날에 모두 살리는 것이 나를 보내신 분의 뜻이기 때문이오. 아들을 보고 믿는 사람마다 영원한 생명을 얻게 하는 것이 우리 아버지의 뜻이오. 내가 마지막 날에 저들을 모두 살릴 것이오."

유다인들이 "내가 하늘에서 내린 빵이다."라는 예수의 말씀을 듣고 저희끼리 수군거리기를, "저 사람, 요셉의 아들 아닌가? 우리가 그 아버지와 어머니를 잘 알고 있는데 어떻게 자기가 하늘에서 내려왔다는 거지?" 하였다. 예수께서 그들에게 이르셨다. "그렇게 서로 수군거릴 것 없소. 아버지께서 내게로 보내지 않은 자는 아무도 나에게 올 수 없고, 나에게 오는 사람은 마지막 날에 내가 살릴 것이오. 예언자들의 기록에, '그들이 모두 하느님한테서 배우리라.' 하였거니와 아버지 말씀을 듣고 그분께 배운 사람은 모두 나에게로 오게 되어 있소.

내 말은 누가 아버지를 보았다는 게 아니오. 하느님께로부터 온 사람, 그 사람만이 아버지를 보았소. 내가 진정으로 말하는데, 믿는 사람은 영원한 생명을 얻은 사람이오. 내가 생명의 빵이오. 당신네 조상들은 광야에서 만나를 먹고 모두 죽었지만 이것은 하늘에서 내려온 살아있는 빵이니 이 빵을 먹는 사람은 누구나 죽지 않을 것이오. 내가 하늘에서 내려온 살아있는 빵이오. 이 빵을 먹는 사람은 영원히 살 것이오. 내가 줄 빵은 나의 살인데, 세상을 살리려고 내가 주는 것이오."

유다인들이 서로 다투며 말하기를, "이 자가 어떻게 자기 살을 먹으라고 우리에게 줄 수 있단 말인가?" 하였다. 예수께서 말씀하셨다. "그렇소, 내가 진정으로 말하는데, 사람 아들의 살과 피를 먹고 마시지 않으면 당신들 안에 생명이 있을 수 없소. 내 살을 먹고 내 피를 마시는 사람은 영원한 생명을 얻겠고 마지막 날에 내가 그를 살릴 것이오. 내 살이 진짜 음식이고 내 피가 진짜 음료기 때문이오. 내 살을 먹고 내 피를 마시는 사람은 내 안에 있고 나 또한 그 사람 안에 있소. 살아계신 아버지께서 나를 보내셨고 내가 그분 때문에 사는 것처럼 나를 먹는 사람도 나 때문에 살 것이오. 이것은 하늘에서 내려온 빵이오. 당신네 조상들이 먹고 죽어간 그 빵이 아니오. 이 빵을 먹는 사람은 영원히 살 것이오."

이상은 가파르나움 회당에서 가르치실 때 하신 말씀이다.

*

빵은 그것을 누가 먹어서 빵이다. 먹는 사람이 없으면 구워진 밀가루 반죽일 뿐이다. 사람이 빵을 먹는 것은 빵을 겉으로 만나는 게 아니라 속으로 만나서 둘이 하나로 되는 거다. 사람이 몸으로만 살면 식인종 아닌 담에야 둘이 하나로 될 방도가 없다. 하지만 둘이 서로 자기를 열고 상대를 안으로 받아들이면 하나로 될 수 있는 게 또한 사람의 신비다.

스승을 등지고 떠나는 제자들 [6, 60-71]

여러 제자들이 이 말씀을 듣고 서로 말하기를, "어려운 말씀이다 누가 알아듣겠는가?" 하였다. 그들이 수군거리는 것을 아시고 예수께서 이르셨다. "내 말이 어렵소? 장차 사람 아들이 전에 있던 곳으로 올라가는 것을 보면 어쩔 참이오? 생명을 주는 것은 영이오. 육은 아무 도움도 되지 않소. 내가 그대들에게 한 말은 영이고 생명이오. 그런데 그대들 가운데 믿지 않는 사람들이 있구려." 당신을 믿지 않는 자들이 누구며 당신을 넘겨줄 자가 누군지 처음부터 알고 계셨던 것이다. 이어서 말씀하시기를, "그래서 내가 전에, 아버지께서 나에게 허락하신 사람 아니면 아무도 내게로 올 수 없다고 말했던 것이오." 하셨다.

이때부터 많은 제자들이 그분을 등지고 더는 따라다니지 않게 되었다. 예수께서 열두 제자에게 물으셨다. "그대들도 나를 떠나려오?" 시몬 베드로가 대답하였다. "주님께 영원한 생명의 말씀이 있는데 우리가 누구한테로 가겠습니까? 우리는 주님이 하느님께서 보내신 거룩한 분이심을 믿고 또 압니다." 예수께서 말씀하셨다. "그대들 열둘을 내가 뽑지 않았소? 하지만, 그대들 가운데 하나는 악마요." 이는 가리옷 사람 시몬의 아들 유다를 가리켜 하신 말씀이었다. 그는 열둘 가운데 하나였지만 나중에 예수를 넘겨줄 자였다.

*

예수, 제자들을 불렀지만 그들을 묶어놓지 않으셨다. 문은 문인데 빗장 없는 문이라 누구든지 드나들기를 제 맘대로 할 수 있다. 하늘은 여기저기가 따로 없다.

명절에 예루살렘으로 올라가기를 권하는 형제들 [7, 1-9]

그 뒤로 예수께서는 유다 지방을 피하여 갈릴래아 지방 여러 곳을 다니셨다. 유다인들이 당신을 죽이려 했기 때문이다. 유다인의 명절인 초막절이 다가오자 그 형제들이 예수께 와서 말하였다. "여기를 떠나 유다로 가서 형님 하시는 일을 제자들에게 보여주십시오. 자기를 널리 알리려는 사람은 숨어서 은밀하게 일하지 않는 법입니다. 이왕 이런 일을 하려면 세상에 자기를 나타내시라고요." 이렇듯이 그 형제들조차 예수를 믿지 않았던 것이다. 예수께서 그들에게 말씀하셨다. "자네들한테는 아무 때나 상관없지만 나는 아직 때가 되지 않았네. 세상이 자네들은 미워할 수 없지만 나는 미워하지. 세상이 하는 악한 짓을 내가 들추어내기 때문일세. 자네들은 어서 명절을 쇠러 올라가시게. 나는 아직 때가 되지 않았으므로 이번 명절에는 올라가지 않겠네." 이렇게 말씀하시고 그냥 갈릴래아에 머물러 계셨다.

*

성인聖人은 동선시動善時라, 때를 잘 맞추어 움직인다 하였다. 자기 뜻대로 움직이는 게 아니라 하느님 뜻대로 움직인다는 말이다. 그러겠다는 마음을 먹고서 그러는 게 아니다. 저 강물이 지형에 따라 제 속도로 흐르듯이 저절로 그리되는 것이다.

명절에 예루살렘으로 은밀히 올라가심 [7, 10-13]

형제들이 명절을 쇠러 올라간 뒤에 예수께서도 남들 모르게 은밀히 올라가셨다. 명절 기간에 유다인들은 예수를 찾아다니며 그가 어디에 있느냐고 서로 물었다. 군중 사이에서 이러쿵저러쿵 예수에 관하여 말이 많았다. 어떤 사람은 말하기를, "그분, 괜찮은 사람이야." 하였고 어떤 사람은 말하기를, "아니야. 사람들을 곁길로 새게 만든다고." 하였다. 하지만 유다인들이 무서워서 아무도 드러내놓고 말하진 않았다.

*

방금 전에 아직 '때'가 아니므로 올라가지 않겠다던 분이 혼자 은밀히 올라가신다. 무슨 '때'가 그런가? 그런 게 '때'다. 어떤 무엇으로도 정해서 굳혀 놓을 수 없는 그것이 때다. 그러기에 굳이 말한다면 찰나를 사는 것이 영원을 사는 것이다.

성전에서 사람들을 가르치심 [7, 14-24]

명절 중반에 들어섰을 때 예수께서 성전으로 올라가 가르치셨다. 유다인들이 기이하게 여겨 서로 말하기를, "저 사람 배우지도 않았으면서 어떻게 저리 유식한 걸까?" 하였다. 예수께서 말씀하셨다. "나의 가르침은 내 것이 아니라 나를 보내신 분의 것이오. 그분 뜻대로 살겠다는 사람은 이 가르침이 하느님한테서 온 것인지 아니면 내가 스스로 만든 것인지를 알게 돼 있소. 스스로 말하는 사람은 저 자신을 빛내려 하지만 자기를 보내신 분을 빛나게 하려는 사람은 참되니 그 속이 비뚤어지지 않았기 때문이오. 당신들에게 율법을 준 이가 모세 아니오? 그런데도 당신들 가운데 그 율법을 지키는 사람이 하나도 없구려. 도대체 왜 나를 죽이려 하는 거요?" 무리가 말했다. "미쳤소? 누가 당신을 죽이려 한다는 말이오?" 예수께서 대답하셨다. "내가 일을 하나 했는데 그날이 안식일이라 하여 당신들 모두 큰 충격을 받았지요. 모세가 할례에 관한 법을 주었다는 이유로, 실은 모세가 아니라 옛 조상들이 준 것이지만, 당신들은 안식일에도 할례를 베풀고 있소. 이렇게 모세의 법을 어기지 않으려고 안식일에 할례를 베푸는 당신들이 안식일에 사람 하나를 고쳐준 나한테는 왜 그토록 화를 내는 것이오? 겉모양으로 판단하지 말고 공정하게 판단하시오."

*

세상에는 두 종류 사람들이 살아간다. 제가 잘나서 또는 못나서 성공하거나 실패한다고 착각하는 사람들. 잘났거나 못났거나 자기한테서 하느님이 사신다는 진실을 깨친 사람들.

예루살렘 성전에서 가르치심 [7, 25-31]

예루살렘 사람들 가운데 몇이 말하였다. "저 사람, 저들이 죽이려고 찾는 바로 그 사람 아닌가? 대중 앞에서 저렇게 거침없이 말하는데도 뭐라고 하는 사람이 없는 걸 보면 혹 우리 지도자들이 저 사람을 정말 그리스도로 알고 있는 걸까? 하지만 그리스도가 오실 때 그가 어디에서 오는지를 아무도 모른다고 했는데 우리는 저 사람이 어디 출신인지 알고 있잖아?" 예수께서 성전에서 가르치시며 큰소리로 말씀하셨다. "당신들은 나를 알고 내가 어디에서 왔는지도 알고 있소. 하지만 나는 내 맘대로 온 사람이 아니오. 나를 보내신 분이 있소.

그분은 진실 자체이신데 당신들은 그분을 모르지만 나는 아오. 내가 그분에게서 왔고 그분이 나를 보내셨기 때문이오."
그들은 예수를 잡고자 하였으나 아무도 손을 대지 못하였다. 아직 그의 때가 되지 않았던 것이다. 무리 가운데 많은 사람이 예수를 믿고 말하기를, "그리스도가 오신다 하여도 이 사람보다 많은 표적을 보여 줄 수 있겠는가?" 하였다.

*

안팎으로 하늘 향해 부끄러울 것 없는 사람! 선 자리에서 죽어도 아쉬울 것 없는 사람! 대중 앞에서 거침없이 말하는 사람!

바리사이파 사람들이 예수 잡아오라고 부하를 보냄 [7, 32-36]

무리가 예수에 관해서 수군거리는 소리를 바리사이파 사람들이 들었다. 대사제들과 바리사이파 사람들이 예수를 잡아 오라고 부하들을 보냈다. 예수께서 말씀하셨다. "나는 얼마쯤 당신들 곁에 있다가 나를 보내신 분께로 돌아가야 하오. 당신들은 나를 찾아다녀도 찾지 못할 것이고 나 있는 곳에 오지도 못할 것이오." 유다인들이 서로 말하기를, "우리가 자기를 찾아다녀도 찾지 못할 것이라니 대체 어디로 간다는 걸까? 그리스인들 사이에 흩어져 사는 유다인들한테로 가서 그리스인들을 가르칠 작정인가? '당신들은 나를 찾아다녀도 찾지 못할 것이고 나 있는 곳에 오지도 못할 것'이라는 말이 무슨 뜻인가?" 하였다.

*

"나는 얼마쯤 당신들 곁에 있다가 나를 보내신 분께로 돌아가야 하오." 누군 안 그런가? 모든 인간이 가는 길을 예수도 간다. 다만 같은 길을 다르게 갈 뿐이다.

예수로 말미암아 갈라진 사람들 [7, 37-44]

명절 마지막 날 곧 큰 날에 예수께서 일어나 말씀하셨다. "목마른 사람은 누구든지 나에게로 와서 마시도록 하시오. 나를 믿는 사람은 성경 말씀대로 그 속에서 샘솟는 물이 강처럼 흘러나올 것이오." 이는 당신을 믿는 사람들이 받게 될 성령을 두고 하신 말씀이었다. 예수께서 영광을 입기 전이라, 아직 성령이 그들에게 내리지 않았던 것이다.

이 말씀을 들은 무리 가운데 누구는, "이분이 바로 그 예언자다." 하였고 누구는, "그리스도다." 하였고 "그리스도가 어찌 갈릴래아에서 난단 말인가? 성경에 그리스도는 다윗의 씨로 다윗이 살던 동네 베들레헴에서 난다고 하지 않았던가?"라고 말하는 사람도 있었다. 이렇게 그분으로 말미암아 무리가 서로 갈라져 다투게 되었다. 그들 가운데는 예수를 잡고자 하는 자들도 있었지만 아무도 그 몸에 손을 대지 못하였다.

*

"그분으로 말미암아 무리가 서로 갈라져 다투게 되었다." 맞는 말이다. 하지만 그 책임이 그분한테 있는 건 아니다. 그분이 그들을 갈라놓고 서로 다투게 하신 건 아니잖은가?

이의를 제기하는 니고데모 [7, 45-52]

그냥 돌아온 부하들에게 대사제들과 바리사이파 사람들이 물었다. "어째서 그를 잡아오지 않았느냐?" 그들이 대답하였다. "그분처럼 말하는 사람이 아직 없었습니다." 바리사이파 사람들이 말하기를, "너희도 속아 넘어갔느냐? 우리 지도자들이나 바리사이파 사람들 가운데 그를 믿는 이가 하나라도 있더냐? 율법에 대하여 쥐뿔도 모르는 이 저주받은 것들아!" 하였다. 그 자리에 있던 한 사람 곧 전에 예수를 찾아왔던 니고데모가 말하였다. "우리 율법에 먼저 그의 말을 들어보거나 그가 한 일을 알아보지 않고서 판정을 내려도 된다고 했소?" 그들이 말하였다. "당신도 갈릴래아 출신이오? 성경을 샅샅이 뒤져보시오. 갈릴래아에서 예언자가 난다는 말은 어디에도 없소."

*

아이러니다. 역사를 꾸리는 건 수도권 대중이지만 그들을 움직이는 건 변두리 소수자들이다. 그날의 소수자 니고데모는 오늘도 저렇게 살아서 말하는데 그 많던 바리사이파 사람들과 대사제들은 지금 어디에 묻혀있는가?

간음하다 잡혀온 여인 [7, 53-8, 11]

[저마다 집으로 돌아갔고, 예수께서는 올리브 산으로 가셨다. 이른 아침 예수께서 다시 성전으로 가시니 사람들이 많이 모여들었다. 자리에 앉아 그들을 가르치시는데, 율법학자들과 바리사이파 사람들이 간음하다 잡힌 여인을 끌고 와서 앞에 세워놓고 물었다. "선생, 이 여자가 간음하다가 현장에서 잡혔소. 모세 법에는 이런 여자를 돌로 치라 하였는데 선생은 뭐라고 말하겠소?" 그들이 이 말을 한 것은 고발할 구실을 찾아볼 생각으로 예수를 시험한 것이었다. 그러나 예수께서는 몸을 굽혀 손가락으로 땅바닥에 뭔가를 쓰고 계셨다. 그들이 묻기를 그치지 않는지라 예수께서 고개를 드시고, "당신들 가운데 죄 없는 사람이 먼저 여자를 돌로 치시오." 말씀하시고 나서 다시 몸을 굽혀 손가락으로 땅바닥에 계속 쓰셨다. 그들은 이 말을 듣고 나이 많은 사람부터 하나씩 자리를 떠났고 예수 앞에 여인 홀로 서 있던 자리에 그냥 남게 되었다. 예수께서 몸을 펴고 일어나 여인에게 물었다. "모두 어디 있소? 당신을 정죄한 사람이 아무도 없소?" 여인이 대답하였다. "없습니다, 주님." 예수께서 여인에게 이르셨다. "나도 정죄하지 않겠소. 가서 다시는 죄짓지 마시오."]

*

향기로운 얘기다, 썩은 진흙바닥에 핀 연꽃처럼, 아프고 슬퍼서 아름다운 얘기다. 가련한 여인이 간음 현장에서 붙잡히지 않았으면, 위선자들이 그를 이용하여 누구를 궁지에 몰고자 하지 않았으면 영워히 세상에 전해지지 못했을

당신을 스스로 증언하심 [8, 12-20]

예수께서 또 사람들에게 말씀하셨다. "나는 세상의 빛이오. 나를 따르는 사람은 어둠 속에서 걷지 않고 생명의 빛을 얻을 것이오." 바리

사이파 사람들이 말하였다. "당신 스스로 당신을 증언하고 있으니 참된 증언이 아니오." 예수께서 말씀하셨다. "내가 스스로 나를 증언해도 그것이 참된 증언인 까닭은 내가 어디에서 왔으며 어디로 가는지를 알고 있기 때문이오. 그러나 당신들은 내가 어디에서 왔으며 어디로 가는지를 모르오. 당신들은 사람의 기준으로 판단하지만 나는 아무도 판단하지 않소. 혹여 내가 누구를 판단해도 그것이 참된 판단인 까닭은 나 혼자서 하지 않고 나를 보내신 아버지와 함께 하는 판단이기 때문이오. 당신들 법에도 두 사람이 증언하면 참된 증언이라 하지 않았소? 나도 나를 증언하고 나를 보내신 아버지도 나를 증언하고 계시오." 그들이 물었다. "당신 아버지가 어디 있소?" 예수께서 대답하셨다. "당신들은 나도 모르고 내 아버지도 모르오. 나를 알았으면 내 아버지도 알았을 것이오."
이는 성전에서 가르치실 때 헌금 궤 앞에서 하신 말씀인데, 아직 그분의 때가 되지 않았으므로, 아무도 예수를 잡지 않았다.

*

나무 안에 씨가 있고 씨 안에 나무가 있다. 아버지 안에 아들이 있고 아들 안에 아버지가 있다. 우주에 존재하는 어떤 사물도 이 원리에서 벗어날 수 없다. 오직 인간만이 자기가 아버지를 떠났다는 또는 아버지가 자기를 버렸다는 착각에 빠질 수 있고 그 착각으로 온갖 비극을 연출할 수 있다. 하나가 모두요 모두가 하나니 이렇게만 한다면 무엇을 마치지 못할까 걱정하랴?(一卽一切, 一切卽一, 但能如是, 何慮不畢)

아래에서 난 사람, 위에서 난 사람 [8, 21-30]

예수께서 다시 말씀하셨다. "나는 가오. 내가 가면 당신들은 나를 찾다가 자기 죄 안에서 죽을 것이오. 내가 가는 곳으로 당신들은 오지 못하오." 유다인들이 서로 수군거렸다. "자기 가는 곳에 우리는 갈 수 없다니, 이 사람 자살이라도 하겠다는 건가?" 예수께서 말씀하셨다. "당신들은 아래에서 났고 나는 위에서 났소. 당신들은 이 세상에 속했지만 나는 이 세상에 속하지 않았소. 방금 당신들이 자기 죄 안에서 죽으리라고 말한 것이 그래서였소. 내가 그임을 믿지 않으면 당신들 모두 자기 죄 안에서 죽을 것이오." 그들이 물었다. "당신, 누구요?" 예수께서 대답하셨다. "처음부터 내가 누구라고 말한 그 사람이오. 나도 당신들에 대하여 말할 것이 있고 판단할 것도 많지만 나를 보내신 분이 진실 자체이신 까닭에 그분한테서 들은 것을 그대로 말할 따름이오." 그러나 예수께서 당신 아버지를 두고 하시는 말씀인 것을 그들은 알지 못하였다. 예수께서 이르셨다. "당신들이 사람 아들을 높이 들어 올린 뒤에야 내가 그임을 알게 될 것이오. 나를 보내신 분이 나와 함께 계시는 것은 내가 늘 아버지께서 기뻐하실 일을 하기 때문이오. 그래서 나를 혼자 버려두시지 않는 것이오." 이 말씀을 듣고 많은 사람이 예수를 믿게 되었다.

*

"몸이 몸으로 살면 죽어 땅으로 돌아가고 영이 몸으로 살면 죽어 하늘로 돌아간다. 다른 누가 말하는 너, 그건 네가 아니다. 네가 알고 있는 너, 그게 너다. 나는 내가 누군지 안다. 너는 네가 누군지 아느냐? 너와 내가 한 아버지의 자식임을 가르쳐주려고 내가 왔다. 하지만 내 가르침을 받아들이지 않는 사람은 내가 가는 곳으로 갈 수 없다."

아브라함의 자손임을 내세우는 유다인들 [8, 31-47]

예수께서 당신을 믿는 유다인들에게 말씀하셨다. "당신들이 내 말을 듣고 그대로 살면 나의 참 제자라 하겠고 그러면 진실을 알 터인즉 진실이 당신들을 자유롭게 해줄 것이오." 그들이 물었다. "우리는 아브라함의 자손이오. 어떤 누구의 노예도 아닌 우리가 자유롭게 되다니, 그게 무슨 말이오?" 예수께서 대답하셨다. "그렇소, 내가 신성으로 말하는데, 죄를 지으면 누구나 죄의 노예요. 노예는 집에서 영원토록 살지 못하나 아들은 영원히 살 수 있소. 그러므로 아들이 자유를 주면 당신들은 참으로 자유로운 사람이 될 것이오. 당신들이 아브라함의 자손인 건 나도 아는 사실이오. 그런데도 당신들이 나를 죽이려 하는 것은 내 말을 받아들일 빈 방이 당신들 안에 없기 때문이오. 나는 내 아버지 안에서 본 것을 말하고 당신들은 당신네 아비한테서 들은 대로 하는 것이오." 그들이 말하였다. "우리 아버지는 아브라함이오." 예수께서 이르셨다. "당신들이 아브라함의 자손이면 아브라함이 한 일을 할 것이오. 시방 하느님한테서 들은 진실을 전하는 사람인 나를 당신들이 죽이려 하는데 아브라함은 그런 짓 하지 않았소. 당신들은 당신네 아비가 한 일을 그대로 하고 있는 거요." 그들이 말하였다. "우리는 잡종이 아니오. 한 분이신 하느님이 우리 아버지요." 예수께서 그들에게 이르셨다. "하느님이 당신들 아버지면 나를 당신들이 사랑했을 것이오. 내가 하느님께로부터 와서 지금 여기에 있으니 말이오. 나는 내 맘대로 온 사람이 아니고 하느님이 보내셔서 온 사람이오. 당신들이 내 말을 알아듣지 못하는 까닭은 내 말뜻을 새겨들을 줄 몰라서요. 당신들은 아비인 악마의 자식들이오. 그래서 그 아비의 욕망을 이루려 하는 것이오. 그는 처음부터 살인자였고 제 안에 진실이 없는지라 한 번도 진실 위에 서본 적이 없소. 그가 거짓을 말할 때마다 본색을 드러내는 것이니 본디 거짓말쟁이고 모든 거짓의 아비기 때문이오. 하지만 나는 진실을 말하고 있소. 그래서 당신들이 나를 믿지 않는 것이오. 당신들 가운데 누가 나를 죄인으로 책잡을 수 있단 말이오? 내가 진실을 말하는데 어째서 나를 믿지 않는 거요? 하느님한테서 온 사람이 하느님의 말씀을 듣는 법. 당신들이 그 말씀을 듣지 않는 것은 하느님한테서 오지 않았기 때문이오."

*

너희가 내 가르침대로 살면 나를 따르는 제자인 것이고 제자의 길을 성실히 가면 진실을 깨칠 터인즉 그러면 어떤 무엇에도 얽매이지 않는 자유인이 될 것이다. 이 말 한마디면 충분하다. 그러나 무슨 수로도 자유로워질 수 없는 사람이 있다. 스스로 자유인이라고 착각하는 사람이다. 스스로 섰다는 사람을 일으켜 세울 수는 없는 거다.

성전에서 예수를 돌로 치려고 한 유다인들 [8, 48-59]

유다인들이 말하였다. "당신은 사마리아 사람이고 귀신들린 사람이오. 우리가 하는 말이 맞지 않소?" 예수께서 대답하셨다. "나는 귀신들린 게 아니라 우리 아버지를 받들어 모시고 있는 건데, 그런 나를 당신들이 헐뜯는 거요. 나는 내 영광을 구하지 않소. 그것을 구하고 판단하는 이가 따로 있소. 내가 분명히 말하는데, 내 말을 따르는 사람은 영원히 죽지 않을 것이오." 유다인들이 말하였다. "당신이 정녕 귀신들린 사람인 것을 우리가 이제 알았소. 아브라함도 죽고 예언자들도 모두 죽었는데, '내 말을 따르는 사람은 영원히 죽지 않는다.'고 하니 당신이 우리 조상 아브라함보다 크단 말이오? 예언자들 또한 모두 죽었소. 도대체 당신한테는 당신이 누구요?" 예수께서 대답하셨다. "내가 나를 영광스럽게 한다면 그 영광은 아무것도 아니오. 나를 영광스럽게 하는 이는 우리 아버지신데, 당신들이 '우리 하느님'이라고 말한 바로 그분이오. 하지만 당신들은 그분을 모르고 나는 아오. 내가 그분을 모른다고 하면 나도 당신들 같은 거짓말쟁이인 것이오. 그러나 나는 그분을 알고 그분 말씀을 지키고 있소. 당신들의 아버지인 아브라함은 내 날을 보고자 갈망하였고, 그날을 보았고, 그래서 기뻐하였소." 유다인들이 말하였다. "당신 아직 쉰 살도 못 됐으면서 아브라함을 보았다고?" 예수께서 이르셨다. "그렇소, 내가 진정으로 말하는데, 아브라함이 태어나기 전부터 있는 내가 곧 나요." 그들이 돌을 들어 치려고 하였으나 예수께서는 몸을 감추어 성전을 떠나셨다.

*

이쪽은 저쪽 말을 알아듣는데, 그래서 그 말이 옳으면서 틀린 줄을 아는데, 저쪽은 이쪽 말을 알아듣지 못한다. 그래서 그 말이 참말인 줄을 모른다. 양쪽의 대화는 처음부터 성립될 수 없는 것이다. 충돌도 안 된다. 고속도로를 달리는 차는 지방도로를 달리는 차와 부딪칠 수 없다.

사람이 눈멀어 태어난 것은 누구 탓인가? [9, 1-12]

예수께서 길을 가시다가 태어나면서부터 눈이 먼 사람을 만나셨다. 제자들이 묻기를, "랍비, 저 사람이 눈멀어 태어난 것은 누구 죄 탓입니까? 자기 죄입니까? 부모 죄입니까?" 하였다. 예수께서 대답하셨다. "그의 죄 탓도 아니고 부모의 죄 탓도 아니고 다만 그를 통하여 일하시는 하느님을 나타내기 위한 것이오. 우리는 낮 동안에 나를 보내신 분의 일을 해야 하오. 이제 곧 밤이 될 텐데 그때는 아무 일도 할 수 없소. 내가 세상에 있는 동안은 내가 세상의 빛이오." 이 말씀을 하시고 땅에 침을 뱉어 흙을 개어서 그의 눈에 발라주신 다음 그에게 이르시기를, "실로암(실로암은 '파견'이라는 뜻) 못에 가서 씻어요." 하셨다. 그가 가서 씻고 밝아진 눈으로 돌아왔다.

이웃 사람들과 그가 전에 거지였음을 아는 사람들이 서로 말하였다. "저 친구, 앉아서 구걸하던 그 거지 아닌가?" 누구는 그 사람 맞다 하고 누구는 아니라고, 비슷하게 닮긴 했지만 다른 사람이라고 하는데 그가 제 입으로 말하였다. "내가 바로 그요." 사람들이 물었다. "그러면, 어떻게 해서 보게 되었나?" 그가 대답하였다. "예수라는 분이 흙을 개어 내 눈에 발라주고 실로암 못에 가서 씻으라기에 가서 씻었더니 이렇게 보이네요." 그가 어디 있느냐고 사람들이 물었으나, 그는 모른다고 대답하였다.

*

천지만물이 하느님의 작품이다. 태어나면서부터 눈먼 사람이라고 열외列外일 순 없는 것이다. 장단상형長短相形이라, 전체를 보는 눈에는 열외가 없다.

눈멀었던 사람과 바리사이파 사람들 [9, 13-34]

사람들이 맹인이었던 그를 바리사이파 사람들한테로 데려갔다. 예수께서 흙을 개어 눈을 뜨게 해주신 그날은 안식일이었다. 바리사이파 사람들이 그에게 어떤 경위로 눈을 뜨게 되었는지 물었다. 그가 말했다. "그분이 눈에 흙을 발라주었고, 내가 씻었고, 그래서 이렇게 봅니다." 바리사이파 사람들 가운데 누구는, "그가 안식일을 지키지 않은 것을 보면 하느님께로부터 온 사람이 아니오." 하였고 누구는, "죄인이 어떻게 그런 표적을 보일 수 있소?" 하였다. 이렇게 서로 의견이 갈라져 이러쿵저러쿵하다가 맹인이었던 자에게 물었다. "그 사람이 자네 눈을 뜨게 해주었다니, 자네는 그를 누구라고 생각하는가?" 그가 대답하였다. "예언자입니다."
유다인들은 맹인이 다시 보게 되었다는 말을 믿으려 하지 않고 그 부모를 불러서 물어보았다. "이 사람이 나면서부터 눈멀었다는 당신들 자식이 맞소? 그런데 어떻게 해서 눈을 뜬 거요?" 그들이 대답하였다. "맞습니다. 태어나면서부터 눈먼 우리 아들이 틀림없어요. 하지만 그가 어떻게 해서 다시 보게 되었는지, 누가 눈을 뜨게 해주었는지, 그건 모르겠네요. 나이가 있으니 그에게 물어보십시오. 제 입으로 대답하겠지요." 그들이 이렇게 말한 것은 유다인들이 겁나서였다. 예수를 그리스도로 아는 자들은 모두 회당에서 쫓아내기로 결의했던 것이다. 그 부모가, "나이가 있으니 그에게 물어보시오."라고 대답한 것은 그래서였다.
그들이 맹인이었던 사람을 다시 불러놓고 말하였다. "사실대로 말하게. 우리는 그가 죄인임을 알고 있네." 그가 대답하였다. "그분이 죄인인지 아닌지 그건 모르겠어요. 내가 아는 건 단지 전에 보지 못하던 내가 지금은 잘 본다는 것뿐입니다." 그들이 다시 물었다. "그가 자네한테 무슨 짓을 하였는가? 어떻게 자네 눈을 뜨게 해주었느냐고?" 그가 대답하였다. "아까 말하지 않았어요? 그때는 듣지 않더니 왜 다시 묻는 거요? 당신들도 그분 제자가 되려는 겁니까?" 그러자 그들이 욕설을 퍼부으며 말하기를, "너는 그의 제자고 우리는 모세의 제자다. 하느님이 모세에게 말씀하신 건 우리가 알지만 그 자에 대하여는 그가 어디에서 왔는지도 모른다." 하였다. 그가 대꾸하였다. "그거참 희한한 일이네요. 당신들은 그가 어디에서 왔는지 모른다고 하는데 그런데 그가 내 눈을 뜨게 해주었단 말입니다. 우리가 알기로 하느님께서 죄인의 말은 듣지 않고 당신을 공경하고 당신 뜻에 순종하는 자의 말은 들어준다던데, 나면서부터 먼눈을 다시 뜨게 해준 사람이 있다는 말은 들어본 적이 없거늘, 그분이 하느님께로부터 온 사람이 아니라면 어찌 그런 일을 할 수 있겠어요?" 그들이 말하였다. "네가 죄를 둘러쓰고 태어난 주제에 감히 누구를 가르치겠다는 거냐?" 그러고 그를 회당에서 내쫓았다.

*

무엇에 대한 자신의 앎이 눈을 가려 무엇을 보지 못하게 한다. 인간의 육안肉眼으로는 무엇을 보든지 그 표면의 일부를 볼 따름이다. 맹인으로 태어나 보지 못하던 거지는 보게 되고 눈이 성해서 보는 데 아무 장애가 없는 바리사이파 사람들은 끝내 보지 못한다.

보는 사람과 보지 못하는 사람 [9, 35-41]

그가 회당에서 쫓겨났다는 말을 들으신 예수께서 그를 만났을 때 물어보셨다. "당신 사람 아들을 믿소?" 그가 대답하였다. "그분이 누구십니까, 주님? 제가 믿겠어요." 예수께서 그에게 이르셨다. "당신은 그를 보았소. 지금 당신 앞에서 말하는 사람이 바로 그 사람이오." 그가, "주님, 제가 믿습니다."라고 말하며 무릎 꿇어 절하였다. 예수께서 말씀하셨다. "내가 세상에 온 것은 보는 사람과 보지 못하는 사람을 가려, 보지 못하는 사람은 보게 하고 보는 사람은 보지 못하게 하려 함이오." 예수와 함께 있던 바리사이파 사람들이 물었다. "그러면 우리도 눈이 멀었다는 거요?" 예수께서 대답하셨다. "당신들이 눈멀었으면 차라리 죄가 없을 터인데 스스로 '우리가 본다.'고 하니 그래서 죄가 그대로 남아있는 것이오."

*

"내가 세상에 온 것은 보는 사람과 보지 못하는 사람을 가려, 보지 못하는 사람은 보게 하고 보는 사람은 보지 못하게 하려 함이오." 보는 사람을 보지 못하게 하는 이유는 그렇게 해야만 그의 눈이 제대로 볼 수 있기 때문이다. 가르침의 목적은 이래저래 깨달음이다.

목자와 양 비유 [10, 1-6]

"그렇소, 내가 분명히 말하는데, 양 우리에 들어가면서 문으로 들어가지 않고 다른 데로 넘어가는 자는 도둑이고 강도요. 그러나 양 치는 목자는 문으로 들어가오. 문지기는 문을 열어주고 양들은 목자의 음성을 알아듣소. 목자가 자기 양들을 하나씩 불러내어 밖으로 데리고 나가는데 양들이 모두 나오면 앞장서서 가지요. 양들이 그의 목소리를 알기에 뒤를 따라가는 것이오. 양들은 낯선 사람을 결코 따라가지 않소. 오히려 그를 피하여 도망치는 것은 그 목소리가 귀에 익지 않아서요." 예수께서 이 비유를 들려주셨지만 그들은 무슨 뜻으로 하시는 말씀인지 몰랐다.

*

음성이 언어보다 근본에 가깝다. 만물이 근본에 가까울수록 서로 간의 거리도 가까워지는 법. 짐승과 사람은 언어 아닌 음성으로 소통한다. 천사와 사람도 그럴 것이다.

선한 목자와 삯군 목자 [10, 7-21]

예수께서 다시 말씀하셨다. "그렇소, 내가 진정으로 말하는데, 나는 양이 드나드는 문이오. 나보다 먼저 온 자들은 모두 도둑이고 강도요. 하지만 양들은 그들의 말을 듣지 않소. 나는 문이오. 누구든지 나를 통하여 들어가면 구원을 받고 들며 나며 좋은 꼴을 먹을 것이오. 도둑들은 다만 훔치고 죽이고 멸망시키러 오지만 나는 양들로 하여금 생명을 얻고 또 얻어 풍성케 하려고 왔소. 나는 선한 목자요. 선한 목자는 자기 양들을 위해서 목숨을 바치거니와 삯군은 목자도 아니고 양의 주인도 아닌지라 늑대들이 오면 양을 버리고 달아나오. 그러면 늑대들이 양들을 물어가고 양들은 뿔뿔이 흩어져버리지요. 그가 달아나는 것은 돈 받고 일하는 삯군이라 양들을 돌보지 않기 때문이오. 나는 선한 목자요. 내가 양들을 알고 내 양들 또한 나를 아는 것이 아버지께서 나를 아시고 내가 아버지를 아는 것과 같소. 나는 내 양들을 위하여 목숨을 바치오. 내게는 우리 안에 있지 않은 다른 양들이 있소. 그 양들도 데려와야 하오. 그들도 내 목소리를 알아듣고 같은 무리가 되어 한 목자 아래에 있을 것이오. 아버지께서 나를 사랑하시는 까닭은 내가 목숨을 다시 얻기 위하여 그것을 바치기 때문이오. 누가 내 목숨을 빼앗아가는 게 아니라 내가 스스로 바치는 것이오. 나에게는 목숨을 바칠 권리도 있고 다시 얻을 권리도 있소. 이것이 바로 아버지께서 나에게 주신 명령이오."
이 말씀을 듣고 유다인들 사이에 또 분쟁이 일었다. 그들 가운데 많은 사람이 말하기를, "귀신들려서 미쳤군. 우리가 어째서 저런 미친 자의 말을 듣는 거지?" 하였다. 그러나 이렇게 말하는 사람들도 있었다. "귀신들린 자가 저런 말을 하겠소? 더구나 귀신이 어떻게 맹인 눈을 뜨게 한단 말이오?"

*

"누가 내 목숨을 빼앗아가는 게 아니라 내가 스스로 바치는 것이오. …이것이 바로 아버지께서 나에게 주신 명령이오." 예수, 그분의 십자가는 완전 능동이면서 완전 피동이었다. 스스로 선택한 길이면서 아버지에 대한 무조건 복종이었다. 능동과 피동이 동시적이지만 앞뒤는 있다. 피동이 먼저고 능동이 나중이다. 사람이 무엇을 한다면 그게 되어서 하는 거다.

돌을 들어 예수를 치려고 한 유다인들 [10, 22-42]

그 무렵 예루살렘에서 성전봉헌기념절 축제가 열리고 있었다. 때는 겨울이었다. 예수께서 성전 안에 있는 솔로몬 행각을 거니시는데 유다인들이 에워싸고 묻기를, "언제까지 우리 마음을 조이게 할 작정이오? 당신이 정말 그리스도면 밝히 드러내어 말하시오." 하였다. 예수께서 이르셨다. "나는 당신들에게 이미 말했소. 그런데 당신들이 믿지 않았소. 내가 우리 아버지 이름으로 하는 일들이 나를 증명하고 있지만 당신들은 내 양이 아니므로 나를 믿지 않는 거요. 내 양들은 내 목소리를 알아듣소. 나는 그들을 알고 그들은 나를 따르오. 나는 그들에게 영원한 생명을 주고 그들은 영원히 멸망하지 않소. 아무도 그들을 내 손에서 빼앗지 못하오. 아버지께서 내게 주신 것은 어떤 무엇보다도 크고, 누구도 그것을 아버지 손에서 빼앗을 수 없소. 아버지와 나는 하나요."
유다인들이 또 돌을 들어 치려고 하자 예수께서 그들에게 물으셨다. "내가 아버지께서 맡기신 좋은 일들을 많이 하였거늘 그중 어떤 일이 못마땅하여 나를 돌로 치려는 것이오?" 유다인들이 말하였다. "네가 좋은 일을 했는데 우리가 돌을 들어 치겠느냐? 사람인 주제에 스스로 하느님과 같다고 하니, 그토록 불경스러운 말을 하는 너를 어찌 그냥 둔단 말이냐?" 예수께서 말씀하셨다. "당신네 율법에 기록되기를, '내가 너희를 신이라 불렀노라.' 하지 않았소? 이렇게 하느님 말씀을 받은 사람들을 모두 신이라고 불렀소. 성경은 폐할 수 없는 것이오. 그런데 지금 당신들은 아버지께서 거룩하게 하시어 세상에 보내신 사람이 '내가 하느님 아들이다.'라고 말했다 하여 그가 불경스러운 말을 했다고 하는 것이오? 내가 아버지의 일을 하지 않는다면 나를 믿지 않아도 좋소. 하지만 내가 지금 그 일을 하고 있으니, 나는 믿지 않더라도 내가 하는 일은 믿어야 할 것 아니오? 그러면 아버지께서 내 안에 계시고 내가 아버지 안에 있음을 당신들이 깨달아 알게 될 것이오." 저들이 또 예수를 잡고자 하였으나 그들의 손에서 벗어나 몸을 피하셨다.

예수께서 다시 요르단 건너편 요한이 처음 세례 베풀던 곳으로 가시어 거기 머무르셨다. 많은 사람이 예수께로 몰려와 서로 말하였다. "요한은 아무 표적도 보이지 않았지만 그가 이분을 두고 한 말은 모두 참말이었다." 많은 사람이 거기서 예수를 믿었다.

*

못 보는 사람에게 보는 사람이 무엇을 묘사한들 통하겠는가? 왜 생전의 예수가 사람들에게 받아들여지지 않았는지를 남은 이들이 설명해보지만 괜한 말이 자꾸 길어진다. 하지만 이 구절에는 예수 십자가 사건의 진면목이 담겨 있다. 자기가 하느님의 자식이라는 진실을 모르는 사람들이 그걸 아는 사람을 죽인 것이 십자가 사건이었다.

죽은 라자로를 살리심 [11, 1-44]

마리아와 마르타 자매가 사는 베다니아 마을에 라자로라는 병자가 있었다. 마리아는 향유를 주님께 붓고 머리털로 발을 씻겨드린 바로 그 여자였고 병든 라자로는 그 오라비였다. 마리아와 마르타가 예수께 사람을 보내어 말을 전하였다. "주님, 주님이 사랑하시는 이가 앓고 있습니다." 전하는 말을 듣고 예수께서 말씀하셨다. "죽을병이 아니오. 오히려 하느님의 영광을 드러내기 위한 것이고 덕분에 하느님의 아들 또한 영광을 입게 될 것이오."

예수께서는 마르타와 그 동생 마리아 그리고 라자로를 사랑하셨다. 라자로가 병들었다는 말을 듣고도 계시던 곳에 이틀을 더 머무르신 예수께서 제자들에게 이르셨다. "유다로 다시 갑시다." 제자들이 물었다. "랍비, 얼마 전 그곳 유다인들이 선생님을 돌로 치려고 했는데 다시 거기로 가신다고요?" 예수께서 그들에게, "낮은 열두 시간 아니오? 사람이 낮에 다니면 세상의 빛을 보기 때문에 걸려 넘어지지 않지만 밤에 다니면 그 안에 빛이 없어서 걸려 넘어지게 마련이오." 이르시고 이어서, "우리 친구 라자로가 잠들었으니 내가 가서 깨워야겠소." 하셨다. 제자들이 말하였다. "주님, 그가 잠들었으면 곧 깨어나겠지요." 예수께서는 그가 죽었다고 말씀하신 것인데 제자들은 그가 잠들었다는 말로 알아들었던 것이다. 이에 예수께서 분명히 말씀하셨다. "라자로는 죽었소. 그대들이 결국 믿게 될 것을 생각하면 내가 그곳에 있지 않은 것이 오히려 기뻐할 일이오. 그에게로 갑시다." 그러자 토마(쌍둥이라는 뜻)가 다른 동료 제자들에게 말하였다. "우리도 가서 함께 죽읍시다."

예수께서 그곳에 이르러보니 죽은 라자로가 무덤에 묻힌 지 벌써 나흘이나 지난 뒤였다. 베다니아는 예루살렘에서 오리쯤 되는 가까운 마을이라 오라비의 죽음을 슬퍼하는 마르타와 마리아를 위로하러 많은 유다인들이 와 있었다. 예수께서 오신다는 말을 듣고 마르타가 마중을 나갔다. 마리아는 집에 있었다. 마르타가 예수께 말씀드렸다. "주님이 계셨으면 제 오라비는 죽지 않았을 거예요. 하지만 지금이라도 주님이 하느님께 구하시면 무엇이든지 다 들어주실 줄 제가 압니다." 예수께서 이르셨다. "자네 오빠는 다시 살아날 걸세." 마르타가 말하였다. "마지막 날 부활하여 다시 살아나리라는 것은 저도 알고 있어요." 예수께서 그에게 물으셨다. "내가 곧 부활이요 생명이니 누구든지 나를 믿는 사람은 죽어도 살겠고 살아서 믿는 사람은 영원히 죽지 않을 것일세. 자네가 이를 믿는가?" 마르타가 대답하였다. "예, 주님. 주님이 세상에 오기로 약속된 그리스도시요, 하느님의 아들이심을 믿습니다." 마르타가 말을 마치고 집으로 돌아가서 마리아에게 은밀히 일러주었다. "선생님이 오셔서 너를 부르신다." 이 말을 듣고 마리아가 급히 일어나 예수께로 달려갔다. 예수께서는 마을로 들어가시지 않고 마중 나온 마르타를 만난 그곳에 그냥 계셨다. 집에서 마리아를 위로하던 유다인들이 마리아가 곡을 하러 무덤에 가는 줄 알고 따라나섰다.

마리아가 예수 계신 곳으로 와서 뵙고 발 앞에 엎드려 말하였다. "주님이 계셨으면 제 오라비는 죽지 않았을 거예요." 예수께서 마리아가 우는 것과 유다인들이 따라서 우는 것을 보시고 슬픔이 북받쳐 올라, "그를 어디에 묻었소?"하고 물으셨다. 사람들이 대답하였다. "와서 보십시오." 예수께서 눈물을 흘리셨다. 이에 유다인들이 서로 말하기를, "보라고, 그를 무척 사랑했나봐." 하였다. 또 이렇게 말하는 자들도 있었다. "맹인 눈을 뜨게 해준 사람이 라자로를 죽지 않게 할 수는 없었단 말인가?"

예수께서 다시 슬픈 기색으로 무덤 가까이 가시니 굴로 된 무덤이 돌로 막혀 있었다. 예수께서 돌을 치우라고 하시자 죽은 사람의 누이 마르타가 말하였다. "죽은 지 나흘이나 됐어요. 냄새가 납니다." 예수께서 마르타에게 이르셨다. "자네가 믿기만 하면 하느님의 영광을 보리라고 내가 말하지 않았던가?" 사람들이 돌을 치웠다. 예수께서 하늘을 우러러 보시며, "아버지, 제 청을 들어주셔서 고맙습니다. 아버지께서 언제나 제 청을 들어주시는 줄 잘 알고 있습니다. 하오나 지금은 저를 에워싼 이 사람들로 하여금 아버지께서 저를 세상에 보내셨음을 믿게 하려고 이 말을 합니다." 말씀하시고 이어서 큰 목소리로, "라자로, 나오시게!"하고 외치자 죽은 사람이 나오는데 손발은 베로 묶여있고 얼굴은 수건으로 감싸여 있었다. 예수께서 사람들에게 이르셨다. "풀어주어 걷게 하시오."

*

어떤 필요가 있어서, 그래서 예수는 이런 장면을 연출하시는가? 내가 곧 부활이요 생명이니 누구든지 나를 믿는 사람은 죽어도 살겠고 살아서 믿는 사람은 영원히 죽지 않는다는, 세상이 없어져도 없어지지 않는 진리 하나를 일러주기 위해서다. 이런 말은 자기 몸이 곧 자기라는 미망迷妄에서 벗어나 자기 정체를 바로 깨친 사람만이 할 수 있는 말이다.

예수 죽일 것을 모의하는 유다인 지도자들 [11, 45-57]

마리아를 위로하러 왔다가 예수께서 하신 일을 보고 많은 유다인들이 그를 믿게 되었다. 그러나 예수께서 하신 일을 바리사이파 사람들에게 가서 고자질하는 자들도 있었다. 대사제들과 바리사이파 사람들이 공의회를 소집하고 서로 의논하기를, "이 사람이 많은 표적을 보이고 있는데 어쩌면 좋겠소? 저대로 내버려 두면 모든 사람이 그를 믿을 것이고 그렇게 되면 로마인들이 와서 우리 성전과 민족을 뭉개 버릴 터인데." 하였다. 그 자리에 있던 그해의 대사제 가야파가 말하였다. "당신들, 그렇게도 모르오? 한 사람이 백성을 위해 죽어서 온 백성이 멸망당하지 않는 것이 당신들한테 더 낫다는 걸 모른단 말이오?" 가야파가 이렇게 말한 것은 자기 생각을 스스로 밝힌 것이 아니라 그해의 대사제로서 예수께서 유다 민족을 위해서, 유다 민족을 위해서 뿐만 아니라 흩어져 사는 하느님의 자녀들을 한데 모으기 위해서, 죽으실 것을 미리 예언한 것이었다. 그날부터 저들이 예수 죽일 것을 모의하기 시작하였다.

예수께서 더는 유다인들 사이로 드러나게 다니지 아니하시고 제자들과 함께 그곳을 떠나 광야 부근 에브라임 마을로 가시어 거기 머무르셨다.

유다인들의 유월절이 다가왔다. 많은 사람이 몸을 정결케 하려고 명절 전에 예루살렘으로 올라왔다. 그들이 예수를 찾아다니다가 성전 안에 모여 수군거렸다. "어찌 생각하오? 아무래도 그가 명절에 올 것 같진 않지요?" 누구든지 예수의 거처를 아는 자는 즉시 신고하여 그를 잡을 수 있게 하라는 명을 대사제들과 바리사이파 사람들이 내려놓았던 것이다.

*

"예수께서 더는 유다인들 사이로 드러나게 다니지 아니하시고…" 자기 존재가 세상에서 자극과 도전으로 받아들여지는 것은 어쩔 수 없는 일이다. 받아들인다. 그러나 일삼아 세상에 도전하거나 사람들을 자극하지는 않는다. 쉬운 일이 아니다.

예수 발에 향유를 부은 마리아 [12, 1-8]

유월절 엿새 전에 예수께서 베다니아로 가셨다. 그곳은 예수께서 죽은 자들로부터 살려내신 라자로가 사는 마을이었다. 거기에서 예수를 위한 잔치가 열렸는데 마르타는 시중을 들고 라자로는 예수와 함께 손님들 사이에 앉아있었다. 마리아가 매우 값진 향유 나르드 한 근을 가져다가 예수의 발에 붓고 머리털로 그 발을 닦아드리자 향유 냄새가 온 집안에 가득 찼다. 예수의 제자들 가운데 하나로서 장차 스승을 넘겨줄 가리옷 사람 유다가 말하였다. "왜 향유를 삼백 데나리온에 팔아서 가난한 사람들에게 나눠주지 않는 건가?" 그가 이렇게 말한 것은 가난한 사람들을 생각해서가 아니었다. 자기가 맡아서 가지고 다니는 돈주머니의 돈을 훔치는 도둑이기 때문이었다. 예수께서 말씀하셨다. "이 누이를 가만두시오. 내 장례를 위해서 하는 일을 계속하게 하시오. 가난한 사람들은 항상 그대들과 함께 있겠지만 나는 그대들 곁에 항상 있지 않을 것이오."

*

제자들 특히 유다는 마리아가 예수 발에 부은 기름을 돈으로 환산하고 그 돈으로 할 수 있는 근사한 명분을 생각한다. 스승은 그렇게 한 여인 마리아를 본다. 마리아의 행동을 통하여 그 깊은 중심을 본다. 같은 상황이지만 보는 눈이 다르니 언행도 달라질 수밖에.

라자로를 죽이려는 유다인들 [12, 9-11]

예수가 베다니아에 있다는 소문을 듣고 유다인들이 무리를 지어 모여들었다. 그들은 예수뿐 아니라 그가 죽은 자들로부터 살려내신 라자로도 보고자 하였다. 대사제들은 라자로도 죽이기로 작정하였다. 라자로로 말미암아 수많은 유다인들이 자기들을 떠나 예수를 믿게 되었기 때문이었다.

*

라자로까지 죽이려는 유다인들. 자기네가 지금 무슨 짓을 하고 있는 건지 모르는 사람들.

새끼나귀를 타고 예루살렘에 들어가심 [12, 12-19]

이튿날, 명절을 쇠러 와있던 큰 무리가 예수께서 예루살렘에 오신다는 소문을 듣고 종려나무 가지를 들고 예수를 마중하며 크게 외쳤다. "호산나, 찬미 받으소서. 주의 이름으로 오시는 분, 이스라엘의 왕이여!"
예수께서 새끼나귀를 보고 그 위에 올라앉으시니 성경에, "시온의 딸아, 두려워마라. 네 임금이 새끼나귀를 타고 오신다."고 기록된 그대로였다. 제자들이 처음엔 이를 알지 못했지만 예수께서 영광을 입으신 뒤에, 모든 일이 그분에 관한 성경의 기록이 그대로 이루어진 것이며 사람들이 예수를 위하여 그렇게 한 것임을 깨닫게 되었다.
예수께서 라자로를 무덤에서 불러내어 죽은 자들로부터 살리실 때 그 자리에 있던 사람들이 이를 증언하였다. 무리가 예수를 마중한 것도 그분이 이 표적을 보여주셨다는 소문을 들었기 때문이었다. 바리사리파 사람들이 서로 수군거렸다. "이제 다 끝났군. 저것 좀 봐, 온 세상이 저를 따르고 있지 않는가?"

*

당신이 일으킨 표적을 보고 모여들어 환호한 사람들이 더는 표적을 보여주지 않는 당신을 등지는 것은 오히려 당연한 일이다. 예수, 그것을 모르셨을 리 없다.

당신이 어떻게 죽을 것인지를 암시하심 [12, 20-36]

명절에 예배하러 온 사람들 가운데 그리스 사람 몇이 있었다. 그들이 갈릴래아 출신 필립보를 찾아와 청을 넣었다. "선생, 우리가 예수를 만나 뵈었으면 하오." 필립보가 안드레아에게 말하고 둘이 함께 그들의 말을 예수께 전하였다. 예수께서 말씀하셨다. "사람 아들이 영광을 입을 때가 되었소. 내가 진정으로 말하오, 밀알 하나가 땅에 떨어져 죽지 않으면 한 알 그대로 있거니와 죽으면 많은 열매를 맺소. 자기 목숨을 아끼는 사람은 잃을 것이고 이 세상에서 자기 목숨을 미워하는 사람은 그것을 보존하여 영원히 살 것이오. 누구든지 나를 섬기려면 나를 따를 일이오. 나 있는 곳에 나를 섬기는 사람도 함께 있을 것이며 나를 섬기는 사람마다 우리 아버지께서 높여주실 것이오. 이제 내 영혼이 매우 곤비하니 무슨 말을 할 것인가? '아버지, 저를 구원하여 이 위기를 면케 하소서.' 할까? 아니다, 이때를 견디려고 내가 여기까지 오지 않았는가? 아버지, 아버지 이름을 영광스럽게 하소서." 하늘에서 음성이 들려왔다. "내가 벌써 영광스럽게 하였고 다시 영광스럽게 하리라." 거기 있다가 음성을 들은 사람들이 누구는 천둥이 울렸다 하고 누구는 천사가 그에게 말했다고 하였다. 이에 예수께서 이르시기를, "이 음성이 들린 것은 나를 위해서가 아니라 당신들을 위해서였소. 바야흐로 세상이 심판받을 때가 되었으니 이 세상 통치자가 쫓겨날 것이오. 내가 땅에서 높이 들려 올릴 때 모든 사람을 나에게로 모을 것이오." 이는 예수께서 장차 어떻게 돌아가실 것인지를 암시하는 말씀이었다. 사람들이 예수께 물었다. "우리는 율법에서 그리스도가 영원히 사실 것이라고 들었소. 그런데 선생은 사람 아들이 높이 들려 올린다고 하는데 무슨 말이오? 사람 아들이 누구요?" 예수께서 대답하셨다. "잠시 동안 빛이 당신들 가운데 있을 터인즉, 빛이 있을 때 걸어서 어둠이 당신들을 덮치지 못하게 하시오. 어둠 속에서 걷는 자는 자기가 어디로 가는지를 모르오. 빛이 있을 때 빛을 믿어 빛의 자녀가 되시오." 이 말씀을 마치시고 예수께서 그들을 떠나 몸을 숨기셨다.

*

다가오는 자신의 죽음을 보고, 그 죽음 너머 하늘의 빛을 본다. 자기가 빛이라는 진실에 통달한 사람의 밝은 눈이다.

표적을 보고도 믿으려 하지 않는 사람들 [12, 37-43]

예수께서 그토록 많은 표적을 보이셨는데도 사람들은 믿으려 하지 않았다. 그렇게, "주님, 우리가 전한 말을 누가 믿었으며 주님의 능력이 누구에게 나타났습니까?"라고 한 예언자 이사야의 말이 그대로 이루어졌다. 그들이 믿지 못한 것은 이사야가 이렇게도 말했기 때문이었다. "저들의 눈을 멀게 하시고 저들의 마음을 무디게 하셨도다. 그렇게 하지 않으셨으면 저들이 눈으로 보고 마음으로 깨닫고 돌이켜 고침을 받았으리라." 이사야가 이 말을 한 것은 예수의 영광을 보았기 때문이었고, 그분을 가리켜 말한 것이었다.
유다인 지도자들 가운데도 예수를 믿는 사람이 적지 않았지만 바리사이파 사람들 눈치를 보느라고 드러내어 말하지 못하였으니 회당에서 쫓겨날까 겁이 났던 것이다. 그들은 하느님의 영광보다 사람의 영광을 더 사랑한 자들이었다.

*

"유다인 지도자들 가운데도 예수를 믿는 사람이 적지 않았지만…" 잘못 알았다. 그들은 예수를 믿지 않았다. 믿었다면 누구 눈치를 보거나 회당에서 쫓겨날까 겁났을 리가 없다.

아버지께서 시키신 대로 말씀하시는 예수 [12, 44-50]

예수께서 크게 말씀하셨다. "나를 믿는 사람은 나를 믿는 것이 아니라 나를 보내신 분을 믿는 것이고 나를 보는 사람은 나를 보내신 분을 보는 것이오. 나는 빛이오. 나를 믿는 사람이 어둠 속에 거하지 않게 하려고 내가 세상에 왔소. 누가 내 말을 듣고 그대로 하지 않는다 해도 나는 그를 심판하지 않을 것이오. 내가 세상을 심판하러 온 게 아니라 구원하러 왔기 때문이오. 나를 배척하고 내 말을 받아들이지 않는 자들에게는 그들을 심판하는 것이 따로 있으니, 내가 그들에게 전해준 말이 세상 마지막 날에 그들을 심판할 것이오. 내 말은 내가 마음대로 만들어서 하는 말이 아니라 나를 보내신 아버지께서 어떻게 말하라고 몸소 명하신 대로 하는 말이오. 나는 그분의 명령이 곧 영원한 생명인 것을 알고 있소. 나는 오직 아버지께서 시키신 대로 말할 따름이오."

*

빛이 있음은 무엇을 보여주고 있음이다. 하지만 스스로 눈을 감은 자에게는 아무것도 보이지 않는 법. 빛은 사람의 감은 눈을 억지로 열지 못한다. 그만큼 여리다.

제자들의 발을 씻어주심 [13, 1-20]

유월절을 앞두고 예수께서는 마침내 세상을 떠나 아버지께로 돌아가실 때가 된 줄 아시고 세상에 남아있는 제자들을 사랑하시되 더욱 극진히 사랑하셨다. 악마가 이미 가리옷 사람 유다의 마음에 예수를 넘겨주겠다는 생각을 넣었더니, 저녁 식사 중에 예수께서는 아버지께서 모든 것을 당신에게 맡겨주셨으며 당신이 하느님한테서 왔다가 다시 하느님한테로 돌아가실 때가 된 줄을 아시고 자리에서 일어나 겉옷을 벗고 수건을 허리에 두르고 대야에 물을 담아 제자들의 발을 씻기고 허리에 두른 수건으로 닦아주기 시작하여 시몬 베드로의 차례가 되자 그가 말하기를, "주님이 제 발을 씻어주신다고요?" 하였다. 예수께서 그에게 이르셨다. "내가 하는 일을 지금은 모르지만 나중엔 알게 될 것이오." 베드로가 말하였다. "아니, 제 발은 결코 씻어주실 수 없습니다." 그러자 예수께서 이르시기를, "내가 그대를 씻어주지 않으면 그대와 나는 아무 상관이 없는 것이오." 하셨다. 이에 베드로가, "그러면 주님, 제 발뿐 아니라 손과 머리도 씻어주십시오." 하자 예수께서 말씀하셨다. "목욕을 마친 사람은 온몸이 깨끗하니 발만 씻으면 되는 거요. 그대들은 이미 깨끗하오. 하지만 모두가 깨끗한 건 아니오." 모두가 깨끗한 게 아니라고 말씀하신 것은 당신을 넘겨줄 사람이 누구인지를 알고 계시기 때문이었다.
제자들 발을 씻어주신 예수께서 겉옷을 입고 자리에 앉으신 다음, 제자들에게 말씀하셨다. "지금 내가 그대들에게 무엇을 하였는지 아오? 그대들이 나를 '주' 또는 '스승'이라고 부르는데 사실이 그러니 옳은 말이오. 주면서 스승인 내가 그대들의 발을 씻어주었으니 그대들도 서로 발을 씻어주는 것이 마땅하오. 내가 그대들에게 한 일을 그대들도 따라서 하라고 본을 보여주었소. 그렇소, 내가 진정으로 말하는데, 종이 주인보다 클 수 없고 보내진 자가 보낸 이보다 클 수 없는 법이오. 그대들이 이를 알았으니 그대로만 하면 복 받을 것이오. 시방 내가 이 말을 그대들 모두에게 하는 것은 아니요. 나는 내가 뽑은 사람들을 알고 있소. 하지만 '내 빵을 먹는 자가 나를 등졌다.'는 성경 말씀이 이루어져야 하오. 일이 있기 전에 미리 이 말을 해두는 것은 막상 일이 일어날 때 그대들이 내가 바로 그인 줄을 믿게 하려는 것이오. 그래요, 내가 진정으로 말하는데, 내가 보낸 자를 받아들이는 사람은 나를 받아들이는 것이요 나를 받아들이는 사람은 나를 보내신 분을 받아들이는 것이오."

*

"아버지께서 모든 것을 당신에게 맡겨주셨으며 당신이 하느님한테서 왔다가 다시 하느님한테로 돌아가실 때가 된 줄을 아시고 자리에서 일어나 겉옷을 벗고 수건을 허리에 두르고 대야에 물을 담아 제자들의 발을 씻기고 허리에 두른 수건으로 닦아주기 시작하여…" 자기가 누구고 어디에서 왔다가 어디로 가는지를 안다는 것은 지금 자기가 무엇을 왜 하고 있는지 그것을 안다는 말이다. 한 인간에게 이보다 중요한 무엇이 있겠는가?

마지막 빵을 받아먹고 밖으로 나가는 유다 [13, 21-30]

예수, 이 말씀을 마치시고 크게 번민하며 내놓고 말씀하셨다. "그렇소, 내가 분명히 말하는데, 그대들 가운데 하나가 나를 넘겨줄 것이오." 제자들은 누구를 두고 하시는 말씀인지 알 수 없었고 그래서 서로 얼굴을 바라보았다. 제자들 가운데 하나 곧 그의 사랑을 받던 제자가 예수 품에 기대어 앉아있었다. 시몬 베드로가 그에게 눈짓으로, 누구를 가리켜 하시는 말씀인지 물어보라고 시켰다. 그가 예수 품에 더욱 가까이 기대며 물었다. "주님, 그가 누굽니까?" 예수께서, "내가 빵조각을 적셔서 주는 사람이 그 사람이오." 대답하시고 빵조각을 적셔 가리옷 사람 유다에게 주셨다. 그가 그것을 받아먹자 곧 사탄이 그에게로 들어갔다. 예수께서 유다에게 이르셨다. "그대가 하는 일을 어서 하시오." 왜 그에게 이 말씀을 하시는지, 그 자리에 있던 사람들 가운데 아무도 알지 못하였다. 더러는 유다가 돈주머니를 맡아 관리하였으므로 그에게 명절에 쓸 물건을 사오라고 시켰거나 가난한 사람들에게 무엇을 주라고 하셨나보다 하였다. 유다가 빵조각을 받고 밖으로 나갔다. 밤이었다.

*

당신 등지고 멀어지는 제자에게 당신의 살(빵)을 피(포도주)에 적셔 먹이는 스승. 제 그림자 앞세우고 돌아서는 인간의 등을 따뜻이 위무慰撫하는 황혼의 햇살.

새 계명을 주심 [13, 31-35]

유다가 나간 뒤에 예수께서 이르셨다. "바야흐로 사람 아들이 영광을 입게 되었고 그 안에서 하느님 또한 영광을 입으시게 되었소. 사람 아들 안에서 하느님이 영광을 입으셨으니 하느님께서도 당신 안에서 그에게 영광을 입히실 터인즉, 이제 곧 그리하실 것이오. 사랑하는 나의 어린 사람들이여, 내가 그대들과 함께 있는 시기도 이제 얼마 남지 않았구려. 그대들이 나를 찾아다니겠지만, 일찍이 유다인들에게 말했거니와, 내가 가는 곳에 그대들은 올 수 없소. 새 계명을 그대들에게 주겠소. 서로 사랑하시오. 내가 그대들을 사랑한 것처럼 그대들도 서로 사랑하시오. 그대들이 서로 사랑하면 세상 사람들이 그것을 보고 그대들이 내 제자임을 알게 될 것이오."

*

신령한 영靈이 사람의 꼴을 벗고 본연本然으로 돌아간다. 빛이 빛으로 돌아가니 빛날 영榮에 빛 광光 아닐 수 없다. 그의 마지막 선물은 부탁이 아니라 명령이다. 하면 좋지만 안 해도 그만인 무엇이 아니다. "새 계명을 그대들에게 주겠소. 서로 사랑하시오. 내가 그대들을 사랑한 것처럼 그대들도 서로 사랑하시오." 사랑이다! 그냥 사랑이 아니라 "서로" 사랑이다. 그것도 보통 막연한 사랑이 아니라 "내가 그대들을 사랑한 것처럼" 애쓰지 않아도 저절로 되는 완전한 사랑이다.

장담하는 베드로 [13, 36-38]

시몬 베드로가 예수께 물었다. "주님, 어디로 가십니까?" 예수께서 대답하셨다. "내가 가는 곳에 지금은 따라올 수 없지만 나중에는 따라오게 될 것이오." 베드로가 큰소리쳤다. "어째서 지금은 따라갈 수 없다는 겁니까? 주님을 위해서라면 제 목숨을 내어놓겠습니다." 예수께서 그에게 이르셨다. "나를 위하여 목숨을 내어놓겠다고? 그래요, 내가 분명히 말하는데, 닭이 울기 전에 그대가 나를 세 번 모른다 할 것이오."

*

"내가 가는 곳에 지금은 따라올 수 없지만 나중에는 따라오게 될 것이오." 과연 그랬다. 베드로는 결국 스승의 길을 따를 수 있었다. 하지만 그러기까지는 중간에 부끄러운 곤두박질과 참회의 눈물 골짜기를 지나야 했다.

길이요 진리요 생명이신 분 [14, 1-14]

"마음으로 걱정하지 마시오. 하느님을 믿고 또 나를 믿으시오. 우리 아버지 집에는 머물 곳이 많소. 그렇지 않다면 내가 그대들 머물 곳을 마련하러 간다고 말했겠소? 가서 머물 곳을 마련하면 다시 와서 그대들을 나에게로 데려가 나 있는 곳에 함께 있도록 할 것이오. 내가 어디로 가는지 그 길을 그대들은 알고 있소." 토마가 말하였다. "주님, 어디로 가시는지를 모르는데 우리가 그 길을 어찌 알겠습니까?" 예수께서 이르셨다. "내가 길이요 진리요 생명이오. 나를 통하지 않고서는 아무도 아버지께로 갈 수 없소. 그대들이 나를 알면 우리 아버지도 알 것이오. 그대들은 그분을 알았고 또 이미 뵈었소." 필립보가 청하였다. "주님, 우리에게 아버지를 보여주십시오. 그러면 더 바랄 것이 없겠습니다." 예수께서 그에게 말씀하셨다. "필립보, 내가 이토록 오래 그대와 함께 있었는데 아직 나를 모른단 말이오? 나를 보았으면 곧 아버지를 본 것이오. 그런데 아버지를 보여 달라니, 무슨 말을 하는 거요? 그대는 내가 아버지 안에 있고 아버지가 내 안에 계심을 믿지 않소? 내가 그대들에게 하는 모든 말도 내가 스스로 만들어서 하는 말이 아니고, 아버지께서 내 안에 계시며 당신 일을 몸소 하시는 것이오. 내가 아버지 안에 있고 아버지께서 내 안에 계심을 믿으시오. 그게 믿어지지 않거든 그분이 하시는 일을 보아서라도 믿으시오. 그렇소, 내가 진정으로 말하는데, 나를 믿는 사람은 지금 내가 하는 일을 할 뿐 아니라 이보다 더한 일도 할 터인즉, 이제 내가 아버지께로 가서 그대들이 내 이름으로 구하는 것을 모두 들어주겠기 때문이오. 그러면 아들로 말미암아 아버지께서도 영광을 입으실 것이오. 그대들이 내 이름으로 무엇을 구하든지 내가 다 이루어주겠소."

*

그림자가 있다는 말은 그것을 드리우는 실물과 함께 실물을 비추는 빛이 있다는 말이다. 그림자에서 실물을 보고 실물에서 빛을 본다. 마침내 그 빛이 바로 자기라는 진실을 본다. 일컬어 '붓다'라고 '깨어남'이라고 말하는 그것!

협조자 성령을 보내겠다고 약속하심 [14, 15-26]

"그대들이 나를 사랑하면 내 계명을 지킬 것이오. 내가 아버지께 청하면 다른 협조자를 그대들에게 보내어 영원히 그대들과 함께 있도록 하신 터인데, 진리의 영이 곧 그분이오. 세상이 그분을 받아들일 수 없는 것은 그분을 보지도 알지도 못하기 때문이오. 하지만 그대들은 그분을 알고 있소. 그분이 그대들과 함께하시며 그대들 안에 계시기 때문이오. 내가 그대들을 고아처럼 버려두지 않고 반드시 돌아오겠소. 조금 있으면 세상은 나를 보지 못하겠지만, 내가 살아있고 그대들도 살아있으니 그대들은 나를 볼 것이오. 그날에 내가 아버지 안에 있고 그대들이 내 안에, 내가 그대들 안에 있음을 깨닫게 될 것이오. 내 계명을 알고 그대로 따르는 사람이 나를 사랑하는 사람이오. 나를 사랑하는 사람은 우리 아버지의 사랑을 받을 터인즉 나 또한 그를 사랑하고 그에게 나를 나타내 보일 것이오." 가리옷 사람 아닌 유다가 예수께 물었다. "주님, 왜 세상에는 주님을 나타내 보이지 않고 저희에게만 나타내 보이시는 겁니까?" 예수께서 대답하셨다. "누구든지 나를 사랑하는 사람은 내 말을 따를 것이오. 그러면 아버지께서도 그를 사랑하실 것이고 아버지와 내가 그를 찾아가 그와 함께 살 것이오. 그러나 나를 사랑하지 않는 사람은 내 말을 따르지 않소. 지금 그대들이 듣고 있는 이 말은 내가 하는 말이 아니라 나를 보내신 아버지께서 하시는 말씀이오. 내가 아직 그대들 곁에 있어서 이 모든 말을 들려주었거니와 이제 곧 아버지께서 내 이름으로 보내주실 협조자 성령께서는 모든 것을 그대들에게 가르치실 뿐 아니라 내가 그대들에게 해준 말을 상기시켜주실 것이오."

*

스승이 말하고 제자가 듣는다. 듣고 그 말을 좇아서 살다 보면 마침내 서로 안에 있음을 알게 된다. 깨치고 보니, 처음 떠났던 본디 자리로 돌아와 있다.

당신의 평화를 마지막 선물로 주심 [14, 27-31]

"평화 곧 내 평화를 그대들에게 마지막 선물로 주겠소. 내가 주는 평화는 세상이 주는 평화와 같은 것이 아니요. 아무쪼록 근심하지 말고 두려워도 하지 마시오. 내가 떠나갔다가 그대들에게 다시 돌아온다는 말을 듣지 않았소? 아버지께서는 나보다 크신 분이니 그대들이 나를 사랑한다면 내가 아버지께로 간다는 말에 기뻐했을 것이오. 지금 미리 이 말을 하는 것은 그 일이 일어날 때 그대들로 하여금 나를 믿게 하려는 것이오. 더는 그대들에게 많은 말을 들려줄 수 없게 되었소. 세상의 통치자가 다가오고 있기 때문이오. 그가 나를 어찌 할 수는 없지만, 나는 내가 아버지를 사랑하고 아버지께서 명하신 대로 한다는 사실을 세상에 알려야 하오. 자, 일어나 여기를 떠납시다."

*

"내가 떠나갔다가 그대들에게 다시 돌아온다는 말을 듣지 않았소?" 만나고 헤어지고 그럴 수 있어서 그러지 않을 수 없는 몸으로 떠나갔다가, 헤어질 수 없어서 만날 수 없는 몸으로 돌아온다는 약속이다. 하지만 아무한테서나 이루어지는 약속이 아니다. 그의 마지막 선물인 평화, 세상이 주는 것과 다른 평화를 받아 누린 사람한테서만 이루어지는 약속이다.

포도나무와 가지 이야기 [15, 1-17]

"나는 참 포도나무요 우리 아버지는 농부시라, 나에게 붙어있으면서 열매를 맺지 않는 가지는 아버지께서 모두 잘라버리시고 열매를 맺는 가지마다 더 많이 맺게 하려고 깨끗이 가꾸어주실 것이오. 그대들은 나한테서 들은 말로 이미 깨끗해졌소. 부디 내 안에 거하시오. 나도 그대들 안에 거하겠소. 포도나무에 붙어있지 않은 가지가 열매를 맺을 수 없듯이 그대들도 나에게 붙어있지 않으면 아무 열매도 맺지 못할 것이오. 나는 포도나무, 그대들은 가지들이오. 누구든지 그가 내 안에 있고 내가 그 안에 있으면 많은 열매를 맺으리니 나를 떠나서는 아무것도 할 수 없기 때문이오. 내 안에 있지 않은 사람마다 잘린 가지처럼 버려져 마를 것이고 사람들이 그것들을 모아서 불에 던져 태워버릴 것이오. 그대들이 내 안에 거하고 내 말이 그대들 안에 거하면 무엇을 구하든지 그대로 이루어질 것이오. 그대들이 많은 열매를 맺고 내 제자가 되면 우리 아버지께서 영광을 입으실 것이오. 아버지께서 나를 사랑하신 것처럼 나 또한 그대들을 사랑하였소. 내 사랑 안에 머무르시오. 내가 아버지 명령을 따르면서 그분 사랑 안에 머물듯이 그대들도 내가 시키는 대로 하면 내 사랑 안에 머물 것이오. 내가 이 말을 하는 것은 나의 기쁨이 그대들 안에 있어 그대들의 기쁨을 온전케 하기 위해서요. 내가 그대들을 사랑한 것처럼 그대들도 서로 사랑하시오. 이것이 나의 계명이오. 사람이 벗을 위하여 자기 목숨을 버리면 그보다 큰 사랑이 없소. 그대들이 내가 시키는 대로 하면 곧 나의 벗들이오. 이제부터 그대들을 종이라 부르지 않겠소. 종은 주인이 무슨 일을 하는지 모르오. 그대들을 나의 벗이라고 부르는 것은 내가 아버지한테서 들은 것을 그대들에게 모두 들려주었기 때문이오. 그대들이 나를 택한 게 아니라 내가 그대들을 택하여 세웠소. 그대들이 많은 열매 곧 영원히 썩지 않는 열매를 맺어 무엇이든지 내 이름으로 구하는 것을 아버지께서 모두 들어주시게 하기 위해서요. 서로 사랑하시오. 이것이 나의 계명이오."

*

불이비일不二非一, 둘도 아니고 하나도 아닌 나무와 나뭇가지, 이것이 예수 그분과 우리의 관계다. 언제 어디서나 한결같은 이 관계에 몸으로 깨어 있으면 인생의 아름다운 열매를 저절로 맺는다. 이 말씀이 진실임을 입증하는 사람들로 지구별은 오늘도 찬란히 빛난다.

세상이 미워하는 사람들 [15, 18-27]

"세상이 그대들을 미워하거든 그대들보다 먼저 나를 미워했다는 사실을 알아두시오. 그대들이 세상에 속해 있다면 세상은 제 식구인 그대들을 사랑할 것이오. 세상이 그대들을 미워하는 것은 그대들이 세상에 속하지 않기 때문이오. 내가 그대들을 세상에서 가려 뽑았소. 종이 주인보다 클 수 없다고 한 내 말을 기억하시오. 그들이 나를 괴롭혔으면 그대들도 괴롭힐 것이고 내 말을 들었으면 그대들 말도 들을 것이오. 그러나 그들이 내 이름 때문에 이 모든 일을 그대들한테 할 터인즉, 나를 보내신 분이 누군지를 몰라서 그러는 것이오. 내가 와서 일러주지 않았더라면 그들에게 아무 죄가 없겠지만 지금은 그들의 죄를 변명할 길이 없게 되었소. 나를 미워하는 사람은 우리 아버지도 미워하오. 일찍이 아무도 못 한 일을 내가 그들 앞에서 하지 않았더라면 그들에게 아무 죄가 없을 것이오. 그런데 그들은 내가 한 모든 일을 목격하고도 나와 아버지를 미워하고 있소. 그렇게 해서, '저들이 이유 없이 나를 배척하였다.'는 성경 말씀이 이루어지는 것이오. 내가 아버지께로부터 그대들에게 보낼 협조자 곧 아버지께서 보내시는 진리의 영이 오시면 그분이 나에 대하여 증언하실 것이며 그대들 또한 처음부터 나와 함께 있었으니 내 증인이 될 것이오."

*

장차 이러저러하리라고 미리 말한 스승의 예언이 그대로 이루어지는 현장에서 그것을 경험하고 있는 제자들의 증언이다. 다중多衆이 가는 길을 거슬러 가려면 소수少數로 되지 않을 수 없고 그 길 또한 좁지 않을 수 없다. 땅에서 하늘길을 간다는 것, 자기를 미워하는 자들을 미워하지 않는 것, 그게 그런 것이다.

협조자 성령께서 하시는 일 [16, 1-15]

"내가 지금 그대들한테 이 말을 하는 것은 그대들의 믿음이 흔들리지 않게 하기 위해서요. 사람들이 그대들을 회당에서 추방하고 심지어 죽이면서 그것이 하느님을 섬기는 길이라고 생각하는 그런 때가 오고 있소. 그들이 그런 짓을 하는 까닭은 우리 아버지도 모르고 나도 모르기 때문이오. 지금 내가 그대들에게 이 말을 하는 것은 막상 그날이 왔을 때 그들을 경계하여 한 내 말이 기억나게 하려는 것이고, 여태 이 말을 하지 않은 것은 내가 그대들과 함께 있었기 때문이오.

"나는 이제 나를 보내신 분에게로 돌아가오. 그런데 그대들은 어디로 가느냐고 묻는 대신, 내가 한 말 때문에 가슴이 근심으로 가득 차 있구려. 하지만 사실대로 말하는데 내가 떠나는 것이 그대들에게는 유익하오. 내가 가지 않으면 협조자가 그대들에게 오지 않겠지만 내가 가면 그를 그대들에게로 보낼 테니까 말이오. 그가 오면 죄에 대하여, 의에 대하여, 심판에 대하여 바른 뜻을 일러주며 세상의 잘못을 꾸짖어 바로잡아줄 것이오. 나를 믿지 않는 것이 곧 죄임을 보여주고, 내가 아버지께로 가서 더는 그대들이 나를 볼 수 없게 되는 것이 곧 의임을 증명할 것이며, 이 세상 통치자가 심판받음으로써 심판이 이루어진 것임을 밝혀줄 것이오.

"아직 그대들에게 할 말이 많지만 지금은 그대들이 감당 못 할 것이오. 그래도 진리의 영이 오시면 그대들을 인도하여 모든 진실을 깨닫게 해주실 터인즉, 그분은 자기 맘대로 말하지 않고 들은 것을 그대로 전하며 앞으로 일어날 일까지 일러주실 것이오. 또한, 그분은 나한테 있는 것을 그대들에게 전함으로써 내 영광을 드러낼 것이오. 아버지한테 있는 것이 모두 내 것이오. 방금 그분이 나한테 있는 것을 그대들한테 전한다고 말한 것이 그래서였소."

*

눈에 보이는 몸으로 사람들 가운데 오시어 말과 행동으로 사람의 길을 가르치던 하느님 아들이 몸 벗고 하늘로 올라가면서 제자들에게 다시 한번 간곡한 친절을 베푸신다. 이제 곧 보이지 않는 몸으로 세상에 와서 그대들을 인도하여 이런저런 일을 하겠다고 일러주신다.

조금 있으면 나를 보지 못하겠고 [16, 16-33]

예수께서 조금 있으면 나를 보지 못하겠고 또 조금 있으면 나를 다시 보게 되리라고 말씀하시자 제자들이 수군거리기를, "조금 있으면 나를 보지 못하겠고 또 조금 있으면 나를 다시 보게 된다고 하시고 내가 아버지께로 간다고 하시니 무슨 말씀인가?" 이어서, "조금 있으면? 그게 무슨 뜻인지 모르겠군." 하였다. 제자들이 묻고 싶어 하는 것을 아시고 예수께서 이르셨다. "조금 있으면 그대들이 나를 보지 못하겠고 또 조금 있으면 다시 나를 보게 되리라는 내 말의 뜻을 시방 서로 묻고 있는 거요? 그렇소, 내가 분명히 말하는데, 그대들은 슬피 울겠지만 세상은 기뻐할 것이오. 그대들은 근심에 잠길 것이나 그 근심이 곧 기쁨으로 바뀔 것이오. 여인들이 해산할 때가 되면 겪게 될 진통 때문에 걱정이 태산이지만 아이를 낳으면 세상에 사람 하나 태어난 기쁨에 그 모든 아픔을 잊게 마련이오. 지금은 그대들이 근심으로 가득 차 있지만 내가 다시 그대들을 만날 터인즉 그때 그대들 마음은 기쁨으로 충만할 것이며 아무도 그 기쁨을 빼앗지 못할 것이오. 그날에는 그대들이 나에게 물어볼 것이 하나도 없을 것이오. 그래요, 내가 진정으로 말하는데, 그대들이 내 이름으로 구하면 아버지께서 모두 들어주실 것이오. 지금까지는 그대들이 내 이름으로 아무것도 구하지 않았지만 이제는 구하시오. 구하면 받을 것이고 그대들의 기쁨이 차고 넘칠 것이오. 내가 지금까지 무엇에 견주어 그대들에게 말하였으나 이제 아버지에 관한 것을 무엇에 견주지 않고 곧장 말해줄 때가 올 것이오. 그날이 오면 그대들이 직접 내 이름으로 구할 터이고 내가 그대들을 위하여 따로 구하겠다는 말이 아니니, 이는 그대들이 나를 사랑하였고 또 내가 하느님께로부터 왔음을 믿었기에 아버지께서 몸소 그대들을 사랑하시기 때문이오. 나는 아버지한테서 나와 세상에 왔다가 다시 세상을 떠나 아버지한테로 돌아가오." 제자들이 말하였다. "무엇에 견주지 않고 곧장 말씀해주시니 이제 우리는 주님이 모든 것을 아시며 따로 여쭐 것도 없음을 알았습니다. 이로써 주님이 하느님한테서 오신 분임을 우리가 믿습니다." 예수께서 말씀하셨다. "그대들이 믿는다고 하였소? 보시오, 그대들이 뿔뿔이 흩어져 각자 자기 갈 곳으로 가고 나를 홀로 버려둘 때가 오고 있소. 아니, 벌써 왔소. 그러나 아버지께서 나와 함께 계시니 나는 혼자가 아니오. 내가 이 말을 하는 것은 그대들이 평화를 누리게 하기 위해서요. 세상에서 어려운 일을 겪겠지만 용기를 내시오. 내가 세상을 이겼소."

*

"세상에서 어려운 일을 겪겠지만 용기를 내시오. 내가 세상을 이겼소." 비유하자면, 경기장에서 직접 보지 못한 축구경기를 녹화된 필름으로 보는 것과 같다. 경기에서 승리했다는 사실을 이미 알고 있기에 아슬아슬한 장면이 벌어져도 불안하지 않다. 바다로 되어 강물을 본다. 무엇을 걱정할 것인가? "하느님을 사랑하는 사람 곧 그분의 목적에 따라 부르심을 받은 사람에게는 만사가 협력하여 선을 이룬다는 것을 우리는 압니다."(바울로)

제자들을 위한 기도 [17, 1-26]

이 모든 말씀을 마치시고 예수께서 하늘을 우러러 기도하셨다. "아버지, 때가 되었나이다. 아들을 영화롭게 하시어 아들로 하여금 아버지를 영화로이 해드리게 하소서. 아버지께서 아들에게 만민 다스릴 권한을 주셨기에 아들은 아버지께서 맡기신 모든 사람에게 영원한 생명을 주었습니다. 한 분이신 하느님을 알고 그가 보내신 예수 그리스도를 아는 것이 곧 영원한 생명입니다. 아버지께서 저에게 맡기신 모든 일을 이루어 세상에서 제가 아버지를 영화롭게 해드렸으니 아버지, 이제는 저를 영화롭게 하시어 창세 이전에 아버지 곁에서 누리던 그 영광을 아버지와 같이 누리게 하소서.

"아버지가 세상에서 뽑아 저에게 주신 사람들에게 저는 아버지 이름을 나타내 보였습니다. 본디 아버지 것인 사람들을 저에게 주셨기에 그들이 아버지 말씀을 잘 따랐습니다. 지금 그들은 아버지께서 저에게 주신 모든 것이 아버지한테서 오는 것임을 알고 있습니다. 저는 아버지께서 주신 말씀을 그들에게 전하였고 그들은 그것을 받아들였으며 제가 아버지께로부터 왔음을 참으로 깨달았고 아버지께서 저를 보내셨음을 믿었습니다. 저들을 위하여 기도합니다. 이 세상이 아니라 아버지께서 저에게 주신 사람들을 위하여 기도합니다. 저들 모두 아버지 것입니다. 저의 모든 것이 아버지 것이며 아버지의 모든 것이 제 것입니다. 그리고 그것들로 말미암아 제가 영광을 입었습니다. 저는 더는 세상에 머물지 않겠지만 그들은 세상에 남아있을 것입니다. 제가 이제 아버지께로 가니 거룩하신 아버지, 저에게 주신 아버지 이름으로 저들을 지키시어 저들도 우리처럼 하나 되게 하소서. 제가 저들과 함께 있을 때는 저에게 주신 아버지 이름으로 저들을 보호하고 지켰습니다. 그리하여 성경 말씀을 이루기 위해서 멸망할 운명을 지니고 태어난 자 말고는 그들 가운데 하나도 잃지 않았습니다. 이제 저는 아버지께로 갑니다. 아직 세상에 있으면서 이 말씀을 드리는 이유는 저들이 제 기쁨으로 충만해지게 하려는 것입니다. 저는 저들에게 아버지 말씀을 전해주었습니다. 그런데 세상이 저들을 미워하는 것은 제가 세상에 속하지 않은 것처럼 저들도 세상에 속하지 않기 때문입니다. 제가 아버지께 비는 것은 저들을 세상에서 데려가 달라는 것이 아니라 저들을 악으로부터 지켜 달라는 것입니다. 제가 세상에 속하지 않은 것처럼 저들 또한 세상에 속하지 않았습니다. 저들을 진리 안에서 정결케 하소서. 아버지 말씀이 곧 진리입니다. 아버지께서 저를 세상에 보내셨듯이 저도 저들을 세상에 보냈고 또 저들을 위하여 제가 저를 정결케 하는 것은 저들도 진리 안에서 정결해지게 하려 함입니다.

"제가 아버지께 비는 것은 저 사람들만 위해서가 아니라 저들의 말을 듣고서 저를 믿는 사람들도 위해서입니다. 아버지, 저들 모두 하나 되게 하소서. 아버지께서 제 안에 계시고 제가 아버지 안에 있듯이 저들도 우리 안에 있어서 세상으로 하여금 아버지께서 저를 보내셨음을 믿게 하소서. 아버지께서 저에게 주신 영광을 저도 저들에게 주었으니 이는 우리가 하나인 것처럼 저들도 하나이게 하려 함입니다. 제가 그들 안에 있고 아버지께서 제 안에 계심은 저들로 하여금 온전해져서 마침내 하나 되게 하려는 것이요, 아버지께서 저를 보내셨고 또 저를 사랑하셨듯이 저들도 사랑하셨음을 알게 하려는 것입니다.

"아버지, 아버지께서 저에게 주신 자들로 하여금 저 있는 곳에 저와 함께 있으며 아버지께서 저를 사랑하시어 창세 이전에 주신 그 영광을 저들이 보게 해주십시오. 의로우신 아버지, 세상은 아버지를 몰라도 저는 아버지를 압니다. 그리고 아버지께서 저를 보내셨음을 저들도 알고 있습니다. 제가 저들로 아버지를 알게 하였고 또 알게 하리니, 이는 저에게 베푸신 아버지의 사랑이 저들 안에 있고 저 또한 그들 안에 있게 하려 함입니다."

*

"제가 이제 아버지께로 가니 거룩하신 아버지, 저에게 주신 아버지 이름으로 저들을 지키시어 저들도 우리처럼 하나 되게 하소서" 하느님 아들이 하느님 아버지께 드린 기도다. 세상의 그 무엇이 이 기도의 성취를 가로막을 것인가? 이 기도는 이미 이루어졌다. 그러므로 그분의 제자인 그리스도인들은 진작 하나다. 다만 그게 그런 줄 모르고 자기가 별개 존재라는 어미착각에 빠져 있는, 아직 그리스도인이 덜된 그리스도인들이 있을 뿐.

동산에서 체포당하심 [18, 1-11]

기도를 마치고 예수께서 제자들과 함께 키드론 골짜기 건너편으로 가시어 거기 동산에 들어가셨다. 그곳은 예수와 제자들이 가끔 모이던 장소인지라 예수를 넘겨줄 유다도 알고 있었다. 유다가 대사제들과 바리사이파 사람들이 보낸 병사와 경비병들을 데리고 그리로 왔는데 저마다 무기를 갖추고 손에는 등과 홰를 들고 있었다. 예수께서 당신 몸에 일어날 일을 아시고 앞으로 나서며 물으셨다. "누구를 찾고 있소?" 그들이 "나자렛 사람 예수요."라고 대답하자, "내가 그 사람이오." 하셨다. 예수를 넘겨줄 유다도 그들과 함께 있었다. 예수께서 "내가 그 사람이오."라고 하실 때 그들은 뒤로 물러서다가 넘어졌다. 예수께서 다시, "누구를 찾고 있소?" 하시자 그들이 "나자렛 사람 예수요." 하였다. 예수께서 말씀하셨다. "내가 그 사람이라 하지 않았소? 나를 찾는다면 이 사람들은 보내주시오." 이렇게 말씀하신 것은, "저에게 주신 자들 가운데 하나도 잃지 않았습니다."라고 하신 당신 말씀을 이루기 위해서였다. 그때 시몬 베드로가 칼을 뽑아 대사제의 종을 쳐서 오른쪽 귀를 잘랐다. 종의 이름은 말코스였다. 예수께서 베드로에게 이르셨다. "칼을 칼집에 꽂으시오. 아버지께서 주시는 잔을 내가 마셔야 하지 않겠소?"

*

그날 새벽 키드론 골짜기 건너편 동산에 사람들이 여럿 있었다. 한 사람을 빼고 모두가 두려움의 포로였다. 한 사람만이 고요한 사랑에 안겨있었다. 그는 자기에게 오는 모든 것을, 그것이 무엇이든 간에, 아버지께서 주신 것으로 알아, 받아들일 준비가 되어 있었다.

안나스 앞으로 끌려가심 [18, 12-14]

군인들과 지휘관과 유다인 경비병들이 예수를 붙잡아 결박해서 먼저 안나스에게 끌고 갔다. 안나스는 그해의 대사제인 가야파의 장인이었다. 가야파는 한 사람이 백성을 위하여 죽는 것이 낫다고 말한 바로 그 사람이었다.

*

그렇다. 한 사람이 백성을 위하여 죽는 것이 백성을 위하여 한 사람을 죽이는 것보다 낫다. 더 나은 정도가 아니다. 다르다. 달리도 하늘땅만큼 다르다.

스승을 부인하는 베드로 [18, 15-18]

시몬 베드로와 다른 제자 하나가 예수를 따라갔다. 그 제자는 대사제와 아는 사이라서 대사제 집 뜰까지 들어가고 베드로는 문밖에 서 있었다. 대사제를 아는 제자가 나와서 문지기 하녀에게 말하여 베드로를 데리고 들어가는데, 하녀가 베드로에게 물었다. "당신도 저 사람 제자들 가운데 하나 아닌가요?" 그가, "아니, 난 아니오." 하였다. 날이 추워 하인과 경비병들이 숯불을 피워 놓고 불을 쬐는데 베드로도 그 틈에 서서 불을 쬐었다

*

"아니, 난 아니오." 이렇게 말한 것은 베드로가 아니었다. 베드로 속에 있는 두려움이었다. "내 안에 간디와 히틀러가 함께 있다"(마더 테레사). 모든 인간 속에 사랑과 두려움이 있다. 어느 쪽이 그 입으로 말하고 그 몸으로 행동하느냐에 따라서 간디냐 히틀러냐가 결정된다.

안나스의 심문을 받으심 [18, 19-24]

대사제가 예수에게 그의 제자들과 가르침에 대하여 물었다. 예수께서 대답하셨다. "나는 세상에 드러내어 놓고 말하였소. 언제나 모든 유다인들이 모이는 회당과 성전에서 가르쳤고 은밀하게는 한마디도 하지 않았소. 어째서 나한테 묻는 거요? 내가 무슨 말을 했는지 들은 사람들한테 물어보시오. 내가 한 말을 그들이 잘 알고 있소." 이렇게 말씀하실 때 곁에 섰던 경비병 하나가 예수 뺨을 때리며, "대사제님께 무슨 건방진 말대꾸냐?" 하였다. 예수께서 그에게 물으셨다. "내 말에 무슨 잘못이 있는지, 어디 자네가 말해보게. 내 말에 잘못이 없다면 어째서 날 때리는가?" 안나스가 예수를 결박한 채 대사제 가야파에게로 보냈다.

*

아무사어我無私語라, 나는 사사로이 말하지 않는다. 빛이 어둠 속에서 어떻게 저를 감추겠는가? 구름이 해를 가리기는 하지만 해가 구름으로 저를 가리는 건 아니다.

스승을 거듭 부인하는 베드로 [18, 25-27]

시몬 베드로가 서서 불을 쬐고 있는데 사람들이 그에게 물었다. "당신도 저 사람 제자들 가운데 하나 아니오?" 베드로가 부인하며, "아니, 난 아니오." 하였다. 대사제의 종 하나가, 그는 베드로한테 귀가 잘린 종의 친척이었는데, 말하였다. "당신이 동산에서 그와 함께 있는 것을 내가 보았는데도?" 이에 베드로가 다시 부인하자 곧 닭이 울었다.

*

베드로 생애에서 더없이 수치스럽고 비참한 순간이었다. 하지만 그것은 고기 낚는 어부에서 사람 낚는 어부로 거듭나는 중생重生의 새벽이었다. 닭이 울었다.

빌라도의 심문을 받으심 [18, 28-40]

사람들이 예수를 가야파 집에서 총독 관저로 끌고 갔다. 동트기 직전이었다. 그들은 몸을 더럽히지 않고 유월절 음식을 먹고자 하여 관저 안으로 들어가지 않았다. 그래서 빌라도가 밖으로 나와 그들에게 물었다. "이 사람을 무슨 일로 고발하는 건가?" 그들이 대답하였다. "이 자가 죄를 짓지 않았는데 우리가 이리로 데려왔겠습니까?" 빌라도가 말하였다. "너희가 데리고 가서 너희 법대로 처리하여라." 유다인들이 말하였다. "우리한테는 사람을 죽일 권한이 없습니다." 이렇게 하여, 예수께서 당신이 어떻게 죽을 것인지를 예고하신 대로 이루어지게 되었다. 빌라도가 관저 안으로 들어가 예수를 불러 앞에 세우고 물었다. "그대가 유다인의 왕인가?" 예수께서 되물으셨다. "그 말은 당신 스스로 하는 말이오? 아니면 나에 대하여 사람들이 하는 말을 듣고서 하는 말이오?" 빌라도가 말하였다. "내가 유다인이냐? 너의 동족과 대사제들이 너를 나에게 넘겼다. 도대체 무슨 짓을 한 거냐?" 예수께서 대답하셨다. "내 나라는 이 세상에 속한 나라가 아니오. 이 세상에 속한 나라였으면 내 부하들이 싸워서 나를 유다인들 손에 넘어가지 않게 했을 것이오. 내 나라는 여기에 속한 나라가 아니오." 빌라도가 물었다. "그러니까 네가 왕이란 말이지?" 예수께서 말씀하셨다. "내가 왕이라고 당신이 말하였소. 내가 할 수 있는 말은, 이를 위하여 곧 진실을 증언하고자 내가 태어났고 이 세상에 왔다는 것이오. 그 안에 진실이 있는 사람은 내 말을 귀담아듣소." 빌라도가 예수께 물었다. "무엇이 진실인가?"

이 말을 하고 나서 빌라도가 다시 밖으로 나와 유다인들에게 물었다. "나는 이 자한테서 아무 죄도 찾지 못하였다. 유월절이면 너희에게 죄수 하나를 풀어주는 관례가 있는데, 이번에는 유다인의 왕 풀어주기를 원하는가?" 그들이 크게 소리 질러 말하였다. "그가 아니라 바라빠요!" 바라빠는 강도였다.

*

자기네가 무엇을 모르는지 모르는 무리와 진실을 좇아서 사는, 세상의 법하고는 거리가 먼, 개인이 만난다. 그 만남에서 무슨 선한 결과가 이루어지겠는가? 하지만 무지와 거짓의 소용돌이에서도 흠 없이 살아남는 진실의 증인이 있다. 그늘은 실물을 건드리지 못한다.

사형을 선고받으심 [19, 1-16]

빌라도가 예수를 데려다가 채찍질하였다. 병사들이 가시나무로 왕관을 엮어 예수 머리에 씌우고 붉은 옷을 입힌 다음, 그 앞에 서서 "유다인의 왕 만세!"를 외치며 손바닥으로 뺨을 때렸다.

빌라도가 다시 밖으로 나와 유다인들에게 이르기를, "이제 그를 데리고 나와 내가 그한테서 아무 죄도 찾지 못하였음을 너희에게 보여주겠다." 하였다. 예수께서 가시관을 쓰고 붉은 옷을 입고 밖으로 나오자 빌라도가 말하였다. "보라, 이 사람이다!" 대사제들과 경비병들이 예수를 보고 크게 소리 질렀다. "십자가에! 십자가에!" 빌라도가, "너희가 데려다가 직접 십자가에 못 박아라. 나는 그에게서 죄를 찾지 못하겠다."라고 말하자 유다인들이 대꾸하기를, "우리에게 법이 있소. 그 법에 따르면 저자는 스스로 자기가 하느님의 아들이라 하였으니 죽어 마땅하오." 하였다. 빌라도가 이 말을 듣고 더욱 겁이 나서 관저로 들어가 예수에게 물었다. "자네, 어디 출신인가?" 예수께서는 아무 대답도 하지 않으셨다. 빌라도가 말하였다. "내게 말하지 않을 작정이냐? 나에게 너를 놓아줄 권한도 있고 십자가에 못 박을 권한도 있음을 모르는가?" 예수께서 그에게 이르셨다. "위에서 내리지 않았으면 당신이 나에게 어떤 권한도 행세할 수 없는 것이오. 그러기에 나를 당신한테 넘긴 자들의 죄가 더 크오." 이 말을 듣고 빌라도는 예수를 놓아주려고 하였으나 유다인들이 더 크게 외쳐댔다. "그를 놓아주면 카이사르의 충신이 아니오. 스스로 왕이라 하는 자는 누구든지 카이사르에 반역하는 것이오!" 이 말을 듣고 빌라도는 예수를 데리고 나와 히브리어로 가빠타라 하는 돌 깐 자리의 재판관석에 앉았다. 그날은 유월절 전날이었고 때는 낮 열두 시쯤이었다. 빌라도가 유다인들에게 말하였다. "보라, 너희 왕이다!" 그들이 소리쳤다. "죽여라, 죽여라, 십자가에 매달아라." 빌라도가 그들에게 물었다. "나보고 너희 왕을 십자가에 매달라는 거냐?" 대사제들이 말하였다. "카이사르 말고는 우리에게 다른 왕이 없소!" 그러자 빌라도는 십자가에 못 박으라고 예수를 그들에게 내주었다.

*

아버지께서 당신 아들 죽이시려고, 그리하여 죽어서 사는 생명의 영원한 길을 사람들에게 보여주시려고, 여러 사람 동원하신다. 자기네가 시방 무슨 짓을 하고 있는지 모르는…

십자가에 못 박히심 [19, 17-24]

그들이 예수를 넘겨받았다. 예수께서 몸소 십자가를 지고 해골 언덕이라 불리는 곳으로 가시니, 유다어로 골고타라 하는 곳이었다. 저들이 거기서 예수를 십자가에 못 박는데, 두 죄수를 십자가에 달아 예수 양쪽에 하나씩 세워놓았다. 빌라도가 '유다인의 왕 나자렛 예수'라고 쓴 패를 십자가 위에 붙였다. 그것은 히브리어와 라틴어와 그리스어로 적혀 있었고 예수께서 십자가에 달리신 곳이 예루살렘 근교였기에 많은 유다인들이 와서 읽었다. 유다인 대사제들이 빌라도에게, 그냥 '유다인의 왕'이라 쓰지 말고 '자칭 유다인의 왕'이라 써야 한다고 말했지만 빌라도는 "내가 썼으면 쓴 것이다!" 하였다.

병사들이 예수를 십자가에 못 박고 나서 그 옷을 가져다가 네 조각으로 나누어 하나씩 차지하였다. 속옷은 꿰매지 않고 위에서 아래까지 통으로 짠 것이었으므로, "이건 찢지 말고 제비뽑아 임자를 가리자." 하였고 그리하였다. 이렇게, "저들이 내 겉옷을 나누고 속옷을 제비뽑았다."는 성경 말씀이 병사들에 의하여 그대로 이루어졌다.

*

"예수께서 몸소 십자가를 지고" 가신 길은 '죽으러' 가는 길이 아니라 '죽어서' 가는 길이었다. 사람이 스스로 입지 못하는 옷과 스스로 벗지 못하는 옷이 두 벌 있다. 태어나서 입는 첫 번째 옷과 죽어서 벗는 마지막 옷이 그것이다.

어머니를 제자에게 부탁하심 [19, 25-27]

예수의 십자가 곁에 그 어머니와 이모, 글레오파의 아내 마리아와 막달라 마리아가 서 있었다. 예수께서 어머니와 사랑하는 제자가 거기 있는 것을 보시고 먼저 어머니에게 말씀하셨다. "보세요, 어머니 아들입니다." 이어서 제자에게 이르셨다. "보시게, 그대 어머니일세." 그때부터 그 제자가 마리아를 자기 집에 모셨다.

*

이 놈이 미쳤다는 소문을 듣고 찾아온 어머니를 문밖에 세워둔 채 "누가 내 어머니냐?"고 사람들에게 묻던 바로 그 아들 입에서 나온 마지막 말이다.

마지막 숨을 거두심 [19, 28-30]

마침내 모든 것이 마무리되었음을 아신 예수께서 성경 말씀이 이루어지게 하려고, "목마르다." 하셨다. 거기 신 포도주가 담긴 그릇이 있는지라 사람들이 해면을 포도주에 적셔서 우슬초에 꿰어 예수 입에 대어드렸다. 예수께서 신 포도주를 맛보신 다음, "다 이루었다." 하시고 고개를 떨어뜨리며 마지막 숨을 거두셨다.

*

사랑이 사람 몸에서 어떻게 이루어지는지를 말과 행동으로 보여주러 오신 분이 '죽음으로 완성되는 사랑'인 십자가에 못 박혀 마지막 숨을 거두며 "다 이루었다."고 하신다.

시신의 옆구리를 찔리심 [19, 31-37]

그날은 유월절 전날인 데다가 마침 유다인들에게 중요한 날인 안식일과 겹치는 날이었다. 유다인들이 안식일에 시체들을 십자가에 달아두지 않으려고 빌라도에게 그들의 다리를 꺾어서 시체를 치워달라고 하였다. 병사들이 예수와 함께 십자가에 달린 두 사람의 다리를 차례로 꺾고 예수는 이미 숨진 것을 알고 다리를 꺾는 대신 한 병사가 창으로 옆구리를 찔렀다. 그러자 거기서 피와 물이 흘러나왔다.
이것은 직접 목격한 사람의 증언이니 참된 증언이다. 증인은 자기 말이 틀림없음을 잘 알고 있으며 당신들도 믿게 하려고 이렇게 증언하는 바이다. 이로써, "그 뼈가 하나도 꺾이지 않으리라."는 성경 말씀이 이루어졌다. 또 성경의 다른 곳에는, "저들이 그 찌른 자를 보리라."는 기록도 있다.

*

참사람은 주검으로도 말한다. "창에 찔렸느냐? 물과 피로 갚아라."

아리마태아 사람 요셉과 니고데모가 예수 시신을 무덤에 모심 [19, 38-42]

이 일이 있고 난 뒤에, 예수의 제자였지만 유다인들이 두려워 그동안 사실을 숨기고 있던 아리마태아 사람 요셉이 빌라도에게 예수의 시신을 달라고 청하였다. 빌라도가 허락하자 그가 가서 예수의 시신을 받았다. 일찍이 밤중에 예수를 찾아왔던 니고데모도 침향 섞인 몰약을 백 근쯤 가지고 왔다.
두 사람이 예수의 시신을 모셔다가 유다인 장례 풍속에 따라 향료를 바르고 고운 베로 쌌다. 예수께서 십자가에 달리신 곳에 동산이 있는데 거기 아직 장사한 적 없는 새 무덤이 있었다. 그날이 유다인의 명절을 준비하는 날이었고 마침 그 무덤이 가까이 있었으므로 사람들이 그곳에 예수를 모셨다.

*

참 사람에게는 경계가 없다. 삶도 죽음도 거기가 거기다. 산 사람은 죽어서도 산다. 두 아웃사이더를 불러 인사이더로 되게 한다. 여우도 있는 '머리 둘 곳'이 평생 없었던 사람, 죽어서도 남의 무덤을 잠시 빌린다.

막달라 마리아가 빈 무덤을 발견함 [20, 1-10]

안식일 지나서 첫째 날 이른 새벽 아직 어두울 때 막달라 마리아가 무덤에 갔다가 무덤에서 돌이 옮겨진 것을 보고는 시몬 베드로와 예수께서 사랑하시던 제자에게 달려가 말하였다. "사람들이 주님을 무덤에서 꺼내 갔어요. 그분을 어디에 두었는지 모르겠습니다." 베드로와 다른 제자가 일어나 무덤으로 향하는데 둘이 함께 달려갔지만 다른 제자가 베드로보다 먼저 무덤에 이르러 몸을 굽히고 고운 베가 놓여있는 것을 보았다. 하지만 안으로 들어가지는 않았다. 시몬 베드로가 뒤따라 와서 무덤 안으로 들어가 보니 고운 베가 놓여있는데 머리를 쌌던 수건은 고운 베와 함께 있지 않고 따로 한 곳에 개켜져 있었다. 그제야 먼저 무덤에 이르렀던 다른 제자도 들어와서 보고 믿었다. 그때까지도 그가 반드시 죽음에서 살아나리라는 성경 말씀을 이해하지 못했던 것이다. 그래서 제자들은 집으로 다시 돌아갔다.

*

육안肉眼은 믿음의 통로가 못 된다. "사람들이 주님을 무덤에서 꺼내 갔어요." 현실을 보자마자 버릇 생각으로 진실을 왜곡하기 때문이다. 믿음은 들음에서 온다. 귀가 아니라 온몸으로 말을 듣는 데서 저절로 오는 것이 믿음이다.

막달라 마리아, 부활하신 예수를 만나다 [20, 11-18]

무덤 밖에 서서 울던 마리아가 몸을 굽혀 무덤 안을 들여다보니 흰 옷 입은 천사 둘이 앉아있는데, 하나는 예수 시신을 모셨던 자리 머리 쪽에 다른 하나는 발치 쪽에 있었다. 천사들이 마리아에게 물었다. "왜 울고 있소?" 마리아가 대답하였다. "사람들이 우리 주님을 꺼내 갔어요. 어디에 두었는지 모르겠네요." 이 말을 하고 뒤를 돌아보니 거기 예수가 서 계셨다. 그러나 마리아는 그분이 예수인 줄을 몰랐다. 예수께서 마리아에게 물으셨다. "왜 울고 있소? 누구를 찾는 거요?" 마리아는 그가 동산지기인 줄 알고, "아저씨, 당신이 그분을 옮겼거든 어디에 두었는지 말해주셔요. 내가 그분을 모셔 가겠습니다." 하였다. 예수께서, "마리아!" 하고 부르시자 마리아가 돌아서며 히브리말로, "랍보니(선생님이라는 뜻)" 하였다. 예수께서 마리아에게 이르셨다. "내가 아직 아버지께로 올라가지 않았으니 나를 만지지 말고 내 형제들을 찾아가서, '내가 나의 아버지 곧 너희 아버지, 나의 하느님 곧 너희 하느님께로 올라간다.'는 내 말을 전하여라." 막달라 마리아가 제자들에게 가서, "내가 주님을 뵈었어요." 말하고, 주님이 자기에게 일러주신 말씀을 전하였다.

*

마리아는 부활하신 예수를 첫눈에 알아보지 못했다. 음성을 듣고서도 알아보지 못했다. 부활도 신비지만 부활하신 예수와의 만남 또한 신비다. 머리로 이해하려고 애쓸 것 없다. 경험한 사람은 알 것이다. 하지만 그 경험을 말로 설명 못 할 것이다.

문 닫힌 방에서 제자들에게 나타나심 [20, 19-23]

안식일 지나서 첫째 날 저녁 무렵, 제자들이 유다인을 무서워하여 한 집에 모여서 문을 모두 닫아걸고 있는데 예수께서 오시어 그들 가운데 서시며, "너희에게 평화를!" 하셨다. 그리고 당신 손과 옆구리를 보여주시니 제자들이 주를 뵙고 크게 기뻐하였다. 예수께서 다시, "너희에게 평화를! 아버지께서 나를 보내셨듯이 나도 너희를 보낸다." 하셨다. 이 말씀을 하시고 그들을 향해 숨을 내쉬며 말을 이으셨다. "성령을 받아라. 누구의 죄든지 너희가 용서하면 용서받을 것이고 그대로 두면 그대로 있을 것이다."

*

"그들을 향해 숨을 내쉬며 말을 이으셨다. 성령을 받아라." 자기 몸에 들고 나는 숨이 하느님의 숨인 것을 머리 아닌 몸으로 아는 그 사람이 성령 받은 사람이다. 그에게는 따로 용서할 어떤 사람이 없다.

믿지 않는 토마에게 나타나심 [20, 24-29]

열두 제자 중 하나인 토마(쌍둥이라는 뜻)는 예수께서 오셨을 때 그 자리에 있지 않았다. 다른 제자들이 그에게, "우리가 주님을 뵈었네." 라고 말하였지만 토마는, "그분 손의 못 자국을 내 눈으로 보고 그 못 자국에 내 손가락을 넣어보고 그 옆구리에 내 손을 대어보기 전에는 믿지 못하겠소." 하였다.

여드레 뒤에 다시 제자들이 집 안에 모였는데 그 자리에 토마가 함께 있었다. 문이 모두 잠긴 방으로 예수께서 들어오시어 그들 가운데 서시며, "너희에게 평화를!" 인사하시고 토마에게 이르시기를, "여기 네 손가락을 가져다가 내 손을 만져보고 네 손을 내 옆구리에 넣어보아라. 믿지 않는 자가 되지 말고 믿는 자가 되어라." 하셨다. 토마가 말하였다. "나의 주, 나의 하느님!" 예수께서 그에게 이르셨다. "나를 보았으므로 믿느냐? 나를 보지 않고도 믿는 사람이 복 있는 사람이다."

*

"아는 것 안다고 하고 모르는 것 모른다고 하는 것이 앎이다."(공자). 그렇다. 믿어지는 것 믿는다고 하고 믿어지지 않는 것 안 믿긴다고 하는 것이 믿음이다. 믿음은 뜻을 세워 믿는 게 아니라 그냥 믿어지는 것이다.

이 책을 기록한 목적 [20, 30-31]

예수께서는 여기에 기록되지 않은 다른 표적들도 제자들 앞에서 많이 행하셨다. 이것을 기록한 목적은 당신들로 하여금 예수가 그리스도시요 하느님의 아들이심을 믿고 그렇게 믿어서 그분 이름으로 생명을 얻게 하려는 것이다.

*

책은 기록이다. 발자국이다. 발자국을 찾는 것은 발자국 임자를 만나기 위해서다. 지금 여기에서 예수 그리스도를 만나 영원한 생명을 얻는 데 성경 읽는 유일한 목적이 있는 거다.

호숫가에서 제자들에게 아침을 대접하시다 [21, 1-14]

그 뒤에 예수께서는 티베리아 호수에서 제자들에게 거듭 당신을 나타내 보여주셨는데, 아래와 같이 보여주셨다.
시몬 베드로와 토마(쌍둥이라는 뜻), 갈릴래아 가나 사람 나타나엘과 제베대오의 아들들, 그리고 다른 두 제자가 한자리에 모였다. 그때 시몬 베드로가, "나는 고기 잡으러 가겠소." 하자 모두 함께 간다며 따라나섰다. 그들은 배에 올랐지만 그날 밤 고기를 한 마리도 잡지 못하였다. 날이 샐 무렵, 예수께서 호숫가에 서 계셨으나 제자들은 그분이 예수인 줄 몰랐다. 예수께서 그들에게 물으셨다. "얘들아, 고기 좀 잡았니?" 그들이 대답하였다. "못 잡았어요." 예수께서 이르셨다. "그물을 배 오른편에 던지면 고기가 잡힐 게다." 그들이 그대로 했더니 그물을 끌어 올릴 수 없을 정도로 많은 고기가 걸려들었다. 예수의 사랑받던 제자가 베드로에게 이르기를, "주님이시오!" 하였다. 겉옷을 벗고 있던 베드로가 주님이란 말을 듣고는 옷을 걸치고 곧장 물에 뛰어들었다. 다른 제자들이 배를 저어 고기로 가득 찬 그물을 끌고 뭍으로 올라왔다. 그들이 있던 곳은 뭍에서 백 걸음 남짓 떨어진 가까운 거리였다. 뭍에 올라서 보니 거기 숯불이 피워져 있고 그 위에 생선이 놓여있었다. 그리고 빵도 있었다. 예수께서 그들에게 이르셨다. "방금 잡은 고기 몇 마리 가져오너라." 시몬 베드로가 배에 올라 그물을 당겨 올리자 그 안에 고기가 백 쉰세 마리나 들어있는데도 그물이 찢어지지 않았다. 예수께서 그들에게 말씀하셨다. "와서 아침 먹자." 제자들은 그분이 주님이심을 알았기에, 당신이 누구냐고 아무도 묻지 않았다. 예수께서 가까이 다가오시어 빵을 집어 주시고 생선도 그렇게 하셨다. 죽음에서 다시 살아나신 예수께서 세 번째로 제자들에게 나타나신 것이었다.

*

"그들이 그대로 했더니 그물을 끌어 올릴 수 없을 정도로 많은 고기가 걸려들었다. 예수의 사랑받던 제자가 베드로에게 '주님이시오!' 하였다." 제자들의 '눈'은 그를 알아보지 못했다. 그들이 그분을 알아본 것은 그분과 함께 어떤 일을 '경험'하고 나서였다.

베드로에게 나를 사랑하느냐고 세 번 물으심 [21, 15-19]

아침 식사를 모두 마치고 예수께서 시몬 베드로에게 물으셨다. "요한의 아들 시몬아, 네가 이 사람들보다 더 나를 사랑하느냐?" 베드로가 대답하였다. "예, 제가 주님 사랑하는 줄 주님이 아십니다." 예수께서 이르셨다. "내 어린양을 돌보아라." 두 번째로 다시 물으셨다. "요한의 아들 시몬아, 네가 나를 사랑하느냐?" 베드로가 대답하였다. "예, 제가 주님 사랑하는 줄 주님이 아십니다." 예수께서 이르셨다. "내 양을 돌보아라." 세 번째로 다시 물으셨다. "요한의 아들 시몬아, 네가 나를 사랑하느냐?" 예수께서 세 번이나 거듭 나를 사랑하느냐고 물으시자 베드로는 마음이 서글퍼졌다. 그래서 말하기를, "주님은 모든 것을 아십니다. 제가 주님 사랑하는 줄 주님이 아십니다." 하였다. 예수께서 그에게 말씀하셨다. "내 양을 돌보아라. 그렇다, 내가 진정으로 말한다, 네가 젊어서는 스스로 허리띠 묶고 원하는 곳으로 다녔지만 늙어서는 두 팔을 벌리고 남이 와서 허리에 띠를 묶어 원치 않는 곳으로 데려갈 것이다." 이 말씀은 베드로가 어떻게 죽어서 하느님을 영화롭게 해드릴 것인지 미리 일러주신 것이었다. 이 말씀을 하시고 베드로에게, "너는 나를 따라라." 하셨다.

*

"이 말씀을 하시고 베드로에게, '너는 나를 따라라.' 하셨다." 처음 만났을 때 “나를 따르라”고 하셨던 분이 같은 사람에게 마지막으로 거듭 말씀하신다. “너는 나를 따라라.”
예수, 그가 땅에서 있고자 하신 곳은 당신을 따르는 사람들의 ‘앞자리’였다. 그들의 ‘윗자리’가 아니었다. 장차 하늘에서도 사람들의 위가 아니라 앞에 서겠다고 하신다.

다른 제자에 대한 베드로의 질문과 예수의 답 [21, 20-24]

베드로가 뒤돌아보니 예수의 사랑받던 제자가 따라오고 있었다. (만찬 때 예수 품에 기대어, “주님, 주님을 넘길 자가 누굽니까?”라고 묻던 그 제자였다.) 베드로가 그를 보고 예수께 물었다. “주님, 저 사람은 어떻게 됩니까?” 예수께서 그에게 이르셨다. “내가 올 때까지 그가 살아있기를 내가 바란다 한들 그것이 너와 무슨 상관이냐? 너는 나를 따라라.” 이 말씀 때문에 형제들 사이에서 그가 죽지 않는다는 소문이 퍼졌는데, 실은 그가 죽지 않는다고 말씀하신 게 아니라, “내가 올 때까지 그가 살아있기를 내가 바란다 한들 그것이 너와 무슨 상관이냐?”라고 말씀하신 것이었다. 이 일을 증언하고 글로 적은 사람이 바로 그 제자다. 우리는 그의 증언이 참된 것임을 알고 있다.

*

누구를 따르려면 앞을 보아야 한다. 방금 스승으로부터 “나를 따르라”는 말을 들은 베드로, 어느새 눈길을 돌려 뒤를 보고 있다. 핀잔 들어 마땅하다. “쟁기 잡고 뒤돌아보는 사람은 하느님 나라에 쓸모 있는 사람이 아니다.”

맺는말 [21, 25]

이밖에도 예수께서는 많은 일을 행하셨으니 그 모두를 낱낱이 기록한다면 온 세상이 그 책을 담기에 모자랄 것이다.

*

원자原子는 안팎으로 무한無限이다. 어떻게 하늘을 땅에 담을 것인가?

사도행전

머리말 [1, 1-5]

테오빌로께 이 책을 바칩니다.

나는 먼젓번 책에 예수의 행적과 가르침으로부터 몸소 택하신 사도들에게 성령을 통해서 지시하시고 하늘로 들려 올리실 때까지 그분에 관한 모든 것을 담았다. 고난을 겪으신 뒤에 그분은 여러 가지 분명한 증거로 당신이 살아있음을 저들에게 보여주셨고, 사십일 동안 모습을 나타내시어 하느님 나라에 관한 말씀을 들려주셨다.

예수께서 사도들과 함께 있는 자리에서 명하셨다. "예루살렘을 떠나지 말고 내가 일러준 아버지의 약속을 기다려라. 요한은 물로 세례를 주었지만 머잖아 너희가 성령으로 세례받을 것이다."

*

예수 그리스도. 약속이 담겨 있는 하늘 명령. 공자孔子, 나이 오십에 그것을 알았다던가?

하늘로 들려 올리심 [1, 6-11]

그들이 함께 있을 때 예수께 여쭈었다. "주님이 이스라엘 왕국을 회복하실 때가 지금입니까?" 예수께서 대답하셨다. "그때와 시기는 아버지께서 당신 권한에 두신 것이니 너희가 알 바 아니다. 그러나 성령이 너희에게 오시면 권능을 받아서 예루살렘과 온 유다와 사마리아와 땅끝에 이르기까지 너희는 내 증인이 될 것이다."

이 말씀을 마치시고 저들이 보는 앞에서 위로 들려 올리시는데 구름이 그 모습을 가려 보이지 않게 되었다. 예수께서 들려 올리시는 동안 제자들이 하늘을 열심히 쳐다보고 있자니 문득 흰 옷 입은 사람 둘이 그들 앞에 나타나서 말하기를, "갈릴래아 사람들이여, 어찌하여 서서 하늘을 쳐다보고 있는 거요? 당신들 곁을 떠나 승천하신 예수께서 올라가시는 모양을 당신들이 본 그대로 다시 오실 것이오." 하였다.

*

"어찌하여 서서 하늘을 쳐다보고 있는 거요?" 하늘을 쳐다봐서는 "세상 끝나는 날까지 너희와 함께 있겠다."고 약속하신 예수를 만날 수 없다는 얘기다. 그분을 만날 장소가 하늘이 아니라 땅이기 때문이다.

마티아가 사도로 뽑혀 유다의 자리를 메움 [1, 12-26]

그 뒤에 사도들은 올리브 언덕으로 알려진 그곳을 떠나 안식일에 걸어도 될 정도 거리에 있는 예루살렘으로 돌아왔다. 성안에 들어온 그들이 묵던 다락방으로 올라가니 일행은 베드로, 요한, 야고보, 안드레아, 필립보, 토마, 바르톨로메오, 마태오, 알패오의 아들 야고보, 혁명당원 시몬, 야고보의 아들 유다 등이었고 그 자리에 예수의 어머니 마리아와 다른 여인들과 예수의 아우들이 함께 있으면서 마음을 모아 기도에 전념하였다.

그 무렵 어느 날, 사람들이 백 이십 명쯤 모여 있는 자리에서 베드로가 일어나 말하였다. "형제들, 예수를 잡으러 온 무리를 안내한 유다에 관하여 오래전 다윗을 통해서 성령님이 예언하신 성경 말씀이 그대로 이루어진 것은 참으로 당연한 일이었소. 그는 본디 우리 열둘 가운데 하나로 우리와 함께 일하던 자였소. 〔그가 악행에 대한 보상을 받아 그것으로 밭을 샀는데 땅에 거꾸러져 배가 터지고 창자가 쏟아져 나왔소. 예루살렘 주민들이 이를 알고 자기네 방언으로 '아겔다마'라 하였으니 이는 '피 밭'이라는 뜻이오.〕 성경 시편에, '그 거처를 황폐케 하시고 아무도 거기 사는 자 없게 하소서.' 하였고 또, '다른 사람으로 그 직분을 맡게 하소서.' 하였으니 이제 우리가 요한이 세례 베풀던 때로부터 주께서 우리 곁을 떠나 올라가실 때까지 우리와 함께 계시는 동안 줄곧 우리와 같이 있던 사람들 가운데 하나를 뽑아서 우리 주 예수의 부활을 증언토록 해야 하겠소." 그들이 바르사빠라고도 하고 유스도라고도 하는 요셉과 마티아 둘을 천거한 다음 기도하였다. "뭇사람의 마음을 아시는 주님, 주께서 이 둘 가운데 누구를 뽑아 자기 갈 곳으로 간 유다가 남겨놓은 사도 자리를 차지하게 하실 것인지 알려주십시오." 그러고 나서 제비를 뽑으니 마티아가 뽑혔다. 그래서 그가 열한 사도들 곁에 나란히 서게 되었다.

*

베드로 가슴에 아직 유다를 향한 찌꺼기 감정이 남아있다. 가야 할 길이 멀다. 하지만, 유다가 남겨놓은 빈자리 메우는 일의 결정을 하늘에 맡기자는 제안으로 희망을 보여준다.

오순절 성령 강림 [2, 1-13]

오순절이 되어 사람들이 모두 한곳에 모였을 때 갑자기 위에서 세찬 바람이 부는 것 같은 소리가 들리더니 그들이 앉아있는 집안을 가득 채웠다. 그리고 불의 혀처럼 보이는 것이 나타나 갈라지며 각 사람 위에 내렸다. 저들이 모두 성령으로 충만하여 성령이 주시는 능력을 받아 여러 다른 방언으로 말하기 시작하였다.

그 무렵 예루살렘에는 천하 모든 나라에서 온 경건한 유다인들이 거주하고 있었다. 소리를 듣고 모여든 무리가 깜짝 놀랐다. 거기 있는 사람들이 저마다 자기네 방언으로 말하고 있었던 것이다. 그들이 놀란 가운데도 신기하게 여기면서 말하기를, "지금 저기서 말하는 자들이 모두 갈릴래아 사람들 아닌가? 그런데 저들의 말을 우리가 각자 출생지 방언으로 듣고 있으니 어찌 된 일이지? 우리 가운데는 바르티아인, 메대인, 엘람인이 있고 또 메소포타미아, 유다, 갑바도기아, 본도, 아시아에서 온 사람이 있고 프리기아, 밤필리아, 이집트, 키레네 부근 리비아의 여러 지방에서 온 사람도 있고 로마에서 온 나그네 유다인과 유다교로 개종한 이방인도 있고 그레데인과 아라비아인도 있는데, 그런데 우리가 시방 하느님의 큰 역사 하심을 전하는 저들의 말을 각자 자기 방언으로 듣고 있지 않은가?" 하였다. 이렇게 모두 놀라고 어리둥절해서, "어찌 이럴 수 있단 말인가!" 하고 웅성거리는 가운데, 어떤 자는 그들을 조롱하여 이렇게 말하기도 하였다. "저들이 새 술에 취했군."

*

인간의 두려움은 무너진 바벨탑 아래에서 뿔뿔이 흩어지게 하고, 성령의 사랑은 그렇게 흩어진 사람들을 한데 모아 서로 통하게 한다.

베드로의 첫 번째 연설 [2, 14-36]

베드로가 열한 사도와 함께 일어서서 소리를 높여 말하였다. "유다 동포와 예루살렘 주민 여러분, 당신들에게 알려드릴 것이 있습니다. 내가 하는 말에 귀를 기울여주십시오. 이 사람들은 당신들이 생각하는 것처럼 술에 취한 것이 아닙니다. 지금이 아침 아홉 시 아닙니까? 다만 예언자 요엘의 예언이 여기에서 이루어졌으니, 그가 이렇게 말했지요.

이는 하느님 말씀이다.
말세에 내가 모든 사람에게
내 영을 부어 주리니,
너희 자녀들은 예언을 하고
젊은이들은 환상을 보고
늙은이들은 꿈을 꾸리라.
그때 내가 나의 남종과 여종에게도
내 영을 부어 주리니,
그들 또한 예언하리라.
내가 위로 하늘에서 놀라운 일을 보이고
아래로 땅에서 표적을 보이리니,
피와 불과 짙은 연기로다.
주의 날, 크고 영광스러운 그 날이 오기 전에

해는 바뀌어 어두워지고
달은 바뀌어 피가 되리니,
그때 누구든지
주의 이름을 부르는 자, 구원을 얻으리라.

이스라엘 사람들이여, 내 말을 들으시오. 당신들이 알고 있는 대로, 하느님은 나자렛 예수를 통하여 여러 가지 기적과 놀라운 일과 표적을 당신들한테 보여주셨소. 그분은 하느님의 정하신 뜻과 계획에 따라 당신들 손에 넘어갔고, 당신들은 이교도의 손을 빌려 그를 십자가에 못 박아 죽였지요. 그러나 하느님께서 그를 사망의 고통에서 풀어 다시 살리셨으니 죽음에 사로잡힐 수 없는 분이기 때문이었소. 다윗이 그에 대하여 한 말을 들어보시오.

내가 항상 내 앞에 계신 주를 뵈었으니
주께서 내 오른편에 계시어
나로 하여금 흔들리지 않게 하셨도다.
그러므로 내 마음이 기뻐하고
내 혀는 즐거이 노래하며
이 몸 또한 희망 가운데 살리니,
주께서 그의 영혼을 음부에 버리지 아니하시고
당신의 거룩한 자를 썩지 않게 하심이로다.
주께서 나에게 생명의 길을 보여주시어
나로 하여금 그 앞에서 기쁨으로 충만케 하시리라.

형제 여러분, 나는 우리 선조 다윗에 관하여 당신들에게 분명히 말할 수 있소이다. 그는 죽어 묻혔고 그 무덤이 오늘까지도 우리 곁에 있거니와, 다윗은 예언자로서 자기 후손 가운데 하나를 자기 왕위에 앉히겠다는 하느님의 굳은 약속을 잘 알고 있었지요. 그래서 그리스도의 부활을 내다보고 말하기를, 그가 음부에 버려지지 않고 그 몸이 썩지 않으리라고 하였던 것입니다. 그분이 바로 하느님께서 다시 살리신 예수셨고, 우리는 모두 그 일의 증인이올시다. 그렇게 그분은 하느님의 오른손에 들려 올리었고 거기서 아버지로부터 약속하신 성령을 받아서 지금 당신들이 보고 듣는 모양으로 우리에게 부어주신 것이오. 다윗은 하늘에 오르지 못하였지만 스스로, '주 하느님께서 우리 주님께, 내가 네 원수를 네 발치에 무릎 꿇릴 때까지 내 오른편에 앉아있으라 하셨다.'고 말하였습니다. 그런즉 이스라엘 온 집안은 분명히 알아두시오. 하느님께서 우리의 주로, 그리스도로 삼으신 바로 그 예수를 당신들이 십자가에 못 박아 죽인 겁니다."

*

두려움에 사로잡혀 "나는 예수를 모른다."고 세 번이나 스승을 부인하던 베드로. 겉 사람은 크게 달라지지 않았겠지만 속사람은 크게 달라진 게 아니라 완전히 달라졌다. 도무지 겁이라는 걸 모른다. 성령의 역사役事하심이다.

늘어나는 새 신자들 [2, 37-42]

사람들이 이 말을 듣고 속으로 켕기어 베드로와 다른 사도들에게 묻기를, "형제들, 그러니 우리가 어찌하면 좋겠소?" 하였다. 베드로가 대답하였다. "회개하시오. 각자 예수 그리스도의 이름으로 세례받고 죄를 용서받으시오. 그러면 성령을 선물로 받게 될 것입니다. 이는 당신들과 당신네 자녀들과 먼 데 있는 사람들 곧 우리 하느님께서 부르시는 모든 사람에게 주신 약속이오." 그가 또 여러 다른 말로 그들을 설득하면서, 이 썩어 문드러진 세대로부터 구원받기를 권하였다. 그의 말을 받아들인 사람들이 세례를 받았는데 하루에 삼천 명가량 새로 신자가 되었다. 그들은 사도들의 가르침을 받아 서로 교제하며 빵을 나누고 기도하는 일에 오로지 힘썼다.

*

자기-중심의 삶을 위해서 집을 떠났던 아들이 아버지-중심의 삶을 향하여 집으로 돌아오는 것이 회개다. 자기를 버리고 하느님을 택하는 것이다. 그러기에 회개는 "개인의 죄업"은 물론 "썩어 문드러진 세대"로부터 구원받는 길이다.

초기 공동체가 이루어짐 [2, 43-47]

사람들이 저마다 두려워하는 가운데 사도들을 통해서 놀라운 일과 표적들이 많이 일어났다. 믿는 사람들이 함께 모여 모든 것을 공동으로 소유하고 가진 것과 재물을 팔아 각 사람에게 필요한 만큼 나눠 주었다. 날마다 한 마음으로 성전에 모이기를 힘쓰고 집에서 빵을 뗄 때마다 단순하고 기쁘게 음식을 먹으며 하느님을 찬미하니 모든 사람이 그들을 좋게 보았다. 주께서 날마다 새로운 신자들을 보태어 모임을 키워 주셨다.

*

"믿는 사람들이 함께 모여 모든 것을 공동으로 소유하고…" 무슨 말인가? '여러 사람'이 '한 몸'을 이루더라는 얘기다. 먹은 음식을 소화 시켜 머리에서 발바닥까지 온몸이 그것으로 살아가듯이. …교회를 그리스도의 몸으로 보는 것이야말로 더없이 탁월한 은유다.

베드로와 요한이 앉은뱅이를 일으켜 세움 [3, 1-10]

오후 세 시에 기도 시간이 되어 베드로와 요한이 성전으로 올라가고 있었다. 태어나면서부터 앉은뱅이인 사람이 있어, 사람들이 그를 '아름다운 문'이라는 성전 문 곁에 데려다 놓으면 그가 거기서 성전 드나드는 이들에게 구걸하였다. 마침 성전으로 들어가려는 베드로와 요한을 보고 그가 구걸하자 베드로와 요한이 그를 눈여겨보며 말하였다. "우리를 보시게." 무엇을 얻는 줄 알고 두 사람을 쳐다보는 앉은뱅이에게 베드로가, "은과 금은 없지만 내게 있는 것을 자네에게 주겠네. 나자렛 예수 그리스도의 이름으로 일어나 걸어라!" 말하면서 그의 오른손을 잡아 일으키니 그가 다리와 발목에 힘을 얻고 벌떡 일어나 서기 시작하였다. 그가 그들과 함께 성전으로 들어가며 걷기도 하고 뛰기도 하며 하느님을 찬미하였다. 사람들이 그가 걸으며 하느님 찬미하는 것을 보고, 또 그가 성전의 '아름다운 문' 곁에서 구걸하던 앉은뱅이임을 알고, 그에게서 일어난 일에 놀라며 기이하게 여겼다.

*

“은과 금은 없지만 내게 있는 것을 자네에게 주겠네.” 그때 그에게 ‘그것’은 없고 ‘이것’이 있었다. ‘그것’은 줄수록 없어지지만 ‘이것’은 줄수록 많아진다. 마침내 고기(그것) 잡던 베드로가 사람(이것) 잡는 어부로 되었다. 예수, 그분의 작품이다.

베드로의 솔로몬 행각 연설 [3, 11-26]

그가 베드로와 요한 곁을 떠나지 않고 있는데 소문을 들은 사람들이 매우 놀라 ‘솔로몬 행각’이라 불리는 곳으로 달려왔다. 베드로가 그들에게 말하였다. “이스라엘 사람들이여, 왜들 이렇게 놀라는 겁니까? 어째서 우리를 주목하는 거요? 우리가 무슨 능력이 있거나 경건해서 그래서 이 사람을 걷게 한 줄로 아십니까? 실은 이 일로 아브라함과 야곱과 이사악의 하느님 곧 우리 조상의 하느님께서 당신의 종 예수를 영화롭게 해주신 것이오. 그 예수를 당신들이 붙잡아 빌라도에게 넘겼을 때, 그는 그분을 놓아주려 했지만, 당신들은 빌라도 앞에서 그 거룩하고 의로우신 분을 배척하였지요. 당신들은 살인자를 풀어달라고 하면서 우리에게 생명을 주시는 그분을 대신 죽이고 말았소이다. 하지만 하느님께서 그분을 죽음에서 다시 살리셨고 우리는 그 일의 증인입니다. 지금 당신들이 보고 아는 이 사람을 힘 있게 한 것은 바로 예수의 이름과 그 이름에 대한 믿음이고, 예수를 통해서 오는 그 믿음이 당신들 앞에서 이 친구를 완전히 낫게 한 것이오. 그런데 형제들, 나는 당신들이 그렇게 한 것은 몰라서였고 당신네 지도자들 또한 마찬가지였다고 봅니다. 하지만 하느님께서 모든 예언자의 입으로 하신 당신의 말씀, 그러니까 그리스도가 반드시 고난을 겪으리라는 말씀을 그렇게 이루신 것입니다. 그러니 회개하고 하느님께로 돌아와 당신들 죄가 깨끗이 지워지게 하시오. 그러면 신선한 위로의 시절이 주님 계신 곳으로부터 올 것이고 주께서 당신들을 위해 예정하신 그리스도 곧 예수를 보내주실 것입니다. 예수께서는, 오래전부터 거룩한 예언자들의 입을 통하여 하느님께서 말씀하신 대로 만물을 회복하실 때까지 하늘에 계셔야 합니다. 모세가 말하기를, '주 하느님께서 나를 세우셨듯이 너희 형제들 가운데 하나를 예언자로 세울 터인즉 너희는 그의 말을 들어라. 누구든지 그 말을 듣지 않는 자는 백성 가운데서 멸망하리라.' 하였고 사무엘을 비롯하여 그를 승계한 모든 예언자 또한 이날들이 오리라고 예언하였소. 당신들은 그 예언자들의 후손이고 하느님께서 당신네 조상들과 맺으신 약속의 후손들입니다. 아브라함에게, '땅 위의 모든 족속이 네 후손으로 말미암아 복을 받으리라.'고 말씀하신 하느님께서 먼저 당신들을 위하여 그 종을 다시 살리셨고, 그것은 당신들을 축복하여 각자 악한 길에서 돌아서게 하려는 것이었지요."

*

"지금 당신들이 보고 아는 이 사람을 힘 있게 한 것은 예수의 이름과 그 이름에 대한 믿음이고, 예수를 통해서 오는 그 믿음이 당신들 앞에서 이 친구를 완전히 낫게 한 것이오." 제대로 알고 있다. 내가 앉은뱅이 걸인을 일으켜 세웠다고 말하지 않는다. 이제 그 입에서 그런 말이 나올 수 없게 되었다. 구원받았다는 증거다.

사도들이 유다 지도층의 심문을 받음 [4, 1-22]

베드로와 요한이 사람들에게 말하고 있는 자리에 사제들과 성전 경비대장과 사두가이파 사람들이 들이닥쳤다. 사도들이 백성을 가르치며 예수를 들어 죽은 사람의 부활을 말하는 데 격분한 그들이 사도들을 붙잡아 날이 이미 저물었으므로 이튿날까지 가두어두었다. 하지만 말씀을 듣고 신자 된 사람들이 많아서 그 수가 장정만 오천쯤 되었다.

이튿날 유다의 지도자들과 원로들과 율법학자들이 예루살렘에 모였는데 그 자리에 대사제 안나스, 가야파, 요한, 알렉산더와 대사제 집안사람들이 있었다. 그들이 베드로와 요한을 세워놓고 물었다. "당신들이 무슨 권한으로 누구 이름으로 이런 짓을 하였는가?" 베드로가 성령 충만하여 말하였다. "백성의 지도자들과 원로들이여, 만일 우리가 병든 사람에게 한 선한 일과 그가 어떻게 성한 사람이 되었는지에 대하여 심문받는 것이라면 당신들 모두와 온 이스라엘 백성에게 분명히 알려주겠소. 지금 이 사람이 건강한 몸으로 당신들 앞에 서 있는 것은 당신들이 십자가에 못 박았지만 하느님께서 죽음으로부터 다시 살리신 나자렛 예수 그리스도의 이름으로 이렇게 된 것이오. 예수로 말하자면 건축자인 당신들에 의하여 버려졌으나 집 모퉁이 머릿돌이 되신 분이올시다. 이분 아닌 다른 누구한테도 구원이 없으니, 사람에게 주신 이름들 가운데 우리를 구원할 이름이 온 천하에 이 이름밖에 없기 때문이오."
그들은 배운 것 없는 보통사람인 줄 알았던 베드로와 요한이 확신에 차서 또박또박 말하는 것을 보고 많이 놀랐다. 또 두 사람이 예수와 함께 있던 사람들인 것도 알아보았다. 하지만 불구였던 사람이 성한 몸으로 그들과 함께 있는 것을 보고는 할 말이 없어 두 사람을 공의회에서 나가게 한 다음 서로 의논하였다. "이 자들을 어찌하면 좋겠소? 저들이 놀라운 기적을 일으킨 것은 예루살렘에 거주하는 모든 사람이 알고 우리도 아니라고 말할 수 없는 사실이오. 그러나 이 일이 세상에 더 널리 알려지면 곤란하니 그 이름으로 아무한테도 말하거나 가르치지 말라고 단단히 겁을 줍시다." 그들은 두 사람을 불러다 놓고 두 번 다시 예수 이름으로 말하지도 가르치지도 말라고 경고하였다. 베드로와 요한이 그들에게 말하였다. "우리가 하느님 말씀을 듣는 것보다 당신들 말을 듣는 것이 하느님 앞에서 옳은 일이겠소? 당신들 스스로 판단해보시오. 우리는 보고 들은 것을 말하지 않을 수 없소이다." 결국, 그들은 두 사람을 다시 한번 협박하고 풀어주었다. 일어난 일을 목격하고 하느님께 영광을 돌리는 백성들 때문에 그들을 처벌할 수 없었던 것이다. 이 표적으로 몸이 성해진 사람은 나이가 마흔 남짓 된 사람이었다.

*

유식하고 힘 있는 고위층과 배운 것 없는 보통사람들이 만난다. 그런 자리에서 늘 보던 광경이 이번에는 보이지 않는다. 오히려 거꾸로다. 겁에 질려있던 쪽은 당당하고 당당하던 쪽은 겁에 질려있다. 누구한테는 있고 누구한테는 없는 존재, 부활 예수 때문이다.

풀려난 두 사도가 동료들과 함께 기도함 [4, 23-31]

풀려난 두 사도가 동료들에게 가서 대사제들과 원로들의 말을 전하니, 저들이 듣고 한마음으로 소리 높여 하느님께 기도드렸다. "하늘과 땅과 바다와 그 안의 만유를 지으신 주님, 주께서 우리 조상이요 주의 종인 다윗의 입을 빌려 성령으로 말씀하시기를, '어찌하여 이방이 분노하고 뭇 족속이 헛된 일을 꾸미는가? 이 땅의 왕들이 일어나고 통치자들이 모여 주님을 거역하고 그리스도를 거역하는구나.' 하셨더니, 과연 헤로데와 빌라도가 이방인들과 이스라엘 백성을 동원하여 주의 기름 부으신 거룩한 종 예수를 거슬렀고 그렇게 하여 주님이 뜻으로 계획하신 바를 이루고자 이 성에 모였나이다. 주님, 이제 저들의 위협을 굽어살피시어 종들로 하여금 담대히 하느님 말씀을 전하게 하시고 권능의 손을 펼치시어 병이 낫고 거룩한 종 예수의 이름으로 표적과 놀라운 일이 일어나게 하옵소서." 기도를 마치자 모임 장소가 흔들리며 모든 사람이 성령 충만하여 하느님 말씀을 담대히 전하게 되었다.

*

무슨 특별한 일이 일어날 때 "봐라, 내가 이렇게 될 것을 미리 말하지 않았더냐?" 라고 말하는 이가 배후에 있다는 사실을 안다는 것이야말로 특별한 은총이다. 그것이 온갖 의혹과 두려움을 물리쳐주기 때문이다.

궁핍한 사람이 하나도 없는 신앙공동체 [4, 32-37]

믿는 이들이 모두 한마음 한뜻으로 자기 재물을 자기 것이라고 주장하지 않고 모든 물건을 공동으로 소유하였다. 사도들은 계속하여 주 예수의 부활을 힘차게 증언하였고 온 무리가 하느님의 크신 은혜를 입어 그들 가운데 궁핍한 사람이 하나도 없었다. 땅이나 집을 가진 사람들이 그것을 팔아서 받은 돈을 사도들 앞에 두고 각 사람에게 필요한 만큼 나누어주었던 것이다. 키프로스 태생인 레위 사람이 있었으니 이름은 요셉이었다. 사도들이 그에게 '격려하는 자'라는 뜻인 바르나바라는 이름을 주었는데, 그도 땅을 팔아서 받은 돈을 사도들 앞에 두었다.

*

사람이 구원받았다는 것은 본연本然의 자기로 돌아갔다는 말이다. 재물이란 본디 사람의 것이 아니라 하느님의 것이다. 사람들이 자기 재물을 자기 것이라 주장하지 않고 공동으로 소유하는 것은 당연한 행위다. 아버지가 벌어온 돈을 온 가족이 함께 쓰는 것처럼.

아나니아와 삽피라의 죽음 [5, 1-11]

아나니아라는 사람이 아내 삽피라와 함께 땅을 팔았는데 받은 돈 일부를 빼돌렸다. 아내도 그 일을 알고 있었다. 그가 나머지 돈을 가지고 와서 사도들 발 앞에 두었다. 베드로가 말하였다. "아나니아, 어찌하여 사탄한테 마음을 빼앗겨 성령을 속이고 땅값의 얼마를 빼돌렸소? 그 땅은 팔기 전에도 당신 것이었고 판 뒤에도 당신 맘대로 할 수 있는 것 아니었소? 그런데 왜 그런 생각을 했단 말이오? 당신은 사람을 속인 게 아니라 하느님을 속인 거요." 아나니아가 이 말을 듣다가 땅에 거꾸러져 그 자리에서 숨을 거두었다. 소문을 들은 사람마다 크게 두려워하였다. 젊은이들이 일어나 시신을 싸서 메고 나가 땅에 묻었다.

세 시간쯤 뒤에 그의 아내가 들어오는데, 그동안에 일어난 일을 모르고 있었다. 베드로가 여인에게 물었다. "당신들이 땅 팔고 받은 돈이 이게 전부요?" 여인이 대답하였다. "예, 전부입니다." 베드로가 말하였다. "어찌하여 주님의 성령을 시험하기로 두 사람이 마음을 모은 거요? 저기 당신 남편을 땅에 묻고 돌아온 사람들이 문간에 이르렀으니 이제 그들이 당신을 메고 나갈 것이오." 그러자 여인이 그 자리에서 베드로 발 앞에 거꾸러져 숨을 거두었다. 젊은이들이 들어와 여인이 죽은 것을 보고 메어다가 남편 곁에 묻었다. 온 교회와 소문을 들은 사람들 모두가 크게 두려워하였다.

*

거짓을 폭로한 것은 마땅한 일이겠으나 그로 인해 사람 둘이 목숨을 잃고 두려움이 교회 안에 다시 들어온 것은 안타까운 일이다.

날로 커지는 신자들의 모임 [5, 12-16]

사도들이 백성들 앞에서 많은 표적과 놀라운 일을 보여주었다. 믿는 사람들이 한마음으로 솔로몬 행각에 모였다. 나머지 사람들은 감히 모임에 끼어들 생각을 못 하였으나 백성들은 그 모임을 칭송하였다. 주를 믿는 남자와 여자들의 수가 날로 늘어났다. 사람들은 병자를 메고 거리에 나가 들것이나 요에 눕혀놓고 베드로가 지나갈 때 행여 그 그림자라도 몇 사람 위에 드리우기를 바라기까지 하였다. 예루살렘 부근 여러 마을에서도 많은 사람이 병자와 귀신들려 고생하는 자들을 데리고 모여들었는데 그들 모두 고쳐졌다.

*

기적은 위험하다. 사람들로 하여금 보이지 않는 기적의 주인공에게서 눈을 돌려 기적의 현상을 보게 하기 때문이다. 본本을 놓치고 말末을 잡는 데 인간의 온갖 병통이 있다.

공의회에서 심문당하는 사도들 [5, 17-42]

대사제와 그의 측근인 사두가이파 사람들이 마음에 질투심이 가득하여 사도들을 붙잡아 옥에 가두었다. 밤중에 주의 천사가 옥문을 열고 사도들을 데리고 나와 이르기를, "가서 성전에 들어가 생명의 말씀을 남김없이 전하시오." 하였다. 이 말을 듣고 사도들이 이른 아침에 성전으로 들어가 사람들을 가르치기 시작하였다.
한편 대사제와 그 측근들은 공의회와 이스라엘 원로들을 소집하고 사람을 옥으로 보내 사도들을 데려오라고 하였다. 경비병들이 옥에 갔다가 사도들을 보지 못하고 돌아와서 보고하였다. "옥문은 단단히 잠겼고 간수들이 문마다 지키고 있는데 문을 열어보니 안에 아무도 없었습니다." 성전 경비대장과 대사제들이 그들의 말을 듣고 일이 어찌 된 것인가 의아해하고 있는데 한 사람이 와서 말하였다. "당신들이 옥에 가둔 그 사람들이 지금 성전에서 사람들을 가르치고 있습니다." 경비대장이 경비병들과 함께 가서 사도들을 잡아 오긴 했지만 백성들이 돌로 칠까 두려워 폭력을 쓰지는 않았다. 그들이 사도들을 공의회 앞에 세우자 대사제가 그들을 심문하였다. "그 이름으로 가르치지 말라고 우리가 엄히 말해두었거늘 온 예루살렘을 당신네 가르침으로 가득 채우고 있으니, 그 사람의 피에 대한 책임을 우리한테 돌리겠다는 건가?" 베드로와 사도들이 대답하였다. "우리는 사람보다 하느님께 복종해야 하오. 당신들이 십자가에 못 박아 죽인 예수 그분을 우리 조상들의 하느님께서 다시 살리셨소. 그리고 이스라엘로 하여금 회개하고 용서받게 하려고 그분을 당신 오른편에 높이 들어 올리시어 우리의 지도자요 구세주로 삼으셨거니와, 이 모든 일에 우리가 증인이고 하느님께서 당신한테 복종하는 자들에게 주신 성령 또한 증인이시오." 그들은 이 말을 듣고 크게 격분하여 사도들을 죽이려고 하였다.

그때 백성의 존경을 받는 바리사이파 율법학자 가믈리엘이 일어나 사도들을 잠시 밖으로 내보낸 다음, 회중에게 말하였다. "이스라엘 동포 여러분, 저 사람들을 신중하게 다루는 것이 좋겠소이다. 얼마 전 튜다라는 자가 나타나 스스로 두목이 되었을 때 삼백 명이나 되는 무리가 그를 따랐지요. 그러나 그가 살해되자 그를 좇던 자들이 모두 흩어져 자취도 남지 않게 되었습니다. 그 뒤 호구조사를 할 무렵에도 갈릴래아 사람 유다가 나타나서 백성을 부추겨 자기를 따르게 하였지만 그가 죽자 그를 따르던 자들도 모두 흩어졌소. 이제 내가 말하고자 하는 바는, 이 사람들에 대하여도 그냥 두고 상관치 말자는 것입니다. 저들의 생각과 행동이 사람한테서 나온 것이면 스스로 무너질 것이요 만일 하느님한테서 온 것이면 여러분이 저들을 무너뜨릴 수 없을뿐더러 오히려 하느님을 대적하는 자가 될 수 있기 때문이오." 그들이 그의 말을 옳게 여기고 사도들을 불러들여 매질한 다음, 예수 이름으로 아무 말도 하지 말라 윽박지르고 놓아주었다. 사도들은 예수 이름 때문에 능욕당한 것을 기뻐하며 공의회를 떠났다. 그리고 날마다 성전에서, 사람들 집에서, 쉬지 않고 가르치며 예수가 그리스도임을 선포하였다.

*

바리사이파라고 해서 율법학자라고 해서 모두가 한통속인 건 아니다. 사람을 그에게 붙여진 찌지를 통해서 보는 게 아니다. 앞에 있는 사람을 세리나 창녀로 보지 않고 병든 사람으로 본 것이 예수, 그분의 눈이었다.

사도들이 일곱 집사를 안수하여 세움 [6, 1-7]

그 무렵 제자들의 수가 늘어나면서 그리스말을 하는 유다인들이 본토 유다인들에게 불평하는 일이 생겨났다. 자기네 과부들이 날마다 받는 양식 배급에서 제외되었기 때문이다. 열두 사도가 제자들을 불러놓고 말하였다. "우리가 하느님 말씀을 제쳐두고 양식 배급에 매달리는 것은 마땅치 않소. 그러니 형제들, 여러분 가운데서 신망이 두텁고 성령과 지혜가 충만한 사람 일곱을 뽑아주시오. 이 일을 그들에게 맡기고 우리는 오직 기도와 말씀 전하는 일에 전념해야겠소." 모든 사람이 그들의 제안을 기쁘게 받아들여 믿음과 성령이 충만한 사람 스데파노, 필립보, 브로코로, 니가노르, 디몬, 바르메나 그리고 유다교로 개종한 안티오키아 사람 니골라오를 뽑아 사도들 앞에 세우니 사도들이 기도하고 그들에게 안수하였다.

하느님 말씀이 널리 퍼지면서 예루살렘에 거주하는 제자들의 수가 부쩍 늘었다. 사제들 가운데서도 믿는 사람이 많이 생겨났다.

*

드디어 교회가 조직을 갖추기 시작한다. 사람들 수가 늘어나니 불가피한 일이겠지만, 사도들이 집사들을 안수하여 세우면서 교회에 계급이 있게 된다.

공의회 앞에 선 스데파노 [6, 8-15]

스데파노가 은혜와 권능으로 충만하여 백성들 앞에서 매우 놀라운 일과 표적들을 행하고 있는데 이른바 '자유의 회당'에 소속된 키레네 사람들과 알렉산드리아 사람들, 길리기아와 아시아에서 온 사람들이 일어나 스데파노와 논쟁을 벌였다. 하지만 그들은 지혜와 성령으로 말하는 스데파노를 당해낼 수 없었다. 그래서 사람들을 매수하여, "우리가 모세와 하느님을 모독하는 스데파노의 말을 들었소."라고 말하게 하였다. 그리고 백성과 원로들과 율법학자들을 부추겨 스데파노를 붙잡아 공의회로 끌어오게 한 다음, 거짓 증인들을 세워 말을 시켰다. "저 사람은 이 거룩한 곳과 율법에 거슬러 말하기를 멈추지 않습니다. 나자렛 예수가 성전을 허물고 모세가 전해준 규례를 고치리라고 저 사람이 말하는 것을 들었어요." 공의회에 모여 있던 사람들의 눈길이 스데파노에게로 쏠렸다. 그들의 눈에, 그의 얼굴이 천사의 얼굴처럼 보였다.

*

'자유의 회당'이 상대한 것은 스데파노가 아니라 그를 통해 일하시는 성령이었다. 그들이 비록 당대의 지식인들로 구성되었다지만 하늘로부터 내려오는 성령의 지혜를 이길 수는 없었으리라. 당연한 일이다.

스데파노의 연설 [7, 1-53]

대사제가 스데파노에게 물었다. "사실인가?" 스데파노가 말하였다. "아버지들 그리고 형제들, 내 말을 들어보시오. 우리 조상 아브라함이 아직 하란에 자리 잡기 전, 메소포타미아에 있을 때 영광의 하느님이 나타나 말씀하셨지요. '네 고향과 친척을 떠나 장차 내가 너에게 보여줄 땅으로 가거라.' 그래서 그는 갈대아 지방을 떠나 하란에 자리 잡았소. 그의 부친이 죽자 하느님께서 지금 당신들이 사는 이곳으로 그를 옮겨주셨지요. 그때 하느님께서는 여기서 발 디딜 만큼의 땅도 주지 않으셨고 다만 그와 그의 후손한테 이 땅을 주겠다고 약속하셨으니 아직 그에게 자손이 없던 때였소. 하느님께서는 '그 후손이 남의 나라 땅에서 뜨내기로 사는 사백 년 동안 그곳 사람들이 그들을 종으로 부려 고생이 심하리라'고 말씀하셨지요. 또 하느님께서

'그들을 종으로 부린 나라를 내가 심판하겠고 그 뒤에 그들로 하여금 돌아와 이곳에서 나를 예배하게 하리라'고 하시며 약속의 표로 그에게 할례를 베푸셨소. 그리하여 아브라함이 이사악을 낳아 여드레 만에 할례를 베풀었고 이사악은 아들 야곱에게, 야곱은 열두 아들 곧 우리 선조들에게 할례를 베풀었던 것이오. 그 선조들이 요셉을 시기하여 이집트에 팔아 넘겼지만 하느님께서는 그와 함께하시면서 온갖 시련으로부터 건져주셨고 이집트 왕 파라오 앞에서 그에게 은총과 지혜를 주시니 파라오가 그를 총리로 삼아 이집트와 자기 집안을 다스리게 하였지요. 그때 이집트와 가나안 온 땅에 기근이 들어 사람들이 고생을 많이 하였는데 우리 선조들도 먹을 것이 없었소. 야곱이 이집트에 양식 있다는 소문을 듣고 우리 선조들을 그리로 보냈지요. 두 번째로 그들을 보냈을 때 요셉은 형들에게 자기 신분을 밝혔고 파라오도 요셉 집안을 알게 되었소. 요셉이 사람을 보내어 아버지 야곱과 친척 일흔다섯을 모두 데려오게 하니, 야곱이 이집트로 내려가 거기서 죽었고 우리 선조들도 거기 살다가 죽자 유해가 세겜으로 옮겨져 아브라함이 세겜 땅 하몰의 자손한테서 은을 주고 사두었던 무덤에 안장되었던 것이오.

"하느님께서 아브라함에게 약속하신 때가 차자 우리 족속은 이집트 땅에서 번창하여 그 수가 많아졌고 요셉을 모르는 새 왕이 이집트를 다스리게 되었소. 그가 우리 민족을 약탈하고 우리 선조들을 학대하면서 갓난아기를 버려 하나도 살아남지 못하게 하였으니 바로 그때 모세가 태어났던 것이오. 모세는 하느님 보시기에 매우 끼끗하였고 석 달 동안 아버지 집에서 자랐소. 그가 버려졌을 때 파라오의 딸이 데려다가 자기 아들로 길렀지요. 모세는 이집트인의 학술을 모두 배워서 말과 행동에 뛰어난 인물이 되었소.

"나이 마흔에 모세는 동족인 이스라엘 사람들을 돌봐야겠다는 생각이 들었고, 그러던 어느 날 동족 하나가 이집트 사람한테 학대당하는 것을 보고 그의 편을 들다가 이집트 사람을 죽였소. 그렇게 해서 학대당한 동족의 앙갚음을 해주었던 것이오. 그는 하느님이 자기 손을 빌려 동족을 구하시려 한다는 것을 그들이 알았으려니 하였지만 그들은 그것을 깨닫지 못하였소. 이튿날 동족 둘이 싸우는 것을 보고 그들을 화해시키고자, '당신들은 형제 사이인데 왜 서로 해치려 하는가?' 하였지만 동무를 해치던 자가 모세를 떠밀며, '누가 당신을 우리 지도자로, 재판관으로 세웠소? 어제는 이집트 사람을 죽이더니 오늘은 나를 죽일 참이오?' 하고 대들었지요. 이 말을 듣고 모세가 이집트에서 도망쳐 나와 미디안 땅에서 나그네로 살며 두 아들을 낳았던 것이오.

"사십 년 세월이 흐르고, 시나이 산 광야에서 가시나무 떨기 불꽃 가운데 한 천사가 그에게 나타났소. 그 광경을 이상하게 여기고 좀 더 자세히 보려고 다가서는 모세에게 주님의 음성이 들려왔지요. '나는 네 조상의 하느님 곧 아브라함, 이사악, 야곱의 하느님이다.' 모세는 겁이 나서 감히 얼굴을 들고 바라보지 못하였소. 주께서 다시 그에게 말씀하셨소. '신을 벗어라. 네가 서 있는 곳은 거룩한 땅이다. 내가 정녕 이집트에서 학대당하는 내 백성을 보았고 그들의 신음을 들었고 저들을 구원코자 내려왔다. 이제 내가 너를 이집트로 보낸다.'

"모세는 저들이 '누가 당신을 우리 지도자로, 재판관으로 세웠소?' 하며 배척했던 바로 그 사람인데, 그런데 하느님께서 가시 떨기 가운데 천사를 보내시고 그를 시켜 모세를 이스라엘의 지도자로, 해방자로 보내셨던 것이오. 그가 이집트와 홍해와 광야에서 사십 년 동안 온갖 놀라운 일과 표적을 보이며 자기 백성을 인도하였거니와 이스라엘 백성에게, '하느님께서 나를 일으켜 세우셨듯이 네 형제들 가운데 하나를 뽑아 예언자로 삼으리라'고 말한 사람도 바로 그였소. 이스라엘 백성이 광야에 모였을 때 거기 있던 사람, 우리에게 주시는 생명의 말씀을 받은 사람, 그가 바로 모세였다는 말입니다. 그러나 우리 선조들은 그 말을 듣지 않으려고 그를 제쳐두었고 오히려 마음은 이집트로 돌아가 있었지요. 그래서 아론에게 말하기를, '우리를 인도할 신들을 만들어주시오. 이집트에서 우리를 끌어낸 모세는 어찌 되었는지 모르겠소.' 하였던 것이오. 그들이 송아지를 만들어 그 우상한테 제사하며 자기 손으로 만든 것을 기뻐하던 때가 바로 그때였소. 하느님께서 그들을 외면하시고 하늘의 별들을 섬기게 내버려 두셨으니 이는 예언자의 책에, '이스라엘 백성들아, 너희가 사십 년 동안 광야에 머물면서 나에게 희생제물을 바친 적이 있느냐? 없다. 너희가 떠메고 다닌 것은 몰록의 장막이었고 레판의 별, 너희가 절하려고 만든 우상이었다. 내가 너희를 바빌론 건너로 추방하리라'고 기록된 그대로였소.

"광야에 머무는 동안 우리 선조들에게는 증거의 장막이 있었지요. 모세가 하느님의 지시를 받아 만든 것으로서 하느님께서 그에게 모형을 보여주시며 그대로 만들라고 명하셨던 것이오. 우리 선조들이 그것을 물려받아 하느님이 이방인을 몰아내어 그 땅을 차지하게 하실 때 여호수아와 함께 가지고 들어가서 다윗 시대에 이르기까지 물려주었지요. 다윗은 하느님의 은총을 받고 야곱 집안을 위하여 하느님의 처소를 짓게 해달라고 청하였으나 하느님의 성전을 지은 것은 솔로몬이었소. 하지만 위 없이 높으신 하느님께서 사람 손으로 지은 집에 살지 아니하시니 일찍이 예언자가, '하늘이 내 보좌요 땅이 내 발판이다. 너희가 나를 위하여 무슨 집을 지을 것이며 내 안식처가 어디 따로 있으랴? 이 모든 것이 다 내 손으로 만든 것 아니냐?'고 한 그대로올시다.

"목이 곧고 마음과 귀에 할례받지 못한 사람들이여, 당신들도 당신네 조상들처럼 언제나 성령을 거역하고 있구려. 당신네 조상들이 박해하지 않은 예언자가 하나라도 있었소? 그들은 의로운 이가 오시리라고 예언한 사람들을 죽였고 지금 당신들은 바로 그분을 배척하여 살해한 자들이 되었소이다. 천사들을 통하여 주신 하느님의 법을 받았지만 당신들은 그것을 지키지 않았소."

*

그 자리에 있던 사람들 모두가 익히 알고 있는 선조의 역사를 길게 늘어놓는다. 결론인즉, 당신들은 지금 예언자를 박해하던 선조들의 후손답게 성령을 거역하고 있다는 거다. 상대가 어떻게 들을까? 이런 생각이 조금이라도 있으면 감히 할 수 없는 말이다.

순교당하는 스데파노 [7, 54-60]

그들은 이 말을 듣고 화가 치밀어 올라 이를 갈았다. 스데파노가 성령 충만하여 하늘을 우러르니 하느님의 영광과 하느님 오른편에 서 계신 예수가 보였다. 그가 말하였다. "하늘이 열려있고 사람 아들이 하느님 오른편에 서 계신 것이 보이는구나!" 저들이 귀를 틀어막고 함성을 지르며 한꺼번에 달려들어 스데파노를 성 밖으로 끌어내고 그에게 돌을 던졌다. 증인들이 겉옷을 벗어 사울이라는 젊은이에게 맡겼다. 저들이 스데파노를 돌로 칠 때 그가 부르짖었다. "주 예수여, 제 영혼을 받아주십시오." 또 무릎을 꿇으며 크게 소리 내어 말하였다. "주님, 이 죄를 저들에게 돌리지 마소서." 이 말을 남기고 눈을 감았다.

*

육신이 숨을 거두기 전에 이미 그의 영혼은 하늘에 올랐다.

교회를 핍박하는 사울 [8, 1-3]

사울은 스데파노를 죽이는 것이 마땅하다고 생각하였다. 예루살렘 교회가 그날부터 큰 핍박을 받게 되었다. 그래서 사도들만 남고 모두 유다와 사마리아 여러 지방으로 흩어졌다. 경건한 사람 몇이 스데파노를 장사하고 통곡하여 그 죽음을 슬퍼하였다.

한편 사울은 교회를 박멸키로 마음먹고 집집이 다니며 남자 여자 가리지 않고 끌어다가 옥에 넘겼다.

*

나무를 만나고 나무를 통하여 빛을 만나려면 먼저 나무 그늘을 밟아야 한다. 유대인 사울은 그리스도의 사도 바울로의 그늘이다. 둘이 별개 존재가 아니다.

사마리아에서 전도하는 필립보와 마술사 시몬 [8, 4-25]

흩어진 사람들이 두루 돌아다니며 말씀을 전하였다. 필립보는 사마리아 성읍으로 내려가서 그곳 사람들에게 그리스도를 전하였다. 무리가 필립보의 말을 듣고 그가 행하는 표적도 보면서 마음 모아 그의 말에 귀를 기울였다. 많은 사람에게 붙었던 더러운 귀신들이 괴성을 지르며 나가고 또 많은 중풍 병자와 앉은뱅이들이 깨끗해졌다. 온 성읍이 크게 기뻐하였다.

그곳에 시몬이라는 사람이 전부터 살았는데 마술로 사마리아 사람들을 놀라게 하며 스스로 위인 행세를 하고 있었다. 낮은 사람부터 높은 사람까지 모두가 그에게 마음이 쏠려, “이 사람이야말로 ‘큼’이라 일컫는 하느님의 능력이다.”라고 말하였다. 그들이 그를 주목한 것은 오랫동안 그의 마술에 매료되었기 때문이었다. 그러나 필립보가 하느님 나라와 예수 그리스도의 이름을 전하자 남자와 여자들이 모두 그를 믿고 세례를 받았다. 시몬 자신도 신자가 되어 세례받고 필립보를 가까이에서 따르며 나타나는 표적들과 큰 능력에 감탄하였다.

사마리아가 하느님 말씀을 받아들였다는 소식을 듣고 예루살렘에 있는 사도들이 베드로와 요한을 그리로 보냈다. 그들이 내려가서 그곳 사람들을 위하여 그들이 성령 받기를 기도하였다. 주 예수 이름으로 세례는 받았지만 아직 누구 하나 성령 받은 사람이 없었던 것이다. 베드로와 요한이 손을 얹자 그들이 성령을 받았다.

사도들이 안수하여 성령 받게 하는 것을 본 시몬이 그들에게 돈을 주며 부탁하기를, “그 능력을 나에게도 주어, 내가 손 얹으면 성령을 받게 해주시오.” 하였다. 베드로가 말하였다. “하느님의 값없는 선물을 돈으로 사겠다고? 당신, 당신의 은과 함께 망할 것이오. 당신 마음이 하느님 보시기에 옳지 못하니 당신은 이 도에 상관이 없고 나눠 받을 몫도 없소. 당신의 그 사특함을 뉘우치고 돌아서서 주님께 기도하시오. 그러면 혹 마음에 품었던 당신 생각이 용서받을지 모르오. 내가 보기에 당신은 사특함에 사로잡혀 악한 독으로 가득 차 있소.” 시몬이 말하였다. “나를 위해서 주님께 기도하여 방금 한 말이 하나도 내 몸에 미치지 않도록 해주시오.”

두 사도는 그곳 사람들에게 주의 말씀을 전하며 증언한 뒤 예루살렘으로 돌아가는 길에 사마리아 여러 마을에서도 복음을 전파하였다.

*

예수 그분이라면, 자기가 지금 무슨 말을 하고 있는지도 모르는 사람에게 "네 은과 함께 망할 것이다. 네 마음이 하느님 보시기에 옳지 못하니 너는 이 도에 상관없고 나눠 받을 몫도 없다."고 하셨을까? 누구를 향하여 "너는 하느님 보시기에 옳지 않다"고 하니, 그렇다면 자기가 하느님의 마음을 알고 있다는 말인가? 베드로, 아직 갈 길이 멀다.

필립보에게 세례받은 에디오피아 내시 [8, 26-40]

주의 천사가 필립보에게 나타나 말하였다. "일어나 예루살렘에서 가자로 내려가는 남쪽 길로 가시오." (그 길은 인적이 드문 길이다.) 그가 일어나 길을 가다가 에디오피아 사람 하나를 만났다. 에디오피아 여왕 간다케의 내시이자 여왕의 재정을 관리하는 고관인 그가 예루살렘을 순례하러 왔다가 돌아가는 길에 마차에서 이사야의 글을 읽고 있었다. 성령이 필립보에게 말씀하셨다. "가서 저 마차 곁에 가까이 다가서라." 필립보가 달려가 예언자 이사야의 글 읽는 소리를 듣고 묻기를, "지금 읽는 글의 뜻을 아시오?" 하였다. 그가 대답하였다. "인도해주는 이가 없는데 어찌 알겠소?" 그러면서 필립보에게, 마차에 올라 자기 곁에 앉으라고 권하였다. 그가 읽은 성경 구절은 이 대목이었다.

저가 양처럼 죽는 자리로 끌려갔고
털 깎는 자 앞에서 잠잠한 어린양처럼
그 입을 열지 아니하였도다.
저가 정당한 재판도 받지 못한 채
굴욕을 당하였도다.
땅에서 목숨을 빼앗겼으니
뉘 있어 그 후손을 이야기하리오.

내시가 필립보에게 물었다. "하나 물어봅시다. 예언자가 시방 누구를 두고 이 말을 하는 거요? 자기 자신이오? 아니면 다른 누구요?" 필립보가 입을 열어 이 구절로 시작하여 예수에 관한 복음을 차례로 풀어주었다. 길을 가다가 물 있는 곳에 이르러 내시가 말하였다. "보시오, 저기 물이 있습니다. 내가 세례받으면 안 될 무슨 이유가 있소?" [필립보가 말하였다. "당신이 전심으로 믿으면 받을 수 있소." 그가 대답하였다. "예수 그리스도가 하느님의 아들이심을 믿습니다."] 그가 마차를 세우라고 명한 다음, 필립보와 내시 둘이 물로 내려갔고 거기서 필립보가 세례를 베풀었다. 그들이 물에서 올라오자 주의 성령이 필립보를 어디론가 데려가셨다. 내시는 그를 더 볼 수 없었지만 기쁨이 충만하여 자기 길을 갔다. 필립보는 아스돗에 출현하여 여러 마을로 다니면서 복음을 전하다가 가이사리아에 이르렀다.

*

상대방 이름이 무엇인지 그의 과거 내력이 어떠한지 모른다. 알려고 할 것도 없다. 주어진 상황에서 성령이 이끄시는 대로 움직일 따름이다. 부활하신 스승을 자기 눈으로 보지 못했으니 믿을 수 없다던 제자의 거듭난 모습이다.

다마스쿠스로 가다가 예수를 만나는 사울 [9, 1-20]

사울은 여전히 살기를 띠고 주의 제자들을 위협하다가 대사제에게 가서, 다마스쿠스의 여러 회당에 공문을 보내어 그 도를 믿는 자들을 남녀 가리지 않고 포박하여 예루살렘으로 끌어올 수 있는 권한을 자기한테 달라고 청하였다.

사울이 길을 떠나 다마스쿠스 가까이 이르렀을 때 갑자기 하늘에서 빛이 내려와 그를 환하게 에워쌌다. 그가 땅에 엎드러져 자기한테 말하는 음성을 들었다. "사울아, 사울아, 왜 나를 핍박하느냐?" 사울이 물었다. "주님, 뉘십니까?" 대답이 들렸다. "나는 네가 핍박하는 예수다 일어나 성으로 들어가거라. 네가 할 일을 일러줄 사람이 거기 있다." 함께 가던 일행이 할 말을 잃고 멍하니 서 있었다. 음성은 들리는데 아무것도 보이지 않았던 것이다. 사울은 땅에서 일어났지만 눈을 떠도 보이지 않는지라 동료들의 손에 이끌려 다마스쿠스로 들어갔다. 사흘 동안 앞을 못 보고 식음을 전폐하였다.

다마스쿠스에 아나니아라는 제자가 있었다. 주께서 환상 가운데 나타나 그를 부르셨다. "아나니아야." 아나니아가, "주님, 제가 여기 있습니다." 대답하자 이르시기를, "일어나 '곧은 거리'라 하는 곳으로 가서 거기 사는 유다의 집에 머무르고 있는 다르소 사람 사울을 찾아라. 그가 지금 기도하는 중인데 아나니아라는 사람이 와서 자기 눈에 손을 얹어 다시 보게 해주는 장면을 환상으로 보았다." 하셨다. 아나니아가 말하였다. "주님, 그 사람 얘기를 여러 사람한테서 들었습니다. 그가 예루살렘에서 주의 백성에게 많은 해를 끼쳤고 이곳에서도 주의 이름을 부르는 사람들 잡아갈 권한을 대사제로부터 받아 가지고 왔답니다." 주께서 그에게 이르셨다. "가거라. 그는 내 이름을 이방인들과 왕들과 이스라엘 사람들에게 전하는 도구로 내가 뽑은 사람이다. 그가 내 이름 때문에 얼마나 많은 고난을 겪을 것인지, 내가 직접 그에게 보여줄 것이다." 아나니아가 곧 일어나 집으로 찾아가서 사울에게 손을 얹고 말하였다. "사울 형제, 당신으로 하여금 눈을 떠서 다시 보고 성령을 충만히 받게 하려고, 당신이 이리로 오는 길에 나타나셨던 분 곧 우리 주 예수께서 나를 이곳에 보내셨소." 그러자 사울의 눈에서 비늘 같은 것이 벗겨지면서 다시 보게 되었다. 사울은 며칠 동안 다마스쿠스에서 제자들과 함께 있다가, 예수가 하느님의 아들이심을 여러 회당에서 선포하기 시작하였다.

*

비늘 같은 것! 오랜 세월 착각과 무지無知로 겹겹이 쌓인 인간의 습習. 그것이 눈을 가려 잘못 보고 잘못 생각하고 잘못 행동하게 한다. 예수, 보지 못하는 자 보게 하고 보는 자 보지 못하게 하러 세상에 오셨다던 분이 많이 보고 많이 배워 모르는 것 없는 사울의 눈을 멀게 하신다. 그로 하여금 다시 눈을 떠서 보아야 할 것을 보게 하려면 다른 방도가 없다.

다마스쿠스에서 전도하는 사울 [9, 21-22]

그의 말을 들은 사람들이 저마다 놀라며 말하기를, "저 사람, 예루살렘에서 그 이름 부르는 자들을 못살게 굴던 사람이잖아? 여기 온 것도 그들을 잡아서 대사제에게 끌고 가려던 것 아닌가?" 하였다. 그러나 사울은 더욱 힘을 얻어 예수가 그리스도임을 증언하였고 그로써 다마스쿠스의 유다인들을 어리둥절하게 만들었다.

*

회개悔改란 이런 것이다. 잘못을 뉘우쳐 고백하는 게 아니라 사람이 달라지는 거다.

광주리에 담겨 피신하는 사울 [9, 23-25]

얼마쯤 뒤에 유다인들이 사울 죽일 음모를 꾸몄는데 사울이 그 사실을 알게 되었다. 저들이 그를 죽이려고 사흘 밤낮 성문을 지키고 있는지라 그의 제자들이 밤을 도와 그를 광주리에 담아서 성벽 밖으로 달아 내렸다.

*

사람들을 잡으러 왔다가 사람들에게 잡히지 않으려고 도망친다. 회개란 이런 것이다.

사울을 사도들에게 소개하는 바르나바 [9, 26-31]

사울이 예루살렘으로 올라와서 제자들과 어울려보려고 했지만 모두 그를 두려워하였다. 그가 제자라는 사실을 믿을 수 없었던 것이다. 바르나바가 그를 데리고 사도들에게 가서 어떻게 사울이 다마스쿠스로 가다가 주를 뵈었는지, 주께서 그에게 무슨 말씀을 하셨는지, 어떻게 그가 다마스쿠스에서 예수 이름으로 담대하게 증언하였는지를 상세히 말해주었다. 사울은 제자들과 함께 예루살렘에서 자유로이 다니며 주의 이름으로 담대하게 말하고 그리스말을 하는 유다인들과 이야기도 하고 논쟁도 하였다. 그들이 사울을 죽이려 하자 이를 안 형제들이 그를 데리고 가이사리아로 내려갔다가 거기에서 다르소로 보냈다.

유다와 갈릴래아와 사마리아 온 지역에서 교회가 평안을 누리며 기반이 든든해졌고 주에 대한 외경과 성령의 격려로 발전을 거듭하여 신도 수가 차츰 늘어났다.

*

어디에나 바르나바 같은 인물이 필요하다. 낯선 두 세계를 아울러 알아서 둘 사이에 다리가 되어줄 수 있는 사람.

리따에서 중풍 병자를 고치는 베드로 [9, 32-35]

베드로가 사방으로 두루 다니다가 리따에 거주하는 성도들을 방문하게 되었는데, 애네아라는 사람이 그곳에서 팔 년 동안 중풍으로 누워있었다. 베드로가 그에게 말하였다. "애네아, 예수 그리스도께서 당신 병을 고쳐주십니다. 일어나 자리를 걷으시오." 애네아가 곧 일어났다. 리따와 사론에 사는 사람들이 모두 그를 보고 주께로 돌아왔다.

*

"리따에서 중풍 병자를 고치는 베드로"가 아니다. "리따에서 베드로를 시켜 중풍 병자를 고치시는 예수"다.

죽은 도르가를 살려내는 베드로 [9, 36-43]

요빠에 다비타라는 제자가 살았다. 그 이름을 그리스어로 바꾸면 도르가인데 사슴이라는 뜻이다. 그 여인이 선행과 구제 사업을 많이 하다가 병들어 죽었다. 사람들이 시신을 깨끗이 씻어 다락방에 눕혔다. 리따가 요빠에서 가까운 거리인지라 베드로가 거기 있음을 제자들이 알고 사람을 보내어 급히 와달라고 청하였다. 베드로가 그들과 함께 요빠에 이르자 사람들이 그를 다락방으로 안내하였다. 과부들이 베드로 곁에 서서 울며 도르가가 그들과 함께 있을 때 만들었던 속옷과 겉옷을 보여주었다. 베드로는 사람들을 모두 방에서 내보낸 다음 무릎을 꿇고 기도드렸다. 그리고 시신을 돌아보며, "다비타, 일어나시오!" 하자 여인이 눈을 떠 베드로를 보고 일어나 앉았다. 베드로가 여인의 손을 잡아 일으켜 세우고 성도들과 과부들을 불러들여 살아난 도르가를 보여주었다. 이 사실이 온 요빠에 알려지자 많은 사람이 주를 믿게 되었다. 베드로는 한동안 요빠에 머물며 시몬이라는 무두장이 집에서 지냈다.

*

"베드로는 사람들을 모두 방에서 내보낸 다음 무릎을 꿇고 기도드렸다." 잘했다. 매사에 이 순서를 빠뜨리지 않으면 그 일이 어떻게 전개되든 간에 잘못될 수가 없다.

환상 가운데 천사를 만나는 고르넬리오 [10, 1-8]

가이사리아에 고르넬리오라는 사람이 살았다. 이탈리아부대라는 로마군대 백부장인데 경건한 사람이라 가족과 함께 하느님을 공경하며 유다 백성에게 자선을 많이 베풀고 하느님께 드리는 기도를 멈추지 않았다.

그가 어느 날 오후 세 시쯤 환상 가운데 나타나 자기한테로 다가오는 하느님의 천사를 똑똑히 보았다. 천사가 그를 불렀다. "고르넬리오!" 고르넬리오가 천사를 보고 겁에 질려 물었다. "주님, 무슨 일입니까?" 천사가 말하였다. "그대의 기도와 선행이 하느님께 닿았고 그래서 하느님이 그대를 기억하고 계시오. 이제 사람을 요빠로 보내 베드로라 하는 시몬을 부르시오. 그는 바닷가에 있는 무두장이 시몬의 집에 머물고 있소." 말을 마치고 천사가 사라지자 고르넬리오는 하인 둘과 부하들 가운데 경건한 병사 하나를 불러 모든 것을 설명해주고 요빠로 보냈다.

*

하느님의 심부름꾼은 사람의 인종이나 피부색 따위 어떤 장벽에도 걸리지 않는다. 로마 군인도 얼마든지 만날 수 있는 것이 천사다. "내가 세상에 머물러야 한다면 하느님의 심부름꾼으로 머물고 싶다."(간디)

환상을 보는 베드로 [10, 9-16]

이튿날 일행이 성 가까이 이르렀을 때 베드로는 기도하러 지붕에 올라가 있었는데 정오 무렵이었고 배가 고파서 무엇을 좀 먹었으면 싶었다. 사람들이 음식을 장만하는 동안 비몽사몽간에 하늘이 열리며 큰 보자기 같은 그릇이 네 귀퉁이가 끈에 매달려 내려오는 것을 보았다. 그 안에는 온갖 네발짐승과 땅을 기는 것들과 공중 나는 새들이 담겨 있는데, 한 음성이 들려왔다. "베드로야, 일어나 잡아먹어라." 베드로가 말하였다. "그럴 수 없습니다, 주님! 제가 아직 속되고 더러운 것을 입에 대어본 적이 한 번도 없습니다." 두 번째 음성이 들려왔다. "하느님이 깨끗하게 하신 것을 더럽다 하지 마라." 같은 말이 세 번 오간 뒤에 그릇이 곧장 하늘로 들려 올라갔다.

*

같은 천사가 어제는 로마 군인을, 오늘은 유대인 사도를 방문한다. 같은 무대에서 같은 드라마를 펼치기 위한 감독의 연출이다. 비록 짧긴 하지만, 그리스도교 역사에서 가장 중요한 드라마들 가운데 하나가 펼쳐지고 있다.

고르넬리오 집에 들어간 베드로 [10, 17-33]

방금 본 환상이 무슨 뜻일까 속으로 의아해하는 바로 그 시각에 고르넬리오가 보낸 사람들이 시몬의 집 문간에 서 있었다. 그들이 사람을 불러내어 베드로라 하는 시몬이 안에 있느냐고 물었다. 베드로가 계속 환상에 대하여 생각하고 있는데 성령이 그에게 이르셨다. "두 사람이 너를 찾고 있다. 어서 내려가 망설이지 말고 그들과 함께 가거라. 내가 보낸 사람들이다." 베드로가 내려가서 그들에게 물었다. "내가 당신들이 찾는 사람이오. 어찌 오셨소?" 그들이 대답하였다. "백부장 고르넬리오는 하느님을 공경하며 유다 온 족속으로부터 존경받는 의인입니다. 그분이 당신을 집으로 초대하여 말씀을 들으라는 천사의 지시를 받고 우리를 보내신 것이오." 베드로는 그들을 안으로 불러들여 하룻밤 묵게 하였다.
이튿날 베드로가 그들과 함께 길을 나서는데 요빠의 몇몇 형제들이 따라나섰다. 그다음 날, 일행이 가이사리아에 도착하자 친척과 친구들을 불러다 놓고 함께 베드로를 기다리던 고르넬리오가 급히 마중 나와 무릎 꿇어 절하였다. 베드로가 그를 일으켜 세우며 말하였다. "일어나시오. 나도 사람입니다." 둘이 서로 이야기하며 안으로 들어가니 거기 많은 사람이 모여 있었다. 그들을 보면서 베드로가 말하였다. “당신도 알다시피 유다인은 이방인과 사귀거나 가까이할 수 없게 되어 있습니다. 그러나 하느님께서는 어떤 사람도 속되거나 불결하게 여기지 말라고 나에게 분명히 말씀하셨소. 그래서 이렇게 초대를 거절하지 않고 따라왔소이다. 그래, 무슨 일로 나를 부르신 거요?” 고르넬리오가 대답하였다. “나흘 전 이맘때였어요. 집에서 오후 세 시 기도를 드리는데 갑자기 환하게 빛나는 옷을 입은 사람이 나타나더니 ‘고르넬리오, 하느님께서 그대의 기도를 들으셨고 그대의 선행을 기억하고 계시오. 요빠로 사람을 보내 베드로라 하는 시몬을 부르시오. 그는 바닷가에 있는 무두장이 시몬의 집에 머물고 있소.’ 하는 겁니다. 그래서 사람을 보냈던 건데 잘 와주셨습니다. 우리가 이렇게 주께서 당신에게 주신 말씀을 들으려고 하느님 앞에 모였습니다.”

*

할렐루야! 인간의 법을 거슬러 이루어지는 하늘의 법이여!

고르넬리오 집에서 한 베드로의 설교 [10, 34-43]

베드로가 입을 열어 말하였다. “하느님께서 사람을 차별하지 아니하시고 어느 민족이든지 당신을 경외하며 의롭게 살면 모두 받아주신다는 사실을 내가 깨달았소. 만유의 주 예수 그리스도를 통한 평화의 복음을 세상에 전파하라는 것이 이스라엘에 주신 하느님의 말씀이오. 당신들도 알다시피 요한이 세례를 선포한 뒤에 갈릴래아에서 비롯하여 유다 온 지방에 걸쳐 일어난 일이 바로 그것이오. 하느님께서는 나자렛 예수에게 성령과 능력의 기름을 바르셨고 그래서 그분이 두루 다니며 여러 가지로 좋은 일을 하고 귀신에 눌려 있는 사람들을 고치셨거니와 그렇게 하느님께서 그와 함께하셨던 것입니다. 우리는 그분이 유다 지방과 예루살렘에서 하신 모든 일을 목격한 증인이오. 사람들이 그분을 십자가에 달아 죽였지만 하느님께서는 그분을 사흘 만에 다시 살려내어 우리에게 나타내 보이셨소. 그분은 모든 사람에게 나타나시지 않고 하느님께서 증인으로 미리 택하신 자들에게만 나타나셨습니다. 그래서 우리는 죽음에서 다시 살아나신 그분과 함께 먹기도 하고 마시기도 하였지요. 그분이 하느님께서 산 자와 죽은 자의 심판자로 당신을 정하여 세우셨다는 사실을 사람들에게 알리고 증언하라고 우리에게 명하셨소. 예언자들도 모두 그분을 증언하여, 누구든지 그를 믿는 자는 그의 이름으로 죄를 용서받는다고 하였소이다."

*

설교가 자칫 길어지려고 한다. 위험하다.

이방인들에게도 내리는 성령의 은사 [10, 44-48]

베드로가 말하고 있을 때 성령이 말씀 듣는 모든 사람에게 내려오셨다. 베드로와 함께 왔던 유다인 신자들은 성령의 은사가 이방인들에게도 내려 그들이 방언으로 말하며 하느님을 찬미하는 것을 보고 깜짝 놀랐다. 베드로가 말하였다. "이 사람들이 우리처럼 성령을 받았으니 이들이 물로 세례받는 것을 누가 막을 수 있겠는가?" 그러면서 그들에게 예수 그리스도 이름으로 세례받기를 권하였다. 그들이 며칠 더 머물러 달라고 베드로에게 부탁하였다.

*

다행이다. 성령께서 베드로의 길어지려는 설교를 막고 진실을 펼쳐 보이신다.

요빠에서 일어난 일을 해명하는 베드로 [11, 1-18]

사도들과 유다에 거주하는 형제들에게 이방인도 하느님 말씀을 받아들였다는 소식이 전해졌다. 베드로가 예루살렘에 올라갔을 때 할례를 주장하는 사람들이 그를 비난하였다. "당신은 할례받지 않은 자의 집을 방문하여 그들과 함께 음식을 나누었소." 베드로가 그동안에 일어난 일을 상세하게 해명하였다. "내가 요빠에 있을 때 하루는 기도를 드리다가 비몽사몽간에 환상을 보았소. 큰 보자기처럼 생긴 그릇이 네 귀퉁이가 끈에 매달려 하늘에서 내려오다가 내 앞에서 멈추는데 그 속에는 땅에 사는 네발짐승과 길짐승과 공중의 날짐승들이 담겨있습디다. 그때 음성이 들리기를, '베드로야, 일어나서 잡아먹어라.' 하기에, '그럴 수 없습니다, 주님. 속된 것과 더러운 것을 제 입에 넣어본 적이 한 번도 없습니다.' 하였소. 그리자 하늘에서, '하느님이 깨끗하게 하신 것을 더럽다 하지 마라.'는 음성이 들리더군요. 같은 말이 세 번 오간 뒤에 그것들이 하늘로 들려 올라갔소. 바로 그때 가이사리아에서 보낸 사람들이 내가 머물던 집에 당도하였고 성령께서 나에게 이르시기를, '망설이지 말고 그들을 따라가라.' 하셨소이다. 내가 여기 있는 여섯 형제와 함께 그들을 좇아 고르넬리오 집에 들어가자, 그가 말하기를 자기한테 나타난 천사가, '요빠로 사람을 보내 베드로라 하는 시몬을 부르시오. 그대와 그대 집안을 구원해줄 말씀을 그가 들려줄 것이오.' 하더라는 것이었소. 내가 말을 시작하자 성령께서 처음 우리에게 내려오셨던 것처럼 그들 위로 내려오시는데, 요한은 물로 세례를 주었지만 너희는 성령으로 세례받을 것이라던 주님의 말씀이 생각나더군요. 이렇게 우리가 주 예수 그리스도를 믿었을 때 하느님이 우리에게 주신 것과 같은 선물을 그들한테도 주시는데 내가 뭐라고 감히 그 일을 막을 수 있었겠소?" 모두가 이 말을 듣고 잠잠해졌다. 그리고 말하기를, "하느님께서 이방인에게도 생명으로 인도하는 회개를 주셨구나." 하며 하느님께 영광을 돌려드렸다.

*

사람이 하느님께로 가까이 간다는 것은 스스로 만들어 갇혀있던 울타리에서 벗어나 더 넓은 품으로, 갈수록 넓어지고 한없이 커지는 품으로, 들어간다는 것이다.

안티오키아에 세워지는 교회 [11, 19-30]

스데파노 사건으로 비롯된 박해를 피하여 흩어진 사람들이 페니키아와 키프로스와 안티오키아까지 가서 유다인들한테만 말씀을 전하였다. 그런데 그들 가운데 키프로스 사람과 키레네 사람 몇이 안티오키아에 이르러 그곳 이방인들에게도 말씀을 전하며 주 예수의 복음을 선포하기 시작하였다. 주의 능력이 그들과 함께하여 많은 사람이 믿고 주께로 돌아왔다. 예루살렘 교회가 이 소문을 듣고 비르나바를 안티오키아로 보내니 그가 가서 하느님의 역사하시는 은총을 보고 크게 기뻐하며 굳센 마음으로 주님을 의지하라고 격려하였다. 그는 선한 사람이었고 성령과 믿음이 충만한 사람이었기에 많은 무리가 그를 통하여 주께로 인도되었다. 바르나바가 다르소로 사울을 찾아가 그를 만나서 안티오키아로 데려왔다. 두 사람이 옹근 한 해 동안 그곳 교회와 함께 있으면서 많은 사람을 가르쳤다. 제자들이 처음으로 그리스도인이라 불리게 된 것이 바로 이곳 안티오키아에서였다. 그 무렵 예언자들 몇이 예루살렘에서 안티오키아로 내려왔는데 그들 가운데 하가보라는 사람이 성령의 감화를 받아서 말하기를 천하에 큰 기근이 들 것이라 하였다. 과연 글라우디오 시대에 그런 일이 있었다. 제자들이 저마다 힘닿는 대로 유다의 형제들을 돕기로 작정하고 그렇게 해서 모은 돈을 바르나바와 사울을 통하여 교회 장로들에게 보냈다.

*

박해가 복음 전파의 기폭제로 된다. 덕분에 복음이 멀리 안티오키아까지 퍼진다. 예루살렘 어머니 교회가 그곳 자식들 교회까지 젖줄을 대어준다. 지도地圖 위에서 아무리 멀어도 교회는 하나다. 예수 그리스도가 한 분이므로.

죽은 야고보와 옥에 갇힌 베드로 [12, 1-5]

그 무렵 헤로데 왕이 손을 들어 교회의 몇 사람을 해코지하였으니 먼저 요한의 형 야고보를 칼로 죽였다. 유다인들이 기뻐하는 것을 보고 이번에는 베드로를 잡아 오라고 하였다. 때는 무교절 기간이었다. 그가 베드로를 잡아 옥에 가두고 경비병을 한 조에 넷씩 네 조로 두어 지키게 하였다. 유월절을 지내고 나서 사람들 앞으로 끌어내려는 속셈이었다. 이렇게 베드로는 옥에 갇혔고 교회는 그를 위하여 간절히 기도드리고 있었다.

*

어느 시대에나 '헤로데'는 존재한다. 하느님의 일을 이루어드리기 위하여 당대의 헤로데는 자기가 무슨 일을 하는지도 모르면서 제 역할을 감당한다. 그를 미워할 이유가 없다.

천사에 이끌려 옥에서 풀려나는 베드로 [12, 6-19]

헤로데가 베드로를 끌어내기로 한 전날 밤이었다. 두 줄 쇠사슬에 묶인 베드로가 두 경비병 사이에 잠들어 있고 옥문 앞에는 간수들이 서서 옥을 지키고 있었다. 난데없이 주의 천사가 나타나 그 앞에 서자 환한 빛이 감방을 비추었다. 천사가 베드로 옆구리를 찌르며, "어서 일어나시오." 하는데 쇠사슬이 손에서 벗겨져 떨어졌다. 천사가 베드로에게 말하였다. "허리띠를 죄고 신을 신어요." 그가 그대로 하자 천사가 말하였다. "겉옷을 걸치고 나를 따르시오." 베드로가 나와서 그를 따라갔다. 그는 하느님께서 천사를 시켜 하시는 일이 현실인 것을 몰랐다. 그냥 지금 자기가 환상을 보는 줄로 알았다. 첫째 초소 둘째 초소를 차례로 지나 거리로 통하는 철문에 이르니 문이 저절로 열렸고 거기에서 나와 거리 한 구간을 지나자 천사가 간데없이 사라졌다. 그제야 베드로는 정신이 들어 말하기를, "이제 분명히 알겠다. 주께서 천사를 보내 나를 헤로데의 손과 유다 백성의 계획에서 벗어나게 하신 거야!" 하였다. 이렇게 알아차리고 마르코라 불리는 요한의 어머니 마리아네 집으로 갔다. 그곳에서는 여러 사람이 모여 기도를 드리는 중이었다. 베드로가 문을 두드리자 로데라는 어린 하녀가 나왔다가 베드로의 목소리를 알아듣고는 하도 기뻐서 미처 문을 열지도 못한 채 안으로 달려 들어가 사람들에게 베드로가 문밖에 와 있다고 말해주었다. 그들이 하녀에게 말하였다. "너 미쳤구나!" 로데가 정말이라고 계속 우기자 사람들이 말하였다. "그의 수호천사겠지." 베드로가 문 두드리기를 멈추지 않았으므로 그들이 문간에 나왔다가 거기 서 있는 베드로를 보고는 깜짝 놀랐다. 베드로가 그들에게 조용히 하라고 손짓하고 주께서 어떻게 자기를 옥에서 꺼내주셨는지 설명해주면서 말하였다. "이를 야고보와 형제들에게 알리시오." 그리고 거기를 떠나 다른 곳으로 갔다

날이 밝자 사라진 베드로 때문에 병사들 사이에서 큰 소동이 벌어졌다. 헤로데가 그를 찾다가 찾지 못하자 간수들을 문초하고는, 그들을 처형하라고 명하였다. 그런 다음 유다에서 가이사리아로 내려가 한동안 그곳에 머물렀다.

*

베드로가 천사를 만나고 있을 때는 그가 천사인 줄을 몰랐다. 천사가 사라지고 나서야 비로소 그가 천사였음을 알아차렸다. 오늘도 수많은 사람이 수시로 천사를 만나면서 그가 천사인 줄 모른 채 살고 있다. 죄 없는 간수들이 억울하게 죽어간다. 무고한 피를 먹고서 자라는 것이 복음-나무인가?

벌레한테 먹혀 죽는 헤로데 [12, 20-23]

헤로데가 띠로와 시돈 사람들을 상대로 몹시 노여워하였다. 그들이 한데 뭉쳐 헤로데를 찾아가서 그의 시종 블라스토를 설득하고 헤로데에게 화목하기를 청하였다. 헤로데 영토에서 나는 식량에 의존하여 살아야 했기 때문이었다.
헤로데가 날을 택하여 왕복을 차려입고 왕좌에 앉아 한바탕 연설을 늘어놓았다. 사람들이 외치기를, "이는 사람의 소리가 아니라, 신의 소리다!" 하였다. 그가 영광을 하느님께 돌리지 않았으므로 갑자기 주의 천사가 그를 쳤다. 그가 벌레한테 먹혀 죽었다.

*

자기가 자기 인생뿐 아니라 자기가 하는 일의 주인이라는 착각에서 헤어나지 못한 사람은 벌레만도 못한 사람이다. 벌레는 그런 망념으로 우쭐거리지 않는다.

예루살렘에서 임무를 마치고 돌아오는 바르나바와 사울 [12, 24-25]

하느님의 말씀이 더욱 세차게 널리 퍼져나갔다. 바르나바와 사울은 맡겨진 임무를 모두 마치고, 마르코라 불리는 요한을 데리고 예루살렘에서 돌아왔다.

*

물物에는 본말本末이 있고 일에는 종시終始가 있어 먼저와 나중을 알면 도道에 가깝다, 하였다. 맡겨진 일을 모두 마치고 본디 자리로 돌아오는 발걸음이 아름답고 착하다.

안티오키아 교회에서 안수받는 바르나바와 사울 [13, 1-3]

안티오키아 교회에 예언자들과 교사들이 몇 있었다. 바르나바, 니케르라 불리는 시므온, 키레네 사람 루기오, 군주 헤로데와 함께 자란 마나엔과 사울. 이들이 주를 예배하며 금식하고 있는데 성령께서 말씀하셨다. "내가 그들을 불러 시킬 일이 있으니 바르나바와 사울을 따로 세워라." 이에 그들이 금식하고 기도하며 두 사람에게 손을 얹고 둘을 떠나보냈다.

*

"내가 그들을 불러 시킬 일이 있으니 바르나바와 사울을 따로 세워라." 이 말에서 "따로"를 "더 높은 자리에"로 들었다면 잘못 들은 것이다. '그리스도의 몸'인 교회에 계급은 있을 수 없는 것. 손이 발보다 높은가? 아니면 쓸개가 염통보다 낮은가?

신자가 된 바포 총독 세루기오 [13, 4-12]

성령께서 보내시는 대로 두 사람은 셀류기아로 내려갔다가 거기서 배를 타고 키프로스로 갔다. 그들이 살라미스에 이르러 그곳에 있는 유다인 회당에서 하느님의 말씀을 전하였다. 요한이 따라다니며 그들을 도왔다.

그들이 섬을 관통하여 바포에 이르렀을 때 유다인 마술사를 만났는데, 이름을 바르예수라 하는 거짓 예언자로서 총독 세루기오의 측근이었다. 총독은 총명한 사람이었기에 바르나바와 사울을 불러 하느님의 말씀을 듣고자 하였으나 마술사 엘리마(마술사라는 뜻)가 총독이 신자 되는 것을 막으려고 두 사도를 배척하였다. 그러자 바울로라 불리기도 하는 사울이 마술사를 노려보며 성령 충만하여 말하기를, "속임수와 악행으로 가득 차 있고 모든 의로움의 적인 너 악마의 자식아, 네가 언제까지 주님의 바른길을 굽게 할 참이야? 들어라, 이제 주의 손이 너를 치면 너는 눈이 멀어 한동안 해를 보지 못할 것이다." 하였다. 말이 떨어지면서 안개와 어둠이 그를 덮는지라, 자기 손 잡아줄 사람을 찾아 앞을 더듬게 되었다. 이를 지켜본 총독이 주에 관한 가르침에 깊이 감동하여 신자가 되었다.

*

아이들이 가까이 오는 것을 막으려던 제자들에게 화를 내던 예수의 모습을 연상케 하는 장면이다. 빛은 어둠이 상처받을 것을 배려하지 않는다. 단호할 때는 단호하다.

안티오키아 회당에서 설교하는 바울로 [13, 13-41]

바울로 일행은 바포에서 배를 타고 밤필리아 베르게로 건너갔다. 거기서 요한이 그들과 헤어져 예루살렘으로 돌아갔다. 나머지 일행은 베르게를 떠나 비시디아 안티오키아에 이르렀고 안식일이 되어 그곳 회당에 들어가 앉았다. 율법과 예언서를 읽고 나자 회당 임원들이 사람을 시켜 바울로와 바르나바에게 청하기를, "형제들, 혹 회중에 권할 말씀이 있으면 한 마디 부탁합시다." 하였다.

바울로가 일어나 손짓을 하며 말하였다. "이스라엘 동포 여러분, 하느님을 경외하는 형제 여러분, 내 말을 들어보시오. 이스라엘의 하느님께서는 우리 선조들을 택하여 그들이 이집트에 나그네로 머물러 있는 동안 창대하게 키워주셨고 당신의 강한 손으로 이집트에서 데리고 나와 광야 생활 사십 년 동안 돌봐주셨으며 가나안 일곱 족속을 멸하여 그 땅을 기업으로 주셨소이다. 그 뒤로 사백오십 년 세월이 흘러 예언자 사무엘의 때에 이르기까지 판관들을 세워주셨고 백성들이 왕을 요구하자 베냐민 지파 키스의 아들 사울을 왕좌에 앉혀 사십 년간 다스리게 하다가 그를 폐하고 다윗을 왕으로 삼으셨소. 이 다윗에 대하여는 일찍이 하느님께서, '내가 이새의 아들 다윗을 발탁하였으니 그는 내 마음에 드는 자요 내 뜻을 이룰 자로다.'라고 말씀하신 바 있지요. 하느님께서 약속하신 대로 그의 후손 가운데 하나를 이스라엘의 구원자로 세우셨으니, 예수가 곧 그분입니다. 그분이 오시기 전에 요한이 이스라엘 온 백성에게 회개의 표시인 세례를 선포하였거니와 요한은 자기 길을 거의 다 갔을 때 이렇게 말하였소. '당신들은 나를 누구라고 생각하는가? 나는 그리스도가 아니다. 하지만 내 뒤에 오시는 이가 있으니 나는 그분 신발 끈을 풀어드릴 자격도 없는 사람이다.' 아브라함의 후손이며 하느님을 경외하는 형제 여러분, 이 구원의 말씀은 바로 우리에게 주어진 것인데 그런데 예루살렘 거민들과 지도자들이 그분을 알아보지 못하고 그분을 단죄한 것은 안식일마다 읽는 예언자의 말이 그대로 이루어진 것이올시다. 그들은 그분을 죽일 만한 죄를 찾지 못했지만 빌라도에게 요청하여 그분을 죽이게 하였소. 이렇게 그분에 관한 성경의 기록을 모두 이룬 뒤에 십자가에서 내려 무덤에 두었지만 하느님께서 그분을 죽음에서 다시 살리셨지요. 그분은 갈릴래아에서 예루살렘까지 동행한 사람들에게 여러 날 동안 당신을 나타내 보이셨고 그래서 그들은 백성 앞에서 그분의 증인이 되었소. 우리 또한 하느님께서 예수를 다시 살리심으로써 우리 선조들에게 주신 약속을 이루셨다는 복된 소식을 지금 전하고 있는 것이오. 성경 시편 제이 편에, '너는 내 아들, 내가 오늘 너를 낳았노라.' 하였으니 하느님께서 그분을 죽음에서 살려내시고 다시는 썩지 않게 하셨소이다. 이에 관하여는 성경에, '내가 다윗에게 약속한 거룩하고 확실한 축복을 너희에게 주리라.' 하였고 또 다른 시편에서, '너희의 거룩한 자를 썩지 않게 하리라.' 하였지요. 다윗은 한평생 하느님의 뜻을 섬기다가 죽어서 선조들 곁에 묻혀 썩었지만 하느님께서 다시 살리신 그분은 썩지 않았소. 그런즉 형제들이여, 그분으로 말미암아 죄를 용서받을 수 있다는 복음이 당신들에게 전해지고 있으며 모세의 법으로는 얻지 못하던 것들을 그분 안에서 모든 믿는 자들이 얻는다는 사실을 당신들은 알아야 합니다. 그러니 예언자들의 말이 당신들한테 미치지 않도록 조심하시오. 그들이 말하기를, '너희 멸시하는 자들아, 기절하고 소멸하여라. 내가 너희 시내에 한 가지 일을 할 터인데 누가 설명해주어도 너희는 그 일을 결코 믿지 않을 것이다.' 하였소이다."

*

왕년에 배워서 알고 있던 성경에 관한 지식을 총동원하여 예수를 설명한다. 사람이 살면서 겪은 일 가운데 쓸모없는 것은 없다. 다만 그 쓸모를 본인이 모를 수 있을 뿐.

안티오키아에서 쫓겨나는 두 사도 [13, 42-52]

바울로와 바르나바가 회당에서 나오는데 사람들이 다음 안식일에도 같은 말씀을 더 들려달라고 청하였다. 회중이 흩어진 뒤에 많은 유다인과 유다교 신자로 된 이방인들이 바울로와 바르나바를 따라왔다. 두 사람은 그들과 이야기를 나누며 하느님 은총에 기대어 살라고 권하였다.

다음 안식일에는 거의 모든 성읍 주민들이 하느님 말씀을 듣고자 모여들었다. 이를 본 유다인들이 잔뜩 샘이 나서 바울로의 말을 반박하며 욕설을 퍼부었다. 바울로와 바르나바가 더욱 담대하게 말하였다. "우리가 하느님의 말씀을 먼저 당신들에게 전한 것은 마땅한 일이었소. 그러나 당신들이 거절하면서 스스로 영원한 생명에 합당치 못한 자로 자처하니, 이제 우리는 당신들을 떠나 이방인들한테로 갑니다. 주께서 우리에게, '내가 너를 이방의 빛으로 삼았으니 땅끝까지 구원의 도구가 되어라.'고 명하셨소."

이 말을 듣고 이방인들은 기뻐하며 주님의 말씀을 찬양하였다. 영원한 생명을 얻도록 예정된 사람들 모두 신자가 되었고 주의 말씀이 온 지역에 널리 퍼져나갔다. 그러나 유다인들은 하느님을 공경하는 귀부인들과 성읍의 유력자들을 선동하여 바울로와 바르나바를 핍박게 하였고 그 지역에서 두 사람을 쫓아내었다. 바울로와 바르나바는 그들에게 항의하는 표시로 발의 먼지를 털어내고 이고니온으로 갔다. 제자들은 기쁨과 성령으로 충만해 있었다.

*

자기가 가진 줄로 알고 있는 것에 집착하여 그것이 전부라고 생각하는 사람에게는 다른 무엇이 있을 수 없다. 가득 찬 술잔에 술을 부을 수는 없는 일이다. 스스로 안다고 착각하는 자의 불행과 자기가 모르는 줄 아는 자의 행복이 그래서 있는 거다.

이고니온에서 전도하는 사도들 [14, 1-7]

그들은 이고니온에서도 유다인 회당에서 말하였다. 수많은 유다인과 그리스인이 신자로 되었다. 그러나 믿지 않는 유다인들이 이방인을 부추겨 형제들에 대한 적개심을 그 가슴에 심어주었다. 그래도 그들은 그곳에 오래 머물면서 주를 힘입어 담대히 말하였고, 주께서는 그들에게 표적과 놀라운 일들 행하는 능력을 주시어 당신 은총의 말씀을 든든히 뒷받침해주셨다. 성읍 사람들이 두 패로 나뉘어 한쪽은 유다인을 지지하고 다른 한쪽은 사도들을 지지하였다. 이방인과 유다인과 그 지도자들 사이에서 저들을 공격하여 돌로 쳐 죽이려는 움직임이 일자 이를 알게 된 사도들은 리가오니아 지방 리스트라 성과 테르베 근방으로 몸을 피하여 거기서 복음을 전하였다.

*

"온 마을 사람이 칭송하는 사람은 칭송받을 사람이 못 된다."(공자). 누구는 수용하고 누구는 배척해서 진실이다. 별수 없다. 절반은 환하고 절반은 어두운 지구별에서는.

리스트라에서 돌에 맞아 기절한 바울로 [14, 8-20]

리스트라에 다리를 못 쓰고 앉아서 사는 사람이 있었다. 나면서부터 앉은뱅이라 한 번도 걸어본 적이 없는 그가 바울로의 말을 듣고 있는데 그를 눈여겨본 바울로가 몸이 성해질 만한 믿음이 그에게 있는 것을 알고 크게 소리 내어 말하였다. "일어나서 똑바로 서라!" 그가 벌떡 일어나 걷기 시작하였다. 바울로가 한 일을 목격한 사람들이 리가오니아말로, "신들이 사람 모양을 하고 우리에게 왔다!" 하면서 바르나바를 제우스, 말을 주로 하는 바울로를 헤르메스라 불렀다. 성 밖에 있는 제우스 신당의 사제가 황소 몇 마리와 화환을 가지고 성문으로 와서 무리와 함께 제사를 지내려 하자 바르나바와 바울로 두 사도가 이를 알고 거리에서 옷을 찢으며 군중 사이로 뛰어들어 크게 소리쳤다. "여러분, 이게 무슨 짓입니까? 우리도 여러분과 같은 사람이오. 우리가 여기 온 것은 여러분에게 복음을 전하여 이 헛된 것들을 버리고 하늘과 땅과 바다와 그 안에 있는 모든 것을 지으신 살아계신 하느님께로 돌아오게 하기 위해서올시다. 지난 시절에는 그분이 모든 족속으로 하여금 저마다 자기 방식대로 살게 내버려 두셨지만 그러면서도 당신이 하느님이심을 알려주셨으니 하늘에서 비를 내리고 철따라 열매를 맺게 하여 양식을 주시고 여러분 가슴에 기쁨이 차고 넘치도록 은혜를 베푸신 것입니다." 이렇게 말하면서 그들이 제사하지 못하게 겨우 말렸다. 그때 안티오키아와 이고이온에서 몰려온 유다인들이 군중을 설득하여 바울로를 돌로 쳤는데, 그가 죽은 줄 알고 성 밖으로 끌어내다 버렸다. 제자들이 바울로를 둘러싸고 서 있는 중에 그가 깨어나 성안으로 들어갔다가 이튿날 바르나바와 함께 데르베로 갔다.

*

같은 사람을 신으로 알고 제사하려는 무리가 있는가 하면 죽이려고 돌을 던지는 무리가 있다. 같은 사람의 다른 얼굴들이다. 누구를 사랑하고 누구를 미워할 것인가? 무리가 던지는 돌에 맞아 실신한 바울로. 스데파노를 돌로 치던 무리의 옷을 맡았던 사울보다 얼마나 더 행복했을까?

안티오키아로 돌아와서 보고하는 사도들 [14, 21-28]

그들은 거기서도 복음을 전하여 많은 신도를 얻고 리스트라, 이고이온을 거쳐 안티오키아로 돌아가 제자들에게 새 용기를 심어주고 끝까지 믿음을 지키라고 격려하면서 이렇게 말하였다. "우리가 하느님 나라에 들어가려면 반드시 많은 어려움을 겪어야 할 것이오." 그들이 각 교회에서 장로들을 뽑아 세우고 금식 기도한 뒤에 장로들을 자기네가 믿는 주님께 맡겨드렸다. 두 사도는 비시디아를 거쳐서 밤필리아에 이르러 베르게에서 말씀을 전하고 아딸리아로 내려가 배를 타고서, 자기들이 그동안 감당해낸 전도사역을 하느님의 은혜로 위임받은 곳인 시리아의 안티오키아로 향하였다.
그들은 그곳에 이르러 교회를 소집하고 하느님이 자기들을 도구로 써서 이루신 일들과 그분이 어떻게 이방인들한테 믿음의 문을 열어 주셨는지에 대하여 보고하였다. 그리고 거기서 제자들과 함께 오래 머물렀다.

*

"우리가 하느님 나라에 들어가려면 반드시 많은 어려움을 겪어야 할 것이오." 머리로 추리해낸 말이 아니다. 실제 경험에서 나온 말이다. 복음을 전하는 것은 말이 아니라 삶이다.

예루살렘 회의 [15, 1-21]

유다에서 온 몇 사람이 형제들을 가르치는데, 모세 법에 따라서 할례받지 않으면 구원받을 수 없다고 하였다. 바울로와 바르나바 두 사람과 그들 사이에 심각한 충돌과 언쟁이 벌어졌다. 형제들이 바울로와 바르나바와 자기들 가운데 몇을 예루살렘으로 보내어 그곳 사도 및 장로들과 이 문제를 의논키로 하였다.
그들이 교회의 전송을 받아 길을 떠나서 페니키아와 사마리아를 거치는 동안 이방인들이 주께로 돌아온 이야기를 들려주니 형제들이 모두 기뻐하였다. 예루살렘에 도착한 그들은 사도들과 장로들과 교회의 영접을 받고 하느님께서 자기들을 도구로 써서 하신 일을 모두 보고하였다. 그런데 바리사이파에 속한 신자들 몇이 일어나서, 이방인들도 할례를 받아야 하고 그들에게 모세 법을 지키도록 명해야 한다고 주장하였다.
이 문제를 의논하려고 사도들과 장로들이 모였다. 많은 토론이 있고 난 뒤에 베드로가 일어나서 말하였다. "형제들, 일찍이 하느님께서 이 사람을 통하여 이방인도 복음을 듣고 믿게 하려고 형제들 가운데서 나를 선택하셨음을 당신들도 알고 있을 것이오. 사람의 중심을 보시는 하느님께서는 우리에게 그러셨듯이 그들에게도 같은 성령을 내리시어 그들을 우리와 똑같이 인정해주셨소. 그분이 우리와 그들을 차별하지 않으신 것은, 사람의 믿음을 보고 그 마음을 정결케 해주시는 분이기 때문이오. 그런데 지금 어쩌자고 우리도 우리 선조들도 감당치 못한 멍에를 제자들의 목에 씌워 하느님의 일을 시험코자 하는 거요? 안될 말이오. 오직 주 예수의 은총으로 말미암아 우리도 저들도 구원받는 것이라고 나는 믿소이다."

온 회중이 잠잠한 가운데, 자기들을 통하여 하느님께서 이방인들에게 행하신 여러 표적과 놀라운 일들에 대한 바르나바와 바울로의 보고를 들었다. 그들이 말을 마치자 야고보가 말을 이었다. "형제들, 한마디 합시다. 하느님께서 이방인들에 관심하시어 그들 가운데서 처음으로 당신 백성을 뽑으신 데 대한 시몬의 발언은 예언자의 말에도 부합되는 바가 있소.

이후에 내가 다시 돌아와
다윗의 무너진 장막을 다시 짓고
그 허물어진 데를 고쳐서 바로 세우리니,
남은 자들과 내게 속한 모든 민족이
주를 찾게 되리라.
오래전부터 모든 것을 알게 하시는
주께서 말씀하신다.

그런즉 내 의견은 하느님께로 돌아오는 이방인들을 괴롭힐 게 아니라, 우상으로 더럽혀진 음식을 먹지 말고 음란한 행위를 하지 말고 목을 매어 죽인 짐승의 고기와 피를 먹지 말라는 내용으로 편지를 써서 보냈으면 합니다. 예로부터 어디에서나 모세를 말하는 이들이 있었고 안식일마다 그의 법을 읽고 있기에 하는 말이오."

*

문제가 발생한다. 이른바 매파와 비둘기파가 등장한다. 차츰 제도교회의 시스템이 갖추어진다. 어쩔 수 없는 역사의 진행이다. 갈수록 근원에서 멀어질 수밖에 없는…

예루살렘 교회의 편지 [15, 22-29]

사도들과 장로들과 온 교회가 대표들을 뽑아서 바울로, 바르나바와 함께 안티오키아로 보낼 것을 결의하고 형제들 가운데 지도자 격인 바르사빠라 불리는 유다와 실라를 선출하였다. 그리고 다음과 같이 편지를 써서 그들 편에 부쳤다. "사도들과 장로인 형제들이 안티오키아, 시리아, 길리기아의 이방인 형제들에게 문안합니다. 듣자니 우리 가운데 몇 사람이 엉뚱한 말로 당신들을 괴롭히고 헷갈리게 했다는데 우리가 시킨 일이 아닙니다. 이에 몇 사람 대표를 선정하여 주 예수 그리스도를 위하여 목숨을 내어놓은 바르나바, 바울로와 함께 그리로 보내는 바입니다. 우리의 대표인 유다와 실라가 말로 전하기도 하겠지만, 다음 몇 가지 요긴한 사항 말고는 당신들에게 다른 짐을 더 지우지 않겠다는 것이 성령과 우리의 결정입니다. 우상한테 주었던 음식을 먹지 말고 목을 매어 죽인 짐승의 고기와 피를 먹지 말고 음란한 행위를 하지 마시오. 이 몇 가지만 지키면 다 잘 될 것입니다. 안녕을 빕니다."

*

금기禁忌는 어디서나 사람을, 아직 완전히 해방되지 못한 사람을, 안심시킨다.

예루살렘 교회의 편지를 읽는 안티오키아 교회 [15, 30-35]

그들이 길을 떠나 안티오키아로 내려가서 회중을 모으고 편지를 전해주었다. 편지가 낭독되자 그것이 주는 격려에 모두 매우 기뻐하였다. 예언자인 유다와 실라도 여러 말로 형제들을 격려하며 힘을 북돋아 주었다. 그들은 거기서 한동안 머물러 있다가 평안히 길 가라는 형제들의 배웅을 받고 자기들을 보낸 사람들한테로 돌아갔다. [실라는 그곳에 남기로 하였다.] 바울로와 바르나바는 안티오키아에 계속 머물면서 여러 다른 사람들과 함께 주의 말씀을 가르치고 전하였다.

*

중심의 어머니 교회가 변두리 자식 교회를 격려한다. 아름다운 정경情景이다.

언쟁 끝에 갈라선 바르나바와 바울로 [15, 36-41]

며칠 뒤, 바울로가 바르나바에게 말하였다. "우리가 주의 말씀을 전한 곳들을 다시 방문하여 형제들이 어떻게 지내는지 살펴봅시다." 바르나바가 마르코라 불리는 요한을 데려가자고 하였다. 그러나 바울로는 밤필리아에서 자기들과 함께 일하지 않고 떨어져 나간 사람을 데리고 갈 수 없다고 생각하였다. 두 사람이 심하게 다툰 끝에 서로 갈라져서 바르나바는 마르코와 함께 배를 타고 키프로스로 갔고, 바울로는 실라를 택하여 그와 함께 주의 은총을 비는 형제들의 배웅을 받으며 안티오키아를 떠나 시리아와 길리기아 지역을 두루 다니면서 교회들에 힘을 실어주었다.

*

이런 경험이 바울로로 하여금 말하게 했을 것이다. "하느님을 사랑하는 사람 곧 그분의 목적에 따라 부르심을 받은 사람에게는 만사가 협력하여 선을 이룬다는 것을 우리는 압니다."

바울로와 동행하게 된 디모테오 [16, 1-5]

바울로가 데르베를 거쳐 리스트라로 가서 보니 거기 디모테오라는 제자가 있는데 어머니는 믿는 유다인이고 아버지는 그리스인이었다. 디모테오는 리스트라와 이고니온의 형제들 사이에서 평판이 좋은 사람이었다. 바울로가 그를 데리고 갈 생각이 들어서 먼저 그에게 할례를 베풀었다. 그의 아버지가 그리스인임을 알고 있는 그곳 유다인들을 의식해서였다.

그들이 여러 고장을 두루 거쳐 가는 동안 예루살렘의 사도들과 장로들이 정한 규례를 전하며 그것을 지키도록 권하였다. 그리하여 교회들의 믿음이 더 굳세어지고 날마다 신도 수가 늘어났다.

*

이쪽은 해도 그만 안 해도 그만이지만 저쪽은 반드시 해야 한다. 이쪽이 저쪽에 양보하는 것이 옳다. 바울로가 디모테오에게 할례를 베푼 이유다.

마케도니아로 건너가는 바울로 일행 [16, 6-10]

그들은 프리기아와 갈라디아 지역을 두루 돌아다녔다. 그들이 아시아에서 전도하는 것을 성령이 막으셨다. 미시아 경계에 이르렀을 때 비티니아로 가고자 하였으나 예수의 영이 그것을 허락하지 않으셨다. 밤중에 바울로가 환상을 보았다. 마케도니아 사람 하나가 서서 그에게 청하기를, "마케도니아로 건너와서 우리를 도우시오." 하였다. 바울로가 환상을 본 뒤에 우리는 마케도니아로 떠날 채비를 서둘렀다. 하느님께서 그곳 사람들에게 복음을 전케 하시려고 우리를 부르신 것으로 판단했던 것이다.

*

사도가 복음 전하는 것을 누가 막았다면 사탄의 짓이라고 생각하기 쉽지만 그렇지 않다. 바울로의 아시아 전도 여행을 막은 것은 사탄이 아니라 예수의 영이었다. 바울로가 예수의 심부름꾼이었기 때문이다.

필립비에서 리디아를 만남 [16, 11-15]

우리는 트로아스에서 배를 타고 사모드라게로 직행하여 이튿날 네아폴리스로 갔다가 거기서 필립비로 갔다. 그곳은 마케도니아 지경의 첫 번째 도시로서 로마의 식민지였다. 우리는 며칠 동안 그곳에 머물렀다. 안식일에 기도처가 있으려니 짐작되는 성문 밖 강변으로 나가서 거기 앉아 모여드는 여인들에게 말을 걸었다. 그 자리에 리디아라는 자색 옷감 장수가 있었는데 티아디라 출신으로 하느님을 공경하는 여인이었다. 주께서 그 마음을 열어 바울로의 말을 귀담아듣게 하셨다. 여인이 온 집안과 함께 세례를 받고, "진정으로 나를 주님의 충실한 제자로 안다면 우리 집에 머물러주시오." 간청하고서 우리를 자기 집으로 데려갔다.

*

바울로 일행이 필립비로 가기 전에 리디아가 거기 살면서 그들을 기다리고 있었다. 다만 서로 자기네가 그러고 있는 줄 미리 몰랐을 뿐이다.

필립비 옥에 갇히는 바울로와 실라 [16, 16-40]

기도처로 가는 길에 점쟁이 귀신 들린 여종 하나를 만났다. 점을 쳐서 자기 주인한테 많은 돈을 안겨주는 여인이었다. 그가 바울로와 우리를 따라오면서 크게 소리를 질렀다. "이들은 위 없이 높으신 하느님의 종들인데 지금 당신들한테 구원의 길을 전하고 있소!" 여인이 여러 날을 이렇게 하는지라, 바울로가 많이 심란해하다가 돌아서서 귀신한테 말하였다. "예수 그리스도의 이름으로 명한다. 그에게서 나와라!" 그러자 귀신이 곧 여인한테서 나갔다. 돈벌이 줄이 막힌 것을 안 여종의 주인들이 바울로와 실라를 붙잡아 거리로 끌고 가서 치안 판사들 앞에 세우고 말하였다. "이들은 유다 사람인데 로마 사람인 우리가 용납할 수도 없고 실천할 수도 없는 풍속을 전하여 온 성을 시끄럽게 하고 있습니다." 군중이 일제히 그들을 공격하자 치안 판사들은 그들의 옷을 벗기고 부하에게 매질을 명하였다. 그들을 많이 때리고 나서 옥에 가두며 간수에게 든든히 지키라고 명하니, 간수가 명령받은 대로 그들을 깊숙한 옥에 가두고 발목에 차꼬를 채웠다.

한밤중에 바울로와 실라가 기도하면서 하느님을 찬미하는데 다른 죄수들이 듣고 있었다. 갑자기 큰 지진이 일어나더니 옥의 기반이 흔들리고 문마다 열리고 죄수들을 묶어놓은 사슬이 모두 풀어졌다. 간수가 자다가 깨어나 옥문들이 열려있는 것을 보고는 죄수들이 도망친 줄 알고 칼을 뽑아 자결하려 하였다. 그때 바울로가 크게 소리쳤다. "그대 몸을 해치지 마오! 우리가 다 여기 있소." 간수가 등을 달라 하여 들고 달려 들어와 무서워 떨면서 바울로와 실라 앞에 엎드려 절하였다. 그리고 그들을 밖으로 데리고 나와 물었다. "내가 어떻게 하면 구원받겠습니까?" 그들이 말하였다. "주 예수를 믿으시오. 그러면 그대와 그대 집안이 구원받을 것이오." 그리고 그와 그의 집안 식구들에게 주의 말씀을 전하였다. 간수가 그 밤 그 시각에 두 사람을 데려다가 상처를 씻어주고 본인과 온 집안이 그 자리에서 세례를 받았다. 그가 바울로와 실라를 자기 집으로 데리고 가서 음식을 차려주고 하느님 믿게 된 것을 온 식구와 함께 기뻐하였다.
날이 밝자 치안 판사들이 부하를 시켜 두 사람을 풀어주게 하였다. 간수가 바울로에게 고하였다. "치안 판사들이 두 분을 풀어주라고 했답니다. 마음 놓고 가십시오." 바울로가 말하였다. "그들은 로마 시민인 우리를 아무 잘못도 하지 않았는데 공개된 자리에서 매질하고 옥에 가두었소. 이제 와서 슬그머니 풀어주겠다고? 안 될 말이지! 직접 와서 우리를 풀어주라고 하시오." 관원들이 말을 전하자 치안 판사들은 두 사람이 로마 시민이라는 말에 겁을 먹고 와서 사과하며 밖으로 데리고 나와 도성을 떠나 달라고 간청하였다. 그들이 옥에서 나와 리디아 집으로 가서 형제들을 만나 격려해주고 그곳을 떠났다.

*

"이들은 위 없이 높으신 하느님의 종들인데 지금 당신들한테 구원의 길을 전하고 있소!" 여인이 하는 말에 그릇됨이 없다. 그런데 바울로는 며칠 심란해하다가 그 짓을 못 하게 가로막는다. 왜? 그녀의 말이 사람들 시선을 자기가 전하는 예수에게서 예수를 전하는 자기에게로 돌려놓기 때문이다. 사람들로 하여금 마땅히 보아야 할 것을 등지고 엉뚱한 것을 보게 하는 것이 언제 어디서나 한결같은 사탄의 책략策略이다.

데살로니카에서 벌어진 소동 [17, 1-9]

그들이 암피볼리스, 아폴로니아를 거쳐 데살로니카에 이르니 거기 유다인 회당이 있는지라, 안식일을 세 번 지내는 동안 바울로가 관습을 좇아서 회당에 들어가 사람들과 성경을 놓고 토론하는데, 그리스도가 고난을 겪어 죽었다가 다시 살아나야 함을 증명하면서 말하기를, "내가 당신들에게 전하는 예수가 그리스도요." 하였다. 그들 가운데 얼마가 설득당하여 바울로와 실라를 좇았는데 하느님을 공경하는 많은 그리스인과 적지 않은 귀부인들이 그 안에 포함되었다. 그러나 이를 시기한 유다인들이 장터 건달들을 모아서 폭동을 일으켜 온 성을 소란케 하고, 바울로 일행을 찾아 군중 앞에 세우려고 야손의 집으로 몰려갔다가 찾지 못하자 야손과 형제들 몇을 치안 판사들에게 끌고 가서 소리를 질러댔다. "세상을 어지럽히는 자들이 여기에도 왔고 야손이 그들을 자기 집에 들였다. 저들이 예수라는 다른 왕이 있다면서 카이사르의 명을 거역하고 있다!" 군중과 치안 판사들은 이 말을 듣고 당황하였다. 치안 판사들이 야손과 다른 형제들한테서 보석금을 받고 그들을 놓아주었다.

*

"이를 시기한 유다인들이 장터 건달들을 모아서 폭동을 일으켜 온 성을 소란케 하고…" 이런 사람들은 항상 있었고 있고, 있을 것이다. 그들도 예수 그리스도가 해방하고자 한 "억눌린 자들"임을 알고 그들을 위하여 기도하는 사람들 또한 있었고 있고, 있을 것이다.

베레아에서 전도하는 바울로와 실라 [17, 10-15]

그날 밤 형제들이 바울로와 실라를 베레아로 보냈다. 그들은 도착하는 대로 유다인 회당에 들어갔다. 그곳 사람들은 데살로니카 사람들보다 덜 완고하여 말씀을 진지하게 받아들였고 바울로와 실라의 말이 사실인지 알아보고자 날마다 성경을 연구하였다. 그리하여 많은 사람, 적지 않은 그리스인 귀부인들과 남자들이 믿게 되었다. 바울로가 베레아에서도 말씀을 전한다는 소문을 듣고 데살로니카 사람들이 거기까지 와서 군중을 부추겨 소란을 피웠다. 형제들이 급하게 바울로를 바닷가로 피신시키는데 실라와 디모테오는 그냥 거기 남았다. 바울로를 안내하는 사람들이 아테네까지 동행했다가, 실라와 디모테오에게 되도록 빨리 오라고 하는 바울로의 전갈을 받아서 그곳을 떠났다.

*

광풍미천청향전狂風彌天淸香傳이라, 미친바람이 맑은 향기를 하늘 가득히 전한다고 했다. 무지한 군중이 사도들을 휘몰아쳐 복된 소식을 온 세상에 두루 퍼뜨린다.

바울로의 아레오파고 연설 [17, 16-34]

바울로가 아테네에서 저들을 기다리던 중 온 성에 우상이 그득한 것을 보고 격분하여 회당에서는 유다인과 하느님을 공경하는 사람들을 상대로, 거리에서는 거기 모여 있는 사람들을 상대로, 날마다 토론을 벌였다. 에피쿠로스학파와 스토아학파 철학자 몇이 바울로와 토론해보고는, "이 떠버리가 무슨 말을 하는 거야?" 하는 자도 있었고, 그가 예수와 부활에 대한 복음을 전하였으므로 "이방 신들을 선전하는 모양이군." 하는 자도 있었다. 그들이 그를 아레오파고로 데려갔다. 그리고 묻기를, "당신이 말하는 그 새로운 가르침이 어떤 것인지 알려줄 수 있겠소? 우리가 듣기에 매우 생소한 말을 하던데 어디, 무슨 얘긴지 들어봅시다." 하였다. 아테네 사람들과 거기 머무는 나그네들은 새로운 생각을 듣고 말하는 것 말고 달리 시간을 쓸 줄 모르는 그런 사람들이었다.

바울로가 아레오파고 법정에 서서 말하였다. "아테네 사람들이여, 내가 보기에 당신들은 여러 면에서 종교적인 사람들이오. 이곳저곳 다니며 당신들이 예배하는 곳을 살펴보자니 '알지 못하는 신에게'라고 적어놓은 제단도 있습디다. 당신들이 알지 못한 채 섬겨온 그분을 이제 내가 말해주겠소. 세상과 그 안에 있는 모든 것을 지으신 하느님께서는 하늘과 땅의 주인이시라 사람 손으로 만든 신전에 계시는 분이 아니며, 무엇이 부족한 듯 사람 손에 섬김을 받아야 하는 그런 분도 아니오. 오히려 그분은 사람에게 생명과 호흡과 모든 것을 주시는 분이지요. 그분이 한 뿌리에서 모든 족속을 내어 땅 위에 살게 하시고 민족들이 일어날 때와 소멸할 때, 그리고 그들이 살 경계를 정해주었소. 이렇게 사람이 하느님을 찾기만 하면 만날 수 있게 하셨으니, 어쨌거나 우리 각자한테서 멀리 계신 분이 아니올시다. 그분 안에서 우리가 살고 움직이고 존재하거니와 당신네 시인들 가운데도 '우리 또한 그의 소생이라.'고 말한 사람이 있지 않소? 그런즉 하느님의 자녀인 우리가 사람의 생각과 기술로 금이나 은이나 돌에 새긴 것들을 신으로 여겨서는 안 될 것이오. 하느님께서 사람들이 몰랐을 때는 눈감아주셨지만 이제는 모든 곳의 모든 사람에게 회개할 것을 명하고 계십니다. 몸소 택하신 사람으로 하여금 세상을 공의로 심판케 하실 날을 정해놓으셨고 그분을 죽음에서 다시 살리시어 모든 사람에게 그 증거를 보여주셨기 때문이오."

죽음에서 다시 살린다는 말을 듣고 비웃는 자들도 있고 나중에 더 듣겠다는 자들도 있었다. 바울로가 법정을 떠나는데 몇 사람이 그에게 다가와서 믿기로 하였다. 그들 가운데는 아레오파고 회원 디오니시오와 다마리스라는 여인과 그밖에 몇 사람 더 있었다.

*

복음의 씨 뿌리는 자는 복음의 씨를 뿌릴 따름이다. 자기 말을 듣는 사람이 돌밭이든 길바닥이든 가시밭이든 아니면 기름진 옥토든, 그런 것 가릴 자격도 이유도 없다.

고린토에서 환상 가운데 주를 만나는 바울로 [18, 1-17]

그 뒤 바울로는 아테네를 떠나 고린토로 왔는데 거기서 아퀼라라는 본도 출신 유다인을 만났다. 글라우디오가 모든 유다인은 로마를 떠나라는 칙령을 내렸으므로 아내 브리스킬라와 함께 이탈리아에서 온 지 얼마 안 되는 사람이었다. 바울로가 그들에게 갔다가 직업이 같은지라 함께 살면서 일을 하였다. 천막 짓는 것이 그 일이었다. 바울로는 안식일마다 회당에서 유다인과 그리스인들을 상대로 토론하며 그들을 설득하려고 애썼다.

실라와 디모테오가 마케도니아에서 온 뒤로 바울로는 오로지 말씀 전하는 일에 전념하면서 유다인들에게 예수가 그리스도임을 밝히 증명하였다. 저들이 반박하면서 욕을 하자 그가 옷의 먼지를 털고 말하였다. "당신들이 망하는 건 당신들 탓이오. 나는 책임이 없소. 이제 나는 이방인들에게로 갑니다." 그리고 거기를 떠나 디디오 유스도라는 사람 집으로 갔다. 그는 하느님을 공경하는 사람으로 회당 바로 옆에 살고 있었다. 회당장 그리스보가 온 집안사람들과 함께 주를 믿게 되었고 그밖에도 많은 고린토 사람들이 말씀을 듣고 믿어 세례를 받았다. 밤에 주님이 환상 가운데 나타나 바울로에게 말씀하셨다. "두려워 마라. 잠자코 있지 말고 계속 말하여라. 내가 너와 함께 있으니 아무도 너를 손찌검하여 해치지 못하리라." 그가 일 년 반 동안 그곳에 머물며 사람들에게 하느님의 말씀을 가르쳤다.

갈리오가 아카이아 총독으로 있을 때 유다인들이 들고 일어나 바울로를 붙잡아 끌고 가서 법정에 고발하였다. "이 자가 법에 어긋나는 방식으로 하느님을 예배하라고 사람들을 부추기고 있소이다." 바울로가 말을 하려고 하자 갈리오가, "유다 사람들이여, 이 사건이 잘못된 행동이나 심한 범죄행위에 연관된 것이면 마땅히 당신들의 고발을 들어주겠소만 언어와 명칭과 당신네 법에 연관된 것이니 당신들이 알아서 하시오. 나는 이런 일에 재판장 노릇 하지 않겠소." 말하고서 그들을 법정에서 몰아냈다. 그러자 모두 달려들어 회당장 소스테네를 법정 앞에서 매질하였다. 그래도 갈리오는 참견하지 않았다.

*

사람이 자기 생각과 자기를 일치시키는 오류에서 벗어나기가 참으로 어려운 모양이다. 유다인들이 들고 일어나 바울로를 고발한 것도 그 때문이었다. 그들에게 바울로는 자기네와 생각이 다른 사람이 아니라 자기네 삶을 위협하는 적이었다.

겐크레아에서 삭발하는 바울로 [18, 18-23]

바울로가 그곳에 여러 날 머물다가 형제들과 헤어져 배를 타고 시리아로 떠나는데 브리스킬라와 아퀼라가 동행하였다. 바울로는 서원한 바가 있어 떠나기 전 겐크레아에서 머리를 밀었다. 에페소에 이르러 바울로가 잠시 두 사람을 그곳에 머무르게 하고 자기는 회당에 들어가 유다인들과 토론하였다. 그들이 좀 더 오래 있어 달라고 청했지만 거절하고 작별인사를 하였다. "하느님이 뜻이면 다시 오겠지요." 그는 배를 타고 에페소를 떠나 가이사리아에 상륙, 예루살렘으로 올라가 교회와 인사를 나누고 안티오키아로 내려갔다. 그곳에 얼마 동안 머물다가 다시 길을 떠나 갈라디아와 프리기아 지방을 두루 다니며 제자들에게 힘을 실어주었다.

*

삼손의 후예인 바울로가 머리를 민다는 건 예사로운 일이 아니다. 자기 몸에서 '유다인'이라는 찌지를 떼어버리겠다는 결의를 스스로 다짐하는 퍼포먼스였던가? 그렇다면 축하할 일이다. 바야흐로 나비가 고치에서 벗어난다는 표시니까.

에페소에서 전도하는 아폴로 [18, 24-28]

아폴로라 하는 알렉산드리아 출신 유다인이 에페소에 왔다. 언변이 좋고 성경에 대하여 아는 것이 많은 사람이었다. 그가 주님의 도를 배워서 잘 알고 있으며 예수에 관한 것을 열성적으로 정확하게 가르치는데, 다만 요한의 세례를 알 따름이었다. 그가 회당에서 담대히 말하는 것을 보고 브리스킬라와 아퀼라가 집으로 데려가 하느님의 도를 자세하게 설명해주었다. 아폴로가 아카이아로 건너가고자 하매 형제들이 그를 격려하며 그곳 제자들에게 편지를 써서 그를 환영해 달라고 하였다. 그가 가서 하느님의 은혜로 믿는 이들에게 큰 도움을 주었다. 성경을 근거로 예수가 그리스도임을 공공연하게 밝혀 유다인들을 압도했던 것이다.

*

"언변이 좋고 성경에 대하여 아는 것이 많다"고 해서 그 때문에 주님의 일에 동원되는 것은 아니지만, 그래서 주님의 일에 동원될 수 없는 것 또한 아니다.

디란노 학원에서 토론하는 제자들 [19, 1-10]

아폴로가 고린토에 머무는 동안 바울로는 내륙지방을 거쳐 에페소에 이르러, 거기서 만난 몇몇 제자에게 물어보았다. "당신들은 신자 되었을 때 성령을 받았소?" 그들이 대답하였다. "성령이 있다는 말조차 듣지 못하였소." 그가 다시 물었다. "그러면 무슨 세례를 받았소?" 그들이 대답하였다. "요한의 세례요." 바울로가 말하였다. "요한은 사람들에게 회개의 표시로 세례를 주었지요. 그런데 자기 뒤에 오시는 분 곧 예수를 믿어야 한다고 그가 말했소." 그들은 이 말을 듣고 주 예수의 이름으로 세례를 받았다. 바울로가 그들 몸에 손을 얹자 성령이 그들에게 내렸다. 그들이 방언도 하고 예언도 하였는데, 모두 열두 사람쯤 되었다.

그가 석 달 동안 회당을 드나들며 토론도 하고 담대하게 거침없이 하느님 나라를 설명하였다. 하지만 마음이 완고하여 믿기를 거부하고 대중 앞에서 주의 도를 헐뜯는 자들도 있었다. 바울로는 그들을 등지고 제자들을 데리고 나와 날마다 디란노 학원에서 토론하였다.

이렇게 두 해가 지나자 아시아에 사는 사람은 유다인 그리스인 할 것 없이 모두 주의 말씀을 듣게 되었다.

*

담벼락에 대고 말하는 사람은 없지만 담벼락보다 단단한 사람에게 말하는 사람들은 많이 있다. "그들을 등지고 제자들을 데리고" 나온 바울로는 그런 사람이 아니었다.

예수 이름을 빙자하는 주술사들 [19, 11-20]

하느님께서 바울로의 손으로 놀라운 기적들을 행하셨다. 사람들이 바울로의 피부에 닿았던 손수건이나 앞치마를 병자 몸에 대기만 해도 병이 낫거나 악한 영이 쫓겨났다. 떠돌이 유다인 주술사들조차도 악한 영 들린 사람에게서 귀신을 쫓아낸다며, "바울로가 전하는 예수 이름으로 명한다."고 말하였다. 유다인 대사제 스큐아의 일곱 아들도 그러고 다녔는데 악한 영이, "내가 예수도 알고 바울로도 안다. 너희 따위가 무엇이냐?" 하면서 덤벼들어 그들을 제압해버렸다. 그들이 상처 입은 알몸으로 도망쳤다. 에페수의 모든 유다인과 그리스인들이 소문을 듣고 무서워 떠는데, 주 예수의 이름은 더욱 드높여졌다. 많은 신자가 와서 자기네가 한 일을 공개적으로 자백하였다. 또 마술 부리던 자들이 책을 모아 대중 앞에서 불살랐는데 그 값을 계산하니 은 오만이나 되었다. 이렇게 주의 말씀이 계속 퍼지면서 세력이 커졌다.

*

진짜의 진짜임이 가짜들로 말미암아 밝혀진다. 물건만 그런 게 아니다. 사람도 그렇고 사람이 하는 일도 그렇다.

에페소에서 벌어진 소동 [19, 21-41]

이 일이 있고 난 뒤에 바울로는 마케도니아, 아카이아를 거쳐 예루살렘으로 돌아갈 마음을 먹고, "내가 거기로 갔다가 로마 또한 보리라." 하였다. 그가 두 협조자, 디모테오와 에라스도를 마케도니아로 보내고 자기는 얼마 동안 아시아에 머물렀다.

그 무렵 에페소에서 주의 도로 말미암아 작지 않은 소동이 벌어졌다. 은으로 아르데미스 신전 모형을 만들어 직공들에게 괜찮은 돈벌이를 시켜주던 데메드리오라는 장인이 직공들과 동업자들을 모아놓고 말하기를, "여러분, 그동안 우리는 이 사업으로 풍족하게 잘 살아왔소. 그런데 바울로라는 자가 에페소뿐 아니라 거의 아시아 전역에서 사람 손으로 만든 것은 신이 아니라며 숱한 사람 마음을 헷갈려놓고 있다는 사실은 당신들도 보고 들었을 것이오. 지금 우리 사업이 타격을 입는 건 말할 것 없고 위대한 여신 아르데미스의 신전이 업신여김을 당하고 온 아시아와 세계가 숭배하는 그의 위신이 추락할 위험에 처하였소." 하였다. 이 말을 듣고 그들이 격분하여 소리치기를, "위대하다, 에페소의 아르데미스!" 하였다. 아우성이 온 도성을 흔드는 가운데 사람들이 바울로와 함께 다니는 마케도니아 사람 가이오와 아리스타르고를 잡아끌고 떼를 지어 극장으로 몰려갔다. 그때 바울로가 군중 속으로 뛰어들려고 하였으나 제자들이 말렸다. 아시아 관원들 가운데 그와 가까이 지내던 몇 사람도 극장에 가지 말 것을 인편으로 권하였다. 거기 모인 자들이 이러쿵저러쿵 저마다 떠들어대는 바람에 온통 뒤범벅되어 누가 무엇 때문에 군중을 모이게 했는지 모르는 자가 태반이었다. 유다인들이 알렉산더를 앞으로 떠밀어 내세우자 몇 사람은 그가 주동자라고 생각하였다. 알렉산더가 조용히 하라고 손짓을 하며 뭐라고 변명하려는데, 그가 유다인임을 알아본 군중이 한목소리로, "위대하다, 에페소의 아르데미스!"를 외쳐댔다. 아우성이 두 시간이나 계속되었다. 에페소 읍장이 무리를 진정시키고 말하였다. "에페소 사람들이여, 에페소가 위대한 여신 아르데미스와 제우스 아들의 전각임을 모르는 사람이 어디 있소? 이는 아무도 부인 못 할 분명한 사실이니 진정들 하고 경거망동하는 일이 없도록 하시오. 당신들이 끌고 온 저 사람들은 전각의 물건을 훔치거나 여신을 모독하지도 않았소. 데메드리오와 직공들이 누구를 고소할 일이 있으면 재판소도 있고 법관도 있으니 피차 법으로 해결할 일이고, 무슨 다른 문제가 있다면 정식으로 회의를 열어 논의하면 될 것이오. 오늘 이 모임 때문에 자칫하면 소요죄로 몰릴 수도 있고 누가 이 불법 집회를 문제 삼으면 우리로서는 해명할 길이 없소이다." 그가 이렇게 말하고 군중을 해산시켰다.

*

무리를 선동하는 자의 수단은 진실이 아니다. 대개는 두려움에 근거하여 "이러면 저럴 것이라"는 가정假定이다. 흥분한 군중은 믿을 것이 못 된다. 아울러 두려워할 것도 아니다.

마케도니아로 그리스로 옮겨 다니는 사도 일행 [20, 1-6]

소동이 그치자 바울로는 제자들을 불러 격려하고 나서 그들과 작별하고 마케도니아로 갔다. 그 지경을 돌아다니며 여러 말로 제자들을 격려하고 그리스로 가서 거기서 석 달을 지냈다. 배를 타고 시리아로 건너갈 계획을 짜는 중에 자기를 해치려는 유다인들의 음모가 있음을 알고 마케도니아를 거쳐 돌아가기로 하였다. 동행한 사람은 베레아 사람 비로의 아들 소바드로, 데살로니카 사람 아리스다르코와 세군도, 데르베 사람 가이오와 디모테오, 아시아 사람 디키고와 드로피모 등이었다. 그들이 먼저 드로아로 가서 우리를 기다렸고 우리는 무교절을 지낸 뒤에 배를 타고 필립비를 떠나 닷새 만에 드로아에서 그들을 만나 거기서 이레 동안 함께 머물렀다.

*

그동안 베드로나 바울로 같은 개인 사도들이 이야기 주인공이었는데 슬그머니 '우리'가 등장하여 자기들 이야기를 펼친다. 바울로가 이름 없는 '우리' 속으로 들어갔다. 하지만 당분간이다. '사람'은 '우리'를 포용하되 그 속에 묻히지 않는다.

졸다가 창문 밖으로 떨어진 젊은이 [20, 7-12]

안식 후 첫날 우리는 빵을 나누려고 함께 모였다. 바울로가 이튿날 떠날 예정이었으므로 강론이 밤늦게까지 이어졌다. 우리가 모인 다락방에는 등불이 많이 켜져 있었는데, 바울로의 말이 길어지자 유디코라는 젊은이가 창문에 걸터앉아 졸다가 깊은 잠이 들었고 결국 삼층에서 아래로 떨어졌다. 사람들이 일으켜 보니 숨이 끊어진 상태였다. 바울로가 내려가 젊은이를 부둥켜안고 말하였다. "수선 피우지 마시오. 살아있소." 그리고 다시 위층으로 올라가 빵을 떼어 나누고 밤새도록 이야기하다가 그곳을 떠났다. 사람들이 살아난 젊은이를 집으로 데려가며 큰 위로를 받았다.

*

유디코가 왜 창문에 걸터앉았는지 모르겠으나 창문은 본디 사람 앉는 데가 아니다. 졸음은 천하장사도 이기지 못한다지만 졸더라도 방 안에서 졸 일이다.

에페소 장로들에게 주는 바울로의 마지막 당부 [20, 13-38]

우리는 배를 타고 아쏘로 먼저 갔다. 거기서 바울로를 배에 태울 참이었다. 그가 자기는 육로로 가겠다면서 그렇게 결정했던 것이다. 우리는 아쏘에서 그를 만나 배에 태우고 미딜레네로 갔다. 거기서 떠나 다음 날 키오스에 닿았고 그다음 날 사모스에 들렀다가 다음 날 밀레도스에 이르렀다. 바울로가 아시아에서 시간을 아끼려고 에페소를 거치지 않았던 것이다. 그는 될 수 있으면 오순절을 예루살렘에서 보내려고 서두르고 있었다.

바울로가 밀레도스에서 에페소로 사람을 보내어 교회 장로들을 불렀다. 장로들이 오자 그가 말하였다. "내가 아시아에 첫발을 딛던 날부터 지금까지 여러분과 함께 어떻게 지내왔는지는 여러분도 잘 아실 것입니다. 유다인들의 음모로 여러 차례 시련을 겪었지만 눈물을 흘리고 굴욕을 참으며 주님을 섬겨왔습니다. 여러분에게 유익한 것이면 무엇이든지 대중 앞에서나 가정집에서나 빠짐없이 전하고 가르쳤지요. 그리고 유다인이든 그리스인이든 상대를 가리지 않고 하느님께로 돌아와 우리 주 예수를 믿으라고 권면했습니다. 이제 나는 성령의 포로가 되어 예루살렘으로 갑니다. 거기서 무슨 일을 겪게 될는지 나는 모릅니다. 성령께서는 어디를 가든지 결박과 고난이 나를 기다리고 있다고 일러주시는군요. 하지만 나의 달려갈 길을 다 달리고 주 예수께 받은 사명 곧 하느님 은총의 복음 전하는 일을 완수할 수만 있다면 이 한목숨 조금도 아까워하지 않을 것입니다. 그동안은 내가 여러분과 함께 있으면서 하느님 나라를 선포하였습니다만 이제 다시는 여러분이 내 얼굴을 보지 못할 것입니다. 그런즉 여러분 중에 어떤 사람이 어떻게 되든 그 책임이 나에게 없음을 밝혀두는 바입니다. 내가 하느님의 계획을 남김없이 여러분에게 전해주었으니까요. 늘 삼가 자기를 살피고 성령께서 맡기신 양 떼를 잘 돌보십시오. 성령께서는 여러분을 감독으로 세우시어 하느님께서 당신 아드님의 피로 값주고 사신 교회를 보살피게 하셨습니다. 내가 떠나면 흉악한 늑대들이 여러분 가운데로 들어와 양 떼를 아끼지 않을 것이고, 여러분 중에도 제자들을 이끌어 자기를 따르게 하려고 진리에 어긋나는 말을 하는 자들이 분명 생겨날 것입니다. 그러니 항상 깨어 있으십시오. 그리고 내가 삼 년 동안 밤낮으로 쉬지 않고 눈물 흘리며 훈계하던 일을 기억하십시오. 이제 나는 여러분을 하느님과 그분 은총의 말씀에 맡깁니다. 그 말씀은 여러분을 일으켜 세우고 그분께 속한 모든 사람 가운데서 여러분이 받을 몫을 주실 수 있습니다. 나는 누구의 은이나 금이나 옷을 탐낸 적이 없습니다. 여러분도 알다시피 나와 내 동료들이 쓸 것은 내 손으로 일하여 마련했습니다. 내가 몸소 일하는 것을 본으로 보였으니 여러분은 아무쪼록 손으로 수고하여 약한 이들을 도와주고, 주 예수께서 친히 들려주신 '주는 것이 받는 것보다 복되다.'는 말씀을 명심하시기 바랍니다."
말을 마치고 그들과 함께 무릎 꿇어 기도드리니 저들이 많이 울면서 바울로의 목을 끌어안고 입을 맞추었다. 그들의 마음을 가장 아프게 한 것은 자기 얼굴을 다시 보지 못할 것이라는 바울로의 말이었다. 그들이 그를 배 타는 곳까지 배웅하였다.

*

"나의 달려갈 길을 다 달리고 주 예수께 받은 사명 곧 하느님 은총의 복음 전하는 일을 완수할 수만 있다면 이 한목숨 조금도 아까워하지 않을 것입니다." 빈말이 아니었다. 바울로는 자기가 말한 대로 살았다. "성령의 포로"에게 다른 길이 없다.

주의 이름을 위하여 순교를 각오하는 바울로 [21, 1-14]

우리는 그들과 작별하고 배에 올라 곧장 코스로 갔다가 이튿날 로도스를 거쳐 바다라로 갔다. 거기에서 페니키아로 가는 배를 만나 타고 키프로스를 왼편으로 바라보며 시리아 쪽으로 가다가 띠로에 닿았다. 배가 그곳에 짐을 부리기로 되어 있었던 것이다. 우리는 거기서 제자들을 만나 이레를 머물렀는데 그들이 성령의 감화를 받아서 바울로에게 예루살렘으로 가지 말라고 권하였다. 하지만 때가 되어 우리는 그곳을 떠났다. 사람들이 아내와 아이들을 데리고 성 밖까지 우리를 배웅하였다. 우리는 바닷가에서 무릎 꿇고 기도드렸다. 작별인사를 나누고, 우리는 배에 올랐고 그들은 집으로 돌아갔다.
계속 배를 타고 띠로에서 프톨레마이스로 간 우리는 그곳 형제들을 만나 인사하고 그들과 함께 하루를 보냈다. 이튿날 그곳을 떠나 가이사리아에 이르러 일곱 집사 가운데 하나인 전도자 필립보의 집에 들어가 머물게 되었는데 그 집의 결혼하지 않은 딸 넷이 모두 예언자였다.
여러 날 머무는 중에 하가보라는 예언자가 유다에서 내려왔다. 그가 우리에게 와서 바울로의 허리띠로 자기 손발을 묶고 말하였다. "성령께서, '이 띠 임자를 유다인들이 예루살렘에서 이렇게 묶어 이방인에게 넘기리라.'고 말씀하십니다." 우리는 그 말을 듣고 거기 있는 사람들과 함께 예루살렘으로 올라가지 말 것을 간곡히 권하였다. 그러자 바울로가 대답하였다. "왜들 그렇게 울어 남의 마음을 어지럽히는 거요? 나는 주 예수의 이름을 위하여 예루살렘에서 결박당하는 정도가 아니라 죽을 각오까지 되어 있소." 그가 우리의 권고를 들으려 하지 않는 것을 보고 우리는, "주님 뜻대로 될지어다." 하고 더 말하지 않았다.

*

길 가는 자에게 중요한 것은 장차 가게 될 곳이 어디인지 거기에서 무슨 일이 벌어질 것인지가 아니다. 지금 이 길을 누가 왜 어떻게 가고 있느냐에 대한 분명한 답이다. 배의 엔진이 배 안에 있듯이, 사람을 움직이는 동력도 사람 안에 있어야 한다.

예루살렘에 도착한 바울로 [21, 15-26]

여러 날 뒤에 우리는 행장을 꾸려 예루살렘으로 올라갔다. 가이사리아의 몇 제자가 오래전에 신자 된 키프로스 사람 므나손을 데리고 함께 왔는데, 그가 자기 집으로 우리를 안내하여 그곳에서 묵게 되었다. 예루살렘에 도착하자 형제들이 우리를 기쁘게 맞아주었다. 이튿날 바울로가 우리와 함께 야고보의 집으로 가니 그곳에 장로들이 모여 있었다. 바울로가 인사를 마치고 하느님께서 자기의 섬김을 통하여 이방인들에게 하신 모든 일을 자세히 보고하였다. 그들이 보고를 듣고 하느님께 영광을 돌리며 바울로에게 말하였다. "형제여, 아시겠지만 유다인들 가운데 믿는 이의 수가 아주 많소이다. 그들 모두 율법을 지키는 데 열심이지요. 그런데 당신이 이방에 있는 모든 유다인들에게 가르치기를 모세를 배척하고 아들에게 할례도 베풀지 말고 유다인의 풍속을 지키지 말라고 한다는 말을 저들이 듣고 있던 차인데 당신이 여기 온 것을 필경 알게 될 터인즉 어찌하면 좋겠소? 그러니 우리가 하는 말을 들으시오. 여기 서원한 사람 넷이 있소. 그들을 데리고 가서 정결 예식을 행하는데 그들의 삭발 비용을 당신이 대는 겁니다. 그러면 당신에 관한 소문이 사실이 아닐뿐더러 오히려 당신이 법을 제대로 잘 지키는 사람인 것을 모두가 알게 될 것이오. 신자된 이방인들에게는 우상의 제물과 목매어 죽인 짐승의 고기와 피를 먹지 말고 음란한 행위를 하지 말아야 한다는 우리의 결의를 편지로 보낸 바 있소." 이튿날 바울로가 그들을 데리고 가서 정결 예식을 행하고 성전에 들어가 정결 기간이 끝나는 날 그러니까 네 사람이 예물 바칠 날을 신고하였다.

*

앞서가는 사람은 뒤에 오는 사람을 재촉하지 말라고 했다. 오래 참고 기다려줄 줄 아는 그 사람이 진정 앞서가는 사람이다. 예수께서 제자들에게 그러셨듯이.

예루살렘 성전 밖에서 매 맞는 바울로 [21, 27-36]

이레 동안의 정결 기간이 거의 끝날 무렵 아시아에서 온 유다인들이 성전에 있는 바울로를 보고는 군중을 부추겨 그를 붙잡고 소리쳤다. "이스라엘 사람들이여, 우리를 도와주시오. 이 자는 가는 데마다 우리 민족과 법과 성전을 거슬러 사람들을 가르치는 자인데 그것도 모자라 아예 이방인을 성전 안에까지 데리고 들어와서 더럽히고 있소!" 바울로가 에페소 사람 드로피모와 함께 있는 것을 보고는 그 이방인을 성전에까지 데리고 들어왔으리라 짐작했던 것이다. 그들이 바울로를 붙잡아 성전 밖으로 끌어내자 성전 문이 닫혔다. 저들이 그를 죽이려 할 때, 예루살렘에 폭동이 일어났다는 정보가 로마군 파견 대장 귀에 들어갔다. 그가 즉시 병사들과 백부장들을 이끌고 현장으로 달려가자 그들은 파견 대장과 병사들을 보고 바울로 때리기를 멈추었다. 파견 대장이 가까이 다가가서 바울로를 잡아 두 줄 쇠사슬로 결박하라 명하고, 이 자가 누구며 무슨 짓을 했느냐고 물어보았다. 하지만 이는 이렇다고 저는 저렇다고 저마다 큰소리로 떠들어대는 통에 파견 대장은 진상을 알 수가 없었다. 그래서 바울로를 병영으로 끌고 가라는 명을 내렸다. 바울로가 층계까지 끌려갔을 때 무리가 하도 난폭하게 굴어서 병사들이 그를 둘러메어야 했다. 무리가 뒤를 따라오며, "죽여라!" 하고 소리를 질러댔던 것이다.

*

자기네가 왜 성을 내는지 그 이유도 잘 모르는 무리가 바울로를 죽이려 했지만 죽일 수 없었다. 인명재천人命在天이라, 사람이 살고 죽는 것은 사람들이 결정하는 게 아니다.

로마군 병영 층계 위에서 연설하는 바울로 [21, 37-40]

병영 문 앞까지 끌려간 바울로가 파견 대장에게 말하였다. "한마디 해도 되겠소?" 파견 대장이 되물었다. "당신 그리스말을 할 줄 아는 거요? 그러면 당신이 얼마 전에 난을 일으켜 자객 사천을 데리고 광야로 들어간 그 이집트인이오?" 바울로가, "나는 유다인이고 길리기아의 작은 고을이 아닌 다르소의 시민이오." 대답하고 나서, "저들에게 한마디 할 수 있게 해주시오." 하였다. 파견 대장이 허락하자 바울로가 층계 위에 서서 사람들에게 조용히 하라고 손짓하였다. 그들이 잠잠해졌을 때 바울로가 아람 말로 연설을 시작하였다.

*

기회가 생기면 선교하는 게 아니다. 모든 순간을 선교의 기회로 삼는다. 자기가 누군지를 잘 아는 사람의 길이다.

대중 앞에서 자기를 변명하는 바울로 [22, 1-21]

"부형 여러분, 당신들 앞에서 내 변명 좀 해야겠소. 들어주시오." 군중은 그가 아람어로 말하자 더욱 조용해졌다. 그가 말을 계속하였다. "나는 유다인으로 길리기아 다르소에서 태어났지만 이곳에서 자랐고 가믈리엘 문하에서 우리 조상의 율법에 대하여 엄격한 교육을 받았소. 하느님을 향한 열성 또한 오늘 이 자리에 모인 당신들 못지않게 뜨거웠소. 내가 이 도를 핍박하여 믿는 자들을 남녀 가리지 않고 잡아서 옥에 가두고 죽이기까지 했다는 사실은 대사제들과 원로들이 증명해줄 것이오. 나는 그들한테서 다마스쿠스 형제들에게 보내는 공문을 받아 그곳에 있는 자들을 결박하여 예루살렘으로 끌어다가 벌을 받게 하려고 길을 떠났소. 길을 가다가 다마스쿠스 가까이 이르렀을 때, 그때가 정오쯤이었는데, 갑자기 하늘에서 환한 빛이 나를 에워싸며 비추었지요. 땅에 엎드려 있는 나에게 음성이 들려옵디다. '사울아, 사울아, 네가 왜 나를 핍박하느냐?' 내가, '주님, 누구십니까?' 하고 묻자 대답이 들리는데, '나는 네가 핍박하는 나자렛 예수다.' 하는 거였소. 그 자리에 함께 있던 사람들은 빛은 보았지만 음성은 듣지 못하였소. 내가, '주님, 제가 어떻게 할까요?' 하고 묻자 주께서 나에게 말씀하셨소. '일어나 다마스쿠스로 가라. 네가 할 일을 모두 일러줄 사람이 거기 있다.' 나는 눈 부신 빛 때문에 앞을 볼 수 없어서 동행하던 사람들 손에 이끌려 다마스쿠스로 갔소. 율법을 잘 지키는 경건한 사람으로 주변 모든 유다인들의 존경을 받는 아나니아가 거기 있었지요. 그가 나를 찾아와 곁에 서서, '사울 형제, 눈을 뜨시오.'라고 말하는 순간 나는 눈을 떠서 그를 보았소. 그러자 아나니아가 말하기를, '우리 선조들의 하느님께서 당신의 뜻을 알고 저 의로우신 분을 알아보고 그 음성을 듣게 하시려고 형제를 택하셨소. 그대가 보고 들은 것을 만민 앞에서 그분을 위하여 증언하게 되어 있기 때문이오. 자, 망설이지 말고 일어나 그분 이름을 부르고 세례를 받고 그대 죄를 모두 청산하시오.' 하였소. 그 뒤에 나는 예루살렘으로 돌아와 성전에서 기도하다가 비몽사몽간에 주님을 뵈었던 것이오. 그분이 말씀하시기를, '서둘러 예루살렘을 떠나라. 저들이 나에 대한 너의 증언을 듣지 않을 것이다.' 하시더군요. 그래서 내가 말씀드렸소. '주님, 제가 이 회당 저 회당 돌아다니며 주님 믿는 사람들을 잡아 옥에 가두고 매질까지 한 사실을 저들이 잘 알고 있습니다. 또 주님의 증인 스테파노가 피를 쏟을 때 제가 그 곁에 서서 찬동하고 그를 죽이는 자들의 옷을 맡아주기도 했습니다.' 그러자 그분이 내게 이르시기를, '길을 떠나라. 내가 너를 이방인들에게로 보낸다.' 하셨소이다."

*

그리스도교를 박해한 과거가 바울로에게는 생생하게 남아있지만 주님에게는 흔적조차 없다. 그분께 있는 것은 오직 지금 여기에서 할 일과 앞으로 있게 될 일이다.

자기가 로마 시민임을 밝히는 바울로 [22, 22-29]

그의 말을 여기까지 듣고 있던 유다인들이 소리를 질러댔다. "저런 놈은 세상에서 아주 없애버리자. 살려둘 인간이 아니다!" 이렇게 고함지르며 옷을 벗어 던지고 공중에 티끌을 날리자 파견 대장이 바울로를 일단 병영 안으로 끌어들이고 무슨 일로 저렇게 소란을 피우는지 그 이유를 매질로 심문하여 알아보라고 명하였다. 병사들이 가죽으로 결박하자 바울로가 곁에 있는 백부장에게 물었다. "로마 시민을 재판도 하지 않고 매질하는 것이 당신네 법이오?" 이 말을 듣고 백부장이 파견 대장에게 말하였다. "저 사람, 로마 시민입니다. 어찌하시렵니까?" 파견 대장이 와서 그에게 물었다. "당신 로마 시민 맞소?" 그가 대답하였다. "그렇소." 파견 대장이 말하였다. "나는 시민권 얻는 데 돈을 많이 들였소." 바울로가 말하였다. "나는 태어나면서부터 시민이오." 그를 심문하려던 자들이 즉각 물러갔다. 파견 대장도 바울로가 로마 시민이라는 사실을 밝히자 그를 결박했던 일로 겁이 났다.

*

"저런 놈은 세상에서 아주 없애버리자. 살려둘 인간이 아니다!" 이렇게 터무니없는 소리를 지르며 분노와 증오로 거리를 메우는 자들은 그때만 있었던 게 아니다. 슬픈 세상이다

공의회 앞에서 연설하게 된 바울로 [22, 30]

이튿날 그가 유다인들이 바울로를 고발하는 이유를 알아보려고 그의 결박을 풀어주고 대사제들과 공의회 의원들을 소집시켰다. 그리고 바울로를 데려다가 그들 앞에 세웠다.

*

대사제들과 공의회 의원들을 바울로가 찾아간 게 아니다. 그들이 바울로 앞에 소집되었다.

바울로의 말 때문에 갈라지는 공의회 [23, 1-11]

바울로가 의원들을 똑바로 보며 말하였다. "형제 여러분, 나는 이날까지 범사에 하느님 앞에서 양심껏 살아왔소이다." 이 말을 듣고 대사제가 바울로 곁에 있는 자들에게 그의 입을 치라고 명하였다. 바울로가 그에게 말하였다. "당신, 회칠한 담이여, 하느님이 당신을 치실 것이오. 당신이 법으로 나를 심판한다면서 스스로 법을 어겨 나를 치라는 거요?" 곁에 있던 자들이, "감히 하느님의 대사제를 욕하는가?" 하자 바울로가 말하였다. "형제들, 저분이 대사제인 줄 몰랐소. '네 백성의 지도자를 비난하지 말라'는 성경 말씀은 나도 알고 있소." 바울로는 공의회가 사두가이파와 바리사이파로 구성되어 있음을 알고 큰 소리로 말하였다. "형제 여러분, 내가 이렇게 심문받는 것은 죽은 사람의 부활에 대한 희망을 품고 있기 때문입니다." 그가 이렇게 말하자 바리사이파와 사두가이파 사이에 분쟁이 일어나 공의회가 둘로 갈라졌다. 사두가이파는 부활도 천사도 영도 없다고 주장하고 바리사이파는 그것들이 다 있다고 주장했던 것이다. 큰소리가 오가고 장내가 시끄러워졌다. 바리사이파에 속한 율법학자 몇이 일어나서 강한 어조로 말하였다. "우리가 보기에 이 사람은 아무 잘못이 없소. 만일 영이나 천사가 이 사람에게 말했다면 어쩔 것이오?" 말다툼이 더욱 심해지는 것을 본 파견 대장이 저러다가 바울로가 그들 손에 찢겨 죽을까 염려하여 병사들에게, 내려가서 바울로를 그들로부터 빼내어 병영으로 데려가라고 명하였다.
그날 밤, 주께서 바울로 곁에 서서 말씀하셨다. "용기를 내어라. 너는 예루살렘에서 나를 증언한 것처럼 로마에서도 증언해야 한다."

*

"그날 밤, 주께서 바울로 곁에 서서 말씀하셨다." 바울로, 다마스쿠스 가는 길에 처음 주님을 만난 뒤로 이렇게 수시로 그분을 만나고 있다.

바울로를 죽이기로 맹세하는 유다인들 [23, 12-22]

날이 새자 유다인들이 한자리에 모여 맹세하기를 바울로를 죽이기 전에는 먹지도 마시지도 않겠다고 하였다. 이 음모에 가담한 자가 사십 명도 더 되었다. 그들이 대사제와 원로들에게 가서 말하였다. "우리가 바울로를 죽이기 전에는 아무것도 먹지 않기로 맹세하였습니다. 그러니 의원들과 함께 파견 대장에게로 가서 우리가 바울로에 대하여 좀 더 자세히 알아볼 것이 있으니 그를 공의회로 보내라고 말하시오. 그가 이리로 가까이 오기 전에 해치울 준비가 되어있습니다." 그러나 바울로의 조카가 그들이 숨어 있다는 말을 듣고 병영으로 달려가 사실을 바울로에게 알렸다. 바울로가 백부장 하나를 불러 말하였다. "이 젊은이가 파견 대장에게 할 말이 있다니 그에게 데려가 주시오." 백부장이 그를 파견 대장에게 데리고 가서 말하였다. "죄수 바울로가 저를 불러, 이 젊은이가 대장님께 드릴 말씀이 있다니 데려가라고 하였습니다." 파견 대장이 젊은이 손을 잡고 으슥한 곳으로 가서 물었다. "내게 할 말이 무엇인가?" 젊은이가 대답하였다. "유다인들이 바울로에 대하여 자세히 알아볼 것이 있다는 핑계로 내일 그를 공의회에 데리고 와달라는 부탁을 대장님께 하기로 뜻을 모았답니다. 저들의 청을 들어주지 마십시오. 저들 가운데 바울로를 죽이기 전에는 먹지도 마시지도 않기로 맹세한 사람이 사십 명도 더 되는데 지금 길목에 숨어서 그를 죽일 준비를 하고 대장님의 승낙이 떨어지기만 기다리고 있습니다." 파견 대장이 젊은이를 보내며 이 일을 아무에게도 말하지 말라고 당부하였다.

*

바울로를 죽이기 전에는 먹지도 마시지도 않겠다고 맹세하는 사람들. 바울로를 로마로 데려가시려는 그분의 계획에 자기들이 이렇게 동원되고 있다는 사실을 알았을까?

총독 앞으로 호송되는 바울로 [23, 23-35]

그가 백부장 둘을 불러 명하였다. "오늘 밤에 가이사리아로 출동할 보병 이백, 기마병 칠십, 창 쓰는 병사 이백을 대기시키고 바울로를 필릭스 총독에게 호송할 때 그가 탈 짐승도 준비해두어라." 그리고 다음과 같이 편지를 썼다. "글라우디오 리시아가 총독 펠릭스 각하에게 문안합니다. 이 자가 유다인들한테 잡혀 죽게 된 것을 본관이, 그가 로마 시민임을 알고, 군대를 출동시켜 구해내었습니다. 유다인들이 무슨 이유로 그를 고발하는지 알아보고자 유다인 공의회로 데려갔으나 거기서 그가 유다인의 법 때문에 고발당한 것이지 죽이거나 옥에 가둘 만한 죄가 전혀 없음을 알았습니다. 그런데 이 자를 암살하려는 음모가 있다는 정보를 입수하였기에 즉시 각하께 보내는 바입니다. 그를 고발하는 자들에게도 각하 앞에서 직접 고발하라고 일러두었습니다."

병사들이 명령받은 대로 바울로를 데리고 그날 밤 안티바드리스까지 갔다. 날이 새자 호송은 기마병이 맡고 나머지 병사들은 병영으로 돌아갔다. 저들이 가이사리아에 이르러 총독에게 편지를 전하고 바울로를 그 앞에 세웠다. 총독이 편지를 읽고 바울로에게 어디 출신이냐고 물어 길리기아 출신임을 알고, "그대를 고발하는 자들이 오면 심문하겠다." 하였다. 그리고 그를 헤로데 궁에 가두어 지키게 하였다.

*

"보병 이백, 기마병 칠십, 창 쓰는 병사 이백." 죄수 하나 호송하기로는 굉장한 규모의 군대 편성이다. 죽기를 각오한 사십 명 결사대를 상대하려면 그 정도는 돼야 했던가? 우습다.

총독 앞에서 고발당하는 바울로 [24, 1-9]

닷새 뒤에 대사제 아나니아가 원로들 몇과 데르딜로라는 법관을 데리고 총독 펠릭스에게 와서 바울로를 고발하였다. 바울로가 불려 나오자 데르딜로가 그를 고발하기 시작하였다. "각하, 우리는 각하의 은덕으로 태평성대를 누리고 있으며 이 나라 또한 각하의 선견지명으로 여러 방면에서 발전하고 있습니다. 이에 어느 모양으로든 어디에서든 각하께 감사드리는 바입니다. 각하께 더 폐가 되지 않도록 간략하게 말씀드리겠으니 너그러이 들어주시기 바랍니다. 우리가 보기에 이 자는 염병과 같아서 온 천하에 흩어져 사는 유다인들을 부추겨 반란을 일으키려 하는 자요, 나자렛 이단의 괴수입니다. 저가 심지어 우리 성전까지 더럽히려 하였기에 우리가 그를 체포한 것입니다. [그를 우리 법대로 심판하려 할 때 파견대장 리시아가 와서 강제로 빼앗아갔습니다. 그리고 그를 고발하는 사람들에게는 직접 각하 앞에서 고발하라고 명하였지요.] 친히 심문해보시면 우리가 왜 그를 고발하는지 아시게 될 것입니다." 유다인들이 그의 말을 지지하며 모두 사실이라고 주장하였다.

*

그들이 그를 염병 같은 자로 본 것은 사실이다. 하지만 그러므로 그가 염병 같은 자라고 말할 수 있는 사람은 아무도 없다. 누가 아무를 뭐로 보는지는 누구의 문제지 아무의 문제가 아니다. 아무가 누구에게 휘둘릴 까닭이 없다.

바울로의 피고인 진술 [24, 10-23]

총독이 바울로에게 할 말 있으면 하라고 몸짓을 하자 바울로가 답변하였다. "각하께서 여러 해 동안 이 나라의 재판장 자리에 앉아있는 것은 본인도 잘 알고 있습니다. 그러기에 기꺼이 각하 앞에서 자신을 변호해보겠습니다. 본인이 순례하러 예루살렘에 온 지 열이틀밖에 되지 않았다는 사실은 직접 확인해보면 아실 것입니다. 저 사람들은 그동안 성전이나 회당이나 거리에서 누구하고 논쟁하거나 군중을 부추기는 본인의 모습을 보지 못했습니다. 그러므로 본인을 고발하지만 어떤 증거도 제시할 수 없을 것입니다. 그러나 본인이 각하 앞에서 시인하는 것은, 저들이 이단이라고 하는 그 도를 좇아서 조상들의 하느님을 섬기고 율법과 예언자들의 글에 기록된 것을 모두 믿는다는 사실입니다. 본인은 하느님을 믿고 의인과 악인이 모두 부활하리라는 기대를 지니고 있는데, 저들도 같은 기대를 지닌 줄 압니다. 그 때문에 본인은 하느님과 사람들 앞에서 항상 양심에 거리낌이 없도록 애쓰고 있습니다. 이곳 동포들에게 구호금을 전달할 겸 하느님께 제물을 드리려고 여러 해 만에 돌아왔습니다만, 정결 예식을 마치고 성전에 있는 본인을 저들이 보기는 했겠으나 거기에는 군중도 없었고 소란도 없었습니다. 다만 아시아에서 온 유다인 몇이 그 자리에 있었는데 본인을 고발할 무엇이 그들에게 있다면 직접 각하 앞에서 고발했어야 할 것입니다. 아니면 본인을 공의회 앞에 세웠을 때 무슨 죄목을 찾아냈는지 저들에게 말해보라고 하십시오. 본인은 단지 저들 앞에서, '죽은 자의 부활에 관한 문제로 내가 오늘 당신들한테 재판을 받는 거요.'라고 외쳤을 따름입니다."

펠릭스는 도에 대하여 자세히 알고 있었기에, "파견 대장 리시아가 오면 이 사건을 심의하겠다."고 말하였다. 그리고 백부장에게, 바울로를 지키되 웬만큼 자유를 주고 친지들의 뒷바라지를 금하지 말라고 명하였다.

*

"하느님과 사람들 앞에서 항상 양심에 거리낌이 없도록 애쓰고 있다." 됐다. 더 무엇을 바랄 것인가? 게다가 앞에서 인도하시는 분을 모시고 길을 간다. 바울로가 매사에 당당하여 거리낌이 없는 까닭은 이로써 충분하다.

총독 관저 옥에서 이태를 보내는 바울로 [24, 24-27]

며칠 뒤 펠릭스가 유다 여자인 아내 드루실라와 함께 와서 바울로를 불러내어 그리스도 예수를 믿는 도에 관한 이야기를 들었다. 바울로가 공의와 절제와 다가올 심판에 대한 강론을 시작하자 펠릭스는 겁이 나서 말하였다. "인제 그만 가라. 기회 있으면 다시 부르겠다." 그러면서 한편, 돈을 좀 받아낼 수 있을까 하는 꿍꿍이속으로 자주 바울로를 불러내어 이야기를 나누었다.

이태가 지났다. 펠릭스 뒤를 이어 보르기오 페스도가 총독으로 부임하였다. 펠릭스는 유다인들의 환심을 사려고 바울로를 그대로 옥에 가두어두었다.

*

"이태가 지났다." 하루라도 속히 로마에 가고 싶은 바울로에게 '이태'는 견디기 어려운 세월이었겠다. 하지만 견디고 기다려야 할 때는 견디고 기다려야 한다.

신임 총독 앞에 선 바울로 [25, 1-12]

부임한 지 사흘 만에 페스도 총독이 가이사리아에서 예루살렘으로 올라오자 대사제들과 유다인 지도자들이 바울로를 고발하면서 자기들한테 은전을 베푸는 셈 치고 그를 예루살렘으로 보내 달라고 청하였다. 길목에 사람을 숨겨두었다가 그를 죽일 작정이었던 것이다. 페스도가 바울로는 가이사리아에 구금되어 있을 것이고 자기도 곧 그리로 갈 참이니, "그에게 무슨 잘못이 있으면 당신네 지도자들이 나와 함께 가서 그를 고발하도록 하시오."라고 말하였다.

페스도가 그곳에서 그들과 함께 여드레인지 열흘인지 머물다가 가이사리아로 내려왔다. 다음 날 그가 재판장 자리에 앉아 바울로를 데려오게 하였다. 바울로가 나오자 예루살렘에서 내려온 유다인들이 그를 에워싸고 여러 중대한 죄목으로 고발하였으나 증거는 하나도 대지 못하였다. 바울로가 스스로 변명하기를, "나는 유다인의 법에도 성전에도 카이사르에게도 아무 잘못한 바가 없소." 하였다. 페스도가 유다인들의 환심을 사려고 바울로에게 물었다. "그대, 예루살렘으로 올라가 내 앞에서 재판받는 것이 어떻겠는가?" 바울로가 대답하였다. "본인은 지금 카이사르 법정에 서 있는 것이니 마땅히 여기에서 재판을 받아야 합니다. 각하께서도 아시다시피 나는 유다인들에게 아무 잘못이 없습니다. 만일 무슨 잘못을 저질렀거나 사형에 처할 만한 죄를 지었다면 죽음도 마다하지 않겠으나, 저 사람들이 아무 근거도 없이 본인을 고발하는 거라면 누구도 나를 저들에게 넘겨줄 수 없는 일입니다. 본인은 카이사르 앞에 상소합니다." 페스도가 배석자들과 상의하고 나서 말하였다. "그대가 카이사르에게 상소하였으니 그대를 카이사르에게로 보내겠다."

*

유다인들이 페스도 총독을 압박하여 바울로로 하여금 로마의 카이사르에게 상소하도록 만든다. 자기들이 지금 바울로를 위한 하느님의 계획에 동원되고 있는 줄 알았을까?

아그리빠 왕 앞에 세워진 바울로 [25, 13-27]

며칠 뒤, 아그리빠 왕과 베르니게가 페스도를 예방하러 가이사리아로 내려왔다. 그들이 거기에서 여러 날 머물러 있는 동안 페스도가 바울로 사건을 왕에게 설명하며 말하기를, "펠릭스가 옥에 가두어둔 사람 하나가 이곳에 있소. 예루살렘에 올라갔더니 유다인 대사제들과 원로들이 그를 고발하면서 심판해달라고 하더군요. 나는 원고 앞에서 자기를 변명할 기회도 주지 않고 피고를 넘겨주는 것은 로마의 법이 아니라고 대답했소. 그들이 나와 함께 여기까지 왔기에 지체 없이 다음 날 법정을 열고 그를 불러냈지요. 원고들이 일어서서 그를 고발했지만 내가 예상했던 죄목은 하나도 제시 못 하였고 단지 자기네 종교와 죽은 사람 예수에 관하여, 바울로는 그가 살았다고 합디다만, 견해가 서로 달랐을 뿐이었소. 이 사건을 어떻게 처리할까 고심하다가 예루살렘으로 올라가서 재판받지 않겠느냐고 본인에게 물었더니 바울로의 대답인즉, 황제 앞에서 판결이 날 때까지 자기를 구류시켜달라는 것이었소. 그래서 카이사르에게 보낼 때까지 그대로 가두어두라고 명하였지요." 하였다. 아그리빠가 말하였다. "나도 그의 말을 들어보고 싶소이다." 페스도가 말하였다. "내일 들어보시오."
이튿날 거창하게 차려입은 아그리빠와 베르니게가 지휘관들과 도성의 고위층 인사들을 거느리고 공청회장에 나타나자, 페스도의 명으로 바울로가 끌려나왔다. 페스도가 말하였다. "아그리빠 전하, 그리고 이 자리에 함께한 여러분, 예루살렘과 가이사리아의 모든 유다인들이 여기 이 사람을 내게 고발하면서 더 살려둘 인간이 못 된다고 아우성칩니다. 하지만 내가 보기에 그에게는 사형에 처할 만한 죄가 하나도 없더군요. 마침 본인이 황제 폐하께 상소하였으므로 그를 황제에게 보낼 생각입니다. 그런데 그에 대하여 황제에게 보고할 무슨 확실한 자료가 없는지라, 이 자리에서 그를 심문하여 몇 가지 첨부 자료를 얻을까 하여 특히 아그리빠 전하 앞에 그를 세웠소이다. 분명한 죄목도 없이 죄수를 보내는 것은 사리에 맞지 않다고 봅니다."

*

"거창하게 차려입은 아그리빠와 베르니게가 지휘관들과 도성의 고위층 인사들을 거느리고" 공청회장에 나타난다. 속으로 자신 없는 자들이 겉으로 거창하게 꾸미는 법이다.

왕과 총독 앞에서 자기를 변호하는 바울로 [26, 1-32]

아그리빠 왕이 바울로에게 말하였다. "해명할 것 있으면 해도 좋소." 바울로가 손을 앞으로 내밀며 자기를 변호하여 말하기를, "아그리빠 전하, 유다인들이 본인을 고발한 데 대하여 오늘 전하 앞에서 해명하게 된 것을 다행으로 여깁니다. 특히 전하께서 유다의 풍속과 저들이 문제 삼는 내용에 대하여 잘 알고 계시니 더욱 그렇습니다. 아무쪼록 본인의 말을 끝까지 들어주시기 바랍니다. 내가 젊은 시절을 어떻게 살았는지, 그러니까 처음부터 예루살렘에서 동족들과 어떻게 살았는지는 모든 유다인들이 잘 알고 있습니다. 그들이 나를 안 세월이 오래되었으니 하려고만 한다면 내가 유다교에서도 가장 엄격한 바리사이파 사람으로 살았다는 사실을 증명할 수 있을 것입니다. 지금 본인이 여기에서 심문당하는 것도 하느님이 우리 조상들에게 주신 약속이 이루어지기를 희망하기 때문입니다. 그 약속이 이루어지기를 우리 열두 지파가 밤낮으로 하느님을 섬기면서 희망하고 있거니와 바로 그 희망 때문에, 전하, 지금 본인이 유다인들한테 고발당하고 있는 것입니다. 하느님께서 죽은 자들 살리신다는 것이 어째서 당신들 유다인에게 믿을 수 없는 일로 치부되는 것입니까? 실은 나 자신도 나자렛 예수의 이름을 반대하여 무슨 일이든지 해야 한다고 생각하였으며, 예루살렘에서 그리하였고, 대사제들로부터 권한을 부여받아 많은 성도를 옥에 가두고 죽이는 일에 찬동하였으며, 회당을 순

회하면서 그들에게 벌을 주어 억지로 신성을 모독하게 하였고, 그들에게 너무 화가 나서 이방 여러 도성에까지 찾아가 핍박하였지요. 본인은 이 일로 대사제들한테서 권한을 위임받아 다마스쿠스로 가고 있었습니다. 그런데 전하, 정오에 하늘로부터 해보다 밝은 빛이 눈부시게 번쩍이며 우리 일행을 비추는 것이었습니다. 우리가 땅에 엎드려 있을 때 아람어로 말하는 소리가 내 귀에 들렸습니다. '사울아, 사울아, 왜 나를 핍박하느냐? 가시 박은 채찍에 발길질하면 너만 다칠 뿐이다.' 그래서, '주님, 누구십니까?' 하고 물으니 주께서 대답하시기를, '나는 네가 핍박하는 예수다. 일어나 네 발로 서라. 내가 이렇게 나타난 것은 너를 내 일꾼으로 삼기 위해서다. 네가 나를 본 것과 장차 보게 될 것을 사람들에게 증언하게 되리라. 네가 그들의 눈을 뜨게 하여 어둠에서 빛으로, 사탄의 권세에서 하느님께로 돌아가게 하고 나를 믿고 죄를 용서받아 성결해진 자들의 몫을 나눠 받게 할 것이다.' 하셨습니다. 아그리빠 전하, 본인은 하늘이 보여주신 계시를 거역하지 않고, 먼저는 다마스쿠스에서 그리고 예루살렘과 온 유다 지역과 이방인들의 땅에까지, 회개하여 하느님께 돌아오고 회개한 사람임을 행동으로 보이라고 외쳤습니다. 그런데 바로 그 때문에 유다인들이 본인을 성전에서 붙잡아 죽이려 하였으나 하느님의 도우심으로 오늘 이 자리에서 높은 사람 낮은 사람 모두에게 예언자들과 모세가 반드시 그렇게 되리라고 말한 바로 그것, 그리스도가 고난을 겪고 죽음에서 살아난 첫 번째 사람이 되어 이스라엘 백성과 이방인들에게 빛을 선포하고 계심을 증언하게 된 것입니다." 하였다.

이렇게 바울로가 자기를 변호하고 있는데 페스도가 큰소리로 외쳤다. "바울로, 그대 미쳤군. 아는 게 너무 많아서 미쳤어!" 바울로가 말하였다. "미치지 않았습니다, 총독 각하. 맑은 정신으로 진실을 말하고 있는 겁니다. 전하께서도 이 모든 일을 알고 계시기에 거리낌 없이 말씀드렸고요. 어느 구석에서 은밀하게 일어난 일이 아니니 모르실 리 없습니다. 아그리빠 전하, 전하께서도 예언자들을 믿으시지요? 믿으시는 줄 알고 있습니다." 아그리빠가 바울로에게 말하였다. "그대가 몇 마디 말로 설득하여 쉽게 나를 그리스도인으로 만들 셈인가?" 바울로가 대답하였다. "쉽든 어렵든 전하뿐 아니라 오늘 내 말을 듣는 사람들이, 이 사슬만 빼고, 모두 나처럼 되기를 하느님께 빕니다." 왕과 총독과 베르니게와 자리를 함께했던 사람들이 일어나 퇴장하며 서로 말하기를, "저 사람, 사형을 당하거나 옥에 갇힐 만한 짓을 하지는 않았군." 하였다. 아그리빠가 페스도에게 말하였다. "카이사르에게 상소만 하지 않았어도 풀려날 수 있었을 텐데."

*

바울로, 입이 열 개라도 하는 말은 언제나 하나뿐인 사람! 참으로 복된 사람.

드디어 로마로 향하는 바울로 일행 [27, 1-12]

우리가 배를 타고 이탈리아로 가는 것이 결정되자, 바울로와 다른 죄수들 몇이 친위대 백부장 율리오에게 넘겨졌다. 마침 아드라미티움에서 온 배 한 척이 아시아 해변 여러 항구로 떠날 예정이었기에 우리는 그 배에 올랐다. 데살로니카 태생인 마케도니아 사람 아리스다르코도 우리와 함께였다. 이튿날 배가 시돈에 닿자 율리오가 바울로에게 친절을 베풀어 친구들을 찾아가서 만나도 좋다고 하였다. 그곳을 떠나자 역풍 때문에 키프로스 해안을 의지하여 항해하였고 길리기아와 밤필리아 앞바다를 지나 리키아의 미라 항구에 닿았는데, 거기에서 이탈리아로 가는 알렉산드리아 배를 만나 백부장이 우리를 그 배에 태웠다. 우리는 여러 날 동안 느리고 어렵게 항해하여 크니드스 앞바다까지 갔다. 바람이 계속 순조롭지 않았으므로 살모네 앞을 지나 그레데 해안을 끼고 가다가 라새아 성에서 가까운 '아름다운 항구'에 겨우 닿았다.

많은 날이 지났고 금식하는 절기도 지났으므로 아무래도 항해가 어렵게 되었다. 바울로가 사람들에게 경고하였다. "여러분, 내가 보기에 이대로 항해를 계속하면 짐과 배뿐 아니라 우리 생명에도 큰 타격과 손실이 있을 것이오." 하지만 백부장은 바울로의 말보다 선장과 선주의 말을 더 믿었다. 게다가 항구가 겨울을 나기에는 불편한 곳이었으므로 거기를 떠나 어떻게든지 페닉스까지 가서 그곳에서 겨울을 나자는 것이 대다수 의견이었다. 페닉스는 그레데의 항구인데 서남쪽과 서북쪽을 아울러 바라볼 수 있는 곳이었다.

*

바울로가 마침내 다른 죄수들과 함께 로마로 호송된다. 죄인들 틈에서 처형당한 그 스승의 그 제자다. 바울로가 감사드린 "범사凡事"에 이 또한 포함되었으리라.

바다에서 태풍을 만나 표류하는 바울로 일행 [27, 13-44]

마침 남풍이 순하게 불자 그들은 바라는 대로 되는 줄 알고 닻을 올려 그레데 해안 가까이 붙어서 항해하였다. 그런데 얼마 지나지 않아 유라퀼로라는 태풍이 육지로부터 불어왔다. 풍랑에 휘말린 배가 바람을 뚫고 앞으로 나아가기를 스스로 포기하고 이리저리 표류하다가 가우다라는 작은 섬 해안에서 끌고 오던 거룻배를 선원들이 간신히 끌어올리고 깨어지지 않게 밧줄로 동여맸다. 그대로 가다가는 해안 모랫바닥에 걸릴까 봐 겁이 나서 돛을 내리고 그 상태로 표류하였다. 바람에 계속 시달린 끝에 이튿날 짐들을 바다에 던졌고 그다음 날에는 선원들이 배의 장비를 내던졌다. 그렇게 여러 날 해도 별도 보이지 않고 바람만 거세게 불자 살아남을 희망이 아주 사라지고 말았다.

오랫동안 아무것도 먹지 못하고 시달려온 사람들에게 바울로가 일어서서 말하였다. "여러분, 내 말대로 그레데를 떠나지 말았어야 했소. 그랬더라면 이런 재난과 손실을 겪지 않았을 거요. 하지만 안심하시오. 배는 잃겠지만 당신들 가운데 누구도 생명을 잃지는 않을 것이오. 간밤에 내가 속해 있는 분 곧 내가 섬기는 하느님의 천사가 내 곁에 서서 말하기를, '바울로, 두려워 말게. 자네가 반드시 카이사르 앞에 설 것이며 자네와 동행하는 자들을 하느님께서 모두 자네한테 맡기셨네.' 하였소이다. 그러니 안심하시오. 나는 하느님을 믿소. 내게 들려주신 말씀이 그대로 될 것이오. 하지만 우리는 이제 어떤 섬으로 밀려가 걸리게 되어있소."

아드리아 바다에서 표류한 지 열 나흘째 되던 날 한밤중에, 선원들이 뭍에 가까이 온 것 같은 느낌이 들어 물 깊이를 재어보니 스무 길이었다. 조금 더 가다가 다시 재어보니 열다섯 길이었다. 배가 암초에 걸릴 위험이 있어 고물로 닻을 네 개 내리고 날 밝기를 기다리는데 선원들이 배에서 탈출하려고 이물로 닻을 내리는 척하며 거룻배를 물에 띄웠다. 바울로가 병사들에게 말하였다. "저들이 배에 있지 않으면 당신들은 살길이 없소." 이에 병사들이 밧줄을 끊어 거룻배를 떼어버렸다. 동트기 직전, 바울로가 사람들에게 음식을 권하며 말하기를, "당신들은 이제까지 열나흘 동안 마음 졸이며 아무것도 먹지 못하였소. 자, 좀 드시오. 그래야 살 수 있소. 당신들 머리카락 한 올 잃지 않을 것이오." 이렇게 말하고 모든 사람 앞에서 빵을 들어 하느님께 감사드린 다음 떼어서 먹기 시작하였다. 그러자 모두 용기를 얻어 음식을 먹었다. 배에 탄 사람은 모두 합하여 이백일흔여섯 명이었다. 저마다 배불리 먹고 나서 양식을 바다에 버려 배를 가볍게 하였다.

날이 밝았다. 어느 땅인지는 알 수 없지만 모래사장 있는 해변이 보였으므로 할 수 있으면 거기에 배를 대기로 하였다. 닻을 끊어 바다에 버리고 키의 줄을 늦추고 돛을 올려 바람을 타고 해안 쪽으로 다가갔다. 그러다가 두 물이 합치는 곳으로 끼어든 배가 모래톱에 얹히면서 이물은 박혀 움직이지 않고 고물은 큰 물결에 부딪혀 깨어졌다. 그러자 죄수들이 도망칠까 하여 그들을 죽이기로 병사들이 작전을 짰다. 하지만 백부장이 바울로를 살리고자 하여 병사들의 계획을 꺾고 헤엄칠 수 있는 사람부터 물로 뛰어내려 상륙하고 나머지는 부서진 배의 나뭇조각이나 널빤지를 의지하여 육지로 나가라고 명하였다. 이렇게 하여 우리 모두 무사히 뭍에 올랐다.

*

완성된 그림의 아름다움을 미리 본 사람은 아직 완성되지 않은 그림의 추한 부분에 좌절하지 않는다. "모든 일이 합력하여 이루는 '선善'을 본" 사람은 현실의 악함에 굴복하지 않는다. 하느님을 믿는 사람의 전형典型이다.

멜리데 섬에 상륙한 바울로 일행 [28, 1-10]

안전하게 상륙한 우리는 거기가 멜리데라는 섬인 것을 알았다. 원주민들이 우리에게 특별한 친절을 베풀었다. 마침 비가 내려 날씨가 추워졌으므로 불을 피워 놓고 우리를 영접했던 것이다. 바울로가 나뭇가지를 한 아름 안아다가 불에 넣는데 그 안에 있던 독사 한 마리가 뜨거운 열기 때문에 나와서 그의 손을 물고 떨어지지 않았다. 뱀이 손에 매달려 있는 것을 본 원주민들이 수군거리기를, "저 사람, 살인자가 분명해. 바다에서는 살아나왔지만 정의의 여신이 살려두지 않는 거야." 하였다. 하지만 바울로는 뱀을 불에 털어버리고 상처 하나 입지 않았다. 그가 퉁퉁 부어오르든지 당장 쓰러져 죽으려니 하고 지켜보던 원주민들은 한참을 기다려도 아무 이상이 없는 것을 보자 이번에는 생각을 바꾸어 그를 신으로 여겼다.
근처에 섬의 추장인 푸블리오네 밭이 있었다. 그가 우리를 초대하여 사흘 동안 친절하고 융숭하게 대접하였다. 마침 푸블리오 아버지가 열병과 이질로 누워있었는데 바울로가 들어가서 기도하고 손을 얹으니 곧 나았다. 그러자 섬에 있는 다른 병자들도 와서 모두 고침을 받았다. 그들은 우리에게 많은 선물로 보상하였고 우리가 떠날 때는 필요한 물건들을 배에 실어주었다.

*

이와 같은 경험들을 통해서 그는 마침내 깨쳤을 것이다, 자기가 자기 몸으로 사는 게 아니라 그리스도께서 자기 몸으로 사는 것임을. 이런 깨달음은 머리로 얻는 게 아니다.

마침내 로마에 도착한 바울로 [28, 11-16]

석 달 뒤 우리는 그 섬에서 겨울을 난 알렉산드리아 배를 타고 떠났는데, 배 이름이 디오스구로이(하늘 쌍둥이)였다. 우리는 시라쿠스에 닿아 거기에서 사흘 동안 머물다가 그곳을 떠나 빙 돌아서 레기움에 이르러 하루를 묵고 이튿날 남풍을 타고 보디올리에 닿았다. 그곳에서 형제들을 만났고 그들의 요청으로 이레 동안 함께 지내다가 드디어 로마로 갔다. 그곳 형제들이 우리가 간다는 소식을 듣고 마중 나왔는데 아피오 광장까지 온 사람들도 있고 트레스 타베르네(세 여인숙)까지 온 사람들도 있었다. 바울로가 그들을 보고 하느님께 감사드리며 용기를 얻었다.

우리가 로마에 들어갔을 때 바울로는 감시하는 병사 하나와 함께 따로 지내도 좋다는 허락을 받았다.

*

신분은 카이사르에 항소한 죄수지만 그를 로마에서 맞은 것은 무장 병사가 아니라 믿는 형제들이었다. 겉으로는 로마의 죄수, 속으로는 그리스도의 사도. 누가 바울로인가?

로마에서 전도하는 바울로 [28, 17-31]

사흘 뒤 바울로가 그곳 유다인 지도자들을 초대하여 모두 모인 자리에서 말하였다. "형제들, 나는 예루살렘에서 온 죄수 신분으로 지금 여기 있습니다만 한 번도 우리 겨레와 조상의 관습을 거역한 적이 없는 사람이오. 그런데도 로마인들 손에 넘겨졌지요. 그들은 나를 조사해서 사형에 처할 만한 죄가 없음을 알고 놓아주려 했지만 유다인들이 반대하는 바람에 마지못하여 카이사르에게 상소하게 된 것이지 내 동포를 고소하려는 건 결코 아니었소. 내가 이렇게 사슬로 묶여있는 것은 바로 이스라엘의 희망, 그것 때문이고 그래서 당신들을 만나 함께 이야기해보려고 이렇게 모셨소이다." 그들이 말하였다. "우리는 당신에 관한 편지 한 통 유다로부터 받은 바 없고 그곳의 형제들 가운데 누가 와서 당신에 관한 보고를 하거나 당신을 헐뜯거나 하지도 않았소. 그러나 당신 생각이 어떤지는 한번 듣고 싶군요. 그 종파가 어디에서나 배척당하고 있다는 사실은 우리도 알고 있으니까."

그들은 날을 정해두었다가 약속한 날에 많은 사람이 그의 처소로 찾아왔다. 그는 아침부터 저녁까지 하느님 나라를 힘 있게 설명, 증언하였고 모세의 법과 예언자들의 글을 인용하면서 예수를 설득시키려고 노력하였다. 그의 말을 받아들이는 사람도 있었지만 믿으려 하지 않는 사람도 있었다. 이렇게 서로 의견을 달리한 채 흩어지려 하자 바울로가 한마디 했다. "성령께서 예언자 이사야를 통해서 하신 말씀이 참으로 지당하오. 그가 우리 선조들에게 말하기를, '가서 이 백성에게 말하여라. 너희가 듣기는 하겠지만 알아듣지 못하고 보기는 하겠지만 알아보지 못하리라. 이 백성의 마음이 완고해서 귀를 닫고 눈을 감은 탓이니 그렇지 않았으면 눈으로 보고 귀로 듣고 마음으로 깨달아 돌아섰을 것이고 내가 저들을 온전히 고쳐주었으리라.' 하지 않았소? 그러니 당신들은 알아두시오. 하느님의 구원하시는 말씀이 이방인들한테로 돌아갔다는 사실을! 그들이 말씀을 듣게 될 것이오." [그가 이렇게 말하자 유다인들이 많은 토론을 하면서 돌아갔다.]
그가 옹근 이태 동안 스스로 마련한 셋집에서 찾아오는 사람들을 영접하여 하느님 나라를 선포하고 주 예수 그리스도에 관한 가르침을 담대히 펼치는 데 아무 방해도 받지 않았다.

*

"…스스로 마련한 셋집에서 찾아오는 사람들을 영접하여 하느님 나라를 선포하고 주 예수 그리스도에 관한 가르침을 담대히 펼치는 데 아무 방해도 받지 않았다."

그리스도의 사도로서 보여줄 수 있는 완벽한 삶의 모습이다.

1) (자기 소유 아닌) 셋집에 산다.

2) (사람들을 찾아가지 않고) 찾아오는 사람들을 (물리치지 않고) 영접한다.

3) (세상 나라 아닌) 하느님 나라를 (해설하지 않고) 선포한다.

4) (본인의 가르침 아닌) 주 예수의 가르침을 (아무 겁도 없이) 담대히 펼친다.

5) (세상과 사람들로부터) 아무 방해도 받지 않는다.

로마서

첫인사 [1, 1-7]

그리스도 예수의 종, 사도로 부르심 받아 하느님의 복음 전하는 사명을 띤 바울로가 하느님이 사랑하시고 그분 백성으로 부르심 받은 로마의 모든 성도에게 이 편지를 보냅니다.
우리 아버지 하느님과 주 예수 그리스도로부터 내리는 은총과 평화가 그대들에게 있기를!
이 복음은 오래전에 하느님께서 성경의 예언자들을 통하여 약속해 주신 것으로서 다름 아닌 당신의 아들에 관한 복음인데, 그분은 사람의 혈통으로는 다윗의 직계 후손이지만 거룩한 성품으로는 죽음에서 부활하심으로써 의문의 여지 없이 하느님의 아들로 확인되신 분 곧 우리 주 예수, 그분이십니다.
내가 그분 이름을 위하여 모든 민족의 백성으로 하여금 그분을 믿어 순종하도록 인도하는 사도가 된 것도 그분의 은총이었거니와 그대들 또한 예수 그리스도의 부르심을 받았으니 그들 가운데 속해 있는 것입니다.

*

자기가 누군지를 분명히 알고 사는 사람이다. 만사에 머뭇거릴 이유가 없다. 사도使徒가 할 일은 하느님의 복음을 세상에 설명하는 것이 아니라 전하는 것이다, 듣든지 말든지!

로마에 가고자 하는 사도의 마음 [1, 8-15]

먼저 말하고 싶은 것은 그대들의 믿음이 온 세상에 널리 알려지고 있음에 대하여 예수 그리스도의 이름으로 하느님께 감사드린다는 사실입니다. 하느님 곧 내가 당신 종으로서 당신 아드님의 복음을 전하고 있는 하느님께서는 내가 기도할 때마다 항상 그대들을 기억하고 있으며 하느님의 뜻이면 언제든지 어떻게든지 그대들한테로 갈 수 있게 해달라고 기도한다는 사실을 잘 알고 계십니다. 내가 그대들 보기를 간절히 바라는 이유는 어떤 영적 선물을 그대들과 더불어 나눔으로써 그대들을 더욱 강건하게 하기 위해서입니다. 그러니까 내 말은 그대들을 만나 함께 있으면서 나는 그대들의 믿음으로 그대들은 나의 믿음으로 피차 서로 격려를 받자는 것이올시다. 형제들이여 내가 다른 이방인들 가운데서 그랬듯이 그대들 가운데서도 열매를 거두고자 수차례 그대들한테로 가고자 하였으나 여태 그 길이 막혔음을 알아주시기 바랍니다. 나는 그리스인이든 그리스인 아닌 사람이든, 배운 사람이든 배우지 못한 사람이든, 모두에게 빚진 사람입니다. 그래서 로마에 있는 그대들한테도 복음을 전하는 것이 이토록 간절한 나의 소망인 것입니다.

*

당시 사람들에게 로마는 명실상부한 세계의 중심이다. 거기에서 복음을 전하는 것은 사도로서 품을 수 있는 마땅한 꿈이다. 하지만 그 꿈을 이루는 것은 본인이 아니다.

부끄럽지 않은 복음 [1, 16-17]

나는 복음을 부끄러워하지 않습니다. 이 복음은 모든 믿는 이들을, 먼저 유다인 그리고 이방인까지, 구원하시는 하느님의 능력입니다. 하느님이 당신 앞에서 사람을 의롭게 만드시는 과정의 처음과 끝이 곧 믿음인 것을 복음이 드러내어 보여주고 있습니다. 성경에도 이르기를, "하느님 앞에서 의로운 자는 믿음으로 살리라." 하지 않았습니까?

*

한 인간의 의로운 삶이 믿음으로 비롯되어 믿음으로 완성된다. 먼저 믿음은 자기 의지가 앞선 믿음이고 나중 믿음은 자기 의지가 없어진 믿음이다.

하느님을 외면한 인간에 대한 하느님의 진노 [1, 18-32]

사악하게 진실을 틀어막는 인간들의 온갖 불경과 불의에 대하여 그것들 위에 내리는 하느님의 진노가 하늘로부터 나타나고 있습니다. 인간이 하느님에 대하여 알 수 있는 것은, 하느님께서 명백하게 밝히셨으므로, 모두 알려져 있습니다. 창세 이후로 그분의 영속하시는 능력과 신성한 본질이, 비록 사람 눈에 보이지는 않지만, 창조하신 것들 안에 있어서 인간의 마음으로 볼 수 있게 하셨으니 사람들이 무슨 핑계를 댈 수 있겠습니까?
사람들이 하느님을 알면서도 영광을 돌리거나 감사하기는커녕 오히려 허황한 생각에 빠져 미련한 마음이 어둠으로 가득 차게 되었습니다. 스스로 지혜롭다 하지만 자기를 바보로 만들어 썩어 없어질 인간이나 새, 짐승, 뱀 따위의 모양으로 만든 우상들로 썩지 않는 하느님의 영광을 바꿔치기하였습니다. 그래서 하느님은 저들로 하여금 제 욕정을 채우려고 더러운 짓을 하며 서로 몸을 욕되게 하도록 내버려 두셨지요. 그들은 하느님의 진실을 거짓으로 바꿔치기하였고 세상을 지으신 창조주, 영원토록 찬양받으실 분이로다, 아멘, 그분보다 피조물을 더 경배하고 섬겼습니다. 그래서 하느님은 그들을 망측한 욕정에 빠지도록 내버려 두셨고 그 결과 여자들은 남자와 정상적인 성행위를 하는 대신 자기들끼리 비정상적인 성행위를 하고 남자들도 여자와 정상적인 성행위를 하는 대신 자기들끼리 욕정을 불태우게 된 것입니다. 남자들이 남자들과 부끄러운 짓을 하여 그 잘못된 행실에 대한 피할 수 없는 벌을 받고 있습니다. 그들이 하느님을 알아보려고도 하지 않았으므로 하느님께서는 그들을 버리셨고 그래서 그들의 마음은 이성을 잃고 행동은 어지러워져서 온갖 불의, 사악, 탐욕, 악의로 가득하고 시기, 살인, 분쟁, 사기, 악독으로 가득하여 없는 말을 지어내고 서로 헐뜯고 하느님의 버림을 받고 하느님을 모독하고 난폭하고 거만하고 악한 일을 꾀하고 부모에 순종치 아니하고 양심도 없고 신의도 없고 온정도 자비도 없는 것입니다. 이런 짓을 하는 자는 마땅히 죽는다는 하느님의 법을 잘 알면서도 자기들만 그러고 있는 게 아니라 그러는 자들을 잘한다고 두둔하기까지 하지요.

*

서두부터 공격적이다. 게다가 자세하기까지 하다. 저들로 하여금 "제 욕정을 채우려고 더러운 짓을 하며 서로 몸을 욕되게 하도록" 내버려 두신 하느님의 심오한 뜻은 아직 관심 밖이다. 하지만 이것은 어디까지나 '들어가는 말'이다. 결론은 물론 아니다.

남을 심판하는 자의 피할 수 없는 심판 [2, 1-16]

그런즉 친구여, 그대가 누구든 간에 남을 심판하는 자리에 서면 스스로 변명할 길이 없습니다. 그대가 정죄하는 바로 그 짓을 그대도 하고 있기에 남을 심판하는 것이 곧 그대 자신을 심판하는 것이기 때문이지요. "그런 짓을 하는 자에게 하느님의 공의로운 심판이 내릴 것을 우리는 안다."고 그대는 말합니다. 친구여, 그런 짓을 하는 자들을 심판하는 그대 또한 같은 짓을 하면서 하느님의 심판을 면할 수 있으리라고 생각합니까? 아니면 그분의 넉넉하신 친절과 관용과 인내를 업신여기는 건가요? 하느님께서 베푸시는 관용과 친절이 그대를 회개로 이끌기 위한 것임을 모릅니까? 그런데도 그대는 완고하여 좀처럼 돌아서려 하지 않으니, 그것은 진노의 날 곧 하느님이 공의로운 심판을 내리시는 날에 받을 진노를 쌓아두는 것입니다. 그날 하느님께서는 각 사람에게 그 행한 대로 갚아주시되 인내로 선을 행하며 영광과 존귀와 썩지 않을 것을 구한 자에게는 영원한 생명을 주시고 자기 이익을 추구하여 옳은 일에 순종치 않고 그른 일에 순종한 자에게는 진노와 벌을 내리실 것입니다. 누구든지 악을 행하는 자는 그 값으로 환난과 곤궁에 처할 터인즉 먼저는 유다인이고 나중은 그리스인이요, 누구든지 선을 행하는 자는 그 값으로 칭찬과 영예와 존귀를 누릴 터인즉 먼저는 유다인이고 나중은 그리스인이니, 하느님 앞에서는 인종차별이 없기 때문입니다. 율법을 모르고 죄를 짓는 자는 율법에 상관없이 망하고 율법을 알고 죄를 짓는 자는 율법에 따라서 심판받을 것입니다. 하느님 앞에서 의롭다고 인정받는 사람은 율법을 귀로 듣는 사람이 아니라 율법을 몸으로 실천하는 사람이올시다. 율법을 지니지 못한 이방인들이 본능적으로 율법을 지킬 때는 비록 율법이 없을지라도 그들 자신이 스스로 율법인 것이고, 그렇게, 그들 중심에 법조문이 기록되어 있고 양심이 증인 되어 그것을 지지하고 있음을 보여주는 것이지요. 하느님께서 그리스도 예수를 통하여 인간의 은밀함을 심판하시는 그날 인간들의 가장 깊은 속생각이 저를 스스로 고발도 하고 변호도 할 터인즉 이것이 내가 전하는 복음의 말씀입니다.

*

"인간들의 가장 깊은 속생각"이 자기를 스스로 고발하고 변호하고, 그리고 심판한다. 바울로는 같은 말을 "하느님이 공의로운 심판을" 내리신다고 표현한다.

참 유다인은 겉모습으로 결정되는 것이 아니다 [2, 17-29]

그대 자신을 예로 들어봅시다. 그대는 유다인의 자부심을 지니고 율법에 안식처를 두고 스스로 하느님 백성에 속해 있다고, 율법을 가르치는 학교에서 배웠기에 그분의 뜻을 잘 알고 옳은 것과 그른 것을 가릴 줄 안다고, 눈먼 사람의 길잡이가 될 수 있고 어린아이들의 교사가 될 수 있다고 주장합니다. 그대가 율법에서 모든 지식과 진리의 근본을 터득하였다지요? 좋습니다, 그런데, 그렇게 남들은 가르치면서 왜 자기 자신은 가르치지 않는 겁니까? 도둑질하지 말라고 설교하면서 왜 도둑질하는 거요? 간음하지 말라면서 왜 간음하는 겁니까? 우상을 역겨워한다면서 신당 물건은 왜 훔치지요? 율법을 자랑하면서 왜 율법을 어겨 하느님을 욕되게 하는 겁니까? 성경에, "너희 때문에 하느님의 이름이 이방에서 욕을 당한다." 하였더니 꼭 그 짝이올시다. 할례는 그대가 율법을 지킬 때 가치가 있는 것이지 그대가 율법을 지키지 않으면 할례를 받았더라도 받지 않은 것과 다를 바 없는 거예요. 할례받지 않은 이방인이 율법의 명을 제대로 지킨다면 비록 할례를 받지 않았더라도 할례받은 자로 대우받지 않겠습니까? 그대가 할례도 받고 법조문도 지니고 있으면서 율법을 어긴다면 할례받지 않고서 율법을 잘 지키는 사람이 오히려 그대를 심판할 것입니다. 사람을 유다인 되게 하는 것은 그의 겉모습이 아니고, 할례 또한 거죽의 몸으로 받는 것이 아니기 때문이지요. 오직 그 사람 내면의 실체가 그를 유다인 되게 하는 것이고 그의 할례는 기록된 법조문이 아니라 그 사람 안에서 영에 의하여 베풀어지는 것이올시다. 그리고 그런 자를 알아주는 이는 사람이 아니라 하느님이십니다.

*

대체로 사람들은 사람을 알아보지 못한다. 보이는 겉모양에 눈길이 막혀서다. 유다인이 유다인인 것은 그 내면의 실체 때문이고 사람이 사람인 것도 그 내면의 실체 때문이다.

유다인과 이방인과 율법 [3, 1-20]

그런즉 유다인의 나은 점이 무엇이고 할례의 유익이 어디에 있습니까? 여러모로 많겠지만 무엇보다 먼저 유다인에게 하느님의 말씀이 맡겨졌다는 것입니다. 그런데 어떤 유다인이 신의를 잃었다면? 그래서 하느님도 신의를 저버리실까요? 물론 아니지요. 세상 사람 모두가 거짓말을 해도 하느님은 참되신 분입니다. 성경에도, "오, 하느님, 당신이 말씀하시면 언제나 옳고 재판을 받으시면 반드시 이기십니다." 라고 기록되어 있지 않습니까? 그러나 우리의 불의가 오히려 하느님의 의를 드러나게 한다면, 그렇다면 무슨 말을 할 수 있을까요? (어디까지나 인간의 말로 하는 것입니다만) 세상에 당신의 진노를 내리시는 하느님이 옳지 않다고 말할 것입니까? 물론 아니지요. 만일 그렇다면 어떻게 하느님께서 세상을 심판하실 수 있겠습니까? 나의 거짓됨이 하느님의 참되심을 더 밝히 드러내는 데 보탬이 되고 그분을 더 영화롭게 해드린다면 어째서 내가 여전히 죄인으로 심판받아야 하는가? 왜 우리는 선을 드러내기 위하여 악을 행하지 않는가? 우리가 이렇게 말한다면서 비방하는 자들이 있습니다만 그들이야말로 단죄받아 마땅한 자들입니다.
자, 그러니 우리 유다인이 어쨌든 더 나은 사람들일까요? 결코, 아니올시다! 우리가 이미 선언하였듯이, 유다인 이방인 모두가 죄의 권세 아래에 있는 것입니다. 성경에 이르기를, "의인은 없다, 하나도 없다. 깨닫는 자도 없고 하느님을 찾는 자도 없다. 모두가 치우쳐 하나같이 쓸모없는 자로 되었다. 선을 행하는 자 없다, 하나도 없다. 그들의 목구멍은 열린 무덤이요 그들의 혀는 거짓을 말하고 입술에는 독사의 독이 흐르고 입에는 저주와 독설이 가득하다. 그 발은 피 흘리는 데 빠르고 파멸과 고난이 그들의 길을 따른다. 그들은 평화의 길을 몰랐고 그 눈에는 하느님에 대한 경외가 없다." 하였는데 과연 그대로입니다. 우리가 알거니와 율법 아래 사는 사람은 율법이 명하는 것을 예외 없이 모두 지켜야 합니다. 그 결과, 아무도 자기를 변명할 입이 없어서 온 세상이 하느님의 심판을 받지 않을 수 없게 되지요. 그런 까닭에 율법을 지켜서 하느님 앞에서 의롭다고 인정받을 수 있는 그런 사람은 없는 것입니다. 율법은 다만 사람으로 하여금 죄를 알아보게 할 따름이올시다.

*

자기가 만든 법을 지키느라고 망가지는 자기를 보지 못하는 게 사람이다. 그만큼 어리석다. 하지만 그러고 있는 자기를 알아보는 게 또한 사람이다. 그만큼 희망이다.

오직 믿음으로 [3, 21-31]

그러나 이제 하느님이 사람을 당신 앞에서 의롭다고 인정받게 하시는 길이 마련되었습니다. 그 길은 율법과 아무 상관이 없어요. 율법과 예언자들이 그것을 증언하고 있음은 사실이지만, 그러나 그것은 하느님께서 몸소 사람으로 하여금 예수 그리스도를 믿는 믿음으로 당신 앞에서 의롭다고 인정받게 하시는 길입니다. 믿는 사람이면 누구나 아무 차별 없이 갈 수 있는 그런 길이에요. 모든 사람이 죄를 지었기 때문에 하느님이 주신 영광스러운 모습을 잃었는데, 그런데 그들이 그리스도 예수의 구원사업을 통하여 값없는 은혜로 하느님 앞에서 의롭다고 인정받게 된 것입니다. 하느님께서는 자기 죽음을 통하여 믿는 이들의 죄를 용서해줄 수 있는 피의 제물로 예수를 우리에게 내어주셨습니다. 그분은 크신 인내로 지난 세대의 죄를 눈감아주셨지만, 당신의 의를 드러내기 위하여 그런 제물이 필요했던 것이지요. 하느님의 의를 드러내기 위하여, 당신이 의로운 분이며 예수를 믿는 모든 사람을 당신 앞에서 의롭다고 인정하시는 분임을 몸소 보여주기 위하여, 오늘에도 그것은 필요합니다.
그런즉 우리가 무엇을 자랑할 수 있겠습니까? 없소이다. 어떤 원리? 무슨 행위? 아니올시다. 오직 믿음을 통해서일 뿐이에요. 오직 믿음으로 하느님 앞에서 의롭다고 인정받는 것임을 우리는 확신합니다. 율법을 지키는 것하고는 아무 관계가 없어요. 하느님이 유다인만의 하느님이십니까? 이방인의 하느님은 아니십니까? 예, 그분은 이방인의 하느님도 되십니다. 하느님은 한 분이니까요. 그러기에 할례받은 유다인도 할례받지 않은 이방인도 모두 믿음을 통하여 당신 앞에서 의롭다고 인정받게 하시는 것입니다. 이렇게 믿음을 강조해서 우리가 율법을 폐하자는 겁니까? 물론 아니지요. 우리는 율법을 굳게 세우고 있습니다.

*

율법은 그것을 만든 자들의 것이지만 믿음은 만인의 것이다. 하느님의 인간 구원에는 국경도 없고 인종도 없다. 그렇지 않다면 하느님의 구원이 아니다.

할례받기 전에 하느님의 인정을 받은 아브라함 [4, 1-12]

그러니 육신으로 우리 조상인 아브라함이 무엇을 성취했다고 말할 수 있을까요? 만일 그가 노력해서 하느님께 의로운 자로 인정받았다면 스스로 자랑할 것이 있겠지만, 하느님 앞에서는 그렇지 않습니다. 성경에 뭐라고 했나요? "아브라함은 하느님을 믿었고 그래서 하느님이 그를 의로운 자로 인정하셨다." 일꾼이 일하고 받는 것은 마땅히 받을 삯이지 은혜로 받는 선물이 아니올시다. 경건치 못한 자들조차도 당신 앞에서 의로운 자로 인정해주시는 하느님을 믿으면 하느님께서 그 믿음을 보시고 그를 받아들여 주시는 거예요. 그래서 다윗은 아무 공로 없이 하느님께 받아들여지는 사람의 행복을 이렇게 노래했지요.

복도 많구나, 하느님께서 불법행위를 용서하시고
죄를 덮어주신 그 사람.
복도 많구나, 주께서 죄를 묻지 않으신 그 사람.

자, 이 행복이 할례받은 자들만 누리는 것일까요? 아니면 할례받지 않은 자들도 누리는 것일까요? 앞에서 우리는 "하느님께서 아브라함의 믿음을 보시고 그를 의로운 자로 인정하셨다."고 했습니다. 그에게 그 일이 언제 일어났지요? 할례받은 뒤였습니까? 할례받기 전이었습니까? 할례받은 뒤가 아니라 전이었어요. 하느님께서 그가 아직 할례받기 전에 그 믿음을 보시고 의로운 자로 받아주셨고 나중에 그것을 확인하는 표로 그가 할례를 받았던 겁니다. 그리하여 할례받지 않고서 믿음으로 의롭다고 인정받는 모든 사람의 아버지가 되었고, 또 할례받은 자들의 아버지도 되었으니, 그냥 할례만 받은 게 아니라 할례받지 않은 몸으로 걸어간 그의 발자취를 따르는 자들의 아버지가 된 것이올시다.

*

아브라함이 유다인뿐 아니라 로마인이니 그리스인의 신조도 된다는 선언이다. 정신 멀쩡한 유다인이라면 목숨 내놓고서야 할 수 있는 말이다. 과연 그 스승에 그 제자다.

모든 믿는 이들의 아버지, 아브라함 [4, 13-25]

하느님께서 아브라함과 그 후손들에게 세상을 물려주겠다고 약속하신 것은 그가 율법을 지켰기 때문이 아니에요. 그의 믿음을 보시고 당신 앞에서 의로운 자로 받아들이신 것입니다. 만일 율법으로 사는 사람들만이 세상을 물려받는다면 믿음은 헛것이 되고 약속은 폐기되고 말겠지요. 율법은 하느님의 진노를 사게 마련입니다. 하지만 율법이 없으면 그것을 어기는 일도 없는 거예요.

모든 것이 하느님의 은총으로 주어지는 것이려면 모든 일이 믿음의 바탕에서 이루어져야 합니다. 그것은 모든 아브라함의 후손한테, 율법으로 사는 자들뿐만 아니라 아브라함의 믿음으로 사는 사람들한테, 그 약속이 이루어진다는 보장이기도 하지요. 성경에, "내가 너를 많은 민족들의 아비로 삼겠다." 하였으니 그는 우리 모두의 아버지입니다. 그는 자기가 믿고 의지하는 하느님, 죽은 자를 살리시고 아직 없는 것을 이미 있는 것처럼 부르시는 하느님, 그분의 현존 앞에서 그 약속을 받아들였어요. 그런 소망이 있었기에 절망적인 상황에서도 하느님의 약속을 믿었고 그 믿음 때문에 많은 민족의 아버지가 된 것입니다. 하느님께서는 그에게, "많은 민족이 너의 후손이 되리라."고 약속하셨고, 그는 나이를 백 살이나 먹었고 아내 사라의 자궁이 벌써 마른 줄을 알면서도 믿음이 약해지지 않았지요. 그는 결코 하느님의 약속을 의심하거나 저버리지 않았고 오히려 그분을 찬양하였습니다. 하느님께서 당신의 약속을 이루어주실 것이라 확신하였고 바로 그 믿음 때문에 하느님께서 그를 의로운 자로 받아들이신 것이지요. "하느님이 의로운 자로 받아들이셨다."는 말은 아브라함만을 위한 기록이 아니에요. 우리 주 예수를 죽음에서 일으키신 분 그리고 우리의 범죄 때문에 죽음에 넘겨졌다가 우리를 하느님 앞에서 의로운 자로 세우기 위하여 생명으로 일어나신 예수를 믿는 우리를 위해서도 기록된 것입니다.

*

먼저 주는 이가 없으면 나중에 받는 이가 있을 수 없다. 하지만 나중에 받는 이가 없으면 먼저 주는 이도 있을 수 없는 거다. 이 둘의 사이를 잇는 것이 저 은혜 이 믿음이다.

믿음으로 구원받은 자의 기쁨 [5, 1-11]

이렇게 믿음으로 하느님 앞에서 의롭다고 인정받았기에 우리는 주 예수 그리스도를 통하여 하느님과 화목게 되었습니다. 그분은 우리의 믿음을 보시고 지금 우리가 서 있는 이 은혜로운 자리에 들어오는 길을 열어주셨고 우리는 하느님의 영광에 참여할 희망으로, 그래요, 이 환난을 당하면서도, 기뻐하고 있는 것입니다. 환난은 인내를 낳고 인내는 시험에 견디는 품성을 낳고 그 품성이 희망을 낳는다는 사실을 우리가 알고 있거든요. 이 희망은 결코 우리를 주저앉히지 않습니다. 하느님께서 우리에게 주신 성령을 통하여 그분의 사랑이 우리 중심에 부어졌으니까요. 우리가 아직 구제 불능일 때 그리스도께서는 당신의 때를 좇아 죄 많은 우리를 위하여 죽으셨습니다. 선한 사람을 위해서 죽는 경우는 더러 있을지 모르나 옳은 사람을 위해서 죽는 것은 어려운 일이올시다. 하지만 우리가 아직 죄인일 때 그리스도께서 우리를 위하여 죽으신 바로 그 사실로 하느님께서는 우리를 향한 당신의 사랑을 보여주셨습니다. 그런즉 우리가 그리스도의 죽음으로 하느님 앞에서 의롭다고 인정받았으니 그분을 통하여 하느님의 진노에서 구원받게 됨은 더욱 분명한 일이라 하겠습니다. 우리가 적이었을 때 그 아드님의 죽음으로 하느님과 화목하게 되었을진대 하물며 그분과 화목해진 지금 살아계신 그리스도를 통하여 구원받으리라는 것은 더욱 확실한 일 아니겠습니까? 그뿐만 아니라, 하느님과 우리의 관계를 회복시켜주신 우리 주 예수 그리스도로 말미암아 우리는 지금 하느님 안에서 환희를 맛보고 있는 것입니다.

*

"우리가 아직 죄인일 때 그리스도께서 우리를 위하여 죽으신 바로 그 사실로 하느님께서는 우리를 향한 당신의 사랑을 보여주셨습니다." 잘못을 저지르고 용서를 빌지도 않는데 일방으로 용서한다. 하느님만 그러실 수 있는 게 아니다. 사람도 그럴 수 있다.

한 사람 아담의 불순종과 한 사람 예수의 순종 [5, 12-21]

생각해보십시오. 죄가 세상에 들어오고 죄를 통해서 죽음이 들어온 것은 한 사람으로 말미암아 빚어진 일이었어요. 그리하여 만인이 죄를 지었고 그 때문에 만인이 죽게 된 것입니다. 율법이 있기 전에도 세상에 죄가 있었지만 율법이 없을 때는 죄를 죄로 알지 못했지요. 그래도 아담 때에서 모세 때까지 모든 사람이, 아담처럼 하느님 명에 거역하는 죄를 범하지 않은 사람조차도, 죽음의 지배를 받았습니다. 이 아담이 장차 오실 분의 모형이긴 합니다만 하느님이 베푸시는 은총과 아담의 범죄는 비교 상대가 아니올시다. 한 사람의 죄가 모든 사람에게 죽음을 안겨주었지만 하느님의 은총과 한 사람 예수 그리스도를 통해서 주신 은혜의 선물은 모든 사람에게 넘치는 축복을 안겨주는 전혀 다른 결과를 낳았으니까요. 하느님의 선물과 한 사람의 범죄로 말미암은 결과는 서로 비교할 것이 못 됩니다. 하느님의 판정은 한 사람의 죄를 만인의 파멸로 이끌었지만 그분의 은혜로운 선물은 많은 사람의 죄를 없던 것으로 만드셨지요. 한 사람의 죄가 그 한 사람을 통해서 죽음의 왕국을 세웠다면, 그에 견주어, 한 사람 예수 그리스도를 통해서 우리로 하여금 당신과 바른 관계를 맺게 하시고 생명 나라에서 왕 노릇 하게 하시는 하느님의 은혜가 얼마나 더 큽니까? 그런즉 한 사람의 그릇된 행위가 모든 사람에게 파멸을 가져다주었듯이 한 사람의 옳은 행위가 모든 사람에게 생명을 가져다주고 자유를 안겨준 것입니다. 한 사람의 불순종으로 모두가 죄인 되었듯이 한 사람의 순종으로 모든 사람이 하느님 앞에서 의로운 자로 인정받은 거예요. 율법이 등장하면서 죄가 늘어났지만, 그러나 죄 많은 곳에 더욱 풍성한 은혜가 내렸습니다. 그 결과, 죄의 통치는 사람을 죽음으로 이끌었고 은혜의 통치는 하느님과 올바른 관계를 회복시켜 우리 주 예수 그리스도를 통한 영원한 생명으로 이끌었던 것입니다.

*

아담과 예수가 다른 두 사람이 아니다. 집 떠난 아들과 돌아온 아들이 다른 두 아들이 아니다. 모든 사람 안에 두 사람이 있다. 누구로 사느냐를 선택하는 것은 저마다 본인이다.

악의 도구에서 선의 도구로 [6, 1-14]

그러니 우리가 뭐라고 말할 것입니까? 은혜를 더 많이 받기 위해서 죄를 더 많이 짓자고요? 물론 아니올시다! 죄에 대하여 죽은 우리가 어떻게 계속해서 죄를 지을 수 있겠습니까? 우리의 세례 안에서 그리스도 예수와 하나 된 우리가 그분의 죽음 안에서 또한 그분과 하나 되었음을 모르십니까? 우리가 세례를 받아 그분의 죽음 안에서 그분과 하나 되었음은 우리가 그분과 함께 죽어 묻혔다는 뜻이고, 아버지의 영광스러운 행위로 그분이 죽음에서 다시 살아나셨음은 우리를 위하여 새로운 생명의 길이 열렸다는 뜻입니다.
우리가 그분처럼 죽어서 그분과 하나로 되었다면 또한 그분처럼 부활하여 그분과 하나로 될 것입니다. 우리의 죄 많은 자아가 소멸하여 더는 죄의 종으로 살지 않기 위해서 우리의 옛 자아가 그분과 함께 십자가에 달렸음을 우리는 압니다. 죽은 자는 이미 죄에서 해방되었으니까요. 우리가 그리스도와 함께 죽었으니 또한 그와 함께 살 것을 우리는 믿습니다. 그리스도가 죽음에서 살아나셨고 다시는 죽지 않을 것이며 죽음이 더는 그분을 다스리지 못한다는 사실을 우리는 압니다. 그분의 죽음은 죄에 대하여 단번에 죽으신 것이었고 지금의 삶은 하느님께 대하여 사시는 것입니다. 이처럼 그대들도 그리스도 예수 안에서 죄에 대하여 죽고 하느님께 대하여 살아있는 자로 자기 자신을 여겨야 할 것이외다.
그러니 죽을 수밖에 없는 그대들의 몸을 죄가 다스리는 일이 다시는 없게 하고 그 욕망을 채워주려 하지도 마십시오. 신체의 어느 부분을 악의 도구로 내어주는 일이 더는 없어야겠습니다. 오히려 죽음에서 살아난 사람으로서 그대들의 몸 전체를 선의 도구로 하느님께 바치십시오. 이제부터는 죄가 그대들을 다스리지 못하고 율법이 아니라 하느님의 은총이 그대들을 다스리기 때문입니다.

*

"예수가 말했다, 죽기 전에 죽어 나와 함께 부활하자고."(루미). 죽을 때 죽는 거야 누군들 못하랴? 진짜 죽는 건 살아서 죽는 거다.

죄에서 풀려나 하느님의 종이 된 사람 [6, 15-23]

그래서 어떻단 말인가? 율법이 우리를 다스리지 못하고 은총이 우리를 다스리고 있으니 죄를 지어도 괜찮다는 건가? 물론 아니지요. 누구든지 자기를 남에게 맡겨 그가 시키는 대로 하면 그의 종이 된다는 사실은 그대들도 잘 알 것입니다. 어떤 사람은 죄의 종이 되어 죽음에 이르고 어떤 사람은 하느님께 순종하는 종이 되어 그분 앞에서 의로운 자로 인정받지요. 한때 죄의 종이었던 그대들이 이제는 전해 받은 가르침의 내용에 온 마음으로 순종하고 있으니 하느님께 감사할 일입니다. 그대들은 죄에서 자유로워짐과 동시에 의로움의 종이 되었습니다. (그대들의 인간적 나약함을 고려하여 인간의 언어로 하는 말입니다.) 전에는 법에 어긋나는 일을 위하여 육신의 불결함과 불법행위에 그대들 자신을 종으로 바쳤다면 이제는 의로움의 종으로 그대들 자신을 바쳐 거룩한 사람이 되어야 할 것입니다. 그대들이 죄의 종이었을 때는 의로움에 아무 상관도 하지 않았지요. 그런데 그때 무엇을 얻었던가요? 지금 그대들이 수치스러워하는 바로 그것이올시다. 결국 죽음으로 끝나고 마는 것들이니까요. 그러나 이제 그대들은 죄에서 풀려나 하느님의 종이 되었고 그 결과로 성결해져서 영원한 생명을 누리게 되었습니다. 죄는 값을 치러야 하고 죽음이 그 값이지만 하느님이 값없이 주시는 선물은 우리 주 그리스도 예수 안에 있는 영원한 생명입니다.

*

사람이 뿌린 씨는 본인이 거두어야 하지만, 하느님의 선물은 그것을 받는 자가 있거나 말거나 무조건이다.

율법의 제한된 효력 [7, 1-6]

형제들이여, (율법이 어떤 것인지 아는 사람들에게 하는 말입니다만) 사람이 살아있는 동안에만 율법의 지배를 받는다는 사실을 그대들은 잘 알 것입니다. 결혼한 여인은 남편이 살아있는 동안에는 법으로 그에게 매여 있지만 남편이 죽으면 법적으로 그에게서 자유로워집니다. 그러므로 남편이 살아있는데 다른 남자와 정을 통하면 간음한 여자라 불리겠지만 남편이 죽으면 법에서 자유로워지기 때문에 다른 남자와 정을 통해도 간음이 아닌 거예요. 형제들이여, 마찬가지로 그대들도 그리스도의 몸이 되어 율법에 죽었으므로 다른 사람 곧 죽음에서 살아난 그분께 속하여 하느님한테 쓸모 있는 존재가 되었소이다. 전에 우리가 흙의 본성을 좇아 살 때는 율법으로 발동된 죄의 욕정이 우리 안에서 활발하게 살아 움직였고 그 열매는 죽음이었지요. 그러나 이제는 한때 우리를 사로잡았던 것에 대하여 죽고 기록된 법조문이 아니라 성령의 새 생명을 섬기고 있는 것입니다.

*

죽음의 길은 스스로 택할 수 있고, 택해야 하지만, 생명의 길은 완전 선물이다.

스스로 원치 않는 일을 하고 있는 나 [7, 7-25]

그러니 우리가 무슨 말을 할 것입니까? 율법과 죄가 같은 것이며 하나라고? 물론 아닙니다! 하지만 율법이 없었으면 무엇이 죄인지도 몰랐으리라는 건 말하지 않을 수 없군요. "탐내지 말라."는 법이 없었으면 탐내는 게 뭔지 몰랐을 겁니다. 바로 그 계명이 죄에 기회를 주었고 내 안에 온갖 탐심을 불러일으킨 거예요. 실로, 율법이 없으면 죄는 죽은 것이옵시다. 죄에 대하여 아무것도 모르던 시절이 내게도 있었지만 일단 계명을 알게 되자 죄가 즉시로 살아났고 나는 죽었지요. 내게 생명을 주려고 생긴 바로 그 계명이 나에게 죽음을 안겨준 것입니다. 계명이 마련해준 기회를 죄가 놓치지 않았던 것이고, 그것이 나를 속였고 계명으로 나를 죽였다 말이에요. 그래도 율법은 거룩한 것이요 계명 또한 거룩하고 옳고 좋은 것입니다.
그러니까 그 좋은 것이 나를 죽게 했다는 말인가요? 물론 아니지요. 사실인즉 죄가, 스스로 죄임을 드러내려고, 그 좋은 것을 이용하여 나에게 죽음을 가져다준 것입니다. 달리 말하여, 죄가 계명을 이용해서 저 자신이 얼마나 악독한지를 보여준 거예요. 우리는 율법이 신령한 것임을 알고 있습니다. 그러나 나는 아니올시다. 나는 그냥 한 인간, 죄에 종으로 팔린 한 인간일 따름이에요. 나는 내가 하는 짓을 도무지 모르겠습니다. 자기가 하고 싶은 일은 하지 않고 오히려 미워하는 일을 하고 있으니 말입니다. 자기가 원치 않는 일을 하고 있는 거니까 최소한 율법이 좋은 것임을 스스로 알고 있다는 얘긴 되겠지요. 하지만 내가 지금 하고 있는 일을 실제로 하는 건 내가 아니라 내 안에 있는 죄올시다. 내 속에 그러니까 내 몸속에 선이 살아있지 않다는 것을 나는 알고 있어요. 선한 일을 하고 싶은데 그럴 힘이 없으니까요. 스스로 원하는 선한 일은 하지 않고 거꾸로 원치 않는 악을 행하고 있는 겁니다. 스스로 원치 않는 일을 하고 있으니 결국 그 일을 하는 것이 내가 아니라 내 안에 있는 죄라는 얘기올시다. 여기에서 나는 한 가지 원리를 발견했어요. 나는 선을 행하고 싶지만 악이 결코 나를 혼자 있게 놔두지 않는다는 것입니다. 내 속의 가장 깊은 자아는 하느님의 법에 기꺼이 동의하지만, 내 이성의 법과 싸우는 다른 법이 이 몸속에 있다는 사실을 알게 되었어요. 아, 나라는 존재야말로 얼마나 불쌍한 물건인지! 누가 나를 이 몸에서 그리고 죽음의 올무에서 건져줄 것인가? 오, 하느님, 고맙습니다, 저에게는 저를 구원하실 분, 우리 주 예수 그리스도가 계시옵니다!
그러니까 나로 말하면, 이성으로는 하느님의 법을 섬기고 싶으면서 몸으로는 죄의 법을 섬기는 그런 자라는 말씀입니다.

*

자기 자신에 대한 절망을 거치지 않고서는 갈 수 없는 곳. 마침내 한 사람, 자기 몸보다 먼저 있는 그 사람만이 데려갈 수 있는 곳!

죄인일 수 없는 사람 [8, 1-17]

그러기에 그리스도 예수 안에 있는 사람은 죄인으로 판결받지 않습니다. 그리스도 예수 안에 있는 신령한 생명의 원리가 죄와 죽음의 원리에서 그를 해방했기 때문이지요. 인간 본성의 나약함 때문에 율법이 할 수 없는 일을 하느님은 하셨습니다. 죄 문제를 해결하고자 죄 많은 우리 몸과 같은 몸으로 당신 아드님을 보내셨고 바로 그 몸을 통하여 죄를 징벌하신 거예요. 그분이 그리하신 것은 더는 육의 본성에 지배당하지 않고 영의 지배를 받아 사는 우리 안에서 율법의 요구가 충족되게 하기 위해서였습니다. 육의 본성을 좇아 사는 사람은 육적인 것을 생각하고 영의 본성을 좇아 사는 사람은 영적인 것을 생각하게 마련입니다. 육적인 생각은 죽음을 부르고 영적인 생각은 생명과 평화를 부르지요. 육적인 생각은 하느님을 미워해서 하느님의 법에 순종하지 않고 또 할 수도 없습니다. 육의 본성에 지배당하는 사람은 하느님을 기쁘시게 해드릴 수 없어요. 하지만 하느님의 성령이 참으로 그대들 안에 살아 계시면 그대들은 육의 본성이 아니라 영의 본성에 지배당하여 사는 것입니다. 그리스도의 영을 모시지 않는 사람은 그리스도의 사람이 아닙니다. 하지만 그리스도께서 그대들 안에 계시면 그대들의 육은 비록 죄 때문에 죽는다 해도 그대들의 영은 그분 앞에서 의롭다고 인정받았으므로 살아있는 거예요. 예수를 죽음에서 살리신 이의 영이 그대들 안에 살아있으면, 그리스도를 죽음에서 살리신 그분이 그대들 안에 살아있는 당신의 영을 통하여 그대들의 죽을 몸까지 살리실 것입니다.

그러니 형제들이여, 우리 모두 빚진 자로되 육의 본성에 빚져서 그대로 살아야 하는 건 아니올시다. 육의 본성대로 살면 죽겠지만 성령을 통하여 서에 묻은 육의 버릇을 죽이면 살 것입니다. 하느님의 성령에 이끌려 사는 사람은 하느님의 자녀입니다. 그대들이 받은 것은 그대들을 다시 두려움 속으로 데려가는 종의 영이 아니라 우리를 당신 자녀로 삼아, "아빠, 아버지"라고 부르게 해주시는 성령이에요. 그 성령이 몸소 우리의 영과 더불어 우리가 하느님의 자녀임을 확인해주시는 것입니다. 자녀면 상속자지요. 과연 우리는 그리스도와 함께 하느님의 선물, 그 약속된 선물을 받았습니다. 우리가 그분의 고난을 함께 나누고 있으니 그분의 영광 또한 함께 나누고 있는 것이올시다.

*

"육의 본성을 좇아 사는 사람은 육적인 것을 생각하고 영의 본성을 좇아 사는 사람은 영적인 것을 생각하게 마련입니다." 어둠에 묻힌 빛으로 살겠느냐? 아니면 빛을 묻은 어둠으로 살겠느냐? 몸을 갖춘 영으로 살겠느냐? 아니면 영을 지닌 몸으로 살겠느냐? 양다리는 걸칠 수 없다. "그리스도의 영을 모시지 않는 사람은 그리스도의 사람이 아닙니다."

우리를 대신하여 기도하시는 성령 [8, 18-30]

현재 우리가 받는 고통은 장차 우리에게 나타날 영광에 견줄 수 없는 것이라고 나는 생각합니다. 하느님의 자녀들이 출현하기를 모든 피조물이 간절히 기다리고 있습니다. 피조물이 허망한데 떨어지고 마는 것은 저 스스로 그러는 게 아니라 하느님이 그렇게 하시는 것이지만, 거기에는 피조물도 썩어질 운명의 종살이에서 해방되어 하느님의 자녀들이 누리는 영광스러운 자유에 들어가리라는 희망이 있는 거예요. 모든 피조물이 바로 이 순간까지 함께 신음하며 진통을 겪고 있음을 우리는 알고 있습니다. 그뿐만 아니라 하느님의 첫 열매로 성령을 받은 우리도 하느님께서 당신 자녀로 삼으시어 온전히 자유로운 존재로 만드실 날을 기다리며 신음하고 있는 것입니다. 바로 이 희망으로 우리가 구원을 받았거니와, 희망하는 것이 눈에 보인다면 그게 무슨 희망입니까? 누가 자기 눈에 보이는 것을 희망 하겠어요? 우리가 눈에 보이지 않는 것을 희망할진대 다만 참고 기다릴 따름입니다.

이처럼 성령 또한 나약한 우리를 도와주시니, 어떻게 기도하는지도 모르는 우리를 대신하여 말할 수 없는 탄식으로 하느님께 간구해주시는 거예요. 중심을 보시는 그분은 성령의 뜻을 아십니다. 성령께서 당신 백성을 위하여 당신께 간구하는 것이 바로 하느님의 뜻이거든요. 또한, 하느님을 사랑하는 사람 곧 그분의 목적에 따라 부르심을 받은 사람에게는 만사가 협력하여 선을 이룬다는 것을 우리는 압니다. 오래전에 하느님께서는 몸소 점찍어두신 사람들이 당신 아드님과 같은 모습이 되도록 정해놓으셨고 그래서 그 아드님이 많은 형제 가운데 맏이가 되게 하셨지요. 이렇게 미리 점찍어두신 사람들을 부르셨고 부르신 사람들을 의롭다 인정하셨고 의롭다고 인정하신 자들을 당신의 영광 속으로 데려가신 것입니다.

*

"하느님을 사랑하는 사람 곧 그분의 목적에 따라 부르심을 받은 사람에게는 만사가 협력하여 선을 이룬다는 것을 우리는 압니다." 지금 그리고 있는 자화상에서 밖으로 나와 완성된 그림을 흘낏 본 사람의 말이다.

아무도 막을 수 없는 하느님의 사랑 [8, 31-39]

그러니 이제 우리가 무슨 말을 더 하겠습니까? 하느님이 우리를 편드시는데 누가 감히 우리와 맞서겠어요? 그분은 당신 아드님을 아낌없이 우리에게 주신 분입니다. 그런 분이 당신 아드님과 함께 다른 모든 것을 우리에게 주시지 않겠습니까? 하느님께서 택하신 사람들을 누가 감히 고발할 겁니까? 하느님? 그분은 아니지요. 우리에게 무죄를 선고하신 분이니까요. 누가 우리를 죄인으로 판결하겠습니까? 그리스도 예수? 아니올시다. 그분은 우리를 위해 죽었을 뿐 아니라 다시 살아나시어 하느님 우편에서 우리를 위해 빌어주시는 분입니다. 무엇이 우리를 그리스도의 사랑에서 떼어놓을 수 있을까요? 환난? 역경? 핍박? 굶주림? 헐벗음? 위험? 아니면 칼? 성경에 기록되기를, "당신을 위하여 우리가 종일토록 죽어갑니다. 도살당하는 양처럼 되었습니다." 하였지만, 아니에요. 우리를 사랑하신 그분을 통하여 우리는 이 모든 시련을 넉넉하게 이기고 남을 것입니다. 나는 확신합니다, 죽음도 삶도 천사들도 악한 권세들도 지금 있는 것도 장차 있을 것도 초자연 능력들도 하늘의 영들도 지하의 영들도 온 우주의 그 무엇도 우리 주 그리스도 예수를 통하여 보여주신 하느님의 사랑에서 우리를 떼어놓을 수 없습니다.

*

“나는 확신합니다, 죽음도 삶도 천사들도 악한 권세들도 지금 있는 것도 장차 있을 것도 초자연 능력들도 하늘의 영들도 지하의 영들도 온 우주의 그 무엇도 우리 주 그리스도 예수를 통하여 보여주신 하느님의 사랑에서 우리를 떼어놓을 수 없습니다.” 바울로의 ‘로마서’는 이 한 마디만으로도 이미 충만한 생명이다. “우리가 무슨 말을 더 하겠습니까?”

동족 이스라엘을 향한 바울로의 슬픔과 번민 [9, 1-18]

내가 그리스도인으로서 거짓을 말하지 않고 진실을 말한다는 것은 성령의 인도를 받는 내 양심도 인정하는 바올시다. 지금 내 속이 큰 슬픔과 그치지 않는 번민으로 가득 차 있거니와, 만일 내 형제 내 골육에 도움이 된다면 나 자신이 저주를 받아 그리스도에게서 잘려나갈지라도 기꺼이 받아들이겠습니다. 그들은 이스라엘 사람입니다. 하느님께서는 그들을 택하여 양자로 삼으셨고 당신 영광을 그들에게 보여주셨고 계약 곧 율법과 성전에서 드리는 예배와 다른 약속들을 주셨고 족장들이 그들한테서 나왔고 혈통으로 말하면 그리스도께서도 그들한테서 나셨소이다. 만유 위에 계시는 하느님께 영원한 찬양을! 아멘.

하느님의 약속이 모두 이루어지지 않은 것 같다는 말을 하려는 게 아닙니다. 이스라엘의 후예라 하여 모두가 이스라엘 사람은 아니고 아브라함의 핏줄이라 하여 모두가 그의 자손인 건 아니니까요. 성경에, “이사악의 자식이라야 네 후손이라 불릴 것이다.” 하였는데, 이 말은 혈육의 자녀는 하느님의 자녀가 아니고 오직 약속의 자녀만이 하느님의 자녀로 인정받는다는 뜻입니다. 방금 말한 약속이란, “내년 이맘때 내가 올 터인데 그때 사라한테 아들이 있을 것이다.”라고 하신 그 말씀이었지요. 그뿐만 아니라 리브가가 우리 조상 이사악의 아들들을 가졌을 때도, 아직 그들이 태어나기 전에 그러니까 그들이 무슨 선한 일이나 악한 일을 하기도 전에, 형이 아우를 섬기리라는 말을 들었습니다. 이렇게 하느님께서는 오직 당신 뜻에 따라서 사람을 택하시지 누가 무슨 일을 했나 알아보고 나서 그를 택하시지 않는다는 원리를 실천하신 거예요. 성경에, "내가 야곱을 사랑하고 에사오는 미워하였다."는 기록도 같은 뜻입니다.

그러니 우리가 뭐라고 말할 것입니까? 하느님의 처사가 공정치 못하다고? 물론 아니지요. 그분이 모세에게, "내가 불쌍히 여기기로 작정한 자를 불쌍히 여기고 내가 자비를 베풀기로 작정한 자에게 자비를 베풀리라."고 하셨듯이, 인간의 뜻이나 노력이 아니라 오직 하느님의 자비에 만사가 달린 것입니다. 성경에 보면 하느님께서 파라오에게 이르시기를, "내가 너를 왕으로 세운 것은 다만 너를 통하여 내 권능을 드러내고 내 이름을 천하에 알리려 함이라." 하셨지요. 하느님께서 어떤 사람을 불쌍히 여기고자 하시면 그를 불쌍히 여기시는 거고 어떤 사람을 고집불통으로 만들고자 하시면 그를 고집불통으로 만드시는 겁니다.

*

이른바 선민選民이란 선택받은 민족에 의해서 이루어지는 것이 아니라 그 민족을 선택하신 하느님에 의해서 이루어지는 것이다. 그러니 그에 연관하여 터무니없이 우쭐거리거나 주눅들 것 없다.

하느님께서 오래 참으시는 이유 [9, 19-29]

혹 나에게, "그렇다면 하느님이 왜 사람을 책망하시는 거요? 누가 하느님 뜻을 거스를 수 있단 말이오?" 이렇게 말할 사람이 있을지 모르겠소이다만, 한낱 사람인 주제에 감히 하느님께 반문하는 겁니까? 만들어진 물건이 만든 이에게 왜 나를 이 모양으로 만들었느냐고 따질 수 있는 거요? 같은 흙덩이를 가지고 하나는 귀하게 쓰이는 그릇으로 만들고 하나는 천하게 쓰이는 그릇으로 만들 권리가 옹기장이한테 없단 말입니까? 그리고 이것이야말로 하느님께서 하신 일 아닌가요? 그분은 당신의 진노를 보여주고 당신의 권능을 알리고자 원하셨지만 당장 부수어야 할 그릇들을 부수지 않고 오래 참아주셨습니다. 그리고 그분이 그렇게 하신 것은 당신의 영광을 위하여 미리 준비해두신 그릇들 곧 당신의 자비를 입게 될 그릇들로 하여금 당신의 풍성한 영광을 알아보게 하려는 것이었는데, 우리가 바로 그 자비를 입게 될 그릇들이올시다. 그분은 우리를 유다인들 가운데서 뿐만 아니라 이방인들 가운데서도 부르셨지요. 호세아의 책에서 그분은 말씀하셨습니다. "내 백성 아니던 자들을 내 백성이라 부르고 사랑받지 못하던 자들을 내 연인이라 부르리라. '너희는 내 백성이 아니다.' 그들이 이 말을 듣던 바로 그 자리에서 살아계신 하느님의 자녀라고 불릴 것이다." 이사야도 이스라엘에 관하여 말하기를, "이스라엘 자손의 수가 비록 바다의 모래처럼 많을지라도 남은 자만이 구원을 얻으리니, 주께서 하겠노라고 말씀하신 것을 이 땅에서 신속히 그리고 엄연히 이루시리라." 하였지요. 또 이사야는 일찍이 이렇게도 말했습니다. "만군의 주께서 우리에게 씨를 남겨두지 않으셨더라면 우리가 소돔처럼 되고 고모라처럼 되었으리라."

*

하느님이 "당신의 영광을 위하여 미리 준비해두신 그릇들"에 유다인뿐 아니라 모든 이방인이 포함된다는, 당시 유다인들에게는 이방인보다 고약한 유다인의 폭탄선언이었겠다.

이스라엘의 잘못 [9, 30-33]

그런즉 우리가 무슨 말을 할 것입니까? 하느님 앞에서 의로운 자로 인정받기를 바라지도 않던 이방인들이 오히려 인정을 받았는데 그것은 믿음으로 말미암은 것이었지요. 그런데 이스라엘은 하느님 앞에서 의로운 자로 인정받는 법을 구하였으나 끝내 그 법을 얻지 못하였습니다. 왜 그리되었을까요? 믿음으로 얻으려 하지 않고 자기 힘으로 무슨 일을 해서 그 공으로 얻으려 했기 때문입니다. 성경에 이르기를, "보라, 내가 걸려 넘어질 돌과 부딪칠 바위를 시온에 놓아두리라. 그러나 그를 믿는 자는 수치를 당치 아니하리라." 하였는데 바로 그 돌에 걸려 넘어진 것이올시다.

*

하느님을 믿는 사람은 유다인 이방인 구별 없이 의로운 자요, 자기 자신을 믿는 사람은 유다인 이방인 구별 없이 의로운 자가 아니다. 누가 의로운지 아닌지를 결정하는 주체가 사람이 아니라 하느님이기 때문이다.

그리스도의 구원에는 유다인과 이방인의 차별이 없음 [10, 1-21]

형제들이여, 내가 진심으로 원하여 하느님께 기도드리는 바는 그들 모두가 구원받는 것입니다. 하느님께 바치는 그들의 열성은 나도 익히 알고 있지만, 그러나 그것은 바른 깨달음에 바탕을 둔 열성이 아니더이다. 사람을 의롭다고 인정하시는 하느님의 방식을 알지 못하여 그 방식을 따르지 않고 오히려 자기네 방식을 만들어서 세우려 하고 있는 거예요. 그리스도께서는 누구든지 믿음으로 하느님 앞에서 의롭다고 인정받게 하심으로써 율법의 목적을 모두 이루셨습니다.
율법을 지킴으로써 하느님 앞에서 의롭다고 인정받음에 대하여, 모세는 사람이 율법을 제대로 지키면 그 의로움 안에서 살리라고 말하였지요. 그런데 믿음으로 하느님 앞에서 의롭다고 인정받음에 대하여는 "누가 저 하늘에 올라갈 것인가, 스스로 묻지 말라."고 하였으니 이는 그리스도를 하늘에서 모셔 내리는 것을 두고 한 말이었고, "누가 저 깊은 지하로 내려갈 것인가, 스스로 묻지 말라." 하였으니 이는 그리스도를 죽음에서 모셔 올리는 것을 두고 한 말이었소이다. 또 말하기를, "말씀이 네 곁에 있고 네 입에 있고 네 마음에 있다." 하였거니와 이는 우리가 전파하는 믿음의 말씀을 두고 한 말이므로 예수가 주님이심을 겉으로 밝히고 하느님께서 그분을 죽음에서 살리셨음을 속으로 믿는 사람은 구원받을 것입니다. 사람이 하느님 앞에서 의롭다고 인정받으려면 속으로 믿어야 하고 구원받으려면 겉으로 그 믿음을 고백해야 하기 때문이지요. 성경에도, "누구든지 저를 믿으면 부끄러움을 당하지 않을 것이니."라는 말씀이 있지 않습니까? 여기에는 유다인과 그리스인 사이에 아무 차별이 없소이다. 같은 주님이 만인에게 주가 되시고 당신 이름을 부르는 모든 사람에게 넉넉한 도움을 베푸시는 것입니다. "주님의 이름을 부르는 자마다 구원을 얻으리라."고 했거든요.
하지만 자기가 믿지 않는 이의 이름을 어찌 부를 것이며 듣지 못한 이를 어찌 믿을 것이며 전하는 자가 없는데 어찌 들을 것이며 보내심을 받지 않은 자가 어찌 전할 수 있겠습니까? 성경에 기록된, "아름다워라, 기쁜 소식을 전하는 이의 발이여!"라는 말이 바로 그 말입니다. 그러나 모든 사람이 다 복음을 받아들인 건 아니올시다. 이사야도 탄식하여 말하기를, "주님, 우리가 전하는 말을 누가 믿었습니까?" 하였지요. 믿음은 기꺼이 들음에서 생기고 들음은 그리스도를 전하는 말씀이 있으니까 듣는 거예요. 나는 묻습니다, 저들이 말씀 들을 기회가 과연 없었을까요? 아니, 분명 있었습니다. 성경에 이르기를, "저들의 소리가 온 땅에 퍼졌고 저들의 말이 땅끝까지 이르렀다." 하였어요. 다시 묻습니다, 이스라엘 사람들이 과연 그 말을 알아듣지 못했을까요? 우선 모세의 말을 들어보면, "내가 너희로 하여금 내 백성 아닌 자들을 질투하게 하겠고 어리석은 백성을 향하여 분통이 터지게 하리라." 하였고 이사야는 담대하게도, "나를 찾지 않는 자들에게 내가 발견되겠고 나를 수소문하지 않는 자들에게 내가 나타나겠다." 하였소이다. 그런데 같은 이사야가 이스라엘을 두고는, "나에게 순종치 않고 나를 거역하는 백성에게 내가 종일토록 팔을 벌렸노라." 하였지요.

*

"그리스도께서는 누구든지 믿음으로 하느님 앞에서 의롭다고 인정받게 하심으로써 율법의 목적을 모두 이루셨습니다." 어떻게? 믿음으로 하느님 앞에서 의롭다고 인정받는 모범을 친히 보여주심으로써! 그분은 일찍이 "내가 율법과 예언을 없애러 왔다고 생각하지 마시오. 없애러 온 게 아니라 완성하러 왔소."라고 말씀하셨고 그대로 하셨다.

은혜로 뽑힌 자들이 받는 구원 [11, 1-12]

다시 묻습니다, 하느님께서 당신 백성을 과연 버리셨습니까? 물론 아니지요. 나 또한 아브라함의 후손으로 베냐민 지파에 속한 이스라엘 사람이에요. 하느님께서는 오래전에 당신 것으로 삼으신 당신 백성을 버리지 아니하셨습니다. 성경에서 엘리야가 이스라엘을 하느님께 고발하며 한 말을 읽어보지 못하였습니까? "주님, 저들이 주님의 예언자들을 죽이고 주님의 제단을 허물었나이다. 저 하나 남았는데 저마저 죽이려 합니다." 이에 뭐라고 대꾸하셨지요? "내가 나를 위하여 바알에게 절하지 않은 자 칠천을 남겨두었다." 지금도 그렇소이다. 하느님의 은혜로 뽑힌 사람들이 남아있어요. 은혜로 뽑힌 것이면 사람들이 무슨 공을 세워서 얻어낸 것은 아니지요. 만일 그런 것이라면 은혜가 은혜일 수 없는 겁니다.

그래서 어찌 되었습니까? 이스라엘은 구하는 것을 찾지 못하였으나 뽑힌 자들은 그것을 얻었습니다 나머지 사람들은 마음이 완고해져서, "하느님이 그들을 멍청하게 만들어 오늘까지 눈으로 보지 못하고 귀로 듣지 못하게 하셨다."는 성경 말씀대로 되었지요. 다윗도, "저들의 잔치가 올무와 덫이 되고 걸려 넘어져 패망하는 까닭이 되게 하소서." 하였소이다.

그렇다고 그들이 완전 실족하여 다시는 일어설 수 없게 된 것입니까? 물론 아니지요. 그들이 넘어진 덕분에 이방인들한테로 구원이 넘어갔고 이스라엘은 그들을 시새우게 된 것이니, 저들의 실족이 온 세상에 풍요함을 가져다주었고 저들의 실수가 이방인들에게 풍요함을 가져다주었을진대 저들마저 돌아오는 날에는 그 풍요함이 얼마나 대단하겠습니까?

*

성인은 사람을 버리지 않는다(聖人無棄人). 성인이 그리지 않는 것은 하느님이 그리시지 않기 때문이다. 하느님은 당신 사녀들을, 잘났든 못났든, 버리지 아니하신다.

이스라엘 나무에 접붙여진 이방인들 [11, 13-24]

이제부터는 이방인들에게 말하겠습니다. 나는 이방인의 사도로서 내가 맡은 직분을 영광스럽게 생각하는 사람이에요. 나는 내 동족에게 질투심을 불러일으켜 그들 가운데 얼마라도 구원하고 싶습니다. 그들이 버려져서 온 세상이 하느님과 화목게 되었다면 그들이 받아들여지는 것이 죽음에서 살아나는 것 아니고 무엇이겠습니까? 빵 반죽의 첫 부분을 떼어 하느님께 드리면 전체 반죽이 따라서 거룩한 것입니다. 나무뿌리가 거룩하면 가지들도 거룩한 거예요. 올리브나무 가지 몇 개가 잘리고 그 자리에 야생 올리브나무 가지들이 (그러니까, 당신네 이방인들이) 접붙여지면 그것들은 본디 올리브나무 뿌리에서 양분을 받아먹고 살게 되지요. 그러나 잘린 가지들보다 그대들이 낫다고 자만하지 마시오. 그래도 혹 자만하고 싶거든 뿌리가 그대들을 지탱하는 것이지 그대들이 뿌리를 지탱하는 게 아님을 기억하시오. 그대들은 "가지들이 잘린 것은 우리를 접붙이기 위해서가 아니오?" 하고 묻고 싶을 겁니다. 옳아요, 그건 그렇소이다만 저들이 잘린 것은 믿지 않았기 때문이고 그대들이 붙여진 것은 믿었기 때문이니 자만할 게 아니라 두려워할 일이올시다. 하느님께서 본디 가지들을 아끼지 않으셨는데 그대들을 아끼시겠습니까? 그분이 어떻게 자애로우시며 엄격하신지를 잘 보시오. 하느님은 넘어진 자들에게는 엄격하시고 그대들한테는, 그분의 자비를 그대들이 받아들이는 한, 자애로운 분이십니다. 만일 그분의 자비를 등지면 그대들 또한 잘릴 것입니다. 믿지 않아서 잘렸던 가지들도 믿으면 다시 접붙여주실 터인즉, 하느님은 얼마든지 그러실 수 있는 분이지요. 그대들 이방인이 본디 속했던 야생 올리브나무에서 잘려져 본성을 거슬러 좋은 올리브나무에 접붙여졌다면, 유다인이 본디 속했던 올리브나무에 접붙여지는 것이야 얼마나 쉬운 일이겠습니까?

*

하늘은 사사로이 덮지 않는다(天無私覆). 어떤 명분으로든 간에, 사람이 자기 자신에 대하여 우쭐거리거나 누구를 무시한다는 것은 전혀 터무니없는 짓이다.

이스라엘의 구원에 관한 숨은 진실 [11, 25-36]

형제들이여, 여기 숨은 진실이 하나 있는데 그대들도 알아두시기 바랍니다. 그러면 스스로 자만해지지 않을 것이오. 뭔고 하니, 이스라엘 사람들 가운데 일부가 완고해져서 모든 이방인이 마침내 돌아올 때까지 그 상태로 있겠지만 그렇게 해서 온 이스라엘이 구원을 받게 된다는 것이올시다. 성경에도, "시온에서 구원자가 나올 터인즉 그가 야곱의 후손한테서 온갖 악행을 제거하리라. 이것이 내가 그들의 죄를 없이할 때 그들과 맺으려는 나의 계약이다."라는 말씀이 있지요.

복음으로 말미암아 유다인들이 하느님의 적이 되었고 그대들 이방인들은 그 혜택을 입은 자들이 되었지만 하느님께서는 그들을 택하셨고 저들의 조상을 위하여 당신의 사랑하는 백성으로 남겨두셨소이다. 그분은 한 번 누구를 불러 그에게 은혜의 선물을 주셨으면 그를 향한 당신의 마음을 바꾸지 않는 분이십니다. 한때 하느님께 순종치 않던 그대들이 지금은 유다인의 불순종 때문에 자비를 입게 되었습니다. 마찬가지로, 지금은 순종치 않는 유다인들이 그대들이 입은 자비로 말미암아 마침내 자비를 입게 될 터인즉, 하느님께서 모든 사람으로 하여금 순종치 않게 하신 것은 그렇게 해서 그들에게 자비를 베풀기 위해서올시다.

깊어라, 하느님의 그 풍요, 그 지혜, 그 지식!
누가 그 판단을 헤아릴 수 있으며,
누가 그 하시는 일을 알 수 있으랴?
누가 주님의 마음을 알았으며,
누가 그분의 의논 상대가 되었던가?
누가 무엇을 그분께 드렸기에 하느님이 그에게 갚으셔된 말인가?
만물이 그분에게서 나오고 그분으로 말미암고 그분께로 돌아가도다.
영광이 세세 무궁토록 그분께! 아멘.

*

"하느님께서 모든 사람으로 하여금 순종치 않게 하신 것은 그렇게 해서 그들에게 자비를 베풀기 위해서올시다." 모든 것이 하느님께로부터 왔으니 모든 것이 그분께로 돌아가리라.

그리스도 안에서의 새로운 삶 [12, 1-21]

그런즉 형제들이여, 하느님의 자비가 이토록 크시니 그대들에게 권면합니다. 그대들 몸을 하느님께서 기쁘게 받아주실 거룩하고 살아있는 제물로 바치시오. 이것이 참된 예배올시다. 세상을 본받지 말고 마음을 새롭게 하여 새사람이 되시오. 그러면 무엇이 하느님의 뜻인지, 무엇이 선하고 그분이 받아주실 만하고 온전한지를 분별하여 알게 될 것입니다.

하느님께서 내게 베푸신 은혜가 큰지라 그대들 각 사람에게 말합니다. 자신을 과대평가하지 말고 하느님께서 저마다 주신 믿음의 분량에 맞추어 지혜롭게 생각하시오. 사람 몸은 하나지만 여러 지체가 있고 지체마다 하는 일이 다릅니다. 마찬가지로 우리도 수효는 많지만 몸은 그리스도 안에서 연합하여 하나 되었고 서로에게 지체가 되었소이다. 우리에게 주신 은총에 따라서 받은 영적 선물도 각자 다르니 혹 예언하는 것이면 자기 믿음의 분량에 맞추어 쓸 일이요 남 섬기는 것이면 섬기는 데 쓸 일이요 가르치는 것이면 가르치는 데 쓸 일이요 남을 격려하는 것이면 격려하는 데 쓸 일이올시다. 남을 구제하는 사람이면 순수한 마음으로 해야 하고 남을 지도하는 사람이면 성심으로 해야 하고 자선을 베푸는 사람이면 기꺼운 마음으로 해야 할 것입니다.

사랑엔 거짓이 없어야 해요. 악을 미워하고 선에 속하시오. 형제 사랑으로 서로를 사랑하고 남 존중하기를 다투어 먼저 하며 부지런하여 게으르지 말고 뜨거운 마음으로 주를 섬기시오. 소망 중에 기뻐하고 어려운 일을 당할 때 참으며 쉬지 말고 기도하시오. 성도들의 궁핍을 채워주고 나그네를 후히 대접하시오. 당신들을 못살게 구는 자들에게 복을 빌어주시오. 저주하지 말고 축복하시오. 기뻐하는 이들과 함께 기뻐하고 우는 이들과 함께 우시오. 서로 한마음이 되시오.

건방 떨지 말고 낮은 이들과 함께 어울리시오. 저 혼자 지혜로운 줄로 여기지 마시오. 악을 악으로 갚지 말고 모든 사람이 좋게 여기는 일을 하시오. 할 수 있거든 모든 사람과 화목하게 지내시오. 친구들이여, 친히 원수 갚으려 하지 말고 하느님의 진노에 맡기시오. 성경에도, "원수 갚는 일은 내 일이니 나에게 맡겨라."고 주님이 말씀하셨소이다. 원수가 배고파하면 먹을 것을 주고 목말라하면 마실 것을 주시오. 그리하면 그의 머리에 숯불을 얹어두는 격이 되는 것이오. 악에게 무릎 꿇지 말고 선으로 악을 이기시오.

*

"세상을 본받지 말고 마음을 새롭게 하여 새사람이 되시오." 세 가지 주문이다. 세상을 본받지 마라. 마음을 새롭게 하라. 새사람이 되어라. 앞의 둘은 네가 할 수 있고 해야 한다. 나머지 하나는 네가 할 수 있고 해야 하는 게 아니다. 저절로 되는 거다. 그러니 만사에 세상을 본받지 말고 오직 마음을 새롭게 하여라. 악을 미워하고 선에 속하려고 애쓰지 마라. 저절로 그렇게 되지 않으면 아직 아니다. 네 마음이 새로워지지 않았다.

권위계층에 복종할 이유 [13, 1-7]

누구든지 자기를 다스리는 권위에 복종해야 합니다. 모든 권위가 하느님께로부터 오고 현존하는 권위는 하느님이 세우신 것이기 때문입니다. 그러므로 권위에 거역하는 사람은 하느님이 세우신 것에 저항하는 사람이고 그런 사람은 심판을 받게 마련이지요. 통치자란 선을 행하는 이들에게는 겁낼 상대가 아니고 악을 행하는 자들에게나 두려운 존재올시다. 권위계층을 두려워하지 않으려거든 선을 행하십시오. 그에게 칭찬받을 것입니다. 그가 그대들을 좋게 하려고 하느님을 섬기는 자이기 때문입니다. 그러나 악을 행하는 사람은 마땅히 그를 두려워해야 합니다. 그가 괜히 칼을 차고 있는 게 아니니까요. 통치자는 악을 행하는 자들에게 하늘의 진노를 내리는 하느님의 심부름꾼이올시다. 그러기에 하늘의 진노 때문만이 아니라 본인의 양심 때문에라도 권위에 복종할 필요가 있습니다. 그대들이 세금을 내는 것도, 그들이 바로 그 일을 위하여 하느님의 임명을 받은 자들이기 때문이에요. 그들에게 해야 할 일을 모두 하시오. 국세를 낼 사람에게는 국세를 내고 지방세를 내야 할 사람에게는 지방세를 내고 두려워할 사람은 두려워하고 존중할 사람은 존중하십시오.

*

말하자면 네로 같은 폭군도 하느님이 당신을 섬기라고 세우신 자라는 얘기다. 문자 그대로 읽으면 세속의 논리를 초월한 경계를 말한 것일 수도 있고 장차 로마에서 있을지 모르는 일에 대비하여 마련한 일종의 보험일 수도 있다. 아무튼 대사제 안나스, 가야파, 요한, 알렉산더 앞에서 "우리가 하느님 말씀을 듣는 것보다 당신들 말을 듣는 것이 하느님 앞에서 옳은 일이겠소?" 라고 묻던 베드로와 요한에게는 적용되지 않는 말이다.

율법의 완성인 사랑 [13, 8-10]

서로 주고받는 사랑의 빚 말고는 아무한테도 빚지지 마십시오. 남을 사랑하는 사람은 율법을 다 이룬 사람입니다. 간음하지 말라, 살인하지 말라, 도둑질하지 말라, 탐내지 말라는 계명 말고 다른 계명들도 있지만 그 모두가 "이웃을 네 몸같이 사랑하라."는 한마디 말씀에 들어있습니다. 이웃을 사랑한다면 그에게 못된 짓을 할 수가 없지요. 그러기에 모든 율법이 사랑으로 완성되는 것이올시다.

*

이것 하나 있으면 다른 것들 없어도 되고 이것 하나 없으면 다른 것들 있으나 마나다. 참된 사랑이 그것이다.

예수 그리스도로 무장한 삶 [13, 11-14]

이렇게 살려면 지금이 어떤 때인지를 알아야 해요. 바야흐로 잠에서 깨어날 때가 되었습니다. 우리가 처음 믿을 때보다 구원이 더 가까이 다가왔기 때문이에요. 밤이 거의 끝나고 낮이 가까웠으니 어둠의 행실을 벗어버리고 빛의 갑옷을 입읍시다. 밝은 대낮에 처신하듯이, 진탕 먹고 마시고 취하지 말고 음탕한 짓을 하지 말고 함부로 몸을 굴리지 말고 분쟁과 시기에 휘말리지 말고 단정하게 살아갑시다. 주 예수 그리스도로 완전무장하고 육체의 욕정을 채우겠다는 생각은 아예 하지를 마십시오.

*

"진탕 먹고 마시고 취하지 말고 음탕한 짓을 하지 말고 함부로 몸을 굴리지 말고 분쟁과 시기에 휘말리지 말고 단정하게 살아갑시다." 누구나 할 수 있지만 아무나 하는 게 아니다.

믿음이 약한 사람과 강한 사람 [14, 1-12]

믿음 약한 사람을 받아주되 그와 논쟁은 하지 마시오. 어떤 사람은 믿음이 있어서 아무 음식이나 가리지 않고 먹지만 믿음이 약해서 채소만 먹는 사람도 있습니다. 무엇이나 먹을 수 있는 사람은 그러지 못하는 사람을 업신여기지 말고 음식을 가려서 먹는 사람은 가리지 않고 먹는 사람을 비방하지 마시오. 그도 하느님께서 받아들인 사람이에요. 그대가 뭔데 남의 하인을 비판하는 겁니까? 그가 서 있든 넘어져 있든 제 주인이 알아서 할 일입니다. 그를 서 있게 할 능력이 주께 있으니 그가 서 있을 것입니다. 누구는 어느 한 날을 다른 날보다 중요시하고 누구는 모든 날을 똑같이 여기지요. 사람마다 확고한 자기 신념을 가지고 살아야 합니다. 특별한 날을 지키는 사람은 마음에 주님을 모시고 그날을 지키는 겁니다. 음식을 가리지 않고 먹는 사람은, 하느님께 감사드리고 먹으니, 마음에 주님을 모시고 먹는 거예요. 음식을 가려먹는 사람도, 하느님께 감사드리고 먹으니, 마음에 주님을 모시고 가려먹는 것입니다. 우리 가운데 자기만 위하여 사는 사람이 없고 우리 가운데 자기만 위하여 죽는 사람도 없습니다. 우리가 산다면 주님을 위하여 사는 것이고 죽는다면 주님을 위하여 죽는 겁니다. 살든지 죽든지 우리는 주님의 것이올시다. 그리스도께서 죽으셨다가 다시 살아나신 것은 죽은 자의 주님도 되시고 산 자의 주님도 되시기 위해서였어요. 그런데 어째서 그대 형제를 심판하는 겁니까? 말해보시오, 어째서 그대 형제를 업신여기는 거요? 우리 모두 하느님의 심판대 앞에 설 것입니다. 성경에, "내가 살아있으니 모든 무릎이 내 앞에 꿇릴 것이요, 모든 입이 하느님을 찬미하리라."는 주의 말씀이 기록되어 있소이다. 그때 우리는 저마다 자기 일을 하느님께 있는 그대로 아뢰게 될 것이오.

*

무슨 일을 따로 해도 된다면 상관없지만 함께 해야 한다면 지켜야 할 법도가 있다. 더딘 사람 속도에 빠른 사람이, 약한 사람 실력에 강한 사람이 맞추어야 한다. 오른발을 다쳤으면 왼발도 걸음이 느려지는 법이다.

음식 문제로 하느님의 일을 그르치는 사람 [14, 13-23]

그러니 우리 이제 다시는 서로 심판하지 맙시다. 그 대신, 형제 앞에 장애물이나 걸림돌을 놓아두지 않기로 결심합시다. 주 예수께 속한 나는, 그 자체로서 더러운 물건은 세상에 없고 다만 무엇이 더럽다고 생각하는 사람한테 그것이 더러운 물건임을 알고 믿습니다. 그대가 어떤 음식을 먹어서 형제를 화나게 만든다면 그것은 사랑으로 하는 행위가 아니에요. 그를 위하여 그리스도께서 죽으셨으니 먹는 것 가지고 형제를 망치는 일은 없어야 할 것입니다. 그러니 스스로 좋다고 생각해서 하는 일이 다른 사람들의 비방 거리가 되지 않도록 조심하시오. 하느님 나라는 먹고 마시는 게 아니라 성령께로부터 오는 정의와 평화와 기쁨입니다. 누구든지 이렇게 그리스도를 섬기면 하느님이 그를 기뻐하시고 사람들도 그를 칭찬할 것입니다. 아무쪼록 평화를 도모하고 서로 덕을 끼치는 일에 힘을 모읍시다. 음식 문제로 하느님의 일을 그르치는 짓은 하지 마시오. 모든 음식이 깨끗하긴 하지만 굳이 어떤 것을 먹어서 형제를 실족하게 한다면 잘못입니다. 그것을 먹어서 형제를 실족하게 할 우려가 있으면 고기든 술이든 어떤 것이든 먹지 않는 게 좋아요. 그대들에게 어떤 신념이 있거든 하느님 앞에서 저마다 자기 신념대로 사십시오. 자기가 옳다고 생각하는 일을 하면서 스스로 아무 거리낌 없는 그 사람이 복 있는 사람입니다. 그러나 의심하면서 먹는 사람은 그 행동이 믿음에서 나온 것이 아닌 까닭에 벌써 단죄를 받은 것이오. 믿음에서 나오지 않은 모든 행동이 죄올시다.

*

"자기가 옳다고 생각하는 일을 하면서 스스로 아무 거리낌 없는 그 사람이 복 있는 사람입니다." 고희古稀의 공자가 말했다. "마음을 좇아 사는데 법도를 어김이 없다."

믿음이 강한 사람들과 약한 사람들 [15, 1-6]

믿음이 강한 우리는 자기 좋을 대로만 하지 말고 마땅히 약한 사람들을 도와야 합니다. 이웃의 이익을 생각하고 공동의 선을 이루어야 해요. 그리스도께서도 당신 뜻대로 아니 하시고, "당신을 비방하는 자들의 비방이 내게 떨어졌나이다."라는 성경 말씀 그대로 사셨습니다. 모든 성경 말씀이 우리에게 교훈을 주려고 기록되었고 그래서 우리가 성경에서 인내를 배우고 격려를 받아 희망을 품는 것입니다. 아무쪼록 우리에게 인내와 격려를 주시는 하느님께서 그대들로 하여금 그리스도 예수의 뜻을 좇아서 한마음 한목소리로 우리 주 예수 그리스도의 아버지 하느님을 찬미케 하여주시기를!

*

강한 사람이 자기 좋을 대로만 하지 말고 약한 사람을 도와야 하는 까닭은 그를 돕는 것이 곧 자기를 돕는 것이기 때문이다. "인류는 한 몸이다." 이 말은 시인의 추상抽象이 아니라 과학자의 실상實相이다.

하느님을 찬미하게 된 이방인들 [15, 7-13]

그러니 그리스도께서 그대들을 받아주셨듯이 서로를 받아들여 하느님께 영광을 돌려드리시오. 그리스도께서 하느님의 진실하심을 드러내고자 할례받은 자들의 종이 되셨으니, 먼저는 족장들에게 주신 약속을 이루셨고 나중에는 이방인들로 하여금 하느님의 자비를 찬미하게 하셨습니다. 성경에도, "그러므로 내가 나라들 가운데서 주를 찬양하고 그 이름을 찬미하리라." 하였고 또, "너희 나라들아, 주의 백성과 함께 기뻐하여라." 하였으며, "너희 모든 나라들아, 주를 찬양하여라. 모든 족속들아, 주를 찬미하여라." 하였지요.
바라건대, 희망의 근원이신 하느님께서 믿음을 통해 오는 모든 기쁨과 평화로 그대들을 충만케 하시기를! 성령의 능력으로 말미암아 그대들에게 희망이 넘치기를!

*

강과 바다가 모든 골짜기의 왕인 것은 그 모든 골짜기 아래에 있기 때문이다. 서로 받아들이라는 말은 서로 아래로 내려가라는 말이다. 세상의 대세大勢를 거스르라는 말이다.

이방인을 위한 예수 그리스도의 일꾼 [15, 14-21]

형제들이여, 나는 그대들이 선으로 충만하고 온갖 지식을 두루 갖추어 서로 권면할 자격이 있음을 믿어 의심치 않습니다. 단지 내가 이 글에서 간혹 과격한 어투를 쓴 것은 하느님께서 내게 베푸신 은총 곧 나를 이방인을 위한 예수 그리스도의 일꾼으로 삼으신 은총에 기대어 그대들에게 몇 가지를 상기시키고자 함이었소이다. 이방인들에게 복음을 전하여 그들로 하여금 성령으로 거룩해져서 하느님이 받으실 제물이 되게 하는, 이것이 나에게 주어진 사제의 직분입니다. 그러기에, 그리스도 예수께 속한 자로서 하느님을 위해 일하는 것을 자랑으로 여깁니다만, 내가 감히 할 수 있는 말이 있다면 그리스도께서, 나를 통하여, 이방인들을 복종케 하셨다는 것이 전부올시다. 나는 그분이 말과 행실로 하신 일 곧 표적들과 놀라운 일들을 보여주는 능력과 성령의 능력으로 하신 일에 대하여 말할 따름이에요. 실은 그랬기에 내가 예루살렘에서 일리리쿰에 이르기까지 그리스도의 복음을 두루 전했던 것이지요. 나는 언제나 그리스도의 이름이 알려지지 않은 곳에서만 복음을 전하여 남들이 닦아놓은 터에 집을 세우지 않으려고 노력해왔소이다. 성경에, "그 소식을 모르는 자들이 볼 것이요, 그 이름을 듣지 못한 자들이 깨달으리라." 하였습니다.

*

"언제나 그리스도의 이름이 알려지지 않은 곳에서만 복음을 전하여 남들이 닦아놓은 터에 집을 세우지 않으려고…" 전도자들 사이에 벌써 전도구역에 대한 갈등이 있었다는 얘기다. 어쩔 수 없다. 햇빛이 밝은데 어찌 그림자를 드리우지 않을 수 있겠는가? 누가 무슨 일을 해도 결국 모자라는 인간이 모자라게 하는 거다. 귀는 보지 못하고 눈은 듣지 못한다.

바울로의 로마행 계획 [15, 22-33]

그래서 내가 그대들을 방문하려는 계획이 여러 번 막힌 것입니다. 하지만 이제 이 지역에서 할 일을 거의 마쳤고 여러 해 전부터 스페인으로 가는 길에 그대들을 보고 싶었으므로 도중에 그대들을 만나서 잠시라도 함께 지내는 즐거움을 맛보다가 그대들의 후원을 받아 그리로 가게 되기를 희망하고 있습니다. 그러나 지금은 예루살렘으로 가서 거기 있는 성도들을 섬겨야 해요. 마케도니아와 아카이아의 성도들이 예루살렘의 가난한 성도들을 위하여 모금한 것을 전해주어야 합니다. 그들 스스로 기꺼이 결정한 일이긴 하지만 실은 그들이 감당해야 할 임무라고도 하겠습니다. 이방인들이 유다인의 정신적 축복을 나눠 가졌으면 그들의 물질적 결핍을 채워주기도 해야 하지 않겠습니까? 그래서 나는 모금한 돈을 잘 전달하여 그곳에서 할 일을 마치고 스페인으로 가는 길에 그대들을 방문할 생각입니다. 내가 그리로 갈 때는 그리스도의 풍성한 축복도 함께 가지고 갈 줄로 압니다.

형제들이여, 우리 주 예수 그리스도와 성령의 선물인 사랑으로 부탁합니다. 하느님께 바치는 나의 수고와 기도에 동참해주시오. 그리하여 나로 하여금 유다의 믿지 않는 형제들한테서 화를 입지 않고 나의 특별한 예루살렘 방문이 그곳 성도들의 환영을 받게 해주시오. 그러면 내가 하느님의 뜻을 좇아 기쁜 마음으로 그대들에게 가서 새 기운을 얻게 될 것입니다. 평강의 하느님께서 그대들 모두와 함께하시기를! 아멘.

*

바울로에게 로마는 목적지가 아니다. 스페인으로 가는 중간 길목이다. 당시 사람들에게는 스페인보다 먼 곳이 없었다. 그러니까 스페인은 "세상 끝"이었다. 바울로는 지금 스페인을 향하여 로마로 가려고 한다. 그 길에서 할 일이 있으니 참 행복한 사람이다.

마지막 인사 [16, 1-24]

겐크레아 교회에서 봉사하는 페베 자매를 소개합니다. 예절을 갖추어 같은 주님을 믿는 성도로 환영해주시고 혹 도와야 할 일이 있으면 아낌없이 도와주시오. 나를 포함하여 많은 사람에게 큰 도움을 준 자매올시다.
그리스도 예수를 함께 따르는 동지 브리스카와 아퀼라에게 문안해주시오. 목숨 걸고 나를 살려준 분들인데, 나뿐 아니라 모든 이방인 교회가 그들에게 고마워하고 있소이다. 그들의 집에서 모이는 교회에도 문안해주시오. 아시아에서 첫 번째 그리스도의 익은 열매가 된 사랑하는 나의 벗 에베네도에게 문안해주시오. 그대들을 위하여 수고를 많이 한 마리아에게 문안해주시오. 내 혈육이며 한때 나와 함께 투옥되었던 안드로니고와 유니아에게 문안해주시오. 그 이름이 사도들 사이에 널리 알려졌고 나보다 먼저 그리스도를 영접한 사람들입니다. 주 안에서 사랑하는 나의 벗 암플리아도에게 문안해주시오. 그리스도 안에서 함께 일하는 동지 우르바노와 사랑하는 스타키스에게 문안해주시오. 그리스도를 위하여 많은 고생을 한 아벨레에게 문안해주시오. 아리스토불로 집안에 문안해주시오. 내 혈육 헤로디온에게 문안해주시고 그리스도 안에 있는 나르깃소 집안사람들에게도 문안해주시오. 주 안에서 수고한 드리패나와 드리포사에게 문안해주시고 주님을 위하여 많은 일을 한 사랑하는 베르시스에게도 문안해주시오. 탁월한 일꾼 루포와 그 어머니에게 문안해주시오. 그분은 나에게도 어머니셨소이다. 아신그리도, 플레곤, 헤르메스, 바트로바, 헤르마스 그리고 그들과 함께 있는 형제들에게 문안해주시오. 필롤로

고와 율리아, 네레오와 그 누이, 올림파스 그리고 그들과 함께 있는 성도들에게 문안해주시오. 거룩한 입맞춤으로 서로 인사하시오. 그리스도의 온 교회가 그대들에게 문안합니다.
형제들이여, 그대들이 배운 것하고는 다르게, 분쟁을 일으키고 사람들을 떨어져 나가게 하는 자들을 경계하고 멀리하시오. 우리 주 그리스도를 섬기는 게 아니라 자기 배를 섬기는 자들이고 번드레한 언변과 아첨하는 말로 순진한 사람들을 꾀어 넘어지게 하는 자들입니다. 그대들이 말씀에 순종하여 성실하게 살고 있다는 소문이 사방에 퍼진 것을 매우 기쁘게 생각합니다. 아무쪼록 선에 지혜롭고 악에 미련하기 바랍니다. 평강의 하느님께서 사탄을 그대들 발밑에 거꾸러뜨리실 날이 얼마 남지 않았습니다. 우리 주 예수의 은총이 그대들과 함께하시기를!
나의 동지인 디모테오와 내 혈육인 루기오, 야손, 소시바드로가 그대들에게 문안합니다. (이 편지를 받아쓰는 나 데르디오도 주 안에서 문안합니다.) 나와 온 교회를 돌보고 있는 가이오가 그대들에게 문안하고 이 성읍의 재무관 에라스도와 형제 과르도가 그대들에게 문안합니다. [우리 주 예수의 은총이 그대들과 함께하시기를!]

*

로마에 바울로의 지인들이 살고 있었다는 얘기다. 생각나는 이름을 하나도 빠뜨리지 않으려는 간곡한 마음이 읽힌다. 당시 로마에는 바울로의 지인들만 있지 않았다. "우리 주 그리스도를 섬기는 게 아니라 자기 배를 섬기는 자들이고 번드레한 언변과 아첨하는 말로 순진한 사람들을 꾀어 넘어지게 하는 자들"도 있었다. 그런 자들은 요즘에만 있는 게 아니다.

하느님께 영광을 돌리며 마감하는 말 [10, 25-27]

내가 전하는 복음 곧 예수 그리스도에 관한 가르침을 좇아서 그대들을 견고하게 세우시는 하느님, 홀로 지혜로우신 하느님, 그분께 예수 그리스도를 통하여 영광을 돌려드립시다. 이 복음은 오랜 세월 은밀히 감추어져 있다가 바야흐로 빛을 보게 된 비밀로서, 영원하신 하느님의 명에 의하여 모든 민족에 알려졌고 그래서 그들이 믿고 순종하게 된 것인데, 성경에서 예언자들이 말하고 있는 바로 그것입니다.
영세 무궁토록 하느님께 영광을! 아멘.

*

"이 복음은 오랜 세월 은밀히 감추어져 있다가 바야흐로 빛을 보게 된 비밀로서…" 자기가 전하는 복음은 누가 새로 만든 게 아니라는 얘기다. 그렇다, 도道는 처음부터 있었다. 종교는 발명이 아니다. 발견이다.

고린토전서

첫인사 [1, 1-9]

하느님 뜻에 따라 그리스도 예수의 사도로 부르심 받은 바울로가 형제 소스테네와 함께 고린토에 있는 하느님의 교회에 이 편지를 보냅니다.
각처에서 자기네 주님이며 우리의 주님이신 주 예수 그리스도의 이름을 부르는 모든 사람과 함께 그리스도 예수 안에서 분별 되어 하느님 백성으로 부르심 받은 그대들에게 하느님 우리 아버지와 주 예수 그리스도의 은총과 평화가 있기를!
그리스도 예수 안에서 그대들에게 베푸신 하느님의 은총을 생각하며 항상 하느님께 감사드립니다. 그대들은 그분 안에서 매사에 풍성해졌고 그리스도에 대한 우리의 증언을 굳게 믿음으로써 모든 것을 알게 되었고 그 아는 바를 거침없이 말하게 되었소이다. 그렇게 영적 은사를 부족함 없이 받았고 주 예수 그리스도께서 나타나실 그 날을 기다리고 있으니, 주께서도 그대들을 아무 책잡힐 것 없는 사람으로 우리 주 예수 그리스도의 날을 맞이할 수 있도록 끝까지 굳게 잡아주실 것입니다. 미쁘신 하느님께서 그대들을 부르시어 당신의 아들 예수 그리스도 우리 주님과 사귀게 하셨습니다.

*

자기가 누구인지, 지금 자기가 쓰는 편지를 받는 사람들이 누구인지 알고 있다.

갈라지지 말고 화합할 것을 호소함 [1, 10-17]

형제들이여, 우리 주 예수 그리스도의 이름으로 그대들에게 호소합니다. 모두 함께 하나이자 같은 것을 말하고 서로 갈라지지 말고 공동의 생각과 목적으로 온전히 화합하시오. 형제들이여, 그대들이 서로 갈라져 다투고 있다는 말을 클로에 집안사람들한테서 들었습니다. 그대들이 저마다 나는 바울로, 나는 베드로, 나는 그리스도에 속해 있다고 말한다던데 그리스도가 갈라지셨습니까? 바울로가 그대들을 위하여 십자가에 달렸나요? 바울로의 이름으로 그대들이 세례를 받았소? 내가 그대들 가운데 그리스보와 가이오 말고는 아무한테도 세례를 베풀지 않은 것이 고마운 일이올시다. 누구도 내 이름으로 세례받았다고 말할 수 없게 되었으니. 스테파나 집안사람들한테도 세례를 주긴 했지만 그밖에는 누구한테도 세례를 베푼 일이 없습니다. 그리스도께서 나를 보내신 목적은 세례를 베풀라는 게 아니라 복음을 전하라는 것이었고, 그것도 평범한 말로 전하라는 것이었어요. 전하는 자가 말재간을 피우면 그리스도의 십자가가 그 뜻을 잃고 맙니다.

*

"서로 갈라지지 말고 공동의 생각과 목적으로 온전히 화합하시오." 나무가 자라면서 여러 가지로 갈라지는 것은 당연하다. 그리스도의 몸인 교회도 마찬가지다. 갈라지더라도, 한 나무의 여러 가지처럼, 서로 떨어지지 말고 붙어서 갈라지라는 말이다.

세상의 지혜로움과 하느님의 어리석음 [1, 18-31]

십자가의 길이 멸망으로 가는 자들한테는 어리석음이지만 구원으로 가는 우리한테는 그대로 하느님의 능력입니다. 성경에 기록되기를, "내가 지혜로운 자의 지혜를 멸하고 총명한 자의 총명을 치워버리겠다." 하였지요. 지혜로운 자가 어디 있고 남을 가르칠 만큼 아는 자가 어디 있습니까? 이 시대에 논객이 어디 있어요? 하느님께서 세상 지혜를 어리석게 만들지 않았습니까? 세상이 제 지혜로 하느님을 알 수 없는, 이것이 바로 하느님의 지혜올시다. 그래서 우리가 전하는 말씀의 어리석음을 통하여 믿는 자들을 구원하는 것이 하느님을 기쁘시게 해드리는 거예요. 유다인은 표적을 구하고 그리스인은 지혜를 구하나 우리는 십자가에 달린 그리스도를 전할 따름입니다. 유다인에게는 역겨움이고 이방인에게는 어리석음이겠지만, 유다인이든 그리스인이든 하느님의 부르심을 받은 사람들에게는 그분이 곧 그리스도요 하느님의 능력이며 하느님의 지혜인 것입니다. 하느님의 어리석음이 사람의 지혜로움보다 지혜롭고 하느님의 약함이 사람의 강함보다 강합니다.
형제들이여, 그대들이 부르심 받았을 때를 돌이켜보시오. 세상의 기준으로 말하여 지혜로운 사람, 능력 있는 사람, 좋은 집안에 태어난 사람이 그대들 가운데 몇이나 있었습니까? 그러나 하느님께서는 지혜 있는 자들을 부끄럽게 하려고 세상의 어리석은 자들을 택하셨고, 강한 자들을 부끄럽게 하려고 세상의 약한 자들을 택하셨지요. 또 내로라하는 자들을 무너뜨리려고 세상의 천더기들과 멸시당하는 자들을 택하셨으니, 이는 어떤 인간도 하느님 앞에서 뽐내지 못하게 하려는 것이었습니다. 그대들로 하여금 그리스도 예수 안에 거하도록 하는 것도 하느님이 하시는 일이고, 그분을 우리의 지혜로 세우는 것도 하느님이 하시는 일이고, 그분 안에서 우리를 의로운 자로 인정하여 거룩한 당신 백성으로 삼는 것 또한 하느님이 하시는 일이올시다. 그런즉 성경에 기록된 말씀대로, 누구든지 자랑을 하려거든 주님을 자랑할 것입니다.

*

"멍청하고 멍청하도다. 세상 사람들은 빛나고 빛나는데 나 홀로 어둡고 세상 사람들은 똑똑하고 똑똑한데 나 홀로 어수룩하여 어둑하기가 바다 같구나"—노자老子. 나 살려고 너를 죽이는 세상에서 나 죽을 테니 너 살라고 한다. 과연 어리석기가 바다 같구나.

인간의 지혜 아닌 하느님의 능력 [2, 1-5]

형제들이여, 그대들에게 하느님의 심오한 경륜을 처음 전할 때 나는 뛰어난 말솜씨나 지혜를 가지고 가지 않았습니다. 그대들과 함께 있는 동안 예수 그리스도와 그분의 십자가 말고는 아무것도 알지 않겠노라 다짐하였지요. 그대들과 함께 있으면서 나는 약하고 두려워 몹시 떨었습니다. 내가 말을 하거나 전도를 할 때 지혜로운 말로 설득하려 하지 않고 오직 성령과 그 능력을 나타내고자 한 것은 그대들의 믿음이 인간의 지혜에 있지 않고 하느님의 능력에 있도록 하기 위해서였습니다.

*

"그대들과 함께 있는 동안 예수 그리스도와 그분의 십자가 말고는 아무것도 알지 않겠노라 다짐하였지요." 아테네 아레오파고에서 철학자들과 신의 존재를 주제로 장황하게 토론해본 사람이 할 수 있는 말이겠다.

영으로만 분별되는 성령의 역사 [2, 6-16]

그래도 성숙한 이들에게 우리는 지혜를 말하지요. 하지만 그 지혜는 이 세상의 지혜도 아니고 소멸하여버릴 세상 통치자들의 지혜도 아니올시다. 그래요, 우리가 말하는 지혜는 하느님의 비밀스러운 지혜, 우리의 영광을 위하여 하느님께서 만세 전에 마련하여 감춰두셨던 그 지혜입니다. 이 세상 통치자들은 아무도 그 지혜를 알지 못했어요. 알았더라면 영광의 주님을 십자가에 못 박지 않았을 것입니다. 성경에, "어떤 눈도 보지 못하고 어떤 귀도 듣지 못하고 어떤 생각도 알지 못한 것을 하느님께서 당신을 사랑하는 자들을 위하여 예비하셨다."고 했지요. 그 지혜를 하느님께서 우리에게 성령으로 보여주셨으니 성령은 모든 것을, 하느님의 깊은 경륜까지도, 꿰뚫어 아십니다. 인간의 속을 인간 안에 있는 영 말고 무엇이 알겠어요? 마찬가지로 하느님의 성령만이 하느님의 속을 아십니다. 우리가 받은 것은 세상의 영이 아니라 하느님한테서 오는 성령이올시다. 그래서 하느님이 우리에게 주시는 은총의 선물을 알아보는 거예요. 이것을 말할 때 우리는 인간의 지혜가 가르치는 말로 하지 않고 성령이 가르치시는 말로 하여, 영적인 내용을 영적인 언어로 설명합니다. 육의 사람은 하느님의 성령께서 주시는 것을 받기는커녕 오히려 그것을 어리석다고 여기지요. 그가 그것을 알지 못하는 까닭은 그것이 오직 영으로만 분별되는 것이기 때문입니다. 영의 사람은 모든 것을 판단하면서 그 누구한테도 판단 받지 않습니다. 실로 누가 하느님의 마음을 알고 누가 그분을 가르치겠어요? 그러나 우리는 그리스도의 마음을 지니고 있습니다.

*

성령의 사람은 세상에 자기가 알려지기를 바라지도 기대하지도 않는다. 바람처럼 불어오고 불어갈 따름이다.

씨를 심은 바울로와 물을 준 아폴로 [3, 1-9]

형제들이여, 나는 그대들을 영의 사람 대하듯이 대할 수 없어서 육의 사람 곧 그리스도 안에서 어린아이한테 말하듯이 말할 수밖에 없었습니다. 내가 그대들에게 단단한 음식을 먹이지 않고 우유를 먹인 것은 그대들이 그것을 소화할 수 없어서였는데, 여전히 육에 속한 자로 사는 그대들로서는 지금도 소화 못 할 거예요. 그대들 사이에 시기와 다툼이 있다는 사실은 속된 육의 사람으로 살고 있다는 얘기 아닙니까? 속된 육의 사람들이 아니고서야 어떻게 나는 바울로 편이다, 나는 아폴로 편이다, 하겠어요? 아폴로는 뭐고 바울로는 또 뭡니까? 그대들을 믿음으로 이끈 일꾼들로서 각자 주님이 주신 일을 했을 따름입니다. 나는 씨를 심었고 아폴로는 물을 주었지요. 그러나 자라게 하신 분은 하느님이십니다. 심는 자나 물을 주는 자는 별것 아니고 자라게 하시는 하느님이 중요한 거예요. 심는 자와 물을 주는 자가 동등하게 일반이요 각각 수고한 만큼 삯을 받을 따름이올시다. 우리는 하느님과 함께 일하는 사람들이고 그대들은 하느님의 밭, 하느님의 건물입니다.

*

눈에 보이는 것만 보는 사람들에게 눈에 보이는 것을 있게 하는 보이지 않는 것을 보는 사람이 쓰는 편지다. 잘 알아듣지 못하리라는 것을 알면서도 말해야 한다. 해가 지구를 돌리고 있는 것임을 사람들이 모를 때도 해는 지구를 돌렸다.

예수 그리스도라는 기초 위에 세워지는 건물들 [3, 10-17]

하느님께서 베푸신 은혜로 나는 능숙한 건축자처럼 기초를 놓았고 다른 사람들이 그 위에 건물을 세우고 있습니다. 그러나 건물 세우는 방법에는 신중해야 해요. 예수 그리스도라는 기초가 이미 놓였으니 아무도 다른 기초를 놓을 수가 없는데 이 기초 위에 사람들이 누구는 금, 누구는 은, 누구는 보석, 누구는 나무, 누구는 마른풀, 누구는 짚으로 건물을 세우면 각자의 공력이 드러날 터인즉, 심판하는 날에 불이 내려와 그 공력을 시험할 것입니다. 자기 건물이 불에 타지 않고 남아있는 사람은 상을 받겠고 불에 타버리면 아무 상도 받지 못하겠지만 그래도 몸 하나는 불구덩이에서 빠져나온 사람처럼 구원받을 거예요.

자기가 하느님의 성전이요 하느님의 성령이 자기 안에 거하심을 그대들은 모르십니까? 누구든지 하느님의 성전을 무너뜨리면 하느님께서도 그를 무너뜨리실 것입니다. 하느님의 성전이 거룩하고 그대들이 바로 그 성전이기 때문이지요.

*

몸 없는 사람은 없다. 하느님의 성령이 그 속에 거하지 않는 사람은 없다. 다만 그것이 그렇다는 진실을 아직 모르는 사람이 있을 뿐이다.

사람을 자랑하지 말 것 [3, 18-23]

아무도 자기를 속이지 마십시오. 그대들 가운데 혹 지혜롭다고 생각하는 사람이 있거든 스스로 어리석은 바보가 되십시오. 그러면 지혜로운 사람이 될 것입니다. 세상의 지혜가 하느님 보시기에는 어리석음이기 때문이지요. 성경에 이르기를, "지혜 있는 자들로 하여금 제 꾀에 걸려 넘어지게 하신다." 하였고 또, "지혜 있는 자들의 생각을 주께서 아시고 그것들을 헛된 것으로 여기신다." 하였소이다. 그런즉 아무도 사람을 자랑해서는 아니 됩니다. 모두가 그대들 것입니다. 바울로도 아폴로도 베드로도 이 세상도 삶도 죽음도 현재도 미래도 모두 그대들 것이고, 그대들은 그리스도의 것이고, 그리스도는 하느님의 것입니다.

*

사람이 무엇을 눈으로 보는 것은 그 무엇의 지극히 작은 단면을 보는 것이다. 아무리 작은 티끌이라도 옹근 전체를 동시에 볼 수는 없다. 이 사실을 깨친 사람은 스스로 바보가 되는 게 아니라 자기가 바보인 줄을 안다.

하느님의 비밀을 맡은 그리스도의 일꾼 [4, 1-21]

그대들은 우리를 하느님의 비밀을 맡은 그리스도의 일꾼으로 생각해야 합니다. 맡은 자들에게 요구되는 것은 충성이에요. 그대들이나 세상 법정이 나를 어떻게 판단하느냐, 그런 것은 참으로 사소한 문제입니다. 나는 나 자신도 판단하지 않아요. 나는 양심에 거리낌이 조금도 없지만 그것으로 의롭다고 인정받는 것은 아니지요. 나를 판단하시는 분은 주님이십니다. 그러니 주께서 오시는 그날까지는 무엇이든 앞질러 판단하지 마십시오. 그분이 어둠 속에 감추어진 것을 밝히시고 사람들의 속마음을 드러내실 터인즉, 그때 각 사람이 하느님의 칭찬을 듣게 될 것입니다.

형제들이여, 그대들에게 도움이 될까 하여 나와 아폴로의 경우를 예로 들었습니다만, 그것은 "말씀의 경계를 넘지 말라"는 말의 가르침대로 그대들이 누구를 편들면서 다른 누구를 경멸하는 일이 없게 하려는 것이었소이다. 누가 그대들에게 특별한 자리를 주었습니까? 그대들한테 무엇이 있다면 그대들이 받은 것 아닌가요? 그렇게 모든 것을 받았으면서 어찌하여 받은 것이 아닌 양 자랑하는 겁니까? 그대들한테 있을 것은 이미 다 있습니다. 이미 부자가 되었어요. 우리 없이 벌써 왕이 되었습니다. 그대들이 정말 왕이었으면 좋겠네요. 덕분에 우리도 그대들과 함께 왕 노릇 한 번 해보게. 내가 보기에는 하느님께서 우리 사도들을 사형수처럼 맨 끝자리에 두어 세상과 천사들과 뭇사람의 구경거리로 만드신 것 같습니다. 우리는 그리스도를 위한 바보들이고 그대들은 그리스도 안에서 지혜로운 사람들입니다. 우리는 약하고 그대들은 강합니다. 그대들은 영예롭고 우리는 비천합니다. 지금, 이 순간에도 우리는 배고프고 목마르고 헐벗고 매 맞고 집도 없이 떠돌며 손으로 고단한 노동을 하고 있지요. 욕먹으면 축복하고 핍박당하면 참고 비난받으면 좋은 말로 권면하고 세상의 오물처럼, 인간쓰레기처럼, 지금도 우리는 이렇게 살고 있습니다.

그대들을 부끄럽게 하려고 이 글을 쓰는 게 아니올시다. 단지 그대들을 나의 사랑하는 자녀로 생각하여 권면하려는 것입니다. 그대들을 이끌어줄 교사들은 얼마든지 많겠지만 아버지들은 그리 많지 않아요. 내가 그리스도 예수 안에서 복음을 전하여 그대들을 낳았습니다. 그래서 권면합니다, 부디 나를 본받으시오. 내가 디모테오를 그대들에게 보내는 것도 바로 이 때문입니다. 그는 주 안에서 내가 사랑하는 나의 충실한 아들이에요. 내가 예수 안에서 행하고 있는 일들 곧 모든 교회에서 가르치는 내용을 그가 그대들에게 상기시켜줄 것입니다. 그대들 가운데 내가 그리로 가지 않으리라 생각하여 스스로 교만해진 자들이 있는 모양인데, 주님의 뜻이면 속히 그대들한테로 가서 교만한 그들의 말이 아니라 능력을 시험해봐야겠습니다. 하느님 나라는 말에 있지 않고 능력에 있는 것입니다. 내가 그대들에게 채찍을 들고 가는 것, 사랑과 온유한 마음으로 가는 것, 둘 가운데 그대들이 원하는 것은 어느 쪽입니까?

*

"맡은 자들에게 요구되는 것은 충성이에요. 그대들이나 세상 법정이 나를 어떻게 판단하느냐, 그런 것은 참으로 사소한 문제입니다." 오직 하늘만 바라며 산다. 그러면 죽는 날까지 하늘 우러러 한 점 부끄러움이 없을 수 있다. 동심童心의 시인 동주東珠처럼.

교회 안에서 음행하는 자들에 대하여 [5, 1-13]

그대들 가운데 음행하는 자들이 있다는 소문을 들었습니다. 심지어

제 아비의 아내를 범한 자가 있다면서요? 그런 건 이방인들 사이에서도 볼 수 없는 짓이에요. 그러고도 오히려 뽐내고 다닌다고 하니, 어째서 그 일을 통탄하여 그런 짓 한 자를 모임에서 제기하지 않는 겁니까? 내가 비록 몸은 멀리 떨어져 있지만 영은 함께 있는지라, 거기 그대들 사이에 있는 것처럼 그런 짓 한 자를 이미 단죄하였소이다. 우리 주 예수의 이름으로 그대들이 모인 자리에 내가 영으로 참석하여, 우리 주 예수의 능력으로 그를 사탄에 내어주어 그 육신을 파멸케 했다는 말입니다. 그렇게 하여 그의 영은 주님의 날에 구원받도록 하려는 것이었지요.

그대들이 뽐내는 건 좋지 않습니다. 적은 누룩이 온 반죽 덩어리를 부풀리는 줄 모르십니까? 묵은 누룩을 모두 없애고 새 반죽이 되시오. 사실 그대들은, 우리의 유월절 양 곧 그리스도께서 희생당하셨기 때문에, 누룩 없는 자들이에요. 그런즉 우리는 묵은 누룩도 쓰지 말고 고약하고 사악한 누룩도 쓰지 말고 오직 순수하고 진실한 누룩 없는 빵으로 명절을 지내도록 합시다.

내가 편지에서 그대들에게 음행하는 자들과 사귀지 말라고 하였습니다만 그렇다고 해서 이 세상의 음행하는 자들, 탐내는 자들, 남의 것 빼앗는 자들, 우상숭배 하는 자들을 아예 만나지도 말라는 얘긴 아니올시다. 그러려면 세상 밖으로 나가야 할 테니까. 내 말은 어떤 자가 형제라는 이름으로 행세하면서 음행을 하거나 탐욕을 부리거나 우상을 숭배하거나 누구를 헐뜯거나 술에 취하거나 남의 것을 빼앗거나 한다면 그런 자 하고는 어울리지도 말고 함께 음식을 나누지도 말라는 것이었어요. 바깥사람들 심판하는 일은 내가 상관할 바 아닙니다. 하느님께서 그들을 심판하실 테니까. 하지만 교회 안에 있는 사람들은 그대들이 심판해야 하지 않겠습니까? 그대들 가운데 있는 악한 자를 쫓아내십시오.

*

"음행하는 자들, 탐내는 자들…"을 제거하는 방법은 그들을 교회에 나오지 못하게 하거나 강제로 추방하는 게 아니라 그들과 함께 어울리거나 음식을 나누지 않는 것이다. 밀밭의 가라지를 그냥 두되 거름은 주지 말라는 거다. 방안의 어둠을 비로 쓸어버릴 순 없는 일이다.

형제들끼리 소송하는 것에 대하여 [6, 1-11]

그대들 가운데 누가 다른 사람과 다툼이 벌어졌을 때 어째서 성도들 앞에서 해결하려 하지 않고 세속 법정에 고소하는 겁니까? 성도들이 세상을 심판하리라는 것을 모르시오? 온 세상을 심판할 그대들이 지극히 사소한 일 심판하기를 감당 못 한단 말입니까? 우리가 천사들까지 심판하게 되리라는 것을 모르시오? 그런 우리가 사소한 세상사 하나 심판 못 해요? 일상생활에서 문제가 생겼을 때 어쩌자고 교회가 가벼이 여기는 자를 판사로 세우는 겁니까? 부끄러운 줄 아시오. 형제들 사이의 분쟁을 해결해줄 지혜로운 사람이 그대들 가운데 한 명도 없단 말이오? 그래서 형제가 형제를 고소하는데 그것도 믿지 않는 자들 앞에서 하는 겁니까? 그대들끼리 소송을 한다는 사실 자체가 벌써 그대들이 잘못되었음을 보여주는 것입니다. 차라리 억울한 일을 좀 당하면 어떻소? 한 번 속아주면 안 되는 거요? 시방 그대들이 서로 속이고 억울하게 하는데 그 상대가 바로 형제들이란 말입니다. 불의한 자가 하느님 나라를 물려받지 못한다는 사실을 모르시오? 잘못 생각하지 마시오. 음행하는 자, 우상숭배 하는 자, 간음하는 자, 여색을 탐하는 자, 동성애자, 도둑질하는 자, 탐욕을 부리는 자, 술에 취하는 자, 남을 헐뜯는 자, 강제로 빼앗는 자, 이런 자들은 하느님 나라를 물려받지 못합니다. 그대들 가운데도 지난날에 그랬던 자들이 있지요. 하지만 주 예수 그리스도의 이름과 우리 하느님의 성령으로 그대들은 깨끗이 씻기고 성결해져서 하느님 앞에 의로운 자로 인정받았습니다.

*

교회 안에서 잘못된 자들이 잘못된 일을 벌이고 있다. 게다가 그것을 바로잡는 방법마저 잘못되어 있다. 처음부터 교회는 그런 곳이다. 신자가 자기를 내어 맡길 궁극의 자리가 아니다.

성령의 거룩한 성전인 사람의 몸 [6, 12-20]

"모든 일이 나에게 일어날 수 있다?" 그래요, 하지만 모든 일이 유익한 것은 아니지요. "모든 일이 나를 위하여 일어날 수 있다?" 그렇소, 하지만 나는 그 어떤 힘에도 얽매이지 않을 것이오. "음식은 배를 위해서 있고 배는 음식을 위해서 있다?" 하지만 하느님께서는 이것과 저것을 한꺼번에 없애버리실 수 있소이다. 우리 몸은 성욕을 채우라고 있는 게 아니라 주님을 섬기라고 있는 것이고 주님이 우리 몸을 쓰시는 거예요. 그대들의 몸들이 그리스도의 몸에 속한 여러 지체임을 모르시오? 그런데 그리스도의 몸에 속한 지체들을 떼어서 창녀 몸의 지체들로 만들 수 있는 겁니까? 안될 말이올시다! 창녀와 결합하는 자는 창녀와 한 몸이 되는 줄 모르시오? 성경에, "둘이 한 몸을 이루리라."고 하지 않았던가요? 그러나 주님과 결합하는 사람은 그분과 하나의 영이 되는 겁니다. 음행을 피하시오. 사람이 짓는 다른 모든 죄가 제 몸 밖에서 이루어지지만 음행하는 자는 제 몸에다 죄를 짓는 것이오. 그대들의 몸이, 그대들 안에 계시고 그대들이 하느님께로부터 받은 성령께서 머무시는 성전임을, 따라서 그대들의 것이 아님을, 모른단 말이오? 하느님이 그대들을 값 주고 사셨소이다. 그러니 그 몸으로 하느님께 영광을 돌리도록 하시오.

*

몸 없이 살 수는 없지만 자기 몸이 자기 소유가 아니라는 진실을 깨칠 수는 있다. "음행을 피하라"는 말은 제 몸이 제 것이라는 착각에서 아직 헤어나지 못한 사람에게 하는 말이다.

결혼과 이혼에 대하여 [7, 1-16]

이제 그대들이 적어 보낸 것들에 대해 얘기해봅시다. 남자는 여자와 잠자리를 함께 하지 않는 것이 좋지만, 음행이 저질러지고 있으니, 남자는 아내를 여자는 남편을 얻도록 하십시오. 남편은 아내에게 자기 할 일을 다 하고 아내도 남편에게 그리하시오. 아내는 자기 몸을 자기 맘대로 할 게 아니라 남편에게 맡겨야 하고 남편도 자기 몸을 자기 맘대로 할 게 아니라 아내에게 맡겨야 합니다. 서로 각방을 쓰지 마시오. 다만 기도하기 위해서 피차 합의하여 얼마 동안 각방을 쓰더라도 다시 합하도록 하시오. 자제력이 부족하여 사탄의 유혹에 넘어가서는 안 됩니다. 이 말은 명령이 아니라 권면이올시다. 모든 사람이 나처럼 살았으면 좋겠지만, 사람마다 하느님께로부터 받은 은총의 선물이 다르니 이 사람은 이렇게 저 사람은 저렇게 사는 것이 옳습니다.

결혼하지 않은 사람들과 과부들은 나처럼 혼자 사는 게 좋겠지만 자제하지 못하겠거든 결혼하십시오. 욕정에 불타는 것보다는 결혼하는 것이 낫습니다. 그러나 결혼한 사람들에게는 내가 명합니다. (내가 아니라, 주님이 명하십니다.) 아내는 남편하고 갈라서면 안 되고 남편도 아내를 버려서는 안 됩니다. 만일 갈라섰거든 재혼하지 말고 혼자 살든지 남편과 다시 합치든지 하십시오.

다른 사람들에게 내가, 주님 아닌 내가, 말합니다. 어떤 형제한테 믿지 않는 아내가 있는데 그 아내가 계속 함께 살기를 원할 경우, 그 아내를 버려서는 안 됩니다. 어떤 자매한테 믿지 않는 남편이 있는데 그 남편이 계속 함께 살기를 원할 때도 그 남편을 버려서는 안 됩니다. 믿지 않는 남편은 아내로 말미암아 성결해졌고 믿지 않는 아내도 남편으로 말미암아 성결해졌기 때문이오. 그렇지 않다면 그대들의 자녀들도 깨끗하지 못할 터인데, 사실은 모두가 거룩하지 않습니까? 하지만 혹 믿지 않는 쪽에서 갈라서자고 하면 갈라서도록 하시오. 그런 경우에는 형제든 자매든 아무 거리낄 것이 없습니다. 그러나 하느님은 화목하게 살라고 그대 믿는 자들을 부르셨소이다. 그대가 믿는 아내 또는 믿는 남편이라면 그대가 그대 짝을 구원할는지도 모를 일 아닙니까?

*

"아내는 자기 몸을 자기 맘대로 할 게 아니라 남편에게 맡겨야 하고 남편도 자기 몸을 자기 맘대로 할 게 아니라 아내에게 맡겨야 합니다." 억지로가 아니라 저절로 이렇게 될 때 결혼생활이 그 목적을 온전하게 이룬 것이다.

부르심 받았을 때의 상태 그대로 [7, 17-24]

다만 모든 사람이 각자 주님께로부터 받은 선물과 하느님께로부터 받은 부르심에 따라서 살도록 하십시오. 이것이 내가 모든 교회에 세운 규범이올시다. 부르심 받았을 때 이미 할례를 받은 사람은 굳이 그 흔적을 지우려 하지 말고, 할례받지 않은 몸으로 부르심을 받은 사람은 굳이 할례받으려 하지 마시오. 할례를 받았든 받지 않았든 그런 건 문제가 되지 않습니다. 오직 하느님의 계명을 지킬 따름이에요. 그러니 각자 부르심 받았을 때의 상태를 그대로 유지하십시오. 그대가 부르심을 받았을 때 노예였습니까? 걱정할 것 조금도 없어요. 하지만 자유로운 몸이 될 기회가 생기면 그 기회를 활용하시오. 노예 신분으로 부르심을 받은 사람은 주님의 자유인이요, 자유인 신분으로 부르심을 받은 사람은 주님의 노예입니다. 하느님께서 값을 주고 그대들을 사셨소이다. 그러니 인간의 노예가 되지 마시오. 형제들이여, 각자 부르심 받았을 때의 상태 그대로 하느님과 함께 사십시오.

*

사람과 달리 하느님은 누구의 과거를 문제 삼지 않는다. 그분께는 '과거'가 없기 때문이다.

미혼자들의 성생활에 대하여 [7, 25-40]

결혼하지 않은 처녀와 총각에 대하여는, 주께서 따로 주신 말씀이 없으니, 내 생각을 말해보겠는데, 주님의 자비를 입은 사람 말이니까 믿어도 괜찮을 것이오. 오늘 우리가 당하는 환난을 고려하면 총각은 현재 상태 그대로 사는 것이 좋다고 말하겠습니다. 그대가 아내한테 매여 있는 몸이오? 그럼 자유로워지려고 하지 마시오. 아내 없이 자유로운 몸이오? 그럼 아내를 얻으려 하지 마시오. 총각이 결혼한다 해서 죄를 짓는 것 아니고 처녀가 결혼한다 해서 죄를 짓는 것 또한 아니지만, 결혼한 사람들은 세상 고통에 시달릴 터인즉, 그래서 그대들을 아끼는 마음으로 하는 말이올시다.

형제들이여, 내 말을 잘 들으시오. 때가 얼마 남지 않았으니 이제부터 아내 있는 사람은 없는 사람처럼, 우는 사람은 울지 않는 사람처럼, 기쁜 사람은 기쁘지 않은 사람처럼, 물건을 사는 사람은 가진 것이 없는 사람처럼, 세상과 거래하는 사람은 거래하는 것이 없는 사람처럼, 그렇게 사십시오. 이 세상과 세상의 모든 일이 지나가고 마는 것이기 때문입니다.
그대들이 근심 걱정에서 아무쪼록 놓여나기를 바랍니다. 결혼하지 않은 총각은 다만 주님을 기쁘시게 해드리고자 주님의 일에 마음을 쓰지만, 결혼한 남자는 세상사를 염려하고 어떻게 하면 아내를 기쁘게 해줄 수 있을까 하여 그 마음이 갈라집니다. 결혼하지 않은 여자나 처녀는 주님의 일에 마음을 쓰고 자신의 몸과 마음을 성결하게 하려고 노력하지만, 결혼한 여인은 세상사를 걱정하고 어떻게든지 남편을 기쁘게 해주려고 애를 쓰지요. 내가 이 말을 하는 것은 그대들을 옭아매기 위해서가 아니라 그대들을 유익하게 하고 그대들로 하여금 품위를 지키며 일편단심으로 주님을 섬기게 하기 위해서입니다.
어떤 사람이 처녀 짝한테 온당치 못한 짓을 하고 있다고 스스로 생각되거든, 욕정이 너무 강해서 참지 못하겠거든, 그렇겠거든 원하는 대로 하십시오. 꼭 해야겠으면 결혼하시오. 죄짓는 것 아닙니다. 그러나 결심을 굳게 하여 스스로 억지 부리지 않아도 자기 의지를 다스릴 만해서 처녀 짝을 결혼하지 않은 상태 그대로 두는 건 잘하는 일입니다. 그런즉 자기 처녀 짝과 결혼하는 것도 잘하는 일이지만 결혼하지 않는 것은 더 잘하는 일이올시다.
아내는 남편이 살아있는 동안에는 그에게 매인 몸이지만 남편이 죽으면 원하는 남자와 결혼할 자유가 있습니다. 다만 반드시 주님 안에서 해야 합니다. 하지만 혼자 몸으로 그냥 지내는 것이 더 행복할 거예요. 이건 나의 견해지만, 하느님의 성령을 받았다고 스스로 생각하는 사람의 견해올시다.

*

본인 말대로 이것은 "하느님의 성령을 받았다고 스스로 생각하는" 사람의 견해다. 성령의 견해는 아니다. 그러니 참작은 하되 여기에 얽매일 건 없다.

"품위를 지키며 일편단심으로 주님을 섬기는" 건 결혼 여부와 상관없는 일이다.

우상 앞에 놓았던 음식을 먹는 것에 대하여 [8, 1-13]

이제 우상 앞에 놓았던 제물에 대하여 얘기해봅시다. "우리 모두 지식이 있다."고 그대들은 말하는데, 과연 그렇긴 하겠지만, 지식은 사람을 교만하게 만드는 것이고 사람을 세워주는 것은 사랑입니다. 스스로 무엇을 안다고 생각하는 사람은 자기가 알아야 할 바를 아직 모르는 것이요, 하느님을 사랑하는 사람은 하느님이 그를 알아주십니다.

우상 앞에 놓았던 음식을 먹는 문제에 관하여 우리가 알고 있는 바는, "우상은 세상에 아무것도 아닌" 것이고, "하느님은 한 분밖에 아니 계신다."는 것이 전부입니다. 이른바 하느님이라는 것들이 하늘에도 있고 땅에도 있다지만, 그래서 하느님들도 많고 주님들도 많다지만, 우리에게는 아버지이신 하느님 곧 만유가 그분에게서 나왔고 우리 모두 그분을 위하여 존재하는 한 분 하느님과 그분을 통하여 만유가 왔고 그분을 통하여 만유가 존재하는 주 예수 그리스도 한 분이 계실 따름입니다. 하지만 모든 사람이 이 지식을 가진 것은 아닌 까닭에, 어떤 사람은 우상숭배하던 습관이 남아있어 우상 앞에 놓았던 음식을 먹으면서 그것이 우상의 음식이라 여기고 게다가 양심이 나약해서 그 음식으로 자기가 더러워졌다고 생각하지요. 음식이 우리를 하느님께로 가까이 가게 하는 것은 아닙니다. 그것을 먹지 않는다고 하여 잃을 것도 없고 그것을 먹는다고 하여 얻을 것도 없어요. 하지만, 그대들이 자유로운 행동이 믿음 약한 이들을 넘어지게 하는 일은 없도록 조심하십시오. 지식 있는 그대가 우상의 집에 앉아 그 앞에 놓았던 제물을 먹으면 그것을 보고 믿음 약한 사람이 용기를 내어 우상의 제물을 먹었다가 양심에 거리낌을 받지 않겠습니까? 그러면 믿음 약한 사람이 그대의 지식 때문에 멸망할 터인데, 그 사람도 그리스도께서 그를 위하여 죽으신 우리의 형제입니다. 이런 식으로 형제들에게 죄를 짓고 그 약한 양심에 상처를 입히는 것은 곧 그리스도께 죄를 짓는 것이에요. 그러므로 음식이 형제를 실족하게 한다면 나는 그를 실족시키지 않기 위하여 결코 그것에 입을 대지 않을 것입니다.

*

"그대들의 자유로운 행동이 믿음 약한 이들을 넘어지게 하는 일은 없도록 조심하십시오." 언제 어디서나 자기 언행에 깨어 있으라는 말이다. 사랑으로 사는 사람의 마땅한 처신이다.

본인의 사도직을 비방하는 자들에게 하는 말 [9, 1-27]

내가 자유인이 아니라고? 사도가 아니라고? 내가 우리 주 예수를 뵙지 못한 사람이라고? 그대들이야말로 내가 주님을 섬겨 얻은 열매들 아니오? 다른 사람들한테는 몰라도 그대들한테만은 내가 사도올시다. 그대들은 주 안에서 나의 사도직을 보증하는 확실한 표입니다.
나를 비방하는 사람들에게 말합니다. 우리한테는 먹고 마실 권리가 없단 말이오? 우리한테는 다른 사도들이나 주님의 형제들이나 베드로처럼 그리스도인 아내와 함께 살 권리가 없는 거요? 바르나바와 나한테는 노동하지 않고 먹을 권리가 없는 것이오? 비용을 자기가 대면서 군인 노릇을 하는 자가 어디 있단 말이오? 포도밭을 일구고 그 열매를 따 먹지 않는 사람이 어디 있소? 누가 양을 치면서 그 젖을 짜 먹지 않습니까? 내가 인간의 경우를 염두에 두고 이 말을 하는 줄 아시오? 모세의 법에 기록되기를, "타작마당에서 일하는 소에 망을 씌우지 말라."고 하였는데, 하느님이 소를 걱정해서 하신 말씀이겠소? 정녕 우리를 위해서 하신 말씀 아니겠어요? 밭 일구는 사람이 희망을 품고 일구는 것이나 추수하는 사람이 자기 몫을 얻으리라는 희망을 품고 추수하는 것은 당연한 일이올시다. 우리가 그대들한테 영으로 씨를 심었는데 그대들한테서 물질로 얼마쯤 거두는 것이, 그것이 큰 문제가 된다는 거요? 다른 사람들이 그대들한테 주장할 권리가 있다면 우리는 더 크게 주장할 권리가 있는 것 아니오? 하지만 우리는 그 권리를 주장하지 않았고 오히려 그리스도의 복음에 조금이라도 장애가 되지 않으려고 모든 것을 참고 견뎠습니다.
성전에서 일하는 자들이 성전에서 나오는 것을 먹고 제단을 모시는 자들이 제단의 것을 나눠 먹는다는 사실을 그대들은 모르시오? 복음을 전하는 사람들도 복음으로 먹고살도록 주님이 정해놓으셨습니다. 하지만 나는 그것을 한 번도 요구하지 않았소이다. 또 시방 그런 주장을 하려고 이 글을 쓰는 것도 아니올시다. 그러느니 차라리 죽고 말겠소. 누구도 나의 이 자긍심을 헛것으로 만들지 못할 것이오. 내가 복음을 전한다고 해서 그것이 나의 자랑거리가 될 수는 없지요. 그냥 해야 할 일을 할 따름이니까. 이 복음을 전하지 않으면 내게 화가 미칠 것이오. 내가 스스로 원해서 이 일을 했다면 보수를 기대할 수 있을 것이고, 내 뜻에 거슬러 이 일을 했다면 그것은 하느님이 내게 이 일을 맡겨주셨기 때문입니다. 그러니 내가 받을 보수가 무엇이겠어요? 아무 보수도 바라지 않고 복음을 전할 수 있는, 복음 전하면서 삯을 요구하지 않을 수 있는, 바로 이 능력과 권리가 나에게 주어지는 보수올시다.
나는 어떤 누구의 종도 아니지만 되도록 많은 사람을 얻으려고 스스로 모든 사람의 종이 되었습니다. 유다인들한테는 유다인을 얻으려고 유다인이 되었고, 율법 아래 있는 사람들한테는 율법 아래에 있지 않은 몸이지만 그들을 얻으려고 율법 아래 있는 자가 되었으며, 율법 밖에 있는 사람들한테는 그리스도의 법안에 있기에 하느님의 율법 밖에 있는 몸이 아니지만 그들을 얻으려고 율법 밖에 있는 자가 되었고, 약한 이들에게는 그들을 얻으려고 약한 자가 되었어요. 이렇게 내가 여러 사람에게 여러 모양으로 된 것은 아무쪼록 몇 사람이라도 구원코자 함이었고, 내가 복음을 위하여 무슨 일이든 마다하지 않고 하는 것은 그들과 함께 복음에 참여하기 위해서입니다.
경기장에서 달리는 자들은 많지만 상을 받는 자는 하나임을 그대들은 모르오? 그대들도 힘껏 달려서 상을 받도록 하시오. 경주하는 사람마다 매사에 자기를 절제합니다. 그들이 받는 상은 썩어 없어질 월계관이지만 우리가 받을 상은 영원히 썩지 않는 것이오. 나는 목표 없이 달리지 않고 허공에 대고 주먹질하지 않습니다. 내가 내 몸을 거칠게 쳐서 복종시키는 것은 남들한테 좋은 말을 해놓고 정작 본인은 낙오되는 것 아닌가, 그것이 두려워서올시다.

*

사도는 복음을 선포하는 사람이다. 복음을 팔아서 먹고사는 사람이 아니다. 돈 받으려고 복음을 전하느니 차라리 죽겠다는 결의가 그를 사도이게 한다.

조상들의 경험을 거울로 삼아 [10, 1-22]

형제들이여, 우리 조상들한테 일어난 일을 그대들이 알았으면 합니다. 모세 때 그들은 구름의 인도를 받아 무사히 홍해를 건넜고, 그렇게 구름과 바다에서 세례를 받아 모세의 사람들이 되었습니다. 모두 함께 신령한 음식을 먹었고 똑같이 신령한 음료를 마셨는데, 그들을 따라다니던 신령한 반석에서 나오는 물을 마신 거지요. 그 반석이 곧 그리스도였습니다. 하지만 하느님께서 그들 대부분을 기뻐 아니하셨고 결국 광야 여기저기에 그들의 시체가 널려있게 되었으니, 이 모두가 우리에게 거울이 되어 그들처럼 악한 욕망을 품어서는 안 된다는 경고를 하고 있는 것입니다. 그들 가운데 어떤 이들이 우상을 숭배했듯이 우상숭배 하는 자가 되지 마십시오. 성경에 이르기를, "백성들이 앉으면 먹고 마시고 일어서면 춤을 추었다."고 하였소이다. 그들 가운데 어떤 이들은 난잡한 성행위를 하다가 하루에 이만 삼천 명이 죽었는데 우리는 음란한 짓을 하지 맙시다. 또 주님을 시험하다가 뱀에 물려 죽은 이들도 있는데 우리는 주님을 시험하지 맙시다. 또 어떤 이들은 불평하다가 파멸의 천사한테 죽임을 당했는데 우리는 불평하지 맙시다. 그들에게 일어난 이 모든 일이 거울이 되었고, 세상의 종말을 눈앞에 둔 우리에게 주는 경고로 기록된 것입니다.
그런즉 스스로 섰다고 생각하는 사람은 넘어지지 않도록 조심하시오. 그대들이 겪는 시련은 모든 사람이 감당할 수 있는 시련입니다.

하느님은 미쁘신 분이라, 그대들이 감당 못 할 시련은 주시지 않을 것이며 시련을 주실 때는 그것을 견디고 벗어날 길을 함께 마련해주실 것입니다.
그러므로 내 사랑하는 벗들이여, 우상숭배를 멀리 하십시오. 사리를 분별할 줄 아는 사람한테 말하듯이 그대들에게 말합니다. 내 말을 듣고 스스로 판단해보시오. 우리가 감사하며 축복의 잔을 마실 때 그리스도의 피를 나누어 마시는 것 아닌가요? 또 우리가 빵을 뗄 때 그리스도의 몸을 나누어 먹는 것 아닙니까? 빵은 하나요, 그 한 덩이 빵을 나누어 먹으니 우리도 비록 여럿이지만 결국 하나인 것입니다. 유다인의 관습을 보시오. 제물을 나누어 먹는 이들이 모두 제단에 참여하는 사람들 아닙니까? 그러니 내가 지금 무슨 말을 하고 있는 것이오? 우상 앞에 놓았던 음식이 무슨 특별한 음식이라는 말을 하는 겁니까? 그 우상이 무슨 대단한 우상이라는 말을 하는 건가요? 아니올시다! 나는 지금 이방인들의 제물이 귀신들에게 바치는 것이지 하느님께 바치는 것이 아니라는, 그러니까 그대들이 귀신들과 사귀는 자가 되지 않기를 바란다는, 그런 말을 하고 있는 겁니다. 그대들은 주님의 잔과 귀신들의 잔을 겸하여 마실 수 없고 주님의 식탁과 귀신들의 식탁에 겸하여 앉을 수 없습니다. 우리가 주님을 질투하는 분으로 만들자는 겁니까? 우리가 그분보다 강하단 말입니까?

*

선대先代의 삶은, 알게 모르게, 후대後代에 남겨주는 거울이다. 이렇게 하라고 또는 이러지 말라고 일러주는.

무엇을 먹든지 마시든지 또 무엇을 하든지 [10, 23-11, 1]

"모든 일이 나에게 일어날 수 있다?" 그래요, 하지만 모든 일이 유익한 것은 아니에요. "모든 일이 나를 위하여 일어날 수 있다?" 옳아요, 하지만 모든 것이 도움을 주는 건 아니올시다. 저마다 자기 유익을 구하지 말고 다른 사람의 유익을 구해야 합니다. 시장에서 파는 고기는 양심에 물을 것 없이 사서 먹도록 하십시오. 땅과 땅에 있는 모든 것이 주님 것입니다. 믿지 않는 사람의 초대를 받았는데 응할 마음이 있거든 가서 상에 차려진 음식을 양심에 물을 것 없이 드십시오. 하지만 누가, "이건 제삿밥입니다."라고 일러주거든 그렇게 말한 사람과 양심을 위해서 먹지 마시오. 방금 말한 양심은 그대들의 양심이 아니라 다른 사람의 양심입니다.

"어째서 내 자유가 남의 양심에 따라서 결정되어야 하는가? 내가 하느님께 감사드리고 먹는데 그렇게 감사드리고 먹는 음식 때문에 비난당할 이유가 어디 있는가?" 이렇게 물을 사람이 있을지 모르겠으나, 그대들이 무엇을 먹든지 마시든지 또 무엇을 하든지 간에 그 모든 일을 오직 하느님의 영광을 위하여 하십시오. 유다인에게나 그리스인에게나 하느님의 교회에나 걸림돌 노릇을 하지 말라는 말입니다. 내가 만사에 모든 사람을 기쁘게 하며 자기 유익을 구하지 않고 다른 많은 사람의 유익을 구하여 저들로 하여금 구원을 받게 하듯이 그대들도 그렇게 하십시오. 내가 그리스도를 본받듯이, 나를 본받으시오.

*

"내가 그리스도를 본받듯이, 나를 본받으시오." 아무나 할 수 있는 말이 아니다. 그 몸에서 이 말이 나왔다는 사실 하나로 하느님과 사람들 앞에서 그가 어떤 존재였는지 알 수 있다.

머리를 무엇으로 가리는 것에 대하여 [11, 2-16]

그대들이 항상 나를 기억하고 내가 전해준 전통을 잘 지키고 있는 것은 정말 잘하는 일입니다. 하지만 나는 그리스도가 모든 남자의 머리요, 남자가 여자의 머리요, 하느님이 그리스도의 머리임을 그대들이 알았으면 합니다. 남자가 기도하거나 하느님 말씀을 전할 때 머리를 무엇으로 가리면 자기 머리인 그리스도를 욕되게 하는 것이요, 여자가 기도하거나 하느님 말씀을 전할 때 머리를 무엇으로 가리지 않으면 자기 머리인 남편을 욕되게 하는 것이니 그것은 삭발한 것이나 마찬가지올시다. 여자가 머리를 가리지 않아도 된다면 아예 밀어버려도 되겠지만 머리를 자르거나 밀어버리는 것이 여자에게는 수치스러운 일이니 무엇으로든지 머리를 가리도록 하시오. 남자는 하느님의 형상과 영광을 비추고 있으므로 머리를 가리면 안 됩니다. 그러나 여자는 남자의 영광을 비출 따름입니다. 남자가 여자한테서 온 게 아니라 여자가 남자한테서 왔고 여자를 위해서 남자가 창조된 게 아니라 남자를 위해서 여자가 창조되었으니까요. 천사들이 보고 있으니 여자는 권위의 표로 머리를 가려야 합니다. 하지만 주 안에서는 남자 없이 여자만 있거나 여자 없이 남자만 있거나 하지 않소이다. 여자가 남자한테서 나왔듯이 남자 또한 여자를 통하여 태어나기 때문이지요. 그러나 모든 것이 하느님께로부터 났습니다. 스스로 판단해보시오. 과연 여자가 머리를 가리지 않고 하느님께 기도드리는 것이 마땅한 일일까요? 남자 머리가 길면 수치가 되지만 여자 머리가 길면 오히려 자랑거리가 된다는 것을 자연이 가르쳐주고 있지 않습니까? 여자의 긴 머리카락은 머리 덮개 구실을 하는 겁니다. 이 문제에 관하여 다른 생각을 하는 사람이 있을지 모르겠으나, 우리한테도 하느님의 교회에도 다른 풍습이 없습니다.

*

풍습은 풍습이다. 때와 곳에 따라서 바뀔 수 있고 바뀌어야 한다. 이 말이 엉뚱한 말로 들리는 시절이 오리라는 걸 본인도 알았을까?

교회의 공동식사와 주님의 밥상에 대하여 [11, 17-34]

말하는 중에 그대들을 칭찬할 수 없는 일이 하나 생각났소이다. 그대들 모임이 이로움을 주기보다 해를 끼친다는 겁니다. 그대들이 모이는 교회에 분파가 생겼다는 말을 들었는데 근거 없는 헛소문은 아닐 겁니다. 그대들 사이에 서로 다른 견해들이 있는 것은 마땅한 일이고, 실은 그래야 누가 옳은지를 가려낼 수도 있겠지요. 하지만 그대들의 공동식사는 주님의 밥상을 함께 나누는 것이라고 할 수 없습니다. 각사 사기가 가져온 음식을 먼저 먹는 바람에 누구는 배고프고 누구는 술에 취하고 그런다니 말이오. 그대들한테 먹고 마실 집이 없는 겁니까? 아니면 하느님의 교회를 업신여기고 가난한 이들을 부끄럽게 하려는 겁니까? 내가 무슨 말을 해야겠소? 이래도 그대들을 칭찬하라고요? 이 일만큼은 그럴 수 없소이다.
내가 그대들에게 전해준 것은 주님한테서 받은 것이오. 주 예수께서 잡히시던 밤에 빵을 드시고 축사하신 다음, "이는 너희를 위한 내 몸이니 나를 기억하여 이를 행하라."고 말씀하셨습니다. 식후에 마찬가지로 잔을 드시고, "이는 내 피로 맺은 새 언약이니 마실 때마다 나를 기억하여 이를 행하라."고 말씀하셨어요. 그러니 그대들은 이 빵을 먹고 이 잔을 마실 때마다 주님의 죽으심을 선포하되 그분이 오실 때까지 하십시오.
누구든지 함부로 빵을 먹고 주님의 잔을 마시는 자는 주님의 몸과 피를 범하는 죄를 짓는 것이오. 각 사람이 자기를 잘 살펴보고 나서 그 빵을 먹고 그 잔을 마셔야 해요. 어떤 사람이 그 몸의 의미를 알지 못한 채 먹고 마신다면 그렇게 먹고 마시는 것으로 자기를 단죄하는 것입니다. 그대들 가운데 약한 자와 병든 자가 많고 죽은 자들도 꽤 있는 것이 그 때문이에요. 우리가 우리를 잘 살폈으면 심판을 받지 않겠지만, 우리가 주님의 심판을 받는다면 그것은 세상과 함께 단죄받지 않도록 우리를 단련하시는 것입니다.
그러니 형제들이여, 먹으러 모일 때는 서로 기다려주십시오. 배가 고프면 집에서 먹고 오시오. 그래서 그대들의 모임이 단죄받는 자리가 되지 않도록 하십시오. 나머지 다른 일들에 대하여는 내가 갔을 때 말하리다.

*

한 자리에서 먹는데 각자 따로 먹는다. 이게 무슨 공동식사인가? 집에서 먹든 교회에서 먹든 밥 먹을 때마다 하나인 생명을 여럿이 함께 나누는 것임을 기억하라는 말이다. 성찬식 행사를 따로 가지고 그 시간에만 그러라는 말이 아니다.

성령님이 주시는 신령한 선물들 [12, 1-11]

형제들이여, 그대들이 신령한 선물에 대하여 사실을 제대로 알았으면 합니다. 알다시피 그대들은 이교도였을 때 말도 못 하는 우상들한테 이리저리 끌려다녔지요. 그래서 나는 그대들에게 일러둡니다. 누구든지 하느님의 영으로 말하는 사람은, "예수, 저주받아라."는 말을 할 수 없고, 아무도 성령의 감화를 받지 않고서는, "예수가 주님이시다."는 말을 할 수 없습니다.
신령한 선물은 여러 가지로 있지만 그것들을 주시는 성령은 한 분이고, 섬기는 방법들도 여러 가지로 있지만 섬길 주님은 한 분이고, 신성한 능력의 역사하는 모양도 여러 가지로 있지만 그 모든 일을 하시는 이는 한 분이신 하느님입니다. 성령께서 각 사람에게 신령한 선물을 주신 것은 공동의 선을 이루기 위한 것으로서 누구는 성령을 통하여 지혜의 말씀을, 누구는 같은 성령을 좇아 지식의 말씀을, 누구는 같은 성령으로 믿음을, 누구는 같은 성령으로 병 고치는 능력을, 누구는 기적 행하는 능력을, 누구는 말씀 전하는 능력을, 누구는 영들 분별하는 능력을, 누구는 여러 가지 방언으로 말하는 능력을, 누구는 그 방언들 통역하는 능력을 받았거니와 이 모든 것들이 당신 뜻에 따라서 각 사람에게 선물을 나눠 주시는 한 분 성령께서 하시는 일이올시다.

*

소리를 듣는 것이 귀인가? 아니다. 귀로 소리를 듣는 거다. 귀가 소리를 듣는 건 아니다.

그리스도의 몸인 교회의 여러 지체 [12, 12-31]

사람의 몸이 많은 지체로 이루어진 통일체이고 그 모든 지체가 비록 수가 많지만 하나인 몸을 이루듯이, 그리스도 또한 그와 같습니다. 유다인이든 그리스인이든, 종이든 사유인이든, 우리 모두 한 성령으로 세례를 받아 한 몸이 되었고 같은 성령을 받아 마셨으니까요. 사람 몸은 한 지체가 아니라 여러 지체로 이루어진 것입니다. 발이 말하기를, "나는 손이 아니니까 몸에 속하지 않았다." 하더라도 발이 몸에 속하지 않은 건 아니지요. 또 귀가 말하기를, "나는 눈이 아니니까 몸에 속하지 않았다." 하더라도 귀가 몸에 속하지 않은 건 아니올시다. 온몸이 눈이면 무엇으로 들을 것이며 온몸이 귀면 무엇으로 냄새를 맡을 겁니까? 그래서 하느님은 당신이 뜻하시는 대로 한 몸에 여러 다른 지체들을 두신 겁니다. 모든 지체가 같은 것이면 어떻게 몸을 이룰 수 있겠소? 그래서 한 몸에 많은 지체가 있는 겁니다. 눈이 손에게, "너는 나한테 쓸모가 없다."고 말할 수 없고 머리가 발에게, "너는 나한테 쓸모가 없다."고 말할 수 없는 거예요. 그뿐 아니라 몸의 약해 보이는 지체가 오히려 더 요긴하게 쓰입니다. 우리는 우리 몸의 덜 소중하게 여기는 지체를 더 세심히 감싸고 별로 볼품없는 지체를 더 예쁘게 꾸밉니다. 우리의 아름다운 지체는 따로 꾸밀 것이 없지요. 하느님께서 모자라는 지체들에 더 큰 영예를 안겨주어 온몸을 고르게 하셨으니, 이는 몸이 분열되지 않고 모든 지체가 서로 돌보게 하려는 것입니다. 한 지체가 괴로우면 다른 모든 지체가 함께 괴롭고 한 지체가 칭송을 받으면 다른 모든 지체가 함께 기쁘지 않습니까?

그대들은 그리스도의 몸이요 저마다 그 지체들이에요. 하느님께서 교회에 몇을 세우셨으니 첫째는 사도, 둘째는 예언자, 셋째는 교사, 그다음은 기적을 행하는 자, 그다음은 병 고치는 능력을 받은 자, 남을 돕는 자, 운영하는 자, 여러 방언을 말하는 자 등입니다. 모두가 사도겠습니까? 모두가 예언자겠어요? 모두가 교사겠습니까? 모두가 기적을 행하겠어요? 모두가 병 고치는 은사를 받았겠습니까? 모두가 방언을 말하겠어요? 모두가 통역하는 사람이겠습니까? 그대들은 더 크고 신령한 선물을 갈망하십시오. 내가 이제 가장 좋은 길을 그대들에게 보여주겠소이다.

*

"그대들은 그리스도의 몸이요 저마다 그 지체들이올시다." 교회를 그리스도의 몸으로 본 것은 탁월한 메타포다. 또한, 현장에서 실현되지 않는 대표적 메타포다.

사랑 [13, 1-13]

내가 사람의 여러 방언으로 말하고 천사의 말까지 할지라도 사랑이 없으면 울리는 징과 요란한 꽹과리가 되고, 내가 예언의 은사를 받아 모든 숨겨진 비밀을 알고 온갖 지식을 갖추고 산을 옮길 만큼 대단한 믿음을 가졌을지라도 사랑이 없으면 아무것도 아니요, 내게 있는 모든 것으로 남을 구제하고 내 몸을 불사르게 내어줄지라도 사랑이 없으면 아무 소용이 없습니다.
사랑은 오래 참고 사랑은 친절하고 시기하지 않고 사랑은 자랑하지 않고 교만하지 않고 무례하게 굴지 않고 자기 이익을 구하지 않고 성내지 않고 앙심을 품지 않고 불의를 기뻐 아니하고 신실을 기뻐하고 모든 것을 참고 모든 것을 믿고 모든 것을 바라고 모든 것을 견딥니다.
사랑은 마르지 않습니다. 예언도 끝나고 방언도 사라지고 지식도 그칠 것입니다. 우리의 지식도 완전치 못하고 예언도 완전치 못하나 완전한 것이 오면 완전치 못한 것이 모두 사라질 것입니다.
내가 어렸을 적에는 말하는 것이 어린아이 같고 생각하는 것이 어린아이 같고 판단하는 것이 어린아이 같았지만 이제 어른이 되어서는 어렸을 때의 일을 모두 버렸습니다.
우리가 지금은 거울로 보는 것처럼 흐릿하나 그때는 얼굴과 얼굴을 마주 볼 것이요, 지금은 나의 앎이 온전치 못하나 그때는 하느님께서 나를 아시듯이 모든 것을 온전히 알 것입니다.
그런즉 믿음, 소망, 사랑, 이 셋은 항상 있을 것인데 그 가운데 으뜸은 사랑입니다.

*

이것 하나 없으면 다른 모든 것이 있어도 모자라고, 이것 하나 있으면 다른 모든 것이 없어도 넉넉하다.

방언보다 예언하기를 [14, 1-25]

그대들에게 가장 중요한 일을 사랑으로 하십시오. 하지만 신령한 선물 특히 예언하는 은사를 간절히 사모하십시오. 방언하는 사람은 인간이 아니라 하느님께 말하는 것인지라 아무도 그 말을 알아듣지 못합니다. 그것은 영감을 받아서 비밀을 말하는 것이올시다. 그러나 예언하는 사람은 인간들에게 그들을 일으켜 세우고 격려하고 위로하는 말을 하는 거예요. 방언하는 사람은 자기를 일으켜 세우고 예언하는 사람은 교회를 일으켜 세웁니다. 나는 그대들 모두가 방언했으면 좋겠습니다만, 그보다는 예언할 수 있게 되기를 더 바랍니다. 방언해도 그것을 통역하는 사람이 있어서 교회에 도움이 되지 않는다면 그대들에게 무슨 유익이 되겠습니까? 그것은 마치 피리나 거문고 따위 생명 없는 악기와 같습니다. 그것들을 연주할 때 곡이 분명치 않으면 무엇을 연주하고 있는지 어떻게 알겠어요? 나팔수가 분명한 소리를 내지 않으면 누가 전투 준비를 하겠습니까? 마찬가지로 그대들이 혀로 분명한 말을 하지 않는다면 누가 그 말을 알아듣겠어요? 그건 허공에 대고 말하는 것이나 마찬가지입니다. 세상에 온갖 종류의 말이 있지만 뜻 없는 말은 없다고 봅니다. 그런데 내가 어떤 말의 뜻을 알아듣지 못한다면 그 말을 한 사람도 나에게 외국인이고 나도 그에게 외국인인 거예요. 그대들은 신령한 선물을 갈망하는 사람들이니 풍성하게 받되 교회를 일으켜 세우기 위하여 받으십시오. 내가 만일 방언으로 기도한다면 기도하는 건 내 영이고 내 마음은 아무 열매도 맺지 못하는 겁니다. 그러니 어쩔 것입니까? 나는 영으로 기도하면서 마음으로 기도하고 영으로 찬미하면서 마음으로 찬미하겠습니다. 만일 그대들이 영으로만 감사드린다면 함께 기도하는 사람들이 그 말을 알아듣지 못하는데 어찌 그대들의 감사에 "아멘"으로 응할 수 있겠습니까? 그대들의 감사기도는 훌륭하겠지만 다른 사람들한테는 아무 도움도 되지 못하는 것입니다. 나는 그대들 가운데 누구보다도 많은 방언을 말할 수 있어서 감사합니다만 그러나 회중과 함께 하는 자리에서는 일만 마디 방언을 하느니 차라리 마음으로 다섯 마디 말을 하겠소이다.

형제들이여, 생각에 어린아이가 되지 마시오. 악에는 젖먹이가 되고 생각에는 어른이 되시오. 율법에 기록되기를, "내가 다른 방언과 다른 입술로 이 백성에게 이를지라도 저들은 오히려 듣지 아니하리라." 하였는데, 주님이 하신 말씀이지요. 방언은 믿는 사람들이 아니라 믿지 않는 사람들을 위한 능력의 표입니다. 반면에 예언하는 일은 믿지 않는 사람들이 아니라 믿는 사람들을 위한 것이올시다. 온 교회가 함께 모여 저마다 방언으로 말하면 보통사람이나 믿지 않는 사람이 들어와서 보고 그대들을 미쳤다 하지 않겠어요? 하지만 모두가 예언한다면 보통사람이나 믿지 않는 사람이 그 모든 말씀에 가책을 받고 도전을 받아 가슴 깊은 곳의 비밀이 드러날 것입니다. 그러면 엎드려서 하느님께 경배하며, "참으로 당신들 가운데 하느님이 계십니다."라고 말하겠지요.

*

방언은 다른 사람 눈에 잘 띄고 예언은 그렇지 않다. 자기를 돋보이고 싶은 사람들이 초대교회 안에도 있었다는 너무나 상식적인 얘기다.

교회 안에서의 절제와 질서 [14, 26-40]

그러니 형제들이여, 이제 어찌할 것입니까? 그대들이 함께 모이는 자리에는 찬송하는 사람, 가르치는 사람, 계시를 보는 사람, 방언하는 사람, 방언 통역하는 사람 등이 있을 터인데 그 모든 일이 교회를 일으켜 세우기 위한 것이어야 합니다. 방언으로 말할 때는 둘이나 많아도 셋이 차례로 말하되 한 사람이 그것을 통역해야 합니다. 통역할 사람이 없으면 교회에서는 하지 말고 자기 자신이나 하느님 앞에서만 하십시오. 예언하는 것도 두세 사람이 하고 다른 사람들은 그 말씀을 잘 새겨들으세요. 한 사람이 말하는 중에 다른 사람한테 계시가 내리면 먼저 말하던 사람이 입을 다물어야 합니다. 그래야 그대들 모두가 차례로 예언하는 기회를 얻게 될 것이고 따라서 저마다 배움과 격려를 받을 것입니다. 예언하는 사람은 반드시 자기를 절제할 수 있어야 합니다. 하느님은 무질서의 하느님이 아니고 평화의 하느님이십니다.

성도의 모든 교회에서 그러듯이, 여자들은 집회에서 발언이 허락되지 않았으니 잠잠하시오. 율법에도 여자들은 뒷전에 있어야 한다고 되어있습니다. 알고 싶은 게 있으면 집에서 남편에게 물어보시오. 여자가 회중 가운데서 말하는 것은 본인한테 부끄러운 일이올시다.
하느님 말씀이 그대들한테서 나온 겁니까? 그대들한테만 내린 것인가요? 누구든지 자기가 하느님 말씀을 받았다고, 신령한 선물을 받았다고, 생각하는 사람은 내가 그대들에게 써 보내는 이것이 주님의 명령임을 아십시오. 이를 알지 못하는 사람은 무시당해도 쌉니다. 그런즉 형제들이여, 예언하기를 간절히 사모하되 방언을 금하지도 마십시오. 다만 모든 일을 점잖게 그리고 질서 있게 하십시오.

*

위장이 음식을 소화하는 것은 저만을 위한 것이 아니다. 사람들이 각자 자기 몫의 일을 하되 그것이 공동의 선을 위한 것일 때 그들의 세상은 건강하다.

복음의 내용과 그 뜻 [15, 1-11]

형제들이여, 지난날에 내가 전해준 복음을 상기시키고 그 뜻을 말해줄까 합니다. 그대들이 그것을 받았고 그 안에 굳게 서 있으니, 만일 내가 전해준 복음을 헛되이 믿지 않고 단단히 붙잡는다면 그것을 통하여 구원받게 될 것입니다. 내가 전해 받은 것을 가장 중요한 것으로 그대들에게 전해주었거니와, 그것은 그리스도께서 성경 말씀대로 우리 죄 때문에 죽으셨고 무덤에 묻히셨고 성경 말씀대로 사흘 만에 다시 살아나셨고 먼저 베드로에게 나타나신 다음 열두 사도에게 나타나셨고 이어서 오백 명도 넘는 형제들에게 나타나셨는데 그들 가운데 많은 사람이 아직 살아있지만 죽은 이들도 꽤 있고 그 뒤에 야고보를 비롯하여 모든 사도에게 나타나셨고 맨 나중으로 팔삭둥이 같은 나한테까지 나타나셨다는 사실입니다. 나로 말하면 사도들 가운데 가장 작은 자요 하느님의 교회를 박해하였으니 사도라 불릴 자격도 없는 사람이지요. 그러나 나의 나 됨은 하느님의 은혜로 말미암은 것이고 내게 베푸신 은총은 헛된 것이 아니었소이다. 실제로 내가 어떤 사도보다 많은 수고를 하였지만, 내가 한 것이 아니라 나와 함께 하신 하느님의 은혜로 된 것입니다. 그런즉 내가 전하든지 그들이 전하든지 이것이 우리가 전하고 그대들이 믿는 말씀이올시다.

*

간단하다. 지금도 살아계셔서 당신의 일을 하시는 그리스도를 몸으로 경험하고 그것을 세상에 전하는 것이, 믿거나 말거나, 복음이다.

죽은 자의 부활이 없다면 [15, 12-34]

그리스도가 죽음에서 살아나셨음이 선포되었거늘, 그대들 가운데 죽은 자의 부활이 없다고 말하는 이들이 있음은 어찌 된 겁니까? 죽은 자의 부활이 없으면 그리스도께서 다시 살아나시지 않았을 것이고 그리스도께서 다시 살아나시지 않았으면 우리가 전한 말씀도 헛것이요, 그대들의 믿음도 헛것이요, 하느님께서 그리스도를 다시 살리셨다고 말하는 우리는 하느님을 거짓 증언하는 자들이 되고 말 것입니다. 실제로 죽은 자가 다시 살아나는 일이 없다면 하느님께서 그분을 살리시지도 않았겠지요. 만일 죽은 자가 다시 살아나지 못한다면 그리스도께서도 살아나시지 못했을 것이고 그리스도께서 다시 살아나시지 않았다면 그대들의 믿음도 헛것이고 그대들은 여전히 죄 가운데 남아있을 것이며, 그리스도 안에서 잠든 자들도 영원히 소멸하고 말 것입니다. 그리스도 안에서 우리가 품은 희망이 이번 생에 그치고 만다면 우리야말로 누구보다 불쌍한 자들이겠습니다.
하지만 그리스도께서 죽음에서 다시 살아나시어 죽었다가 부활하는 이들의 첫 열매가 되셨소이다. 한 사람으로 말미암아 죽음이 세상에 들어왔듯이 한 사람으로 말미암아 죽은 이들이 살게 되었습니다. 모든 사람이 아담 안에서 죽듯이 모든 사람이 그리스도 안에서 삶을 얻게 될 것입니다. 하지만 각자 순서가 있으니 먼저 첫 열매인 그리스도께서 살아나셨고 그다음에 그리스도 안에 있는 이들이 그리스도께서 오시는 날에 살아나겠고 그다음으로 끝이 올 터인데 그때는 그리스도께서 모든 통치와 권위와 세력을 물리치시고 그 나라를 아버지 하느님께 바치실 것입니다. 하느님께서 모든 원수를 그 발밑에 굴복시키실 때까지 그리스도께서 다스리시지 않을 수 없고, 굴복시킬 마지막 원수는 죽음입니다. 성경에도, "하느님께서 모든 것을 그 발아래 굴복시키셨다."고 기록되어 있지요. 모든 것을 굴복시키셨다고 할 때 그것들을 굴복시키신 분이 그 모든 것에 포함되지 않는 것은 분명한 일이지만, 모든 것이 아드님에게 굴복할 때는 아드님 자신도, 모든 것을 당신한테 굴복시키신 하느님께서 만유 안에 계시며 만유를 다스리시도록, 그분께 굴복하실 것입니다.
부활이 없다면 죽은 자를 위하여 세례받는 것이 무슨 소용입니까? 죽은 자가 도무지 살아나지 못한다면 그를 위하여 세례는 왜 받는 겁니까? 우리가 날마다 위험을 무릅쓰는 이유는 또 어디에 있는 거요? 형제들이여, 그대들과 함께 그리스도 안에 있는 동료로서 자랑스럽게 말하는데, 나는 날마다 죽습니다. 내가 그저 평범한 인간으로 에페소에서 들짐승들과 싸웠다면 나에게 무슨 유익이 있겠어요? 만일 죽은 자가 다시 살아나지 않는다면 성경에 있는 대로, "내일이면 죽을 텐데 먹고 마시자."고 할 것입니다. 속지 마시오. "나쁜 친구들이 선한 행실을 더럽힌다."고 하였습니다. 깨어 있어서 죄를 짓지 마시오. 그대들 가운데 하느님을 모르는 이들이 있기에 그들을 부끄럽게 하려고 이 말을 하는 것입니다.

*

누구나 그것을 경험할 수 있고 선포할 수도 있지만 설명할 수는 없는 것이 그리스도의 부활이고 본인의 부활이다. 부활을 누구나 경험할 수 있다는 말은 잘못되었다. 십자가의 예수처럼 죽는 사람만이 그것을 경험할 수 있다.

육으로 묻혀 영으로 다시 살아남에 대하여 [15, 35-58]

이렇게 묻는 사람이 있겠지요. "죽은 사람이 어떻게 살아나고 어떤 몸으로 살아나는가?" 어리석은 질문입니다. 그대들이 심는 씨가 살아나려면 반드시 죽어야 해요. 그리고 그대들이 심는 것은 밀이나 다른 곡물의 씨앗이지 그것들이 나중에 갖추게 될 몸이 아닙니다. 하느님께서 당신 뜻을 좇아 모든 씨앗에 그것들의 몸을 주시는데, 모든 육체가 같은 것이 아니에요. 사람은 사람의 육체가 있고 짐승은 짐승의 육체, 새는 새의 육체, 물고기는 물고기의 육체가 있습니다. 하늘에 속한 것들의 영광이 따로 있고 땅에 속한 것들의 영광이 따로 있어요. 해의 영광 다르고 달의 영광 다르고 별의 영광 다르고 별과 별 사이에도 서로 다른 영광이 있습니다.

죽은 자의 부활이 이와 같소이다. 썩는 것으로 묻힌 몸이 썩지 않는 것으로 다시 살아나고, 욕된 것으로 묻힌 몸이 영광스러운 것으로 다시 살아나고, 약한 것으로 묻힌 몸이 강한 것으로 다시 살아나고, 육적인 것으로 묻힌 몸이 영적인 것으로 다시 살아납니다. 육적인 몸이 있으면 영적인 몸도 있는 거예요. 성경 말씀대로 첫 사람 아담은 살아있는 존재가 되었고 마지막 아담은 살려주는 존재로 되셨습니다. 하지만 영적인 몸이 먼저가 아니라 육적인 몸이 먼저고 그다음에 영적인 몸이올시다. 첫 번째 사람은 땅에서 왔고 흙으로 만들어졌지만 두 번째 사람은 하늘에서 왔지요. 흙의 사람은 흙으로 만들어진 그 사람과 같고 하늘의 사람은 하늘에서 온 그 사람과 같습니다. 우리가 흙으로 만들어진 그 사람의 형체를 입었듯이 하늘에서 온 그 사람의 형체도 입게 될 것입니다.

형제들이여, 내 말인즉슨 살과 피는 하느님 나라를 물려받을 수 없고 썩는 것은 썩지 않는 것을 물려받을 수 없다는 것입니다. 보시오, 이제 내가 비밀 하나를 말해주리다. 우리 모두 죽지 않고 마지막 나팔소리와 함께 바뀔 텐데, 눈 깜짝할 사이도 없이 순식간에 나팔소리가 들리면서 죽은 이들이 살아나 영원히 썩지 않는 몸으로 바뀌고 우리 또한 바뀔 거예요. 썩을 몸은 영원히 썩지 않는 몸을 입고 죽을 몸은 영원히 죽지 않는 몸을 입어야 하기 때문이지요. 그때, "승리가 죽음을 삼켰도다. 죽음아, 네 승리가 어디 있느냐? 죽음아, 네 독침이 어디 있느냐?"는 성경 말씀이 이루어질 것입니다. 죽음의 독침은 죄요, 죄의 힘은 율법에 있소이다. 그러나 주 예수 그리스도를 통하여 우리에게 승리를 주시는 하느님께 감사합시다 그런즉 내 사랑하는 형제들이여, 굳게 서서 흔들리지 말고 언제 어디서나 주님의 일에 더욱 힘쓰되 주 안에서 그대들의 수고가 결코 헛되지 않으리라는 사실을 알아두십시오.

*

부활에 관하여 이러니저러니 말할 것 없다. 무슨 말로 설명해도 알 수 없는 그것은 부활하면 저절로 알게 될 터이고 지금은 다만 "굳게 서서 흔들리지 말고 언제 어디서나 주님의 일에 더욱 힘쓸" 따름이다.

예루살렘 교회로 보낼 성금에 대하여 [16, 1-4]

성도들을 위하여 모금하는 일은 내가 갈라디아의 교회들에 지시한 대로 하십시오. 매주 첫날에 각 사람이 얻은 이익의 얼마를 저축하여, 내가 갔을 때 따로 모금하는 일이 없도록 하시오. 그대들 가운데서 몇 사람을 선정해주면 내가 가서 그대들이 모은 성금을 내가 쓴 편지와 함께 그들 편에 예루살렘으로 보내겠소이다. 내가 가는 것이 마땅하다면 함께 가도록 하지요.

*

예수께서 제자들 시켜 모금하신 기록은 없다. 바울로는 지금 스승이 하지 않은 일을 하고 있다. 스승과 제자의 차이이다. 자연스러운 일이긴 하다.

고린토로 갈 계획에 대하여 [16, 5-14]

나는 마케도니아에 일이 있어서 마케도니아를 거쳐 그대들한테로 갈 생각입니다. 거기서 얼마 동안 그대들과 함께 있을 작정인데 어쩌면 겨울을 나게 될지도 모르겠어요. 앞으로 내가 어디를 가든지 그대들의 도움을 받고 싶군요. 나는 지금 지나는 길에 잠간 그대들을 보겠다는 것이 아니올시다. 주께서 허락하시면 한동안 그대들과 함께 지낼까 하는데, 오순절까지는 이곳 에페소에 머물러 있어야겠습니다. 여기에는 나를 대적하는 자들도 많지만 내가 효과적으로 일할 수 있는 문이 크게 열려있습니다.

디모테오가 그리로 가거든 그대들과 더불어 불안하지 않게 지낼 수 있도록 도와주십시오. 그는 나처럼 주님을 위하여 수고하는 사람입니다. 그러니 아무도 그를 업신여기지 말고 평안히 내게로 돌아오게 주선해주십시오. 이곳 형제들과 내가 그를 기다리고 있습니다. 형제 아폴로에 관하여는, 다른 형제들과 함께 그대들한테로 갈 것을 간곡히 권하였으나 지금은 전혀 그럴 마음이 없나 봅니다. 하지만 기회가 닿으면 갈 것입니다.

늘 깨어 있고 믿음에 굳게 서서 장부답게 강건하십시오. 모든 일을 사랑으로 하십시오.

*

"모든 일을 사랑으로 하십시오." 스스로 그렇게 하지 않고서는 할 수도 없고 해서도 안 되는 말이다. 하지만 사람이 사랑으로 자기 일을 하는 게 아니다. 사랑이 사랑으로 사랑을 하시는 거다. 아직 바울로의 발길이 여기까지는 미치지 못했다.

마지막 인사 [16, 15-24]

형제들이여, 알다시피 스테파나 집안은 아카이아의 첫 열매로서 성도들을 섬기기로 작정한 사람들이오. 그대들에게 권합니다. 부디 그런 사람들과 또 그들과 함께 수고한 이들의 권위를 인정해주십시오. 스테파나와 포르두나도와 아카이고가 내게로 와줘서 무척 기쁩니다. 그대들이 내 곁에 없어서 비어있는 자리를 그들이 채워주었지요. 그들은 나와 그대들의 마음을 편하게 해주었습니다. 그런 사람들의 가치를 알아줘야 합니다.

아시아의 교회들이 그대들에게 문안합니다. 아퀼라와 브리스카가 그 집에서 모이는 교회와 함께 주 안에서 그대들에게 따뜻한 안부를 묻습니다. 모든 형제가 문안합니다. 거룩한 입맞춤으로 인사를 나누십시오.

나, 바울로가 이 인사를 친필로 전합니다. 누구든지 주님을 사랑하지 않는 자는 저주받을 것입니다. 주여, 어서 오시옵소서.

주 예수 그리스도의 은혜가 그대들과 함께 있기를!

그리스도 예수 안에서 그대들 모두에게 나의 사랑을 보내며!

*

“누구든지 주님을 사랑하지 않는 자는 저주받을 것입니다.” 주님이 당신을 사랑하지 않는 자에게 저주를 내리신다고 오해하기 쉬운 말이다. 주님을 사랑하지 않는 것이 곧 자기한테 자기가 내리는 저주라는 뜻일 텐데 과연 그리 새겨듣는 이들이 얼마나 될까?

고린토후서

첫인사 [1, 1-2]

하느님 뜻에 따라 그리스도 예수의 사도 된 바울로와 형제 디모테오가 고린토에 있는 하느님의 교회와 온 아카이아 지역의 성도들에게 이 편지를 보냅니다.
우리 아버지 하느님과 주 예수 그리스도의 은혜와 평강이 그대들에게 있기를!

*

사람이 사람과 이런 편지를 주고받을 수 있음이 얼마나 큰 축복인가!

고난과 함께 위로를 주시는 하느님 [1, 3-11]

우리 주 예수 그리스도의 아버지 하느님, 자비로우신 아버지, 모든 위로의 근원이신 하느님을 찬미합시다. 그분은 우리가 어떤 어려움을 당하더라도 위로해주시는 그런 분이십니다. 그래서 우리 또한 다른 이들이 어떤 어려움을 당하더라도 하느님께로부터 받은 위로로 그들을 위로할 수 있는 거예요. 그리스도의 고난이 우리에게 넘친 것 같이 그리스도의 위로도 우리에게 넘칩니다. 우리가 어려움을 겪는다면 그것은 그대들이 위로와 구원을 받게 하기 위해서요, 우리가 위로를 받는다면 그것은 하느님께서 그대들을 위로하여 우리가 겪은 것과 같은 어려움을 그대들이 겪을 때 잘 견딜 수 있게 하기 위해서지요. 그 어려움을 그대들이 함께 나누고 그 위로 또한 그대들이 함께 나누고 있음을 우리는 잘 알고 있습니다. 그러기에 그대들한테 거는 우리의 희망이 든든합니다.
형제들이여, 우리가 아시아에서 어떤 어려움을 겪었는지 그대들이 알았으면 합니다. 그 일을 겪기에 너무 힘에 부쳐서 우리는 살 희망조차 끊어지고 말았습니다. 우리는 마침내 사형선고를 받았다는 생각이 들었는데, 그것은 우리 자신을 의지하지 않고 죽은 자를 살리시는 하느님을 의지하게 하려는 것이었어요. 이렇게 그분은 우리를 죽을 고비에서 건져주셨고 앞으로도 건져주실 것입니다. 우리는 그분이 이후에도 건져주시리라고 희망합니다. 그대들은 기도로 우리를 도와주십시오. 그러면 많은 이들의 기도 덕분에 우리가 입은 은총을 보고 많은 이들이 하느님께 감사드리게 될 것입니다.

*

어려움도 위로도 아버지께서 주시는 것. 어려움을 주시는 목적은 사람을 고생시키려는 게 아니라 "우리 자신을 의지하지 않고 죽은 자를 살리시는 하느님을 의지하게 하려는" 것이다. 자기를 진정으로 아버지께 바친 사람에게는 은총 아닌 것이 없다.

고린토를 방문할 계획 [1, 12-22]

우리한테 자랑할 만한 것이 있다면, 인간의 지혜 아닌 하느님의 은총으로 말미암아, 사람들 특히 그대들 앞에서 하느님이 주신 정직함과 진지함으로 처신하였음을 양심에 거리낌 없이 말할 수 있다는 점이올시다. 지금 그대들이 읽고 있는 이 편지도 사실을 사실대로 쓴 것이니 그렇게 알면 됩니다. 그동안 그대들은 우리를 부분적으로 알았으나 마침내 주님의 날에는 우리를 온전히 알게 될 터인즉, 그날에 우리는 그대들의 자랑이 되고 그대들은 우리의 자랑이 되기를 바랍니다.
나에게 이런 확신이 있어서 처음 그대들을 방문하기로 계획을 세웠던 거예요. 마케도니아로 가는 길에 그곳을 방문하고 돌아오는 길에 다시 방문하여 그대들을 겹으로 기쁘게 해주고 싶었지요. 그런 다음 그대들의 후원을 받아서 유다로 가고자 했던 것입니다. 이런 계획을 세우는 일에 내가 경솔하겠습니까? 사람 생각에 따라서 '그렇다' 했다가 '아니다' 하겠어요? 하느님이 미쁘신 분인 것처럼, 우리는 그대들에게 '그렇다'와 '아니다'를 함께 말하지 않습니다. 우리 곧 나와 실바노와 디모테오가 그대들에게 선포한 하느님의 아들 예수 그리스도는 '그렇다'와 '아니다'를 한 입으로 말하는 그런 분이 아니올시다. 그분에게는 하느님의 '그렇다'가 있을 따름이에요. 하느님께서는 당신의 모든 약속에 대하여 그분 안에서 "그렇다"고 말씀하시고 그래서 우리가 그분을 통하여 "아멘"으로 하느님께 영광을 돌리는 것입니다. 우리와 그대들을 그리스도 안에서 견고케 하시는 분은 하느님이십니다. 우리에게 기름을 부으시고, 우리를 당신 것으로 확인하시고, 그 보증으로 우리 가슴에 성령을 주신 분 또한 하느님이십니다.

*

"그렇다"와 "아니다"를 단호히 분별함으로써 오직 하느님의 "그렇다"만 있는 경계로 건너가는 길을 보여주신 분이 예수시다. 아니, 그분이 바로 그 길이시다.

방문 계획을 취소한 이유 [1, 23-2, 4]

하느님을 증인으로 모시고 말하는데, 내가 고린토에 가지 않기로 한 것은 그대들을 아꼈기 때문이에요. 그대들이 믿음에 굳게 서 있으니 그대들의 믿음을 통제할 마음은 없고 우리는 다만 그대들의 행복을 위해서 그대들과 함께 일할 따름입니다. 그 때문에 그대들의 가슴을 아프게 하면서까지 다시 찾지는 말자고 한 거예요. 내가 그대들의 가슴을 아프게 한다면 누가 나를 기쁘게 하겠습니까? 내가 가슴을 아프게 한 그 사람이? 지난번 편지를 보낸 것이 그래서였습니다. 그곳에 내가 갔을 때 나를 행복하게 해줄 사람들 때문에 가슴 아파하는 일이 없기를 바랐던 거예요. 내가 기뻐야 그대들도 기쁠 테니까 말입니다. 나는 몹시 고통스럽고 답답한 마음으로 눈물을 흘리며 그 편지를 썼습니다. 그대들의 가슴을 아프게 하려고 쓴 게 아니라 내가 얼마나 많이 그대들을 사랑하고 있는지, 그것을 그대들이 알게 하려고 쓴 것입니다.

*

세상에 통하든지 통하지 않든지 진심은 진심이다. 그것이 진심인 줄 아는 것은 본인뿐이다. 그 진심에 부끄러움이 없으면, 됐다, 죽을 때까지 하늘 우러러 부끄러움 없는 거다.

잘못한 사람을 용서하는 이유 [2, 5-11]

가슴을 아프게 한 사람이 있긴 하지만 내 가슴을 아프게 했다기보다 그대들 가슴을 웬만큼 아프게 한 것입니다. 과장해서 말하지 않으려고 '웬만큼'이라는 말을 씁니다. 그가 많은 사람한테서 벌을 받았으니 그만하면 됐습니다. 이제는 그를 용서하고 격려해주십시오. 그가 너무 큰 슬픔에 빠지지 않을까 염려됩니다. 부디 그대들의 사랑을 그에게 보여주시오. 내가 지난번에 편지를 보낸 것은 그대들을 시험하여 과연 범사에 잘 순종하고 있는지를 알아보기 위해서였소이다. 무슨 일이든 간에 그대들이 누구를 용서하면 나도 그를 용서합니다. 그리고 내가 누구를 용서했다면, 그리스도 앞에서 그대들을 위하여 용서한 거예요. 우리가 사탄의 속임수를 잘 알고 있는데 그의 꾐에 넘어갈 수는 없지요.

*

"웬만큼" "그만하면" 이런 말을 할 수 있어서 사람이고 하니까 사람인 거다.

하느님께 바쳐지는 그리스도의 향기 [2, 12-17]

그리스도의 복음을 전하러 트로아스에 갔을 때 그곳에서 주님을 섬기는 문이 활짝 열렸지만, 디도 형제를 만나지 못했으므로 마음이 불안하여, 나는 그들에게 작별인사를 하고 마케도니아로 갔습니다.

우리로 하여금 언제나 그리스도 안에서 이기게 하시고 그리스도를 아는 깨달음의 향기를 곳곳에서 풍기게 하시는 하느님께 감사드립니다. 진실로 우리는 하느님께 바쳐지는 그리스도의 향기올시다. 구원받을 사람에게나 멸망을 향해서 가는 사람에게나 다 같이 풍기지만 구원받을 사람들에게는 생명이 되고 죽을 사람들에게는 죽음이 되는 그런 향기란 말이에요. 누가 이 모든 일을 감당하겠습니까? 적어도 우리는 하느님 말씀으로 거래하는 수많은 사람처럼 복음을 혼잡하게 만들지 않고, 그리스도 안에 있는 사람답게, 하느님의 보내심을 받은 자로서 하느님 앞에서 진솔하게 말하고 있는 것입니다.

*

하느님 말씀으로 거래하는 사람들은 언제나 있었고 있고, 있을 것이다. 아직 그러지 않는 사람들에게 너는 이러지 말라고 온몸으로 말하면서.

새 계약의 심부름꾼 [3, 1-18]

우리가 다시 우리를 추천해야 하는 겁니까? 어떤 사람처럼 우리도 그대들에게 추천서를 가지고 가거나 그대들의 추천서를 받아야 하는 건가요? 그대들이야말로 우리 가슴에 적혀 있고 누구나 읽을 수 있는 우리의 추천서올시다. 진실로 그대들은 우리가 전달한 그리스도의 편지로서, 잉크로 쓴 것이 아니라 하느님의 성령으로 쓴 편지요 석판에 새겨진 것이 아니라 인간의 심장에 새겨진 편지입니다.

우리가 이런 말을 하는 것은 그리스도를 통하여 하느님을 굳게 믿기 때문입니다. 우리 안에는 근원이 없습니다. 모든 근원이 하느님한테서 오는 거예요. 하느님께서 문자 아닌 성령으로 만들어진 새 계약의 심부름꾼으로 우리를 세우셨을 때, 우리에게 필요한 모든 것을 주셨습니다. 문자는 죽이고 성령은 살립니다.

돌에 문자로 새겨진 율법은 결국 죽음으로 끝이 났지요. 그런데도 나름대로 영광이 있어서 그 때문에 심부름꾼 모세의 빛나는 얼굴을 이스라엘 사람들이 쳐다볼 수 없었는데 하물며 성령의 심부름꾼이야 어떻겠습니까? 사람을 죄인으로 만드는 율법의 심부름에 영광이 있다면 우리를 하느님 앞에서 의롭다고 인정받게 하는 성령의 심부름에 얼마나 큰 영광이 있겠어요? 한때 영광이던 것이 지금은 사라졌고, 더 큰 영광에 자리를 넘겨주었습니다. 잠시 있다가 사라질 것도 영광을 입었다면 영원히 이어질 것은 얼마나 큰 영광을 입겠습니까?

이런 희망이 있기에 우리는 확신해서 말합니다. 우리는 모세와 같지 않소이다. 그는 자기 얼굴의 빛이 스러져 없어지는 것을 이스라엘 백성에게 보이지 않으려고 베일로 얼굴을 가렸습니다. 저들의 마음은 오늘도 완고하여 구약을 읽을 때면 베일이 벗겨지지 않은 채 여전히 남아있지요. 그것은 오직 그리스도 안에서만 벗겨집니다. 그래요, 오늘까지도 모세의 글을 읽을 때마다 베일이 읽는 자들을 덮고 있습니다. "그래도 모세가 주님께로 돌아설 때마다 베일이 벗겨졌다."고 성경은 말하는데, 여기 '주님'은 성령이시고 주님의 성령이 있는 곳에 자유가 있습니다. 그리고 우리 모두 베일이 벗겨진 얼굴로 주님의 영광을 거울처럼 비치며 그분과 같은 형상으로 변모되어 영광에서 영광으로 들어가고 있거니와, 이 모두가 성령이신 주님께서 하시는 일이올시다.

*

"진실로 그대들은 우리가 전달한 그리스도의 편지로서…" 한 사람의 삶과 죽음은 세상에 보내는 누군가의 메시지다.

보물을 담은 질그릇 같은 존재 [4, 1-15]

그런즉 하느님의 자비로 이 일을 맡게 된 우리는 낙심하지 않습니다. 우리는 숨어서 해야 하는 부끄러운 짓을 모두 버렸고 교활하게 처신하지 않으며 하느님 말씀을 왜곡하지 않고 다만 진실을 밝힐 따름인지라, 하느님 앞에서나 모든 사람의 양심 앞에서 우리 자신을 스스로 추천할 수 있소이다. 우리가 전하는 복음이 베일로 가려져 있다면 멸망으로 가는 자들한테나 가려져 있는 거겠지요. 이 세대의 신이 믿지 않는 자들 마음을 어둡게 하여 하느님의 형상이신 그리스도의 영광에 대한 복음의 빛을 보지 못하게 하는 겁니다. 우리는 우리를 선전하지 않습니다. 그리스도께서 우리 주님 되시고 우리가 예수를 위하여 그대들의 종 되었음을 선전하고 있는 거예요. "어둠 밖으로 빛이 나오라"고 말씀하신 하느님께서 그리스도의 얼굴에 나타난 당신의 영광을 알아볼 수 있도록 우리 마음에 빛을 비추셨습니다.

우리는 보물을 담아둔 질그릇처럼 흙으로 빚어진 존재올시다. 이로써 그 엄청난 능력이 우리한테서 나오는 게 아니라 하느님한테서 나오는 것임을 보여주는 거지요. 우리는 아무리 짓눌려도 우그러들지 않고 궁지에 몰려도 좌절하지 않고 쫓겨도 버려지지 않고 거꾸러져도 멸망하지 않습니다. 언제나 우리 몸에 예수의 죽음을 지니고 다니지만 그것은 예수의 생명 또한 우리 몸에서 나타나게 하려는 것이요, 비록 살아있지만 예수를 위하여 항상 죽음에 넘겨지는 것은 우리 죽을 몸에서 예수의 생명이 나타나게 하기 위해서올시다. 그리하여 우리 안에서는 죽음이, 그대들 안에서는 생명이, 일하고 있는 거예요. 성경에, "나는 믿었다. 그래서 말했다."고 하였거니와 우리 또한 같은 믿음의 정신을 가졌기에 믿고, 그리고 말합니다. 주 예수를 살리신 분이 예수와 함께 우리도 살리시고 그대들과 우리를 당신 앞으로 데려가실 줄 알기 때문이지요. 이 모두가 그대들을 위한 것이니, 그대들의 감사가 흘러넘쳐 하느님의 영광을 드러내면 그분의 은총이 더욱 풍성해질 것입니다.

*

"우리는 보물을 담아둔 질그릇처럼 흙으로 빚어진 존재올시다." 바울로의 명언名言들 가운데 하나라 하겠다. 그런데, 이 세상에 누구 안 그런 사람 있는가?

날로 문드러지는 겉 사람과 날로 새로워지는 속사람 [4, 16-18]

그러므로 우리는 낙심하지 않습니다. 우리의 겉 사람은 날로 문드러지지만 속 사람은 날로 새로워지고 있으니까요. 우리가 잠시 겪는 이 가벼운 고난이 한없이 크고 영원한 영광을 가져다줄 것입니다. 우리가 추구하는 것은 눈에 보이는 것이 아니라 보이지 않는 것입니다. 보이는 것은 잠깐이요 보이지 않는 것은 영원합니다.

*

낙심할 수 있는데 하지 않는 것 아니다. 할 수 없어서, 할 이유가 없어서, 못하는 거다.

땅의 장막과 하늘의 집 [5, 1-10]

땅에 있는 우리의 장막이 무너지면 하늘에 있는 영원한 집, 사람 손으로 짓지 않고 하느님께서 세우신 집에 들게 된다는 것을 우리는 압니다. 우리가 이 장막에 머물면서 하늘 거처 덧입기를 갈망하며 신음하고 있는 것은, 그것을 입으면 벌거숭이로 발견되지 않기 때문이지요. 이 장막에 머무는 동안 우리는 무거운 짐에 눌려 신음하고 있습니다. 하지만 우리가 바라는 것은 이 장막을 잃는 게 아니라 하늘의 집을 덧입어 죽을 수밖에 없는 몸이 생명에 삼켜지는 거예요. 그런 일이 우리한테 이루어지도록 설계하신 하느님께서 그에 대한 보증으로 우리에게 성령을 주셨습니다.
그러므로 우리는 겁날 게 없소이다. 우리가 육신에 머물러 있는 동안 잠시 주님한테서 떨어져 있는 것인 줄 알고 있으니까요. 우리는 보이는 것으로 살지 않고 믿음으로 삽니다. 그래서 겁날 게 없고 오히려 육신을 떠나 주님과 함께 평안히 살기를 바랍니다. 우리는 여기 있든지 저기 있든지 오직 주님을 기쁘시게 해드리고 싶을 따름입니다. 우리 모두 저마다 있는 그대로 그리스도의 심판대 앞에 서서 잘했든지 못했든지 땅에서 몸으로 한 일에 대한 값을 받게 될 테니까요.

*

자기가 지금 잠시 머무는 이곳이 가설假設 여관인 줄을 아는 영혼의 말이다.

그리스도 안에서 새로운 피조물 [5, 11-21]

우리는 주님을 경외한다는 것이 무엇인지를 알기에 이를 사람들에게 알리고자 합니다. 하느님께서 우리를 있는 그대로 아시니 그대들도 우리를 있는 그대로 알았으면 좋겠소이다. 그렇다고 해서 우리가 다시 우리를 추천하겠다는 건 아니고, 다만 우리에게 있는 몇 가지 자긍심을 그대들에게 일러줌으로써 속으로는 자랑할 것 없으면서 겉으로 자랑하는 이들을 반박할 수 있게 하려는 것일 따름이에요. 우리가 미쳤어도 하느님을 위하여 미친 것이고 우리가 멀쩡해도 하느님을 위하여 멀쩡한 것이니, 그리스도의 사랑이 우리를 그렇게 밀어붙이기 때문입니다. 한 사람이 모든 사람을 위해서 죽었으니 모든 사람이 죽었다고, 우리는 그렇게 생각합니다. 그분이 모든 사람을 위하여 죽으신 것은 살아있는 자들로 하여금 더는 자기 자신을 위하여 살지 않고 자기들을 위하여 죽었다가 다시 살아난 이를 위하여 살게 하려는 것이었지요.
그러므로 우리는 이제부터 아무도 세속의 잣대로 판단하지 않겠습니다. 전에 혹시 세속의 잣대로 그리스도를 판단한 적이 있었더라도 이제부터는 그러지 않을 거예요. 누구든지 그리스도 안에서는 새로운 피조물이라, 낡은 것은 가고 새것이 왔습니다. 이 모두가 하느님께로부터 왔으니, 하느님께서는 그리스도를 통하여 우리를 당신과 화해시키셨고 우리에게도 화해의 임무를 맡기셨습니다. 하느님께서 그리스도를 통하여 사람의 죄를 묻지 않고 그들을 당신과 화해시키신 것을 세상에 알리라고 하신 거예요. 그런즉 우리가 하느님의 사절들로서 그리스도를 대신하여 간곡히 부탁합니다. 제발 하느님과 화해하십시오. 하느님께서 우리를 통하여 권하는 말씀입니다. 그리스도는 죄를 모르는 분이었어요. 그런 그분을 하느님께서 우리를 대신하여 죄인으로 삼으신 것은 그분을 통하여 우리로 하여금 하느님의 의인이 되게 하려는 것이었습니다.

*

가해자와 피해자 사이의 화해는 그 열쇠가 피해자에 있다. 그래서 하느님이 사람(예수)으로 오시어 사람(아담)을 용서하신 거다. 하지만 피해자의 용서를 가해자가, 어떤 이유로든, 받아들이지 않으면 둘 사이에 화해는 없는 거다. "제발 하느님과 화해하십시오." 네가 용납되었음을 용납하라(폴 틸리히)는, 그리스도를 대신한 바울로의 간곡한 부탁이다.

하느님의 일꾼으로서 허물없는 삶을 [6, 1-13]

우리는 하느님과 함께 일하는 자로서 그대들에게 부탁합니다. 그대들이 받은 하느님의 은혜를 헛것으로 만들지 마십시오. 하느님께서, "은총의 때 내가 너희 말을 들어주었고 구원의 날에 내가 너희를 도왔다."고 말씀하셨는데 지금이 바로 은총의 때요, 구원의 날입니다. 아무도 우리가 하는 일에서 허물을 찾아내지 못하게 하려고 우리는 누구한테도 걸림돌 될 만한 일은 하지 않았소이다. 하느님의 일꾼으로서 모든 일에 스스로 권면하여, 환난과 궁핍과 역경과 매질과 투옥과 폭동과 고단한 노동과 잠 못 자는 밤과 배고픔을 참고 견디며 순결과 지식과 인내와 친절로, 성령과 순수한 사랑과 진리 말씀과 하느님의 능력 안에서, 두 손에 의로움의 무기를 들고 영화와 모욕과 비난과 칭찬에 갈팡질팡하지 않으면서, 속이는 자 같지만 참되고 이름 없는 자 같지만 유명하고 죽은 자 같지만 살아있고 징벌을 받지만 죽지 않고 어려움을 당하지만 늘 기뻐하고 가난한 자 같지만 많은 사람을 부요하게 하고 아무것도 가진 게 없지만 모든 것을 가지고 이렇게 살아갑니다.
고린토 사람들이여, 우리는 그대들에게 모든 것을 숨김없이 말하고 우리 마음은 활짝 열려있습니다. 우리가 그대들을 옹색하게 만드는 것이 아니라 그대들이 스스로 옹색한 마음을 품는 거예요. 내가 지금 자식을 대하는 아비 심정으로 말하고 있으니 그대들도 마음을 넓혀주시오.

*

"영화와 모욕과 비난과 칭찬에 갈팡질팡하지 않으면서…" 칭찬과 비난의 무게가 동일한 사람(바가바드기타), 참 자유인이 자식을 대하는 아비 심정으로 하는 권고다.

믿지 않는 자들과 짝하지 말 것 [6, 14-7, 1]

믿지 않는 자들과 짝하지 마시오. 어떻게 옳음과 그름이 서로 어울리며 빛과 어둠이 섞일 수 있겠소? 그리스도와 벨리아르가 어떻게 합할 수 있으며 믿는 사람과 믿지 않는 사람이 무엇을 더불어 가질 수 있겠어요? 하느님의 성전에 우상들을 어찌 들여놓겠습니까? 우리는 살아계신 하느님의 성전이올시다. 하느님께서 이르시기를, "내가 저희 가운데 거하며 두루 거닐어, 나는 저들의 하느님이 되고 저들은 내 백성이 되리라." 하셨고 또 말씀하시기를, "그러므로 그들한테서 나와 따로 있어라 주께서 말씀하신다, 불결한 것에 손대지 마라. 내가 너희를 맞아 너희 아비가 되고 너희는 내 자녀가 되리라." 하셨소이다.
사랑하는 친구들이여, 이 약속은 우리에게 주신 것입니다. 그러니 몸과 마음을 더럽히지 말고 깨끗하게 지켜 하느님을 경외하는 가운데 온전히 거룩한 삶을 살아갑시다.

*

상대성이론이 통하는 지구별에 사는 동안은 빛과 어둠이 섞일 수 없듯이 함께 할 사람이 있고 그럴 수 없는 사람이 있다. 그래서 깨친 사람은 겨울 냇물 건너듯 처신에 조심한다.

돌아온 디도를 통해서 받은 위로와 격려 [7, 2-16]

마음 열고 우리를 받아들여 주십시오. 우리는 아무에게도 못된 짓 하지 않았고 아무도 해치지 않았으며 누구의 것도 속여서 빼앗지 않았소이다. 그대들을 책망하려고 이런 말 하는 것 아니에요. 전에도 말했지만 그대들은 늘 우리 마음속에 있어서 삶과 죽음을 함께 나누는 그런 사람들입니다. 나는 그대들을 신뢰했기에 거침없이 말하였고 그대들은 내 자랑입니다. 어려움을 많이 겪으면서도 나는 큰 위로를 받았고 기쁨으로 가득 차 있습니다.
마케도니아에 도착한 뒤로 우리는 쉬지를 못했어요. 사방에서 어려운 일을 당하여 밖으로는 다툼을, 안으로는 두려움을 겪어야 했지요. 그러나 낙심한 자를 격려하시는 하느님께서 디도를 보내어 우리를 위로해주셨습니다. 그가 무사히 돌아온 것뿐 아니라 그대들한테서 그가 많은 위로를 받았다는 사실이 우리에게 큰 위로가 되었소이다. 그대들이 얼마나 나를 보고 싶어 하는지, 얼마나 미안해하는지 그리고 얼마나 열심히 나를 후원하고 있는지, 그가 모두 말해주었어요. 그 말에 나는 더욱 기뻤습니다. 내 편지가 그대들을 가슴 아프게 했다 하더라도 나는 후회하지 않아요. 그 편지 때문에 그대들이 상심한 것을 알고 잠시나마 미안했던 건 사실이지만 지금은 오히려 기쁩니다. 그대들 가슴을 아프게 해서 기쁜 게 아니라 그 일로 그대들이 회개하게 되어서 기쁘다는 말입니다. 그대들이 상심한 것 또한 하느님의 뜻에 따른 것이니 우리 때문에 손해 입은 건 없지요. 하느님 뜻에 따른 상심은 회개를 부르고 회개는 구원을 가져다주니 후회할 이유가 없지만 세속적인 상심은 죽음을 초래합니다. 보시오, 하느님 뜻에 따른 상심이 그대들로 하여금 얼마나 간절하게 하였고 자기를 변호하게 하였고 분노하게 하였고 두려워하게 하였고 사모하게 하였고 열심을 품게 하였고 공의가 이루어지기를 염원하게 하였습니까? 이로써 이번 일로 그대들한테 아무 잘못된 바 없음이 증명되었습니다. 전에 내가 편지를 쓴 것은 못된 짓을 한 사람이나 못된 짓을 당한 사람을 위해서가 아니라, 그대들이 우리를 위하는 정성이 얼마나 간곡한지를 하느님 앞에서 보여주기 위해서였고, 그 결과 우리는 많은 위로를 받았소이다. 위로만 받은 게 아니라 디도가 기뻐하는 것을 보고 더욱 기뻤어요.

디도는 그대들 덕분에 마음이 안정되었습니다. 전에 내가 그대들한테 디도를 자랑한 일이 있는데 그대들은 나를 쑥스럽지 않게 해주었지요. 우리가 그대들한테 진실 아닌 것을 말하지 않았듯이, 디도한테 자랑한 것 또한 사실임이 밝혀졌소이다. 그대들 모두가 어떻게 자기 말에 순종하고 두려워 떨며 자기를 받아들였는지를 회상하면서 그는 지금 그대들에게 더 큰 애정을 품고 있습니다. 나도 그대들을 완전히 신뢰할 수 있게 되어서 참으로 기쁩니다.

*

상심傷心이라고 해서 다 나쁜 건 아니다. 다 좋은 것도 아니다. "하느님 뜻에 따른 상심은 회개를 부르고 …세속적인 상심은 죽음을 초래합니다."

성도들을 돕기 위한 모금사업에 대하여 [8, 1-15]

형제들이여, 우리는 하느님께서 어떻게 마케도니아 지역의 여러 교회에 은혜를 베푸셨는지 그대들이 알았으면 합니다. 그들은 커다란 어려움 가운데 시련 당하면서도 오히려 기쁨이 충만하였고 극심한 가난에 쪼들리면서도 분에 넘치는 헌금을 바쳤습니다. 나는 분명히 말할 수 있어요. 그들은 낼 수 있는 만큼 낸 게 아니라 그 이상으로 내었습니다. 그리고 자원해서 자기네도 성도들 섬기는 일에 참여할 수 있게 해달라고 우리에게 간청했지요. 그리하여 우리가 기대하지 못한 일이 일어났으니 먼저 그들 자신을 주님께 바쳤고, 하느님의 뜻에 따라서, 우리에게도 헌신하였던 것입니다. 그래서 우리가 디도를 보내어 그대들과 함께 시작했던 모금사업을 마무리 지으라고 했던 거예요. 그대들은 만사에, 믿음에 말솜씨에 지식에 열심에 우리를 향한 사랑에, 탁월합니다. 그러니 이번의 은혜로운 사업도 잘 마무리하기를 바랍니다.

이것은 명령이 아니올시다. 다만 다른 이들이 남 도와주는 일에 얼마나 열심인지를 말해주면서, 그대들의 사랑이 얼마나 진솔한지를 알아보려는 것뿐이에요. 그대들은 우리 주 예수 그리스도의 은혜를 알고 있습니다. 그분은 한없이 부요한 분이었지만 그대들을 위하여 가난해지셨고 덕분에 그대들은 그분의 가난으로 말미암아 부요하게 되었지요. 이번 사업에 대한 내 생각은 이렇소이다. 일 년 전에 그대들이 먼저 그들을 돕고자 하였고 또 실제로 그렇게 하였으니 이제 그대들이 시작한 일, 그대들이 마무리하십시오. 그대들이 누구를 돕겠다고 마음먹었으니까 그 일을 힘닿는 대로 마무리하라는 말이올시다. 낼 마음이 있으면 하느님께서는 그가 내는 것을 받으시되 그에게 없는 것을 내라고는 하시지 않습니다. 내가 시방 다른 누구의 짐은 가볍게 해주면서 그대들은 더 무겁게 해주려는 게 아닙니다. 다만 공평케 하려는 거예요. 지금 그대들의 넉넉함이 다른 이들의 모자람을 채워주면 언제고 그들의 넉넉함이 그대들의 모자람을 채워줄 것이고 그렇게 해서 공평해지는 거지요. 성경에 이르기를, "많이 거둔 자도 남지 않았고 적게 거둔 자도 모자라지 않았다." 하였소이다.

*

하늘의 일은 넘치는 데를 덜어 모자라는 데를 채우는 것이다. 모금? 좋다.

하지만 억지로는 아니다. 누군가를 도울 수 있어서 고마운 마음이 먼저고 나중이다.

디도 일행을 보내면서 [8, 16-24]

우리가 그대들에게 쏟는 것과 같은 열성을 디도에게도 주신 하느님께 감사드립니다. 그가 그리로 가는 것은 우리가 부탁해서 가는 것이기도 하지만 실은 본인 스스로 간절히 원해서 가는 것입니다. 형제 하나를 디도와 함께 보냅니다. 그는 복음 전하는 일에 모든 교회의 칭송을 받고 있을 뿐 아니라, 우리가 주님의 영광을 위하고 우리 자신의 뜻을 이루려고 벌이는 이 은혜로운 사업에 동행할 협력자로 여러 교회에서 선정된 사람입니다. 우리는 이 많은 돈을 집행하면서 어떤 누구의 비난도 듣고 싶지 않습니다. 주님 앞에서만 아니라 사람들 앞에서도 좋은 일을 하는 것이 우리의 목적이니까요. 두 사람 말고 한 사람 더 보냅니다. 그의 열성을 여러 면에서 우리가 시험해본 바 있거니와, 본인도 그대들을 신뢰하기에 더욱 열심을 내고 있습니다. 디도로 말하자면 나의 짝이며 그대들을 위해서 나와 함께 일하는 동역자요, 다른 형제들은 교회의 대표 사절이자 그리스도의 영광입니다. 아무쪼록 그대들의 사랑을 그들에게 보여주고, 그대들이 우리의 자랑인 것을 모든 교회에 입증해 보여주십시오.

*

세 사람이 같은 길을 간다. 한 사람이 앞서고 두 사람이 따른다.

가난한 성도들을 위한 성금에 관하여 [9, 1-15]

성도들 섬기는 일에 관하여는 그대들에게 달리 쓸 것이 없소이다. 그대들이 이 일에 얼마나 열심인지를 나는 압니다. 그래서 마케도니아 사람들에게 그대들을 자랑하면서, 아카이아 지역에서 지난해부터 준비를 철저하게 해왔다고 말했더니 많은 사람이 그대들 열성에 감동을 받더군요. 내가 지금 형제들을 그리로 보내는 것은 그대들에 대한 우리의 자랑이 헛소리가 되지 않도록 하려는 것입니다. 그러니 아무쪼록 내가 말한 대로 준비해주시오. 혹 마케도니아 사람들이 나와 함께 갔다가 그곳에서 준비가 제대로 되어있지 않은 것을 보면 그대들이 부끄러울 것은 말할 것도 없고 큰소리친 우리가 크게 창피할 것입니다. 그래서 형제들을 먼저 그리로 보내어 그대들이 전에 약속한 성금을 미리 거두어놓게 해야겠다고 생각했지요. 그렇게 하면 그대들이 성금을 억지로 내지 않고 자발적으로 거두었음이 입증될 것입니다.

기억하시오. 적게 심은 사람은 적게 거두고 많이 심은 사람은 많이 거둡니다. 각자 마음에서 우러나는 대로 내되 아까워하면서 내거나 억지로 내는 사람은 없도록 하십시오. 하느님께서는 기꺼이 내는 사람을 사랑하십니다. 하느님은 그대들에게 모든 은총을 넘치게 주실 수 있는 분이고 따라서 그대들은 모든 일에 항상 넉넉하여 온갖 좋은 일을 얼마든지 할 수 있는 겁니다. 성경에도 이르기를, "저가 재물을 흩어 가난한 이들에게 나눠주니 그 넉넉함이 영원토록 이어지리라." 하였지요. 심는 자에게 씨와 먹을 빵을 주시는 분이 그대들에게도 씨를 주시고 그것을 자라게 하시어 풍성한 자선의 열매를 거두게 하십니다. 이렇게 그대들은 언제나 넉넉해서 아낌없이 남을 도울 수 있게 되고, 우리를 통하여 이루어지는 일을 보고 많은 사람이 하느님께 감사드릴 것입니다. 우리의 자선활동이 성도들의 모자람을 채워줄 뿐 아니라 많은 사람이 하느님께 드리는 감사로 더욱 풍성해지고 있소이다. 그대들의 자선활동은 그대들이 그리스도의 복음을 믿을 뿐 아니라 그대로 순종하여 많은 사람에게 가진 것을 나눠주고 있음을 보여주어 그들로 하여금 하느님을 찬양케 할 것입니다. 또한, 그들은 그대들에게 베푸신 하느님의 은총을 보고 그대들을 그리워하며 위하여 기도할 것입니다. 말로 다 할 수 없는 은혜의 선물을 주시는 하느님께 감사드립니다.

*

자기에게 있는 무엇을 없는 이와 더불어 나누는 행위. 이 또한 하느님이 주시는 "말로 다 할 수 없는 은혜의 선물"이다.

자기 권위에 대한 바울로의 소신 [10, 1-18]

마주 대할 때는 유순한데 떠나 있으면 강경한 사람이라고 그대들이 생각하는 나 바울로가 그리스도의 온유하심과 관대하심으로 권면합니다. 우리가 속된 행동을 한다고 비난하는 자들한테는 강경한 태도를 보이는 나지만, 그대들을 만났을 때는 그토록 강경한 태도를 보이지 않게 해주시오. 비록 속된 세상에 몸담고 있긴 하지만 우리가 속된 싸움을 하고 있는 건 아니올시다. 우리의 무기는 속된 것이 아니고 하느님 앞에서 아무리 견고한 요새라도 무너뜨릴 수 있는 강력한 것입니다. 우리는 그릇된 이론을 깨뜨리고 하느님을 아는 데 장애가 되도록 쌓아 올린 것들을 무너뜨리고 모든 사상을 사로잡아 그리스도께 굴복시킵니다. 그리고 그대들의 복종이 완성될 때 모든 불복종을 처벌할 준비를 하는 중이지요.
현실을 똑바로 보십시오. 어떤 사람이 자기가 그리스도에 속했다고 자부합니까? 좋아요. 하지만 우리 또한 자기만큼 그리스도에 속했다는 사실을 고려하고 자부해야 할 것입니다. 주께서 우리에게 주신 권위는 그대들을 주저앉히라고 주신 게 아니라 그대들을 일으켜 세우라고 주신 것이니, 내가 그것을 좀 지나치게 주장한다고 하더라도 부끄러울 일은 아니라고 생각합니다. 나를 편지로만 겁주는 자라고 생각하지 마시오. 어떤 자들이, "바울로가 편지는 무게도 있고 힘도 있지만 실제로 마주 대하면 약하고 말도 잘 못 한다."는 말을 하는 모양인데 그런 자들은 분명히 알아두시오, 떠나 있으면서 편지로 말하는 우리와 함께 있으면서 몸으로 행동하는 우리가 같은 우리라는 사실을.
물론 우리는 스스로 자기를 추켜세우는 자들 곁에 나란히 서거나 그들과 우리를 비교할 생각은 조금도 없소이다. 그들이 자기로 자기를 헤아리고 자기한테 자기를 비교하고 있으니 얼마나 어리석은 자들입니까? 그러나 우리는 경계를 넘어서까지 우리를 주장하지 않겠습니다. 그 경계는 하느님께서 우리에게 몸소 내리신 것이고 그대들이 그 안에 들어있는 것입니다. 그리스도의 복음을 가지고 누구보다 먼저 그대들한테로 간 사람들이 바로 우리이고 따라서 그대들을 우리의 자랑으로 삼는다고 하여 지나치게 우리를 내세우는 것은 아니지요. 우리는 자기 경계를 넘어 남들이 수고한 것을 가지고 생색을 내려는 게 아닙니다. 다만, 우리의 경계 안에서, 그대들의 믿음이 자라는 그만큼 그대들한테 미치는 우리의 영향이 크기를 희망할 따름이에요. 그리되면 우리가 그대들의 지경 너머에서도 복음을 전할 수 있을 것이고, 남들이 자기 지경에서 이루어낸 일을 가로채어 자랑으로 삼는 일 또한, 있을 수 없는 것입니다. 자랑하려거든 주님을 자랑하십시오. 참으로 인정받을 사람은 자기를 내세우는 자가 아니라 주께서 내세우는 그 사람이올시다.

*

경계가 없을 수 없는 곳이 사람 사는 세상이다. 스스로 만든 경계에 머물 만큼 머물다가 그것을 넘어 더 큰 경계로 나아가는 것이 복된 사람이다. 자기 경계에 갇혀 살다가 끝내 거기 묻혀 죽는 불행한 사람들도 있다.

가짜 사도들에 대하여 [11, 1-15]

내가 좀 어리석어 보이더라도 참아주시오. 부탁합시다. 참아주시오. 내가 하느님의 노심초사로 그대들을 염려하고 있음은 그대들을 순결한 처녀로 한 남편 그리스도께 약혼시켰기 때문입니다. 하와가 뱀의 간사한 꾐에 속아 넘어갔듯이 그대들 마음이 오염되어 그리스도를 향한 진실함과 순결함을 잃지 않을까, 나는 그것이 염려됩니다. 어떤 사람이 와서 우리가 전한 예수와 다른 예수를 전하고 그대들이 받은 성령과 다른 성령을 받으라 하고 그대들이 받은 복음과 다른 복음을 받으라 하는데 용케 가만히들 있으니 하는 말이오. 나는 내가 그 특출한 사도들보다 조금도 못하지 않다고 생각합니다. 말주변은 없지만 지식에는 부족함이 없소이다. 이 사실을 우리가 여러 면에서 여러 가지로 그대들에게 보여주었습니다.

내가 그대들을 높이려고 나를 낮추었고 받는 보수 없이 하느님의 복음을 그대들에게 전하였는데 그것이 죄가 됩니까? 내가 그대들 심기는 데 드는 비용을 다른 교회들에서 받은 돈으로 충당했는데 그것이 탈취한 거란 말이오? 내가 그대들과 함께 있을 때 몹시 궁핍했지만 누구한테도 신세지지 않은 것은 마케도니아에서 온 형제들이 필요한 것을 모두 대주었기 때문이었소. 그동안 나는 그대들에게 짐이 되지 않으려고 애썼거니와 앞으로도 그럴 겁니다. 그리스도의 진리가 내 안에 있음이 분명한 만큼, 아카이아 지방에서는 아무도 나의 이 자부심을 막지 못할 것이오. 왜냐고? 내가 그대들을 사랑하지 않기 때문이라고? 하느님이 나를 아십니다!
우리와 같은 일을 자기들이 하고 있노라고 주장하는 자들에게 그럴 기회를 주지 않기 위해서 나는 지금까지 해온 일을 앞으로도 계속할 작정입니다. 그런 자들은 가짜 사도들이고 속이는 일꾼들이며 그리스도의 사도로 위장한 자들입니다. 하지만 조금도 이상할 것 없어요. 사탄도 빛의 천사로 자기를 위장하니까요. 사탄의 일꾼들이 의로움의 일꾼으로 가장하고 나선다고 하여 놀랄 것 없소이다. 그들의 행실에 어울리는 최후를 맞게 될 터이니.

*

투사鬪士 바울로? 맞다, 하지만 그가 맞서 싸우는 상대는 가짜 사도들이 아니다. 자기 자신이다. "나는 지금까지 해온 일을 앞으로도 계속할 작정입니다." 그는 밀밭의 가라지를 뽑으려 하지 않는다.

자신의 약함을 자랑하는 사도 [11, 16-33]

거듭 말합니다. 아무도 나를 바보로 알지 마시오. 그래도 바보로 보인다면, 좋아요, 내친김에 좀 더 나를 자랑해보겠소이다. 지금 내가 이 말을 하는 것은 주님이 시켜서가 아니고 정말 어리석은 짓을 한번 해보는 거요. 많은 사람이 인간의 일로 자기를 자랑하고 있으니 어디 나도 좀 해봅시다. 어리석은 바보들을 그토록 기꺼이 영접하는 그대들, 참 대단히도 지혜로운 사람들이구려. 누가 그대들을 종으로 삼아도, 집어삼켜도, 착취해도, 깔보아도, 뺨을 쳐도 그냥 받아들이고 있으니 말이오. 부끄럽지만 나는 약해서 그러지 못하겠습디다. 하지만 누가 무엇을 가지고 허풍을 떤다면, (물론 어리석은 바보로서 하는 말이지만) 나 또한 허풍을 떨 수 있소이다. 그들이 히브리 사람이오? 나도 그렇소. 그들이 이스라엘 사람이오? 나도 그렇소. 그들이 아브라함의 후손이오? 나도 그렇소. 그들이 그리스도의 일꾼이오? (제정신 아닌 사람 말 같지만) 나는 더욱 그렇소. 내가 그들보다 더 많이 수고했고 더 자주 투옥되었고 더 많은 매를 맞았고 죽을 고비도 여러 번 넘겼소이다. 유다인들한테서 사십에 하나 덜한 매를 다섯 번, 몽둥이로 세 번, 돌에 한 번 맞았고 파선을 세 번 당했는데 밤낮 하루를 바다에서 표류한 적도 있소. 쉬지도 못하고 이리저리 다니며 강물의 위험, 강도의 위험, 동족의 위험, 이방인의 위험, 도성의 위험, 광야의 위험, 바다의 위험, 가짜 형제의 위험 등 온갖 위험을 다 겪었습니다. 또한, 힘든 일과 노동에 시달렸고 수없이 많은 밤을 뜬눈으로 지새웠고 굶주림과 목마름과 헐벗음으로 배고픔과 추위에 떨며 지냈소. 이런 것들을 제쳐놓더라도 날마다 나를 짓누르는 것이 있으니 여러 교회에 대한 염려와 걱정이 그것입니다. 누가 약해지면 내가 함께 약해지지 않겠어요? 누가 넘어지면 내가 함께 안타깝지 않겠습니까? 구태여 무슨 자랑을 해야 한다면 나의 약함을 자랑하겠어요. 영원토록 찬양받으실 주 예수의 아버지 하느님께서 내가 지금 거짓말하는 것이 아님을 아십니다. 다마스쿠스에서 아레다 왕의 총독이 나를 잡으려고 성문을 지킬 때는 광주리에 담겨서 들창문으로 나와 성벽을 타고 그의 손아귀에서 벗어나기도 했지요.

*

허허, 바보가 바보짓을 한다고 스스로 말하니 정말 바보인가? 아니다, "구태여 무슨 자랑을 해야 한다면 나의 약함을 자랑하겠다."는 말을 덧붙이고 있으니.

바울로에게 보이신 환상 [12, 1-10]

자랑해서 이로울 건 없지만 그래도 자랑 좀 해야겠습니다. 주께서 보여주신 환상과 계시를 말해보리다. 나는 그리스도 안에 있는 한 사람을 아는데, 그가 십사 년 전에 셋째 하늘까지 붙잡혀 올라간 일이 있었지요. 그가 몸 안에 있었는지 몸 밖에 있었는지 그건 모르겠어요. 하느님은 아십니다. 나는 그 사람을 아는데, 그가 낙원으로 붙잡혀 올라가서 사람의 말로는 표현할 수 없는 신비로운 말을 들었습니다. 〔그가 몸 안에 있었는지 몸 밖에 있었는지 그건 모르겠어요.〕 내가 자랑하는 것은 바로 그런 사람입니다. 나 자신에 관하여는 나의 약함 밖에 자랑하지 않겠어요. 혹 내가 스스로 하고 싶어서 자랑한다고 해도 사실을 사실대로 말하는 것이니 그로써 어리석은 자가 되는 건 아니올시다. 하지만 나한테서 보고 들은 것 이상으로 나를 높이 보는 사람이 있을까 하여 자랑을 그만하겠습니다.

내가 본 엄청난 계시 때문에 스스로 추켜세우고 우쭐거리지 못하게 하려고 하느님께서 내 육신에 가시 곧 사탄의 심부름꾼을 주셨거니와, 그것이 계속 치는 바람에 나는 교만하지 않게 되었소이다. 나는 그것이 나를 떠나게 해달라고 세 번이나 주님께 간구했지만 주님은, "너에게 내린 내 은혜가 충분하다. 내 능력은 약한 자한테서 온전히 행사된다."고 말씀하셨지요. 그래서 나는 그리스도의 능력이 내 안에 머물게 하려고 내 약함을 자랑코자 합니다. 나는 그리스도를 위하여 나의 약함을 감수하고 능욕과 궁핍과 박해와 곤경을 기꺼이 받아들입니다. 내가 약할 때, 그때 내가 강하기 때문이에요.

*

"나는 그리스도 안에 있는 한 사람을 아는데…" 바울로가 아는 그 사람은 바울로 밖에 있지 않다. 하지만 바울로는 그가 곧 나라고 말하지 않는다. "나는 아브라함보다 먼저 있다." 이렇게 말씀하신 분이 앞서가시며 따라오라고 하신다.

세 번째 고린토 방문을 준비하며 [12, 11-21]

내가 참 어리석은 바보가 되었군요. 하지만, 나를 이렇게 만든 것은 마땅히 나를 신임했어야 하는 그대들이오. 내 비록 아무것도 아니지만 그 특출한 사도들보다 조금도 모자랄 것 없는 사람이올시다. 내가 그대들과 함께 있을 때 참고 견디면서 보여준 표적과 놀라운 일들과 능력이 내가 사도인 것을 입증하고 있습니다. 내가 그대들에게 폐를 끼치지 않은 것 말고 다른 교회보다 덜 해준 것이 무엇입니까? 이 점에서 공평치 못하였다면 부디 용서해주시오! 내가 지금 세 번째로 그대들에게 갈 준비를 하고 있는데 폐는 끼치지 않겠소이다. 내가 바라는 것은 그대들 자신이지 그대들의 재물이 아닙니다. 자녀들이 부모를 위해서 돈을 모아두는 게 아니라 부모가 자녀들을 위하여 그렇게 하는 거요. 나로서는 그대들을 위하여 기꺼이 재물을 쓰고 나 자신까지 바칠 것입니다. 내가 너무 많이 사랑해서 그래서 덜 사랑받게 되는 겁니까? 내가 그대들에게 폐를 끼치지는 않았지만 간교한 꾀를 부려서 그대들 것을 손에 넣었다? 내가 그대들에게 보낸 사람들 가운데 하나를 시켜서 이득을 보았다? 내가 그랬단 말이오? 내가 디도에게 그리로 가달라고 부탁하고 형제 하나를 딸려 보낸 것은 사실입니다. 그런데 디도가 그대들한테서 무슨 이득을 어떻게 보았다는 겁니까? 우리가 같은 성령에 의하여 같은 보조로 걷는 게 아니었던가요?

그대들은 우리가 여태까지 자기변명을 하고 있다고 생각하는 것 같은데 잘못 생각했소이다. 우리는 지금 하느님 앞에서, 그리스도 안에서, 말하고 있는 거예요. 사랑하는 이들이여, 이 모두가 그대들의 덕을 세우기 위한 것입니다. 내가 염려하는 것은 막상 그곳에 갔을 때 그대들이 나의 기대에서 어긋나 있지 않을까 또 내가 그대들의 기대에서 어긋나 있지 않을까 하는 것입니다. 또 우리들 사이에서 다툼, 질투, 성냄, 제 욕심 채우기, 남 헐뜯기, 수군거리기, 거만하게 굴기, 소란 피우기 같은 것들이 있지 않을까, 그런 것도 염려가 되는군요. 그리고 내가 갔을 때 우리 하느님이 그대들 앞에서 나를 다시 무색하게 만들지 않으실까 염려되고, 전에 죄를 지었던 사람들이 그 더럽고 음란하고 방탕한 짓을 회개하지 않은 것을 보면 슬피 울게 될 터인데 그것도 걱정입니다.

*

“나도 별수 없는 사람이다.” 사도로 하여금 이렇게 말하게 하시는 하느님께 영광을!

마지막 경고와 인사말 [13, 1-13]

내가 이제 세 번째로 그대들을 방문할까 합니다. 성경에, “어떤 사건이든지 증인 둘이나 셋의 입으로 확정하라.”고 했듯이, 내가 두 번째로 거기 갔을 때 경고했거니와 이제 떨어져 있으면서 다시 경고합니다. 내가 다시 가면 그런 자들을 결코 그냥 두지 않을 것이오. 그때, 그대들이 바라던 대로, 그리스도께서 나를 통하여 말씀하신다는 증거를 보게 될 것입니다. 그분은 그대들을 대하실 때 약하지 않고 당신의 권한을 그대들 가운데서 행사하십니다. 십자가에 달리실 때 그분은 약하셨지만 하느님의 능력이 그분을 살리셨지요. 우리 또한 그분의 약함을 함께 지녔으나 하느님께서 당신 능력으로 그분의 생명을 우리에게 주실 것이고 우리는 그것으로 그대들을 대할 것입니다.
과연 그대들에게 믿음이 있는지 스스로 살펴보고 그대들 자신을 검증해보시오. 그리스도 예수가 그대들 안에 살아계심을 알고 있습니까? 아니면 그대들은 낙오자들입니다. 우리가 낙오자들이 아님을 그대들이 알았으면 해요. 우리는 그대들이 아무 잘못도 저지르지 않기를 하느님께 기도드립니다. 우리가 성공했음을 드러내자는 게 아니라, 설사 우리가 낙오자로 보이더라도, 그대들이 선을 행하였으면 하는 것이오. 우리는 진실을 거역하여 아무것도 할 수 없고 오직 진실을 좇아서 일할 따름입니다. 우리가 약할 때 그대들이 강하면 그것이 우리에게는 기쁨이지요. 실로 우리가 구하는 것은 그대들이 온전해지는 것입니다. 내가 그곳에 갔을 때 나의 권위를 가혹하게 부리지 않아도 되기를 바라는 마음으로, 시방 이렇게 떨어져 있으면서 편지를 씁니다. 주님이 내게 주신 권위는 그대들을 멸망시키라고 주신 게 아니라 일으켜 세우라고 주신 것입니다.
형제들이여, 부디 안녕들 하십시오. 온전하기를 힘쓰고 내 권면을 잘 들어 같은 마음으로 평화롭게 사십시오. 사랑과 평화의 하느님께서 그대들과 함께하실 것입니다. 거룩한 입맞춤으로 서로 인사하십시오. 모든 성도가 그대들에게 문안합니다.
주 예수 그리스도의 은혜와 하느님의 사랑과 성령의 소통이 그대들에게 있기를!

*

끝까지 최선을 다한다! 그 자체가 아름다움이다. 하지만 아직 미완未完이다.

갈라디아서

첫인사 [1, 1-5]

사람들에게서 나거나 사람들로 말미암거나 하지 않고 예수 그리스도와 그분을 죽음에서 살리신 하느님 아버지로 말미암아 사도 된 나 바울로가 함께 있는 모든 형제들로 더불어 갈라디아 여러 교회에 이 편지를 보냅니다.
우리 아버지 하느님과 주 예수 그리스도의 은혜와 평화가 그대들에게 있기를!
하느님 우리 아버지의 뜻에 순종하여 우리를 악한 이 세대에서 건지려고 우리 죗값으로 당신 자신을 바치신 그리스도께 영세 무궁토록 영광 있기를! 아멘.

*

바울로 혼자서 편지 보내는 게 아니다. "함께 있는 모든 형제로 더불어" 보내는 거다. 어찌 편지 보내는 일만 그러하랴?

다른 복음을 전하는 자들의 저주받을 운명 [1, 6-10]

그리스도의 은총으로 하느님의 부르심을 받은 그대들이 그토록 속히 떠나서 다른 복음을 좇고 있다니, 참으로 놀랄 일이올시다. 사실 다른 복음이란 없는 것이오. 다만 어떤 인간들이 그대들 마음을 흔들고 그리스도의 복음을 변질시키려 하는 것일 따름이지요. 우리는 물론이요 하늘의 천사라도 우리가 그대들에게 전한 복음 아닌 다른 복음을 전한다면 저주받을 것입니다. 전에도 말했지만 다시 말합니다,

만일 누가 그대들이 받은 복음과 다른 복음을 전한다면 저주받을 것이오. 지금 내가 하는 말이 사람들의 지지를 받으려고 하는 것이겠소? 아니면 하느님의 지지를 받으려고 하는 것이겠소? 내가 사람들을 기쁘게 하려는 걸로 보입니까? 사람들 호감이나 사려고 한다면 그렇다면 내가 그리스도의 일꾼이 아니올시다.

*

"사람들 호감이나 사려고 한다면…" 이런 편지를 보낼 이유가 없다. 사람이지만 사람들 눈치를 보지 않는다. 그래서 사람이다.

예수께서 몸소 계시하신 복음 [1, 11-24]

형제들이여, 내가 그대들에게 전한 복음이 사람한테서 나온 게 아님을 분명히 말해둡니다. 그것은 내가 어떤 사람한테서 받은 것도 아니고 배운 것도 아니고 예수 그리스도께서 몸소 나에게 계시해주신 것이오.

전에 내가 유다교 신자였을 때 무슨 짓을 했는지 들어서 알겠지만, 나는 하느님의 교회를 심히 핍박하였고 없애버리려고까지 하였소이다. 그 무렵의 나는 동족 동년배들 사이에서 누구보다 열렬한 유다교 신자였고 선조들의 전통을 지키는 일을 열심히 하였지요. 그러나 하느님께서는 어머니 태에 있는 나를 택하시고 은총으로 부르시어 당신 아들의 복음을 이방인들에게 널리 전케 하려고 그분을 나에게 나타내 보이셨습니다. 그때 나는 어떤 사람하고도 의논하지 않았고 나보다 먼저 사도 된 이들을 만나러 예루살렘에 올라가지도 않았고 곧장 아라비아로 갔다가 다시 다마스쿠스로 돌아갔소이다.

삼 년 뒤에 게파를 만나러 예루살렘으로 올라가서 그와 함께 보름을 지내는 동안 주님의 아우 야고보 말고는 다른 사도들을 만나지 않았어요. 내가 지금 쓰고 있는 이 글은 결코 거짓이 아닙니다. 그 뒤에 나는 시리아와 길리기아 지방으로 갔지요. 그래서 유다 지방에 있는 그리스도의 교회들은 나를 알지 못하고 다만, "전에 우리를 핍박하던 사람이 지금은 자기가 없애려던 믿음을 전하고 있다."는 말을 듣고서 나로 인하여 하느님께 영광을 돌리고 있는 줄 알고 있소이다.

*

어머니 태에서 바울로를 부르신 하느님은 그를 곧장 그리스도의 사도로 삼지 않으셨다. 먼저 그로 하여금 한때 하느님의 교회를 핍박하게 하셨다. 당신이 정한 순서대로…

예루살렘에서 사도들을 만남 [2, 1-10]

십사 년 뒤에 나는 바르나바와 함께 디도를 데리고 예루살렘으로 올라갔지요. 하느님께로부터 계시를 받았던 겁니다. 거기에서 지도자로 알려진 사람들을 사사로이 만나 내가 이방인들에게 전하는 복음의 내용을 설명해주었는데, 여태까지 해온 일과 지금 하고 있는 일이 물거품으로 돌아가게 하고 싶지 않았어요. 나와 함께 있던 디도는 그리스인이지만 할례를 강요받지 않았습니다. 그리스도 예수 안에서 우리가 누리는 자유를 엿보려고 몰래 들어온 가짜 형제들만 아니었으면 아무 문제가 없었을 것이오. 그들이 우리를 노예로 만들려고 하였지만 우리는 그대들에게 전한 복음의 진리를 지키고자 조금도 양보하지 않았소이다. 지도자로 알려진 사람들, (하느님께서 사람을 겉모양으로 보지 않으시니 그들이 과연 어떤 사람들인지는 상관없는 일이지만), 그들은 나에게 새로운 무엇을 덧붙여 제시하지 않았습니다. 오히려 할례받은 자들을 위한 복음이 베드로에게 맡겨졌듯이 할례받지 않은 자들을 위한 복음이 나에게 맡겨졌음을 알았지요. 말하자면 베드로를 할례받은 자들의 사도로 삼으신 분이 나를 할례받지 않은 자들의 사도로 삼으셨음을 알았던 것이오. 그뿐만 아니라 교회의 기둥으로 인정받는 야고보와 게파와 요한도 주께서 내게 베푸신 은총을 알아보고 나와 바르나바에게 친교의 악수를 청하였습니다. 그리하여 우리는 이방인에게로, 그들은 유다인에게로 가게 된 것이올시다. 다만 한 가지, 가난한 이들을 기억해달라는 부탁이 있었는데 그것은 내가 그동안 열심히 해오던 일이었지요.

*

언제로부터 십사 년 뒤인지는 모르겠으나 어쨌든 길에서 그리스도를 만난 바울로가 예루살렘에 몸을 나타내기까지 상당한 세월이 흘렀다는 얘기다. 사람은 서두를 수 있지만 하느님은 서두름도 게으름도 없으시다. 서둘러 또는 게을리 흐르는 강물 보았는가?

베드로를 책망함 [2, 11-14]

하지만 게파가 안티오키아에 왔을 때는 책망받을 만한 짓을 하기에 내가 그를 면박하였소이다. 그가 이방인들과 함께 식사하다가 야고보한테서 온 사람들이 들어오자 할례를 주장하는 그들이 두려워 슬그머니 자리를 뜬 것입니다. 나머지 유다인들도 그를 따라서 안 먹은 체하며 자리를 떴고 바르나바까지도 저들의 가식적 행동에 휩쓸려 동참했지요. 나는 그들의 처신이 복음의 진리에 맞지 않는 것을 보고 모든 사람 앞에서 게파에게 말했습니다. "유다인이면서 처신을 유다인답게 하지 않고 이방인처럼 하는 당신이 어떻게 이방인들을 유다인처럼 살라고 강제한단 말이오?"

*

그날 베드로가 할례를 주장하는 사람들이 "두려워서" 슬그머니 자리를 떴는지 아니면 바울로 자신의 말대로 "믿음이 약한 사람에게 상처 주지 않으려고" 안 먹은 척했는지 어찌 알 것인가? 바울로가 베드로에게 한 일은 옳고 그르고를 떠나 성급했다.

이제는 내가 사는 것이 아니라 [2, 15-21]

우리는 본디 유다인이고 이른바 '이방 죄인'이 아닙니다. 하지만, 사람이 하느님 앞에서 의로운 자로 인정받는 길이 율법을 지키는 데 있지 않고 예수 그리스도를 믿는 데 있음을 아는지라, 율법을 지킴으로써가 아니라 그리스도를 믿음으로써 하느님 앞에 의로운 자로 인정받고자 우리는 그리스도 예수를 믿습니다. 누구도 율법을 지켜서 하느님 앞에 의로운 자로 인정받을 수 없는 거예요. 하지만 그리스도를 믿음으로써 하느님 앞에 의로운 자로 인정받으려 하기 때문에 우리가 '죄인'으로 판명되는 거라면, 그렇다면 그리스도가 죄를 짓게 하는 분이란 말인가요? 그건 아니지요. 만일 내가 전에 헐어버린 것을 다시 세운다면 그렇게 해서 나 자신을 범법자로 만드는 셈입니다. 나로 말하면 율법에 의해서 율법에 대하여 죽은 사람이올시다. 내가 율법에 대하여 죽은 것은 하느님을 향하여 살기 위해서지요. 나는 그리스도와 함께 십자가에 달렸습니다. 그러니 이제는 내가 사는 것이 아니라 그리스도께서 내 안에 사시는 것입니다. 시방 내가 몸을 입고 사는 것은 나를 사랑하시고 나를 위해 당신 몸을 내어주신 하느님의 아들을 믿는 믿음으로 사는 거예요. 나는 하느님의 은총을 헛되게 하지 않습니다. 만일 율법을 지켜서 하느님 앞에 의로운 자로 인정받는다면 그리스도께서 괜히 돌아가신 것이겠지요.

*

"나는 그리스도와 함께 십자가에 달렸습니다. 그러니 이제는 내가 사는 것이 아니라 그리스도께서 내 안에 사시는 것입니다." 이 한 마디로 바울로는 영원히 충분하다.

율법이냐 믿음이냐 [3, 1-14]

어리석은 갈라디아 사람들이여, 십자가에 달리신 예수 그리스도의 모습이 저토록 눈에 환히 보이는데 도대체 누구의 꾐에 넘어간 거요? 하나만 물어봅시다. 그대들이 성령을 받은 게 율법을 지켰기 때문이었소? 아니면 복음을 듣고 믿었기 때문이었소? 그대들은 그렇게도 미련한 사람들입니까? 성령으로 시작한 일을 사람으로 마치겠다는 거요? 그동안 경험한 일들이 모두 헛일이었단 말이오? 설마 그렇지는 않겠지요. 그분이 당신의 성령을 그대들에게 주시고 그대들을 통하여 기적을 이루신 것이, 그것이 그대들이 율법을 지켰기 때문이었소? 아니면 복음을 듣고 믿었기 때문이었소? 성경에, "아브라함이 하느님을 믿었고 그래서 하느님이 그를 의로운 자로 인정하셨다."고 기록되어 있소이다.

그런즉, 믿음을 지닌 사람들이 아브라함의 진정한 자손이라는 사실을 그대들은 알아야 합니다. 하느님께서 이방인들도 그 믿음을 보시고 의로운 자로 인정하실 것을 일찌감치 내다본 성경이 아브라함에게 말하기를, "모든 족속이 너로 말미암아 복을 받으리라."고 하였습니다. 그러기에 믿음으로 사는 사람은 믿음의 사람 아브라함과 함께 복을 받습니다.

율법을 지키는 데 의존하는 사람은 저주 아래 있으니, "법전에 적혀 있는 것을 모두 지키지 않는 자는 저주받으리라."고 성경에 기록되어 있기 때문입니다. 그러니 율법을 지켜서 하느님 앞에 의로운 자로 인정받을 수 있는 사람은 분명 없는 거예요. 성경에 이르기를, "믿음을 통해서 하느님께 의로운 자로 인정받는 자는 살 것이다."라고 하였소이다. 율법은 믿음으로 말미암는 것이 아닙니다. 율법이 말하는 것은 단지, "율법에 정해진 대로 하는 데 생명이 있다."올시다. "나무에 달린 자마다 저주받은 자다."라고 성경에 기록되어 있거니와, 그리스도께서는 우리를 위하여 몸소 저주를 받음으로써 우리를 율법의 저주에서 구원하셨습니다. 그리하여 아브라함에게 베푸신 축복이 그리스도 예수를 통하여 이방인들에게까지 미치게 되었고 우리도 믿음을 통하여 성령의 약속을 받게 된 것이지요.

*

율법의 힘은 그것을 지키는 본인에 있고 믿음의 힘은 본인이 믿는 대상에 있다.

율법이 존재하게 된 이유 [3, 15-20]

형제들이여, 일상생활에서 예를 들어봅시다. 사람과 사람 사이에 맺는 계약도 일단 한 번 맺은 다음에는 아무도 그것을 무효로 만들거나 덧붙일 수 없는 거예요. 성경에 보면 하느님께서 아브라함과 그 자손에게 약속을 주시는데, 여럿을 가리키는 '자손들'이 아니라 오직 하나를 가리키는 '자손'이라고 했습니다. 그 하나가 곧 그리스도올시다. 내 말은, 하느님께서 미리 정해놓으신 약속이 사백 삼십 년 뒤에 생겨난 율법에 의하여 소멸되거나 무효로 될 수는 없다는 겁니다. 율법을 지켜서 하느님의 유업을 받는다면 약속이 이루어진 것이라고 할 수 없지요. 하느님께서 아브라함에게 은총을 내리신 것은 그러겠다는 약속을 이루어주신 것입니다. 그러면 율법은 왜 생겨난 것일까요? 율법은 약속하신 자손이 올 때까지 사람들에게 범죄가 무엇인지를 알게 하려고 덧붙여주신 것으로서 천사들과 중재자의 손을 빌려 만들어진 것입니다. 그런데 하느님의 약속은 중재자가 필요 없이 하느님 홀로 하시는 일방적인 것이라 하겠습니다.

*

아브라함과 모세 사이에 사백 삼십 년 세월의 간격이 있다. 하느님의 일방적인 약속이 후대 사람들에 의하여 지켜지거나 깨어질 수 없다는 당연한 얘기다.

그리스도께로 우리를 안내하는 율법 [3, 21-29]

그러면 율법이 하느님의 약속에 반대되는 걸까요? 물론 아니올시다. 사람에게 주어진 율법이 사람을 살릴 수 있는 그런 것이었다면 누구나 율법을 지켜서 하느님 앞에 의로운 자로 설 수 있었겠지요. 하지만 성경은 온 세상이 죄에 갇혀있다고 말합니다. 그러므로 믿음에 근거한 약속은 오직 예수 그리스도를 믿는 자들만이 받을 수 있는 것입니다.

믿음 이전에는 우리가 율법에 묶여서 믿음의 때가 계시되기까지 갇혀있었습니다. 율법은 그동안 믿음으로 하느님 앞에서 의로운 자로 인정받을 수 있도록 우리를 그리스도에게 안내하는 후견인이 되었던 것인데, 이제는 믿음의 때가 되었으므로 더는 후견인이 필요치 않게 되었습니다.

그대들 모두 그리스도 예수 안에서 하느님의 자녀가 되었습니다. 그리스도 안에서 세례받은 그대들 모두가 그리스도로 옷 입은 거예요. 유다인이나 그리스인이나 종이나 자유인이나 남자나 여자나 아무 차별 없이 그대들 모두 그리스도 안에서 하나올시다. 그대들이 그리스도에 속해 있으면 아브라함의 자손이요 약속된 유업의 상속자인 것입니다.

*

사람들이 율법에 갇혀 사는 시절이 있었다. 지금은 아니다. 때가 바뀌었다. 때가 바뀌면 사람도 바뀌는 게 옳다. 하지만 지금도 율법에 갇혀 사는 사람들은 여전히 있다.

하느님을 아빠라 부르는 자녀의 명분 [4, 1-7]

내 말은 상속자가 재산의 주인이긴 하지만 아직 미성년이면 종이나 다름없어서 아버지가 정해둔 때가 되기까지 후견인이나 청지기 아래 있어야 하듯이, 우리도 어려서는 세상 초등학문에 매여 종노릇을 했지만 때가 되어 하느님께서 당신 아들을 여자 몸에서 나게 하시고 율법 아래 두심으로써 율법 아래 있는 자들을 구원하시어 우리로 하여금 당신의 자녀 되는 명분을 얻게 하셨다는 것입니다.

그대들이 당신 자녀인 까닭에 하느님께서는 그 아들의 성령을 그대들 마음속에 보내시어 하느님을 "아빠, 아버지"라 부르게 하셨소이다. 그러므로 이제 그대들은 종이 아니라 자녀입니다. 자녀면 하느님이 세우신 상속자인 거예요.

*

상속자가 물려받는 것은 재산만이 아니다. 그보다 먼저 부모의 유전자를 물려받는다. 아비가 돼지면 자식도 돼지고 아비가 사람이면 자식도 사람이다. 다만 제가 돼지임을 모르는 돼지처럼 제가 하느님의 자식임을 모르는 하느님의 자식이 있을 뿐이다.

천박한 초등학문으로 돌이키려는 자들에게 [4, 8-20]

그대들이 아직 하느님을 몰랐을 적에는 본실상 하느님 아닌 것들한테 종노릇을 했지요. 그런데 이제는 그대들이 하느님을 알고 하느님도 그대들을 아시는데 어쩌자고 다시 그 무능하고 천박한 초등학문으로 돌아가서 그것들의 종노릇을 하겠다는 겁니까? 그대들이 날과 달과 절기와 해를 숭배하여 지킨다고 하니, 그대들을 위한 내 수고가 물거품이 될까 두렵습니다.
형제들이여, 부탁합시다. 내가 그대들처럼 되었으니 그대들도 부디 나처럼 되시오. 그대들은 나에게 아무 잘못한 것이 없어요. 그대들도 알다시피 전에 내가 그대들에게 복음을 전할 수 있었던 것은 당시에 내가 병을 앓고 있기 때문이었소이다. 나의 성치 않은 몸 상태가 괴로운 짐이었을 텐데도 그대들은 나를 외면하거나 업신여기지 않고 오히려 하느님의 천사처럼 또는 그리스도 예수처럼 영접해주었지요. 그때의 선한 감동이 지금은 어디로 갔나요? 분명히 말하는데, 그대들이 할 수만 있었으면 눈이라도 뽑아서 내게 주었을 겁니다. 그런데 지금은 진실을 말한다는 이유로 내가 그대들의 원수로 여겨지는 겁니까? 저들이 그대들한테 정성을 쏟는 것은 선한 뜻으로 그러는 게 아니라 다만 그대들을 나한테서 떼어내어 자기들한테로 정성을 기울이게 하려고 그러는 것이오. 누가 선한 뜻으로 그대들한테 정성을 쏟는다면야 언제든지, 내가 그대들과 함께 있을 때뿐 아니라 언제든지, 좋은 일이지요. 나의 자녀들이여, 그리스도의 모습이 그대들 안에서 완성될 때까지 나는 다시 그대들을 위하여 해산의 고통을 겪어야 하겠습니다. 정말이지 나는 그대들을 어떻게 해야 할지 모르겠군요. 그래서 당장이라도 그대들을 만나 어조를 바꾸어 말할 수 있었으면 합니다.

*

바울로, 본인 고백대로 아직 그리스도의 분량만큼 자유롭지 못하다. 그래서 이렇게 섭섭하고 답답한 심정을 토로하고 있다. 물론 잘못은 아니다.

종의 자녀들과 자유인의 자녀들 [4, 21-31]

율법 아래 있기를 원하는 자들이여, 말해보시오. 그대들은 율법이 하는 말을 듣지 못했습니까? 성경에 기록되기를, 아브라함이 두 아들을 두었는데 하나는 종인 여자의 몸에서 났고 다른 하나는 자유인인 여자의 몸에서 났다고 하였소이다. 종인 여자의 몸에서 난 아들은 육정으로 얻은 자식이고 자유인인 여자의 몸에서 난 아들은 하느님의 약속으로 얻은 자식이었지요. 이것은 하나의 비유로서, 두 여인은 두 계약이고 그중 하나는 시나이 산에서 내려와 종이 될 자식들을 낳았으니 곧 하갈입니다. 하갈은 아라비아에 있는 시나이 산을 가리키는데 오늘의 예루살렘을 의미합니다. 예루살렘이 그 자녀들과 함께 종노릇 하고 있으니까요. 그러나 자유인인 여인은 위에 있는 예루살렘이며 우리의 어머니올시다. 성경에 이르기를, "기뻐하라, 아이 못 낳는 여인이여. 소리 높이 외쳐라, 해산의 아픔을 모르는 여인이여. 홀로 사는 여인의 자녀들이 남편 있는 여인의 자녀들보다 많으리니."라고 하였지요.

형제들이여, 그대들은 이사악과 같은 약속의 자녀들입니다. 하지만, 그때 육정으로 난 자식이 성령으로 난 자식을 핍박하였더니 지금도 마찬가지올시다. 그런데 성경이 뭐라고 했던가요? "종과 종의 자식을 내쫓아라. 종의 자식은 자유로운 여인의 자식과 같은 상속자일 수 없다."고 했습니다. 그런즉 형제들이여, 우리는 종인 여자의 몸에서 난 자녀들이 아니고 자유인인 여자의 몸에서 난 자녀들입니다.

*

"육정으로 난 자식이 성령으로 난 자식을 핍박하였더니…" 그렇다. 성령으로 난 자식은 육정으로 난 자식을 핍박하지 않는다.

자유를 위하여 부르심 받은 사람들 [5, 1-15]

우리로 하여금 자유를 누리게 하려고 그리스도께서 우리를 해방시키셨으니 굳게 서서 다시는 종의 멍에를 메지 마시오. 나, 바울로가 그대들에게 말합니다. 그대들이 할례를 받는다면 그리스도께서 그대들에게 아무 이익도 되지 못할 것이오. 할례받는 각 사람에게 다시 분명히 말하는데, 당신은 율법의 모든 항목을 지킬 의무가 있는 겁니다. 율법을 지켜서 의로운 자로 인정받으려는 자는 그리스도한테서 끊어지고 은혜 밖으로 떨어져 나간 자올시다. 우리는, 성령의 은혜로 말미암아, 우리의 믿음을 통해서 하느님 앞에 의로운 자로 인정받으리라는 희망을 안고 살아갑니다. 그리스도 예수 안에서는 할례를 받았느냐 받지 않았느냐에 아무 의미가 없고 다만 사랑으로 역사하는 믿음이 있을 뿐이에요. 그렇게 잘 달리던 그대들을 누가 진리에 순종치 못하도록 가로막은 겁니까? 그대들을 부르신 분이 그렇게 하셨을 리는 없지요. 적은 누룩이 온 반죽을 부풀립니다. 나와 같은 주님을 모시는 그대들이 다른 마음을 품지 않았으리라는 것을 확신하지만, 그대들의 마음을 헷갈리게 만든 자들은 그가 누구든 간에 반드시 심판받을 것이오. 형제들이여, 내가 여전히 할례를 전하고 있다면 왜 지금까지 핍박을 받았겠습니까? 그랬더라면 내가 전하는 십자가도 걸림이 되지 않았겠지요. 그대들을 헷갈리게 만든 자들이 아예 제 물건을 잘라버렸으면 좋겠소이다!
형제들이여, 그대들은 자유를 누리기 위하여 부르심 받은 사람들입니다. 그 자유를 가지고서 육의 정욕을 채우는 기회로 삼지 말고 다만 사랑으로 서로에게 종노릇 하시오. 모든 율법이 "네 이웃을 네 몸같이 사랑하라."는 한 마디로 귀결됩니다. 그대들이 서로 물어뜯고 삼키면 피차 멸망할 터이니 삼가 조심하시오.

*

교회가 교회 안에서 "서로 물어뜯고 삼키는" 일은 그때도 있었고 지금도 있다. 아마 앞으로도 있을 것이다. 할 수 없다. 하늘나라에는 국경이 없지만 사람들 땅에는 경계가 있다.

육의 열매들과 성령의 열매들 [5, 16-26]

내 말을 들으시오, 성령을 좇아서 살면 육정을 채우려고 살지 않게 될 것입니다. 육의 욕망은 성령을 거스르고 성령의 욕망은 육을 거스르니, 이 둘이 서로 반대되기 때문에 결국 그대들이 원하는 일을 스스로 할 수 없는 것이오. 성령의 인도를 받는 사람은 율법 아래 있지 않습니다. 육정으로 하는 일은 명백하니 음행, 추행, 방탕, 파당 짓기, 질투, 술 취하기, 원수 맺기, 흥청망청 먹고 마시기, 그밖에 이와 비슷한 것들이지요. 전에도 경고했지만 이제 다시 경고합니다. 이런 짓을 하는 자들은 결코 하느님 나라를 유업으로 받지 못합니다. 그러나 성령의 열매는 사랑, 기쁨, 평화, 인내, 친절, 관용, 충성, 온유 그리고 절제올시다. 그리스도 예수께 속한 사람들은 그 육과 더불어 욕정과 욕심을 버린 사람들입니다.
성령께서 우리에게 새 생명을 주셨으니 성령의 이끄심을 받아 살아갑시다. 괜히 잘난 체하지 말고 서로 화를 돋우거나 질투하는 일이 없도록 합시다.

*

육정과 육을 혼동시킬 수 있는 위험한 말이다. 통제할 것은 육정이지 육이 아니다. "음행, 추행, 방탕…"도 몸으로 하지만 "친절, 관용, 충성…"도 몸으로 하는 거다.

육신에 심는 사람과 성령에 심는 사람 [6, 1-10]

형제들이여, 누가 무슨 잘못을 저지르거든 성령을 좇아서 사는 사람답게 온유한 마음으로 그를 바로잡아주고 유혹에 넘어가지 않도록 자기 자신을 살피십시오. 서로 남의 짐을 지고 그렇게 하여 그리스도의 법을 이루어드리시오. 아무것도 아닌 사람이 스스로 뭐가 된 줄로 생각한다면 그것은 자기를 속이는 것이올시다. 각자 자기가 한 일을 돌아보시오. 혹 자랑할 만한 것이 있더라도 스스로 흐뭇해할 일이지 남들한테까지 자랑할 건 없소이다. 사람은 누구나 스스로 져야 할 자기 짐이 있으니까요.
말씀을 배우는 사람은 가르치는 사람과 모든 좋은 것을 나눠 가질 일입니다. 스스로 속이지 마시오. 하느님은 조롱받으실 분이 아닙니다 사람이 무엇을 심어도 그 심은 것을 거둘 터인즉, 자기 육신에 심는 사람은 육신에서 썩어 없어질 것을 거두고 성령에 심는 사람은 성령에서 영원한 생명을 거둘 것입니다.
선한 일을 하면서 낙심하지 맙시다. 꾸준히 힘쓰다 보면 때가 차서 거둘 것이오. 그러니 기회 있을 때마다 모든 이에게 선을 행하되 믿는 식구들한테는 더욱 그렇게 합시다.

*

스스로 속이는 것은 자기를 조롱하는 것. 자기를 조롱하는 것은 하느님을 조롱하는 것.

마지막 권면과 끝인사 [6, 11-18]

보시오, 내가 이렇게 큰 글씨로 그대들에게 씁니다. 육신의 겉모양을 꾸미는 자들이 그대들에게 할례를 강요하지만, 자기네가 그리스도의 십자가 때문에 받는 핍박을 면해보려고 그러는 것이올시다. 할례받은 자들이 스스로는 율법을 지키지 않으면서 그대들에게 할례를 강요하는 것은 어디까지나 그대들에게 할례 베푼 것을 자랑하려고 그러는 거예요. 하지만 나에게는 그리스도의 십자가 말고 아무 자랑할 것이 없소이다. 그리스도의 십자가로 말미암아 세상은 나에게 죽고 나는 세상에 죽었습니다. 할례를 받았느냐 받지 않았느냐는 아무것도 아니고 오직 새로 지으심을 받았느냐가 중요합니다.
이 법을 좇아서 사는 모든 사람 곧 하느님의 백성 이스라엘에 평화와 자비가 있기를!
앞으로는 아무도 나를 괴롭히지 마시오. 내 몸에 예수의 낙인이 찍혀 있소이다.
형제들이여, 우리 주 예수 그리스도의 은혜가 그대들 심령에 있기를! 아멘.

*

"그리스도의 십자가로 말미암아 세상은 나에게 죽고 나는 세상에 죽었습니다." 이른바 '죽기 전에 죽은 사람'의 말이다.

에페소서

첫인사 [1, 1-2]

하느님 뜻에 따라 그리스도 예수의 사도 된 바울로가 에페소에 있는 그리스도 예수의 진실한 성도들에게 이 편지를 보냅니다.
하느님 우리 아버지와 주 예수 그리스도로부터 내려오는 은혜와 평강이 그대들에게 있기를!

*

보이는 바울로와 에페소의 성도들 사이에 보이지 않는 그리스도 예수가 있다. 중심의 하나가 있어서 양쪽의 둘이 있는 거다. 이 사실을 기억하는 데 은혜와 평강이 있다.

그리스도 안에서 이루시는 하느님의 일 [1, 3-14]

그리스도 안에서 하늘의 온갖 신령한 복을 우리에게 내리신 우리 주 예수 그리스도의 아버지 하느님께 감사와 찬양을 드립니다. 하느님께서는 세상을 지으시기 전에 그리스도 안에서 우리를 뽑으시어 거룩하고 흠 없는 자로 당신 앞에 서게 하시고 예수 그리스도를 통하여 당신의 자녀로 삼으실 것을 미리 정하셨거니와 이 모든 것이 그분의 기쁨이요 그분의 뜻이었지요. 그래서 우리가 사랑하는 당신 아드님을 통하여 우리에게 영광스러운 은총을 거저 주시는 하느님께 찬양을 드리는 것입니다.
그리스도의 죽음으로 말미암아 우리는 죄를 용서받고 자유롭게 풀려났습니다. 우리에게 베푸신 그분의 은총이 얼마나 풍성한지요! 은갖 지혜와 총명을 부어주시어 우리로 하여금 당신의 비밀스러운 뜻을 알게 하셨으니, 그리스도를 통하여 이루실 하느님의 계획에 따라서 때가 차면 하늘에 있는 것과 땅에 있는 것들이 모두 그리스도 안에서 하나로 되는 것이 바로 그 뜻이었습니다. 모든 일을 원하는 대로 이루시는 분께서 당신 뜻에 따라 그리스도 안에서 우리를 미리 선별하여 당신 백성으로 삼으셨으니, 이는 맨 먼저 그리스도께 희망을 둔 우리로 하여금 그분의 영광을 진심으로 찬양케 하려는 것이었어요. 이제 그대들도 그리스도 안에서 그대들을 구원할 복음 곧 진리의 말씀을 들어 믿는 사람이 되었고 그것을 확인하는 표로 약속된 성령의 선물을 받았으니, 이렇게 성령께서 우리가 상속받을 유업을 보증해주시고 당신 백성인 우리를 온전히 자유롭게 풀어주신 것은 우리로 하여금 당신의 영광을 찬양케 하려는 것입니다.

*

자기 인생 자기 발로 '걸어온' 게 아니라 하느님이 정하신 뜻에 따라서 '걸어와진' 것임을 깨친 사람만이 하는, 할 수 있는, 말이다.

교회의 머리이신 그리스도 [1, 15-23]

그대들이 주님이신 예수를 잘 믿으며 모든 성도를 사랑한다는 말을 듣고 나는 기도할 때마다 그대들로 말미암아 감사드리고 있소이다. 기도 중에 그대들을 기억하여, 우리 주 예수 그리스도의 하느님 영광의 아버지께서 지혜와 통찰력을 주시어 그대들로 하여금 그분을 알게 하시고 그대들 마음의 눈을 밝히셔서 그분이 무엇을 희망하여 그대들을 부르셨는지, 모든 성도와 함께 그대들이 나눠 받을 축복이 얼마나 풍성한지, 당신을 믿는 우리를 통하여 역사하시는 능력이 얼마나 큰지, 그런 것들을 알게 해주시기를 바라고 있습니다. 바로 그 크신 능력이 그리스도를 죽음에서 다시 살려내시고 하늘의 당신 오른편에 앉히시고 거기서 모든 권세와 권위와 능력과 주권을 다스리게 하시고 현세뿐 아니라 내세에 있을 온갖 이름들 위에 뛰어난 이름을 주신 거예요. 하느님께서는 만유를 그분 발밑에 굴복시키셨고 그분을 교회의 머리로 삼으시어 모든 것을 지배하게 하셨습니다. 교회는 그분의 몸이니, 만물을 충만케 하시는 분이 그 안에서 스스로 충만해지는 것입니다.

*

사람이 스스로 만든 지혜가 아니다. "그리스도의 하느님 영광의 아버지"께서 주시는 지혜다. 이런 지혜를 받은 사람이 세상에서 바보라는 말을 듣는다.

우리는 하느님의 작품 [2, 1-10]

그대들도 전에는 스스로 저지른 허물과 죄로 말미암아 죽은 자들이었습니다. 그때 그대들은 이 세상 풍속을 따랐고 공중 권세 잡은 자들 곧 오늘날 하느님을 거역하는 자들 가운데서 일하는 영이 시키는 대로 살았지요. 사실은 우리도 그대들과 마찬가지로 육욕을 좇아 몸과 마음이 원하는 대로 살았기에 하느님의 진노를 피할 수 없었소이다. 그러나 한없이 자비로우신 하느님께서 그 크신 사랑으로 우리를 사랑하시어 스스로 지은 허물 때문에 죽었던 우리를 그리스도와 함께 살려주셨으니 모두가 그분의 은혜였습니다. 하느님께서 그리스도 예수 안에서 우리를 세우시고 하늘에서 그분과 나란히 앉게 해주셨으니 이는 그리스도 예수 안에서 우리에게 자비를 베풀어 당신의 은혜가 얼마나 풍성한지를 앞으로 올 모든 세대에 보여주시려는 것이었지요. 그대들이 그분을 믿어 구원을 받은 것은 그대들이 이룩한 공적이 아니라 하느님의 은총으로 받은 선물입니다. 사람의 노력으로 이루어지는 것이 아니에요. 그러니 누가 무엇을 자랑할 터무니가 없는 겁니다. 우리는 하느님의 작품, 미리 계획하신 대로 선한 일을 하게 하시려고 그리스도 안에서 몸소 만드신 하느님의 작품이올시다.

*

"우리는 하느님의 작품이올시다." 누구는 안 그런가? 그분이 지으신 천지 만물 중에서! 다만 그런 줄 아는 자와 아직 모르는 자가 있을 뿐이다.

화해의 제물이 되신 그리스도 [2, 11-22]

그런즉 지난날을 생각해보시오. 그대들은 이방인으로 태어났고, 사람 손으로 사람 몸에 할례를 받은 이른바 '할례받은 자'들한테서 '할례받지 않은 자'라는 말을 들었습니다. 그때 그대들은 그리스도 바깥에 있었고 이스라엘 나라에 속하지 못하여 약속된 계약에서 소외된 채 희망도 없이 하느님도 없이 한세상 살고 있었지요. 하지만 이제는 멀리 떨어져 있던 그대들이 그리스도의 피로 말미암아 그리스도 안에서 가까워졌습니다.
그리스도, 그분은 우리의 화평이십니다. 그분은 이방인과 유다인 사이를 막고 있던 증오의 담을 허물어 둘을 하나로 만드시고, 당신 몸으로 율법 조문과 규정을 모두 폐하셨습니다. 두 백성으로 하여금 당신 안에서 한 백성 되어 화평케 하시고, 십자가에 달려 돌아가심으로써 둘을 하나로 만들어 하느님과 화해하게 하시고 원수 되었던 모든 것을 없애버리신 거예요. 이렇게 그분이 세상에 오셔서 멀리 있던 그대들과 가까이 있던 우리에게 평화의 복음을 전해주셨고 덕분에 우리 둘이 한 성령으로 아버지 앞에 서게 되었습니다.
그런즉 이제부터 그대들은 외국인도 아니고 나그네도 아니고 오직 성도들과 같은 시민이며 하느님의 한 가족입니다. 그대들은 사도들과 예언자들의 기초 위에 세워지는 건물이고, 그리스도 예수께서 그 건물의 머릿돌 되십니다. 이 머릿돌 안에서 건물 전체가 서로 연결되어 주님의 거룩한 성전으로 완공되는 것이고, 그대들도 머릿돌이신 그분 안에서 성령을 통하여 하느님의 신령한 집으로 세워지는 거예요.

*

"그리스도, 그분은 우리의 화평이십니다." 서로 싸우다가 돌아서서 어울리는 사람들 있는 곳에 그리스도가 계신다. 먼저 손을 내밀어라, 네가 그리스도의 화평이다.

그리스도로 실현되는 하느님의 비밀계획 [3, 1-13]

그대들 이방인을 위하여 그리스도 예수에게 붙잡힌 나 바울로가 기도합니다. 어떻게 하느님께서 당신의 은혜로운 경륜을 그대들에게 전하는 특별한 사명을 나에게 맡기셨는지, 그대들은 들어서 잘 알고 있겠지요. 그분이 어떻게 당신의 은밀한 계획을 나에게 보여주셨는지도 앞에서 대강 적었으니 읽어보면 내가 그리스도의 비밀을 깨쳤음을 알게 될 것입니다. 지금은 성령께서 그것을 사도들과 예언자들에게 나타내 보이시지만 전에는 사람들에게 알려주지 않으셨지요. 그 비밀이란, 이방인들도 그리스도 예수의 복음을 통하여 그분 안에서 이스라엘과 함께 상속자가 되고 한 몸의 지체들이 되어 하느님께서 약속해주신 것을 더불어 나누게 된다는 것입니다. 나는 내게 거저 주시는 하느님의 은혜와 내 안에서 역사하시는 그분의 능력에 의하여 이 복음을 전하는 일꾼이 되었소이다. 모든 성도 가운데 가장 작은 자보다 더 작은 나에게 그리스도의 한없이 풍성한 복음을 이방인들에게 전하는 임무를 맡기셨고, 천지를 지으신 하느님께서 영원 전부터 당신 안에 감추어두신 비밀계획이 어떻게 실현되는지를 사람들에게 알리라고 내게 지시하신 거예요. 이는 하늘의 권세 잡은 이들과 권위 있는 이들이 교회를 통하여 하느님의 각종 지혜를 알게 하려 하심이니, 이 모두가 우리 주 예수 그리스도 안에서 이루기로 예정하신 하느님의 경륜입니다. 우리는 그분 안에서 그분을 믿음으로써 하느님 앞에 담대히 나아갈 수 있게 되었소이다. 그런즉 그대들로 말미암아 겪고 있는 나의 어려움을 두고, 그것이 오히려 그대들한테는 영광이 될 터인즉, 낙심하는 일이 없기를 바랍니다.

*

"그리스도 예수에게 붙잡힌 나." 그래서 "어디에도 구속되지 않는 자유인"이다.

사랑에 뿌리를 내리고 사랑에 터를 잡아 [3, 14-21]

그래서 나는 하늘과 땅에 있는 모든 식구한테 이름을 주신 하느님께 무릎 꿇고 기도드리는 것입니다. 넘치는 영광의 하느님께서 성령을 통하여 힘과 능력으로 그대들 속사람을 강건하게 하시고 믿음을 통하여 그리스도께서 그대들 안에 거하시기를 빕니다. 그리하여 그대들이 사랑에 뿌리를 내리고 사랑에 터를 잡아 그리스도의 사랑이 얼마나 넓고 길고 높고 깊은지를 모든 성도와 함께 깨닫게 되기를, 인간의 온갖 지식을 초월하는 그리스도의 사랑을 알고 하느님의 모든 충만으로 그대들이 충만해지기를 빕니다.

우리 안에서 역사하시는 당신의 능력으로 우리가 청하거나 생각하는 것보다 훨씬 크고 많은 일을 하시는 분께, 그리스도 예수와 교회 안에서, 영광이 세세 무궁토록 있으시기를! 아멘.

*

"인간의 온갖 지식을 초월하는 그리스도의 사랑을 알라"는 말은 그것을 삶으로 겪으라는 말이다. 아무리 잘 차린 음식도 먹어보지 않고서는 그 맛을 모르는 법.

부르심에 합당한 삶 [4, 1-16]

주님을 위하여 갇혀있는 내가 그대들에게 권면합니다. 부르심을 받았으니 그에 합당한 삶을 사십시오. 언제나 온유 겸손하고 모든 일에 참으며 사랑 안에서 피차 너그러이 대하십시오. 성령께서 그대들을 하나 되게 하셨으니 서로 평화롭게 지내어 그 하나 됨을 지키도록 노력하십시오. 몸도 하나, 성령도 하나, 하느님께서 그대들을 불러 같이 품게 하신 희망도 하나, 주님도 한 분, 믿음도 하나, 세례도 하나, 만유 위에 계시고 만유를 관통하시고 만유 안에 계시는 만유의 아버지 하느님도 한 분이올시다.

그리스도께서 우리 각자에게 분수에 맞는 은혜의 선물을 나눠주셨습니다. 성경에 이르기를, "저가 높은 데로 올라갈 때 사로잡힌 자들을 데려가고 사람들에게 선물을 주었다."고 하였는데, 올라갔다는 말은 땅 아래 곳으로 내려갔다는 말 아니겠어요? 내려가신 바로 그분이 모든 하늘 위로 올라가신 것은 그렇게 해서 만유를 완성코자 하신 것입니다. 그분이 각 사람에게 서로 다른 은혜의 선물을 주시어 누구는 사도로 누구는 예언자로 누구는 전도자로 누구는 목자와 교사로 삼으신 것은 성도들을 훈련 시켜 봉사활동을 함으로써 그리스도의 몸을 일으켜 세우게 하려는 것이올시다. 우리가 마침내 하느님 아드님에 대한 믿음과 그분을 아는 지식에 하나 되어 온전히 성숙한 인간으로서 그리스도의 완전함에 도달할 터인즉, 그때는 어린아이처럼 인간의 간사한 유혹과 속임수에 넘어가거나 그릇된 교설의 풍랑에 휘말리는 일이 없을 것입니다. 예, 우리는 진리와 사랑에 뿌리를 내려 머리이신 그리스도와 하나 되기까지 자랄 거예요. 온몸이 머리이신 그분을 의존하여 각 마디로 연결되고 서로 화합하여 각 지체가 저에게 맡겨진 역할을 감당하면서 사랑 안에서 그 몸을 자라게 하고 스스로 세울 것입니다.

*

하늘은 하나를 얻어 맑고 땅은 하나를 얻어 든든하고 만물은 하나를 얻어 산다(天得一以晴, 地得一以寧, 萬物得一以生—老子). 코가 숨을 쉬는 것은 하나인 몸에 붙어있어서다.

하느님을 닮은 새 사람의 삶 [4, 17-32]

그런즉 주님의 이름으로 간곡히 권합니다. 그대들은 이방인처럼 헛되이 살지 마십시오. 그들은 생각이 어둡고 게다가 마음이 무지하고 완고해서 하느님의 생명에서 멀리 떨어져 있습니다. 또한, 윤리 감각이 둔해져서 스스로 방탕에 빠지고 온갖 불결한 짓을 거리낌 없이 하고 있지요. 하지만 그대들은 그리스도를 그렇게 배우지 않았소이다. 그대들이 정녕 예수 안에 있는 진리를 듣고 배웠을진대, 정욕을 좇다가 썩고 마는 옛사람을 벗어버리고 오직 마음과 생각이 새로워져서, 하느님을 닮은 새 사람을 입어 의로움과 진리로 거룩하게 살아가십시오.

거짓말을 하지 말고 이웃과 더불어 참말을 하십시오. 우리는 한 몸이고 서로에게 속해 있습니다. 화나는 일이 있더라도 죄를 짓지 말고 해 지기 전에 화를 풀어 악마로 하여금 틈을 타지 못하게 하십시오. 도둑질하던 사람은 그 짓을 계속하지 말고 자기 손으로 일하여 떳떳하게 살며 어려운 사람들을 도와줄 수 있을 만큼 되십시오. 더러운 말은 입에 담지도 말고 오히려 남에게 도움이 되고 덕을 세우는 말을 하여 그 말을 듣는 사람들이 은혜를 받게 하십시오. 마지막 해방의 날에 그대들이 하느님의 백성임을 보증해주실 성령님께 걱정을 끼쳐 드리지 마십시오. 온갖 악독, 격정, 분노, 고함소리와 욕설 따위는 온갖 악의와 함께 버리고 서로 너그럽고 인자하게 대하며 하느님께서 그리스도 안에서 그대들을 용서하신 것처럼 서로 용서하십시오.

*

그리스도를 아는 척하지 말고 알라는 말이다. 배움은 머리로 시작하되 몸으로 성취되는 것.

빛이신 주 안에서 빛의 자녀답게 [5, 1-21]

아무쪼록 하느님의 사랑받는 자녀답게 하느님을 닮으십시오. 그리스도께서 우리를 사랑하신 것처럼 사랑하며 사십시오. 그분은 우리를 위해서 당신 자신을 향기로운 제물로, 희생제물로, 하느님께 바치셨습니다. 성도로서 음란한 짓이나 탐욕 따위는 이름조차 입에 올리지 않는 것이 마땅합니다. 추잡한 말, 어리석은 말, 희롱하는 말도 하지 마시오. 성도에게 어울리는 말이 아닙니다. 오직 감사의 말을 하십시오. 분명히 알아두시오, 음행하는 자와 추잡한 짓을 하는 자 그리고 탐하는 자 곧 우상숭배 하는 자는 그리스도와 하느님 나라에서 아무것도 물려받지 못합니다.

아무도 허황한 말로 그대들을 속이지 못하게 하십시오. 그런 일 때문에 하느님의 진노가 순종치 않는 자들 위에 내리는 것입니다. 그런 자들과 무슨 일이든 함께 하지 마시오. 그대들이 전에는 어둠 속에 있었지만 이제는 주 안에서 빛이니 빛의 자녀답게 사십시오. 온갖 선과 의와 진실이 빛의 열매올시다. 무엇이 주님을 기쁘시게 해드리는지 시험해보십시오. 열매 맺지 못하는 어둠의 일에 동참하지 말고 오히려 그것을 폭로하십시오. 저들이 은밀하게 숨어서 하는 일들은 차마 입에 담기조차 부끄러운 것들입니다. 무엇이든지 빛에 의하여 노출되면 그 실체가 밝혀지고 그렇게 밝혀진 것은 빛이 됩니다. 그래서 성경에 이런 말씀이 있는 거예요. "잠자는 자여, 깨어나라. 죽음에서 일어나라. 그리스도께서 너에게 빛을 비추시리라."
그러니 어떻게 살 것인지 잘 생각하여 미련하게 굴지 말고 슬기롭게 처신하십시오. 세월을 아끼시오, 시절이 악합니다. 어리석은 자가 되지 말고 주님의 뜻을 잘 아는 사람이 되십시오. 술에 취하지 마시오, 방탕한 생활이 거기에서 비롯됩니다. 오직 성령 충만하십시오. 시와 찬미와 영가를 함께 부르며 진심으로 주를 찬양하십시오. 범사에 우리 주 예수 그리스도의 이름으로 아버지 하느님께 감사드리십시오. 그리스도를 공경하는 마음으로 서로에게 순종하십시오.

*

어차피 아침이면 밝아 오고 저녁이면 어두워지는 세상이다. 함께 갈 사람이 있고 그럴 수 없는 사람이 있다. "어떻게 살 것인지 잘 생각하여 미련하게 굴지 말고 슬기롭게" 처신하느냐 않느냐는 저마다 자기 몫이다.

아내와 남편, 교회와 그리스도 [5, 22-33]

아내들은 주님께 순종하듯이 남편한테 순종해야 합니다. 그리스도께서 당신 몸인 교회의 구원자요 머리가 되신 것처럼 남편이 아내의 머리가 되기 때문이에요. 교회가 그리스도께 순종하듯이 아내도 모든 일에 남편을 순종해야 합니다.
남편들이여, 그리스도께서 교회를 사랑하사 당신을 내어주신 것처럼 아내를 사랑하십시오. 그리스도께서 그렇게 하신 것은 교회를 물로 씻고 말씀으로 성결케 하여 티도 주름도 없이 거룩하고 흠도 없고 완벽하게 아름다운 모습으로 당신 앞에 세우고자 함이었소이다. 이처럼 남편들도 자기 아내를 자기 몸 사랑하듯이 사랑해야 합니다. 아내를 사랑하는 것이 곧 자기를 사랑하는 것이니까요. 세상에 자기 몸 미워하는 사람은 없습니다. 오히려 자기 몸 먹이고 지키기를 그리스도께서 교회를 먹이고 지켜주시는 것처럼 하지요. 우리는 그분 몸의 지체들이올시다. 성경에 이르기를, "그러므로 사람이 부모를 떠나 아내와 결합하여 둘이 한 몸을 이룬다."고 하였는데 참으로 깊은 진리가 담겨 있는 말씀이에요. 나는 이 말씀이 그리스도와 교회의 관계를 말해준다고 봅니다. 하지만 이 말씀은 그대들한테도 해당되는 것이니 남편들은 아내를 자기 몸 사랑하듯이 사랑하고 아내들은 남편을 공경하십시오.

*

질서와 사랑, 이것이 세상을 지탱하는 동력이다. 가정이라고 예외일 수 없는 법.

자녀와 부모의 관계 [6, 1-4]

자녀들이여, 부모에게 순종하시오. 주님 안에 사는 자로서 마땅히 그래야 하는 겁니다. "네 부모를 공경하라." 이는 땅에서 잘되고 오래 살 것이라는 약속이 달린 첫 번째 계명이지요.
아버지들이여, 자녀들을 노엽게 하지 말고 오직 주님의 교양과 훈계로 기르십시오.

*

부모 자식 사이에도 도道가 있다. 지키면 천국이고 어기면 지옥이다.

종과 주인의 관계 [6, 5-9]

종들이여, 그리스도께 복종하듯이 두렵고 떨리는 마음으로 성심껏 주인에게 복종하시오. 사람을 기쁘게 하려는 자들이 그러듯이 눈가림으로 주인을 섬기지 말고, 그리스도의 종답게 하느님의 뜻을 좇아서 사람을 섬기는 게 아니라 주님을 섬기는 것처럼 진심으로 기꺼이 섬기시오. 종이든 주인이든 선한 일을 하는 사람은 저마다 주님께로부터 그에 어울리는 보상을 받는다는 사실을 알아두시오.
주인들 또한 종들을 그렇게 대해주어야 합니다. 윽박지르지 마시오. 그대들이나 종들이나 모두가 한 분이신 주인을 하늘에 모시고 있거니와, 그분이 사람을 차별치 아니하신다는 사실을 유념하시오.

*

사람은 사람을 차별한다. 그래서 사람이고 그래서 아직 멀었다.

하느님의 무기로 완전무장을 [6, 10-20]

마지막으로 말합니다. 주님 안에 살면서 그분의 힘을 받아 강건하십시오. 악마의 속임수에 대적할 수 있도록 하느님의 무기로 완전무장을 하십시오. 우리가 대적하여 싸울 상대는 인간이 아니라 권세 잡은 자와 권위 있는 자, 이 세대의 악한 통치자들과 하늘의 악한 영들입니다. 그러니 악한 날에 맞설 수 있도록 하느님의 무기로 완전무장을 하십시오. 그리하여 할 일을 모두 마치고 굳건히 설 수 있게 하십시오. 굳건히 서서 진리로 허리를 동이고 의로움의 갑옷으로 가슴을 가리고 평화의 복음 전할 준비를 함으로써 신발을 신고 언제든지 악마의 불화살을 막아 꺼버릴 수 있도록 믿음의 방패를 들고 구원의 투구와 성령의 칼 곧 하느님의 말씀을 지니십시오. 항상 기도하며 하느님의 도우심을 청하되 어떤 경우에도 성령 안에서 기도하십시오. 늘 깨어서 기도하고 모든 성도를 위하여 기도하십시오. 나를 위해서도, 내가 말할 때 할 말을 주시어 복음의 비밀을 담대히 말할 수 있도록 기도해주십시오. 비록 갇혀있는 몸이지만 나는 이 일을 맡아서 할 임무를 띤 사람입니다. 마땅히 할 말을 담대히 할 수 있도록 기도해주십시오.

*

완전무장으로는 가야 할 길이 아직 멀다. 무장할 '나'가 그분 안에서 사라지기까지는.

마지막 인사와 축원 [6, 21-24]

내가 지금 하는 일과 처해 있는 형편을 그대들이 알았으면 합니다. 우리의 사랑받는 형제요 주님의 일에 충직한 보조사인 티키고가 이곳의 모든 사정을 말해줄 것입니다. 우리의 처지를 알리고 그대들을 격려코자 이 사람을 그대들에게로 보내는 바입니다.

하느님 아버지와 주 예수 그리스도의 평화와 믿음과 사랑이 형제들에게 있기를!
우리 주 예수 그리스도를 변함없이 사랑하는 모든 이에게 은총이 있기를!

*

축복으로 마무리되는 편지처럼, 축복으로 마무리되는 인생이기를!

필립비서

첫인사 [1, 1-2]

그리스도 예수의 종 바울로와 디모테오가 필립비에 사는 그리스도 예수 안의 모든 성도와 감독들과 집사들에게 이 편지를 보냅니다. 우리 아버지와 주 예수 그리스도의 은혜와 평강이 그대들에게 있기를!

*

받는 사람이 있고 보내는 사람이 있어서 편지가 있는 거다.

필립비에 사는 형제들에 대한 고마움 [1, 3-11]

내가 그대들을 생각할 때마다 나의 하느님께 감사드리고 기도할 때마다 그대들 모두를 위해서 기쁨으로 간구하는 것은, 그대들이 첫날부터 지금까지 나와 함께 복음 전하는 일을 해왔기 때문입니다. 그대들 안에서 선한 일을 시작하신 이가 그 일을 계속하시어 그리스도 예수의 날에 완성하실 줄을 나는 굳게 믿습니다. 그대들이 언제나 내 마음속에 자리 잡고 있으며 내가 갇혀있을 때나 복음을 변증하고 세울 때 나와 함께 은총을 나눠 받았으니 내가 그대들을 이렇게 생각하는 것은 참으로 마땅한 일이옵시다. 내가 그리스도 예수의 지극한 사랑으로 그대들을 그리워하고 있음은 하느님께서 아십니다. 그대들의 사랑이 모든 지식과 지혜로 더욱 풍성하고 깊어져서 무엇이 옳은지를 분별하고 진실하고 순결한 몸으로 그리스도의 날을 맞이하며 예수 그리스도께서 주시는 의로운 열매들로 하느님께 영광과 찬양을 돌려드릴 수 있기를 간구합니다.

*

“그대들의 사랑이 모든 지식과 지혜로 더욱 풍성하고 깊어져서…” 사람의 사랑도 성장하고 성숙해야 한다. 생명이기 때문이다. 모든 생명의 생명이기 때문이다.

삶과 죽음 사이에서 [1, 12-26]

형제들이여, 내게 일어난 일이 복음 전파에 오히려 도움이 되었음을 그대들이 알았으면 합니다. 내가 그리스도를 따르다가 옥에 갇혔다는 사실이 온 경비대와 다른 모든 사람에게 알려졌거니와, 형제들 가운데 다수가 나의 투옥으로 말미암아 더욱 확고히 주님을 믿게 되었고 겁 없이 하느님의 말씀을 전하게 되었소이다.
혹 질투심과 경쟁의식으로 그리스도를 전하는 자들이 있긴 하지만 선한 뜻으로 그리스도를 전하는 이들 또한 있습니다. 이쪽은 내가 복음을 지키기 위하여 세워진 사람인 줄 알고 사랑으로 전하는데 저쪽은 옥에 갇힌 나를 괴롭혀보겠다는 불순한 동기와 경쟁심으로 전하고 있지요. 하지만 무슨 상관입니까? 겉꾸밈으로 하든지 진심으로 하든지 결국 전파되는 이는 그리스도시니 나로서는 그저 기쁜 일이고 앞으로도 기뻐할 것입니다. 그대들이 나를 위해 기도하고 예수 그리스도께서 성령으로 도와주시니 결국 내가 자유롭게 풀려나리라는 것을 알고 있기 때문이지요. 나의 간절한 기대와 희망은 어떤 일에도 스스로 부끄러움을 당하지 않고 전에 그랬듯이 지금도 온전히 담대하여 살든지 죽든지 내 몸에서 다만 그리스도의 존귀하심이 드러나는 것입니다. 나에게는 사는 것이 그리스도요 죽는 것도 유익입니다. 하지만 내가 더 살아서 거두어야 할 열매가 있다면 어느 쪽을 택해야 할는지 그건 모르겠소이다. 내가 이 둘 사이에 끼어 있는데 마음으로는 여기를 떠나 그리스도와 함께 있었으면 좋겠습니다만 그대들을 위해서는 좀 더 육신에 머물러 있어야 할 것 같군요. 나는 이런 확신 때문에 내가 살아서 그대들과 함께 지내며 그대들의 믿음과 기뿜을 더욱 자라게 해주리라고 생각합니다. 이제 내가 다시 그리로 가면 나로 말미암아 그대들은 더 많이 그리스도 예수를 자랑하게 될 것입니다.

*

"예수 그리스도께서 성령으로 도와주시니 결국 내가 자유롭게 풀려나리라는 것을…" 감옥에서 나오든지 그냥 거기서 죽든지 아무튼 "자유롭게 풀려나는" 건 확실한 운명이다.

그리스도를 위하여 고난당하는 특권 [1, 27-30]

오직 복음에 합당한 삶을 사십시오. 내가 그대들에게 가서 함께 있든지 떨어져 있든지, 그대들이 한마음 한뜻으로 굳게 서서 복음의 믿음을 위하여 서로 협력하고 반대자들이 무슨 짓을 해두 겁내지 않는다는 말을 듣고 싶소이다. 바로 그 용기가 저들에게는 멸망의 징조가 되고 그대들에게는 구원의 징조가 될 터인즉, 하느님께서 몸소 그렇게 하실 것입니다. 그대들은 그리스도를 믿는 특권뿐 아니라 그분을 위하여 고난당하는 특권도 받았습니다. 그대들은 전에 내가 싸우는 것을 보았고 지금도 같은 싸움을 하고 있는 줄 들어서 알고 있겠지만, 그대들 또한 같은 싸움을 하고 있는 것입니다.

*

공중에 뜬 솔개는 불어오는 바람을 등지지 않고 마주 본다. 그래서 떠 있는 거다.

그리스도의 마음 [2, 1-11]

그리스도 안에 있음이 그대들에게 힘이 됩니까? 사랑이 그대들에게 위로가 되나요? 성령 안에서 서로 나누는 교제가 있습니까? 그렇다면 한마음으로 하나 되고 같은 사랑 안에서 뜻을 합하여 내 기쁨을 완전케 해주시오. 무슨 일이든지 다툼이나 허영으로 하지 말고 오직 겸손한 마음으로 남을 자기보다 낫게 여기시오. 저마다 자기한테 이로운 것을 챙기지만 말고 다른 사람들의 이익두 챙겨주도록 하시오.

그대들 안에 이 마음, 곧 그리스도의 마음을 품으시오.
그는 본디 하느님과 같은 몸이었으나
하느님과 동등한 존재로 있으려 아니하시고
오히려 자기를 비워서 종의 몸을 취하여
우리와 같은 사람이 되셨습니다.
그가 사람 모양으로 나타나
자기를 낮추어 죽기까지
십자가에 달려 죽기까지 복종하셨더니,
이에 하느님께서 그를 높이시어
하늘에 있는 자들과
땅에 있는 자들과
땅 아래에 있는 자들이 저마다
예수 이름 앞에 무릎 꿇어 절하며 한 목소리로
예수 그리스도는 주님이시라
고백하게 하셨습니다.
아버지 하느님께 영광을!

*

"그가 사람 모양으로 나타나 자기를 낮추어 십자가에 달려 죽기까지 복종하셨더니…" 사람으로 자기를 낮추어 십자가에 죽는, 이 모두가 당신 아버지에게 한 복종이었다.

하늘의 별처럼 빛나는 하느님의 자녀 [2, 12-18]

사랑하는 이들이여, 내가 그대들과 함께 있을 때 나의 말에 순종했듯이 지금 이렇게 떨어져 있을 때도 그렇게 하여, 두렵고 떨리는 마음으로 그대들의 구원을 이루기에 힘쓰십시오. 그대들 안에서 일하시며, 그대들로 하여금 당신이 기뻐하실 일을 하겠다는 마음을 품게 하시고 그 일을 하도록 하시는 분은 하느님이십니다. 무슨 일을 하든지 투덜거리거나 다투면서 하지 마십시오. 그리하여 나무랄 데 없이 순결한 사람이 되어 이 비뚤어지고 어긋난 세대 복판에서 하느님의 흠 없는 자녀로 하늘의 별들처럼 빛나십시오. 생명의 말씀을 굳게 지켜 나로 하여금 그동안 달음박질한 것과 수고한 것이 헛되지 않았음을 그리스도의 날에 자랑할 수 있게 해주십시오. 그대들이 바치는 믿음의 세물과 제사를 위해서라면 그 위에 내 피라도 부을 터인즉, 나는 그것을 기뻐하되 그대들과 함께 기뻐할 것입니다. 마찬가지로 그대들도 기뻐하되 나와 함께 기뻐하십시오.

*

자기가 지금 하느님의 일을 하는 건지 아닌지 알아보는 방법이 있다. 쉽다. 지금 하는 일을 조금이라도 투덜거리거나 다투면서 한다면 하느님의 일을 하고 있는 게 아니다.

디모테오와 에바프로디도를 보내면서 [2, 19-30]

주 예수께서 원하시면 디모테오를 속히 그대들에게 보낼까 합니다. 그래서 그대들 소식을 듣게 되면 내 마음에 위로가 되겠지요. 나와 같은 생각으로 그대들을 걱정해줄 이는 그 사람밖에 없소이다. 저마다 자기 일만 돌보고 예수 그리스도의 일은 아랑곳하지 않는데 디모테오는, 그대들도 그의 사람됨을 알겠지만, 아버지를 모시는 자식처럼 복음을 위하여 나와 함께 수고를 아끼지 않았습니다. 그래서 여기 형편에 허락만 되면 곧 디모테오를 보낼 작정이고 나도 주께서 원하시면 머잖아 가게 될 줄로 확신합니다.
이참에 에바프로디도 형제를 그대들 곁으로 돌려보내는 게 좋겠습니다. 그는 그대들이 나에게 보낸 심부름꾼으로서 나를 도와 내 편에서 함께 싸운 동지올시다. 지금 그대들을 많이 보고 싶어 할 뿐 아니라 자기가 병들었다는 소식이 그대들한테 전해진 것을 알고 몹시 안타까워하고 있지요. 실제로 그는 중한 병으로 죽음의 문턱까지 갔지만 하느님께서 그를 불쌍히 여기셨고, 그뿐 아니라 나까지 불쌍하게 여기시어 슬픔 위에 슬픔을 겪지 않도록 해주셨습니다. 그래서 더욱 서둘러 그를 보내려 하는 것은, 그대들은 그를 만나서 기쁘겠고 나는 걱정을 덜겠기 때문입니다. 그러니 주 안에서 그를 기쁘게 영접해주시오. 그런 이들은 존중받아 마땅합니다. 그대들이 미처 나에게 해주지 못한 것을 채워주려다가 죽을 고비를 넘겼으니, 그리스도를 위하여 자기 목숨을 내놓은 사람이지요.

*

"그리스도를 위하여 목숨을 내놓은" 사람은 죽거나 죽을 고비를 넘기고 살거나 둘 중 하나다. 그리스도를 위하여 목숨을 내놓지 않은 사람은 안 그런가? 그 또한 죽거나 살거나 둘 중 하나다. 하지만 누구는 죽어도 살아도 좋고 고마운데 누구는 그렇지 않다.

자랑거리를 배설물로 여김 [3, 1-11]

끝으로 형제들이여, 주 안에서 기뻐하시오. 이렇게 같은 말을 되풀이하여 쓰는 것이 나에게는 수고로울 것 없고 그대들에게는 안전합니다.

개들을, 악한 짓 하는 자들을, 경계하시오. 할례를 핑계 삼아 신체를 훼손해야 한다고 주장하는 자들을 조심하시오. 하느님의 성령으로 예배하고 그리스도 예수를 자랑하며 육신에 의존하지 않는 우리가 참으로 할례받은 사람입니다. 육신을 가지고 말한다면 나도 누구 못지않게 할 말이 있는 사람이에요. 누가 자기 육신을 내세운다면 나는 그보다 내세울 게 더 많은 사람입니다. 나는 태어난 지 여드레 만에 할례를 받았고 이스라엘 족속의 베냐민 지파에 속한 히브리인 중의 히브리인이고 율법으로는 바리사이파 사람이고 열성으로는 교회를 핍박하였고 율법을 지켜 의로운 자로 인정받는다면 흠 하나 찾아볼 수 없는 사람이었습니다. 하지만 나에게 유익하던 이 모든 것들을 그리스도를 위하여 손해로 여겼고 그뿐 아니라 다른 모든 것을 손해로 여겼으니 이는 그리스도 예수를 아는 지식이 나에게 가장 고귀한 것이기 때문이었지요. 내가 그분을 위하여 모든 것을 잃고 모든 것을 배설물로 여김은 다만 그리스도를 얻고 그분과 하나로 발견되고자 함이올시다. 내가 하느님 앞에 의로운 자로 인정받는다면 그것은 율법을 지켜서가 아니라 그리스도를 믿어서예요. 내가 바라는 것은 그리스도와 그분의 부활 능력을 알고 그분의 고난을 함께 나누고 그분처럼 죽는 것입니다. 그리고 감히 바랄 수 있다면 죽음에서 부활하는 것입니다.

*

그것 하나 없으면 모두가 헛것이고 그것 하나 있어서 모두가 헛것이다. 그것 하나 얻은 사람이 하는 말이다.

푯대를 향하여 달려가는 인생 [3, 12-17]

내 말은, 내가 이 모든 것을 이미 얻었다는 것도 아니고 이미 완전해졌다는 것도 아닙니다. 다만 나는 그리스도 예수께서 나를 잡으신 목적, 그것을 잡으려고 달려갈 뿐이에요. 형제들이여, 나는 아직 내가 그것을 잡았다고 생각하지 않습니다. 다만 뒤에 있는 것을 잊고 앞에 있는 것을 잡으려고, 그리스도 예수를 통하여 나를 부르신 하느님께서 주시는 하늘 생명을 상으로 얻으려고, 푯대를 향하여 달려갈 따름입니다. 그러기에 누구든지 믿음이 성숙한 사람은 이처럼 생각해야 하는 거예요. 만일 어떤 점에서 의견이 서로 다르다면 하느님께서 그것 또한 밝혀주실 것입니다. 아무튼 지금 있는 이곳을 출발점으로 삼아 그동안 이룬 것을 딛고 앞으로 나아갑시다.

형제들이여, 모두 나를 본받으시오. 또 우리를 본받아 그대로 하는 사람들을 잘 보고 그들을 모범으로 삼으시오.

*

그것 하나를 얻었지만 그것을 얻은 아무가 남아있다. 그러니 아직은 아니다. 모든 사람이 죽는 순간까지 '사람'으로 되다가 죽는 것이다.

땅에 사는 하늘 시민 [3, 18-21]

내가 여러 번 그대들에게 말한 것을 지금 또 눈물로 말합니다. 많은 사람이 그리스도의 십자가를 원수로 여기며 살고 있는데 그들의 최후는 멸망이올시다. 그들은 자기네 배를 하느님으로 섬기고 부끄러운 것을 오히려 뽐내며 땅의 일에만 마음을 쓰지요. 그러니 우리는 하늘 시민입니다. 거기에서 내려오시는 구세주 예수 그리스도를 우리가 기다리고 있거니와, 그분은 만물을 당신께 굴복시키는 능력으로 우리의 낮고 천한 몸을 당신의 영광스러운 형체로 변화시켜주실 것입니다.

*

여러 번 말한 것을 또 하는 건 그 말을 사람들이 안 들었다는 얘기다. 지금 이 말도 듣지 않으리라는 것, 과연 몰랐을까? 그래도 눈물을 흘리면서 말한다. 그래서 사도다.

사람의 머리로 이해할 수 없는 하느님의 평화 [4, 1-9]

나의 사랑하고 그리운 형제들이여, 내 기쁨이자 승리의 월계관인 사랑하는 이들이여, 부디 주 안에서 굳게 서십시오.
유오디아와 신디게, 두 사람한테 특별히 부탁합니다. 주 안에서 한마음이 되십시오. 그리고 나의 진정한 동역자인 그대에게 부탁하오. 클레멘스를 비롯한 다른 동지들과 더불어 나와 함께 복음을 전한 이 두 여인을 도와주시오. 그 이름들이 생명록에 올라있습니다.
주 안에서 항상 기뻐하시오. 거듭 말합니다, 기뻐하시오. 그대들의 너그러움을 모든 사람이 알게 하시오. 주께서 가깝습니다. 아무것도 염려하지 말고 구할 것이 있으면 하느님께 아뢰고 언제나 감사하는 마음으로 기도하고 간구하십시오. 그러면 사람의 머리로 이해할 수 없는 하느님의 평화가 그리스도 안에서 그대들의 마음과 생각을 지켜주실 것입니다.
마지막으로 형제들이여, 무엇에든지 참되고 고상한 것을, 무엇에든지 순결하고 사랑스러운 것을, 무엇에든지 영예롭고 덕스럽고 칭찬할 만한 것을 생각하십시오. 그리하면 하느님의 평화가 그대들과 함께 있을 것입니다.

*

누가 봐도 평안할 수 없는 상황인데 평안하다. 하느님의 평화가 그 마음과 생각을 지켜주고 있다는 얘기다. 게다가, 누구든지 원하면 그리될 수 있다.

교회에서 보여준 관심에 대한 감사의 말 [4, 10-20]

그대들이 나에 대한 관심을 표시할 기회가 오랜만에 다시 온 것에 대하여 주 안에서 크게 기뻐합니다. 그대들이 나를 위할 생각은 늘 있었으나 그럴 기회가 없었음을 잘 알고 있어요. 내가 궁핍해서 이런 말을 하는 게 아닙니다. 어떤 형편에서도 스스로 만족하는 비결을 내가 배웠소이다. 나는 비천하게 살 수도 있고 풍요롭게 살 수도 있어요. 배가 부르든지 고프든지, 넉넉하든지 모자라든지, 어떤 처지에서도 적응할 수 있는 일체의 비결을 내가 압니다. 내게 능력 주시는 분 안에서 내가 모든 것을 할 수 있어요. 하지만 그대들이 내 고생을 함께 나누었으니 참 고마운 일이올시다.

필립비 사람들이여, 알다시피 내가 복음을 전하기 시작하면서 마케도니아를 떠날 때 나와 주고받는 관계를 맺은 교회는 그대들 말고 없었습니다. 내가 데살로니카에 있을 때도 그대들은 한두 번 나에게 필요한 것을 보내주었지요. 이 말을 하는 것은 선물을 받고자 함이 아닙니다. 내가 바라는 것은 오로지 그대들에게 더 많은 이로움이 보태어지는 거예요. 지금 나에게는 모든 것이 갖추어져 있어서 넉넉한데 그대들이 에바프로디도 편에 보내준 것까지 있으니 더욱 풍성합니다. 그대들이 보낸 선물은 하느님께서 기쁘게 받아주실 향기로운 제물입니다. 나의 하느님이 그리스도 예수 안에서 당신의 영광스러운 풍요로 그대들에게 필요한 것을 채워주실 거예요. 하느님 우리 아버지께 영세 무궁토록 영광이 있기를! 아멘.

*

사람들 사이에서 선물이 오간다. 하느님이 누구누구를 통하여 당신에게 무엇을 건네주신 것이다.

마지막 인사 [4, 21-23]

그리스도 예수 안에 있는 모든 성도에게 문안합니다. 나와 함께 있는 형제들이 그대들에게 문안하고 모든 성도가 그대들에게 문안합니다. 특히 카이사르 집안 식구들이 문안합니다. 주 예수 그리스도의 은혜가 그대들 심령에 있기를!

*

발이 손에게, 가슴이 등에게, 문안한다. 안녕?!

골로사이서

첫인사 [1, 1-2]

하느님의 뜻에 따라 그리스도 예수의 사도 된 바울로와 형제 디모테오가 골로사이의 성도들 곧 그리스도 안에서 신실한 형제들에게 이 편지를 보냅니다.
우리 주 예수 그리스도의 은혜와 평강이 그대들에게 있기를!

*

하느님의 뜻으로! 내 맘대로가 아니다.

골로사이 교회와의 고마운 인연 [1, 3-8]

그대들을 위하여 기도할 때마다 우리 주 예수 그리스도의 아버지 하느님께 감사드립니다. 그리스도 안에 있는 그대들의 믿음과 성도들에 대한 사랑을 전해 들었소이다. 그 둘은 그대들을 위하여 하늘에 마련되어 있는 것에 대한 희망 곧 그대들이 진리의 말씀인 복음을 들었을 때 품었던 그 희망에서 오는 것이지요. 그대들이 처음 하느님의 은혜에 대하여 듣고 그 의미를 깨달았을 때부터 복음은 그대들 가운데서 그리고 온 세계에서 열매를 맺으며 자라고 있습니다. 그것을 그대들에게 가르친 우리의 사랑하는 동지 에바프라는 우리 편에 선 그리스도의 충실한 일꾼이요, 그대들이 성령의 감화를 받아 사랑으로 살아간다는 소식을 우리에게 전해준 사람입니다.

*

“그대들 가운데서 그리고 온 세계에서…” 한 사람이 눈을 떴으면 온 세상이 눈을 뜬 거다. "우리가 건너면 세계가 건넌다."(간디).

만유의 으뜸이신 그리스도 [1, 9-23]

그래서 우리는 그 소식을 들은 날부터 그대들을 위한 기도를 멈추지 않았거니와, 그대들이 모든 신령한 지혜와 총명으로 하느님의 뜻을 온전히 알게 해달라고 기도하였습니다. 또 우리는 그대들이 주님께 합당한 생활을 하여 그분을 기쁘시게 해드리고 온갖 선행에 열매를 맺으며 하느님을 아는 지식이 날로 깊어지기를 기도합니다. 또 하느님께서 당신의 영광스러운 능력으로 강건케 하시어 그대들로 하여금 모든 일을 참고 견딜 수 있게 하시고 빛의 나라에서 성도들과 분깃을 나눠 받게 해주신 하느님께 기쁜 마음으로 감사드리기를 기도합니다. 그분은 우리를 흑암의 권세에서 건져내시어 당신의 사랑하는 아드님이 다스리는 나라로 옮겨주셨고 우리는 그 아드님 안에서 죄를 용서받아 자유롭게 풀려났지요.

그분은 보이지 않는 하느님의 형상이요 모든 피조물보다 먼저 계신 분이니 만물 곧 하늘에 있는 것과 땅에 있는 것, 보이는 것과 보이지 않는 것, 보좌들과 통치자들, 권세 있는 자들과 권위 있는 자들, 이 모두가 그분으로 말미암아 그분을 위하여 창조된 것입니다. 그분은 만유보다 먼저 계시고 만유가 그분 안에 있습니다. 그분은 당신의 몸인 교회의 머리이십니다. 그분은 모든 것의 바탕이요 가장 먼저 죽음에서 살아난 분으로서 만유의 으뜸이 되셨습니다. 하느님께서 몸소 당신의 충만하심으로 그분 안에 거하기를 선택하셨고 그분을 통하여 하늘과 땅에 있는 것들을 당신과 화해시키셨으니 곧 십자가에서 흘린 당신 아드님의 피로 평화를 이루신 것입니다.

그대들도 전에는 멀리 떨어져서 마음으로 하느님의 원수가 되어 악한 짓을 일삼았지만 이제 하느님께서 당신 아드님의 몸을 죽여 화해의 제물로 삼으시고 그대들을 거룩하고 흠 없고 나무랄 데 없는 사람으로 당신 앞에 세우셨으니 아무쪼록 믿음 위에 굳건히 서서 이왕 받아들인 복음의 희망을 잃지 말아야 할 것입니다. 이 복음은 천하

만민에게 전파되었고 나 바울로는 그것을 전하는 일꾼이에요.

*

화해는 먼저 손을 내미는 쪽에서 비롯된다. 하지만 상대가 손을 내밀어 그 손을 마주 잡지 않으면 아직 이루어진 게 아니다.

마침내 밝혀진 하느님의 비밀, 그리스도 [1, 24-29]

그래서 이제 내가 그대들을 위하여 고통받음을 기뻐하고 그리스도의 몸 된 교회를 위하여 그분의 남은 고난을 내 몸으로 마저 채우는 것입니다. 내가 교회의 일꾼이 된 것은, 하느님께서 그대들을 위하여 세우신 계획에 따라, 하느님 말씀을 온전히 이루기 위해서예요. 이 비밀이 지난날 모든 시대 모든 세대에 감추어져 있었으나 이제는 하느님의 성도들에게 분명히 나타났으니 그것이 모든 민족 가운데서 얼마나 영광스럽고 풍성한지를 알게 하신 겁니다. 그대들 안에 계시며 장차 입을 영광을 희망케 하시는 그리스도, 그분이 바로 그 비밀입니다. 우리가 전파하는 것이 곧 그분이요, 우리가 각 사람을 권면하고 온갖 지혜로 가르치는 것은 저들 모두가 그리스도 안에서 옹글게 성숙한 사람으로 설 수 있도록 하려 함이니, 나 또한 이를 위하여 내 안에서 역사하시는 이의 능력으로 애쓰며 수고하는 것입니다.

*

자기가 시방 겪고 있는 온갖 고난이 자기의 고난이 아니라 그리스도의 남은 고난이란다. 아무나 할 수 있는 말이 아니다.

사도가 애쓰고 수고하는 이유와 목적 [2, 1-5]

그대들과 라오디게이아에 있는 이들과 아직 내 얼굴은 보지 못한 이들을 위하여 내가 어떻게 애쓰며 수고하고 있는지를 그대들이 알았으면 합니다. 그건 저들로 하여금 마음에 격려를 받고 사랑 안에서 하나를 이루어 하느님의 비밀인 그리스도를 풍부하고 완전히 깨달아 알게 하려는 것이지요. 그분 안에 지혜와 지식의 모든 보화가 감추어져 있습니다. 그대들이 어떤 누구의 교묘한 말에도 속지 않게 하려고 내가 시방 이 말을 하는 거예요. 비록 몸으로는 멀리 떨어져 있지만 영으로는 그대들과 늘 함께 있어서, 그곳 교회에 틀이 잡히고 그리스도를 믿는 그대들의 믿음이 굳어지는 것을 내가 기쁘게 바라봅니다.

*

"그분 안에 지혜와 지식의 모든 보화가 감추어져 있습니다." 그러니 그분 한 분을 네 안에 모시면 모든 지혜와 지식의 보화가 네 것이다.

헛된 철학과 교설로 속이는 자들 [2, 6-19]

그대들은 그리스도 예수를 주님으로 영접한 사람들입니다. 그러니 그분을 모시고 사십시오. 그분 안에 뿌리를 내리고 그분 위에 든든히 서서 가르침 받은 대로 믿음을 견고케 하여 고마움이 넘치도록 하십시오.

아무도 헛된 철학과 교설로 그대들을 넘어뜨리지 못하게 조심하시오. 그것들은 인간의 전승과 세속의 초등학문에 기반을 둔 것이지 그리스도에 근거한 것이 아니올시다. 그분 안에, 그러니까 그분 몸 안에, 하느님께서 당신의 충만함으로 거하시고 그대들 또한 모든 영적 권위와 통치자의 머리 되시는 그리스도와 하나 됨으로써 완전해졌습니다. 그대들이 그분과 하나 되어 세속의 몸을 벗었으니 이는 육신의 한 부분을 훼손하는 할례가 아니라 그리스도의 영적 할례를 받은 것이에요. 그대들이 세례받을 때 그리스도와 함께 묻혔고 그분과 하나 되어 다시 살아난 것은 그리스도를 죽음에서 살려내신 하느님의 능력을 믿었기 때문입니다. 그대들이 전에는 죄를 짓고 이방인으로서 할례도 받지 않았기에 죽은 몸이었으나 하느님께서 그리스도와 함께 살려주셨습니다. 그분은 우리의 죄를 모두 용서하셨고 우리에게 여러 법조문 지킬 것을 요구하는 문서도 삭제하여 십자가에 못 박아 없애셨지요. 그리고 십자가로 온갖 통치자들과 권세 있는 자들을 벌거벗겨 그것들을 끌고 승리의 행진을 하셨습니다.

그런즉 먹고 마시는 문제와 초승달이나 안식일 따위 절기 지키는 문제로 사람들의 비난을 사지 마십시오. 그런 것들은 장차 올 것의 그림자에 지나지 않고 실체는 그리스도께 있소이다. 겸손을 꾸미고 천사를 숭배하는 자들한테 속아서 그대들이 받을 상을 빼앗기는 일이 없도록 하십시오. 그들은 눈에 보이는 것을 중요시하고 육체의 생각을 좇아 헛되이 거죽을 꾸미고 게다가 머리에 연결되어 있지도 않습니다. 머리이신 그분으로 말미암아 몸 전체가 각 마디와 힘줄을 통해 영양을 공급받고 서로 연합하여 하느님께서 계획하신 대로 자라는 것입니다.

*

머리와 사지四肢가 핏줄과 신경계로 연결되지 않으면 손발이 따로 논다. 당시 교회 안에 그리스도와 상관없이 따로 노는 자들이 있었다는 얘기다. 그때만 그랬던가?

초등학문을 졸업한 사람답게 처신할 것 [2, 20-23]

그대들은 그리스도와 함께 죽어 세속의 초등학문을 졸업한 사람들이에요. 그런데 어쩌자고 여전히 세속에 갇혀 사는 자들처럼, "이건 붙잡지 말고 저건 먹지 말고 그건 만지지 말라."는 규정에 묶여있는 겁니까? 그것들 모두 한 번 쓰고 버리는 소모품이요, 한낱 인간이 명하고 가르치는 것에 지나지 않습니다. 그것들은 제멋대로 하는 예배와 꾸미는 겸손과 괜히 몸을 학대하는 금욕주의에서는 나름대로 지혜로워 보일는지 모르겠으나, 실상 육욕을 다스리는 데는 아무 쓸모가 없는 것들입니다.

*

세상에 인간이 쓰는 물건들 가운데, 제 육신을 포함하여, "한 번 쓰고 버리는 소모품" 아닌 것 있는가? 일회용 세상을 일회용으로 사는 일회용 인생인데…

위에 있는 것들을 사모하라 [3, 1-4]

그대들은 그리스도와 함께 다시 살아난 사람들입니다. 그러니 저 위에 있는 것들, 그리스도께서 하느님 오른편에 앉아계시는 곳에 있는 것들을 사모하십시오. 땅에 있는 것들을 마음에 두지 말고 위에 있는 것들을 생각하시오. 그대들은 이미 죽은 몸이고, 그대들의 참 생명이 그리스도와 함께 하느님 안에 감추어져 있기 때문입니다. 그리스도께서 그대들의 생명이에요. 따라서 그분이 다시 오실 때 그대들도 그분과 함께 영광 가운데 나타날 것입니다.

*

열쇠는 방향이다. 가볍고 보이지 않는 것들을 지향하라, 하늘에 가까워지리라. 무겁고 눈에 보이는 것들을 지향하라, 땅에 가까워지리라.

옛 사람을 벗고 새 사람을 입었으니 [3, 5-17]

그런즉 땅에 속한 모든 욕망을 그에 수반되는 음란행위, 불결한 충동, 악한 욕심, 우상숭배이기도 한 탐심과 함께 죽이시오. 그것들은 순종치 않는 자들에게 내리시는 하느님의 진노를 살 것입니다. 그대들도 전에 그것들 속에 묻혀 살 때는 그렇게 했지만 이제는 분노와 앙심과 비방과 입에서 나오는 부끄러운 말을 모두 버려야 해요. 거짓말로 서로들 속이지 마십시오. 옛사람을 나쁜 버릇과 함께 벗어버리고 새 사람을 입었으니, 바야흐로 그대들은 끊임없이 새로워지면서 당신 형상으로 그것을 창조하신 분을 더 잘 알게 될 것입니다. 여기에는 그리스인과 유다인, 할례받은 자와 받지 않은 자, 타국인과 야만인, 종과 자유인이 구별되지 않고 오직 그리스도께서 만유요, 만유 안에 계십니다.

그대들은 하느님께서 뽑아주신, 하느님의 사랑받는 백성입니다. 그러니 자비와 친절과 겸손과 온유와 오래 참음으로 옷 입으시오. 누가 누구한테 불만이 있더라도 너그러이 받아주고 용서하십시오. 주께서 그대들을 용서하셨으니 그대들도 서로 용서해야 합니다. 무엇보다 사랑해야 하오. 모든 것을 묶어서 하나로 만드는 것이 사랑입니다. 그대들은 그리스도의 평화를 나눠 가지라고 한 몸의 지체들로 부르심을 받았으니 모쪼록 그분의 평화가 그대들을 다스리게 하고, 그리고 감사하는 사람이 되십시오. 그리스도의 말씀이 그대들 안에서 풍성하게 하고 온갖 지혜로 피차 권면하며 가르치고 시와 찬미와 영가를 부르고 감사하는 마음으로 하느님을 찬양하십시오. 무슨 말을 하든지 무슨 일을 하든지 모든 것을 주 예수의 이름으로 하고 그분을 통하여 하느님 아버지께 감사하십시오.

*

진정으로 그리스도를 네 안에 모시고 살아라. 그러면 저절로 자비와 친절과 겸손과 온유와 오래 참음으로써 살게 될 것이다.

아내와 남편, 자녀와 부모, 종과 주인 [3, 18-4, 1]

아내들이여, 남편한테 복종하시오. 주 안에서 마땅한 일입니다. 남편들이여, 아내를 사랑하고 모질게 대하지 마시오.

자녀들이여, 무슨 일이든지 부모에게 순종하시오. 그것이 주 안에서 그분을 기쁘시게 해드리는 일입니다. 아버지들이여, 자녀들을 짜증나고 화나게 하지 마시오. 그들이 낙심할 수 있습니다.

종들이여, 무슨 일이든지 주인한테 복종하시오. 사람을 기쁘게 하려는 자들처럼 눈가림으로 하지 말고 주님을 두려워하면서 충성하시오. 무슨 일이든지 마음을 다하여 주께 하듯이 하고 사람한테 하듯이 하지 마시오. 주께서 약속하신 분깃을 상으로 내리실 줄 그대들도 알고 있소. 주님이신 그리스도께서 그대들의 상전입니다. 불의한 짓을 한 자들은 받아 마땅한 벌을 어김없이 받을 터인즉, 하느님한테는 봐주는 게 없어요. 주인들이여, 그대들한테도 하늘에 상전이 있음을 유념하고 종들을 공정하게 공평하게 대하시오.

*

남산에서 북산으로 가는 데 길이 있듯이, 사람과 사람이 통하는 데도 길이 있다.

기도를 부탁함 [4, 2-6]

기도하기를 쉬지 말고, 항상 깨어 있으면서 감사하는 마음으로 기도하십시오. 또한, 우리를 위해서도 기도하는데, 하느님께서 전도의 문을 열어주시어 우리가 그리스도의 비밀을 맘껏 전할 수 있게 해달라고 기도해주십시오. 내가 그것 때문에 지금 갇혀있소이다. 그러니, 내가 마땅히 해야 할 말을 할 수 있도록 기도해주십시오.
바깥에 있는 사람들한테는 지혜롭게 처신하고 세월을 아끼십시오. 언제나 친절하고 유익한 말을 서로 나누고, 누가 언제 무엇을 물어도 대답할 수 있어야 합니다.

*

기도는 영혼의 호흡. 살려고 기도하지 말고 삶으로 기도하라.

디키고와 오네시모를 보내며 [4, 7-9]

내 모든 사정을 디키고가 그대들에게 말해줄 것입니다. 그는 우리의 사랑받는 형제요 충직한 일꾼이요 주 안에서 우리를 도와 함께 일하는 주의 종인데, 이곳 사정을 그대들에게 알리고 그대들을 격려하고자 내가 그를 보내는 바입니다. 그와 함께, 우리의 성실하고 사랑받는 형제요 그대들한테서 온 오네시모를 딸려 보냅니다. 저들이 여기 사정을 모두 그대들한테 말해줄 것입니다.

*

이곳에서 그곳으로 누구를 보내는 것은 그곳에서 그가 할 일이 있어서다.

마지막 인사 [4, 10-18]

나와 함께 갇혀있는 아리스다르코가 그대들에게 문안합니다. 바르나바의 사촌 마르코가 문안합니다. 〔마르코에 대하여는 그대들이 지시받은 바 있으니 그가 도착하거든 잘 영접해주시오.〕 유스도라 불리는 예수가 그대들에게 문안합니다. 할례받은 몸으로 나와 함께 하느님 나라를 위하여 수고한 사람은 이들뿐인데, 내가 이들한테서 많은 위로를 받았소이다. 그대들한테서 온 그리스도 예수의 종 에바프라가 그대들에게 문안합니다. 그대들이 성숙한 사람으로 굳게 서서 하느님의 뜻을 이루는 데 온전히 몸 바치게 해달라고 간절히 기도하는 사람이지요. 나는 그가 그대들을 위해서 그리고 라오디게이아와 히에

라폴리스에 있는 이들을 위해서 수고가 많았음을 증언합니다. 우리의 사랑받는 의원 루가가 문안하고 데마도 문안합니다. 라오디게이아의 형제들 그리고 님파와 그의 집에서 모이는 교회에 문안해주십시오. 이 편지를 읽고 나서 라오디게이아의 교회에서도 읽게 해주시고, 라오디게이아를 거쳐서 가는 편지도 읽어주시오. 아르깁보에게는, 주 안에서 받은 직분을 삼가 완수하라고 일러주시오.
나, 바울로가 친필로 그대들에게 문안합니다.
하느님의 은혜가 그대들에게 있기를!

*

기억나는 이름들은 모두(?) 적는다. 그래봤자 열 손가락으로 꼽을 정도지만. 인간 바울로, 끝까지 최선을 다하는 모습이다.

데살로니카전서

첫인사 [1, 1]

바울로와 실바노와 디모테오가 아버지 하느님과 주 예수 그리스도 안에 있는 데살로니카 교회에 이 편지를 보냅니다.
은혜와 평강이 그대들에게 있기를!

*

자기가 보내지만 자기 혼자서 보내는 편지가 아니란다.

데살로니카 교회에 대한 감사의 말 [1, 2-10]

우리가 기도 중에 항상 그대들을 언급하고 그대들을 생각하면서 하느님께 감사드리는 것은, 그대들이 믿음으로 한 일과 사랑으로 한 수고와 우리 주 예수 그리스도에 대한 희망으로 오래 참고 있음을 하느님 우리 아버지 앞에서 기억하기 때문입니다. 하느님의 사랑받는 형제들이여, 우리는 하느님께서 그대들을 택하셨다는 사실을 잘 알고 있습니다. 우리가 그대들에게 복음을 전했을 때 그냥 말만 전한 것이 아니라 성령의 능력이 우리와 함께하셨고 그래서 말씀이 진실임을 확신할 수 있었으니까요. 그대들과 함께 있는 동안 우리가 그대들을 위하여 어떻게 했는지는 그대들이 잘 알고 있습니다. 그대들은 많은 어려움을 겪으면서도 성령께서 주시는 기쁨으로 말씀을 받아들여 우리와 주님을 본받았고 그래서 마케도니아와 아카이아의 모든 신자에게 모범이 되었습니다.
주의 말씀이 그대들한테서 마케도니아와 아카이아 지역으로 널리 퍼져나갔을 뿐 아니라 그대들이 하느님을 잘 믿는다는 소문이 사방에 두루 알려졌으니 우리로서는 더 무슨 보탤 말이 없군요. 우리가 그대들을 찾아갔을 때 무슨 일이 있었으며 그대들이 어떻게 우상을 버리고 하느님께로 돌아와 참되시고 살아계시는 하느님을 섬기게 되었는지 그리고 그대들이 어떻게 죽음에서 살아나신 예수, 장차 닥칠 진노에서 우리를 건져주실 예수, 그분이 하늘에서 내려오실 날을 기다리고 있는지 그들이 모두 말해주더이다.

*

"그대들은… 우리와 주님을 본받았고 그래서… 모범이 되었습니다." 누구를 잘 본받는 자가 누구에게 모범으로 된다. 문제는 그 '누구'가 누구냐다.

데살로니카에서의 전도활동 [2, 1-12]

형제들이어, 알다시피 우리가 그대들을 찾아간 것은 헛수고가 아니었어요. 우리가 전에 필립비에서 고생도 많이 하고 욕도 많이 먹었지만 하느님께서 주시는 힘과 용기로 그대들에게 가서 심한 반대를 무릅쓰고 하느님의 복음을 전하였음은 형제들도 알고 있는 사실입니다. 우리의 권면은 간사한 마음이나 불순한 동기나 속임수에서 나온 것이 아니라 하느님께 인정받은 복음 전파자로서 말한 것이며 사람을 기쁘게 하려는 것이 아니라 하느님을 기쁘시게 해드리려는 것이었소이다. 우리가 여태 아첨하는 말을 입에 담지 않았고 몰래 탐심을 품지도 않았음은 그대들이 알고 하느님께서 아십니다. 우리는 그대들이든 다른 누구든 사람한테서 영광을 구하지 않았고 그대들과 함께 있는 동안 그리스도의 사도로서 권위를 주장할 수 있었지만 마치 자녀를 기르는 어미처럼 유순하게 그대들을 대하였으며 그대들을 사랑하는 마음에서 하느님의 복음뿐 아니라 우리 목숨까지도 기꺼이 내어주려고 하였습니다.

형제들이어, 우리가 어떻게 수고하고 애쓰며 복음을 전하였는지, 어떻게 그대들 가운데 누구한테도 폐가 되지 않으려고 밤낮없이 노동하며 복음을 전하였는지 그대들은 기억할 것입니다. 또한, 우리가 어떻게 경건하고 올바르고 흠 없이 처신하였는지 그대들도 알고 하느님께서도 아십니다. 알다시피 우리는 그대들을 부르시어 당신의 나라와 영광에 이르도록 이끄시는 하느님께 합당한 사람이 되라고, 아비가 자식한테 하듯이, 그대들 각자를 권면하고 격려하고 경계하였소이다.

*

"사람을 기쁘게 하려는 것이 아니라 하느님을 기쁘시게 해드리려는 것이었소이다." 바깥세상 누구를 기쁘게 하려는 것이 아니라 안으로 자기를 기쁘게 하려는 것이었다는 말이다.

동족의 박해를 받는 교회 [2, 13-16]

우리가 하느님께 항상 감사드리는 것은, 우리가 말씀을 전하였을 때 그대들이 그것을 사람의 말 아닌 하느님의 말씀으로 받아들였기 때문입니다. 예, 그래요. 하느님 말씀은 믿는 사람 안에서 역사하십니다. 형제들이여, 그대들은 유다에 있는 하느님의 교회를 본받아서, 그들이 동족인 유다인들로부터 박해를 받았듯이, 그대들의 동족들로부터 박해를 받았습니다. 유다인들은 주 예수와 예언자들을 죽이고 우리를 추방하여 하느님을 기쁘시게 해드리지 않았고 모든 사람의 원수가 되었지요. 그들은 우리가 이방인에게 복음 전하는 일도 못 하게 하여 자기 죄를 가득 채웠으며 마침내 하느님의 진노가 그들 위에 내렸습니다.

*

"하느님 말씀은 믿는 사람 안에서 역사하십니다." 말 곧 힘이다. 어떤 사람이 어떤 말을 듣고 움직이지 않으면 그 말은 그 사람으로 말미암아 죽은 말이다.

사도들의 영광이며 자랑인 교회 [2, 17-20]

형제들이여, 우리가 잠시 그대들을 떠나 있어도 서로 얼굴을 대하지 못할 뿐 마음마저 떠나 있는 건 아닙니다. 그대들의 얼굴을 보고 싶은 마음이 간절하여 우리가 그리로 가고자 하였고, 특히 나 바울로는 두 차례나 시도하였지만, 사탄이 우리를 막았어요. 주 예수께서 다시 오실 때 우리가 주님 앞에서 지닐 희망과 기쁨과 자랑이 그대들 말고 누구겠습니까? 그대들이야말로 우리의 영광이요 기쁨이올시다.

*

바울로도, 자기가 사탄에게 제지당했다고 생각한 때가 있었다.

디모테오를 데살로니카로 보낸 이유 [3, 1-10]

결국, 참다 못해서 우리만 아테네에 남아 있기로 하고 우리 형제이며 그리스도의 복음을 전하는 하느님의 일꾼 디모테오를 그리로 보낸 것은 그대들의 믿음을 굳게 세워주고 격려하여 이런저런 어려움 속에서도 흔들리는 사람이 없게 하려는 것이었소이다. 그런 어려움을 겪는 것이 우리의 운명인 줄은 그대들도 잘 알 것입니다. 우리가 그대들과 함께 있을 때 장차 겪게 될 고난을 미리 말한 바 있거니와, 알다시피 과연 그대로 되었어요. 그래서 나는 미루고 미루다가 결국 디모테오를 그리로 보내어, 그대들의 믿음이 유혹하는 자에 의하여 흔들림으로써 우리의 수고가 허사로 돌아가지 않았는지를 알아보고자 했던 겁니다.

그런데 지금 디모테오가 돌아와서 그대들의 믿음과 사랑에 관한 좋은 소식과 함께, 그대들이 우리를 항상 좋게 기억하고 있으며 우리가 그대들을 보고 싶어 하듯이 그대들도 우리를 보고 싶어 한다는 말을 전해주었지요. 형제들이여, 우리가 이 모든 궁핍과 어려움 속에서도 그대들의 믿음으로 말미암아 큰 위로를 받았습니다. 그대들이 주 안에 굳게 서 있으니 우리가 진정 사는 보람을 느끼게 되는군요. 그대들을 생각하면 하느님 앞에서 큰 기쁨을 맛보게 되는데 우리가 이 기쁨을 무슨 말로 감사해야 할지 모르겠소이다. 나반 그대들을 다시 만나 그대들의 믿음에 부족한 부분을 채워줄 수 있기를 기원할 따름입니다.

*

삶의 보람을 여기 있는 '나' 안에서가 아니라 저기 있는 '그대들'에게서 찾는다. 본인 말대로, 아직 가야 할 길이 한참 남았다.

데살로니카 교회를 위한 기도 [3, 11-13]

하느님 우리 아버지와 우리 주 예수께서 몸소 길을 열어주시어, 우리가 그대들에게로 곧장 갈 수 있게 되기를!
주님이 그대들의 사랑을 더욱 풍성하게 키워주시어, 우리가 그대들을 사랑하는 것처럼 그대들도 서로 사랑하고 다른 모든 사람을 사랑하게 되기를!
또한 그대들을 강하게 해주시어 주 예수께서 당신의 모든 성도와 함께 오시는 날에 그대들이 거룩하고 흠 없는 자로 하느님 앞에 설 수 있게 되기를!

*

이런 기도를 한다는 것 자체가 아름답고 진실한 강복降福이다.

주 안에서 거룩하고 조용한 삶 [4, 1-12]

형제들이여, 끝으로 우리 주 예수 안에서 한 마디 더 권고합니다. 그대들이 어떻게 하면 하느님께서 기뻐하실는지 그 방법을 우리한테 배워서 그대로 잘하고 있는데, 앞으로 더욱 그렇게 하십시오. 그대들은 주 예수의 권위로 우리가 그대들에게 준 지시가 어떤 것인지 잘 알고 있습니다. 하느님께서 그대들에게 바라시는 것은 거룩함이니, 음란한 짓을 하지 말고 저마다 자기 아내를 존귀하고 거룩하게 대하며 하느님을 모르는 이방인들처럼 정욕에 빠지는 일이 없도록 하십시오. 아무도 이 일에 분수를 넘어 형제를 욕되게 해서는 안 됩니다. 전에 우리가 엄하게 지시하고 경고했듯이 주님께서 이 모든 일을 어김없이 갚으실 거예요. 하느님께서 우리를 음탕한 삶이 아니라 정결한 삶으로 부르셨으니, 이 가르침을 거역하는 자는 사람을 거역하는 것이 아니라 그대들에게 당신의 성령을 주시는 하느님을 거역하는 것이올시다.
형제들 사랑하는 일에 관해서는, 그대들이 서로 사랑하라는 하느님의 가르침을 직접 받아 그대로 실천하고 마케도니아의 모든 형제를 사랑하고 있으니, 더 쓸 것이 없네요. 형제들이여, 분발하여 더욱 그렇게 하십시오. 우리가 가르친 대로 각자 직업을 가지고 자기 손으로 일하며 조용히 사십시오. 그러면 바깥사람들로부터 존경을 받고 남에게 신세 질 일도 없을 것입니다.

*

사람이 자기를 더럽히는 것은 자기를 지으시고 자기 안에 거하시는 하느님을 더럽히는 것이다.

죽은 이들의 부활에 관하여 [4, 13-18]

형제들이여, 죽은 이들에 관하여 그대들이 알았으면 하는 것이 있습니다. 희망 없는 자들처럼 슬퍼하지 마십시오. 우리는 예수께서 죽으셨다가 다시 살아나신 것을 믿습니다. 그러므로 하느님께서는 예수 안에서 죽은 이들도, 그분과 함께, 당신한테로 데려가실 것입니다.
주님의 말씀에 근거하여 그대들에게 말합니다. 주께서 오시는 날까지 우리가 살아 있다 하여도 죽은 이들을 앞서지는 못할 것입니다. 명령이 떨어지고 천사장의 구령이 들리고 하느님의 나팔소리가 울리면 주께서 몸소 하늘로부터 내려오시리니, 그리스도 안에서 죽은 이들이 먼저 일어나고 다음으로 그때까지 살아남은 우리가 그들과 함께 구름 타고 하늘에 들려 올리어 주님을 만나게 될 것이고 그렇게 해서 그분과 항상 함께 있을 것입니다. 그러니 이런 말들로 서로를 위로하십시오.

*

죽음은 종점이 아니다. 생명에서 생명으로 건너가는 다리다

도둑처럼 닥칠 멸망의 날 [5, 1-11]

형제들이여, 때와 시기에 관하여는 그대들에게 더 쓸 것이 없소이다. 주님의 날이 밤중에 도둑 같이 오리라는 것을 그대들 모두 잘 알고 있으니까요. 사람들이 평안하다 안전하다 그러고 있을 때, 해산하는

여인에게 닥치는 진통처럼, 느닷없는 멸망이 닥칠 터인즉 아무도 피할 수 없을 것입니다. 그러나 형제들이여, 그대들은 어둠 속에 있지 않기 때문에 그날이 도둑처럼 덮치지 못할 거예요. 그대들 모두 빛의 자녀들이며 대낮의 자녀들이요, 우리는 밤이나 어둠에 속한 자들이 아니올시다. 그러므로 다른 사람들처럼 잠들어 있지 말고 맑은 정신으로 깨어 있어야겠습니다. 자는 자들은 밤에 자고 취하는 자들도 밤에 취하지요. 하지만 우리는 대낮에 속하였으니 깨어서 믿음과 사랑으로 가슴을 무장하고 구원에 대한 희망으로 투구를 씁시다. 하느님께서는 우리에게 진노를 내리시는 게 아니라 우리 주 예수 그리스도를 통하여 구원을 주시기로 작정하셨습니다. 그분은 우리로 하여금 깨어 있든지 잠들어 있든지 당신과 함께 살 수 있게 하려고 우리를 위해서 죽으셨지요. 그러니, 지금 하는 그대로, 피차 격려하고 힘을 북돋아 주십시오.

*

때가 언제인지 알려고 하지 마라. 늘 깨어 있어라. 잠들어 있으면 때가 와도 모르고 깨어 있으면 때를 모를 수 없다.

마지막 권고 [5, 12-22]

형제들이여, 그대들에게 권고합니다. 그대들 가운데서 수고하며 주 안에서 그대들을 지도하고 훈계하는 이들에게 마땅한 대우를 해주십시오. 그들이 하는 일을 생각하여 사랑 안에서 극진히 공경하고, 그리고 서로 화목하십시오. 형제들이여, 그대들에게 권고합니다. 게으른 사람들을 타이르고 겁 많은 사람들을 격려하고 약한 사람들을 붙들어주고 모든 사람을 오래 참아주시오. 아무도 악을 악으로 갚지 말고 언제나 서로에게 그리고 모든 사람에게 힘써 선을 행하시오.
항상 기뻐하시오. 쉬지 말고 기도하시오. 어떤 형편에서든지 감사하시오. 이것이 그리스도 안에 있는 그대들에게 하느님께서 바라시는 것입니다. 성령을 질식시키지 말고 예언자들의 말을 가볍게 여기지 마시오. 모든 것을 시험해보고 좋은 것을 붙잡으시오. 악은, 어떤 모양을 하고 있든지 간에, 멀리하십시오.

*

항상 기뻐하고 끊임없이 기도하고 매사에 감사하는 삶. 노력만으로 이를 수 있는 경지는 아니지만, 노력 없이는 결코 이를 수 없는 경지다.

끝인사와 축원 [5, 23-28]

평화의 하느님께서 그대들을 온전히 거룩하게 해주시고 우리 주 예수 그리스도께서 오시는 그날까지 그대들의 마음과 영혼과 몸을 흠 없이 지켜주시기를!
그대들을 부르시는 분은 미쁘신 분이시라, 실로 이 모든 일을 이루어 주실 것입니다. 형제들이여, 우리를 위해서도 기도해주십시오. 거룩한 입맞춤으로 모든 형제에게 문안하십시오. 내가 주님의 이름으로 그대들에게 당부합니다. 이 편지를 모든 형제가 읽게 해주십시오.
우리 주 예수 그리스도의 은총이 그대들에게 있기를!

*

누군가? 이 편지를 처음 읽었을 그 사람. 읽은 편지를 다른 누구에게 건네줬을 그 사람. 덕분에 바울로의 문안을 오늘도 수많은 사람이 받는, 이름도 알 수 없는 그 사람.

데살로니카후서

첫인사 [1, 1-2]

바울로와 실바노와 디모테오가 하느님 우리 아버지와 주 예수 그리스도 안에 있는 데살로니카 교회에 이 편지를 보냅니다.
하느님 우리 아버지와 주 예수 그리스도의 은총과 평강이 그대들에게 있기를!

데살로니카 교회를 위한 기도 [1, 3-12]

형제들이여, 우리가 그대들을 생각할 때마다 하느님께 감사드리지 않을 수 없음은 그대들의 믿음이 크게 자라고 서로 간에 주고받는 사랑이 풍성해지고 있기 때문이니 실로 당연한 일이올시다. 온갖 핍박과 고난을 잘 견뎌내고 그 소용돌이 가운데 믿음을 지킨 그대들을 우리는 하느님의 여러 교회에서 자랑으로 삼고 있습니다. 그대들은 하느님의 심판이 공정함을 보여주는 증표로서 장차 하느님 나라 영주권을 얻게 될 것인데 실은 그 때문에 지금 고난을 겪고 있는 거예요. 하느님께서 당신의 공의로, 그대들을 괴롭히는 자들을 괴롭게 하시며 고난을 겪는 그대들과 우리에게 안식을 주실 터인데, 주 예수께서 능력의 천사들을 거느리고 하늘로부터 불꽃 가운데 나타나실 때 그 일이 이루어질 것입니다. 주께서 하느님을 모르는 자들과 우리 주 예수의 복음에 순종치 않은 자들에게 벌을 내리시면 저들은 주님 앞에서 쫓겨나고 그분 능력의 영광을 보지 못하는 영원한 멸망의 벌을 받을 것이며, 그날에 주님이 오셔서 당신 성도들로부터 영광을 받으시고 모든 믿는 이들에게 경탄의 대상이 되실 터인즉, 그대들도 우리의 증언을 믿었으니 그 속에 포함될 것입니다. 그래서 우리가 그대들을 위하여 하느님께서 그대들을 당신의 부르심에 합당한 자들로 헤아려주시기를, 당신의 능력으로 그대들의 선한 의향을 이루어주시고 믿음으로 하는 일을 완성해주시기를, 그리하여 우리 하느님과 주 예수 그리스도의 은혜로 우리 주 예수의 이름이 그대들로부터 영광을 받으시고 그대들 또한 그분 안에서 영광을 얻게 되기를 이렇게 기도하는 것입니다.

*

사도의 생각이 미래로 한참 갔다가 현실로 돌아온다. 다행이다. 내일을 내다보되 걱정할 건 아니다.

주님의 날이 오기 전에 나타날 무법자 [2, 1-12]

형제들이여, 우리 주 예수 그리스도의 강림과 그분 앞으로 우리가 모이는 일에 관하여 그대들에게 말해줄 것이 있습니다. 사람들이 혹은 영으로, 혹은 말로, 혹은 우리한테서 편지를 받았다면서 주님의 날이 벌써 이르렀다고 말하더라도 쉽게 마음이 흔들리거나 당황하는 일이 없도록 하십시오. 아무한테도 속지 마시오. 그날이 오기 전에 먼저 거대한 배반이 있고 저 무법자 곧 멸망의 아들이 나타날 터인즉, 그가 사람들이 일컫는 하느님이나 예배하는 모든 대상을 적대하여 그것들 위로 자기를 높이고 나아가 하느님의 성소에 자리 잡고 앉아서 제가 하느님이라고 주장할 것입니다.

내가 그대들과 함께 있을 때 이 일을 여러 번 말해주었는데 기억나지 않습니까? 알다시피 그가 지금은 어떤 힘에 붙잡혀 있지만 자기 때가 되면 나타날 것입니다. 실은 그 무법자가 벌써 은밀하게 활동하고 있거니와, 그를 붙잡고 있는 손이 없어지면 제 모습을 확연히 드러내겠지요. 그때 주 예수께서 영광 가운데 오시어 입김으로 그를 죽이시고 그의 능력을 거두실 것입니다. 무법자가 사탄의 힘을 빌려 여러 표적과 능력을 보이고 가짜 기적을 일으키며 온갖 속임수로 멸망할 사람들에게 임할 터인데, 그들은 진리를 받아들여 사랑하지 않았기 때문에 구원받지 못할 것입니다. 하느님께서 그들을 미혹시켜 거짓을 참으로 믿게 하셨고, 그렇게 하여 진리를 믿지 않고 악을 좋아하는 자들로 하여금 심판을 받게 하신 것이지요.

*

거창하고 요란한 사건에 속지 마라, 진실은 평범한 일상에 숨어 있다. 저 패랭이꽃 한 송이에 아름다움이 숨어 있듯이.

감사드리지 않을 수 없는 이유 [2, 13-17]

주님의 사랑 받는 형제들이여, 우리가 그대들을 생각할 때마다 하느님께 감사드리지 않을 수 없는 것은 하느님께서 처음부터 그대들을 택하여 성령으로 거룩하게 하시고 진리를 믿어 구원받게 하셨기 때문입니다. 하느님께서 그대들을 부르시어 우리가 전한 복음을 받아들이게 하셨고 그리하여 우리 주 예수 그리스도의 영광을 나눠 받게 하셨소이다. 그러니 형제들이여, 굳게 서서 우리가 말로 편지로 그대들에게 가르쳐준 전통을 잘 지키십시오.
우리 주 예수 그리스도와 우리를 지극히 사랑하시고 영원한 위로와 좋은 희망을 은혜로 주시는 하느님 우리 아버지께서 그대들의 마음을 위로하시고 온갖 선한 말과 행동을 할 수 있도록 능력 주시기를 기원합니다.

*

선물을 받고서 그것을 전해준 이에게 감사하는 것은 마땅한 일이다. 하지만 인간의 모든 감사가 마침내 가서 닿을 데는 오직 한 분 하느님이다.

기도를 부탁함 [3, 1-5]

형제들이여, 끝으로 부탁합시다. 우리를 위하여 기도해주시오. 그대들한테서 그랬던 것처럼 주님 말씀이 신속하게 전파되어 영광스럽게 받아들여지며 비뚤어지고 사악한 자들로부터 우리가 벗어나게 해달라고 기도해주십시오. 모든 사람이 다 믿는 건 아니지요. 하지만 주님은 미쁘신 분이라, 그대들을 강하게 하시고 악에서 지켜주실 것입니다. 그대들이 우리가 명한 대로 하고 있으며 앞으로도 그럴 것임을 우리는 주 안에서 확신합니다. 주께서 그대들의 마음을 이끌어 하느님의 사랑과 그리스도의 인내로 들어가게 해주시기를 빕니다.

*

"우리를 위하여 기도해주시오." 기도는 '우리'를 하느님께로 동시에 서로에게로 통하게 하는 길이다.

게으름 피우는 자들에 대한 경고 [3, 6-15]

형제들이여, 주 예수 그리스도의 이름으로 그대들에게 명합니다. 게으름을 피우며 우리한테서 받은 전통을 무시하는 자들을 멀리하십시오. 우리를 어떻게 본받아야 하는지 잘 알지 않습니까? 우리는 그대들과 함께 있는 동안 게으름을 피우지 않았고 누구한테서도 공짜로 빵을 얻어먹지 않았소이다. 오히려 그대들 가운데 어느 한 사람한테도 폐를 끼치지 않으려고 밤낮으로 수고하며 힘든 노동을 한 것은 그대들에게 주장할 권리가 없기 때문이 아니라 우리 자신을 모범으로 보여 본받게 하기 위해서였습니다. 우리는 그대들과 함께 있으면서 "일하기 싫은 사람은 먹지도 말라."는 말을 자주 했지요. 그런데 듣자 하니 그대들 가운데 게으름을 피우면서 아무 일도 하지 않고 괜히 일만 만드는 자들이 있다더군요. 우리가 주 예수 그리스도의 이름으로 그런 자들에게 명하고 권합니다. 조용히 자기 손으로 일해서 먹고 사시오. 형제들이여, 꾸준히 선을 행하되 낙심하지 마십시오. 우리가 이 편지에 쓴 대로 순종치 않는 사람이 있거든 그를 지목하여 함께 어울리지 마십시오. 그러면 그가 수치를 당할 것입니다. 하지만 그를 원수처럼 여기진 말고 형제처럼 타이르시오.

*

함께 어울릴 수 없는 사람이 있다. 그런 세상이다. 하지만 원수로 여겨 추방할 사람은 없다.

끝인사와 축원 [3, 16-18]

평화의 주께서 언제 어떤 처지에서나 그대들에게 몸소 평화를 내리시기를!
주께서 그대들 모두와 함께 계시기를!
나 바울로, 이렇게 친필로 서명하여 그대들에게 문안합니다. 이것이 내 편지임을 증명하는 나의 글씨올시다. 우리 주 예수 그리스도의 은총이 그대들 모두에게 있기를!

*

"나 바울로, 이렇게 친필로 서명하여 그대들에게 문안합니다." 그러니까 여기까지 누구의 손을 빌렸다는 말이다. 고맙다, 사도를 통해서 하느님께 손을 빌려드린 이름 모를 그 사람.

디모테오전서

첫인사 [1, 1-2]

우리 구세주이신 하느님과 우리 소망이신 그리스도 예수의 명으로 사도 된 나 바울로가 믿음 안에서 참 아들 된 디모테오에게 이 편지를 보낸다.
하느님 아버지와 우리 주 그리스도 예수의 은총과 자비와 평화가 너에게 있기를!

*

육신으로만 아들이 있는 건 아니다. 참 아들은 핏줄에 매이지 않는다.

쓸데없는 논쟁을 일삼는 자들에 대한 경계 [1, 3-11]

내가 마케도니아로 떠나면서 일러준 대로, 너는 에페소에 머물러 있으면서 거짓 교리를 가르치고 황당한 이야기와 끝없는 족보를 캐는 데 몰두하는 자들로 하여금 그러지 못하게 막아라. 그런 것들은 괜한 논쟁만 일으킬 뿐, 믿음 안에서 이루어지는 하느님의 경륜에 아무 도움도 되지 않는 것들이다. 내가 이렇게 경계하는 목적은 청결한 마음과 맑은 양심과 순수한 믿음에서 나오는 사랑을 불러일으키려는 데 있다. 이 길에서 벗어나 쓸데없는 토론을 일삼는 자들이 스스로 율법 교사 행세를 하는 모양인데, 그들은 자기가 무엇을 주장하는지, 무슨 말을 하고 있는지도 모르는 자들이다.
율법이 제대로 쓰이기만 하면 좋은 것인 줄은 우리도 안다. 여기서 알아야 할 것은 율법이 올바른 사람들을 위하여 만들어진 게 아니라 무법자와 순종치 않는 자, 경건치 못한 자, 죄인, 저속한 자, 망령된 자, 아비를 치고 어미를 치는 자, 살인자, 음행하는 자, 동성애자, 사람을 사고파는 자, 거짓말쟁이, 거짓 증언하는 자, 그밖에 건전한 교설 곧 나에게 맡겨진 복되신 하느님의 영광스러운 복음에 근거한 교설을 거역하는 자들을 위하여 만들어진 것이라는 사실이다.

*

하느님 향한 눈길을 어떻게든지 다른 데로 돌려놓는 것이 사탄의 주된 임무다. 괜한 논쟁에 그래서 휩쓸리지 말라는 게 그래서 하는 말이다.

우두머리 죄인에게 직분을 맡기신 주님 [1, 12-17]

이 일을 할 수 있도록 나에게 힘을 주신 우리 주 예수 그리스도께 감사드린다. 주께서 나를 미쁘게 보시어 이 직분을 맡겨주셨다. 내가 전에 교회를 훼방하고 핍박하며 폭력을 행사하는 자였지만 그런 나를 오히려 불쌍히 여기신 것은 내가 아직 믿음이 없을 때 아무것도 모르고 그런 짓을 했기 때문이었다. 이토록 주의 은혜가 나에게 충만하였고 그리스도 예수 안에서의 믿음과 사랑을 아울러 풍성히 베풀어 주셨구나. 그리스도 예수께서 죄인을 구원코자 세상에 오셨다는 말은 모든 사람이 받아들일 만한 참말이다. 나야말로 죄인들 가운데 우두머리 죄인이지만 그리스도 예수께서는 그런 나를 불쌍히 여기셨고, 뒤에 주를 믿어 영원한 생명을 얻게 될 사람들한테 본이 되게 하시려고 오래 참아주신 것이다. 만세의 왕, 썩지 않고 눈에 보이지 않고 홀로 한 분이신 하느님께 존귀와 영광이 세세토록 무궁하기를! 아멘.

*

"이 일을 할 수 있도록 나에게 힘을 주신 우리 주 예수 그리스도께…" 일과 함께 일하는 데 필요한 힘과 지혜와 돈과 시간과 무엇보다도 마음을 주시는 우리 주 예수 그리스도께…

양심을 버려 믿음의 배가 파선된 사람들 [1, 18-20]

내 아들, 디모테오야. 전에 너를 두고 선포된 예언의 말씀을 좇아서 내가 너에게 명한다. 그 예언의 말씀대로, 믿음과 맑은 양심을 지니고서 선한 싸움을 싸워라. 자기 양심을 버려 믿음의 배가 파선된 사람들이 있으니, 히메내오와 알렉산드로가 그들 가운데 섞여 있거니와, 나는 그들을 사탄에게 내어주어 두 번 다시 하느님을 모독하지 못하도록 시련을 겪게 하였다.

*

양심에 부끄럽지 않은 사람. "죽는 날까지 하늘 우러러" 한 점 부끄러움이 없는 사람.

예배 처소에서 여자는 입을 다물어야 [2, 1-15]

무엇보다 먼저 내가 너에게 권하는 것은, 모든 사람을 위하여 간구하고 기도하며 그들을 중재하여 감사드리되 왕들과 높은 지위에 있는 사람들을 위하여 그렇게 하라는 것이다. 그러면 우리가 조용하고 평화로운 가운데서 경건하고 단정하게 살 수 있을 것이다. 이것은 좋은 일이요 우리 구세주 하느님을 기쁘시게 해드리는 일이다. 모든 사람이 구원받고 진리를 깨닫게 되기를 원하시는 하느님은 한 분이시고 하느님과 사람 사이의 중재자 또한 한 분이시니, 사람이신 그리스도가 바로 그분이시다. 그분이 모든 사람을 위하여 당신을 대속 제물로 내어주셨거니와 때가 되면 하느님의 뜻을 모두 증명해 보이시리라. 이를 위하여 내가 전도자로 사도로 부르심을 받았고 이방인들에게 믿음과 진리를 가르치는 교사로 된 것이다. (이는 참말이니, 나를 믿어라.) 그런즉 어느 예배 처소에서든지 남자들은 성을 내거나 다투는 일 없이 깨끗한 손을 들어 기도할 일이다. 그리고 여자들은 단정한 옷차림을 하고 머리를 꾸미거나 금 또는 진주로 치장하거나 값진 옷을 입지 말고 오직 착한 행실로 단정할 일이다. 하느님을 공경하는 사람이면 마땅히 그래야 하는 것이다. 여자들은 조용히 순종하면서 배워야 한다. 여자가 누구를 가르치거나 남자 주관하는 것을 나는 허락하지 않는다. 모름지기 여자는 입을 다물어야 한다. 아담이 먼저 창조되었고 그 뒤에 하와가 창조되었다. 아담이 속은 게 아니라 하와가 속아서 죄에 빠진 것이다. 그러나 여자들이 믿음과 사랑과 순결로 정절을 지키면 아이 낳는 일로 말미암아 구원받을 것이다.

*

"모름지기 여자는 입을 다물어야 한다." 바울로, 이런 말을 할 때가 있는, 자기가 사는 때와 곳의 울타리를 넘지 못한, 보통사람이다. 그래서 예수에게서는 이런 말을 듣지 못하는 거다.

교회 감독의 자격 [3, 1-7]

교회의 감독 자리에 앉고자 하는 사람은 좋은 직분을 바라는 사람이라는 말이 있는데, 과연 맞는 말이다. 그러니 감독은 마땅히 허물이 없고 한 아내의 남편이고 절제할 줄 알고 신중하게 행동하고 품위를 지키고 나그네를 후히 대접하고 잘 가르치고 술을 즐기지 않고 난폭하지 않고 너그럽고 남과 다투지 않고 돈 좋아하지 않고 자기 가정을 잘 다스리고 위엄 있는 처신으로 자녀들을 복종시키는 그런 사람이어야 한다. (제 집안도 못 다스리는 자가 어찌 하느님의 교회를 돌볼 수 있겠느냐?) 새로 입교한 사람도 안 된다. 잔뜩 교만해져서 악마가 받는 것과 같은 심판을 받을 수 있기 때문이다. 또한, 바깥사람들한테서도 좋은 평판을 듣는 사람이어야 한다. 그래야 사람들의 비난을 받거나 악마의 올무에 걸려드는 일이 없을 것이다.

*

벌써 "감독 자리에 앉고자 하는" 사람이 교회에 생겼다. 딱하긴 하나 엄연한 사실이다. 그래서 이렇게 하지 않아도 될 괜한 말을 하고 있는 거다.

집사의 자격 [3, 8-13]

집사들 또한 단정하고 한 입으로 두말하지 않고 과음하지 않고 부정한 이득을 탐내지 않고 깨끗한 양심으로 믿음의 심오한 진리를 간직한 사람이어야 한다. 그러니 그를 먼저 시험해보아서 책잡을 것이 없으면 집사 직분을 줄 일이다. 그들의 아내들도 마찬가지로 단정하고 남을 헐뜯지 않고 절제할 줄 알고 모든 일에 충성하는 사람이어야 한다. 집사들은 한 아내의 남편으로 자녀들과 집안을 잘 다스리는 사람이어야 한다. 집사 직분을 잘 감당한 사람은 선한 지위에 오르고 그리스도 안에서 그가 하는 말에 권위를 얻게 된다.

*

어차피 누군가 맡아야 할 자리가 생겼다. 아무에게나 그 자리를 맡길 순 없는 일이다.

진리의 기둥이자 터전인 교회 [3, 14-16]

내가 속히 너와 만나기를 바라면서 이 편지를 쓰는 것은, 혹시 내가 늦더라도 네가 하느님의 집에서 어떻게 처신할 것인지를 일러주려는 것이다. 이 집은 살아계신 하느님의 교회요 진리의 기둥이자 터전이다. 크구나, 우리가 믿는 종교의 깊은 비밀이여!
그가 사람 몸으로 나타나
성령으로 증명되고
천사들 눈에 보이고
모든 나라에 전파되어
세상이 저를 믿게 되었고
영광 가운데 들려 올라갔도다.

*

이건 비밀이다. 아는 사람은 알지만 함부로 말해서는 안 된다. 모르는 사람은 그런 게 있는 줄도 모른다. 그래야 비밀이고 그래서 비밀이다.

양심에 악마의 낙인찍힌 자들을 경계함 [4, 1-5]

성령께서 밝히 말씀하시기를, 훗날 믿음에서 떠나 곁길로 새게 만드는 영들과 악마들의 가르침을 따르는 자들이 있으리라고 하신다. 양심에 악마의 낙인이 찍혀 있는 거짓말쟁이에다 겉을 꾸미는 자들이 혼인을 금하고 어떤 음식을 먹지 말라고 하는데, 그것은 하느님이 지으신 것으로서 진리를 깨쳐 믿게 된 이들이 감사함으로 받아먹는 음식이다. 하느님이 지으신 것은 모두 좋은 것이라, 감사함으로 받으면 하나도 버릴 것이 없다. 하느님의 말씀과 믿는 자의 기도로 거룩해졌기 때문이다.

*

거짓말쟁이와 맞서 싸울 건 없다. 정체를 알아보면 금방 사라진다. 햇볕에 노출된 버섯처럼.

젊다는 이유로 사람들의 업신여김을 받지 말고 [4, 6-16]

네가 이런 교훈으로 형제들을 깨우쳐주면 그리스도 예수의 선한 일꾼이 되어 믿음의 원리와 그동안 좇아서 살아온 참된 교훈으로 양육될 것이다. 늙은 여편네들이나 좋아할 황당하고 저속한 이야기들을 물리치고 경건 생활을 훈련하는 데 힘을 기울여라. 육체를 단련하는 것도 얼마쯤 유익하겠지만 경건 생활 훈련은 범사에 유익하니 이번 생뿐 아니라 다음 생에도 보장된 약속이 있기 때문이다. 이는 모두가 받아들일 만한 참말이다. 우리가 이 일에 수고하고 힘을 쏟는 것은 모든 사람 특히 믿는 이들의 구주이신 살아계시는 하느님께 희망을 걸고 있기 때문이다.

너는 이것들을 명하고 가르쳐라. 젊다는 이유로 사람들의 업신여김을 받지 말고 오히려 말과 행동과 사랑과 믿음과 순결에서 믿는 이들의 모범이 되어라. 내가 갈 때까지 성경 읽기와 설교와 가르침에 전념하여라. 네가 받은 영적 선물 곧 예언자들이 말하고 장로회가 네 몸에 안수할 때 받은 직분을 가볍게 여기지 마라. 이 일들에 몸과 마음을 다 쏟아서 네가 앞으로 나아가고 있음을 모든 사람이 보고 알게 하여라. 너 자신과 네가 가르치는 내용을 늘 성찰해야 한다. 이렇게 꾸준히 행하면 너 자신은 물론 네 말을 듣는 사람들까지 모두 구원할 수 있게 될 것이다.

*

"젊다는 이유로 사람들의 업신여김을 받지 말고…" 너를 업신여기는 자들이 없다는 얘긴 아니다. 있어도 그 말에 상관치 말고 "너 자신과 네가 가르치는 내용을 늘 성찰해야 한다."

과부들을 보살피고 장로들을 존중할 것 [5, 1-23]

늙은이를 나무라지 말고 아버지에게 권하듯이 권하여라. 젊은이는 형제 대하듯이, 늙은 여인은 어머니 대하듯이, 젊은 여인은 누이 대하듯이, 오로지 순결한 마음으로 대하여라.
진짜 과부들을 잘 돌봐주어라. 어떤 과부에게 자녀나 손자 손녀들이 있거든 우선 집안에서 효도하여 부모 은혜 갚는 것부터 가르쳐라. 그것이 하느님을 기쁘시게 해드리는 일이다. 의지가지없이 외롭게 사는 과부는 오직 하느님께 희망을 두고 밤낮으로 기도하며 간구하지만, 향락에 빠진 과부는 살았어도 죽은 사람이니 아무쪼록 잘 타일러서 책망받을 일이 없게 해주어라. 누구든지 자기 친척 특히 자기 가족을 돌보지 않으면 믿음을 배반한 자요 믿지 않는 자보다 더 악한 자다.
환갑 넘긴 과부들을 명부에 올리되 결혼은 한 번만 하였고 선한 행실로 주변의 평판이 괜찮고 자녀 잘 기르고 나그네 후히 대접하고 성도들의 발을 씻어주고 어려운 일 당한 사람들을 구제하고 온갖 선한 일에 힘쓴 사람이어야 한다. 젊은 과부들은 명부에 올리지 마라. 그들이 정욕에 이끌려 그리스도를 등지고 결혼할 마음이 생기면 첫 서약을 어기는 것이니 비난을 받게 되리라. 또 집집이 돌아다니며 게으름을 피우고 수다나 떨며 괜히 일을 만들고 해서는 안 된 말을 할 것이다. 그러니 젊은 과부들은 차라리 시집가서 아이 낳고 집안을 잘 다스려 우리를 훼방할 기회를 적대자들에게 주지 않았으면 한다. 벌써 몇몇은 돌아서서 사탄을 좇아갔더구나. 만일 어느 믿는 여인에게 과부 친척들이 있으면 그 과부들을 돌봐주어 교회의 짐이 되지 않게 하여라. 그래야 교회가 진짜 과부들을 도와줄 수 있을 것이다.
잘 다스리는 장로들은 갑절로 대우받아야 한다. 특히 설교하고 가르치는 이들을 존대하여라. 성경에 이르기를, "곡식 밟아 떠는 소의 입에 망을 씌우지 말라." 하였고, "일꾼이 삯을 받는 것은 마땅한 일이다." 하였다. 두세 증인이 없으면 장로들에 대한 소송을 받아들이지 말고 죄를 지은 자는 모든 사람 앞에서 징계하여 나머지 사람들도 두려워하게 하여라.
하느님과 그리스도 예수와 선택된 천사들 앞에서 내가 엄히 명한다. 편견 없이 이것들을 지키되 어디에도 치우치지 않도록 하여라. 아무한테나 경솔하게 안수하지 말고 다른 사람 범죄에 끼어들지 말고 자신의 순결을 지켜라. 이제부터는 물만 마시지 말고 위장이나 자주 앓는 병을 생각하여 포도주를 조금씩 마시도록 하여라.

*

선배가 후배에게 아비의 심정으로 이런저런 코치를 한다. 그 자체만으로 충분히 아름답다.

반드시 드러나는 선행과 범죄 [5, 24-25]

어떤 사람들의 죄는 명백해서 심판받기 전에 드러나고 어떤 사람들의 죄는 나중에야 드러난다. 선한 행실 역시 저절로 드러나는데, 그러지 않는다고 하더라도 끝내 드러나지 않을 수는 없는 것이다.

*

밀알은 혹시 썩을지 모르나 사람의 행실은 썩지 않는다. 반드시 싹을 틔워 열매를 맺는다.

주인을 섬기는 종의 자세 [6, 1-2]

종의 멍에를 쓴 자는 자기 주인을 공경해 마땅한 사람으로 알고 그렇게 섬길 일이다. 그러면 하느님의 이름과 교회의 가르침이 비방 받지 않을 것이다. 주인이 믿는 사람일 경우, 그가 형제라는 이유로 소홀히 여기지 말고 오히려 더 잘 섬겨야 한다. 섬김을 받아서 유익한 사람이 사랑하는 동료 신자이기 때문이다.
너는 이처럼 가르치고 권하여라.

*

종들이 있는 시대나 없는 시대나 인간관계에는 길들이 있다. 상호존중도 그중 하나다.

지금 있는 것으로 만족할 줄 아는 사람 [6, 3-10]

누구든지 다른 교리를 가르치고 우리 주 예수 그리스도의 말씀과 경건한 가르침을 좇지 않는 자는 교만하여 아무것도 알지 못하고 시기와 다툼과 비방과 악한 생각을 낳을 따름인 토론과 언쟁에만 몰두한다. 마음이 썩고 진리를 잃어 종교를 한낱 이득의 수단으로 여기는 자들 사이에서는 분쟁이 일어나게 마련이다.
지금 있는 것으로 만족할 줄 아는 사람에게는 종교가 이익을 가져다준다. 우리는 세상에 아무것도 가지고 오지 않았으며 아무것도 가지고 갈 수 없다. 그러니 먹을 것과 입을 것이 있으면 그것으로 충분한 줄 알아야 한다. 부자 되려고 애쓰는 사람은 유혹과 올무에 빠지고 어리석고 해로운 욕심에 사로잡혀 결국 파멸의 구렁텅이에 떨어지고 만다. 돈을 사랑하는 것이 일만 악의 뿌리다. 돈을 따라다니다가 곁길로 새어 믿음을 떠나고 많은 근심으로 자기를 찌른 사람들이 있다.

*

역시 문제는 종교가 아니라 종교인이다. 사람이 글렀으면 좋은 종교일수록 나쁘다.

맡겨진 임무에 충실할 것 [6, 11-16]

하지만 하느님의 사람인 너는 이런 것들을 피하고 의와 경건과 믿음과 사랑과 인내와 온유를 좇아라. 믿음의 선한 싸움을 잘 싸워 영원한 생명을 얻어라. 이를 위하여 하느님께서 너를 부르셨고, 너는 많은 증인 앞에서 네 믿음을 잘 고백하였다. 만물을 살아 있게 하시는 하느님과 본티오 빌라도에게 당신의 소신을 당당히 증언하신 그리스도 예수 앞에서 내가 너에게 명한다. 우리 주 예수 그리스도께서 다시 오실 때까지 너에게 주어진 임무를 나무랄 데 없이 착실하게 감당하여라. 정해진 때가 차면 하느님께서 다시 그분을 나타내 보이실 터인즉 하느님은 복되신 분, 홀로 다스리시는 분, 왕들 가운데 왕, 주군들 가운데 주군이시다. 홀로 불멸하시고 가까이 다가서지 못할 빛 가운데 계시고 아무도 보지 못하였고 볼 수 없는 그분께 영예와 영원한 권세가 있기를! 아멘.

*

“아무도 보지 못하였고 볼 수 없는 그분께…” 육안으로 그렇다는 말이다. 영의 눈을 뜬 사람은 보지 못할 수 없고 보지 않을 수 없는 분이다.

이 세상에서 부유한 사람들에게 [6, 17-21]

너는 이 세상에서 부유한 사람들에게 명하기를, 교만해지지 말고 믿지 못할 재물에 희망을 두지 말고 다만 우리에게 모든 것을 풍성히 주시어 그것들을 누리게 하시는 하느님께 희망을 두라고 하여라. 또한, 선한 일을 하고 선행에 부유해져서 나누기를 기꺼워하고 그렇게 하여 자신의 장래를 위해 좋은 터를 닦아 참 생명을 얻으라고 하여라.
디모테오야, 너에게 맡겨진 것을 잘 지켜라. 속된 잡담과 거짓 지식에서 나오는 반대이론을 피하여라. 그런 것을 좇다가 믿음에서 벗어난 사람들이 있더구나.
은총이 그대들 모두에게 있기를!

*

꽃은 꽃에 대한 사람들의 논쟁에 끼어들지 않는다.

디모테오후서

첫인사 [1, 1-2]

하느님의 뜻에 따라 그리스도 예수의 사도로 되어 그리스도 예수 안에서 약속된 생명을 선포하는 바울로가 사랑하는 아들 디모테오에게 이 편지를 보낸다.
하느님 아버지와 그리스도 예수 우리 주의 은총과 자비와 평강이 너에게 있기를!

할머니와 어머니의 믿음을 물려받은 디모테오 [1, 3-14]

내가 밤낮으로 기도하는 가운데 너를 생각하며 청결한 양심으로 조상 적부터 섬겨온 하느님께 감사드리고 네가 흘린 눈물을 기억하여 너 보기를 간절히 원하는 것은 그로써 내 기쁨이 충만해지겠기 때문이다. 네 속에 있는 거짓 없는 믿음을 생각하면 네 할머니 로이스와 어머니 유니게가 지녔던 그 믿음을 지금 네가 간직하고 있음을 확신케 되는구나. 그래서 내가 너에게 안수할 때 하느님께서 주신 은총의 선물을 상기시키는 것이니, 아무쪼록 그것을 다시 불타오르게 하여라. 하느님께서는 우리에게 겁먹은 마음이 아니라 능력과 사랑과 절제를 주신다. 그러니 네가 우리 주님의 증인으로 된 것이나 내가 그분을 위하여 투옥된 것을 부끄러워하지 말고 오직 하느님의 힘에 기대어 복음 선파의 수고를 함께 나누자. 하느님께서 우리를 구원하시어 당신 백성으로 삼으신 것은 우리한테 무슨 공적이 있어서가 아니고 다만 당신의 계획과 천지창조 이전에 이미 그리스도 예수를 통하여 우리에게 베푸신 은총으로 말미암은 것이었다. 이제 우리 구주 그리스도 예수의 출현으로 그 은총이 세상에 밝혀졌으니 그분이 죽음을 죽이시고 복음을 통하여 썩지 않는 생명을 드러내신 것이요, 이 복음을 위하여 내가 전도자로 사도로 교사로 임명된 것이다. 내가 이 일로 고난을 겪고 있으나 부끄러워하지 않는 까닭은 내가 믿고 의지하는 분이 누구신지를 잘 알고 있으며 그분께서 내가 맡겨드린 것을 그날이 오기까지 지켜주실 줄 확신하기 때문이다. 너는 그리스도 예수 안에 있는 믿음과 사랑으로 살면서 나한테 배운 건전한 가르침을 삶의 원리로 삼아라. 또 우리 안에 살아계신 성령의 능력으로 너에게 맡겨진 고귀한 선물을 잘 간직하여라.

*

하느님의 은총은 천지창조 이전부터 있었다. 사람이 태어나기 전에 해가 있었듯이. 하지만 눈먼 자에게 해가 없듯이, 예수 만나 눈 뜨기 전에는 하느님의 은총이 없는 거다.

오네시포로의 도움을 기억하며 [1, 15-18]

너도 알다시피 아시아에 있는 사람들이 모두 나를 떠났는데 그중에는 피겔로와 헤르모게네도 포함되어 있다. 주께서 오네시포로 집안에 긍휼을 베풀어주시기를! 그는 나에게 여러 번 용기를 북돋아 주었고 옥에 갇힌 나를 부끄러워하지 않았으며 로마에 왔을 때는 애써 수소문하여 나를 만나주었다. 그가 에페소에서 나를 얼마나 정성껏 섬겼는지는 너도 잘 알고 있는 사실이다. 그날에 주께서 당신의 자비를 그에게 베풀어주시기를!

*

누구는 등지고 누구는 품는다. 세상은 그런 곳이다. 탓하거나 원망할 사람 없다.

그리스도의 충직한 병사로 [2, 1-7]

내 아들아, 그러니 너는 그리스도 예수 안에 있는 은총으로 강건해지고 많은 증인 앞에서 내가 너에게 가르쳐준 것을 믿음직한 사람들에게 전달하여 그들도 다른 사람들을 가르칠 수 있게 하고 그리스도 예수의 충직한 병사로서 네 몫의 수고를 잘 감당하여라. 직업군인은 지휘관을 기쁘게 해야 하므로 사생활에 얽매이지 말아야 한다. 경주자가 규칙을 어기면 월계관을 쓸 수 없고, 수고한 농부가 먼저 곡식을 받는 것은 당연한 일이다. 내 말을 명심하여라. 주께서 너를 도우시어 모든 것을 알게 하시리라.

*

전해 받았으니 전해 줄 일이다. 혼자 사는 세상 아니다.

어디에도 매이지 않는 하느님의 말씀 [2, 8-13]

다윗의 자손이며 죽음에서 다시 살아나신 예수 그리스도, 이분을 기억하여라. 그것이 내가 전하는 복음이다. 나는 이 복음 때문에 죄인처럼 옥에 갇히기까지 하였지만 하느님의 말씀은 어디에도 매이지 않는다. 내가 하느님이 택하신 이들을 위하여 이 모든 일을 참고 견디는 것은 저들 또한 그리스도 예수 안에서 구원과 영원한 영광을 얻게 하기 위해서다. 미쁘구나, 이 말이여!

우리가 주와 함께 죽으면 그와 함께 살 것이요,
끝까지 참고 견디면 그와 함께 왕 노릇 할 것이며,
우리가 그를 부인하면 그도 우리를 부인하리라.
우리는 미쁘지 못하여도 그는 항상 미쁘시니,
자기를 스스로 허물지 못하심이로다.

*

복음 전하는 자는 구속당해도 복음은 구속되지 않는다. 복되어라, 복음을 전하다가 복음이 된 자여.

헛된 논쟁의 무익함 [2, 14-19]

저들로 하여금 이를 유념케 하되 말로 논쟁하지 말 것을 엄히 명하여라. 그것은 아무 유익도 없을 뿐 아니라 듣는 자들을 망칠 따름이다. 진리 말씀을 옳게 가려내어 하느님의 인정받는 일꾼으로서 부끄럽지 않은 너 자신을 그분께 드리도록 최선을 다하여라. 세속 사람들의 헛된 잡담에 끼어들지 마라. 그 때문에 사람들이 더욱 경건치 못하게 되고 그들의 독한 말은 염병처럼 퍼져나갈 것이다. 그들 가운데 히메내오와 필레도가 섞여 있다. 진리에 관하여는, 우리의 부활이 이미 이루어졌다는 말로 사람들의 믿음을 무너뜨리고 있는 그들이 틀린 것이다. 그러나 하느님께서 놓으신 기초는 튼튼하여 굳게 서 있으니, 거기엔 "주께서 당신의 사람들을 아신다."는 말씀과 "주의 이름을 부르는 자마다 불의에서 떠나야 한다."는 말씀이 새겨져 있다.

*

헛된 잡담으로 어지러운 세상이다. 하지만 조심하면 휩쓸리지 않을 수 있는 세상이다.

큰 집에서 귀하게 쓰이는 깨끗한 그릇 [2, 20-26]

큰 집에는 금으로 만든 그릇과 은으로 만든 그릇뿐 아니라 나무 그릇도 있고 질그릇도 있어서 어떤 것은 귀하게 쓰이고 어떤 것은 천하게 쓰인다. 그러므로 누구든지 이런 악으로부터 자기를 깨끗하게 하면 귀히 쓰이는 그릇이 되어, 주인에게 쓸모 있는 그릇으로 바쳐져서 모든 좋은 일에 쓰일 것이다. 너는 젊음의 욕정을 피하고 깨끗한 마음으로 주님을 찾는 이들과 함께 의와 믿음과 사랑과 평화를 좇도록 하여라. 어리석고 무식한 논쟁에 끼어들지 마라. 너도 알다시피 그것은 다툼을 불러일으킬 따름이다. 주의 종은 모름지기 다툼이 없어야 하고 모든 사람을 온순하게 대하고 잘 가르쳐주고 오래 참아주어야 한다. 또 반대하는 자들을 부드럽게 바로잡아주어야 하는 이유는, 하느님께서 그들에게 회개할 기회를 주시어 진리를 알게 하시면 저들이 깨닫고 정신을 되찾아 악마의 올무에서 벗어날 수 있기 때문이다.

*

그릇이 어떻게 쓰일지를 결정하는 건 그릇이 아니다. 그릇 주인이다. 이 평범한 진실을 몰라서 사람이고 알 수 있어서 사람이다.

말세에 다가올 어려운 시절 [3, 1-9]

나는 네가 말세에 어려운 시절이 다가오리라는 것을 알았으면 한다. 그때 사람들이 자기만 알고 돈을 사랑하고 뽐내고 교만하고 독한 말을 서슴지 않고 부모에 순종치 않고 감사할 줄 모르고 경건치 못하고 무정하고 몰인정하고 남을 헐뜯고 무절제하고 사납고 선을 좋아하지 않고 배반하고 조급하고 자만하고 하느님보다 쾌락을 더 사랑하고 겉으로는 종교의 틀을 지키는 것 같지만 실제로는 종교의 힘을 부인할 터인데, 너는 그런 자들과 섞이지 마라. 그들 가운데는 남의 집에 몰래 들어가서, 자기가 지은 죄를 무겁게 지고 여러 가지 욕정에 끌려다니느라 배우기는 늘 하지만 결코 진리를 깨치지 못하는 여인들을 유혹하는 자들이 있다. 저들은 얀네와 얌브레가 모세를 등졌듯이 진리를 배척하여 그 마음이 썩고 그 믿음에 낙오한 자들이다. 저 얀네와 얌브레처럼 그 어리석음이 천하에 드러나서 앞으로 나아가지 못할 것이나.

*

사람들이 “자기만 알고 돈을 사랑하고 뽐내고 무정하고 몰인정하고 남 헐뜯고 …조급하고 자만하고 하느님보다 쾌락을 더 사랑하고…” 이러지 않을 때 있는가? 모든 때가 말세다.

하느님의 감동으로 이루어진 성경 [3, 10-17]

하지만 네가 나의 가르침과 일상생활, 인생 목표와 믿음, 오래 견딤과 사랑과 인내를 보았고 내가 안티오키아와 이고니온과 리스트라에서 어떤 핍박과 고난을 겪었는지도 알고 있거니와, 주께서는 그 모든 끔찍한 시련에서 나를 건져주셨다. 누구든지 그리스도 예수 안에서 경건하게 살고자 하는 사람은 핍박을 받게 될 것이다. 그러나 악한 자들과 사기꾼들이 날로 더욱 사악해져서 남을 속이기도 하고 남에게 속기도 할 터인즉, 아무쪼록 배워서 확실하게 알고 있는 진리를 굳게 지켜라. 너는 그것을 누구한테 배웠는지 알고 있으며, 스스로 알다시피, 어려서부터 성경에 친숙하였다. 그리스도 예수 안에서 구원받는 지혜를 너에게 줄 수 있는 것이 성경이라, 모든 성경이 하느님의 감동으로 이루어진 책으로서 가르침과 책망과 바로잡음과 의롭게 사는 법을 훈련하는 데 두루 쓸모가 있으니, 하느님의 온전한 사람으로 하여금 온갖 선한 일을 할 수 있게 해주는 것이다.

*

너를 움직이는 동력動力을 네 중심에 두어라. 하느님의 말씀이 그것이다.

인생의 황혼에서 의로운 월계관을 기다림 [4, 1-8]

내가 하느님 앞에서 그리고 산 자와 죽은 자를 심판하실 그리스도 예수 앞에서, 그분이 다시 오시어 다스리실 것을 염두에 두고, 너에게 엄히 명한다. 너는 말씀을 전하되 때를 얻든지 못 얻든지 꾸준히 전하고 오래 참고 가르치고 견책하고 경계하며 권고하여라. 사람들이 건전한 가르침 듣기를 싫어할 때가 오리니, 제 귀를 달콤하게 해주는 말만 들으려 하고 그렇게 가르치는 교사들을 긁어모으리라. 또 그 귀를 진실에서 돌이켜 황당한 이야기 쪽으로 기울일 것이다. 그러나 너는 만사에 신중하고 고난을 견뎌내며 복음 전하기에 힘써 네 직무를 완수하여라.

나는 번제물로 나를 바칠 준비가 되었고 세상을 떠날 때가 다가왔다. 내가 선한 싸움 다 싸우고 달려갈 길 모두 달리고 믿음을 지켰으니 이제 의로운 월계관 쓸 일이 남았구나. 그날에 주 곧 의로우신 재판장께서 내게 월계관을 주실 것이요, 나뿐 아니라 오실 주님을 사모하는 모든 사람에게 주실 것이다.

*

언제 어디서나 하늘이 저에게 맡긴 소임을 다하는 사람! 그뿐인 사람!

부탁 몇 가지 [4, 9-18]

속히 내게로 오너라. 데마는 세상을 사랑하여 나를 버리고 데살로니카로 갔고 그레스겐스는 갈라디아로, 디도는 달마디아로 갔고 지금 루가만 나와 함께 있다. 마르코는 내가 하는 일에 꼭 필요한 사람이니 그를 데리고 와야 한다. 디키고는 에페소로 보냈다. 이리로 올 때 내가 드로아스의 가르포 집에 두고 온 겉옷과 책들을 가지고 오되 특히 양피지에 쓴 것들을 반드시 챙기도록 하여라.
구리 세공업자인 알렉산드로가 나를 몹시 괴롭혔는데 그의 행실대로 주께서 갚아주실 것이다. 너도 그를 조심하여라. 우리가 전하는 말씀을 극렬하게 반대한 사람이다.
내가 처음 나를 변호할 때 아무도 내 편을 들지 않았고 모두가 나를 등지고 떠났으나 저들에게 허물이 돌아가지 않기를 바란다. 주께서 내 곁에 계시며 나에게 힘을 주셨기에 내가 이방인들에게 하느님 말씀을 온전히 전할 수 있었고 사자의 입에서 구출되었던 것이다. 주께서 나를 모든 해악에서 건져주시고 또 당신의 하늘나라로 안전하게 데려가시리니, 영광이 세세 무궁토록 그분께 있기를! 아멘.

*

초리한 종생終生이 눈앞에 보인다. 마지막 축복이다.

끝인사와 축원 [4, 19-22]

브리스카와 아퀼라에게 문안하고 오네시포로 집안사람들에게 문안해다오. 에라스도는 고린토에 머물러 있고 트로피모는 병을 앓고 있어서 밀레도스에 남겨두었다. 겨울이 오기 전에 서둘러 이리로 오너라. 유불로와 부덴스와 리노와 클라우디아와 다른 모든 형제가 너에게 문안한다.
주께서 너의 심령에 함께 계시기를!
은총이 그대들 모두에게 있기를!

*

디모테오는 바울로의 임종을 곁에서 지켜보았을까? 괜한 질문!

디도서

첫인사 [1, 1-4]

하느님의 종이요 예수 그리스도의 사도인 바울로는 하느님 백성의 믿음을 세워주고 영원한 생명을 소망하는 우리 종교의 진리를 가르치기 위하여 사도로 임명되었으니, 이 생명은 거짓 없는 구세주 하느님께서 영원 전부터 약속하신 것으로서 당신의 때 당신 말씀을 실현하시고 그것을 세상에 전파하라는 전도의 임무를 그에게 맡기신 것이다. 같은 믿음을 나눠 가진 나의 참된 아들 디도에게 이 편지를 보낸다.

하느님 아버지와 우리 구주 예수 그리스도로부터 내려오는 은혜와 평강이 너에게 있기를!

*

바울로를 누가 사도로 임명했던가? 자기다. 하지만 본인은 자기가 임명했다고 말하지 않는다. 그게 그렇지 않다는 걸 스스로 알기 때문이다.

장로와 감독으로 임명될 사람의 자격 [1, 5-9]

내가 너를 그레데에 남겨두고 온 이유는 거기서 우리가 다하지 못한 일을 마무리하고 내가 일러준 대로 각 마을에 장로들을 임명토록 하려는 것이었다. 장로 될 사람은 책잡힐 일이 없고 한 아내를 둔 남편으로서, 그 자식들이 방탕하거나 순종치 않는다고 비난받지 않는 사람이어야 한다.

감독은 하느님 집안의 청지기로서 책잡힐 일이 없고 자기 의견을 고집하지 않고 쉽게 성내지 않고 술을 즐기지 않고 폭력을 행하지 않고 부당한 이득을 탐내지 않고 오직 나그네를 잘 대접하고 선을 사랑하고 신중하고 의롭고 거룩하고 절제할 줄 알고 교리에 맞는 미쁘신 말씀을 굳게 지키는 사람이어야 한다. 그래야 건전한 가르침으로 사람들을 권면하고 반대자들의 주장을 꺾을 수 있을 것이다.

*

이제나저제나 청문회가 필요하다. 그래서 세상이다. 교회도 세상이다.

할례를 주장하는 유다인 개종자들 [1, 10-16]

순종하지 않고 헛된 토론을 일삼으며 속이는 자들이, 특히 할례를 주장하는 유다인 개종자들 가운데, 많이 있는데 그들의 입을 막아야 한다. 저들이 더러운 돈 몇 푼 얻으려고 그릇된 가르침으로 온 집안을 어지럽히는구나. 그들 사이에서 예언자로 알려진 자가 이르기를, "그레데 사람들은 언제나 거짓말쟁이요, 사악한 짐승이요, 먹는 것만 아는 게으름뱅이들이다." 하였다더니 과연 맞는 말이다. 그러니 저들을 책망하여 건전한 믿음을 지니게 하고 유다인들의 허망한 이야기와 진리를 등진 자들의 가르침을 따르지 못하게 하여라. 깨끗한 사람한테는 모든 것이 깨끗하지만 더러운 사람과 믿지 않는 사람한테는 그 어떤 것도 깨끗하지 않으니 저들의 마음과 양심마저도 더러워진 까닭이다. 입으로는 하느님을 안다고 말하면서 행실로 부인하는 저들이야말로 밉살스럽고 완고하여 선한 일이라고는 도무지 할 줄 모르는 자들이다.

*

무엇이 깨끗한지 더러운지를 결정하는 건 무엇이 아니라 그것을 보는 사람이다.

건전한 교리에 부합되는 가르침 [2, 1-15]

오직 너는 건전한 교리에 부합되는 말을 하되 늙은 남자들에게는 절제하고 경건하고 신중하고 온전한 믿음과 사랑과 인내를 갖추라고 말해야 한다. 또 늙은 여자들에게는 경건한 몸가짐으로 누구를 헐뜯거나 술의 노예가 되지 말고 젊은 여인들을 잘 가르쳐서 남편과 자녀들을 사랑하고 신중하고 순결하고 살림 잘하고 남편한테 복종하는 착한 아내가 되게 하라고 하여라. 그러면 하느님의 말씀이 나쁜 평판을 듣지 않게 될 것이다. 젊은 남자들에게도 신중하라고 권하여라. 너 스스로 범사에 좋은 본을 보여주고 남을 가르칠 때는 진지하고 위엄이 있어야 한다. 책잡힐 것 없는 바른말을 하여라. 반대자들이 우리를 흠잡을 수 없어서 오히려 부끄러워하게 될 것이다. 종들에게는 매사에 주인한테 복종하고 그를 기쁘게 해주며 말대꾸하지 말고 떼어먹지 말라고 하여라. 그들은 오직 선하고 충성스러워 우리 구세주 하느님의 가르침을 빛나게 해드려야 한다.
만인을 구원하시는 하느님의 은총이 계시되었으니, 우리를 훈련시켜 온갖 경건치 않은 것과 세속의 욕심을 버리고 신중하게 의롭게 경건하게 이 세상을 살아가며 크신 하느님과 우리 구주 예수 그리스도의 영광이 나타나실 복된 소망의 그 날을 기다리게 하는구나. 그분이 우리를 위하여 당신 자신을 내어주심은 우리를 모든 죄악에서 건져내어 깨끗하게 하시고 우리로 하여금 선한 일에 열심을 내는 당신 백성이 되게 하려는 것이었다.
너는 이것을 말하여라. 권위 있게 사람들을 권면하고 가르치되 아무한테도 업신여김을 당하지 않도록 하여라.

*

"만인을 구원하시는 하느님!" 누구를 헐뜯는 사람, 술의 노예, 남편한테 대드는 여자… 이런 것들도 하느님이 구원하신다는 얘기 아닌가? 엄청난 말이다. 하지만 옳은 말이다.

어리석은 토론과 논쟁을 피할 것 [3, 1-11]

통치자와 권세 잡은 자들에게 복종하고 그들을 따르며 온갖 선한 일을 할 준비가 되어있고 남을 헐뜯지 않고 다투지 않고 모든 사람을 너그럽고 온순하게 대할 것을 너의 사람들에게 상기시켜주어라. 우리도 전에는 미련하고 순종할 줄 모르고 곁길로 새고 온갖 정욕과 쾌락에 종노릇 하고 악덕과 시기로 허송세월하고 미움받을 짓을 하고 서로 미워하고 그러면서 살았으나 우리 구주 하느님께서 당신의 자비와 사랑을 나타내시어, 우리가 무슨 의로운 짓을 했기 때문이 아니라 오직 당신이 자비로우신 분이기 때문에 우리를 구원하셨던 것이다. 우리가 거듭남의 물로 씻기고 성령으로 새로워진 것은 하느님께서 우리 구주 예수 그리스도를 통하여 성령을 풍성하게 부어주신 덕분이었다. 우리가 이렇게 그분의 은혜로 하느님 앞에서 의롭다 인정받게 되었고 장차 물려받을 영원한 생명에 소망을 두게 된 것이다.
미쁘다, 이 말이여. 나는 네가 이것들을 강조하여 하느님을 믿는 자들로 하여금 삼가 선행에 힘쓰도록 해주기를 바란다. 선행은 좋은 것이며 모두에게 유익한 것이다. 어리석은 토론과 족보 캐기와 율법에 대한 논쟁을 피하여라. 모두가 헛되고 무익한 것들이다. 이단에 속한 자들은 한두 번 경고해보고 반응이 없으면 다는 만날 것 없다. 너도 알다시피 그들은 마음이 비뚤어져서 그릇된 길을 걸어 스스로 저를 죄인으로 만드는 자들이다.

*

세상에 완벽한 인간은 없다. 모두가 반편이다. 반편으로 살아라.

끝인사와 축원 [3, 12-15]

내가 아르데마나 디키고를 그리로 보내거든 너는 급히 니코폴리스로 나를 찾아오너라. 니코폴리스에서 겨울을 날 작정이다. 아폴로와 법관 제나를 먼저 이리로 보내는데, 그들에게 부족한 것이 없도록 세심하게 챙겨주어라. 우리 사람들 또한 선행에 힘써서 남에게 꼭 있어야 하는 것들을 채워줄 줄 알아야, 그래야 수고한 보람이 있을 것이다.
나와 함께 있는 사람들 모두가 너에게 문안한다. 우리를 사랑하는 사람들 모두에게 문안을 전해다오.
은혜가 그대들 모두에게 있기를!

*

혼자 사는 세상 아니다. 허파가 염통을 채워주듯이 그렇게 서로 채워주어라.

필레몬서

첫인사 [1, 1-3]

그리스도 예수를 위해서 갇힌 몸 된 바울로와 형제 디모테오가 친애하는 벗이자 동역자인 필레몬과 자매 압피아, 전우 아르킵보 그리고 그대 집에서 모이는 교회에 이 편지를 보냅니다.
하느님 우리 아버지와 주 예수 그리스도의 은혜와 평강이 그대들에게 있기를!

*

누가 누구에게 사랑어린 편지를 보내는 것 자체가 사랑이다. 고마운 사랑!

믿음으로 나누는 필레몬의 교제 [1, 4-7]

내가 기도할 때마다 그대를 기억하고 하느님께 감사드리는 것은 그대가 주 예수와 성도들을 어떻게 사랑하고 신뢰하는지 들어서 알고 있기 때문입니다. 믿음으로 나누는 그대의 교제가 우리 모두로 하여금 그리스도를 따르는 자들에게 내리는 복이 얼마나 큰지 알게 해주었으면 합니다. 그대가 사랑으로 성도들 마음을 평안케 한다는 말에서, 형제여, 나는 큰 기쁨과 위안을 얻었소이다.

*

촛불이 빛을 내고 장미가 향을 낸다. 평안한 사람은 가만있어서 주변을 평안케 한다.

오네시모를 돌려보내며 [1, 8-22]

나는 그리스도를 따르는 사람으로서 아무 거리낌 없이 그대에게 마땅히 해야 할 일을 명할 수도 있지만 서로의 사랑을 위하여 간곡히 부탁하는 게 좋겠다고 생각하였습니다. 그리스도 예수의 대리인이요 지금은 그분을 위해서 갇혀있는 나 바울로가 이곳에 감금되어있는 동안에 낳은 아들 오네시모의 일로 그대에게 간청합니다. 그가 전에는 그대에게 쓸모없는 물건이었지만 지금은 나와 그대에게 유용한 존재가 되었소이다. 내 심장의 한 조각 같은 그를 그대에게로 돌려보냅니다. 복음을 위하여 갇혀있는 동안 그를 곁에 두고 그대를 대신하여 시중들게 할까 생각해 보았지만 그대의 승낙 없이는 아무 일도 하지 않기로 하였습니다. 그대의 선행이 억지로 하는 게 아니라 스스로 원해서 하는 것이어야 하니까요. 어쩌면 그가 한동안 그대를 떠난 것이 영원토록 그대의 사람으로, 종이 아니라 종보다 더한 존재 곧 사랑받는 형제로, 되기 위해서인지 모르겠습니다. 그가 이 정도로 나에게 특별한 존재인데 하물며 육신으로나 주 안에서 맺어진 관계로나 그대한테는 얼마나 더 그렇겠습니까?

그러니 그대가 나를 신앙의 동지로 여긴다면 나를 받아주듯이 그를 받아주십시오. 그가 그대에게 저지른 잘못이 있거나 빚진 것이 있다면 내가 갚도록 하겠습니다. 여기, 내가 친필로 보증합니다. '나 바울로가 갚는다.' 그대가 오늘의 그대로 되기까지 나한테 진 빚이 있는 건 사실이지만 그 일에 대하여는 언급하지 않겠소이다. 형제여, 나는 그리스도의 방식으로 빚을 돌려받고 싶습니다. 부디 그리스도 안에서 나를 기쁘게 해주고 내 마음을 평안케 해주십시오. 그대가 내 부탁을 들어줄 뿐 아니라 그보다 더한 일도 해주리라 확신하면서 이 글을 씁니다. 그리고 내가 묵을 처소도 예비해주십시오. 그대들의 기도를 하느님께서 들으시고 그곳을 방문할 기회를 내게 주시기 바랍니다.

*

"형제여, 나는 그리스도의 방식으로 빚을 돌려받고 싶습니다." 위에서 받고 옆으로 주는 것이 그리스도의 방법이다. 저 돌아가는 맷돌처럼.

끝인사와 축원 [1, 23-25]

그리스도 예수를 위해서 나와 함께 갇혀있는 에바프라가 그대에게 문안합니다. 또한, 나의 동지들인 마르코, 아리스다르코, 데마, 루가가 그대에게 문안합니다.
주 예수 그리스도의 은혜가 그대들 심령에 있기를!

*

"주 예수 그리스도의 은혜"는 없는 데가 없다. 그를 향해서 몸과 마음을 닫아버린 사람에게는 없는 것 같겠지만.

히브리서

천사들보다 우월하신 하느님의 아들 [1, 1-14]

예전에는 하느님께서 예언자들을 시켜 여러 다양한 모습으로 우리 조상들에게 말씀하셨으나 이 마지막 세대에 이르러서는 아들을 시켜 말씀하셨으니, 바로 그 아들을 통하여 세상을 지으셨고 그 아들에게 세상을 물려주시기로 하신 것입니다. 그 아들은 하느님의 영광을 드러내는 찬란한 빛이시고 하느님의 본성을 그대로 나타내는 형상으로서, 당신의 능력 있는 말씀으로 만물을 잡아주시며 사람의 죄를 깨끗하게 씻어주시고 높은 곳에 계시는 존엄하신 하느님 오른편에 앉으셨으며, 아들이라는 이름을 받아 천사들보다 우월한 신분이 되셨습니다.

하느님께서 어떤 천사에게, "너는 내 아들, 내가 오늘 너를 낳았다."고 말씀하셨던가요? 또, "나는 그에게 아비가 되고 그는 내 아들이 되리라."고 말씀하셨습니까? 하느님께서는 당신 맏아들을 세상에 보내시면서, "하느님의 천사로 하여금 그를 예배케 하여라." 하셨고 천사들을 두고는, "그가 천사들을 바람으로, 당신 일꾼들을 불꽃으로 삼는다." 하셨지요. 그러나 당신 아들에 관해서는, "오, 하느님, 주의 보좌는 영원무궁하시고 주의 지팡이는 공평무사한 지팡이입니다. 주께서 의를 사랑하시고 불의를 미워하시니 그러므로 하느님 곧 너의 하느님께서 네 동료들이 아니라 너를 부르시어 왕으로 기름 부음 받는 기쁨을 맛보게 하시는구나." 하셨소이다. 또 말씀하시기를, "주님, 태초에 주께서 땅의 기초를 놓으셨고 그 손으로 하늘을 만드셨나이다. 그것들 모두 멸망하여도 주님은 영원토록 계시나이다. 그것들 모두 옷처럼 낡아지겠고, 주께서 그것들을 겉옷처럼 말아두시면 옷처럼 변하겠지만, 주님은 언제나 한결같으시고 연세에 다함이 없으십니다." 하셨습니다. 하느님께서 어떤 천사에게, "내가 네 원수를 네 발치에 무릎 꿇릴 때까지 내 오른편에 앉아있어라." 이런 말씀을 하신 적이 있던가요? 모든 천사가 하느님을 섬기는 영으로서, 구원을 유산으로 물려받을 상속자들을 위하여 그들을 섬기라고 파견된 존재인 것입니다.

*

그리스도는 누구신가? 하늘의 천사들보다 높고 예언자들보다 높으신 분, 곧 하느님의 맏아들이시다. 맏아들이 있으니 다른 아들들도 있어야 한다.

주님이 들려주신 구원의 말씀 [2, 1-4]

그러니 우리는 들은 바를 잘 지켜서 곁길로 빠지는 일이 없어야 하겠습니다. 천사들을 통하여 주신 말씀에도 구속력이 있어 그것을 어기거나 복종하지 않는 자들이 벌을 받거늘, 이토록 크신 구원의 말씀을 가볍게 여기고서 어찌 징벌을 피할 수 있겠습니까? 이 구원의 말씀은 처음에 주님이 들려주신 것으로서 그것을 들은 이들이 우리에게 확인해주었고, 하느님께서 표적과 놀라운 일과 여러 가지 능력으로 몸소 입증해주셨고, 성령의 선물을 나눠주심으로써 우리에게 보여주신 말씀입니다.

*

'말씀'이 있으려면 그것을 처음 말한 입과 처음 들은 귀와 그것을 듣고서 전해준 입과 다시 그것을 듣는 귀들이 있어야 한다. 어떤 '말씀'도 혼자서는 있을 수 없다.

만인의 구원을 앞에서 이끄시는 분 [2, 5-18]

우리가 지금 말하고 있는 장차 올 세상을 하느님께서는 천사들의 지배 아래에 두지 아니하십니다. 성경 어디에선가 누가 말하기를, "사람이 무엇이기에 주께서 저를 기억하시며 사람 아들이 무엇이기에 주께서 저를 돌보시나이까? 주께서 저를 잠시 천사들보다 못한 존재로 만드셨으나 영광과 존귀의 관을 씌우시고 만물을 그 발아래 복종시키셨나이다." 하였으니, 만물을 그에게 복종시켰다는 말은 모든 것을 그의 지배 아래에 두었다는 뜻이지요. 우리 눈에 아직은 만물이 그분께 복종하는 것으로 보이지 않지만, 잠시 천사들보다 못한 존재로 되어 죽음의 고난을 겪으셨다가 영광과 존귀의 관을 쓰신 예수를 지금 우리가 뵙고 있으니, 이렇게 만인을 위하여 그분이 죽으신 것 자체가 하느님의 은총인 것입니다.

당신의 목적을 이루기 위하여 만물을 지으신 하느님께서 당신의 많은 자녀로 하여금 영광을 입게 하려고 저들의 구원을 앞에서 이끄는 당신 아들을 고난 속에서 온전케 하신 것은 당연한 일이었소이다. 거룩하게 하는 이와 거룩해지는 이들이 모두 한 분한테서 나왔기에 예수께서는 거리낌 없이 그들을 형제라고 부르시며 이렇게 말씀하십니다. "내가 당신 이름을 형제들에게 선포하고 회중 가운데서 당신을 찬미하겠나이다." 또 이르시기를, "내가 그를 믿어 의지하리라." 하셨고, "하느님께서 나에게 주신 자녀들과 함께 내가 여기 있나이다." 하셨습니다.

자녀들이란 살과 피를 함께 나눈 자들을 가리키는 말인데, 예수께서 같은 살과 피를 나누어 가지신 것은 당신의 죽음으로 죽음의 권세 잡은 자 곧 악마를 멸망시키고 한평생 죽음에 대한 공포로 종살이하는 사람들을 해방시키고자 함이었습니다. 분명히 그분은 천사들을 붙잡아주기 위해서가 아니라 아브라함의 자손들을 붙잡아주기 위해서 오신 분이었고 그렇기에 모든 점에서 당신 형제들과 같아지는 것은 마땅한 일이었지요. 그래서 그분이 사비롭고 진실한 대사제로서 하느님을 섬기고 백성의 죄를 없애신 수 있었던 겁니다. 그분이 시험을 당하여 고난 겪는 이들을 도와주실 수 있는 것은 몸소 같은 일을 겪으셨기 때문입니다.

*

사람들에게 사람으로 오신 분. 종들 위에 주인으로가 아니라 형제들에게 맏형으로 오신 분.

모세와 예수 [3, 1-6]

그런즉 함께 하늘의 부르심을 받은 형제들이여, 우리 교의 사도이며 대사제이신 예수를 생각합시다. 모세가 하느님의 온 집안에 충성했듯이 그분은 당신을 세워주신 분에게 충성을 다하셨습니다. 그러나 예수께서 모세보다 큰 영광을 받을만하신 것은 집을 지은 이가 집보다 존귀한 것과 같다 하겠소이다. 집마다 그것을 지은이가 있게 마련인데 만물을 지으신 이는 하느님이십니다. 모세는 하인의 신분으로 하느님 집안에 충성하여 장차 하느님께서 말씀하실 것을 미리 말하였거니와, 예수께서는 아들의 신분으로 집안을 다스리는 데 충성을 다하셨지요. 우리한테 있는 소망을 확신하고 자랑스러워한다면 우리가 곧 하느님의 집안인 것입니다.

*

자기가 모시는 분이 모세보다 크다는 말이다. 히브리사람으로서 하기 어려운 말이 아니라 목숨을 내놓고서야 할 수 있는 말이다.

처음 믿음을 끝까지 지키는 사람 [3, 7-19]

그러므로 성령께서 말씀하십니다. "너희가 오늘 그 음성을 듣거든 광야에서 그를 시험하여 거역하던 때처럼 너희 마음을 완고하게 만들지 말라. 거기서 너희 조상들이 사십 년 동안 내가 하는 일을 지켜보며 나를 시험하고 떠보았다. 그러므로 내가 그들에게 화를 내어 말하기를, '저들이 항상 마음이 미혹되어 내 길을 알지 못하는구나. 내가 노하여 맹세한 대로 저들은 결코 나의 안식에 들지 못하리라.' 하였다."

형제들이여, 그대들 가운데 믿지 않는 악한 마음으로 살아계신 하느님한테서 떨어져 나오는 사람이 없도록 삼가 조심하시오. 성경에 '오늘'이라고 말한 그 날은 우리한테도 해당되는 날이니 날마다 서로 권면하여 아무도 죄의 유혹에 넘어가 고집불통이 되지 않도록 하십시오. 우리가 처음 지녔던 확신을 끝까지 지키면 그리스도의 짝이 될 수 있습니다. 성경에 이르기를, “너희가 오늘 그 음성을 듣거든 그를 거역하던 때처럼 너희 마음을 완고하게 만들지 말라.”고 하였는데, 그 음성을 듣고 거역한 자들이 누구였습니까? 모세의 뒤를 좇아 이집트에서 나온 자들 아니었던가요? 또 하느님께서 사십 년 동안 누구를 노여워하셨지요? 죄를 지어 그 시체가 들판에 뒹굴던 자들 아니었습니까? 하느님께서 누구를 두고 너희는 결코 내 안식에 들지 못하리라고 맹세하셨습니까? 당신에게 순종치 않은 자들 아닌가요? 그러므로 우리는 저들이 믿지 않기 때문에 들어가지 못한다는 사실을 알 수 있는 것입니다.

*

그들이 가나안에 들어가지 못한 게 아니라 들어가지 않은 것이다. 모세를 통해서 일하시는 하느님을 믿지 못한 게 아니고 믿지 않았기 때문이다.

하느님의 안식에 들어갈 사람들 [4, 1-11]

우리를 당신의 안식에 들이겠다는 하느님의 약속이 살아있는데, 그대들 가운데 하나라도 기회를 놓쳤다고 생각하는 사람이 있을까 그것이 두렵습니다. 저들도 우리처럼 복음을 전해 들었지만 믿지 않았기 때문에 아무 소용이 없었거니와, 믿는 우리는 그분의 안식에 들어갈 것입니다. 성경에 이르기를, “내가 노하여 맹세한 대로 저들은 결코 나의 안식에 들지 못하리라.” 하였으나 천지창조 때 그분은 일을 마치고 쉬셨지요. 성경 어디엔가 이레째 되는 날에 관하여, “하느님께서 모든 일을 마치고 이레째 되는 날에 쉬셨다.”는 기록이 있습니다. 그러나 성경에는 “저들이 결코 나의 안식에 들지 못하리라.”는 말씀도 있으니, 과연 어떤 이들에게는 안식에 들 기회가 여전히 남아있지만 복음을 먼저 전해 받은 자들은 그 말씀에 순종치 않았으므로 안식에 들 수 없는 것입니다. 그런데 하느님께서 다시 한 날을 '오늘'로 정하시고 오랜 세월이 흐른 뒤에 앞서 인용한 대로 다윗을 시켜서, "너희가 오늘 그 음성을 듣거든 그를 거역하던 때처럼 너희 마음을 완고하게 만들지 말라."고 하셨습니다. 만일 여호수아가 저들에게 안식을 주었다면 하느님께서 다른 날을 말씀하지 않으셨겠지요. 그러기에 하느님의 백성에게는 아직 안식에 들 기회가 남아 있는 겁니다. 하느님께서 일을 마치고 쉬셨듯이 그분의 안식에 들어간 이들도 일을 마치고 쉬는 거예요. 그러니 우리 모두 그분의 안식에 들도록 힘쓰고, 저 순종치 않은 자들처럼 낭패를 보는 일이 없어야 하겠습니다.

*

순천자順天者 살아남고 역천자逆天者 망한다는 말은 동서고금의 진언眞言이다.

쌍날칼보다 예리한 하느님 말씀 [4, 12-16]

하느님 말씀은 살아 있고 힘이 있어서 어떤 쌍날칼보다도 예리한지라 사람의 영혼과 정신을 가르고 관절과 골수를 쪼개어 그 마음속 생각과 뜻을 꿰뚫어 보십니다. 피조물 가운데 어떤 것도 하느님 앞에서 저를 감출 수 없고 만물이 그분 앞에서 벌거숭이로 드러나게 마련인지라, 우리 또한 그분 앞에서 심판을 받게 될 것입니다.

우리한테는 하늘에 오르신 큰 대사제가 계시는데 하느님의 아들 예수가 바로 그분이시니 그분을 믿는 우리의 믿음을 굳게 지켜야겠습니다. 우리가 모시는 대사제님은 우리의 연약함을 모르시는 분이 아니라 우리와 마찬가지로 시험을 받으신 분입니다. 하지만 죄는 없으십니다. 그런즉 필요한 때 그분의 은혜와 자비로 도움받기 위하여, 확신을 품고서 은총의 보좌로 가까이 나아갑시다.

*

우리가 받는 시험을 똑같이 받았지만 거기에 넘어가지 않은 사람. 그와 동행하면 시험을 당해도 걱정할 것 없다.

멜기세덱의 맥을 잇는 영원한 대사제 [5, 1-10]

모든 대사제가 사람들 가운데서 뽑혀 예물과 속죄 제물을 드리는 일로 하느님을 섬기는 사람입니다. 그가 무지하고 유혹에 넘어간 자들을 용납할 수 있는 것은 자신이 연약한 사람이기 때문이고, 그러기에 백성을 위하여 속죄 제물을 바치듯이 본인을 위해서도 바치는 것이 마땅한 일이지요. 이 존엄한 직분은 스스로 취하는 게 아니고 아론처럼 하느님의 부르심을 받아서 얻는 것입니다.

이처럼 그리스도께서도 당신 스스로 대사제 직분을 취하신 게 아니라, "너는 내 아들, 내가 오늘 너를 낳았다."고 말씀하신 분한테서 얻으신 것입니다. 또 성경에 이르기를, "너는 멜기세덱의 맥을 잇는 영원한 사제다." 하였습니다. 그분은 몸을 입고 있으실 때 당신을 죽음에서 구해주실 수 있는 이에게 눈물과 큰소리로 기도하며 간구하셨고 그 경외함 때문에 기도가 받아들여졌지요. 그분은 아들이었지만 고난을 통해서 순종을 배우셨고 완전해지신 다음에는 당신께 순종하는 자들을 위하여 영원한 구원의 근원이 되셨으며, 하느님께로부터 멜기세덱의 맥을 잇는 대사제의 칭호를 받으셨습니다.

*

"그가 무지하고 유혹에 넘어간 자들을 용납할 수 있는 것은 자신이 연약한 사람이기 때문이고…" 연약한 사람이라서가 아니다. 자기가 연약한 사람인 줄 알기 때문이다.

성숙한 어른과 젖먹이 [5, 11-14]

이에 관하여는 할 말이 많지만 그대들의 귀가 무뎌서 설명하기가 어렵군요. 그대들은 오래전에 남을 가르치는 선생이 되어야 했을 사람들인데 오히려 초보적인 하느님 말씀을 누구한테서 배워야 할 형편이니, 단단한 음식은 먹지 못하고 젖이나 먹어야 하겠소이다. 젖을 먹는 사마다 아직 어려서 의로우신 말씀을 소화할 수가 없지요. 단단한 음식을 먹는 성숙한 어른은 단련을 받아서 좋은 것과 나쁜 것을 분별하는 지각이 있습니다.

*

자기가 아는 바를 학생 눈높이에서 말해줄 수 있는 그 사람이 실력 있는 선생이다.

신앙의 초보적 단계를 넘어 [6, 1-12]

그러니 우리는 그리스도교의 초보적 단계를 넘어 성숙한 경지로 나아갑시다. 그리하여 죽음에 이르는 행실을 회개하고 하느님을 믿고 세례받고 안수받고 죽은 자의 부활과 영원한 심판에 대한 가르침을 다시 배우는 일이 없도록 합시다. 하느님께서 허락하시면 우리가 그럴 수 있습니다. 한 번 빛을 받아 하늘이 내리는 은혜로운 선물을 맛보고 성령을 나눠 받고 하느님의 선하신 말씀과 내세의 능력을 맛본 자들이 배반하여 떨어져 나간다면 하느님의 아들을 다시 십자가에 못 박아 욕보이는 셈이니, 그들에게는 회개하여 새로워질 가망이 전혀 없는 것입니다. 땅이 자주 내리는 비를 흡수하여 농부들에게 유익한 작물을 내어주면 하느님의 축복을 받으려니와 가시나무와 엉겅퀴를 내면 쓸모가 없어 저주를 받고 마침내 불에 타버리겠지요.

사랑하는 형제들이여, 우리가 말은 이렇게 하지만 무엇이 선하고 무엇이 구원으로 이끄는지를 그대들이 알고 있음은 조금도 의심하지 않습니다. 하느님은 불의를 모르는 분이시기에, 그대들이 당신의 이름을 위하여 사랑으로 선행을 하고 여태껏 성도들을 섬겨왔으며 지금도 섬기고 있음을 잊지 아니하십니다. 우리는 다만 그대들이 각자의 희망이 모두 이루어지는 그 날까지 한결같은 열성을 보여주기를 바랄 따름입니다. 부디 게으른 자가 되지 말고 믿음과 인내로 약속된 것을 물려받는 이들을 본받으십시오.

*

"한 번 빛을 받아 하늘이 내리는 은혜로운 선물을" 맛본 사람이 "배반하여 떨어져 나가는" 건 있을 수 없는 일이다. 누가 배반하여 떨어져 나갔다면 아직 하늘의 선물을 진정으로 맛보지 않은 사람이다. 강물은 개울로 흐르지 않는다.

맹세로 보증된 하느님의 약속 [6, 13-20]

하느님께서 아브라함에게 약속하실 때 당신보다 큰 이가 없는지라 당신을 두고 맹세하여 이르시기를, "내가 반드시 너에게 복을 주고 네 후손을 번성케 하리라." 하셨고 아브라함은 오래 참고 견디어 하느님께서 약속하신 그것을 받았습니다. 사람들은 맹세할 때 자기보다 큰 이를 두고 맹세하는데, 그러면 그 맹세가 사람들 사이의 온갖 다툼에 종지부를 찍어주지요. 하느님께서도 약속하신 것을 물려받을 자들에게 당신의 뜻이 변치 않는다는 것을 맹세로 보증하셨으니, 그 분은 거짓말을 할 수 없는 분이신지라, 그 약속과 맹세가 바뀔 수 없고 그렇기에 하느님을 피난처로 삼은 우리가 큰 용기를 얻어 우리 앞에 놓인 희망을 굳게 잡을 수 있는 것입니다. 우리의 것인 이 희망은 닻과 같아서 우리 영혼을 안전하고 든든하게 지켜주고 우리로 하여금 멜기세덱의 맥을 잇는 대사제 예수께서 우리보다 먼저 들어가신 지성소의 휘장 안으로 들어가게 해줍니다.

*

하느님의 약속은 하느님과 사람이 쌍방으로 협상해서 만든 게 아니라 일방으로 주어진 것이다. 인간은 그것을 어기거나 깨뜨릴 자격이 없다. 하지만 그것을 무시할 수는 있다.

하늘보다 높은 대사제, 예수 [7, 1-28]

멜기세덱은 살렘의 왕이자 위 없이 높으신 하느님의 사제로서 여러 왕을 무찌르고 돌아오는 아브라함을 맞아 축복해주었고 아브라함은 그에게 전체 노획물의 십 분의 일을 바쳤지요. 멜기세덱이란 이름의 뜻이 첫째는 의로운 왕이고 다음은 살렘의 왕 곧 평화의 왕인데, 그는 아버지도 없고 어머니도 없고 족보도 없고 태어난 날도 없고 죽은 날도 없고 하느님의 아들 같아서 항상 사제로 존재하는 그런 분입니다.

그가 얼마나 큰 존재인지 생각해보십시오. 우리 족장 아브라함이 그에게 노획물에서 십 분의 일을 바쳤는데, 레위 지파의 자손들은 법에 따라 같은 아브라함의 후손인 이스라엘 백성에게서 십 분의 일을 거두어들일 권한을 부여받았지만, 멜기세덱은 레위 지파 사람이 아닌데도 아브라함에게서 십 분의 일을 받았고 게다가 하느님의 약속받은 그를 축복까지 하였소이다. 두말 할 것 없이 축복이란 윗사람이 아랫사람한테 주는 것이지요. 한편에서는 죽게 되어있는 자들이 십 분의 일을 받았고 다른 한편에서는 항상 살아 있다고 성경에 언급된 이가 십분의 일을 받은 거예요. 십분의 일을 받는 레위가 아브라함을 통하여 그에게 십 분의 일을 바친 셈이지요. 멜기세덱이 아브라함을 만날 때 레위가 자기 조상 아브라함의 몸 안에 있었으니 말입니다.

레위의 사제직이 그 아래에서 이스라엘 백성이 율법을 받았으므로, 제 역할을 옹글게 감당할 수 있었다면 아론의 맥이 아닌 멜기세덱의 맥을 잇는 대사제를 따로 세울 필요가 어디 있겠습니까? 사제직이 바뀌면 법도 바뀌게 마련입니다. 우리가 지금 말하고 있는 분은 레위 지파 아닌 다른 지파에 속한 분으로서, 그분이 속한 지파에서는 제단을 섬기는 사람이 한 명도 나오지 않았습니다. 우리 주님이 유다 지파에서 나신 것은 분명한 사실인데 모세가 이 지파에 연관시켜 사제직을 언급한 적은 한 번도 없었지요. 게다가 멜기세덱이라는 다른 맥을 잇는 사제가 나타난 것을 보면 확실히 그렇습니다. 그분이 사제가 되신 것은 세속의 명령체계가 아니라 불멸하는 생명의 능력을 좇아서 되신 거예요. 성경에 이르기를, "너는 멜기세덱의 맥을 잇는 영원한 사제다." 하였지요. 이전 계명은 무능하고 무익해서 (율법은 아무것도 온전케 하지 못하였기에) 폐기되었고 그보다 좋은 희망이 생겨서 우리가 그 희망으로 하느님께 가까이 나아가게 되었습니다. 더욱이 이 일은 하느님의 맹세 없이 된 일이 아니니, 다른 사제들은 그분의 맹세 없이 되었지만 이분은 "주께서 맹세하셨다, '너는 영원한 사제다.' 그리고 이 맹세는 변치 않는다."라는 성경의 기록대로, 맹세와 더불어 사제가 되셨습니다. 그러므로 예수께서 더 나은 계약의 보증이 되셨고, 다른 사제들은 죽게 되어있는 몸인지라 하나가 계속 사제직을 감당할 수 없어서 사제들의 수가 많아졌지만 예수는 영원한 분이신지라 사제직을 다른 누구에게 물려줄 이유가 없는 것입니다. 그 분은 항상 살아계셔서 저들을 위하여 간구하시기에 당신을 통하여 하느님께로 나아가는 사람들을 구원할 수 있는 분이십니다.
실로 우리에게 있어야 할 분은 거룩하고 순결하고 흠도 죄도 없고 하늘보다 높은 대사제입니다. 다른 대사제들은 먼저 자기 죄를 위하여, 그다음에 다른 사람들을 위하여, 날마다 제사를 지내야 하지만 그분은 당신 자신을 바침으로써 단번에 그 일을 이루셨기에 그럴 필요가 없지요. 율법은 연약한 인간을 대사제로 세웠으나 율법보다 나중인 맹세의 말씀은 영원히 온전하신 아들을 대사제로 세우셨습니다.

*

"태어난 날도 없고 죽은 날도 없는" 멜기세덱. 그 뒤를 잇는 예수. 둘 다 아브라함보다 먼저다. 둘만 그런 게 아니라 자기도 그렇다는 사실을 머리 아닌 온몸으로 깨친(성취한) 사람이 있다면 그가 곧 깨어남(붓다)이다.

약속 위에 맺어진 더 좋은 새 계약 [8, 1-13]

요컨대 여기서 말해야 할 중요한 것은 우리가 그런 대사제를 모시고 있다는 사실이올시다. 그분은 하늘의 존엄한 보좌 오른편에 앉으셨고 사람이 아니라 주님이 세우신 참 성막에서 일하십니다. 대사제마다 바칠 예물과 제물이 있어야 하는 법이니 우리의 대사제께서도 무슨 바칠 것이 있어야 할 것입니다. 예수께서 땅에 계셨다면 율법을 좇아서 예물을 바치는 대사제들이 있는데 구태여 대사제가 되지 아니하셨겠지요. 저들의 봉헌은 하늘 성전의 모조품이자 그림자에 지나지 않는 땅의 성전에서 이루어지는 것이니, 일찍이 모세도 성막을 지을 때, "산에서 보여준 본을 따라 모든 것을 짓도록 하라."는 하느님의 말씀을 들었습니다. 그러나 이제 예수께서 더 나은 사제직을 받으셨으니 더 좋은 약속 위에 세워신 더 좋은 계약의 중재자로 되신 것입니다. 이전의 계약이 완전하게 이루어졌다면 다른 계약이 필요 없었겠지요. 그러나 하느님께서는 저들을 나무라시며 이르시기를, "이는 주님의 말씀이다. '내가 이스라엘 집안과 유다 집안으로 더불어 새 계약을 맺을 날이 가까이 다가왔다. 이 계약은 내가 저희 조상들의 손을 잡아 이집트 땅에서 인도하여 나오던 날에 저들과 맺은 것과 같은 계약이 아니다. 저들이 내 계약 안에 거하지 않았으므로 나도 저들을 돌보지 아니하였다.' 또, '그 뒤에 내가 이스라엘 집안과 더불어 맺은 계약은 이것이니, 내가 나의 법을 그 머리에 넣어주고 그 마음에 새겨주면 나는 저들의 하느님이 되고 저들은 내 백성이 되리라. 또한, 작은 자로부터 큰 자에 이르기까지 모두가 나를 알게 될 터인즉 아무도 자기 이웃이나 형제들에게 주님을 알라고 말하지 않아도 될 것이다. 내가 저들의 허물을 불쌍히 여기고 저들의 죄를 더 기억하지 아니하리라.' 이는 주님의 말씀이다." 하셨소이다. 이렇게 새 계약이라고 말씀하심으로써 먼젓번 계약은 낡은 것이 되었고, 낡고 오래된 것은 사라지게 마련입니다.

*

새 법이 이루어졌으면 낡은 법은 없는 거다. 누구든지 새 법을 머리에 담고 마음에 새기면 하느님 백성이다.

땅의 성소와 하늘의 성소 [9, 1-22]

첫 계약 아래에서도 물론 섬기는 예법과 땅에 속한 성소가 있었지요. 마련된 첫 장막에는 등을 얹어두는 대가 있고 빵을 진열한 상이 있는데 그곳을 일컬어 성소라 하였고, 둘째 휘장 뒤에 있는 장막을 지성소라 하였습니다. 그 안에 금 향로와 금을 입힌 언약의 궤가 있고 궤 속에 만나를 담은 항아리, 아론의 싹 난 지팡이, 계약을 새겨놓은 석판이 있고 속죄대를 날개로 덮은 영광의 케루빔들이 그 위에 있었는데 지금은 그것들을 상세히 언급할 때가 아닙니다.

이처럼 설비된 곳에서 사제들은 언제나 첫 장막에 들어가 섬기는 예를 행하였고 둘째 장막에는 오직 대사제만이 일 년에 한 번 들어가되 반드시 피를 지참하게 되어있었으니, 그 피는 대사제가 본인과 백성이 모르고 지은 죄를 씻기 위한 것이었습니다. 이로써 성령님이 보여주시는 것은 첫 장막이 그대로 서 있는 한 아직 지성소로 들어가는 문이 열리지 않는다는 사실입니다. 이는 현세를 보여주는 상징이지요. 법에 따라서 예물과 제물을 드리지만 그 행위가 섬기는 사람의 양심까지 온전하게 해주지는 못하고 단지 먹고 마시는 것과 여러 가지 씻는 것에 관한 인간의 규칙으로서 새로운 질서가 마련될 때까지 유효할 따름입니다.

그러나 그리스도께서 이미 존재하는 모든 좋은 것을 주관하는 대사제로 오셨으니 그분은 사람 손으로 세워지지 않은, 그러니까 창조된 세계에 속하지 않는, 더 크고 완전한 장막의 사제로서 단 한 번 지성소에 들어가시어 염소와 송아지의 피 아닌 당신의 피로 우리에게 영원한 속죄의 길을 열어주셨습니다. 염소나 황소의 피와 암송아지의 재를 뿌려서 불결한 자들을 성결케 할 수 있을진대, 하물며 영원하신 성령을 통하여 당신을 흠 없는 제물로 하느님께 바치신 그리스도의 피가 우리 양심을 깨끗하게 하고 우리로 하여금 죽음의 행실에서 벗어나 하느님을 섬기게 하지 못하겠습니까?

이렇게 새 계약의 중재자 되신 그분이 첫 계약 아래에서 사람들이 지은 죄를 속하고자 죽으셨고 부르심 받은 자들로 하여금 하느님이 약속하신 영원한 유업을 물려받게 하신 것입니다. 유언이 효력을 내려면 유언한 사람의 죽음이 입증되어야 합니다. 유언이라는 게 유언한 사람이 죽은 뒤에야 효력이 있지 그가 살아있는 동안에는 아무 효력도 없는 것이니까요. 그래서 실은 먼젓번 계약도 피로써 맺어진 것이었습니다. 모세가 율법의 모든 계명을 백성에게 선포할 때도 송아지와 염소의 피에 물을 가져다가 붉은 양털과 우슬초로 책과 백성한테 뿌리며 말했지요. "이는 하느님께서 너희와 맺으신 계약의 피다." 또한, 같은 방식으로 성막과 예배 때 쓰는 모든 기구에 피를 뿌렸습니다. 율법 아래에서는 피로써 깨끗해지지 않는 것이 거의 없고 피 없이는 죄를 용서받을 수 없는 것입니다.

*

옳다. 죽어야 산다. 다른 누구의 죽음이 아니라 본인의 죽음이다. 무거운 짐지고 고단한 사람이 예수의 멍에(십자가)를 함께 지고 배우지 않으면 편히 쉴 수 없는 것이다.

단 한 번 당신을 제물로 바치신 그리스도 [9, 23-28]

하늘에 있는 것들을 본떠 만든 것들은 이런 방식으로 깨끗해질 필요가 있지만 하늘에 있는 것들은 그보다 나은 제물로 깨끗해져야 합니다. 그리스도께서는 하늘의 참 성소를 본떠서 인간의 손으로 세워진 땅의 성소에 들어가시지 않고 하늘로 곧장 올라가셔서 우리를 위해 하느님 앞에 당신 몸을 나타내셨습니다. 그분은 해마다 다른 짐승의 피를 가지고 성소에 들어가야 하는 대사제들처럼 당신을 거듭 바치실 이유가 없는 분이십니다. 만일 그래야만 했다면 천지창조 이래 여러 번 고난을 받으셔야 했겠지요. 그러나 지금 모든 세대의 끝에 이르러 그분은 단 한 번 당신을 희생제물로 바치셔서 모든 죄를 없애주셨습니다. 사람은 누구나 한번 죽게 마련이고 죽은 뒤에는 심판을 받습니다. 그리스도께서도 많은 사람의 죄를 대신 지시고 단 한 번 당신을 제물로 바치셨으니, 두 번째 출현하실 때는 죄와 상관없이 당신을 기다리는 모든 사람에게 구원을 가져다주실 것입니다.

*

사제가 다른 무엇을 제물로 삼느냐, 자기 자신을 제물로 삼느냐, 여기에서 땅-사제와 하늘-사제가 갈라진다.

영원한 효력이 있는 그리스도의 제물 [10, 1-18]

율법은 장차 올 좋은 것들의 그림자요 실체가 아닙니다. 그러기에 해마다 같은 제물을 드려도 그로써 앞으로 나아오는 자들을 온전케 할 수 없는 거예요. 그럴 수 있었다면 섬기는 자들이 단번에 깨끗해져서 죄는 생각도 하지 않을 터인데 계속해서 제물을 드릴 이유가 없지 않습니까? 하지만 해마다 제물을 드리면서 죄를 생각해야 하는 것은 황소와 염소의 피 가지고는 죄를 없애지 못하기 때문입니다.
그러므로 그리스도께서 세상에 오실 때 하느님께 말씀드렸던 것입니다. "당신이 원하시는 것은 제사와 제물이 아니옵고 다만 저를 위하여 한 몸을 예비하셨나이다. 통째 태워 바치는 제물도 속죄 제물도 당신은 기뻐하지 아니하시나이다. 그래서 제가 말씀드리기를, '보십시오, 하느님. 성경에 기록된 대로 하느님의 뜻을 이루고자 제가 왔습니다.' 하였나이다." 그분이 처음에 말씀하시기를, "당신은 제사와 제물과 통째 태워 바치는 제물과 속죄제물을, 그것들 모두 율법을 좇아서 바치는 것인데도, 원치 아니하시고 기뻐하지도 아니하십니다." 하시고 이어서, "보십시오, 제가 하느님의 뜻을 이루고자 왔습니다." 하셨으니 나중 것을 세우기 위하여 먼저 것을 폐기하신 것입니다. 이렇게 하느님의 뜻을 좇아 예수 그리스도께서 단 한 번 당신 몸을 바치셨고 덕분에 우리는 거룩함을 입게 되었습니다.
사제가 날마다 서서 예식을 행하며 같은 제사를 자주 드려도 그로써 죄를 없애지 못하지만, 그리스도께서는 영원한 효력이 있는 희생제물을 단 한 번 드려 죄를 없애셨고 이제는 하느님 오른편에 앉아 원수들을 당신 발판으로 삼게 될 그때를 기다리고 계십니다. 단 한 번 희생제물을 드림으로써 사람들을 거룩하게 만드셨고 그들을 영원토록 완전하게 하신 거예요. 성령께서도 우리에게 증언하셨습니다. "주께서 이르시기를, '이것이 그날 이후로 내가 저들과 맺을 계약이니 내가 내 법을 저들의 마음에 심어주고 저들의 생각에 기록하리라.' 하셨도다." 그리고 덧붙여 이르셨지요. "내가 저들의 죄와 허물을 기억하지 아니하리라." 이렇게 용서받았으므로 더는 죄 때문에 제물을 바칠 필요가 없게 된 것입니다.

*

네가 살기 위하여 필요한 것은 남의 죽음이 아니다. 그건 전쟁터의 법이다. 네가 살기 위하여 필요한 것은 네 죽음이다. 그 길을 몸소 걸으며 보여주신 분이 예수다.

잘 참고 견디며 모이기를 힘쓸 것 [10, 19-39]

그러므로 형제들이여, 예수께서 흘리신 피 덕분에 우리는 마음 놓고 성소에 들어갈 수 있게 되었습니다. 그분이 휘장을 뚫고 우리에게 새로운 삶의 길을 열어주셨으니 그 휘장은 곧 당신 몸이었지요. 이제 우리한테는 하느님의 집을 다스리시는 대사제가 계십니다. 피로 씻어 깨끗해진 양심과 맑은 물로 닦은 몸을 가지고서 진실한 마음과 굳은 믿음으로 하느님 앞에 나아갑시다. 우리와 약속하신 분은 미쁘신 분입니다. 그러니 스스로 고백하는 희망을 굳게 간직하고 서로 보살펴 사랑과 선행을 부추겨주며, 어떤 사람들처럼 모임을 폐하지 말고, 피차 격려하여 자주 모이되 그날이 가까이 다가오고 있음을 아는 만큼 더욱 열심을 내어 모이도록 합시다.

우리가 가르침을 받아 진실을 깨치고도 짐짓 죄를 짓는다면 그 죄를 벗기 위해서 다시 드릴 제물이 없고 대적하는 자들을 삼켜버릴 맹렬한 불과 심판을 두려운 마음으로 기다릴 수밖에 없을 것입니다. 모세의 법을 어긴 자도 증인 두셋만 있으면 무자비하게 죽임당하거늘, 생각해보시오, 하느님의 아들을 짓밟고 자기를 거룩하게 해준 계약의 피를 더럽히고 은총 베푸시는 성령을 모욕하는 자가 얼마나 더 무거운 벌을 받겠습니까? "원수 갚는 것은 내 일이니 내가 갚으리라." 하시고, "주께서 당신 백성을 심판하시리라."고 말씀하신 분을 우리는 알고 있습니다. 살아계신 하느님의 손안으로 떨어지는 것이 얼마나 겁나는 일이겠습니까?

전에 그분의 빛을 받고 나서 숱한 어려움을 당하면서도 잘 참고 견디던 일을 돌이켜보십시오. 그대들 가운데는 모욕과 비방을 받으며 세상의 구경거리가 된 사람도 있고 그 사람 곁에서 벗이 되어준 사람들도 있지요. 그대들은 감옥에 갇힌 이들을 동정했고 재물을 모두 빼앗기게 되었을 때도 그보다 좋고 영원한 재물이 있는 줄 알았기에 기꺼이 그 일을 당하였습니다. 그러니 신조를 버리지 마십시오. 그것이 큰 상을 가져다줍니다. 하느님의 뜻을 행하고 그분이 약속하신 것을 얻으려면 참을 줄 알아야 합니다. "잠시 후면 오실 이가 바로 오시리라. 내 의로운 자는 믿음으로 말미암아 살리니 저가 뒤로 물러서면 내 마음이 그를 기뻐하지 아니하리라." 우리는 뒤로 물러나 수렁에 빠질 사람들이 아니라 영혼을 구원하는 믿음의 소유자들이올시다.

*

이쪽엔 상이 있고 저쪽엔 벌이 있다. 어느 쪽을 택할 건지는 너한테 달렸다. 상이든 벌이든 네가 너에게 주는 것이다.

믿음으로 살다가 죽은 사람들 [11, 1-40]

믿음은 바라는 것들의 실상이요 보이지 않는 것들의 증거니, 옛사람들이 이 믿음으로 하느님께 인정을 받았습니다. 믿음으로 우리는 이 세계가 하느님 말씀으로 창조되었음을, 눈에 보이는 것들이 보이지 않는 것에서 나왔음을 압니다.

믿음으로 아벨은 카인보다 나은 제물을 하느님께 바쳤고 하느님께서 그 예물을 받으시어 의롭다고 인정하셨으니, 그가 죽었지만 믿음으로 여전히 말하고 있는 것입니다.

믿음으로 에녹은 죽음 없이 하늘로 옮겨졌습니다. 하느님께서 그를 옮기셨기에 아무도 그를 볼 수 없었지요. 그가 하늘로 옮겨지기 전부터 하느님을 기쁘시게 해드렸다는 기록이 성경에 있습니다. 믿음 없이는 아무도 하느님을 기쁘시게 해드릴 수 없습니다. 하느님께로 나아가는 자들은 그분이 살아계신다는 것과 당신을 찾는 자들에게 상을 내리신다는 것을 믿어야 합니다.

믿음으로 노아는 아직 보이지 않는 일에 대한 하느님의 경고를 두려운 마음으로 받아들였고 방주를 지어 집안을 살렸으며 하느님께 의로운 자로 인정받았고 그 믿음으로 믿지 않는 세상을 심판하였습니다.

믿음으로 아브라함은 부르심 받았을 때 순종하여 장차 물려주마고 약속하신 땅으로, 거기가 어디인지도 모르면서, 떠났습니다. 믿음으로 그는, 외국에 들어간 나그네처럼, 약속받은 땅에 천막을 치고 같은 약속을 물려받은 이사악, 야곱과 더불어 살았으니 든든한 기초 위에 선 도성 곧 하느님이 설계하시고 건설하신 도성을 기다리고 있었던 것입니다.

사라 또한 늙어서 아이를 가질 수 없는 몸이었지만 믿음으로 잉태할 수 있었으니 자기에게 약속하신 분이 미쁘신 분임을 알았던 것이지요. 이리하여 시체나 다름없는 한 사람에게서 하늘의 별처럼 바닷가의 모래알처럼 헤아릴 수 없이 많은 자손이 태어났습니다.
이 사람들 모두 믿음으로 살다가 죽었어요. 비록 약속받은 것을 얻지는 못했지만 그것을 멀리 바라보며 기뻐하였고 땅에서는 자기들이 타향살이하는 나그네인 줄을 알고 있었습니다. 그들이 그렇게 말한 것은 자기네가 본향을 찾고 있다는 사실을 스스로 밝힌 것이라 하겠습니다. 만일 그들이 떠나온 고장을 그리워했다면 그리로 돌아갈 기회가 있었겠지요. 하지만 그들이 갈망한 것은 더 나은 고향 곧 하늘에 있는 본향이었습니다. 그래서 하느님께서는 저들의 하느님으로 일컬어지는 것을 수치로 여기지 아니하시고 오히려 그들을 위하여 한 도성을 예비해두셨던 것입니다.
하느님께서 그를 시험하시어 자식을 바치라고 명하셨을 때 아브라함은 믿음으로 자기 외아들이자 하느님께서 약속해주신, 하느님께서는 "이사악의 몸에서 네 후손들이 퍼져나가리라."고 약속하셨지요, 바로 그 이사악을 바쳤습니다. 하느님께서 죽은 자도 살리시리라고 믿었던 것입니다. 어찌 보면 실제로 그가 죽었던 아들을 다시 얻은 것이라 하겠습니다.
믿음으로 이사악은 야곱과 에사오의 장래를 축복해주었고 야곱 또한 믿음으로 죽을 때 요셉의 아들들을 하나하나 축복해주면서 지팡이에 기대어 하느님을 경배하였습니다. 요셉도 믿음으로 이스라엘 자손들의 이집트 탈출을 말하고 자기 뼈의 처리를 부탁했지요.
믿음으로 모세의 부모는 태어난 아들의 준수한 용모를 보고서 왕의 명령을 겁내지 않고 석 달 동안 숨겨두었습니다. 믿음으로 모세는 성년이 되어 파라오의 공주 아들이라 불리기를 거부하고 일시적인 쾌락보다 하느님의 백성과 함께 고난 겪는 길을 택하였으니, 하느님께서 기름 부으신 이를 위하여 능욕당하는 것을 이집트의 모든 보화보다 값지게 여겼던 것입니다. 자기가 장차 받을 상을 내다보았던 것이지요. 이렇게 그가 왕의 노여움을 겁내지 않고 이집트를 떠난 것은 보이지 않는 이를 보는 믿음으로 행동한 결과였습니다. 믿음으로 그는 죽임의 천사가 이스라엘의 맏이들을 건드리지 못하게 유월절을 정하여 문에 피를 뿌리도록 하였습니다.

믿음으로 그들은 홍해를 마른 땅처럼 건넜으나 이집트 사람들은 그렇게 하다가 모두 빠져 죽고 말았지요. 믿음으로 이스라엘 백성이 이레 동안 돌자 예리고 성이 무너졌고, 믿음으로 창녀 라합은 정탐꾼을 받아들여서 순종하지 않는 자들과 함께 멸망하는 화를 면할 수 있었습니다.

내가 무슨 말을 더하겠습니까? 기드온, 바락, 삼손, 옙타, 다윗, 사무엘 그리고 예언자들의 이야기를 다 하려면 시간이 모자랄 것입니다. 믿음으로 그들은 여러 나라들을 정복하였고 정의를 실현하였고 약속해주신 것을 받았고 사자들의 입을 막았고 맹렬한 불을 껐고 칼날을 피하였고 연약한 가운데서 강해졌고 전장에서 용맹을 떨쳐 이방군대를 물리쳤고, 어떤 여인들은 죽었다가 살아 돌아온 식구들을 만났고, 어떤 이들은 죽도록 고문을 받았지만 더 좋은 삶으로 부활코자 풀려나기를 거절하였고, 어떤 이들은 조롱과 채찍질뿐 아니라 결박당하여 옥에 갇혔고 돌에 맞았고 톱질을 당하였고 칼에 맞아 죽었고, 어떤 이들은 양과 염소 가죽을 걸치고 이리저리 다니며 궁핍과 고난과 학대를 받았으니, 그들에게는 이 세상이 살만한 곳이 되지 못하여 광야와 산과 동굴과 땅굴을 헤매었던 것입니다.

이들 모두가 믿음으로 인정을 받았지만 약속된 것을 받지는 못하였습니다. 하느님께서 우리를 위하여 더 좋은 것을 예비해두셨으므로 오직 우리를 통해서만 그들이 완전해질 수 있기 때문이었지요.

*

믿음은 생각이나 말이 아니다. 구체적 삶이다.

주의 견책을 잘 참고 견딜 것 [12, 1-11]

이토록 많은 증인이 구름처럼 우리를 에워싸고 있으니 온갖 무거운 짐과 얽어매는 죄를 벗어버리고 우리 앞에 놓인 길을 꾸준히 달려가며 믿음의 주인이요 우리를 온전케 하시는 예수를 바라봅시다. 그분은 당신 앞에 있는 기쁨을 내다보시고 십자가를 견디며 그 수치스러움을 상관치 아니하셨고, 이제는 하느님의 보좌 오른편에 앉아계십니다.
당신을 반대하는 죄인들로부터 그토록 심한 미움을 받으면서도 참고 견디신 그분을 생각해보십시오. 피곤하여 낙심하는 일이 없을 것입니다. 그대들은 죄에 맞서 싸우지만 아직 피를 흘리지는 않았지요. 자식들에게 하듯이 그대들에게 권면하신 말씀을 잊었습니까? "아들아, 주의 견책을 가벼이 여기지 말고 꾸지람 받을 때 낙심하지 마라. 주께서는 사랑하는 자를 견책하시고 아들로 삼은 자에게 매를 드신다." 그대들이 견책받는 것은 하느님께서 그대들을 당신 아들로 여기시는 것이니 잘 참고 견디십시오. 자기 아들을 견책하지 않는 아비가 어디 있습니까? 자식이면 누구나 꾸중을 듣게 마련이니, 만일 견책을 받지 않는다면 그대들은 사생아지 참 아들이 아닌 거예요. 우리 몸의 아버지들이 우리를 견책해도 그들을 존중할진대 하물며 우리 영의 아버지께 복종하는 것이야 더욱 마땅한 일 아닌가요? 우리 몸의 아버지들은 잠시 자기 판단에 따라서 우리를 견책하지만 하느님께서는 우리를 유익하게 하시고 당신의 거룩함에 동참케 하시려고 견책하시는 것입니다. 모든 견책이 당장에는 즐겁기는커녕 괴로운 것이나 그렇게 연단 받은 사람은 마침내 정의와 평화의 열매를 맺게 됩니다.

*

시련 겪으실 때 그것이 하느님의 견책인 줄 아는 사람은 이미 시련에서 벗어난 사람이다.

흔들리지 않는 나라의 백성답게 [12, 12-29]

모든 사람과 더불어 평화롭게 지내고 거룩함을 추구하십시오. 이로 말미암지 않고서는 아무도 하느님을 뵙지 못합니다. 그대들 가운데서 하느님의 은총을 받지 못하는 자가 하나도 나오지 않도록 삼가 경계하고, 쓴 뿌리가 나서 여러 사람 괴롭히고 더럽히는 일이 없도록 조심하십시오. 또한, 음행하는 자나 죽 한 그릇에 장자의 권리를 팔아먹는 에사오 같은 속물이 나오지 않도록 하십시오. 알다시피 그는 뒤에 아버지의 축복을 받으려고 눈물로 호소했지만 거절당하였고 자기가 저지른 일을 돌이킬 방도가 없었습니다.
그대들이 와 있는 곳은 저 옛날 이스라엘이 이르렀던 시나이 산이 아니에요. 그 산은 만질 수 있고 불이 타오르고 검은 구름과 어둠과 폭풍과 나팔소리와 말하는 소리가 있고 그 소리를 듣는 자들이, 짐승이라도 산에 닿으면 죽이라는 그분의 명이 두려웠기에, 더 듣지 않게 해달라고 간청했던 곳입니다. 그 광경이 어찌나 무서웠던지 모세조차도 "내가 몹시 두렵고 떨린다."고 말했지요. 그러나 지금 그대들이 와 있는 이곳은 시온 산이고 살아계신 하느님의 도성이며 하늘의 예루살렘입니다. 수많은 천사가 있고, 이름이 하늘에 등록된 하느님 맏이들의 교회가 있고, 만인의 심판자이신 하느님과 온전케 된 의인들의 영과 새 계약의 중재자이신 예수와 아벨의 피보다 능력 있는 속죄의 보혈이 있는 그런 곳입니다.
그대들에게 말씀하시는 분을 거스르지 않도록 조심하십시오. 땅에서 말씀을 선포하는 이를 거역한 자들이 벌을 면치 못하였거늘 하늘에서 말씀하시는 분을 등지고서야 어찌 그것을 면할 수 있겠습니까? 그때는 소리가 땅을 흔들었지만 이번에는 "내가 또 한 번 땅뿐 아니라 하늘까지 흔들리라."고 그분이 다짐하셨습니다. 여기 "또 한 번"이라는 말에는, 흔들어서 흔들리는 것 곧 창조된 모든 것을 없애고 흔들리지 않는 것을 그대로 남아있게 하리라는 뜻이 담겨 있지요. 그런즉 흔들리지 않는 나라를 우리가 받게 되었으니 함께 감사드립시다 그리고 경건과 경외로 하느님께서 기뻐하실 만한 예배를 드립시다. 실로 하느님은 모든 것을 태우는 불이십니다.

*

서쪽을 향해서는 동해로 갈 수 없다. 사람과 더불어 다투면서 하느님의 평화를 누릴 순 없는 일이다.

몇 가지 덧붙이는 권면들 [13, 1-19]

형제를 꾸준히 사랑하고 나그네를 정성껏 대접하십시오. 나그네 대접하다가 자기도 모르게 천사를 대접한 사람이 있었습니다. 옥에 갇힌 사람들이 있으면 함께 갇힌 심정으로 그들을 기억하고 학대받는 사람들이 있으면 같이 학대받는 심정으로 그들을 기억하십시오. 모두 혼인을 존중하고 잠자리를 더럽히지 마십시오. 음행하는 자들과 간음하는 자들은 하느님께서 심판하실 것입니다. 돈을 사랑하지 말고 지금 있는 것으로 만족하십시오. 주께서 말씀하시기를, "내가 너희를 떠나지 않고 버리지 않으리라." 하셨습니다. 그러므로 우리 또한 담대하게 말합니다. "주께서 나를 도우시니 내가 무서워 아니하리라. 사람이 나를 어찌하랴?"

하느님 말씀을 그대들에게 일러준 지도자들을 기억하십시오. 그들이 어떻게 살다가 어떻게 죽는지 눈여겨보고 그들의 믿음을 본받으십시오. 예수 그리스도는 어제나 오늘이나 영원토록 변함없는 분이십니다. 온갖 이상한 교설에 속지 마십시오. 우리 영혼을 튼튼하게 해주는 것은 하느님의 은총이지 가려먹는 음식이 아니올시다. 음식을 유별나게 먹어서 이로워진 사람을 보지 못했습니다. 장막에서 섬기는 자들은 우리 제단에 차려진 음식을 먹을 권리가 없습니다. 속죄를 위한 짐승의 피는 대사제가 성소 안으로 가지고 들어가지만 짐승의 몸은 영문 밖에서 불태우지요. 이처럼 예수께서도 당신의 피로 백성을 성결케 하려고 성문 밖에서 고난을 겪으셨습니다. 그런즉 우리도 영문 밖으로 나가서 그분이 당하신 치욕을 함께 당하도록 합시다. 이 땅에는 우리의 영적인 도성이 없고 우리는 다만 장차 올 도성을 바라볼 따름입니다.

예수를 통하여 끊임없이 하느님께 찬미의 제사를 지냅시다. 그 이름을 아는 입술에서 찬양이 흘러나오게 합시다. 선을 행하고 피차 돕기를 잊지 마십시오. 그런 것들이 하느님께서 기뻐 받으시는 제물입니다.

그대들을 지도하는 이들한테 순종하고 그들이 시키는 대로 하십시오. 자기네를 하느님 앞에서 계산해야 하는 사람으로 알고서 그대들의 영혼을 위하여 밤낮으로 깨어 있는 이들입니다. 저들로 하여금 힘겹지 않게 즐겁게 그 일을 할 수 있도록 도우십시오. 그러지 않으면 그대들에게 아무 유익이 없을 것입니다. 우리를 위하여 기도해주십시오. 우리는 모든 일을 선하게 하려고 노력하고 있으니 양심에 거리낌이 없음을 스스로 확신합니다.
내가 그대들에게 속히 갈 수 있도록 더욱 간절히 기도해주십시오.

*

예수, 성전 밖으로 나가 해골산에서 죽으신 분이다. 그를 따르는 이들이 마침내 할 일은 "영문 밖으로" 나가 그분의 치욕을 함께 당하는 것이다.

끝인사와 축원 [13, 20-25]

우리 주 예수를 죽음에서 살려내시어 그 영원한 계약의 피로 양들의 목자가 되게 하신 평화의 하느님께서 온갖 좋은 것으로 그대들을 온전케 하시고 그대들로 하여금 당신의 뜻을 이루게 하시기를! 예수 그리스도를 통하여, 우리 안에서, 당신이 기뻐하실 일을 하시기를! 영광이 세세 무궁토록 그분께 있기를! 아멘.
형제들이여, 내가 짧은 편지로 썼소이다만 부디 이 권면의 말씀을 명심해주십시오. 우리 형제 디모테오가 풀려났음을 알려드립니다. 그가 속히 오면 그대들을 방문할 때 데리고 가겠습니다. 그대들의 모든 지도자와 성도들에게 문안 전해주십시오.
이탈리아에서 온 형제들이 그대들에게 문안합니다.
은총이 그대들 모두에게 있기를!

*

하느님의 뜻이 하늘에서 이루어지듯이 우리 모두에게서 이루어지기를! 아멘.

야고보서

첫인사 [1, 1]

하느님과 주 예수 그리스도의 종 야고보가 흩어져 사는 열두 지파에 문안합니다.

*

자기 주인이, 하느님과 그리스도, 둘이라는 말은 아니다.

오직 믿음으로 구하되 의심하지 말 것 [1, 2-8]

나의 형제들이여, 어떤 시련을 겪더라도 기뻐하십시오. 믿음이 시련 당하면 참을성이 생긴다는 것을 그대들은 알고 있습니다. 끝까지 참으십시오. 허물없이 완벽하고 원만한 사람으로 될 것입니다. 그대들 가운데 지혜가 부족한 사람이 있으면 하느님께 구하십시오. 모든 사람에게 후히 주시고 꾸짖지 않으시는 하느님께서 주실 것입니다. 오직 믿음으로 구하되 조금도 의심하지 마십시오. 의심하는 사람은 바람에 밀려 흔들리는 바다 물결 같으니, 그런 사람은 주님한테서 무엇을 받으리라는 생각도 말아야 합니다. 그는 두 마음을 품어 만사에 불안정한 사람입니다.

*

기쁨, 인내, 지혜, 믿음… 이것들 모두 네가 만든 네 것이냐? 아니다. "모든 사람에게 후히 주시고 꾸짖지 않으시는" 하느님께로부터 나오는 것이다.

사업하다 말고 사라져가는 부자들 [1, 9-11]

낮은 사람은 하느님께서 높여주심을 자랑삼고 부요한 사람은 하느님께서 낮춰주심을 자랑삼으십시오. 부자들은 들에 핀 꽃처럼 있다가 가버리고 맙니다. 해가 떠서 뜨거운 바람이 불면 풀은 마르고 꽃은 시들어 그 아름다움이 사라지지요. 이처럼 부자 또한 바쁘게 사업하다가 말고 사라져갑니다.

*

부자들만 사라지는가? 네가 너인 줄 알고 있는 그 물건도 사라진다.

시험받을 때 굳게 서 있는 사람 [1, 12-18]

시험받을 때 굳게 서 있는 사람이 행복한 사람입니다. 시험을 잘 치렀다고 인정받은 사람은 하느님께서 당신을 사랑하는 자들에게 주마고 약속하신 생명의 월계관을 받을 것입니다. 아무도 시험받으면서, "하느님이 나를 시험하신다."고 말하지 마십시오. 하느님은 악한테 시험받는 분도 아니고 누구를 몸소 시험하는 분도 아닙니다. 사람들이 저마다 좋지 못한 제 욕심에 끌려서 시험을 당하고 함정에 빠지는 거예요. 욕심이 잉태하면 죄를 낳고 죄가 장성하면 죽음을 낳습니다.

사랑하는 형제들이여, 속지 마십시오. 온갖 선하고 은혜롭고 완전한 선물이 위로부터 오는 것이요, 하늘-빛들을 만드신 아버지께서 내려주시는 것입니다. 그분은 변함이 없으시고 등을 돌려 우리를 그늘 속에 버려두지도 아니하십니다. 그분이 뜻을 세우시고 진리 말씀으로 우리를 낳으신 것은 우리로 하여금 모든 피조물의 첫 열매가 되게 하려는 것이었어요.

*

"하느님은 광물 속에서 잠자고 식물 속에서 꿈꾸고 동물 속에서 눈 뜨고 인간 속에서 자기를 본다."(인도 고대문서). 그래서 인간이 모든 피조물의 첫 열매다.

듣기는 빠르게, 말하기는 더디게 [1, 19-27]

사랑하는 형제들이여, 이 모든 것을 그대들도 알고 있습니다. 아무쪼록 듣기는 빨리하고 말하기는 더디 하십시오. 성내기도 더디 하십시오. 인간의 분노가 하느님의 정의를 이루지는 못합니다. 그런즉 온갖 더러운 것과 입에 담지 못할 악을 버리고 하느님께서 그대들 마음에 심어주신 말씀을 겸허하게 받아들이십시오. 그대들의 영혼을 구원할 힘이 그 말씀에 있습니다.

말씀을 듣기만 하고 그대로 행하지 않아서 스스로 속이는 자가 되지 마십시오. 말씀을 듣고 그대로 행하지 않는 사람은 자기 얼굴의 생김새를 거울에 비춰 보는 사람과 같습니다. 그 사람은 자기 얼굴을 비춰 보고 나서 곧 그 모습을 잊고 말지요. 하지만 우리를 자유롭게 해주는 완전한 법을 깊이 들여다보는 사람은 그것을 듣고서 곧 잊어버리지 않고 그대로 행하는 사람인지라 그 행위로써 복을 받게 될 것입니다.

경건한 신앙인을 자처하면서 자기 혀를 다스리지 못하면 자기를 속이는 셈이니 그 신앙이 헛것입니다. 어렵게 사는 고아와 과부들을 보살피고 자기를 지켜 세속에 물들지 않는 것이 하느님 아버지 앞에서 순결하고 떳떳한 신앙입니다.

*

부뚜막 소금도 넣어야 짜다. 짠 소금도 먹어야 짜다. 믿음은 명사가 아니라 동사다.

사람을 겉모양으로 판단하지 말 것 [2, 1-13]

형제들이여, 그대들은 영광스러운 우리 주 예수 그리스도를 믿는 사람들입니다. 그러니 사람을 겉모양으로 판단하지 마십시오. 그대들이 모인 자리에 금가락지를 끼고 화려한 옷을 입은 사람과 넝마를 걸친 가난한 사람이 들어왔다 합시다. 만일 그대들이 화려한 옷을 차려입은 사람에게 말하기를, "여기 윗자리에 앉으십시오." 하고 가난한 사람에게는, "거기 서 있든지 내 발치에 앉든지 하게."라고 말한다면 잘

못된 생각으로 사람을 차별대우하는 것 아니고 무엇이겠습니까?
사랑하는 형제들이여, 잘 들으시오. 하느님께서 세상의 가난한 자들을 택하시어 믿음에 부요한 자들이 되게 하시고, 당신을 사랑하는 자들에게 주마고 약속하신 나라를 물려받게 하시지 않았던가요? 그런데 그대들은 가난한 이들을 업신여겼소이다. 부자들이야말로 그대들을 억압하는 자들 아닙니까? 그대들을 법정으로 끌고 가는 자들 아닌가요? 당신의 존귀하신 이름으로 그대들을 부르신 그분을 모독하는 자들 또한 그들 아닙니까? 그대들이 "네 이웃을 네 몸같이 사랑하라."는 위 없이 높은 성경 말씀을 좇아서 그렇게 하는 것이면 잘하는 일이지만, 사람을 겉모양으로 차별대우하는 것이면 죄를 짓는 일이니 율법이 그대들을 죄인으로 판결할 것입니다. 누구든지 율법의 한 조목을 어기면 전체 율법을 어긴 거예요. "간음하지 말라."고 하신 분이 "살인하지 말라."고 하셨으니 비록 그대들이 간음은 하지 않더라도 살인을 한다면 율법을 어긴 자가 된다는 말이올시다. 그대들은 사람을 자유롭게 하는 법에 따라서 판정받는 사람답게 말하고 행하십시오. 무자비한 사람은 무자비한 심판을 받을 것이나, 자비로운 사람은 심판을 이깁니다.

*

사람을 겉모양으로만 보는 것은 편지를 받아 봉투만 보는 것과 같다.

행함이 없는 믿음은 죽은 믿음 [2, 14-26]

형제들이여, 사람이 스스로 믿는다고 하면서 그대로 행하지 않는다면 그 믿음에 무슨 소용이 있겠습니까? 그 믿음이 과연 그를 구원할 수 있을까요? 형제나 자매가 헐벗고 굶주려 그날 먹을 양식이 없는데 그대들 가운데 누가 그에게, "평안히 가서 몸을 덥히고 배불리 먹게."라고 말하며 그 몸에 필요한 것을 주지 않는다면 무슨 소용이 있습니까? 믿음은 이와 같은 것이니, 행함이 없는 믿음은 죽은 믿음입니다.
하지만 이렇게 말하는 사람도 있겠지요. "당신한테 믿음이 있소? 나한테는 행함이 있소. 당신은 행함 없는 믿음을 내게 보여주시오. 나는 행함으로 내 믿음을 보여주겠소." 그대들은 오직 한 분이신 하느님이 계심을 믿나요? 좋습니다. 귀신들도 그렇게 믿고 벌벌 떨지요. 어리석은 사람들이여, 행함 없는 믿음이 헛된 것임을 알고 싶습니까? 우리 조상 아브라함이 아들 이사악을 제단에 바칠 때 행함으로 하느님 앞에서 의롭다고 인정받았던 것 아닌가요? 그대들도 알다시피, 그의 믿음은 곧 그의 행함이었고 그 행함으로 말미암아 그 믿음이 완전해졌던 것입니다. 이렇게, '아브라함이 하느님을 믿으니 그 믿음을 보시고 의롭게 여기셨다.'는 성경 말씀이 이루어졌고, 그래서 하느님께서는 그를 당신의 벗이라고 부르셨던 거예요.

그런즉, 사람이 행함으로써 의롭다고 인정받는 것이지 믿음만으로는 그럴 수 없음을 알아야 합니다. 창녀 라합 또한 심부름꾼들을 영접하여 다른 길로 떠나보낸 바로 그 행동으로 말미암아서 의롭다고 인정받았던 것 아닙니까? 영혼 없는 몸이 죽은 몸이듯이 행동 없는 믿음은 죽은 믿음이올시다.

*

믿음과 행함이 따로가 아니다. 믿음 곧 행함이다. 벌써 교회에 말만 번드레한 사람들이 있었다는 얘기다.

숲을 태우는 불씨와 같은 사람의 혀 [3, 1-12]

형제들이여, 그대들은 저마다 선생이 되려고 하지 마십시오. 알다시피 우리 선생 된 자들이 더 엄한 심판을 받게 마련입니다. 우리 모두 많은 실수를 저지르며 살아가지요. 그러나 말에 실수가 없는 사람은 참으로 완전한 사람이니, 자기 온몸을 다스릴 수 있는 사람입니다. 우리는 말을 복종시키려고 그 입에 재갈을 물립니다. 그러면 마음대로 타고 다닐 수 있지요. 배를 보십시오. 작은 키 하나로 사공이 강한 바람의 힘에 얹혀 움직이는 큰 배를 자기가 원하는 곳으로 몰고 갑니다. 이처럼 혀도 인체의 작은 부분이지만 그 허풍이 아주 심합니다. 보십시오, 작은 불씨가 큰 숲을 태워버리지 않습디까? 혀는 곧 불이요 사악한 세계라, 우리 몸의 여러 지체 가운데 하나지만 온몸을 더럽히고 지옥에서 나오는 불로 생의 수레바퀴를 살라버립니다. 사람이 온갖 들짐승과 새와 파충류와 바다생물까지 길들일 수 있고 길들여왔습니다만 자기 혀를 길들일 수 있는 사람은 아무도 없습니다. 혀는 다스려지지 않고 속에 독이 가득 차 있는 악한 물건이에요. 이것으로 우리는 주님이신 아버지를 찬양하기도 하고 하느님의 형상으로 창조된 사람들을 저주하기도 하지요. 한 입에서 찬양과 저주가 나오는 셈입니다. 형제들이여, 결코 마땅치 못한 일이에요. 샘이 어떻게 한 구멍에서 단물과 쓴 물을 내겠습니까? 형제들이여, 무화과나무가 올리브 열매를 맺고 포도나무가 무화과를 맺을 수 있습니까? 짠 물에서 단물이 나올 수는 없는 일이올시다.

*

말이 행동에 앞서는 것은 당연하다. 당나귀가 수레를 앞에서 끌듯이. 하지만 수레의 향방을 당나귀에게 맡겨서야 쓰겠는가?

위에서 내려오는 참된 지혜 [3, 13-18]

그대들 가운데 지혜롭고 유식한 사람이 있습니까? 참된 지혜에서 나오는 겸손함을 삶과 행동으로 보여주십시오. 그러나 가슴에 독한 시기심과 이기적인 야망이 있거든 허풍 떨지 말고, 진실을 거슬러 거짓을 말하지 마십시오. 그것은 위에서 내려오는 지혜가 아니라 세속적이며 동물적이며 악마적인 지혜올시다. 시기와 다툼이 있는 곳에 무질서와 온갖 종류의 악한 행실이 있게 마련이에요. 하지만 위에서 내려오는 지혜는 첫째 순결하고 그다음 평화롭고 너그럽고 양순하고 자비와 선행으로 충만하고, 그리고 편견과 거짓이 없습니다. 평화를 위하여 일하는 사람들은 평화를 심어서 정의를 거두어들입니다.

*

평화가 정의를 거둔다. 정의가 평화를 거두는 게 아니다. 두 '정의'가 맞서서 전쟁이다.

이기적 욕정에서 나오는 다툼과 분쟁 [4, 1-10]

그대들의 다툼과 분쟁이 어디에서 비롯되는 겁니까? 그대들 안에 있는 스스로 만족하려고 다투는 이기적 욕정들에서 나오는 것 아닌가요? 그대들은 무엇을 원하다가 얻지 못하면 사람을 죽이고 누구를 시기하다가 뜻대로 안 되면 다투고 싸우지요. 그대들이 얻지 못하는 까닭은 하느님께 구하지 않기 때문이요 구해도 얻지 못하는 것은 욕정을 채우려고 잘못 구하기 때문입니다. 지조 없는 사람들이여, 세상을 벗 삼으면 하느님을 등지게 된다는 사실을 모릅니까? 누구든지 세상과 벗이 되고자 하는 자는 스스로 하느님의 원수가 됩니다. "하느님은 몸소 우리 안에 거하게 하신 영을 시기하실 만큼 우리를 사랑하신다."는 성경 말씀이 헛말인 줄 압니까? 하지만 하느님은 그보다 큰 은혜를 우리에게 주시지요. 그래서 성경에, "하느님께서 교만한 자를 물리치시고 겸손한 자에게 은혜를 베푸신다."는 말씀이 있는 겁니다. 그러니 아무쪼록 하느님께 복종하고 악마를 대적하시오. 그러면 그대들을 피하여 달아날 것입니다. 하느님께로 가까이 가시오. 그 분 또한 그대들 가까이 오실 것입니다. 죄인들은 손을 깨끗이 씻고 두 마음을 품은 자들은 마음을 순결하게 가지시오. 지금은 슬피 울며 괴로워할 때올시다. 그대들의 웃음을 신음으로 바꾸고 즐거움을 근심으로 바꾸시오. 주님 앞에서 스스로 낮추시오. 그러면 주께서 그대들을 높이실 것입니다.

*

"하느님께 복종하고 악마를 대적하시오." 하느님께 전심專心으로 귀의歸依하라. 구태여 악마를 대적할 것 없다.

형제들을 헐뜯지 말 것 [4, 11-12]

형제들이여, 서로 헐뜯지 마시오. 형제를 헐뜯고 형제를 심판하는 자는 율법을 헐뜯고 율법을 심판하는 자입니다. 그대가 만일 율법을 심판한다면 율법을 지키는 자가 아니라 심판하는 자가 되는 셈인데 율법을 세우고 심판하는 이는 오직 한 분, 그대들을 구원할 수도 있고 파멸시킬 수도 있는 그분입니다. 그대들이 뭔데 감히 이웃을 심판하는 겁니까?

*

이웃을 심판할 수 있는데 참으라는 말이 아니다. 그럴 자격이 없으니, 본디 해서는 안 되는 일을 하지 말라는 거다.

함부로 장담하지 말 것 [4, 13-17]

그대들 가운데, "오늘이나 내일쯤 아무 도시로 가서 일 년 동안 머물며 장사를 하여 돈을 벌겠다."고 말하는 사람들이 있습니다. 하지만, 들으시오. 그대들은 내일 일이 어찌 될는지 아무것도 모릅니다. 잠깐 있다가 사라지는 안개와 같은 것이 그대들 목숨이에요. 그러므로 그대들은 마땅히, "주께서 허락하시면 우리가 살아서 이 일도 하고 저 일도 하리라."고 말해야 하는 겁니다. 그런데도 그대들은 허영에 들떠서 장담하는군요. 그런 장담은 모두가 악한 것입니다. 사람이 선을 행할 줄 알면서 행치 않으면 그것이 바로 죄입니다.

*

하느님을 거스르는 방법에는 하지 말라는 것을 하는 것도 있고 하라는 것을 하지 않는 것도 있다. 하느님은 사람이 할 수 없는 것을 하라거나 하지 말라거나 하지 않으신다.

부자들에게 주는 경고 [5, 1-6]

자, 이번에는 부자들에게 한마디 합시다. 그대들에게 닥칠 비참한 일을 생각하여 울고 통곡하시오. 그대들의 재물은 썩었고 옷은 좀먹었으며 그대들의 은과 금은 녹슬었으니, 그 녹이 그대들을 고발하는 증거가 되고 불처럼 그대들의 살을 삼킬 것이오. 이 말세에도 그대들은 재물을 쌓았는데, 보시오, 그대들 밭에서 추수한 일꾼들에게 주지 않은 삯이 소리치고 그들의 아우성이 주의 귀에 들렸소이다. 그대들은 땅에서 사치스럽게 쾌락을 즐기며 도살당할 가축들처럼 자신을 살찌웠소. 그대들이 죄 없는 사람을 정죄하고 죽였지만 그들은 아무

대거리도 하지 않았지요.

*

부자들이 솔깃하여 들으리라고 기대했으면 아마도 입에서 나오지 않았을 말이다.

오래 참고 견디는 복된 사람 [5, 7-11]

그러니 형제들이여, 주께서 오실 때까지 오래 참으십시오. 보시오, 농부들은 땅에서 나는 귀한 열매를 바라고 오래 참으며 이른 비와 늦은 비를 기다립니다. 그대들도 오래 참고 마음을 굳게 하십시오. 주께서 오실 날이 가깝습니다. 형제들이여, 서로 원망하지 마십시오. 그래야 심판받지 않을 것입니다. 보시오, 심판하실 분이 문밖에 서 계십니다. 형제들이여, 주의 이름으로 말씀을 전한 예언자들을 고난 겪으면서 오래 참는 자의 본보기로 삼으십시오. 끝까지 참고 견디는 사람이 복된 사람이라고 우리는 생각합니다. 그대들은 욥이 잘 참아낸 이야기를 들었고 주님이 맺어주신 그 이야기의 결말을 보았습니다. 우리 주님은 자비와 연민으로 충만한 분이십니다.

*

"주께서 오실 때까지 오래 참으십시오." 더는 참아야 할 것이 없을 때까지 참으라는 말이다. 그날은 반드시 온다, 지금 가는 길에서 돌아서지만 않으면.

맹세하지 말 것 [5, 12]

나의 형제들이여, 무엇보다도 맹세하지 마시오. 하늘이나 땅이나 다른 무엇을 두고도 맹세하지 말고, 다만 "그렇다" 할 것은 "그렇다" 하고 "아니다" 할 것은 "아니다" 하시오. 그러면 정죄 받지 않을 것입니다.

*

"그렇다." "아니다." 이 두 말은 먼저 하는 말이 아니다. 뒤에 하는 말이다.

어려운 일을 당하거나 병든 사람을 위한 기도의 힘 [5, 13-20]

그대들 가운데 어려운 일을 당한 사람이 있습니까? 그 사람, 기도해야 합니다. 마음이 즐거운 사람 있습니까? 찬미하십시오. 그대들 가운데 병든 사람 있나요? 교회 장로들을 청하시오. 장로들은 주의 이름으로 그에게 기름을 바르고 그를 위하여 기도해야 합니다. 믿음으로 드리는 기도가 병든 사람을 낫게 하리니 주께서 그를 일으켜주실 것이며, 혹시 그가 죄를 지었더라도 용서받을 것입니다. 그런즉 그대들은 서로 죄를 자백하고 서로를 위해 기도하십시오. 그러면 모두 온전해질 것입니다. 의로운 사람의 기도에는 큰일을 이룰 능력이 있습니다. 엘리야는 우리와 똑같은 사람이었지만 비가 내리지 않게 해달라고 기도하자 삼 년 육 개월 땅에 비가 내리지 않았고, 다시 기도하자 하늘이 비를 내려 땅이 열매를 맺었습니다.

나의 형제들이여, 그대들 가운데 한 사람이 진리를 떠나 잘못된 길을 가는데 누가 그를 돌아서게 한다면, 이 사실을 알아두시오, 그런다면 죄인을 잘못된 길에서 돌아서게 한 그는 한 사람의 영혼을 죽음에서 구원할 것이고 또 많은 죄를 용서받게 해줄 것입니다.

*

무슨 일을 당해도 길은 열려있다. 사랑을 막을 수 있는 무엇이 원천적으로 없기 때문이다.

베드로전서

첫인사 [1, 1-2]

예수 그리스도의 사도 베드로가 본도, 갈라디아, 가빠도기아, 아시아, 비티니아에 흩어져 나그네로 사는 그대들에게 이 편지를 보냅니다. 성령으로 순결해지고 예수 그리스도께 순종하고 그분의 피에 젖도록 선택된 그대들에게 은총과 평화가 충만하기를!

*

그렇다. 인간 세상에 무슨 일이 있다면 나그네가 나그네에게 한 것이다.

금처럼 연단되는 믿음 [1, 3-12]

우리 주 예수 그리스도의 아버지 하느님을 찬양합시다. 하느님께서 크신 자비로, 예수 그리스도를 죽음에서 다시 살려내시어, 우리로 하여금 거듭나게 하시고 산 희망을 품게 하셨으니 곧 그대들을 위하여 하늘에 마련해두신 썩지 않고 더럽혀지지 않고 시들지 않는 분깃을 물려받게 하신 것입니다. 그분은 그대들의 믿음을 보시고 당신의 능력으로 그대들을 지켜주시고 말세에 나타내기로 예정된 구원을 얻게 해주십니다. 지금 당장은 여러 가지 시련을 겪는 가운데 어려움이 많겠지만 그대들의 믿음을 순수하게 연단하기 위한 것이니 오히려 기뻐하십시오. 결국은 없어지고 마는 금도 불로 단련되거니와, 금보다 훨씬 귀한 그대들의 믿음이 많은 시련을 통해 순수해져서 예수 그리스도께서 나타나시는 날에 칭찬과 영광과 영예를 얻게 될 것입니다. 그대들이 예수를 보지 못했으면서도 그분을 사랑하고 지금도 여전히 보지 못하면서 그분을 믿고 말할 수 없이 영광스러운 기쁨을 누리고 있음은 그대들의 믿음이 결국 영혼을 구원했기 때문인데, 그 구원은 그대들이 은혜를 입으리라고 예언한 예언자들이 부지런히 찾고 연구하던 바로 그것이에요. 그들이 언제 어떻게 그 일이 있을 것인지를 연구하고 있을 때 그들 안에서 역사하시는 그리스도의 영께서 그리스도의 수난과 그 뒤에 올 영광을 자세히 일러주셨던 것입니다. 그들은 자기네가 하는 일의 목적이 자신들의 이익을 도모함에 있지 않고 그대들을 위하는 데 있는 것임을 하늘의 계시로 알았지요. 그리고 이제 그것이 하늘에서 파견된 성령의 도우심으로 복음을 전하는 이들에 의하여 그대들에게 알려졌으니, 이는 천사들도 알고 싶어 하는 바로 그것입니다.

*

우리가 어려움을 당하는 게 아니라 하느님이 우리를 단련하시는 거다.

모든 행실에 거룩한 사람 [1, 13-25]

그러니 아무쪼록 마음을 가다듬고 근신하여 예수 그리스도께서 오실 때 그대들에게 내리실 은총을 오로지 바라십시오. 아무것도 모르고 욕심을 좇아 살던 옛날을 청산하고 순종 잘하는 자식처럼 하느님께 복종하며 그대들을 부르신 분이 거룩하듯이 모든 행실에 거룩한 사람이 되십시오. 성경에도, "내가 거룩하니 너희도 거룩하여라."는 말씀이 있소이다.

그대들이 아버지라고 부르는 분은 각 사람을 그 행실대로 심판하시는 분이니 나그네로 사는 동안 삼가 외경하는 마음으로 사십시오. 알다시피 그대들이 조상들로부터 물려받은 헛된 삶에서 해방된 것은 은이나 금 따위 없어질 물건으로 값을 치르고 산 게 아니라 흠도 티도 없는 어린양 같은 그리스도의 보혈로 얻은 것입니다. 그분이 창세 전에 미리 선택되셨다가 그대들을 위하여 이 말세에 나타나셨으므로, 그분을 통해서, 그분을 죽음에서 살려내어 영광을 입게 하신 하느님을 그대들이 믿고 희망하게 되었습니다.

이제 그대들은 진리에 순종함으로써 영혼이 맑아져서 형제를 거짓 없이 사랑하게 되었습니다. 그러니 마음을 다하여 서로 사랑하십시오. 그대들의 거듭남은 썩어 없어질 씨에서 난 것이 아니라 썩지 않는 씨 곧 영원히 살아있는 하느님의 말씀에서 난 것입니다.

모든 사람이 풀과 같고
그 모든 영광이 풀의 꽃과 같구나.
풀은 마르고
꽃은 시들어 떨어지되,
주의 말씀은 영원히 살아 있도다.
이것이 곧 그대들에게 전해진 복음이올시다.

*

모든 썩는 것들 안에 살아있는 썩지 않는 말씀, 그분이 전부다.

신령한 집의 거룩한 산돌 [2, 1-10]

그러므로 온갖 악의, 속임수, 겉꾸밈, 시기, 비방을 버리고 갓난아기처럼 순수하고 신령한 젖을 사모하십시오. 그것으로 자라나서 구원받게 될 것입니다. 그대들이 이미 주의 인자하심을 맛보았으니 그분께로 가까이 가십시오. 그분은 사람들한테서 버림받았지만 하느님께서 택하신 귀중한 산돌이십니다. 그대들도 신령한 집을 짓는 데 쓰이는 산돌이 되고 거룩한 사제가 되어 예수 그리스도를 통하여 하느님께서 기쁘게 받으실 신령한 제사를 지내십시오. 성경에 이르기를, "보라, 내가 택한 보배롭고 요긴한 머릿돌을 시온에 두노니 저를 믿는 자는 부끄러움을 당치 아니하리라." 하였거니와, 이 돌이 믿는 그대들한테는 귀중한 돌이지만 믿지 않는 자들한테는 "집 짓는 자들에게 버림받았다가 모퉁이 머릿돌이 된" 바로 그 돌이자 "저들을 비틀거리게 하는 돌이자 걸려 넘어지게 하는 바위"올시다. 저들이 걸려 넘어진 것은 순종치 않았기 때문인데 그것이 그들의 운명이기도 했지요. 하지만 그대들은 택함을 받은 민족이요 왕의 사제들이며 거룩한 나라요 하느님의 백성입니다. 그러니 그대들을 어두운 데서 불러내어 놀라운 빛 가운데로 인도하신 하느님의 영광스러운 은총을 널리 선전하는 것이 마땅한 일입니다. 그대들이 전에는 하느님의 백성이 아니었지만 이제는 하느님의 백성이고 전에는 하느님의 자비 밖에 있었지만 이제는 하느님의 자비를 입었습니다.

*

하느님께 선택받으려면 사람들한테 버림받아야 한다. 세상에서 세상에 동의하지 마라. 버림받을 것이다.

이방인들 사이에서 단정한 몸가짐을 [2, 11-17]

사랑하는 벗들이여, 낯선 땅에서 나그네로 사는 그대들에게 권합니다. 영혼을 거슬러 싸우게 하는 육체의 욕정을 다스리시오. 이방인들 사이에서 몸가짐을 단정히 가지시오. 그대들이 악한 짓을 한다고 헐뜯던 자들이 그대들의 착한 행실을 보고 하느님께서 심판하러 오시는 날에 그분을 찬양할 것입니다.

사람들이 세운 모든 체제에 주를 위하여 복종하시오. 황제는 가장 높은 신분이니 복종하고, 총독은 그의 임명을 받아서 악을 행하는 자들에게 벌을 주고 선을 행하는 자들에게 상을 주는 신분이니 복종하시오. 하느님은 사람의 선한 행실로 어리석은 자들의 무지한 말을 막는 분이십니다. 그대들은 자유인입니다. 그 자유를, 악을 감추는 데 쓰지 말고 하느님의 종답게 쓰시오. 모든 사람을 존중하고 형제를 사랑하며 하느님을 두려워하고 황제를 공경하시오.

*

땅에서 배워 땅처럼 되면 할 수 있겠지, 모든 체제에 복종하고 모든 사람을 존중한다는 것.

주인을 존경하여 섬기는 하인 [2, 18-25]

하인들은 매사에 주인을 존경하여 섬기는데, 너그러운 주인한테만 그러지 말고 까다로운 주인한테도 그렇게 하시오. 억울하게 고난을 겪더라도 하느님을 생각하며 참으면 아름다운 일이지만 죄짓고 매 맞는 거라면 참는다 한들 그게 다 무엇입니까? 그러나 선을 행하다가 고난을 겪어도 참으면 하느님한테서 칭찬받을 것입니다. 그렇게 살라고 그대들을 부르신 것입니다. 그리스도께서도 그대들을 위하여 고난을 받으시고 당신 뒤를 따르도록 본보기를 남기셨지요. 그분은 죄가 없으셨고 입술에 거짓이 없으셨어요. 욕을 당하면서 욕하지 않으셨고 고난을 겪으면서 원망하지 않으셨고 오직 공의로 심판하시는 분께 모든 것을 맡기셨습니다. 그분은 몸소 나무에 달려 우리 죄를 감당함으로써 우리로 하여금 죄에 대하여 죽고 의에 대하여 살게 하셨지요. 그분이 입은 상처로 그대들이 나았고, 그대들이 전에는 양처럼 길을 잃고 헤매었으나 이제는 그대들 영혼의 목자이자 보호자이신 그분께로 돌아왔습니다.

*

사람이 하늘처럼 될 수 있음을 몸으로 보여주신 분이 우리 곁에 살아계신다!

아내들과 남편들에게 [3, 1-7]

아내들이여, 이처럼 남편에게 복종하시오. 혹 믿지 않는 남편이 그대의 행실을 보고 구원받게 될지도 모릅니다. 그러니 오직 순결하고 경건하게 사는 모습을 보여주시오. 말은 필요치 않아요. 머리를 가꾸고 금으로 장식하고 예쁜 옷을 차려입어 겉을 꾸미지 말고 속의 품성에서 우러나는 참하고 온유한 정신으로 속사람을 꾸미시오. 그것이 하느님 보시기에 값진 것입니다. 앞서 하느님께 희망을 걸고 살던 거룩한 부인들도 그렇게 자기를 가꾸었고 남편들에게 복종하였습니다. 예컨대 사라는 남편 아브라함을 주인이라고 부르며 복종했지요. 그대들 또한 선한 일을 하면서 두려움에 떨지 않으면 사라의 딸들이 될 것입니다.

남편들이여, 마찬가지로 아내가 그대보다 약한 여성임을 이해하고 소중하게 대하시오. 약속된 생명의 은총을 그대와 함께 물려받은 사람입니다. 그러면 그대들의 기도가 막히지 않을 것이오.

*

간은 간으로 쓸개는 쓸개로, 아내는 아내로 남편은 남편으로.

의로운 일을 하다가 고난 겪는 복된 사람 [3, 8-22]

끝으로 말합니다. 아무쪼록 마음을 같이 하여 서로 동정하고 형제처럼 사랑하며 불쌍히 여기고 겸손하시오. 악을 악으로, 욕을 욕으로 갚지 말고 오히려 복을 빌어주시오. 그렇게 하라고 그대들은 부르심을 받은 것이고, 그렇게 하면 약속하신 복을 받게 될 것입니다. 성경에 이르기를, "생명을 사랑하고 좋은 날 보기를 원하는 자는 혀를 다스려 악한 말이 나오지 못하게 하고 입술로 거짓을 말하지 말고 악에서 돌이켜 선을 행하고 평화를 힘써 구하여라. 주께서는 의인을 굽어살피시고 그의 간구를 들으시지만 악을 행하는 자들은 노려보신다." 하였소이다.

그대들이 선한 일에 열심을 낸다면 누가 그대들을 해치겠습니까? 하지만 의로운 일을 하다가 고난 겪으면 복된 사람이니 누가 협박하여도 겁내지 말고 흔들리지 마시오. 마음속에 그리스도를 주인으로 모시고, 그대들이 간직한 희망에 대하여 누가 물으면 언제라도 답할 준비 하되 답할 때는 부드럽고 신중하게 해야 합니다. 항상 깨끗한 양심을 지키며 사십시오. 그리스도 안에 있는 그대들을 헐뜯던 자들이 바로 그 일로 말미암아 부끄러움을 당하게 될 것입니다. 선을 행하다가 고난을 겪는 것이 하느님의 뜻이면, 악을 행하다가 고난 겪는 것보다 얼마나 더 좋습니까? 그리스도께서도 단 한 번 그대들의 죄 때문에 죽으셨거니와 의로운 분이 불의한 자들을 위하여, 그들을 하느님께로 데려가기 위하여, 돌아가신 것입니다. 그분은 육으로 죽으셨다가 영으로 다시 사셨고 또한 영으로 옥에 갇힌 자들에게 내려가 말씀을 전하셨습니다. 그들은 저 옛날 노아가 방주를 만들 때 하느님께서 오래 참고 기다려주셨지만 끝내 순종치 않던 자들입니다. 그때 방주에 들어가서 물에 빠져 죽지 않은 사람이 고작 여덟이었지요. 그 물은 오늘 그대들을 구원하는 세례를 미리 보여준 것으로서, 세례는 몸의 때를 벗기는 게 아니라 깨끗한 양심으로 살겠다고 하느님께 서약하는 것이며 예수 그리스도의 부활로 말미암아 이루어지는 것입니다. 그분은 지금 하늘에 오르시어 하느님 오른편에 계시는데 천사들과 권세들과 능력들이 모두 그분께 복종하고 있습니다.

*

"악을 악으로, 욕을 욕으로 갚지 말고 오히려 복을 빌어주시오." 여태까지 살아온 삶의 방식으로는 달라진 세상을 살 수 없다.

죽은 자들에게도 전해진 복음 [4, 1-11]

그리스도께서 육으로 고난 겪으셨으니 그대들도 같은 결의로 갑옷을 입으시오. 육으로 고난 겪을 때 그 사람은 이미 죄에서 끊어졌으니 이제부터는 남은 생을 인간의 욕정으로 살지 않고 하느님의 뜻에 따라서 살게 될 것입니다. 지난날에 그대들은 이방인들이 즐기던 일 곧 음행하고 술 취하고 방탕하고 진탕 먹고 마시고 떠들고 금지된 우상숭배까지 그 모든 일을 원 없이 해보았습니다. 이제는 그대들이 자기네와 어울려 방탕한 생활을 하지 않는다고 이방인들이 수상하게 여기고 헐뜯기까지 하는군요. 저들은 산 자와 죽은 자를 심판하시는 분 앞에서 바른대로 고해야 할 것입니다. 그래서 죽은 자들에게도 복음이 전해졌으니 이는 저들이 육으로는 다른 사람들과 마찬가지로 심판을 받았지만 영으로는 하느님처럼 살게 하려는 것이었지요.

세상 종말이 가까웠습니다. 정신 차리고 근신하여 기도하시오. 무엇보다도 마음을 쏟아 서로 사랑하시오. 사랑은 허다한 죄를 덮어줍니다. 서로 잘 대접하되 투덜거리지 말고 하시오. 각자 받은 은총의 선물이 무엇이든 간에 하느님께서 베푸신 은혜를 관리하는 청지기답게 그것을 활용하여 서로 섬기도록 하시오. 할 말이 있는 사람은 그 말이 하느님의 말씀이게 하고 남을 섬기는 사람은 하느님께서 주시는 힘으로 섬겨야 합니다. 그리하여 매사에 예수 그리스도를 통하여 하느님께 영광을 돌려드리도록 하시오. 그분께 영광과 권세가 영세 무궁토록 있으시기를! 아멘.

*

자기들과 어울려 방탕하게 살지 않는다고 헐뜯는 사람들과 함께 살아야 하는 세상이다. 그렇지만 범굴에 들어가도 정신만 차리면 산다.

그리스도의 고난에 동참하는 복된 사람들 [4, 12-19]

사랑하는 벗들이여, 불 시련을 겪더라도 그대들을 시험하기 위한 것이니 무슨 엄청난 일을 당하는 것처럼 놀라지 말고 오히려 그리스도의 고난에 동참하게 된 것을 기뻐하시오. 영광 가운데 그분이 오실 때 그대들이 기뻐 뛰며 즐거워할 것입니다. 그대들이 그리스도의 이름으로 욕을 당하면 복된 사람들이니 그 까닭은 영광의 성령 곧 하느님의 성령이 그대들 위에 머물러 계시기 때문입니다. 그대들 가운데 아무도 살인이나 도둑질, 악행이나 남을 해치는 짓으로 고난 겪는 사람이 없도록 하시오. 하지만 누가 그리스도인이기에 고난을 겪는다면 부끄러워하지 말고 도리어 그 이름으로 불리게 된 것을 하느님께 감사드리시오. 심판의 때가 다가왔으니 하느님의 집안부터 심판받을 것입니다. 우리가 먼저 심판받는다면 하느님의 복음을 순종치 않은 자들의 마지막이 어떻겠으며, 의로운 사람이 겨우 구원을 받는다면 경건치 못한 죄인은 어찌 되겠습니까? 그러니 하느님의 뜻을 좇아서 고난 겪는 사람들은 선을 행하는 가운데 그 영혼을 미쁘신 창조주께 맡길 일이올시다.

*

행운이 닥치든 불운이 닥치든, 그거야 네 소관이 아니고 너의 할 일은 언제 어디서나 한 가지뿐이다. 그게 뭐냐고? 알지 않느냐?

장로들과 젊은이들에게 주는 권면 [5, 1-11]

내가 그대들 가운데 있는 장로들에게, 같은 장로이자 그리스도께서 당하신 고난의 증인이며 장차 있을 영광에 참여할 자로서, 권면합니다. 그대들 주변에 있는 하느님의 양 무리를 돌보되 억지로는 말고 다만 하느님의 뜻을 좇아서 자발적으로, 불결한 이득을 탐내서가 아니라 기쁜 마음으로 돌보시오. 맡겨진 양 무리를 지배하려 들지 말고 그들의 모범이 되시오. 그러면 목자의 으뜸이신 그리스도께서 나타나실 때 시들지 않는 영광의 월계관을 얻어 쓸 것입니다.

젊은이들이여, 장로들에게 순종하고 겸손으로 허리를 동이시오. 하느님께서는 교만한 자들을 물리치시고 겸손한 자들에게 은혜를 베푸십니다. 그러니 스스로 몸을 낮추어 하느님의 권능에 복종하시오. 때가 되면 그대들을 높여주실 것이오. 근심 걱정일랑 모두 주께 맡기시오. 그분이 그대들을 돌보십니다.

정신 바짝 차리고 깨어 있으시오. 그대들의 원수인 악마가 우는 사자처럼 삼킬 자를 찾아 돌아다니고 있습니다. 믿음을 굳게 하여 그를 대적하시오. 알다시피 온 세상에 흩어져 사는 그대들의 형제들 또한 같은 고난을 겪었소이다. 그대들이 잠시 고난을 받겠지만 그리스도 안에서 그대들을 부르시어 영원한 영광으로 들어가게 하신 분은 곧 온갖 은혜를 베푸시는 하느님께서 몸소 그대들을 온전케 하시고 강하게 하시며 든든한 터 위에 세워주실 것입니다. 권세가 영세 무궁토록 그분께 있기를! 아멘.

*

"정신 바짝 차리고 깨어 있으시오." 세상이 어떻게 돌아가고 있는지, 네가 지금 무엇을 어떻게 하고 있는지, 선명하게 알면서 살라는 얘기다.

끝인사와 축원 [5, 12-14]

내가 그대들을 격려하고 이 모든 것이 하느님의 참된 은총임을 증언코자 믿음직한 형제 실바노의 손을 빌려 그대들에게 간단한 편지를 썼습니다. 은총 가운데 굳게 서십시오.

그대들과 함께 하느님의 택하심을 받은 바빌론의 교회와 내 아들 마르코가 그대들에게 문안합니다. 사랑의 입맞춤으로 피차 문안하시오.

그리스도 안에 있는 그대들에게 평화가 있기를!

*

입 아닌 입맞춤으로 문안하라. 문안조차도 말로 하지 말고 몸으로 하라.

베드로후서

첫인사 [1, 1-2]

예수 그리스도의 종이며 사도인 시몬 베드로가 우리 하느님과 구세주이신 예수 그리스도의 의를 힘입어 소중한 믿음을 함께 나눠 가진 그대들에게 이 편지를 보냅니다.
하느님과 우리 주 예수를 아는 지식으로 말미암는 은총과 평화가 그대들에게 있기를!

*

"믿음"은 사유물이 아니다. 누군가와 "나눠 가지는" 것이다. 숨처럼, 공기처럼.

경건한 생활에 필요한 모든 것들 [1, 3-15]

우리 주님이 당신의 성스러운 능력으로 경건한 생활에 필요한 모든 것을 우리에게 주셨으니, 그것들은 우리를 부르시어 당신의 영광과 덕스러움을 나눠 가지게 하신 분을 아는 지식에서 오는 것들입니다. 이렇게 그분은 위 없이 높고 값진 약속을 우리에게 주셨고 그 약속에 근거하여 그대들은 정욕으로 말미암은 세상의 부패를 떠나 하느님의 본성을 나눠 가지게 되었습니다. 그러니 아무쪼록 믿음에 덕을, 덕에 지식을, 지식에 절제를, 절제에 인내를, 인내에 경건을, 경건에 형제 우애를, 형제 우애에 만인 사랑을 더하십시오. 이런 것들을 풍성히 갖추면 우리 주 예수 그리스도를 알고자 하는 마음이 더욱 간절해질 것이고 마침내 그 결실을 보게 될 것입니다. 하지만 이것들을 갖추지 않은 사람은 멀리 내다보지 못하고 지난날에 지은 자기 죄가 용서받았음을 망각한 사람이지요. 그러니 형제들이여, 더욱 힘써 그대들이 부르심 받고 택하심 받았음을 입증해 보여주시오. 그러면 결코 실족하지 않을 것이며 우리 주님이요 구세주이신 예수 그리스도의 영원한 나라로 들어가는 문이 그대들 앞에 활짝 열릴 것입니다.
그대들은 이를 이미 알고 있으며 주어진 진실 위에 든든히 서 있겠지만 그래도 나는 거듭 일깨워주고자 합니다. 내가 이 장막에 머무는 동안은 그대들을 일깨워 다시 생각나게 해주는 것이 마땅한 줄로 압니다. 이는 우리 주 예수 그리스도께서 알려주신 대로 내가 이 장막을 떠날 때가 머지않은 것을 알기에 내가 떠난 뒤에도 그대들이 이를 되새길 수 있도록 하려는 것입니다.

*

몸은 내가 아니다. 내가 임시로 머무는 장막이다. 장막은 콘크리트 건물이 아니다.

주님의 크신 위엄을 목격한 사람들의 증언 [1, 16-21]

우리가 그대들에게 알려준 우리 주 예수 그리스도의 능력과 그 나타나심은 사람들이 꾸며 만든 이야기에서 가져온 게 아니올시다. 그분의 크신 위엄을 우리 눈으로 보았으니까요. 지극한 영광 가운데 그분을 향하여, "이는 내 사랑하는 아들, 내가 기뻐하는 아들이다."라는 음성이 들려왔을 때 분명 그분은 하느님 아버지께로부터 영광과 영예를 받으셨습니다. 우리는 그분과 함께 거룩한 산에 있었고 그래서 하늘로부터 들려오는 음성을 직접 들었지요. 이로써 예언의 말씀이 더욱 확실해졌으니, 그대들 마음에 동이 트고 샛별이 떠오를 때까지 어둠을 밝히는 등불 같은 그 말씀에 귀를 기울이는 것이 좋겠습니다. 무엇보다 먼저 알아야 할 것은 성경의 모든 예언을 자기 맘대로 풀면 안 된다는 사실입니다. 예언은 사람이 생각해서 만들어내는 게 아니라 성령의 감화를 받은 이들이 하느님께로부터 말씀을 받아 전하는 것입니다.

*

어둠을 밝히는 등불이신 그리스도의 말씀을 끝까지 따라가면 샛별이신 그리스도를 만날 것이다.

이단교설로 신자들을 넘어뜨리는 거짓 교사들 [2, 1-22]

하느님의 백성들 사이에 거짓 예언자들이 있었던 것처럼 그대들 가운데서도 거짓 교사들이 나타날 터인데, 그들은 파멸시키는 이단 교설을 몰래 끌어들여 자기들을 피로 사신 주님을 부인하며 스스로 멸망의 길을 가는 자들입니다. 많은 사람이 저들의 방종한 삶을 본받을 것이고 그래서 진리의 도가 사람들한테서 비난받게 될 것입니다. 그들이 제 욕심을 채우고자 지어낸 가르침으로 그대들한테서 돈을 우려낼 테지만, 이미 오래전에 심판받은 자들이고 그들의 파멸은 잠들지 않았습니다.

하느님께서는 죄지은 천사들을 용서치 아니하시고 깊은 구렁에 던져 심판 때까지 어둠 속에 갇혀있게 하시고 또 옛 세상을 용서치 아니하시어 오직 의를 부르짖던 노아와 그 일곱 식구만 살려두시고 나머지 경건치 않은 자들에게는 홍수를 내리셨으며 소돔과 고모라 두 도성을 멸망시키기로 작정하시고 잿더미로 만들어 후대의 경건치 않은 자들에게 보일 본보기로 삼으시면서 무법자들의 음란한 행실로 말미암아 고통받던 롯을 건져주셨소이다. 그 착한 사람이 날마다 저들과 함께 살면서 저들의 방종한 행실을 목격하게 되었고 그 때문에 의로운 영혼이 깊은 상처를 입었던 것이지요. 주님은 경건한 사람들을 시험에서 건지고 악한 자들을 심판 날까지 형벌 아래 두되 특히 육체의 추잡한 정욕을 좇아 살면서 주관하시는 이의 권위를 멸시하는 자들에게 벌을 내릴 줄 아는 분이십니다. 그런 자들은 당돌하고 오만해서 하늘의 빛나는 존재들한테도 거침없이 욕설을 퍼붓지만, 천사들은 그들보다 큰 힘과 권능을 지녔으면서도 주님 앞에서 그들을 비난하여 고발하지 않습니다. 그런데 악한 자들은 잡혀 죽으려고 태어난 짐승들처럼 알지도 못하는 것을 헐뜯다가 그것들과 함께 멸망하고 말지요. 그들은 불의의 값으로 불의를 당하고 대낮의 흥청망청 놀이판을 즐기고 스스로 흠과 티가 되어 그대들과 함께 음식을 나누는 자리에서도 간사하게 속이며 방탕한 짓을 함부로 하고 음욕이 가득한 눈으로 범죄를 멈추지 않으며 굳세지 못한 영혼들을 유혹하고 탐욕을 채우는 데 잘 훈련된 자들로서 하느님의 저주를 받아 마땅한 자들입니다. 그들이 바른길에서 벗어나, 불결한 이득을 탐하던 보소르의 아들 발람의 길을 따랐으니 발람이 법을 어겨서 책망을 받았고 말 못 하는 나귀가 사람 말을 하여 그 예언자의 미친 짓을 막았던 것입니다.

이런 자들은 물 없는 샘이요 광풍에 밀리는 안개라서 저들을 위하여 깊은 어둠이 마련되어 있거니와, 허무맹랑한 자랑을 늘어놓고, 잘못 살아가는 무리에서 겨우 빠져나온 이들을 육체의 음란한 정욕으로 유혹하며 그들에게 자유를 약속하지만 스스로는 파멸의 종입니다.

우리 주님이요 구세주이신 예수 그리스도를 앎으로써 더러운 세속에서 벗어난 사람들이 다시 거기에 말려들어 얽매인다면 그 나중 처지가 처음보다 더 고약할 것입니다. 바른길을 알았다가 자기들이 받은 거룩한 계명을 저버리는 것보다는 차라리 아예 그 길을 모르는 게 더 나을 것이오. 속담에 이르기를, "개는 제가 토한 것을 도로 삼킨다." 하였고 "돼지는 몸을 씻겨주어도 다시 진창에 뒹군다." 하였는데, 과연 맞는 말이올시다.

*

햇빛이 있고 나무가 있는데 어찌 그늘이 없으랴? 진짜가 있는데 어찌 가짜가 없으랴? 다만 속지 않기로 애쓸 따름이다.

새 하늘과 새 땅을 기다리는 사람들 [3, 1-10]

사랑하는 벗들이여, 이것은 내가 그대들에게 보내는 두 번째 편지입니다. 먼젓번 것과 마찬가지로 이번 편지에서도 나는 그대들의 순결한 마음을 일깨워, 거룩한 예언자들의 예언 말씀과 주님이신 구세주께서 그대들의 사도들에게 주신 명령을 상기시키고자 합니다. 무엇보다도 말세에 자기 욕정을 좇아 사는 무리가 나타나 그대들을 희롱하며, “그가 다시 온다는 약속은 어찌 되었는가? 우리 조상들이 죽은 뒤에도 모든 것이 처음 창조된 그대로 있지 않은가?”라고 말할 것을 그대들은 알아야 합니다. 그들은 하늘들이 아주 오래전에 있었고 그 뒤에 하느님의 말씀으로 땅이 물에서 나와 물과 물 사이에 있게 되었고 바로 그 물에 잠겨서 옛 세계가 멸망되었음을 일부러 모른 척하고 있는 거예요. 같은 말씀으로 지금의 하늘과 땅이 지탱되고 있지만, 경건치 않은 자들이 심판받아 멸망하는 그날까지 보존되다가 불에 타 버릴 것입니다.
사랑하는 벗들이여, 이 한 가지를 잊지 마십시오. 주님한테는 하루가 천 년 같고 천 년이 하루 같습니다. 주께서 당신 약속을 더디 이루신다고 생각하는 사람들이 있습니다만, 실은 그대들을 위하여 오래 참고 기다리며 아무도 멸망치 않고 모두 회개하기를 바라시는 거예요. 하지만 주님의 날이 도둑같이 오리니 그날에 하늘은 요란한 소리와 함께 사라지고 별들은 타서 녹아버리고 땅과 그 위에 있는 것들도 모두 없어질 것입니다. 이렇게 모든 것이 무너질 터인데 과연 그대들은 어떻게 살아야 하겠습니까? 거룩하고 경건하게 살면서 하느님의 날이 오기를 기다리되 그날이 속히 오도록 힘쓰십시오. 그날에 하늘은 불에 타 사라지고 별들은 그 열기에 녹아버리겠지만 우리는 하느님의 약속에 따라서 의로움이 거하는 새 하늘과 새 땅을 기다리고 있습니다.
사랑하는 벗들이여, 아무쪼록 그날을 기다리는 사람답게 흠도 티도 없이 살면서 그분과 화목하기를 힘쓰십시오. 그리고 주께서 오래 참으시는 것이 모두에게 구원받을 기회를 주시려는 것인 줄 아십시오. 이는 우리의 사랑하는 형제 바울로가 감동한 지혜로 그대들에게 써 보낸 내용인데, 그는 다른 편지들에서도 같은 말을 하고 있지요. 하지만 그중에는 이해하기 어려운 대목이 더러 있어서 무지한 자들과 신중치 못한 자들이 성경의 다른 부분을 곡해하듯이 억지로 풀어 읽다가 스스로 파멸을 불러들이고 있습니다. 그러므로 사랑하는 벗들이여, 그대들은 일찍이 이를 알았으니 무모한 자들의 속임수에 넘어가 굳센 믿음에서 떨어지지 않도록 삼가 조심하십시오. 나는 오직 우리 주님이신 구세주 예수 그리스도의 은총과 그분을 아는 지식 안에서 그대들이 계속 자라기를 바랍니다.
이제와 영원토록 그분께 영광 있기를!

*

사람이 몸과 마음을 다하여 사랑 하나로 산다면 하늘이 무너져도 일 없다. 그에게 두려운 내일은 없는 것이다.

요한일서

생명의 말씀을 목격한 사람들의 증언 [1, 1-4]

우리가 말하고자 하는 생명의 말씀은 처음부터 계셨는데 우리는 그 말씀을 들었고 눈으로 보았고 친히 목격하였고 손으로 만져보았소. 그 생명이 나타나셨을 때 직접 보았으므로 이렇게 증언하는 것이오. 우리가 그대들에게 전하는 이 영원한 생명은 아버지와 함께 계시다가 우리에게 나타나신 바로 그분이오.

우리가 보고 들은 것을 그대들에게 전하는 것은 아버지와 그 아들 예수 그리스도와 사귀는 우리의 친교를 그대들과 함께 나누는 데 목적이 있으며, 또한 우리 기쁨을 충만케 하려고 이 글을 쓰는 것이오.

*

갈릴래아 호수에서 사람들을 만나시던 그 사람. 알고 보니 사람으로 나타나신 생명의 말씀이었다.

빛이신 하느님 [1, 5-10]

우리가 그분한테서 듣고 그대들에게 옮기는 말씀은 이것이오. 하느님은 빛이시라 그분께는 어둠이 전혀 없소. 만일 우리가 하느님과 사귄다고 말하면서 어둠 가운데 살아간다면 거짓말하는 것이고 진실을 좇아서 살지 않는 것이지만, 하느님께서 빛 가운데 계신 것처럼 빛 가운데 살아간다면 서로 친교를 나누는 사이가 되고 그 아들 예수의 피가 우리를 모든 죄에서 씻어주실 것이오. 만일 우리가 스스로 죄 없다고 한다면 자기를 속이는 것이요 진실이 우리 안에 있지 않은 것이지만, 우리 죄를 자백하면 미쁘시고 의로우신 하느님께서 우리 죄를 용서하시고 모든 허물을 깨끗이 씻어주실 것이오. 만일 우리가 죄를 범하지 않았다고 말한다면 하느님을 거짓말쟁이로 만드는 것이며 말씀이 우리 안에 있지 않은 것입니다.

*

빛은 진실이다. 아무것도 숨기지 않고 스스로 숨지도 않는다.

우리를 변호하시는 예수 그리스도 [2, 1-6]

자녀들이여, 그대들로 하여금 죄짓지 않게 하려고 이 편지를 씁니다만 혹 누가 죄를 짓더라도 우리에게는 우리를 변호해주는 분이 계시니 의로우신 예수 그리스도께서 그분이시오. 그분은 우리 죄를 없애려고, 우리 죄뿐 아니라 온 세상의 죄를 없애려고, 봄소 제물이 되셨소이다. 우리가 하느님의 계명을 지키면 그로써 우리가 그분을 알고 있다는 사실이 입증되는 것이고, 하느님을 안다면서 그분의 계명을 지키지 않는 자는 거짓말쟁이요 진실이 그 안에 없는 자올시다. 하지만 누구든지 하느님의 말씀을 지키면 그분의 참사랑이 그 사람 안에서 온전케 된 것이니, 이로써 우리가 그분 안에 있음을 알게 되지요. 하느님 안에서 산다고 스스로 말하는 사람은 그리스도께서 사신 것처럼 살아야 하오.

*

사람을 살리고 죽이는 것은 그의 말이 아니라 그의 삶이다.

세상과 세상에 속한 것들을 사랑하지 말 것 [2, 7-17]

사랑하는 벗들이여, 내가 그대들에게 써서 보내는 것은 새로운 계명이 아니고 그대들이 처음부터 지녔던 계명인데, 그대들이 줄곧 들어온 말씀이 그것이오. 그러나 내가 그대들에게 써서 보내는 이것이 실은 새로운 계명이니 어둠이 지나가고 참 빛이 비추고 있기 때문입니다. 이 계명이 참된 것임은 그대들과 그리스도 안에서 입증되었지요. 스스로 빛 가운데 있노라 하면서 자기 형제를 미워하는 자는 여전히 어둠 속에 있는 사람이요, 자기 형제를 사랑하는 사람은 빛 가운데 살면서 남을 실족시키지 않는 사람이오. 그러나 자기 형제를 미워하는 자는 어둠 속에 있고 어둠 속에 있기에 눈이 어둠에 가려져서 자기가 어디로 가는지를 모르오.
자녀들이여, 내가 이 글을 쓰는 것은 그대들의 죄가 그분 이름으로 용서받았기 때문이오. 아비들이여, 내가 이 글을 쓰는 것은 처음부터 계신 분을 그대들이 알았기 때문이오. 젊은이들이여, 내가 이 글을 쓰는 것은 그대들이 악한 자를 이겼기 때문이오. 어린 자녀들이여, 내가 이 글을 쓴 것은 그대들이 아버지를 알았기 때문이오. 아비들이여, 내가 이 글을 쓴 것은 처음부터 계신 분을 그대들이 알았기 때문이오. 젊은이들이여, 내가 이 글을 쓴 것은 그대들이 강하고 하느님 말씀이 그대들 안에 거하시고 그대들이 흉악한 자를 이겼기 때문이오.
그대들은 세상과 세상에 속한 것들을 사랑하지 마오. 세상을 사랑하는 자 안에는 아버지를 향한 사랑이 없소. 세상에 속한 것들, 곧 육신의 쾌락과 눈의 쾌락과 재물 자랑이 모두 아버지한테서 오는 게 아니라 세상에서 오는 것들이오. 세상도 가고 세상이 채워주는 욕정도 가지만 하느님의 뜻을 행하는 사람은 영원히 살 것이오.

*

간단하다. 내가 너를 사랑할 것이냐 미워할 것이냐를 결정하는 건 네가 아니라 나다.

적그리스도의 출현 [2, 18-27]

자녀들이여, 마지막 때가 되었소. 그대들은 적그리스도가 오리라는 말을 들었지요. 과연 적그리스도들이 많이 나타났고 이로써 우리가 지금이 마지막 때임을 알고 있는 것이오. 저들은 우리한테서 떨어져 나갔으나 본디부터 우리한테 속한 자들이 아니었소. 우리한테 속한 자들이었으면 우리와 함께 있겠지만 이미 우리를 떠났고 그로써 우리한테 속한 자들이 아님을 보여주었지요. 하지만 그대들은 거룩하신 분께서 기름을 발라주셨고 그리하여 모든 것을 알고 있소. 내가 이 글을 쓰는 것은 그대들이 진실을 몰라서가 아니라 알기 때문이고, 어떤 거짓말도 진실에서 나오지 않는다는 것 또한 알고 있기 때문이오. 누가 거짓말쟁이인가? 예수께서 그리스도이심을 부인하는 자들 아닌가? 아버지와 아들을 부인하는 자가 곧 적그리스도니, 아들을 부인하는 자에게는 아버지가 없는 것이고 아들을 시인하는 자에게는 아버지가 있는 것이오. 그대들은 처음에 들은 것을 속으로 간직하시오. 처음에 들은 것이 그대들 안에 살아 있으면 그대들도 아들과 아버지 안에 살아 있을 것이오. 바로 이것이 그리스도께서 우리에게 약속해주신 영원한 생명이오.

*

'마지막 때'는, 다른 모든 '때'와 함께, 언제나 '지금'이다. 어제도 내일도 아닌 오늘이다.

하느님의 자녀와 악마의 자식들 [2, 28-3, 12]

자녀들이여, 그리스도께서 나타나실 때 오시는 그분 앞에서 담대하고 부끄럽지 않도록 그분 안에 머무르오. 그분이 의로우신 분인 것을 안다면 의로운 일을 하는 이마다 하느님의 자녀임을 알 것이오.

아버지께서 우리에게 보여주신 사랑이 얼마나 큰지! 우리를 당신 자녀라 부르시다니! 과연 우리는 그분의 자녀올시다. 세상이 우리를 알지 못하는 것은 그분을 알지 못하기 때문이오. 사랑하는 벗들이여, 우리는 이미 하느님의 자녀지만 장차 어떻게 될지는 아직 분명치 않소. 우리는 그분이 나타나실 때, 그분의 참모습을 뵙게 될 터인즉, 우리가 그분과 같아질 것임을 알고 있지요.

그리스도께 이런 희망을 품는 이마다 그분이 순결하신 것처럼 순결한 사람이고 죄를 짓는 자마다 불법을 저지르는 자니 죄 곧 불법이기 때문이오. 그분이 죄를 없애러 세상에 나타나셨음을 그대들이 알고 있거니와 그분께는 죄가 없소이다. 그분 안에 거하는 사람은 죄를 짓지 않소. 누구든지 죄를 짓는 자는 그분을 보지도 못하고 알지도 못하는 사람이오. 자녀들이여, 아무한테도 속지 마시오. 의로운 행동을 하는 사람은 그분이 의로우신 것처럼 의로운 사람이오. 죄를 짓는 자는 악마에 속한 자니, 처음부터 악마는 죄를 짓는 자였고 그의 업적을 무너뜨리고자 하느님의 아들이 나타나신 것이오. 하느님의 자녀는 하느님의 본성이 그 안에 있기 때문에 죄를 짓지 않소. 아니, 하느님의 자녀기 때문에 죄를 짓지 못하오. 의로운 일을 하지 않거나 형제를 사랑하지 않는 자는 하느님에게서 난 자가 아니니, 하느님의 자녀와 악마의 자식이 이렇게 구별되는 것이오. 우리는 서로 사랑해야 하오. 그대들이 처음부터 들은 계명이 바로 이것이었소. 카인처럼 되지 마오. 그는 악한 자에 속하여 자기 아우를 죽였소. 그가 왜 아우를 죽였던가? 아우의 행실은 의롭고 자기 행실은 악하기 때문이었소.

*

하느님의 자녀는 죄를 짓지 않는 사람이 아니라 죄를 짓지 못하는 사람이다. 빛이 그림자로 얼룩질 수 없듯이.

형제를 위하여 목숨을 내어주는 사랑 [3, 13-17]

형제들이여, 세상이 그대들을 미워하더라도 이상하게 여길 것 없소. 우리는 형제들을 사랑하기에 죽음에서 옮겨져 생명으로 들어간 줄 알고 있지만, 사랑하지 않는 사람은 죽음에 그대로 머물러 있는 것이오. 누구든지 자기 형제를 사랑하지 않는 자는 살인자요. 살인자가 영원한 생명을 누리지 못한다는 건 그대들도 알고 있지요. 그리스도께서 우리를 위해 당신 목숨을 내어주셨기 때문에 우리는 사랑이 무엇인지를 알게 되었소. 그러니까 우리도 형제들을 위하여 목숨을 내어주는 것이 마땅하오. 재물을 가진 자가 형제의 궁핍함을 보고도 마음을 닫아버린다면 어찌 그 사람 안에 하느님의 사랑이 있다 하겠소?

*

사랑은 주는 것. 주고 또 주고 마지막 남은 목숨마저 주는 것.

말 아닌 행실로 하는 사랑 [3, 18-24]

자녀들이여, 말이나 혀끝으로 사랑하지 말고 행실과 진실로 사랑합시다. 그렇게 사랑함으로써 우리가 진리에 속해 있음을 스스로 알고, 혹 양심에 거리낌이 있더라도, 주님 앞에서 마음 든든할 수 있을 것이오. 하느님은 우리 양심보다 크시고 모든 것을 아시니까요. 사랑하는 벗들이여, 우리가 양심에 거리낌이 없으면 하느님 앞에서 떳떳하겠고 무엇을 구하든지 다 받게 될 것이오. 우리가 그분의 계명을 지키고 그분이 기뻐하실 만한 일을 하고 있기 때문이오. 지시받은 대로 하느님의 아들 예수 그리스도의 이름을 믿고 서로 사랑하라는 것이 하느님의 계명이오. 이 계명을 지키는 사람은 주님 안에 거하고 주님도 그 사람 안에 거하시니, 우리에게 주신 성령으로 말미암아 그분이 우리 안에 거하심을 아는 것이오.

*

사람이 무엇을 하든지 몸으로 하는 거다. 말조차도 몸으로 하는 거다. 하물며 사랑이랴?

참된 영과 거짓된 영 [4, 1-6]

사랑하는 벗들이여, 많은 거짓 예언자들이 세상에 출현하고 있으니 영들을 모두 믿지 말고 과연 하느님께 속한 영인지 아닌지를 시험해 보시오. 하느님의 성령을 알아보는 방법은 이와 같소. 예수 그리스도께서 사람의 몸으로 오셨음을 시인하는 영은 하느님께 속한 영이요, 그런 예수를 시인하지 않는 영은 하느님께 속한 영이 아니니 바로 이것이 적그리스도가 하는 일이오. 그가 온다는 말을 그대들이 들었겠는데 실은 벌써 세상에 와 있소.

자녀들이여, 그대들은 하느님께 속한 사람인데다 그대들 안에 계신 이가 세상의 적그리스도들보다 크시기 때문에 거짓 예언자들을 이겨내었소. 저들은 세상에 속하였고 그래서 세상일을 말하고 세상도 그들의 말을 듣지만, 우리는 하느님께 속하였으므로 하느님을 아는 사람은 우리의 말을 듣고 하느님께 속하지 않은 자는 우리의 말을 듣지 않소. 이렇게 참된 영과 거짓된 영이 구별되는 것이오.

*

그 사람 가는 길이 세상의 넓은 길이면 거짓된 영이고 좁은 길이면 참된 영이다.

사랑이신 하느님 [4, 7-21]

사랑하는 벗들이여, 우리 서로 사랑합시다. 사랑은 하느님께로부터 오는 것이라 사랑하는 사람은 누구나 하느님께 속하여 하느님을 알고 사랑하지 않는 사람은 하느님을 알지 못하니 하느님은 사랑이시기 때문이오. 하느님께서는 당신 외아들을 세상에 보내시어 우리로 하여금 그분으로 말미암아 살게 하셨소. 그렇게 당신 사랑을 우리에게 보여주신 것이오. 여기서 말하는 사랑은 하느님께 바치는 우리의 사랑이 아니라 우리에게 베푸시는 하느님의 사랑, 당신 외아들을 보내어 우리 죄를 없애기 위한 제물로 삼으신 바로 그 사랑이오. 사랑하는 벗들이여, 하느님께서 우리를 이렇게 사랑하셨으니 우리도 서로 사랑해야 마땅하오. 아직까지 아무도 하느님을 본 사람이 없지만 우리가 서로 사랑하면 하느님이 우리 안에 계시고 그 사랑이 우리 안에서 온전히 이루어지는 것이오.

우리는 하느님이 당신의 영을 우리에게 주셨으므로 우리가 그분 안에 있고 그분이 우리 안에 있음을 알고 있소. 아버지께서 아들을 세상에 구주로 보내신 것을 우리가 보았고 그래서 이렇게 증언하는 것이오. 누구든지 예수께서 하느님의 아들이심을 인정하면 그 사람 안에 하느님이 계시는 거고 그 사람도 하느님 안에 있는 거요. 우리에게 베푸시는 하느님의 사랑을 우리가 알고 또 믿거니와, 하느님은 사랑이시오. 사랑 안에 있는 사람은 하느님 안에 있으며 하느님도 그 사람 안에 계시지요. 그리스도께서 세상을 사셨듯이 우리 또한 그렇게 살고 있으니 그분의 사랑이 우리한테서 온전히 이루어진 것이고 따라서 우리는 담대히 심판 날을 맞을 수 있게 되었소. 사랑에는 두려움이 없소. 온전한 사랑은 두려움을 몰아내오. 두려움 자체가 곧 징벌이기도 하지요. 두려워하는 사람은 사랑으로 완전해지지 못한 사람이오. 우리가 사랑하는 것은 그분이 먼저 우리를 사랑하셨기 때문이오. 누구든지 하느님을 사랑한다면서 자기 형제를 미워하는 사람은 거짓말쟁이요. 눈에 보이는 형제를 사랑하지 않는 자가 어찌 보이지 않는 하느님을 사랑할 수 있겠소? 하느님을 사랑하는 자는 자기 형제 또한 사랑해야 한다는 것이 우리가 주님께로부터 받은 계명이오.

*

하느님이 천지를 창조하셨다. 사랑이 천지를 창조하셨다. 천지는 사라져도 사랑은 남는다.

세상을 이기는 하느님의 자녀들 [5, 1-5]

예수께서 그리스도이심을 믿는 사람은 누구나 하느님의 자녀요, 아버지를 사랑하는 사람은 누구나 그의 자식을 사랑하오. 하느님을 사랑하고 그분의 계명을 지킬 때 비로소 우리는 우리가 하느님의 자녀들을 사랑하고 있는 줄 알게 되지요. 하느님의 계명을 지키는 것이 곧 하느님을 사랑하는 것이오. 그리고 하느님의 계명은 무거운 짐이 아니오. 하느님의 자녀면 누구나 세상을 이기고 세상을 이기는 힘은 바로 우리의 믿음이오. 예수께서 하느님의 아들이심을 믿는 사람 말고 누가 과연 세상을 이기겠소?

*

믿음이 세상을 이긴다. 세상과 싸워서 이기는 게 아니라 예수를 믿어서 적이 없는 거다.

물과 피를 통하여 오신 분, 예수 그리스도 [5, 6-12]

물과 피를 통하여 오신 분 곧 예수 그리스도가 이분이신데, 물만이 아니라 물과 피를 통하여 오신 이분을 증언하는 이가 성령이시오. 성령 곧 진실이시기 때문이오. 증언하는 이가 셋 있으니 성령과 물과 피가 그들이고 이 셋이 합하여 하나를 이루오. 우리가 사람의 증언을 받아들인다면 하물며 하느님의 증언은 더욱 크지 않겠소? 하느님의 증언이란 당신 아들에 관한 증언인데, 하느님을 믿는 사람은 이 증언을 마음에 간직하고 하느님을 믿지 않는 사람은 당신 아들에 관한 하느님의 증언을 믿지 않는 것이니 결국 하느님을 거짓말쟁이로 만드는 셈이오. 하느님이 우리에게 영원한 생명을 주셨고 그 생명이 당신 아들 안에 있다는 것이 바로 하느님의 증언이니, 아들을 모신 사람에게는 그 생명이 있고 아들을 모시지 않은 사람에게는 그 생명이 없는 것이오.

*

물은 몸을 만들고 피는 몸이 만든다. 저를 만든 이와 제가 만든 것을 한 몸에 지닌 것이 사람이다. 제가 만든 것과 저를 만든 이 가운데 누구 중심으로 사느냐, 이것이 문제다.

하느님의 자녀가 죄를 짓지 않는 이유 [5, 13-21]

하느님 아들의 이름을 믿는 그대들에게 내가 이 편지를 쓰는 것은 영원한 생명이 그대들에게 있음을 일깨워주기 위해서요. 그분의 뜻대로 구하면 무엇이든지 다 들어주신다는 것을 우리는 확실히 믿고 있소. 우리가 청하는 것을 모두 들어주신다는 사실을 알고 있으니, 우리에게 지금 있는 것이 곧 우리가 청한 것이라는 진실 또한 알고 있는 것이오.

죽을죄 아닌 죄를 범하는 형제가 있거든 그를 위하여 기도하시오. 죽을죄 아닌 죄를 범한 그가 살게 될 것이오. 죽음에 이르는 죄가 있으니 그런 죄를 두고 기도하라는 말은 아니오. 의롭지 않은 것은 모두 죄지만, 죽음에 이르게까지 하지 않는 죄가 있소이다.

우리 모두 알다시피 하느님의 자녀는 죄를 짓지 않소. 하느님의 아들이 그를 지켜주시므로 악한 자가 손을 대지 못하는 거요. 또한, 우리가 하느님의 자녀들이고 온 세상이 악한 자의 지배 아래에 있음을 우리는 알고 있소. 그리고 하느님의 아들이 우리에게 깨달음을 주시어 참되신 하느님을 알게 하신 것도 알고 있소. 참되신 분 곧 그분의 아들 예수 그리스도 안에 우리가 있으니, 이분이야말로 참 하느님이시며 영원한 생명이시오. 자녀들이여, 자신을 지켜 우상들을 멀리하시오.

*

사람이 죄를 범하는 게 아니라 죄가 사람으로 저를 이루는 것이다. 죄가 그러지 못하도록 자기를 지키려면 죄보다 큰 이를 중심에 모시면 된다. 그러면 우상들이 저절로 멀어진다.

요한이서

첫인사 [1, 1-3]

지금 우리 안에 있으며 영원히 우리와 함께 있을 진리 때문에 내가 사랑하고 나뿐 아니라 진리를 아는 모든 이들이 사랑하는 선택받은 부인과 그 자녀들에게 장로가 이 편지를 보냅니다.
하느님 아버지와 그 아들 예수 그리스도로부터 오는 은혜와 자비와 평화가 진리와 사랑 안에서 우리와 함께하시기를!

*

편지 보내는 이와 받는 이들이 모두 한 울 안에 있는 '우리'다. 그렇다, 사람들이 땅에서 무엇을 한다면 그건 우리가 우리에게 하는 것이다.

속이는 자인 적그리스도를 경계함 [1, 4-11]

그대의 자녀들 가운데 아버지께서 우리에게 내리신 계명대로 진리를 좇아서 살아가는 아이들이 있는 것을 보고 무척 기뻤소이다. 부인, 청컨대 우리 서로 사랑합시다. 내가 지금 부인에게 써서 보내는 이것은 새로운 계명이 아니라 우리가 처음부터 받아 지닌 계명입니다. 사랑은 하느님의 계명대로 사는 것이고, 계명은 그대가 처음에 들은 대로 사랑 안에서 살라는 것이지요. 속이는 자들이 세상에 많이 나타났으니, 예수 그리스도께서 사람 몸으로 오셨음을 부인하는 자들이 그들이오. 그가 곧 속이는 자요 적그리스도올시다. 스스로 조심하여 그동안 수고해서 얻은 것을 잃지 말고 온전한 상을 얻도록 하시오. 누구든지 그리스도의 가르침 안에 머물지 않고 지나치게 앞서는 자는 하느님을 모시지 않는 자요, 그리스도의 가르침에 머무르는 사람은 아버지와 아들을 함께 모시는 사람입니다. 혹시 누가 이 가르침 아닌 것으로 그대를 방문하거든 집에 들이지도 말고 인사도 하지 마시오. 그런 자와 인사를 나누는 것은 그의 악한 일에 동참하는 것입니다.

*

별수 없다. 문은 열 수 있고 닫을 수 있어서 문이다. 해가 지고 해가 뜨는 세상에 사는 한, 안으로 들일 사람이 있고 그럴 수 없는 사람이 있을 수밖에.

끝인사 [1, 12-13]

그대들에게 쓸 말은 많이 있지만 종이에 먹으로 쓰기보다는 직접 가서 마주 보며 이야기를 나누고 싶군요. 그러면 우리의 기쁨이 충만하겠지요.
선택받은 그대 자매의 자녀들이 그대에게 문안합니다.

*

아름답고 숭고한 늙은이들의 사랑편지.

요한삼서

첫인사 [1, 1-4]

사랑하는 가이오, 진정으로 사랑하는 그대에게 장로가 이 편지를 보냅니다.

사랑하는 벗이여, 그대가 만사형통하고 그대 영혼이 건강하듯이 육신도 건강하기를 기원합니다. 형제들 몇이 와서 그대가 진리에 헌신하여 진리 안에서 살고 있다고 말해주니 참으로 기쁘더이다. 자기 자녀들이 진리 안에서 살고 있다는 말을 듣는 것보다 더 기쁜 일이 어디 있겠소?

*

만사형통보다 진리로 사는 것이 먼저다. 순서가 진리다.

가이오를 칭송함 [1, 5-8]

사랑하는 벗이여, 그대는 형제들 곧 나그네로 사는 이들을 위하여 모든 일을 성실하게 하였습니다. 그들이 교회 앞에서 그대의 사랑을 증언하더이다. 나는 그대가 섬기는 하느님의 합당한 방식으로 그들을 떠나보냈으면 합니다. 그들이 주의 이름으로 나섰고 이방인들한테서 아무것도 받지 않았기 때문이오. 우리는 마땅히 그런 이들을 후원해야 합니다. 그러면 진리를 위하여 함께 수고하는 협력자가 될 것입니다.

*

만사를 "하느님의 합당한 방식으로" 한다. 그것이 하느님 섬김이다.

디오드레페와 데메드리오 [1, 9-12]

내가 그 교회에 몇 자 적어 보냈으나 그들 가운데서 으뜸 자리에 앉고자 하는 디오드레페가 우리의 권위를 인정하지 않았지요. 이제 내가 가면 그가 무슨 짓을 했는지 그대에게 일러주리다. 그는 악한 말로 우리를 헐뜯고 그것으로 모자라 형제들을 받아들이지 않을뿐더러 그들을 받아들이려는 사람들까지 그러지 못하게 막는가 하면 심지어 그 사람들을 교회에서 추방하고 있소이다.

사랑하는 벗이여, 악한 것을 본받지 말고 선한 것을 본받으시오. 선을 행하는 사람은 하느님께 속한 사람이요 악을 행하는 사람은 하느님을 뵙지 못한 사람입니다.

데메드리오는 모든 사람으로부터 그리고 진리 자체로부터 좋은 평판을 받고 있지요. 우리도 그를 좋게 봅니다. 그대는 우리의 평판이 참되다는 것을 알고 있습니다.

*

스스로 으뜸 되는 것과 등 떠밀려 으뜸 되는 것은 하늘땅만큼 다른 것이다.

끝인사와 축원 [1, 13-15]

그대에게 쓸 말은 많이 있지만 붓과 먹으로 쓰기보다는 속히 그대와 만났으면 합니다. 그러면 서로 마주 보며 이야기를 나눌 수 있겠지요.
그대에게 평화가 있기를!

여기 있는 벗들이 그대에게 문안합니다. 거기 있는 벗들에게 일일이 문안해주시오.

*

붓과 먹으로 쓴 성경을 읽는 것은 살아계신 주님을 마주 보기 위해서다.

유다서

첫인사 [1, 1-2]

예수 그리스도의 종이며 야고보의 아우인 유다가 하느님 아버지께서 사랑하시고 그분의 부르심을 받아 예수 그리스도의 보호 아래 사는 그대들에게 이 편지를 보냅니다.
자비와 평화와 사랑이 그대들에게 더욱 풍성하기를!

*

예수 그리스도의 보호 아래 산다. 무엇을 겁낼 것인가?

거짓 교사들이 받을 심판 [1, 3-16]

사랑하는 벗들이여, 우리가 함께 받는 구원에 관하여 그대들에게 편지를 쓰고 싶은 마음이 간절하던 차에 단 한 번 성도들에게 주신 믿음의 도를 지키라는 내용으로 편지를 써야 할 일이 생겼습니다. 그대들 가운데로 슬그머니 들어간 몇 사람 때문이지요. 그들은 이미 오래전에 이 판결을 받는다고 기록된 자들로서, 우리 하느님의 은혜를 남용하여 방탕한 생활을 하고 홀로 한 분 주님이신 예수 그리스도를 부인하고 있습니다.
이제 나는 그대들이 모두 잘 알고 있는 것들을 다시 한번 상기시키고자 합니다. 주님은 당신 백성을 이집트에서 구원하셨으나 뒤에 믿지 않는 자들을 멸하셨고, 자기 자리를 지키지 않고 제 처소를 떠난 천사들을 큰 심판의 날까지 영원한 사슬로 묶어 어둠 속에 가두어 두셨습니다. 소돔과 고모라와 그 주변 도성들도 그들처럼 음란하고 자연스럽지 않은 성행위에 빠져들었다가 영원한 불의 형벌을 받아 후세의 거울이 되었지요.
저들이 꼭 이와 같아서 황홀경에 빠져 자기 육체를 더럽히고 주님의 권위를 업신여기며 하늘의 빛나는 존재들을 모욕하고 있습니다. 대천사 미가엘도 모세의 시신을 두고 악마와 논쟁할 때 감히 그를 모욕하는 말로 단죄치 못하고 "주께서 너를 꾸짖으신다."는 말을 했을 뿐인데, 저들은 자기네가 모르는 것이면 뭐든지 헐뜯어 비방하고 이성 없는 짐승처럼 제 본능을 좇아 행하다가 결국 그것으로 멸망하고 맙니다.
화가 미치리라, 저들이여! 저들이 카인의 길을 따랐고 발람처럼 돈을 탐내다가 어긋난 길로 갔으며 코라처럼 반역하다가 망하였도다!
그들이 염치없이 함부로 먹어치우며 그대들이 베푸는 사랑의 식탁을 더럽히고 제 배만 채우고 있으니 바람에 밀리는 비 없는 구름과 같고, 죽고 또 죽어 뿌리 뽑힌 열매 없는 가을 나무와 같고, 자기의 부끄러운 짓을 거품으로 뿜어내는 바다의 거친 물결과 같고, 길 잃어 헤매다가 영원한 어둠으로 돌아가는 떠돌이별들과 같소이다.
아담의 칠대손 에녹이 저들에 대하여 예언하기를, "보라, 주께서 거룩한 무리를 수없이 거느리고 오셔서 뭇사람을 심판하시리니, 모든 경건치 않은 자들의 경건치 못한 행실과 경건치 않은 죄인들이 주를 거슬러 지껄인 무례한 말로 저들을 정죄하시리라." 하였습니다. 그들은 언제나 투덜거리며 불만을 늘어놓고 제 욕심을 좇아서 살고 있지요. 입으로 큰소리를 치다가도 잇속이 보이면 아첨하는 말을 서슴지 않습니다.

*

타락한 천사들에 대하여 말이 거칠고 자세하다. 대천사 미가엘은 그러지 않았다면서…

분열을 일으키는 자들에 대한 경계 [1, 17-23]

사랑하는 벗들이여, 우리 주 예수 그리스도의 사도들이 예고한 말을 기억하십시오. 그들이 말하기를, 마지막 때 경건치 못한 욕정을 좇아 살면서 그대들을 희롱하는 자들이 출현하리라고 하였습니다. 그들은 분열을 일으키고 육체의 정욕이 시키는 대로 하면서 성령 하고는 거리가 멀지요. 하지만 사랑하는 벗들이여, 그대들은 지극히 성스러운 믿음 위에 자기를 세우고 성령을 힘입어 기도하십시오. 하느님의 사랑 안에서 자기를 지키며 주 예수 그리스도께서 자비를 베풀어 그대들에게 주실 영원한 생명을 기다리십시오. 의심하는 자들을 불쌍히 여기고 불구덩이에 빠진 사람들을 끌어내어 구해주십시오. 또 어떤 사람들은 그들의 정욕으로 더러워진 옷까지 미워하되, 삼가 경계하는 마음으로 자비를 베풀어주십시오.

*

경계는 철저하게, 자비는 너그럽게. 쉽지 않지만 가야 할 길이다.

축원 [1, 24-25]

그대들을 넘어지지 않게 지켜주시고 영광스러운 당신 앞에 흠 없는 자로 즐거이 서게 하시는 홀로 한 분이신 우리 구주 하느님께, 우리 주 예수 그리스도를 통하여, 영광과 위엄과 권위와 권세가 창세 이전부터 이제와 영원토록 있으시기를! 아멘.

*

아멘. 그것이 그런 줄을 이 목숨 다하는 날까지 기억하게 해주십시오.

요한묵시록

머리말 [1, 1-8]

예수 그리스도의 묵시를 기록한 책.
이는 장차 일어날 일들을 당신 종들에게 보이고자 하느님께서 그리스도에게 보여주셨고, 그리스도께서 당신의 천사를 보내어 당신의 종 요한에게 보여주셨고, 요한이 하느님의 말씀과 그리스도의 증언 곧 자기가 본 내용을 그대로 증언한 것이다.
복되어라, 이 예언의 말씀을 읽고 들어 그 안에 기록된 것을 지키는 이들이여! 때가 가까웠도다.
요한은 아시아 일곱 교회에 이 편지를 보낸다. 지금도 계시고 전에도 계셨고 장차 오실 그분과 그분 보좌 앞에 있는 일곱 영과 성실한 증인이며 죽음에서 가장 먼저 살아나신 분이며 땅의 왕들을 다스리는 통치자 예수 그리스도께로부터 내리는 은혜와 평강이 그대들에게 있기를!
우리를 사랑하시고 당신의 피로 우리를 죄에서 해방하시고 우리로 한 나라를 이루어 거기서 당신의 아버지 하느님을 섬기는 사제들이 되게 하신 그분께 영광과 권세가 영세 무궁토록 있으시기를! 아멘.
보라, 그가 구름 타고 오시리니 사람들이 저마다 제 눈으로 그를 보고 그를 찌른 자들도 보게 되리라. 땅 위의 모든 족속이 그로 인하여 슬피하리니, 반드시 그러하리라. 아멘.
주 하느님께서 이르셨다. "내가 알파요 오메가니, 지금도 있고 전에도 있었고 장차 올 자요 전능한 자로다."

*

주 하느님이 시작이며 끝이시다. 그러므로 중간인 지금 또한 빈틈없는 주 하느님이시다.

등 뒤에서 들리는 나팔소리 같은 큰 음성 [1, 9-20]

그대들의 형제인 나 요한은 예수 믿는 이들이 겪어야 하는 고난을 그대들과 함께 겪었고 같은 나라 백성으로서 오래 참고 견디며 하느님의 말씀을 전하고 예수를 증언했다는 이유로 파트모스 섬에 유배되어 있었다.

나는 주님의 날에 성령의 감동을 받아 등 뒤에서 들리는 나팔소리 같은 큰 음성을 들었다. "네가 보는 것을 책으로 기록하여 에페소, 스미르나, 베르가모, 티아드라, 사르디스, 필라델피아, 라오디게이아 일곱 교회에 보내라." 누가 나에게 그런 말을 하는지 알아보려고 몸을 돌이켜 보니, 황금 촛대가 일곱 개 있고 그것들 사이로 사람처럼 보이는 이가 발끝까지 내려오는 긴 옷을 입고 가슴에 금띠를 띠고 서 있는데, 그 머리와 머리털은 양털처럼 또는 눈처럼 희었고 눈은 불꽃 같았고 발은 도가니에서 연단되는 놋쇠 같았고 목소리는 큰물이 넘쳐흐르는 것 같았고 오른손에는 별이 일곱 개 있고 입에서는 날카로운 쌍날칼이 나왔고 얼굴은 대낮의 해처럼 빛나고 있었다. 내가 그분을 뵙고 죽은 사람처럼 그 발 앞에 엎드러지자 그분이 오른손을 내 위에 얹고 말씀하셨다.

"두려워 마라. 나는 알파요 오메가, 살아있는 자다. 내가 한때 죽었으나 이렇게 살아 있고 영원토록 살아 있을 것이며 죽음과 지옥의 열쇠가 나에게 있다. 그런즉 너는 네가 본 것들 곧 이제 일어나는 일들과 장차 일어날 일들을 기록하여라. 네가 지금 보고 있는 내 오른손의 일곱 별과 일곱 촛대의 비밀은 이것이니, 일곱 별은 일곱 교회의 천사들이고 일곱 촛대는 일곱 교회이다.

*

쫓겨난 몸에 환상幻像이 찾아온다. 궁지窮地가 개문開門이다. 더욱 정신 차려라.

에페소 교회에 보내는 글 [2, 1-7]

"에페소 교회의 천사에게 이 글을 써서 보내라. 오른손에 일곱 별을 잡으시고 일곱 황금 촛대 사이로 거니시는 이가 말씀하신다. '나는 네 행실을 알고 있다. 네가 얼마나 애썼는지, 얼마나 오래 참았는지, 어떻게 악한 자들을 용납하지 않았는지 알고 있다. 그리고 사도가 아니면서 자칭 사도라 하는 자들을 시험하여 그 거짓됨을 밝혀낸 것도 알고 있다. 너는 잘 참았고 내 이름을 위하여 잘 견뎌냈고 지치지 않았다. 그러나 너에게 책망할 것이 있다. 너는 처음 사랑을 잃었다. 그러니 어디에서 어긋났는지 생각하여 회개하고 처음에 하던 일을 다시 하여라. 그러지 않고 회개하지 않으면 내가 가서 네 촛대를 그 자리에서 옮기겠다. 그래도 네가 잘하는 일이 하나 있으니, 니골라오파의 소행을 미워하는 것이다. 나도 미워한다. 귀 있는 자는 성령께서 여러 교회에 하시는 말씀을 들어라. 이기는 자에게 내가 하느님의 낙원에 있는 생명나무 열매를 줘서 먹게 하리라.'

*

악한 것들에 맞서 싸우다가 선을 잃었구나. 이긴 것 같지만 진 거다. 져도 좋다고 생각하고 처음 사랑을 되찾아라. 결코 지지 않는다. 지고 싶어도 질 수 없다.

스미르나 교회에 보내는 글 [2, 8-11]

"스미르나 교회의 천사에게 이 글을 써서 보내라. 처음이자 마지막이요 죽었다가 다시 사신 이가 말씀하신다. '내가 너의 환난과 궁핍을 알고 있다. (하지만 네가 실상은 부유한 자다.) 스스로 유다인이라 하는 자들이 너를 비방하고 있는 것도 잘 안다. 그들은 유다인이 아니라 사탄 모임이다. 네가 장차 받을 고난을 겁내지 마라. 악마가 너희 가운데 몇을 옥에 가두어 시험받게 하리니 너희가 열흘 동안 어려움을 겪게 될 것이다. 그러나 죽도록 충성하여라. 그러면 내가 생명의 월계관을 너에게 주리라. 귀 있는 자는 성령께서 여러 교회에 하시는 말씀을 들어라. 이기는 자는 둘째 죽음의 화를 입지 않을 것이다.'

*

고통은 끝없이 계속되지 않는다. 딱 열흘 동안이다. 참아라. 견뎌라.

베르가모 교회에 보내는 글 [2, 12-17]

"베르가모 교회의 천사에게 이 글을 써서 보내라. 날카로운 쌍날칼을 지니신 이가 말씀하신다. '나는 네가 어디에 사는지 알고 있다. 거기는 사탄의 왕좌가 있는 곳이다. 그런데도 너는 내 이름을 굳게 붙잡았고 내 충성스러운 증인 안디바스가 그곳 사탄의 거처에서 죽임을 당할 때도 나에 대한 믿음을 저버리지 않았다. 하지만 너에게 책망할 것들이 있다. 너희 가운데 발람의 가르침을 따르는 무리가 있다. 발람은 발락을 부추겨 이스라엘 자손 앞에 올무를 놓아 우상의 제물을 먹고 음란한 짓을 하게 만든 자다. 또 너희 가운데도 니골라오파의 가르침을 따르는 자들이 있다. 그런즉 회개하여라. 회개하지 않으면 내가 속히 가서 내 입의 칼로 그들과 싸우리라. 귀 있는 자는 성령께서 여러 교회에 하시는 말씀을 들어라. 이기는 자에게는 감춰두었던 만나를 주고 흰 돌도 주겠다. 그 돌 위에 새 이름이 적혀 있거니와 그 돌을 받은 자 말고는 그 이름을 알 사람이 없다.'

*

속이는 자가 속이는 것은 잘못이 아니지만 속이는 자에게 속는 것은 잘못이다. 회개해라. 다른 길이 없다. 회개하고 돌아오는 것이 이기는 것이다.

티아디라 교회에 보내는 글 [2, 18-29]

"티아디라 교회의 천사에게 이 글을 써서 보내라. 눈은 불꽃 같고 발은 놋쇠 같은 이 곧 하느님의 아드님이 말씀하신다. '내가 네 행실을 알고 네 사랑과 믿음과 섬김과 인내 또한 알고 있으며 네가 처음보다 나중에 더 많은 일을 하고 있음도 알고 있다. 그러나 너에게 책망할 것이 있다. 스스로 예언자라 자칭하며 내 종들을 그릇된 길로 인도하여 음란한 짓을 하고 우상의 제물을 먹게 한 여자 이세벨을 너는 용납하였다. 내가 회개할 기회를 주었지만 그 여자는 음행을 회개하려 하지 않았다. 이제 내가 그 여자를 병상에 던지고 여자와 함께 음행한 자들도 회개하여 음행을 그만두지 않으면 큰 환난 가운데 던지며 여자의 자식들 또한 죽일 것이다. 그러면 내가 사람의 생각과 마음을 꿰뚫어 보고 있음을 온 교회가 알게 되리라. 내가 너희를 각자 그 행실대로 갚아주겠다. 하지만 티아디라의 나머지 사람들 곧 그 가르침을 받아들이지 않고 이른바 사탄의 심오한 비밀을 배우지 않은 사람들에게 말한다. 다른 짐을 너희에게 지우지 않을 터이니 다만 여기까지 가지고 온 것을 내가 갈 때까지 굳게 간직하여라. 이기는 자와 내 일을 끝까지 수행하는 자에게, 내가 아버지한테서 받은 것과 같은, 만방을 다스릴 권세를 주면 그가 쇠몽둥이로 질그릇 부수듯이 저들을 다스리리라. 내가 그에게 샛별을 주겠다. 귀 있는 자는 성령께서 여러 교회에 하시는 말씀을 들어라.'

*

"사탄의 심오한 비밀"이 화근이다. 진실은 피갈회옥被葛懷玉이라, 심오한 알속을 평범한 상식으로 덮고 있다. 누가 심오한 비밀을 보여주겠다고 한다면 틀림없는 가짜다.

사르디스 교회에 보내는 글 [3, 1-6]

"사르디스 교회의 천사에게 이 글을 써서 보내라. 하느님의 일곱 영과 일곱 별을 가지신 이가 말씀하신다. '내가 네 행실을 알고 있다. 네가 살아 있다는 말을 듣지만 실은 죽었다. 깨어나라. 아직 네 안에 남아 있는 것을 그것이 죽기 전에 북돋아 주어라. 나는 네가 하는 일 가운데 하느님 보시기에 온전한 것을 하나도 보지 못하였다. 네가 무엇을 받았고 무엇을 들었는지 기억해내어 그것을 지키고, 회개하여라. 깨어 있지 않으면 내가 도둑같이 올 터인데 언제 내가 닥칠는지 그때를 너는 모르리라. 그러나 사르디스에는 자기 옷을 더럽히지 않은 사람이 몇 명 있어서 흰옷을 입고 나와 함께 다닐 것이다. 그들에게는 그럴 자격이 있다. 이기는 자는 이처럼 흰옷을 입겠고 그 이름이 생명록에서 지워지지 않을 것이며 내가 아버지와 천사들 앞에서 그를 안다고 증언할 것이다. 귀 있는 자는 성령께서 여러 교회에 하시는 말씀을 들어라.'

*

밖으로 살아있는 것처럼 보이지만 안으로 죽은 사람들이 있다. 하지만 그에게도 아직 남아있는 것이 있다. 그것은 죽지 않는다. 그래서 "나를 믿으면 죽어도 산다."고 하셨다.

필라델피아 교회에 보내는 글 [3, 7-13]

"필라델피아 교회의 천사에게 이 글을 써서 보내라. 거룩하시고 진실하신 이, 다윗의 열쇠를 가지신 이, 열면 닫을 자 없고 닫으면 열 자 없는 이가 말씀하신다. '내가 네 행실을 알고 있다. 내가 네 앞에 문을 열어놓았으니 아무도 그 문을 닫지 못하리라. 네가 비록 힘은 약하나 내 말을 잘 지켰고 내 이름을 모른다고 하지 않았다. 사탄 모임에 속한 자들이 스스로 유다인이라 칭하는데, 그렇지 않다. 거짓말이다. 내가 그들 가운데 몇을 너에게로 보내 네 발 앞에 엎드려 절하게 하고 내가 너를 사랑하는 줄 알게 하리라. 참고 견디라는 내 말을 네가 잘 지켰으니 장차 세상 사람들을 시험코자 큰 환난이 닥칠 때 너를 지켜주겠다. 내가 곧 간다. 너에게 있는 것을 굳게 붙잡고 아무도 네 월계관을 빼앗지 못하게 하여라. 이기는 자는 내가 하느님 성전의 기둥으로 삼으리니 저가 그곳에서 나오지 못하리라. 그 위에 내가 하느님의 이름과 하느님의 도성 곧 하늘에서 하느님께로부터 내려오는 새 예루살렘의 이름과 내 이름을 새길 것이다. 귀 있는 자는 성령께서 여러 교회에 하시는 말씀을 들어라.'

*

진실을 사는 데는 힘의 강함과 약함이 문제 되지 않는다. 병든 몸으로도 성자가 될 수 있다.

라오디게이아 교회에 보내는 글 [3, 14-22]

"라오디게이아 교회의 천사에게 이 글을 써서 보내라. 아멘이시고 충성되고 참된 증인이시며 하느님의 창조의 근본이신 이가 말씀하신다. '내가 네 행실을 알고 있다. 너는 차갑지도 않고 뜨겁지도 않다. 나는 네가 차갑든지 뜨겁든지 그랬으면 한다. 그런데 이렇게 미지근하여 뜨겁지도 않고 차갑지도 않으니 너를 입에서 뱉어야겠다. 네가 스스로 말하기를, 나는 부자라서 모든 것이 풍족하여 모자랄 게 없다고 하는데 실은 네가 비참하고 가련하고 곤궁하고 눈멀고 벌거벗었음을 모르는 것이다. 내가 너에게 권고한다. 나한테서 불로 연단된 금을 사서 부자가 되고 흰옷을 사 입어 벌거숭이 수치를 가리고 안약을 사서 눈에 발라 보게 하여라. 나는 내가 사랑하는 자를 책망도 하고 징계도 한다. 그러니 열심을 내고 회개하여라. 보라, 내가 문밖에 서서 두드리고 있다. 누구든지 내 음성을 듣고 문을 열면 내가 그리로 들어가 그와 함께 먹고 그도 나와 함께 먹으리라. 이기는 자에게는, 내가 이기고 나서 아버지 보좌에 아버지와 함께 앉은 것처럼, 나와 함께 내 보좌에 앉도록 할 것이다. 귀 있는 자는 성령께서 여러 교회에 하시는 말씀을 들어라.'"

*

하느님 아니면 맘몬이다. 양다리는 허용되지 않는다. 저쪽에 서면 둘 다 얻고 이쪽에 서면 둘 다 잃는다.

하늘에서의 찬양과 경배 [4, 1-11]

그 뒤에 나는 하늘에 문이 하나 열려있는 것을 보았고 처음에 들었던 그 음성 곧 나팔소리처럼 내게 말하던 음성을 들었다. "이리 올라오너라. 장차 반드시 일어날 일을 보여주겠다." 나는 곧 성령에 감동되었고 문득 보니 하늘에 보좌가 있는데 그 보좌에 어떤 이가 앉아계셨다. 그 앉으신 이의 모습은 벽옥과 홍옥 같았으며 보좌 둘레에 비취처럼 보이는 무지개가 걸려 있었다. 또 보좌를 에워싼 스물네 보좌들에 흰옷 입고 머리에 금관을 쓴 스물네 장로가 앉아있는 것이 보였다. 보좌에서는 번개가 번쩍이며 음성과 천둥소리가 울려 나왔고 그 앞에 일곱 횃불이 타오르고 있었다. 그것은 하느님의 일곱 영이었다. 보좌 앞에 유리 바다 같은 것이 있는데 수정처럼 맑았다.
보좌의 중심과 둘레에 앞뒤로 눈이 가득한 네 생물이 있어, 첫째 생물은 사자 같았고 둘째 생물은 송아지 같았고 셋째 생물은 얼굴이 사람 같았고 넷째 생물은 날아가는 독수리 같았다. 네 생물이 저마다 날개를 여섯씩 가졌고 그 속과 거죽에 눈들이 가득하였다. 그들이 밤낮으로 쉬지 않고 찬양하기를, "거룩하여라, 거룩하여라, 거룩하여라, 전능하신 주 하느님, 전에도 계셨고 지금도 계시고 장차 오실 분이여!" 하였다. 보좌에 앉아 영세 무궁토록 살아계시는 이에게 생물들이 영광과 영예와 감사를 드릴 때, 스물네 장로는 보좌에 앉으신 이 앞에 엎드려 영세 무궁토록 살아계시는 이에게 경배하고 각자 머리에서 금관을 벗어 보좌 앞에 놓으며 찬양하고 있었다. "주님이신 우리 하느님, 영광과 영예와 권능을 받기에 합당하시니, 주께서 만물을 지으셨고 만물이 주의 뜻을 좇아서 창조되어 존속됨이로다."

*

그렇게 보였다는 말이다. 그랬다는 말이 아니다. 지계地界에서도 천계天界에서도 중요한 것은 보이는 것들에 숨어 있는 보이지 않는 것이다.

봉인된 두루마리와 어린양 [5, 1-14]

그 뒤에 나는 안팎으로 글이 적혀 있고 일곱 봉인으로 막힌 두루마리가 보좌에 앉으신 이의 오른손에 들려 있는 것을 보았다. 또 나는 "이 봉인을 떼고 두루마리를 펼칠 자격을 가진 자가 누구냐?"라고 큰소리로 외치는 힘센 천사를 보았다. 그러나 그것을 펼치거나 읽을 수 있는 자는 하늘에도 없고 땅 위에도 없고 땅 아래에도 없었다. 두루마리를 펼쳐 들여다볼 자격을 가진 자가 보이지 않아서 슬피 울고 있는 나에게, 장로들 가운데 하나가 말하였다. "울지 마라. 유다 지파에서 난 사자 곧 다윗의 뿌리가 이겼으니 그가 일곱 봉인을 떼고 두루마리를 펼칠 것이다."

나는 보좌와 네 생물과 장로들 사이에 어린양이 서 있는 것을 보았다. 그 어린양은 일찍이 죽임을 당한 것 같았고 일곱 뿔에 일곱 눈을 지니고 있었다. 그 눈은 하느님께서 온 땅에 보내신 일곱 영이다. 어린양이 앞으로 나와 보좌에 앉으신 이의 오른손에서 두루마리를 받아드는데, 어린양이 두루마리를 받아들자 네 생물과 스물네 장로가 저마다 거문고와 향이 가득한 황금 대접을 들고 그 앞에 엎드렸다. 그 향은 성도들의 기도다. 그들이 새 노래를 부르고 있었다. "당신은 두루마리를 받아 봉인을 떼실 자격이 있나이다. 일찍이 죽임을 당하셨고 모든 족속과 방언과 백성과 나라들에서 당신의 피로 값을 치르고 사람들을 사서 하느님께 드리셨으며 저들로 하여금 우리 하느님 앞에서 나라를 이루어 사제들이 되게 하셨으니, 저들이 땅에서 왕 노릇 하겠나이다."

또 나는 보좌를 에워싼 수 많은 천사들과 생물들과 장로들을 보았고 그들의 음성을 들었는데, 그 수가 수천에 수만이었다. 그들이 큰소리로 외치기를, "죽임을 당하신 어린양, 권세와 부귀와 지혜와 힘과 영예와 영광과 찬양을 받으시기에 합당한 분이시여!" 하였다.

또 나는 하늘과 땅과 땅 아래와 바다와 그 가운데 있는 모든 피조물 곧 세상 만물이 외치는 소리를 들었다. "보좌에 앉으신 이와 어린양께 찬양과 영예와 영광이 영세 무궁토록!" 이에 네 생물이 "아멘." 하였고 장로들은 엎드려 경배하였다.

*

요지要旨는 땅에서 죄 없이 죽임당한 어린양이 하늘에서 모든 피조물과 세상 만물의 찬양을 받는다는 거다. 넷이니 일곱이니 하는 숫자에 눈이 팔려 요지를 놓치지 말 것.

일곱 봉인을 하나씩 떼는 어린양 [6, 1-17]

나는 어린양이 일곱 봉인 가운데 하나를 떼시는 것을 보았고 네 생물 가운데 하나가 우레처럼 "오라." 하고 외치는 소리를 들었다. 내가 보니 흰 말이 있고, 그 위에는 활을 들고 월계관을 쓴 자가 앉아있었다. 장차 더 큰 승리를 거두려는 승자였다.

어린양이 둘째 봉인을 떼실 때 나는 둘째 생물이 "오라." 하고 외치는 소리를 들었다. 그러자 다른 말이 나오는데 이번에는 붉은 말이었다. 땅에서 평화를 없애고 사람들을 서로 죽이게 하는 권한과 큰 칼을 받은 자가 그 위에 앉아있었다.

어린양이 셋째 봉인을 떼실 때 나는 셋째 생물이 "오라." 하고 외치는 소리를 들었다. 내가 보니 검은 말이 있고 저울을 손에 든 자가 그 위에 앉아있었다. 나는 네 생물 사이에서 나는 것 같은 소리를 들었다. "한 데나리온에 밀 한 되, 한 데나리온에 보리 석 되, 올리브 기름이나 포도주는 손도 못 댄다."

어린양이 넷째 봉인을 떼실 때 나는 넷째 생물이 "오라." 하고 외치는 소리를 들었다. 내가 보니 푸르스름한 말이 있는데 죽음이라는 이름을 가진 자가 그 위에 앉았고 지옥이 그 뒤를 따르고 있었다. 그들에게는 땅의 사 분의 일을 칼과 기근과 염병과 땅의 짐승으로 죽이는 권한이 주어져 있었다.

어린양이 다섯째 봉인을 떼실 때 나는 하느님의 말씀 때문에 그리고 그에 대한 본인의 증언 때문에 죽임을 당한 영혼들이 제단 아래에 있는 것을 보았다. 그들이 큰소리로, "거룩하고 참되신 군주여, 우리가 얼마나 더 기다려야 땅에 거하는 자들을 심판하여 우리가 흘린 피를 갚아주시렵니까?" 하고 부르짖었다. 그들은 저마다 흰 두루마기를 한 벌씩 받았고 자기들처럼 죽게 되어있는 동료 종들과 형제들이 모두 죽어서 그 수가 찰 때까지 잠시 쉬라는 말을 들었다.

어린양이 여섯째 봉인을 떼실 때 내가 보니 큰 지진이 나고 해가 검은 머리털로 짠 비단처럼 검어지고 온근 달이 핏빛으로 물들고 거친 바람에 흔들리는 무화과나무에서 설익은 열매들이 떨어지듯 하늘에서 땅으로 별들이 떨어지고 두루마리 말리듯 하늘이 말려 사라지는데 제 자리에 남아있는 산과 섬이 하나도 없었다. 땅의 왕들과 왕족들과 장군들과 부자들과 세도가들과 모든 노예와 자유인이 동굴과 산의 바위틈에 몸을 감추고 산과 바위에 말하기를, "우리 위로 무너져 내려 보좌에 앉으신 이의 얼굴과 어린양의 진노에서 우리를 가려 다오. 그들이 진노하는 큰 날이 닥쳤으니 누가 감당하랴?" 하였다.

*

전쟁, 굶주림, 죽음, 염병, 지진과 천재지변을 묶어놓았던 봉인을 떼신 이가 다른 누구 아닌 어린양이시다. 게다가 아직 일곱째 봉인이 남아있다. 절망할 이유가 없다.

이마에 인장 찍힌 일만 이천 명 [7, 1-8]

그 뒤에 내가 보니 네 천사가 땅의 네 모퉁이에 하나씩 서서 사방의 바람을 붙잡아 땅에도 바다에도 그 어떤 나무에도 불지 못 하게 하고 있었다. 또 보니 다른 천사가 하느님의 인장을 가지고 해 돋는 쪽에서 올라와 땅과 바다를 해칠 권한을 받은 네 천사에게 큰 소리로 말하였다. "우리가 하느님의 종들 이마에 인장을 찍을 때까지 땅과 바다와 나무들을 해치지 마라." 그때 나는 인장 찍힌 사람들 곧 이스라엘 자손의 모든 지파에서 온 인장 찍힌 사람들의 수가 십사만 사천이라는 말을 들었다. 그들은 유다 지파에서 인장 찍힌 일만 이천, 르우벤 지파에서 일만 이천, 가드 지파에서 일만 이천, 아셀 지파에서 일만 이천, 납달리 지파에서 일만 이천, 므나쎄 지파에서 일만 이천, 시므온 지파에서 일만 이천, 레위 지파에서 일만 이천, 이싸갈 지파에서 일만 이천, 즈불론 지파에서 일만 이천, 요셉 지파에서 일만 이천, 베냐민 지파에서 일만 이천이었다.

*

빠진 무엇이 없는 숫자가 '12×12'다. 너도 그 안에 들 수 있지만 네 노력만으로 들어가는 건 물론 아니다. 144,000을 자연수自然數로 보는 건 묵시가 뭔지 모르는 어리석음일 뿐이다.

흰 두루마기를 입은 수많은 무리 [7, 9-17]

그 뒤에 나는 모든 나라와 민족과 백성과 방언에서 온, 아무도 그 수를 셀 수 없을 만큼 많은 무리가 저마다 흰 두루마기를 입고 손에 종려나무 가지를 들고 보좌와 어린양 앞에 서 있는 것을 보았다. 그들이 큰소리로, "보좌에 앉으신 우리 하느님과 어린양께 구원이 있도다."라고 외치자 보좌와 장로들과 네 생물을 에워싸고 있던 천사들이 보좌 앞에 엎드려 하느님께 경배하며, "아멘, 찬송과 영광과 지혜와 감사와 영예와 권능이 영세 무궁토록 우리 하느님께! 아멘." 하고 따라서 외쳤다.
그때 장로들 가운데 하나가 내게 물었다. "흰 두루마기를 입은 저 사람들은 누구며 어디에서 왔는가?" 내가 대답하였다. "어른께서 아십니다." 그가 내게 말했다. "저들은 큰 환난을 겪고 거기에서 나온 자들로서 어린양의 피에 옷을 빨아 희게 하였으므로 하느님의 보좌 앞에 앉아있는 것이다. 저들이 하느님의 성전에서 밤낮으로 그분을 섬기니 보좌에 앉으신 이가 저들 위에 천막을 쳐주시어 저들이 두 번 다시 주리거나 목마르지 않게 하시고 해나 다른 어떤 뜨거운 기운에도 상하지 않게 하시며 보좌 가운데 계신 어린양이 저들의 목자 되시어 생명수 샘으로 인도하시고 하느님께서 저들 눈의 눈물을 말끔히 씻어주시리라."

*

하느님께서 눈물을 씻어주시게 하려면 먼저 눈물을 흘렸어야 한다. 아무나 흰 두루마기를 입을 수 있는 게 아니다.

성도의 기도를 향에 섞어 제단에 올리는 천사 [8, 1-5]

어린양이 일곱째 봉인을 떼실 때 하늘이 반 시간가량 고요하였다. 하느님 앞에 늘어선 일곱 천사가 저마다 나팔 하나씩 들고 있는 것이 보였다.
다른 천사 하나가 금 향로를 들고 제단 앞에 섰는데 모든 성도의 기도에 섞어서 보좌 앞 황금 제단에 올릴 향이 그에게 주어져 있었다. 그 손에서 향기로운 연기가 성도의 기도에 섞여 하느님 앞으로 올라간 뒤에 천사가 향로를 가져다가 제단의 불을 가득 담아 땅에 던지니 천둥소리와 음성들과 번개와 지진이 일어났다.

*

드디어 마지막 봉인이 떼어진다. 잠시 지극한 고요가 필요하다. 성도는 하느님 말씀으로 살고 하느님은 성도의 기도로 사신다. 그 사이에 '소리'와 '빛'이 살아 있다.

일곱 천사의 일곱 나팔 [8, 6-9, 21]

일곱 나팔을 가진 일곱 천사가 나팔 불 준비를 마쳤다.
첫째 천사가 나팔을 불자 피 섞인 우박과 불이 땅에 던져져 땅의 삼 분의 일이 타서 사위고 나무의 삼 분의 일이 타서 사위고 푸른 풀이 모두 타서 사위었다.
둘째 천사가 나팔을 불자 불붙은 큰 산 같은 것이 바다에 던져져 바다의 삼 분의 일이 피가 되고 바닷속 생명 있는 피조물의 삼 분의 일이 죽고 모든 배의 삼 분의 일이 깨어졌다.
셋째 천사가 나팔을 불자 하늘에서 횃불처럼 타는 큰 별이 떨어져 모든 강의 삼 분의 일과 여러 샘들을 덮쳤다. 그 별 이름이 쑥이라, 그 때문에 물의 삼 분의 일이 쑥으로 되어 많은 사람이 쓴 물을 먹고 죽었다.
넷째 천사가 나팔을 불자 해의 삼 분의 일과 달의 삼 분의 일과 별들의 삼 분의 일이 타격을 받아 그것들의 삼 분의 일이 어두워졌고 낮의 삼 분의 일이 빛을 잃고 밤의 삼 분의 일도 빛을 잃었다.
나는 독수리 한 마리가 공중에서 날아다니는 것을 보았고 그것이 큰 소리로, "화, 화, 화로다. 땅 위에 있는 것들에게 화가 미치리라. 아직 천사 셋이 불 나팔이 남아있도다."라고 외치는 소리를 들었다.
다섯째 천사가 나팔을 불었다. 나는 하늘에서 땅으로 떨어진 별 하나를 보았다. 그 별은 바닥없는 구렁이 열쇠를 받아서 지니고 있었다. 그가 바닥없는 구렁을 열자 큰 용광로에서 뿜어져 나오는 것 같은 연기가 올라와 공중을 채우며 햇빛이 어두워졌다. 또 연기로부터 메뚜기들이 나와 땅에 퍼지는데 땅의 전갈들이 가진 것과 같은 권세를 받아서 지니고 있었다. 그들은 땅의 풀이나 푸성귀나 나무는 해치지 말고 이마에 하느님의 인장이 찍히지 않은 사람들만 해치라는 명을 받았다. 그들을 죽이지는 말고 다섯 달 동안 괴롭히기만 하라는 것이었다. 그것들이 주는 고통은 전갈이 사람을 쏘았을 때 받는 것과 같은 고통이었다. 그 기간에는 사람이 죽으려고 해도 죽지 못하고 죽기를 원하여도 죽음이 그들을 피하여 달아날 것이다. 메뚜기들의 모양은 전투 준비를 마친 말 같았다. 머리에는 금관 같은 것을 썼고 얼굴은 사람 얼굴 같고 머리털은 여자 머리털 같고 이빨은 사자 이빨 같았다. 가슴에는 쇠로 된 가슴 방패 같은 것을 찼고 날갯소리가 전쟁터로 달려가는 전차들에서 나는 소리 같고 전갈 꼬리처럼 생긴 꼬리에 돋친 가시로 다섯 달 동안 사람들을 해칠 권한을 받아 가지고 있었다. 그것들이 모시는 왕이 있었다. 바닥없는 구렁의 천사로서 이름이 히브리말로는 아바돈이고 그리스말로는 파괴자라는 뜻인 아폴리욘이었다.

첫 번째 화가 지나갔다. 하지만 아직 두 가지 화가 더 남아있다.

여섯째 천사가 나팔을 불었다. 나는 하느님 앞에 차려진 황금 제단 네 모퉁이에서 나는 소리를 들었다. 나팔 가진 여섯째 천사에게 명령하는 소리였다. "큰 강 유프라테스에 묶여있는 네 천사를 풀어놓아라." 네 천사가 풀려났다. 그들은 그 해, 그 달, 그 날, 그 시에 사람들의 삼 분의 일을 죽일 준비가 되어있었다. 나는 기마병의 수가 이억이라는 말을 들었고 말들과 말에 탄 병사들의 모습을 환상으로 보았다. 병사들은 불빛, 자줏빛, 유황빛이 나는 가슴 방패를 찼고 말들은 머리가 사자 같았고 입에서 불과 연기와 유황을 내뿜었다. 이 세 가지 재앙 곧 말들의 입에서 뿜어져 나오는 불과 연기와 유황 때문에 사람들의 삼 분의 일이 죽었다. 말의 힘은 그 입과 꼬리에 있었는데 뱀처럼 생긴 꼬리에 머리가 달려서 그것으로 사람들을 해쳤다.

이 재앙으로 죽지 않고 살아남은 자들도 제 손으로 지은 죄를 뉘우치기는커녕 오히려 귀신들을 섬기고 금과 은과 구리와 돌과 나무로 만든 우상들한테 절하고 자기네가 저지른 살인과 요술과 음행과 도둑질을 회개하지 않았다.

*

먼저 환경이 무너지고 마침내 사람이 무너진다. 교도소에서 모든 사람이 교화教化되는 게 아니듯이 무슨 어려움을 당했다고 해서 모든 사람이 회개하는 건 아니다.

바다와 땅을 딛고 선 천사의 두루마리 [10, 1-11]

나는 힘센 다른 천사가 구름에 싸여 하늘에서 내려오는 것을 보았는데, 머리 위로는 무지개를 둘렀고 얼굴은 해와 같고 발은 불기둥 같고 손은 펼친 두루마리를 들었고 오른발은 바다를 딛고 왼발은 땅을 딛고 사자가 으르렁거리듯이 큰소리로 부르짖었다. 그가 크게 부르짖을 때 일곱 우레가 저마다 제소리로 말하였다. 내가 일곱 우레의 말을 기록하려고 하자 하늘에서, "일곱 우레의 말을 비밀에 부치고 기록하지 말라."는 음성이 들려왔다. 내가 본 천사, 바다와 땅을 딛고 선 그 천사가 하늘을 향해 오른손을 들고 영세 무궁토록 살아계시는 이 곧 하늘과 그 안에 있는 것들, 땅과 그 안에 있는 것들, 바다와 그 안에 있는 것들을 지으신 이를 두고 맹세하여 말하기를, "더 미루지 않으리라. 일곱째 천사가 소리 내는 날, 그가 나팔을 불 때 하느님께서 당신의 종 예언자들에게 일러주신 그분의 은밀한 계획이 모두 이루어지리라." 하였다.
하늘에서 들려오던 음성이 다시 내게 말하였다. "바다와 땅을 딛고 선 천사한테 가서 그 손에 펼쳐진 두루마리를 받아라." 내가 천사한테 가서 작은 두루마리를 달라고 하자 그가 내게 말하였다. "이것을 받아 삼켜라. 네 배는 쓰겠지만 입은 꿀처럼 달 것이다." 내가 천사의 손에서 작은 두루마리를 받아 삼키자 과연 입은 꿀처럼 달았으나 배는 몹시 썼다. 그때, "너는 많은 백성과 민족과 방인과 왕들에 관하여 예언해야 한다."는 음성이 들려왔다.

*

두루마리(말씀)는 손으로 펼쳐 눈으로 읽는 게 아니라 입으로 삼켜 몸으로 소화하는 것이다.

두 증인의 죽음과 부활 [11, 1-15]

나는 측량하는 자처럼 생긴 막대기를 받았고 이런 말을 들었다. "일어나 하느님의 성전과 제단을 측량하고 그 안에서 예배하는 자들의 수를 헤아려라. 성전 바깥마당은 측량하지 말고 그냥 두어라. 거기는 이방인들에게 내어주었다. 그들이 거룩한 도성을 마흔두 달 동안 짓밟을 것이다. 내가 나의 두 증인에게 권한을 주어, 베옷을 입고 일천이 백 육십일 동안 예언을 하게 하리라."

땅의 주님 앞에 서 있는 두 올리브나무와 두 등불이 두 증인이다. 누구든지 그들을 해치려고 하면 그들 입에서 불이 나와 원수를 삼킬 것이다. 그들을 해치려는 자는 반드시 그렇게 죽임을 당할 것이다. 자기들이 예언하는 동안 하늘을 닫아 비가 내리지 못하게 하고 물을 피로 바꾸고 언제든지 원하는 대로 온갖 재앙을 땅에 내릴 권한이 그들에게 주어졌다. 그러나 그들의 증언이 끝나면 바닥없는 구렁에서 올라온 짐승이 그들과 싸워 이기고 그들을 죽일 것이다. 그들의 시신이 큰 도성 거리에 버려질 터인즉, 상징적으로 소돔이라고도 하고 이집트라고도 하는 그 도성은 그들의 주님이 십자가에 달리신 곳이다. 여러 백성과 종족과 방언과 나라에서 온 사람들이 사흘 반 동안 그들의 시신을 구경하되 무덤에 안장되는 것을 허락하지 않겠고 땅의 거민들이 그들의 죽음에 기뻐하고 즐거워하며 선물을 주고받을 것이다. 두 예언자가 땅의 거민들을 괴롭혔기 때문이다. 삼일 반 뒤에 하느님의 생기가 그들 안에 들어가자 그들이 두 발로 섰고 그것을 본 자들은 모두 겁에 질렸다. 그때 두 예언자가 하늘에서 부르는 큰 음성을 들었다. "이리 올라오라!" 그들이 원수들 보는 앞에서 구름에 싸여 하늘로 올라갔다. 바로 그때 큰 지진이 일어나 도성의 십 분의 일이 무너지고 지진 때문에 사람 칠천이 죽고 살아남은 자들은 겁에 질려 하느님을 찬양하였다.

두 번째 화가 지나갔다. 이제 곧 세 번째 화가 닥칠 것이다.

*

울타리 없는 성전 바깥마당도 성전이다. 이방인도 하느님 자식이다. 예언은

'땅의 거민'들을 위로하기 전에 먼저 괴롭힌다. 참 생명은 죽어서 산다.

일곱째 천사의 나팔 [11, 15-19]

일곱째 천사가 나팔을 불자 하늘에서 큰 음성이 들려왔다. "세상 나라들이 우리 주님과 그분이 세우신 그리스도의 나라가 되었고 그분이 영세 무궁토록 다스리신다."
하느님 앞의 보좌에 앉은 스물네 장로가 엎드려 하느님을 경배하며 말하였다. "지금도 계시고 전에도 계셨던 주 하느님 전능하신 이여, 몸소 큰 권능을 잡고 다스리시니 감사드리나이다. 이방인들이 분개하였으나 주의 진노가 임하여 죽은 자를 심판하시고 주님의 종 예언자들과 성도들과 큰 사람 작은 사람 할 것 없이 주님 공경하는 자들은 모두 상을 받고 땅을 멸망시키던 자들은 멸망할 때가 되었나이다."
그러자 하늘에 있는 하느님의 성전이 열리면서 성전 안에 있는 하느님의 언약궤가 보이는데, 거기 번개와 음성과 벼락 치는 소리와 지진과 큰 우박이 있었다.

*

하느님의 언약궤에 있는 것은 인간의 말이 아니라 크고 작은 온갖 소리이다. '말'이 죽는 곳에 '소리'가 살아난다.

해산하는 여인과 붉은 용 [12, 1-18]

하늘에서 큰 표징이 나타났다. 해를 입고 달을 밟고 머리에 별이 열두 개 달린 월계관을 쓴 여인이 배 속에 아이를 가져서 해산의 진통 때문에 괴로워 울고 있었다. 하늘에 다른 표징이 나타났다. 머리 일곱에 뿔이 열이고 머리마다 일곱 왕관을 쓴 크고 붉은 용이 제 꼬리로 하늘의 별 삼 분의 일을 휩쓸어 땅에 던지고 나서 해산하는 여인이 아이를 낳으면 집어삼키려고 그 앞을 지키고 있었다. 여인이 아들을 낳았다. 장차 쇠몽둥이로 만국을 다스릴 사내아이였다. 문득 아이가 하느님과 그분의 보좌 앞으로 들려 올라갔고 여인은 광야로 도망쳤다. 거기는 천 이백육십일 동안 여인을 먹여 살리려고 하느님께서 마련해두신 곳이었다.
하늘에 전쟁이 벌어졌다. 미가엘과 그의 천사들이 용과 싸우는데 용과 그의 천사들이 맞서 싸웠지만 이기지 못하여 하늘에 발붙일 자리가 없게 되었다. 그 큰 용은 이름을 악마라고도 하고 사탄이라고도 하는 늙은 뱀으로서, 온 천하를 속임수로 어지럽히다가 제 천사들과 함께 땅으로 떨어졌다. 그때 하늘에서 큰 음성이 들려왔다. "마침내 우리 하느님의 구원하시는 능력과 나라와 그리스도의 권세가 나타났으니, 죄 없는 우리 형제들을 고발하던 자 곧 밤낮으로 하느님 앞에서 우리 형제들을 고발하던 자가 쫓겨났도다. 많은 형제가 어린양의 피와 자기들이 증언한 진리로 저를 이겼으니 죽기까지 목숨을 아끼지 않았도다. 그러므로 하늘과 그 안에 거하는 자들은 즐거워하여라. 그러나 화가 미치리라, 땅과 바다여! 제 때가 얼마 남지 않은 줄 알고서 악마가 크게 노하여 너희에게 내려갔도다."
용은 자기가 땅에 떨어진 것을 알고 사내아이 낳은 여인을 쫓아갔다. 하지만 여인은 큰 독수리의 날개를 받아서 지니고 있었으므로 광야의 자기 처소로 날아가 거기서 삼 년 반 동안 뱀을 피하여 먹고 살았다. 여인 뒤에서 뱀이 입으로 물을 강처럼 토하여 여자를 휩쓸어버리려고 했지만 땅이 여인을 도와 그 입을 벌려서 용이 토한 물을 마셔버렸다. 용이 여인 때문에 화가 잔뜩 나서, 하느님의 계명을 지키고 예수께서 주신 증언을 지킨 사람들과 싸우려고 바닷가에 섰다.

*

땅에서 벌어지는 전쟁은 하늘에서 벌어지는 전쟁의 복제판이다. 하지만 이미 승부가 결판난 전쟁이다. 그 전쟁의 소용돌이에서 한 여인의 아이가 태어난다.

용의 권세를 물려받은 두 짐승 [13, 1-18]

나는 또 바다에서 한 짐승이 나오는 것을 보았다. 뿔은 열, 머리는 일곱인데 뿔마다 왕관을 썼고 머리마다 신성을 모독하는 이름들이 적혀 있었다. 내가 본 그 짐승은 표범 비슷하고 발은 곰의 발 같고 입은 사자의 입 같았다. 용이 제 능력과 왕좌와 권세를 짐승한테 물려주었다. 짐승이 머리 하나에 치명상을 입어 거의 죽게 되었다가 상처가 나아 회복되었다. 그것을 보고 온 세상이 놀라며 짐승을 따랐다. 그리고 짐승한테 권세를 물려준 용을 경배하며 이르기를, "누가 이 짐승과 겨룰 수 있으랴? 누가 저와 더불어 싸울 수 있으랴?" 하였다.
큰소리로 하느님을 모독하여 말할 입과 마흔두 달 동안 부릴 수 있는 권세가 그 짐승에게 주어졌다. 짐승이 입을 벌려 하느님의 이름과 그 거하시는 곳을 모독하고 하늘에 있는 자들에게 욕을 퍼부었다. 그에게 성도들과 싸워 이길 힘과 함께 모든 족속과 백성과 방언과 나라를 다스릴 권세가 주어졌다. 그리하여, 땅 위에 거하는 자들 가운데 창세 이래로 생명록 곧 죽임 당한 어린양의 책에 이름이 올라있지 않은 자들은 모두 그를 경배하게 될 것이다. 누구든지 귀 있으면 들어라. 잡혀갈 자 잡혀갈 것이요 칼 맞아 죽을 자 칼 맞아 죽으리니, 성도의 인내와 믿음이 필요한 이유가 여기에 있다.
다른 짐승 하나가 땅에서 올라오는 것이 보였다. 뿔은 어린양처럼 둘인데 말은 용처럼 하였다. 이 짐승이 먼젓번 짐승의 권세를 물려받아 그 짐승이 보는 앞에서 힘을 부려 땅과 땅 위에 사는 자들로 하여금 먼젓번 짐승 곧 치명상을 입었다가 회복된 짐승을 숭배하게 하였다. 저가 큰 기적을 행하는데 사람들 보는 앞에서 하늘로부터 불이 땅으로 내려오게도 하였다. 또 먼젓번 짐승 앞에서 일으키도록 허락받은 기적들로 사람들을 현혹하여 땅의 거민들로 하여금 상처 입었다가 회복된 짐승을 위하여 우상을 만들게 하였다. 또한, 그 우상들에 숨을 불어넣어 말을 하게도 하고 우상을 숭배하지 않는 자들을 모두 죽이기도 하는 권한이 그에게 주어졌다. 저가 작은 사람과 큰 사람, 부자와 가난한 자, 자유인과 노예를 가리지 않고 모든 사람으로 하여금 오른손이나 이마에 낙인을 받게 하였고 짐승의 이름과 그 이름을 나타내는 숫자의 낙인을 받지 않은 자는 물건을 사고팔지도 못하게 하였다. 여기에 지혜가 필요하다. 총명한 자는 그 짐승의 수를 풀어보라. 사람을 가리키는 수인데 그 수가 육백 육십육이다.

*

표범, 곰, 사자. 말하자면 용맹과 사나움을 대표하는 짐승들이 한데 뭉쳤다. 무시무시하다. 하지만 죽게 되면 죽는 거지, 라면서 자기에게 주어진 길을 가는 사람을 겁주지는 못한다. 살고자 하는 자들을 겁에 질려 죽게 할 수 있을 뿐.

십사만 사천이 부르는 새 노래 [14, 1-5]

또 나는 어린양이 시온 산 위에 선 것을 보았다. 어린양과 함께, 어린양과 그 아버지 이름이 이마에 적힌 십사만 사천이 보였다. 나는 많은 물이 내는 소리 같기도 하고 천둥소리 같기도 한 소리가 하늘에서 울리는 것을 들었다. 그 소리가 거문고 타는 자의 거문고 소리처럼 들렸다. 그들이 보좌와 네 생물과 장로들 앞에서 새 노래를 부르는데 땅에서 구원받은 십사만 사천 말고는 아무도 배울 수 없는 노래였다. 그들은 여자와 더불어 몸을 더럽히지 않고 순결을 지킨 남자들이다. 그리고 어린양이 가는 곳이면 어디든지 따라다닌다. 그들은 하느님과 어린양을 위한 첫 열매로 사람들 가운데서 구원받은 자들이다. 그들은 거짓을 말하지 않고 아무 흠 잡을 데가 없다.

*

환상도 사람이 보는 거다. 사람은 제가 사는 때와 곳의 경계를 넘지 못한다. 그래서 요한의 눈에 "여자와 더불어 몸을 더럽히지 않고 순결을 지킨" 남자들이 보인 것이다.

세 천사의 외침 [14, 6-13]

내가 보니 다른 천사가 공중을 날아다니는데 땅에 거하는 자들과 모든 나라와 족속과 방언과 백성에게 전할 영원한 복음을 지니고 있었다. 그가 큰소리로 외치기를, "하느님을 두려워하고 그분을 찬양하여라. 그분이 심판하실 때가 이르렀으니 하늘과 땅과 바다와 샘을 지으신 이를 경배하여라." 하였다.
이어서 다른 천사 곧 둘째 천사가 외쳤다. "무너졌구나, 무너졌구나,

바빌론이여. 제 음행의 포도주 곧 진노의 포도주를 만국 백성에게 먹이던 자가 무너졌구나!"
이어서 다른 천사 곧 셋째 천사가 큰소리로 외쳤다. "누구든지 짐승과 그 우상을 숭배하고 이마나 손에 낙인을 받은 자는 하느님의 진노의 포도주를 마시게 되리니 그것은 진노의 잔에 부은 순수 포도주다. 저들이 거룩한 천사들과 어린양 앞에서 불과 유황으로 괴로워할 터인즉, 저들을 괴롭히는 연기가 세세토록 피어오르고 짐승과 그 우상을 숭배하고 그 이름이 적힌 낙인을 받은 자는 밤낮으로 쉼을 얻지 못하리라." 하느님의 계명과 예수에 대한 믿음을 지키는 성도의 참을성이 필요한 이유가 여기에 있다.
또 나는 하늘에서 이렇게 외치는 소리를 들었다. "기록하여라. 이제부터 주 안에서 죽는 자들에게 복이 있다." 그러자 성령께서 맞받아, "옳다, 저들의 행적이 남아있으니 수고를 그치고 쉬게 되리라."고 말씀하셨다.

*

누가 죽을 때 "주 안에서" 죽는가? 아직 살았을 때 주 안에서 죽은 자들이다.

마지막 추수 [14, 14-20]

나는 또 흰 구름이 있고 그 구름 위에 사람 아들 같은 이가 머리에 금관을 쓰고 손에는 예리한 낫을 들고 앉아있는 것을 보았다. 그때 다른 천사 하나가 성전에서 나와 구름 위에 앉은 이에게 큰소리로 부르짖었다. "낫을 들어 거두시오. 땅의 곡식이 다 익었소이다." 구름 위에 앉은 이가 땅에 낫을 휘두르자 곡식이 모두 거두어졌다.
다른 천사가 하늘에 있는 성전에서 나오는데 그 또한 예리한 낫을 들고 있었다. 불을 다스리는 다른 천사가 제단에서 나와 예리한 낫을 든 천사에게 큰 소리로 말하기를, "예리한 낫을 휘둘러 땅의 포도송이들을 거두시오. 포도가 다 익었소이다." 하였다. 그러자 천사가 낫을 휘둘러 땅의 포도를 거두고 그것들을 하느님의 진노의 큰 포도주

틀에 던져 넣었다. 성 밖에서 포도주 틀이 밟히자 틀에서 피가 흘러 나와 말고삐에 닿을 만큼 되어 천 리가량 퍼져나갔다.

*

거둘 것 거두고 버릴 것 버리는 게 추수다. 걱정할 것 없다. 곡식이 곡식을 거두지 않고 포도송이가 포도송이를 거두지 않는다.

일곱 재앙을 나눠 가진 일곱 천사 [15, 1-8]

또 나는 하늘에 크고 기이한 표징들이 나타나는 것을 보았다. 일곱 천사가 일곱 가지 재앙을 하나씩 나눠 가졌는데 그것들은 하느님의 마지막 진노를 보여주는 마지막 재앙들이었다.

또 내가 보니 불이 섞인 유리 바다 같은 것이 있고 유리 바다 기슭에는 짐승과 그 우상과 그것의 이름이기도 한 숫자를 이긴 사람들이 서서 하느님의 거문고를 타며 하느님의 종 모세의 노래와 어린양의 노래를 부르고 있었다. "주 하느님, 전능하신 이여, 그 하시는 일이 크고도 놀랍습니다. 만방의 왕이여, 주의 길이 의롭고 참되십니다. 주여, 누가 주를 두려워 아니하며 누가 주의 이름을 찬양하지 않겠나이까? 오직 주 홀로 거룩하시니, 그 의로운 행위가 드러났으므로 만방이 와서 주께 경배하겠나이다."

그 뒤에 나는 하늘에서 증거의 장막 곧 성전이 열리는 것을 보았다. 성전에서 깨끗하게 빛나는 모시옷을 입고 가슴에 금띠를 두른 일곱 천사가 재앙을 하나씩 손에 들고 나타났다. 네 생물 중 하나가 일곱 황금대접을 일곱 천사에게 나눠주는데 그 안에는 영세 무궁토록 살아계시는 하느님의 진노가 가득 담겨 있었다. 성전이 하느님의 영광과 능력에서 나오는 연기로 가득 차 있어서 일곱 천사의 일곱 재앙이 모두 마쳐지기까지는 아무도 그 안에 들어갈 수 없었다.

*

하느님의 진노가 담긴 일곱 재앙을 내리는 것은 악마들이 아니라 "깨끗하게 빛나는 옷을 입고 가슴에 금띠를 두른" 천사들이다. 재앙은 은총의 한 방편이다.

일곱 천사가 쏟은 일곱 재앙 [16, 1-21]

나는 또 성전에서 나오는 큰소리를 들었다. 일곱 천사에게 외치는 소리였다. "너희는 가서 하느님의 진노가 담긴 일곱 대접을 땅에 쏟아라."

첫째 천사가 가서 자기 대접을 땅에 쏟자 짐승의 낙인을 받은 자들과 그의 우상을 숭배한 자들에게 악하고 쓰린 종기가 생겨났다.

둘째 천사가 자기 대접을 바다에 쏟자 바다가 죽은 자의 피처럼 되어 바다에 사는 생물들이 모두 죽었다.

셋째 천사가 자기 대접을 강과 샘에 쏟자 물이 피로 바뀌었다. 그때 나는 물의 천사가 외치는 소리를 들었다. "지금도 계시고 전에도 계셨던 거룩하신 이여, 이렇게 심판하시니 과연 의로우십니다. 저들이 성도와 예언자들로 피를 흘리게 하였으니 저들로 하여금 피를 마시게 하신 것은 참으로 마땅한 일입니다." 그리자 제단에서 말소리가 들려왔다. "옳습니다, 주 하느님, 전능하신 이여, 주의 심판은 바르고 참되십니다."

넷째 천사가 자기 대접을 해 위에 쏟자 해가 불로 태우는 권한을 받아 뜨거운 열기로 사람들을 태웠다. 그런데도 사람들은 그런 재앙을 다스리는 힘이 있는 하느님의 이름을 모독하면서 회개하지 않았고 그분을 찬양하지도 않았다.

다섯째 천사가 자기 대접을 짐승의 보좌에 쏟자 그의 나라가 어두워졌고 사람들은 아픔을 못 이겨 자기 혀를 깨물었다. 그런데도 사람들은 아픔과 종기 때문에 하늘에 계신 하느님을 저주하고 자기들의 악한 행실을 회개하지 않았다.

여섯째 천사가 자기 대접을 큰 강 유프라테스에 쏟자 강물이 마르고 동방에서 오는 왕들이 길이 마련되었다. 나는 용의 입과 짐승의 입과 거짓 예언자의 입에서 개구리 모양을 한 더러운 영 셋이 나오는 것을 보았다. 그것들은 악마의 영으로서 기적을 행하고 하느님 곧 전능하신 이의 큰 날에 있을 전쟁에 대비하여 온 세계의 왕들을 소집하러 온 자들이다. 〔보라, 내가 도둑같이 오리니, 깨어서 옷을 입고 벌거숭이로 다니는 부끄러움을 남에게 보이지 않는 자는 복이 있도다!) 세영이 히브리말로 하르마게돈이라 하는 곳에 왕들을 소집하였다.
일곱째 천사가 자기 대접을 공중에 쏟자 "다 되었다."라고 외치는 큰 소리가 성전 보좌에서 들렸다. 번개와 음성과 천둥과 큰 지진이 일어나는데 사람이 땅 위에 생겨난 뒤로 그렇게 큰 지진이 없었다. 큰 도성이 세 조각으로 깨어지고 모든 나라의 성읍들이 무너졌다. 하느님께서 큰 도성 바빌론을 잊지 아니하시고 당신의 맹렬한 진노의 포도주잔을 마시게 하시니 모든 섬이 사라지고 산들도 자취를 감추었다. 또 무게가 한 달란트나 되는 큰 우박이 하늘에서 사람들 위로 떨어졌고 사람들은 우박의 피해가 너무 커서 하느님을 저주하였다.

*

용광로의 불이 순금을 정련精鍊한다. 재앙의 목적은 더러운 것들을 없애는 게 아니라 깨끗한 것들을 가려내는 데 있다.

많은 물 위에 앉은 음녀의 비밀과 운명 [17, 1-18]

일곱 대접을 가진 일곱 천사 가운데 하나가 내게로 와서 말하였다. "이리 오라. 많은 물 위에 앉은 큰 음녀가 받게 될 심판을 보여주겠다. 땅의 왕들이 그 여자와 더불어 음란한 짓을 하였고 땅의 거민들이 그 음행의 포도주에 취하였다." 그러고는 성령으로 나를 휘감아 광야로 데려갔는데 거기에서 나는 진홍색 짐승에 올라앉은 여자를 보았다. 그 짐승은 몸에 하느님을 모독하는 이름들이 빼곡하게 적혀 있고, 머리 일곱에 뿔이 열 개 달려 있었다. 여자가 주홍색과 진홍색 옷을 입고 금과 보석과 진주로 몸단장을 하고 손에 금잔을 들었는데 그 안에 온갖 역겨운 물건들과 음란한 행위의 더러운 것들이 가득 담겨 있었다. 그리고 이마에는 '땅의 음녀들과 온갖 역겨운 것들의 어미, 큰 바빌론'이라는 비밀스러운 이름이 적혀 있었다. 내가 보니 그 여자는 성도의 피와 예수를 증언한 이들의 피에 취해 있었다.
내가 그 여자를 보고 매우 놀라자 천사가 내게 말하였다. "왜 그리 놀라는가? 내가 저 여자와 여자를 태운 머리 일곱에 뿔 열 개 달린 짐승의 비밀을 말해주겠다. 네가 본 저 짐승은 전에 있었지만 지금은 없는 짐승인데, 장차 바닥없는 구렁에서 올라와 멸망으로 들어갈 것이다. 땅에 거하는 자들 가운데 창세로부터 이름이 생명록에 올라있지 않은 자마다 전에 있었지만 지금은 없고 장차 나타나기로 되어있는 짐승을 보고 놀라며 이상하게 여길 것이다. 여기 지혜로운 이해력이 필요하다. 일곱 머리는 여자가 앉은 일곱 산이요 또 일곱 왕이기도 하다. 그것들 가운데 다섯은 이미 망했고 하나는 여기 있고 다른 하나는 아직 오지 않았지만 와도 잠시 있다가 망할 것이다. 네가 본 열 뿔은 열 왕이다. 아직 나라를 차지하지 못하였으나 한동안 짐승과 함께 왕의 권세를 누리리라. 저들이 뜻을 모아 제 능력과 권세를 짐승한테 내어주고 어린양과 맞서 싸우겠지만 군주들의 군주시요 왕들의 왕이신 어린양이 저들을 이기실 것이며 그의 부르심을 받아 충성스럽게 뒤따르는 자들 또한 이길 것이다."
천사가 또 나에게 말하였다. "네가 본 물 곧 큰 음녀가 앉아있는 물은 백성과 군중과 나라들과 방언들이다. 네가 본 열 뿔과 짐승이 음녀를 미워하여 황폐케 하고 벌거벗겨 그 살을 먹고 불로 태워버릴 터인즉, 하느님께서 당신의 뜻을 이루려는 마음을 그들 안에 심어주시고 저들로 하여금 뜻을 모아 왕권을 짐승에게 내어주게 만들어 결국 당신의 말씀이 이루어지게 하신 것이다. 네가 본 여자는 땅의 왕들을 다스리는 큰 도성이다."

*

어린양보다 훨씬 더 사람들 시선을 끌 만한 "땅의 음녀들과 온갖 역겨운 것들"도 결국은 하느님의 말씀이 이루어지게 하려고 그렇게 존재하는 것들이다. 그것들이 무엇인지 알아보는 데 골몰하여 어린양을 등진다면 그런 어리석음이 없겠다.

무너진 큰 도성 바빌론 [18, 1-24]

그 뒤에 나는 다른 천사가 하늘에서 내려오는 것을 보았다. 그에게 큰 권세가 있었고 그의 영광으로 온 땅이 환해졌다. 그가 큰소리로 힘차게 외쳤다. "무너졌구나, 무너졌구나, 큰 성 바빌론아. 네가 온갖 더러운 영들의 소굴, 더럽고 밉살맞은 새들의 둥지가 되었더니. 만방이 너와 더불어 음행에 따르는 진노의 포도주를 마시고 땅의 왕들이 너와 더불어 놀아나고 땅의 장사꾼들이 네 사치품으로 부자가 되었더니!"

이어서 하늘로부터 소리가 들려왔다. "내 백성아, 거기에서 나와 그의 죄에 휩쓸리지 말고 그가 받는 재앙을 나눠 받지 말아라. 그의 죄가 하늘에 사무쳤고 하느님께서 그의 사악함을 기억하신다. 그에게서 받은 만큼 돌려주고 그의 행실을 곱절로 갚아주어라. 그가 섞은 잔을 곱절로 섞어 되돌려주고, 저가 누린 영화와 사치를 그만큼의 고통과 슬픔으로 돌려주어라. 저가 혼자서 말하기를, '내가 여왕으로 이 자리에 앉아있고 과부가 아니니 결코 슬픈 일을 당하지 않으리라.'고 하는데 바로 그 때문에 염병과 슬픔과 굶주림의 재앙이 하루 사이에 닥치고 마침내 불에 타버릴 것이다. 저를 심판하시는 주 하느님은 전능하신 분이다."

저와 함께 음행하고 사치를 부리던 땅의 왕들이 여자를 태우는 불의 연기 앞에서 슬피 울며 가슴을 치고 고통당하는 여자를 보고 무서워 멀리 서서 부르짖기를, "화가 미쳤구나, 힘세고 큰 도성 바빌론에 화가 미쳤구나. 네가 삽시간에 망하고 말았구나!" 하리라.

땅의 장사꾼들도 저들의 상품을 사줄 자들이 없는지라 여자가 망하는 것을 보고 울며 슬퍼할 것이다. 금, 은, 보석, 진주, 고운 모시, 자주 옷감, 비단, 진홍 옷감, 각종 향나무, 상아 기구, 값진 나무와 구리와 쇠와 옥돌로 만든 그릇들, 계피, 향료, 향, 몰약, 유향, 포도주, 올리브기름, 밀가루, 밀, 소, 양, 말, 수레에 노예와 사람 목숨 따위가 저들의 상품이다. (내가 말한다. 네가 그토록 탐내던 열매가 너를 떠났고 맛있는 것과 빛나는 것들이 모두 사라졌으니 그것들을 두 번 다시 보지 못하리라.) 이것들을 사고팔며 여자 때문에 많은 돈을 번 장사꾼들이 고통당하는 여자를 보고 무서워 멀리 서서 슬피 울며 말하기를, "화가 미쳤구나, 큰 도성에 화가 미쳤구나. 고운 모시옷에 주홍색 진홍색 옷을 입고 금과 보석과 진주로 단장하더니 그 많은 재물이 삽시간에 사라졌구나." 할 것이다. 선장과 승객들, 선원과 바다에서 사업하던 자들도 멀리 서서 도성을 태우는 불의 연기를 보고 외치리라. "저렇게 큰 도성이 또 어디 있었던가?" 그러면서 티끌을 머리에 뿌리고 울며불며 부르짖기를, "화가 미쳤구나, 저 큰 도성에 화가 미쳤구나. 바다에 배를 띄운 자들아, 저의 사치스러운 상품들로 부자가 되었더니 그 모두가 삽시간에 사라졌구나." 할 것이다.
하늘아, 기뻐하여라. 너희 성도와 사도와 예언자들아, 저의 멸망을 기뻐하여라.
힘센 천사 하나가 큰 맷돌 같은 돌을 들어 바다에 던지며 말하였다. "큰 도성 바빌론이 이렇게 던져지리니 다시는 그 모습을 보이지 아니하리라. 거문고 타는 자와 노래하는 자, 피리 부는 자와 나팔 부는 자들의 소리가 다시는 네 안에서 들리지 않겠고 어떤 기술자도 네 안에서 보이지 않을 것이며 맷돌 소리도 네 안에서 나지 않으리라. 다시는 네 안에 등불이 비추지 않겠고 신랑 신부의 목소리도 아니 들릴 것이다. 네 장사꾼들이 땅에서 세도를 부렸고 만국 백성이 네 마술에 속아 넘어갔고 예언자와 성도와 이 땅에서 죽임당한 모든 사람의 피가 네 안에서 발견되었기 때문이다."

*

사奢가 치侈하면 사死사 치治한다.(꾸밈이 지나치면 죽음이 다스린다). 자연법이라 어길 수 없다. 말세에 살려면 도성을 버리고 광야로 가라는 말이 그래서 있는 거다.

하늘에서 부르는 합창 [19, 1-4]

그 뒤에 큰 무리가 우렁차게 외치는 것 같은 음성이 하늘에서 들려왔다. "할렐루야! 구원과 영광과 능력이 우리 하느님께 있노다. 그분의 심판은 참되고 바르시니, 음행으로 땅을 더럽힌 큰 음녀에게 당신 종들의 피를 흐르게 한 값으로 벌을 내리셨도다." 그리고 다시 외치기를, "할렐루야, 그 여자한테서 나는 연기가 세세 무궁토록 하늘로 올라가는구나." 하자, 스물네 장로와 네 생물이 보좌에 앉으신 하느님께 절하며 화답하였다. "아멘, 할렐루야!"

*

심은 대로 거두는 것은 사람에게만 적용되는 법이 아니다. 도시에도 적용되고 문명에도 적용된다. 하늘의 법이기 때문이다.

어린양의 혼인잔치 [19, 5-10]

보좌에서 음성이 들려왔다. "하느님의 종들 곧 그분을 경외하는 자들아, 큰 사람 작은 사람 가리지 말고 우리 하느님을 찬양하여라."

또 나는 어떤 소리를 들었는데, 큰 무리의 음성 같기도 하고 많은 물이 내는 소리 같기도 하고 천둥 치는 소리 같기도 하였다. "할렐루야, 주 우리 하느님 전능하신 이가 다스리신다. 우리 함께 기뻐하고 즐거워하며 하느님께 영광을 돌리자. 어린양의 혼인날이 되어 신부가 몸단장을 마쳤으니 빛나고 깨끗한 모시옷을 입도록 하느님께서 허락하셨다." 여기에서 말하는 고운 모시옷은 성도의 올바른 행실이다.

천사가 내게 말하기를, "기록하여라. 어린양의 혼인 잔치에 초대받은 자들은 복 있는 사람들이다." 하고 이어서 말하였다. "이는 하느님의 참되신 말씀이다."

내가 천사에게 절하려고 그 발 앞에 엎드리자 그가 말하였다. "이러지 마라. 너와 네 형제와 마찬가지로 나 또한 종에 지나지 않는다. 우리 모두 예수의 증거를 몸에 지닌 자들이다. 절은 하느님께 드려라. 예수의 증거는 예언자들에게 영감을 주는 증거다."

*

혼인은 따로 있던 둘이 하나로 되는 것이다. 하늘나라가 혼인 잔치인 것은 거기에서 이원二元이 일원一元으로 되기 때문이다.

흰말을 탄 '하느님의 말씀' [19, 11-16]

내가 또 보니 하늘이 열리면서 거기 신의와 진실이라는 이름을 가진 이가 흰말 위에 앉아있었다. 공의로 심판하며 싸우는 전사였다. 눈이 불꽃 같고 머리에 많은 왕관을 쓰고 자기 말고는 아무도 알지 못하는 이름이 그 몸에 적혀 있었다. 피에 젖은 옷을 입은 그에게 '하느님의 말씀'이라는 칭호가 붙었는데, 희고 깨끗한 모시옷을 입은 하늘 군대가 흰말을 타고 그 뒤를 따랐다. 보는 나라를 쳐부술 날 선 칼이 그의 입에서 나오고 있었다. 그가 쇠몽둥이로 나라들을 다스리고 하느님 곧 전능하신 이의 맹렬한 진노의 포도주 틀을 밟을 것이다. 그 옷과 넓적다리에는 '왕들의 왕, 군주들의 군주'라는 이름이 적혀 있었다.

*

흰색은 무색無色의 다른 이름이다. 하느님 말씀이 최후 승자인 까닭은 모든 것이 거기에서 나오고 거기로 돌아가기 때문이다.

짐승과 거짓 예언자들의 최후 [19, 17-21]

또 나는 해 안에 한 천사가 서 있는 것을 보았다. 그가 공중을 날아다니는 새들한테 큰소리로 외쳤다. "와라. 모두 하느님의 큰 잔치에 와서 왕들의 살코기, 장군들의 살코기, 장정들의 살코기, 말들과 말 탄 자들의 살코기, 자유인 노예, 작은 자 큰 자 할 것 없이 모든 자의 살코기를 먹어라."

내가 또 보니 짐승과 땅의 왕들과 그들의 군대가, 말 탄 이와 그의 군대에 맞서 싸우려고 모여 있었다. 짐승 앞에서 기적들을 일으키고 그것들로 사람을 미혹하여 짐승의 낙인을 받게 하거나 그의 우상을 숭배하게 만든 거짓 예언자들이 짐승과 함께 잡혀, 유황이 타오르는 불못에 산채로 던져졌다. 나머지는 말 탄 이의 입에서 나오는 칼에 맞아 죽었고 모든 새가 그 고기를 배부르게 먹었다.

*

일삼아 보여주려고 일으키는 기적은 사탄의 전매특허다. 속지 말 것.

천년왕국 [20, 1-6]

또 나는 바닥없는 구렁의 열쇠와 큰 사슬을 손에 든 천사가 하늘에서 내려오는 것을 보았다. 그가 늙은 뱀이자 악마요 사탄인 용을 잡아서 결박하여 바닥없는 구렁에 천 년 동안 가두고 그 위를 인봉하여 천 년 기한이 차기까지 나라들을 현혹하지 못하게 하였다. 그 뒤에 그는 반드시 잠깐 풀려나게 되어있다.
또 내가 보니 보좌들이 있고 심판하는 권세를 받아 가진 이들이 그 위에 앉아있었다. 그리고 나는 예수의 증거와 하느님의 말씀 때문에 목잘린 이들의 영혼들을 보았다. 그들은 짐승과 그 우상한테 절하지 않고 이마와 손에 낙인을 받지 않은 사람들인데, 살아나서 그리스도와 함께 천 년 동안 왕 노릇 하였다. 이것이 첫째 부활이다. 〔나머지 죽은 자들은 천 년 기한이 끝나도록 살아나지 못하였다.〕 첫째 부활에 참여하는 자는 복되고 거룩하니 둘째 죽음이 그들을 다스릴 수 없다. 오히려 그들은 하느님과 그리스도의 사제가 되어 천 년 동안 그리스도와 함께 왕 노릇 할 것이다.

*

천 년이란 말에도 속지 말 것. 중요한 것은 천 년이든 십 년이든 한 달이든 "예수의 증거와 하느님의 말씀"으로 사는 것이다. 그렇게 사는 사람에게 세월은 없는 것이다.

사탄의 마지막 전쟁과 패망 [20, 7-10]

천 년 기한이 다 차면 사탄이 옥에서 풀려나와 온 땅의 나라들 곧 곡과 마곡을 현혹하고 그들을 한곳에 모아 전쟁을 일으킬 터인데 그 수가 바다의 모래알처럼 많으리라. 저들이 온 땅에 흩어져 성도의 진영과 하느님이 사랑하시는 도성을 에워싸는데 하늘에서 불이 내려와 그들을 모두 삼켜버렸다. 그들을 현혹하던 악마 또한 짐승과 거짓 예언자가 있는 불과 유황 못에 던져졌으니, 저들이 거기서 영세 무궁토록 밤낮으로 괴롭힘을 당할 것이다.

*

하늘은 땅으로 내려올 수 있지만 땅은 하늘로 올라가지 못한다. 둘 사이에 전쟁이 벌어진다면 승부는 처음부터 난 것이다.

본인 행실에 따라서 심판받는 죽은 자들 [20, 11-15]

또 나는 크고 흰 보좌와 그 위에 앉으신 이를 보았다. 그이 앞에서 땅과 하늘이 사라져 온데간데없었다. 내가 보니 죽은 자들이 큰 사람 작은 사람 할 것 없이 모두 보좌 앞에 섰는데 여러 책이 펼쳐져 있고 다른 책 하나가 펼쳐져 있었다. 생명록이었다. 죽은 자들이 여러 책에 기록되어 있는 본인의 행실에 따라서 심판을 받았다. 바다가 제 안에 있는 죽은 자들을 토해내고 죽음과 지옥도 제 안에 있는 죽은 자들을 토해내니 저들이 각각 자기 행실에 따라서 심판을 받았다. 그러고 나서 죽음과 지옥도 불 못에 던져졌다. 이것이 둘째 죽음 곧 불 못이다. 누구든지 생명록에 이름이 올라있지 않은 자는 이 불 못에 던져졌다.

*

죄인을 감옥에 가두는 것은 판사가 아니다. 죄인의 선택이다. 심판은 저마다 제가 택한 길을 가게 하는 것이다.

새 하늘 새 땅의 거룩한 도성 [21, 1-8]

그 뒤에 나는 새 하늘과 새 땅을 보았다. 처음 하늘과 처음 땅은 사라지고 바다도 다시 있지 않았다. 나는 또 거룩한 도성 새 예루살렘이 신랑을 위하여 단장한 신부처럼 차리고 하느님 계시는 하늘에서 내려오는 것을 보았다. 그때 보좌로부터 큰 음성이 들려왔다. "보라, 하느님의 집이 사람들 가운데 있으니 하느님이 저희와 함께 계시고 저들은 하느님의 백성이 되리라. 하느님께서 몸소 저희와 함께 계시며 저들 눈에서 눈물을 씻어주시리니 다시는 죽음이 없고 슬픔도 울음도 아픔도 없을 것이다. 처음 것들이 모두 사라졌기 때문이다."
보좌에 앉으신 이가 말씀하시기를, "보라, 내가 모든 것을 새롭게 하노라." 하시고 또 말씀하셨다. "기록하여라. 이는 확실하고 참된 말이니." 이어서 내게 이르시기를, "다 이루었다. 나는 알파와 오메가, 처음과 끝이다. 내가 생명수 샘물을 목마른 자에게 값없이 주리니 이기는 자가 그것을 차지할 것이며 나는 그의 하느님이 되고 그는 내 아들이 될 것이다. 그러나 비굴한 자와 믿지 않는 자, 흉악한 자, 살인자, 음행한 자, 마술사, 우상 숭배자와 모든 거짓말쟁이가 차지할 곳은 불과 유황이 타오르는 못뿐이니, 이것이 둘째 죽음이다." 하셨다.

*

"하느님은 늘 새롭게 하시는 분이십니다. 당신이 언제나 새로운 분이거든요. 하느님은 젊으십니다!"(교황 프란체스코).

성전이 없는 새 예루살렘 [21, 9-27]

마지막 일곱 재앙이 가득 담긴 일곱 대접을 든 일곱 천사 가운데 하나가 내게 말하였다. "이리 오너라. 내가 신부 곧 어린양의 아내를 보여주겠다." 그가 성령으로 나를 휘감아 크고 높은 산으로 데리고 가서 하느님이 계시는 하늘로부터 내려오는 거룩한 도성 예루살렘을 보여주는데, 하느님의 영광으로 빛나는 그 모양이 매우 귀한 보석 같았고 수정처럼 맑은 벽옥 같았다. 그 도성에는 크고 높은 성벽과 열두 성문이 있고 이스라엘 자손 열두 지파의 이름이 적힌 성문마다 천사가 하나씩 있었다. 성문이 동쪽에 셋, 북쪽에 셋, 남쪽에 셋, 서쪽에 셋 있었고 성벽에는 어린양의 열두 사도 이름이 하나씩 적힌 열두 주춧돌이 있었다.

내게 말하던 천사는 도성과 성문과 성벽을 측량하기 위한 황금잣대를 들고 있었다. 도성이 네모반듯하여 그 길이와 넓이가 같았다. 그가 잣대로 도성을 재어보니 길이와 넓이와 높이가 똑같이 만 이천 스타디온이었다. 또 성벽을 재어보니 천사들이 쓰는 인간의 자로 백 사십사 큐빗이었다. 성벽의 주춧돌마다 갖가지 보석으로 장식되었는데 첫째 주춧돌은 벽옥, 둘째는 사파이어, 셋째는 옥수, 넷째는 비취옥, 다섯째는 홍마노, 여섯째는 홍옥수, 일곱째는 감람석, 여덟째는 녹주석, 아홉째는 황옥, 열째는 녹옥, 열한째는 청옥, 열둘째는 자수정이었다. 열두 성문은 열두 진주였고 문마다 같은 진주였다. 그리고 거리는 맑은 유리 같은 순금이었다.

나는 그 도성에서 성전을 보지 못했다. 주 하느님 전능하신 이와 어린양이 곧 성전이기 때문이었다. 그 도성에는 해와 달이 빛을 비출 필요가 없었다. 하느님의 영광이 빛이고 어린양이 도성의 등불이기 때문이었다. 만국 백성이 그 빛 가운데로 다니고 땅의 왕들이 제 영광을 가지고 그리로 들어가리라. 거기에는 밤이 없으므로 성문들이 종일토록 닫히지 않는다. 사람들이 그 안으로 여러 나라의 영광과 존귀를 가지고 들어갈 것이다. 하지만 더러운 것은 그 안에 들어가지 못하고 가증된 것과 거짓말하는 자도 결코 들어가지 못한다. 오직 어린양의 생명록에 이름이 올라있는 자들만 들어갈 수 있다.

*

콩 안에 콩 없듯이 성전 안에 성전 없다. 모든 것이 거룩하여 거룩한 무엇이 따로 없는 데가 부처의 땅이다. 있는 건 오직 하느님 한 분인, 여기가 거기다.

도성 복판으로 흐르는 생명수 강 [22, 1-5]

천사가 내게 수정처럼 빛나는 생명수 강을 보여주었다. 하느님과 어린양의 보좌에서 비롯하여 도성의 중심 거리 복판으로 흐르는 강 양쪽에 열두 가지 열매를 맺는 생명나무가 있어 달마다 열매를 맺고 그 나뭇잎은 만국 백성을 치료하는 약제로 쓰였다. 이제 그 도성에 두 번 다시 저주받을 일이 없겠고 하느님과 어린양의 보좌가 거기 있어 그분을 예배하고 그 얼굴을 뵙게 될 종들의 이마에는 그분 이름이 새겨져 있을 것이다. 더는 밤이 없는지라 등불도 햇빛도 필요 없으니, 주 하느님께서 그들에게 빛을 비추시기 때문이다. 그곳에서 저들이 영세 무궁토록 왕 노릇 하리라.

*

그분 이름이 이마에 새겨져 있는 '종'들이 영세 무궁토록 '왕' 노릇 한단다. 땅의 언어로는 모矛에 순盾이다. 그래서 말로 설명되는 길은 참 길이 아니라(道可道非常道)고 했다.

도성으로 들어갈 자들과 성 밖에 있을 자들 [22, 6-17]

천사가 내게 말하였다. "이는 확실하고 참된 말씀이다. 예언자들에게 영감을 주시는 우리 주 하느님께서 곧 이루어져야 할 것들을 당신 종들에게 보여주려고 당신의 천사를 보내셨다. 보라, 내가 속히 가리라." 이 책에 기록된 예언 말씀을 지키는 자는 복된 사람이다.
이 모든 것을 나 요한이 보고 들었다. 내가 그것들을 보고 나서 그것들을 내게 보여준 천사의 발 앞에 엎드려 절하려 하자 그가 말하였다. "이러지 마라. 너와 네 형제인 예언자들과 이 책에 기록된 말씀을 지키는 자들과 마찬가지로 나 또한 종에 지나지 않는다. 절은 하느님께 드려라." 이어서 그가 내게 말하였다. "이 책에 기록된 예언 말씀을 봉하지 마라. 때가 가까웠다. 못된 짓 하는 자는 못된 짓 하게 놔두고 더러운 자는 더럽게 놔두고 옳은 일 하는 자는 옳은 일 하게 놔두고 거룩한 자는 거룩하게 놔두어라."
주께서 말씀하셨다. "보라, 내가 속히 가겠다. 너희 각자에게 줄 상을 가지고 가서 그 행실에 따라 갚으리라. 나는 알파와 오메가, 처음과 끝이며 비롯함과 마침이다. 자기 두루마기를 깨끗이 빠는 자는 복이 있으니 저가 성문으로 도성에 들어가 생명나무를 차지할 자격을 얻으려니와 개들과 마술사들, 음행하는 자들, 살인자들, 우상 숭배자들, 거짓을 좋아하여 꾸며내는 자들은 모두 성 밖에 있으리라. 나 예수가 내 천사를 보내어 이 모든 것을 교회에 증언토록 하였다. 나는 다윗의 뿌리에서 난 그 자손 곧 빛나는 샛별이다."
성령과 신부께서 말씀하신다, "오라." 이 말을 듣는 자도 말하라, "오라." 목마른 자도 오고 생명수를 원하는 자는 와서 값없이 받아마셔라.

*

이쪽에 어린양과 흰옷 입은 성도가 있고 저쪽에 개들과 마술사들과 거짓을 좋아하여 꾸미는 자들이 있다. 네가 어느 쪽을 향하든지 그리로 가게 되리라. 선택은 네 몫이다.

[묵시록은 과연 신약성경의 말미를 장식할 만한 걸작이다. 하지만 그만큼 위험하다. 자칫하면 울긋불긋 요란하게 치장한 헛것들과 숫자들에 현혹되어 흰옷 입은 무리와 어린양을 외면하게 되기 때문이다. 바로 이것이 사탄의

간교한 전술이다. 요란한 기적이나 위대한 업적 또는 끔찍한 공포 따위로 사람 눈길을 하느님에게서 돌려놓기만 하면 그가 이긴 거다. 교회의 온갖 사이비들이 묵시록으로 세상을 어질러놓는 게 그래서다.]

아멘, 오소서, 주 예수여 [22, 18-21]

이 책에 기록된 예언 말씀을 듣는 각 사람에게 분명히 말해둔다. 누구든지 여기에 무엇을 보태면 하느님께서 그에게 이 책에 기록된 재앙들을 덧붙여주실 것이며, 누구든지 이 책에 기록된 예언 말씀에서 무엇을 덜어내면 이 책에 기록된 생명나무와 거룩한 도성에 관련된 그의 몫을 덜어내실 것이다.

이 모든 것을 증언하신 분이 말씀하신다. "그렇다. 내가 속히 가리라."

아멘, 오소서, 주 예수여.

주 예수의 은총이 모두에게 있기를!

*

요한은 처음부터 분명히 말했다, 자기가 환상을 보았다고. 그렇다, 환상은 환상이다. 현실이 아니다. "속히 가리라"고 말씀하시는 환상 속의 그분이 "내가 세상 끝나는 날까지 항상 너희와 함께 있으리라"고 말씀하시는 현실의 그분을 가려서는 안 된다. 장차 오실 그분은 진작 여기 계신 그분이다. 이 진실을 의심치 않는 모두에게 주 예수의 은총이 있기를! 아멘.